ZHIBENLUN

知本论

施国宝　著

《资本论》发现剩余价值

《知本论》发现协新价值

SPM

南方出版传媒

广东经济出版社

·广州·

图书在版编目（CIP）数据

知本论 / 施国宝著．—广州：广东经济出版社，2015.6
ISBN 978－7－5454－3911－3

Ⅰ．①知… Ⅱ．①施… Ⅲ．①资本－研究 Ⅳ．①F014.39

中国版本图书馆 CIP 数据核字（2015）第 036452 号

出版发行	广东经济出版社（广州市环市东路水荫路 11 号 11～12 楼）
经销	全国新华书店
印刷	广州市岭美彩印有限公司 （广州荔湾区花地大道南海南工商贸易区 A 幢）
开本	787 毫米×1092 毫米　1/16
印张	32.75　2 插页
字数	757 000 字
版次	2015 年 6 月第 1 版
印次	2015 年 6 月第 1 次
印数	1～4 000
书号	ISBN 978－7－5454－3911－3
定价	100.00 元

如发现印装质量问题，影响阅读，请与承印厂联系调换。
发行部地址：广州市环市东路水荫路 11 号 11 楼
电话：（020）38306055　37601950　邮政编码：510075
邮购地址：广州市环市东路水荫路 11 号 11 楼
电话：（020）37601980　邮政编码：510075
营销网址：http：//www·gebook. com
广东经济出版社常年法律顾问：何剑桥律师

前 言

资本是否等于剥削？资本增长率是否超过经济增长率？贫富分化是否进一步加剧？共产主义理想是否能实现？思想狼烟四起，名家谁主沉浮？围绕资本是否增值这一命题，《资本论》与《知本论》各自形成了自己的哲学体系。

《资本论》否认资本增值，就必然要求按劳动时间量定义价值，等价交换实为等时交换，按劳分配实为按时分配，由此发现等价交换与按劳分配的剩余价值论。而《知本论》肯定资本增值，依据劳动效益量定义价值，并发现增值交换与按效分配的协新价值论。

《资本论》认为：资本不能增值，只有劳动增值。而《知本论》认为：资本、劳动与知本都能增值。劳动增值有两大基本方式：一是边际效益递减主导的协同效应，二是代际效益递增主导的创新效应，这是人类发展协新价值的两大基本规律。

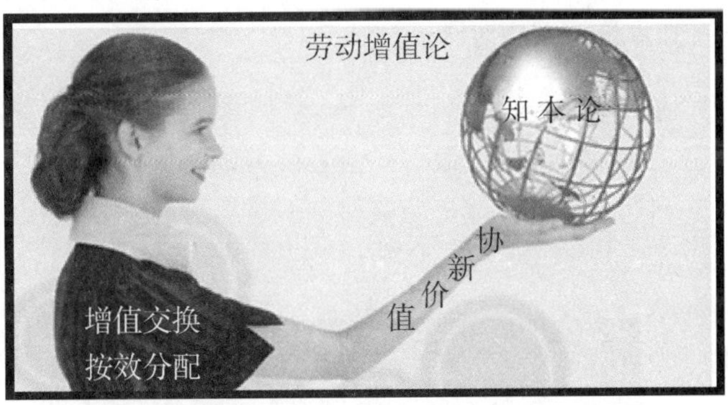

知本之道，资本之德，市场之道德。

工业革命看《资本论》，信息革命看《知本论》。

《知本论》ABC

一个中心：《知本论》是以劳动增值论为中心。

二条主线：《知本论》是以边际协同与代际创新为两条增值主线。

三大发现：《知本论》发现了协新价值、增值交换和信识定价。

《知本论》找到了四大规律

（1）资本主义基本矛盾是信识失衡与自由民主的矛盾，即钱的矛盾；

（2）社会主义基本矛盾是腐败与改革的矛盾，即权的矛盾；

（3）所有制规律决定于生产方式，而不是生产资料，生产协新价值的都是公有制，生产剩余价值的都是私有制；

（4）公私制规律：公有值与私有值都会绝对增长，但公有构成或协新构成相对增长更快，共产主义是必然归宿。

《资本论》与《知本论》逻辑对比

（1）《资本论》逻辑体系：

劳动无差异—劳动时间量定义价值—社会必要劳动时间度量价值—资本不增值—等价交换—按劳分配—利润平均化规律—劳资对立—贫富分化—资本积累有罪—剩余价值规律—劳动价值论。

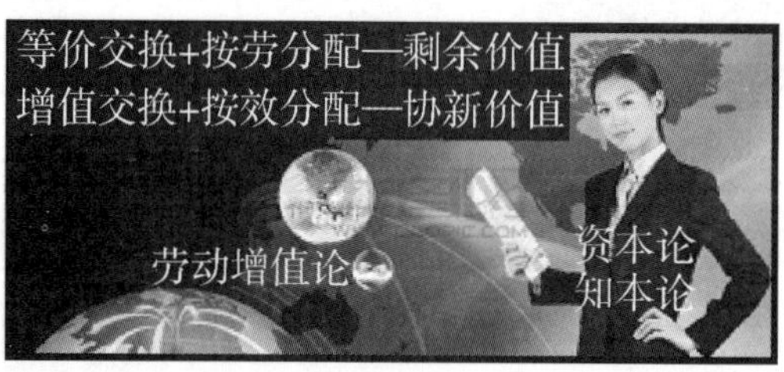

（2）《知本论》逻辑体系图：

劳动有差异—劳动效益量定义价值—对位效益或目标效益度量价值—资本与知本都增值—增值交换—按效分配—利润级差化规律—劳资和谐—贫富共进—资本积累有功—协新价值规律—劳动增值论。

在《知本论》中，利润级差化规律又是由边际（成本）效益递减规律和代际（成本）效益递增规律这两只手来支持的。

协同效应—边际递减规律—同质化竞争—量变增值

创新效应—代际递增规律—差异化竞争—质变增值

协同（量变）增值+创新（质变）增值=协新价值

《资本论》与《知本论》的对比

（1）《资本论》推理：

资本不增值—只有劳动增值—劳动力价值是工资—劳资对立—利润可耻—剩余价值缺德—资本家残忍剥削工人—技术进步或生产力提高不能增加工资—企业沦为劳资斗争的血汗工厂—资本家有罪—万恶的剩余价值论。

（2）《知本论》推理：

资本能增值—知本也能增值—个体劳动价值是工资—劳资和谐—利润可爱—协新价值美德—资本家热情帮助工人—技术进步或生产力提高必定增加工资—企业成为劳资互利的创新工场—资本家有功—万善的协新价值论。

《知本论》三大发现

《知本论》坚持以增值为中心，以协同的边际效应递减规律与创新的代际效应递增规律为两大主线，这如同每个人的边际寿命总是递减的，而人类的代际寿命则不断延长。《知本论》的三大发现：

一是从剩余价值到协新价值的伟大发现：

协同增值+创新增值——协新价值

缺德剩余价值+美德协新价值—附加值

二是从等价交换到增值交换的伟大发现：

增值是一切经济行为的根本大法，增值交换是市场经济的永动机，协新价值是人类经济发展的不朽动力。

三是从供求定价到信识定价的伟大发现：

供求定理：价格与相对数量反向变动，价涨量跌，价跌量涨。

信识定理：信识等级与数量同向变动，升级涨价，降级降价。

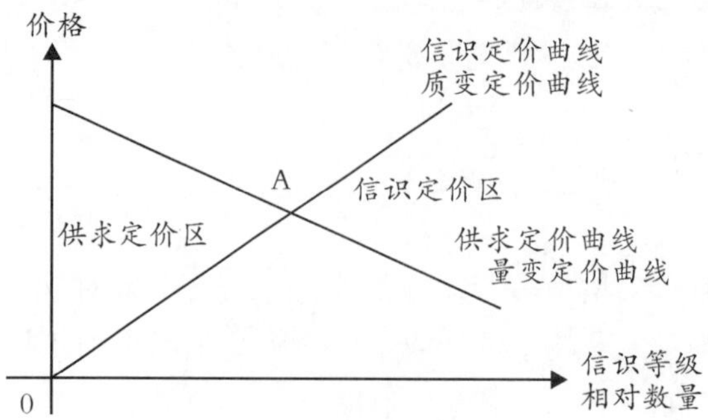

知本论价格双轨制图

供求定价靠生产力，信识定价靠生产美与生产信。

唯物论讲供求定价与性价比，唯心论讲信识定价与美价比。

劳动增值的金三角

市场经济发展史雄辩地证明了劳动增值论：生产力决定生产关系，技术进步相对提高了协新价值构成，工资和利润都与生产力发展成正比，技术、企业与市场成为劳动增值的金三角。

（1）技术进步对谁有利？

《资本论》认为：技术进步反而加重了资本家对工人的相对剥削；《知本论》认为：技术进步不仅提高了利润，也提高了工资。

（2）企业强大对谁有利？

《资本论》认为：企业强大只会帮助资本家榨取相对剩余价值；《知本论》认为：企业强大能提高工资与利润。

（3）市场竞争对谁有利？

《资本论》认为：市场竞争只有利于资本家剥削工人；《知本论》认为：市场竞争有利于员工教育培训和劳资双赢。

总之，技术、企业与市场构成劳动增值的金三角，并不是资本家可以单独操纵的血汗囚牢，而是所有市场参与者共同定义和改变的创富工场。

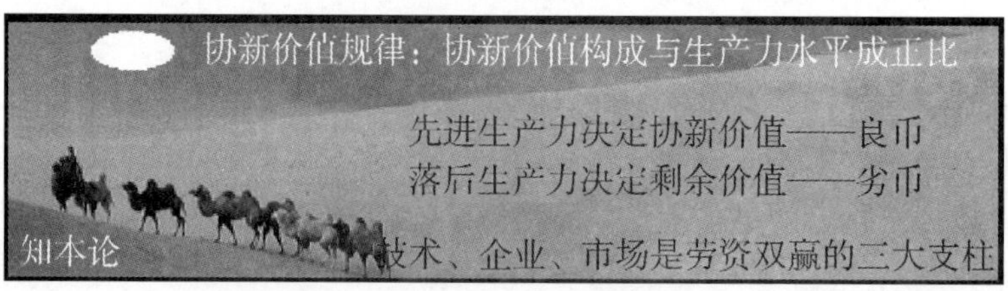

协新价值论

一切经济行为都是为了增值，横向增值是量变上的边际协同，纵向增值是质变上的代际创新。协同效应与创新效应形成协新价值。

（1）协同论：边际效益递减与边际成本递减统称边际递减规律，增量递减时总量仍在递增，这是同质化竞争或红海市场的特征。

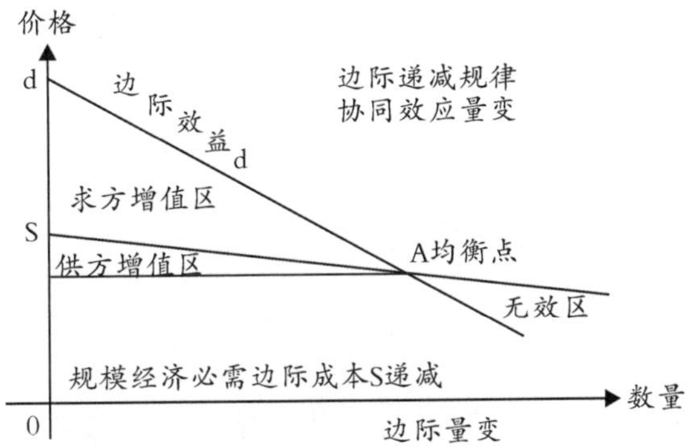

知本论供求均衡图

（2）创新论：代际效益递增与代际成本递增统称代际递增规律，是创新经济的发展规律，是差异化竞争或蓝海市场的加速器。

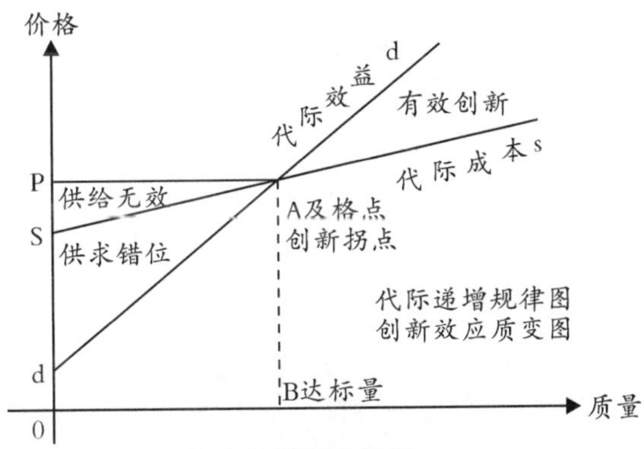

知本论创新达标图

劳动增值论

劳动价值论与劳动增值论，虽然只有一字之差，却是相互对立和统一的。

《知本论》认为：不增值的价值是死值，能增值的价值才是活值。剩余价值是单赢的剥削论，协新价值是多赢的共享论。

《资本论》的剩余价值并不是劳动增量，而是劳动存量，资本家绝对所得必定是工人绝对所失，剩余价值 = 克扣工资。在劳动价值论中，只有劳动才能增值，资本不能增值，剩余价值曲线（劳资对立曲线）表示工资与利润成反比关系，发放的工资越多，利润就越低。

《知本论》的协新价值是指资本、劳动与知本共同创造的增量，协同效应与创新效应是劳动增值的双手。简单劳动不能独立创造协新价值，只有资本化或知本化的复杂劳动才能创造协新价值。协新价值曲线（劳资双赢曲线）表示工资与利润成正比关系，资本家发放的工资越多，所获得的利润就越多。在劳动增值论中，工资促进利润。

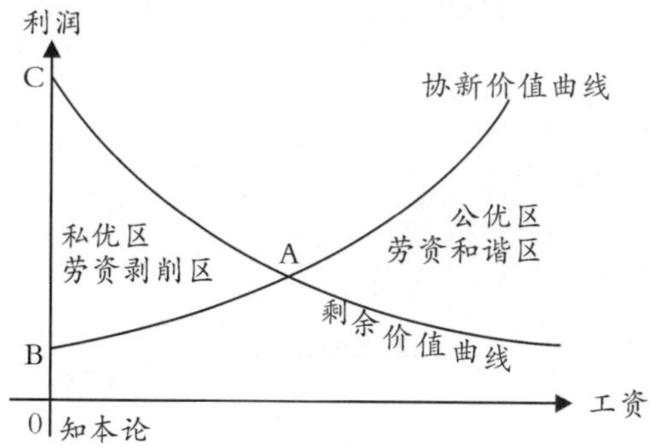

利润中的剩余价值大于协新价值时，是劳资剥削区；利润中的协新价值大于剩余价值时，是劳资和谐区。

性 度 论

个性在态度，人性在制度。微观看态度，宏观看制度。性恶论与性善论其实是生物基因论，善与恶不是自然人的生理问题，而是社会人的制度问题，性度论是“人性取决于制度的理论”。

公有制是万善之源，但私有制不一定是万恶之源，创造协新价值的私有制是善制，榨取剩余价值的私有制才是恶制。资本增长率超过经济增长率，助长了贫富分化。好制度就是性善论，坏制度就是性恶论。

高管任命制的国企是伪公有制，高管选举制的国企才是真公有制，脱离民主制的公有制就是私有制。价格机制与非价格机制都是市场双手，政府是市场左手，企业是市场

右手，两手相生相克，缺一不可。

坏制度让人作恶无畏，好制度让人行善无悔。

共产主义

知本无形、无限、无价、无私的特性，决定知本天生就是人类不具有排他性的共产，知识经济就是共产经济，知本构成递增与协新价值构成递增规律必然创造共产主义的完美社会。

（1）完美人权社会。

共产主义消灭家庭与国家，消灭代际递增的遗产继承制与私有制，会实现无等级、无歧视的完美人权。

（2）完美福利社会。

共产主义按需分配，生产力无限发达，商品海量定制，私人用品无需付款。

（3）完美竞合社会。

共产主义提倡竞争与合作，但不是为了工资和利润，而是为了尊严与快乐。

（4）完美知识社会。

共产主义将彻底抛弃记忆型的落后学习方式，大脑会得到海量的知识，唯有创新必须由人类继续努力。

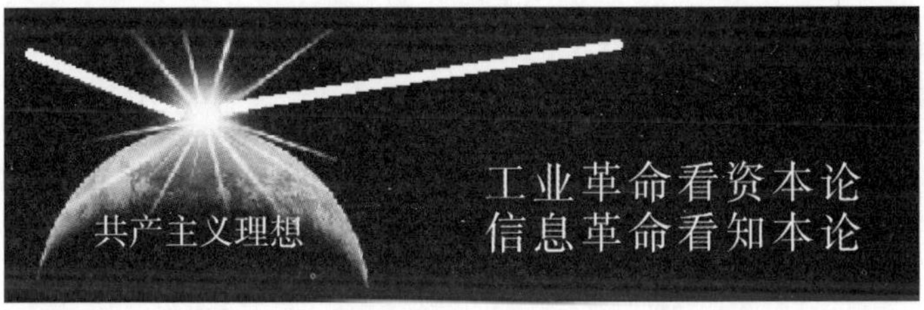

目　录

第一章

商 品

商品是协调和创造社会经济关系的产品。

伟大的思想家马克思在不朽巨著《资本论》第一章中写道："商品首先是一种利用自身属性来满足人类某种需要的物品。商品是为交换而生产的劳动产品，一切商品都具有使用价值和价值两个因素，商品是使用价值和价值的统一体。"

《知本论》认为：交换价值或相对价值就是市场要素之间的协同效应，协同效应与创新效应越大，交换价值或相对价值就越高。一般使用价值看协同效应，特殊使用价值看创新效应。低价看综合成本，中价看协同效应，高价看创新效应。商品价值是由生产商品所耗费的劳动量与产生的效益量共同决定。分工协作有两大原因：一是规模经济提高效率所需要的比较优势，二是差异经济提高审美所需要的比较美势。推动分工协作不仅有提高物质技术效率的比较优势与边际成本递减，更有提高精神文化的比较美势与边际效用递减。协同是创新的规模效益，创新是协同的代际效益。协同是将创新做大，创新是将协同做强。

劳动价值论强调分工协作的规模经济与比较优势，边际效用论强调分工协作的差异特色与比较美势。比较优势决定工业生产或物质产品，比较美势决定文化生产或精神品牌。马克思认为："在同一社会条件下，计算商品价值的劳动量不是参照个别劳动时间，而是平均必要劳动时间或社会必要劳动时间。决定商品价值量的社会必要劳动时间会随着劳动生产力的变化而变化。"总之，马克思对商品本质的独特视角，深刻揭示了劳资关系的本质，《资本论》中的商品本质上是"阶级商品"或"政治商品"。平均必要劳动时间已经暗示马克思是崇尚平等与公平的劳动和谐观，因为平均的本质就是大数定律，是少数服从多数的民主法则。在商品定价中，按边际成本定价是无利可图的血酬定律，按对位效益定价或按有效需求定价才是正确的资源配置方式。对位效益定价与市场交换的有效价值最优化是一脉相承的，都是有效需求定价的理性表达。

第一节　商品概论

劳动创造成本，需求创造收益。

《知本论》认为：商品既是资本驱动的有形之物，也是知本驱动的无形之物。商品既是人与物的关系（生产力的代表），也是人与人的关系（生产关系的化身）。商品是物，遵从供求规律与供求定价，商品也是钱，遵从投资规律与信识定价。经济危机在金银币时代表现为商品供求危机，在法定纸币时代表现为信用信息危机。进入21世纪的信用信息时代（双信时代）后，经济危机与商品本身没有直接关系，表面上是产能过剩的生产危机，实际上是信用失衡和信息失效的信识危机。西方经济学所说的自由平等的完全竞争市场与利润平均化规律只有在共产主义社会才能彻底实现，现代各国都限制人口、技术与资源的自由流动，因此当今世界是不完全竞争市场和利润级差化世界，集中体现为以国家综合实力为依托的国家资本主义的竞争机制。

资本主义基本矛盾表现为自由民主与信识失衡之间的矛盾。任何商品都可以成为货币，货币也可以交换任何商品，商品的正面是“货”，背面是“币”，所以商业文明也叫货币文明，货币本质上就是承诺、负债、权利、义务、政策、效率、分配、掠夺、剥削、创新、对价与税收的多层蛋糕，货币是最有效率的增值交换制度与劳动分配制度，货币是连接资本、劳动和知本的立交桥，货为实，币为虚，货币的本质就是先实后虚，虚中有实，实中藏虚，经济繁荣时虚实相生或币货相生，经济危机时虚实相克或币货相克。商品既是有形的事物，更是无形的制度；商品既是有限的供给，更是无限的需求；商品既是物质文明，更是精神文明。商品既有价，也无价；既有私，也无私；既有剥削，更有创造。总之，商品是协调和创造社会经济关系的天使。

一、为什么要重农抑商

从历史上看，商业文明终于从农牧文明中挣脱出来。人类的群居生活必然会产生基于比较优势与比较劣势的分工协作，劳动分工必然产生成果分配，在人类与生俱来的多样化需求下，必然产生商品交换，商品是人类群居文明的交换使者，商品交换史远比人类的货币史漫长。有形商品叫资本，无形商品叫知本，变形商品叫劳动。资本是有限生产的商品，知本是无限复制的商品。商品的使用价值带来供求关系，商品的投资价值带来信识关系，因此，商品的价格发现，一是商品投资性决定的信识定价，二是商品消费性决定的供求定价。

中国历代封建帝王都重农抑商，一是商人容易巨富，巨富之后大多可以招兵买马或买官干政；二是商人太聪明，仇富心态被当权者利用成排外心理；三是商人的流动性容易成为起义造反的信息传播者，让专制者感觉不踏实；四是农耕文明的本质限制了劳动要素的流动，而商业文明的本质就是促进生产要素的大流动，流动性是专制的天敌；五是自给自足的农业生产限制了农民的智慧，有助于专制者的愚民统治。在专制社会，商人成为商品的代言人，商品天然的流动性与民主性被歪曲为剥削性或欺骗性，重农抑商的本质就是维护专制黑幕，因为专制需要将人民长期固定在一个地方，小农经济的本质就是坐井观天和小富即安，地租成为农民的身份证，田地成了变相的监狱，画地为牢有助于政治压迫。

重农抑商的高级形态就是闭关锁国，专制的合理性源于君权神授，一旦与容易滋生民主文化和宪政制度的商业文明相接触，专制的伪善就原形毕露，所以重农是以地制人，抑商是以权压人，重农抑商和闭关锁国都是为了防止商业文明颠覆专制政体。重农抑商的本质是“重专制，轻民主”，因为商业是自由民主的基石。

二、什么是信识经济

信识是信用、信息与知识的总称，是关于信用和信息的客观知识与主观认识，信识是信用和信息作用于人的经济行为的总和。信识具有普遍性，包括对信用和信息的共识，信识也具有特殊性，包括对信用和信息的个识。

例如，在经济繁荣或大牛市时，乐观预期成为经济共识，见到众人贪婪而恐惧的少数人是经济个识，反之，在经济危机时，见到众人恐惧而贪婪的人，就是悲观共识中的乐观个识。共识与个识主要形成时间差与效益差，在一定情况下是相互依存而相互转化。

信用是经济之本，信息是经济之魂，信识则是经济之路，当代经济本质上就是信用和信息作用于人们的知识的结果。信用经济和信息经济可以合称为信识经济。信用是正兵，信息是奇兵；信用是阳谋，信息是阴谋；信用是实力，信息是魅力；信用是内功，信息是外功；信用是刚性，信息是弹性；人无信仰不立，人无信用不行，人无信息不灵。

信识经济是对信用和信息的管理经济。信识经济是以知识为先导，以信用为硬件，以信息为软件的“虚经济”，但是，这里的“虚”并不表示“无”或“弱”，而是表示无形、无限、无私与无价。信识经济本质上是无形经济或无限经济，具有极强的流动性与破坏性，既能瞬间创造一个经济体的极度繁荣，也能瞬息制造一个经济体的极端衰落。大虚若实，大实转虚，虚极返实，实极求虚，虚经济代表商品的投资性，实经济代表商品的消费性，无虚不实，实至虚归，信识经济是大虚无形，大实无限的无中生有的新经济。虚经济不等于产业空心化，实经济也可能是产业空心化，因为产业之心未必是土地、工人与矿藏等存量资本，主要还是技术、制度、文化等增量知本，判断产业之心的标准最终还是看哪个要素或哪个环节最赚钱，最有定价权，不赚钱的要素就是空心化，利润高的环节才是实心化。

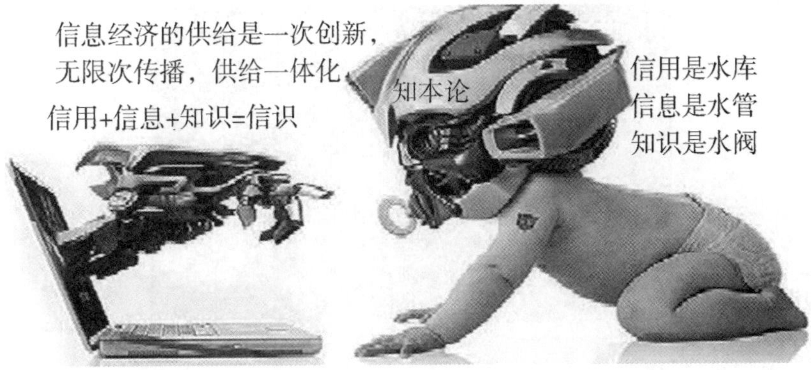

如果说信用是经济水库，信息就是经济水管，知识就是经济的水阀。只要水库决堤了，或水管破裂了，或水阀坏了，水就不会流向正确的地方，资源配置就会出错，就会引发经济危机。信识失衡导致经济危机，经济危机导致产能过剩，信识失衡是经济危机与产能过剩的总根源，或者说，信识失衡是经济危机之父，经济危机又是产能过剩之父，这个传导顺序不能颠倒。产能过剩是经济危机的结果，但绝不是经济危机的根源。在信识时代，要跳出供求关系才能理解供求关系，信用主导需求，信息引导需求，对信用与信息的认识就是信识决定需求，所谓预期经济就是信识经济的表现之一。

三、精英引导信识

没有专家，玉石就卖不出好价钱；没有营销，钻石同样卖不出好价钱。一切品牌营销，都是给商品进行信识定级，因为信识定价比供求定价更重要。信识定级是市场定价的第一步，供求定量是市场定价的第二步。信识经济本质上是精英经济，因为精英在领导信用，精英在指导信息，精英在垄断知识。互联网是信识经济的载体，也是精英消费的演示场。全球资本与信息高速流动的背后，是精英的财富和身份在流动，富贵者的移民和投资决定了全球财富的格局，全球富人定居格局决定市场格局，全球精英工作格局决定产业布局。不能吸引富人移民的国家将深陷中等收入陷阱，不能留住知识精英的国家将成为经济殖民地或知本殖民地。资本的天性是具有排他性的私有制，知本的天性是具有包容性的公有制。

国家的富强是以知本为王，以资本为后，知本多则强，资本多则富。像欧洲、美国、新加坡、迪拜、中国香港、中国澳门等人均收入高的发达国家和地区，并没有多少工业生产线或自然资源或庞大劳动力，反而还将工业生产线纷纷外迁，着重发展各种消费性服务业，完善自由竞争的社会机制，吸纳富人的资本与精英的知本。富人和精英是经济发展的风向标，出口商品远不如进口富人，凡是富人和精英想移民定居的地区，就一定会出现商品信识的升级而富起来，反之，凡是富人和精英想离开的国家或地区，就一定会使商品信识降级而难以更富，当然，吸引富人和精英的关键在于自由和民主的法治制度，因为自由是最大的福利，民主是最大的存款，法治是最大的保险。一个不将自由和民主作为阳光与空气的民族，注定是落后民族。一个重利益轻自由，重金钱轻民主的国家，注定是落后国家。支撑福利国家的是钱吗？表面上是钱，实际上是自由、民主、宪政的市场经济制度。

一个有法不依，有权必贵的司法腐败地区，是不可能长久吸引富人和精英的。国家小富靠工业制造，国家大富靠信识经济，因此，国家小富就要大力发展生产，国家大富就要大力建设现代金融与民主法制，这表现为：一是发展生产才能培育更多的富人，二是完善市场机制与民主宪政社会，才能吸引和留住更多的富人。富人越多，则国家越富；穷人越多，则国家越穷。如果留不住富豪及其后代，就等于是为外国输送富贵家庭和输送财富，吸引富人移民或技术移民就是掠夺他国的剩余价值，这样的经济模式必将走向知本殖民地，因此，技术、制度和文化共同构成的知本，才是经济之魂，决定生产关系的不是生产力，而是知本力，确切地说，决定生产关系与生产力的都是先进知本（包括先进文化、先进制度与先进技术），而富人和精英大多是资本和知本的双重代表，是信识经济的领头羊，富人移民的方向就是一国经济的风向标。

四、按需分配

按需分配就是需求定价，社会需求与个人需求同时在影响价格。当今世界已经表现为按需分配主导按劳分配，即按社会需求或商品的比较求势来分配比较优势，求势决定优势，优势决定劣势。注意，当比较劣势者能接受低工资、低利润或低价格时，反而会形成低成本的比较优势。经济人认为生产力决定生产关系，而社会人认为生产关系决定生产力。由于知本三要素中的技术、文化与制度是三位一体的，因此，过分偏重于技术是片面的，严格地说，决定社会经济发展的不是生产力，而是知本力——先进技术、创新文化与民主制度共同构成的知本体系。制度决定技术，没有好的制度，技术就学不好，用不好。

没有民主与法治，就没有真正的按需分配。不只是共产主义才有按需分配，现在的信识经济时代也同样是按需分配，按客户的需求给个人分配，信用是有效需求之骨，信息是有效需求之肉，信识是有效需求之魂。有效需求不仅是资本购买力，更是基于信息与认识的购买欲，信用支付手段的发展，使购买欲比购买力更重要，没钱不要紧，只要特别想，可以贷款消费，以借代买或以租代购。按需分配本质上是按社会需求和国家需求来分配个人收入，是宏观分配与微观分配的需求统一。

穷国与富国的区别不单是技术因素（生产力），也不单是政治因素（生产关系），而是技术、制度和文化共同构成的知本。如果经济成果变成了富人掠夺劳苦大众并移民海外的“热钱”，那么，国家的长久富强是不可持续的。经济上的贫富分化不可怕，可怕的是法律上的贫富分化。要判断一个国家是否能长期富强，要看该国的大多数富人和精英是否想移民国外？一国的移民公司越赚钱，就说明这个国家的经济越危险。

五、协新价值是原动力

只要存在劳资雇佣或规模经营，就必然要求“两权分离”。协同效益是整体倍加个体的量变，创新效益是个体倍加整体的质变。等价交换的困境就是“利润从何而来”，马克思认为资本利润是源于资本剥削，即资本是能带来剩余价值的价值。规模经营有两层含义，一是做大，争取协同效益；二是做强，争取创新效益，最终提高协同价值与创新价值——协新价值。协新价值才是经济发展的根本源泉，但协新价值并不是源于等价交换。社会效益源于绝对的协新价值，个体效益源于相对的协新价值。绝对协新价值靠共同创造，相对协新价值靠相互剥削。

在信识经济时代，没有永远的剥削者，也没有永远的被剥削者，每个人都在剥削别人的同时也都在被人剥削；每个人都在创造的同时也都在被创造。资本家在剥削工人的同时也在被人剥削。一个人在购买高价奢侈品时就是被剥削者，而在以成本价购买商品时就是在剥削他人。被人剥削是奉献，剥削他人是创造，资本和知本一样在剥削中创造，也在创造中剥削。没有剥削就没有竞争，能剥削别人才有比较优势，被人剥削就居于比较劣势，优势与劣势在协同与创新中可以相互转化或共同融入协新优势。

许多人以为做大做强最缺的是钱或资本。真正决定经济发展的是技术、文化与制度的三维知本，是知本力的无限自组织、自生产与自变革，并不是钱的多少。相对而言，钱越多，投机就越多，安心做实业的人就越少，技术发明就越少。真正的有效投资不是超发货币，而是提高经济的协同与创新能力。货币等于投资吗？不一定，货币并不一定等于投资，货币太多只会等于通胀。信用透支等于有效投资吗？显然不是，货币过多与货币过少一样都是有害的，过多的货币不是投资，而是通胀，都是影响“信识定价”的，都是扭曲正常的价格发现的。协新价值是生产力发展的源泉，也是《知本论》的思想灵魂。《资本论》发现了剩余价值与劳资冲突，《知本论》发现了协新价值与劳资和谐。没有劳资冲突也就没有劳资和谐，如果将《资本论》比作太阳，那么《知本论》就是月亮，日月不是对立，而是互补共生。

六、市场生于增值交换

系统定律或协新定律认为：个体与整体可以通过协同与创新这两种方式来相互决定。协新价值是市场的内容，增值交换是市场的形式；协新价值决定增值交换，增值交换促进协新价值。一切经济行为的两大基本法则是增值交换法则与福利最大化法则，“福”是指幸福，是一种主观判断，追求目标越低就越幸福，物质条件越好就越幸福；而“利”是指可量化的货币增量，是理想的物质指标。交换价值只是实现协新价值的形式与手段，而协新价值才是一切交换价值的目的与内容。劳动时间量的等价交换，只是成本的机械转移，不会给双方带来附加值或利润。

有了协同效应与创新效应，才能产生协新价值；有了协新价值，才有增值交换的充

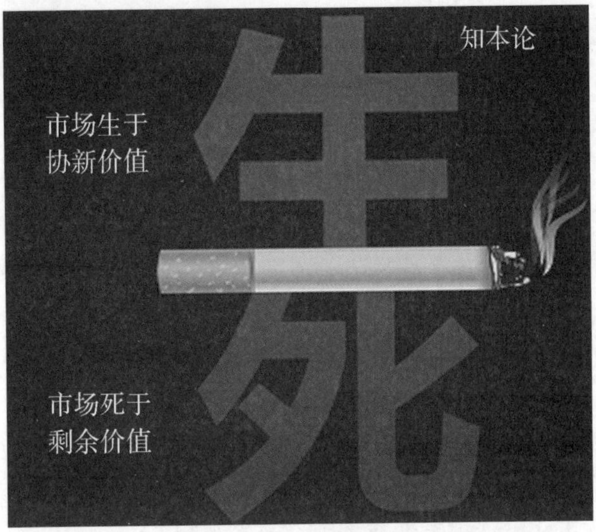

分条件；有了增值交换，才可能有利润，如果都是等价交换，那么只是成本或投资的机械转移或等量转移，谁也不可能获得额外利润或合理的附加值。在存量经济的等价交换中，一个人要想获得利润，就只有掠夺与剥削别人的劳动量，以求剥削价值或剩余价值；只有在增值交换的条件下，才有买卖双方同时获取利润的可能，以求协作价值或协新价值。从理论上讲，如果都是等价交换，那么只有不断扩大人口或不断加班加点，才能提高社会经济总价值，资本家在等价交换的条件下，不能创造任何劳动价值（劳动量），只能掠夺员工与对手的价值，即"资本＝剥削"，这显然是歧视资本的剥削论，只有在增值交换的条件下，资本家的技术革新与制度变革才能创造附加值，即"资本＝创造"。

从存量经济的角度看"资本"，资本必然榨取剩余价值，以等价交换掩盖资本的剥削性；从增量经济的角度看"资本"，资本必然创造协新价值，以增值交换体现资本的创造性。从存量经济到增量经济，有两只手，一只是协同之手，另一只是创新之手。

七、市场为什么存在

否认增值交换，就否认了协新价值，也就否认了市场存在的合理性，因为市场能让参与的各方分享规模扩张的协同效益与要素创新的创新价值，协新价值的继承是协同，协新价值的变异是创新，做大就是争取协同效益，要求边际成本递减；做强就是争取创新效益，要求代际收益递增。协新价值既是价值创造，表现为分工协作，也是价值剥削，表现为优胜劣汰。协新价值是市场的内容，市场是协新价值的载体，如果只有剥削，市场就变成了惨无人道的战场；因此，市场的本质是创造，市场的形式是剥削。增值交换的"值"是协同和创新的协新价值，俗称附加值或超额溢价，是市场生长的根源。市场存在的理由就是参与各方都能分享到协新价值或附加值，如果一个市场不能给参与者创造协新价值，那么这个市场就会消失，反之，如果一个市场能让竞争者的协新价值递增，那么这个市场就是朝阳产业或新兴产业的市场。分工协作的工商文明能战胜自给自足的小农经济，就是因为小农经济没有协新价值（溢价），而工商文明有巨额的协新价值

（溢价）可以让市场参与者尽情分享。

万物生长靠太阳，协新价值决定经济增量，协新价值是太阳，照到哪里哪里亮，哪里才会有市场。

八、福利最大化

等价交换法则与利润最大化法则难以并存，假设市场只有四大集团，A 集团是原材料供应者，B 集团是产品完成者，C 集团是运输和销售者，D 集团是终端消费者，如果是等价交换，那么 A 的利润源于 B，B 的利润源于 C，C 的利润源于 D，而消费者集团 D 是所有利润的来源，或者说三大经营集团 A、B、C 瓜分消费者 D 的收入或工资，而工资只是 A、B、C 总成本的一部分，这就导致 A、B、C 三大经营者无法扩大再生产，事实上也不可能有利润，因为工资本身就是经营者的刚性成本。在等价交换的刚性制约下，任何经营者的利润其实是工资（变动成本）的等价回流，如果没有掠夺与剥削，就不可能在等价交换的既定约束之下让掠夺者或剥削者产生利润。

任何人从踏上市场的第一步起，并不是为了保值，而是为了增值，增值是一切规模协同与突破创新的内生力。如果不能增值，任何经济体都必将走向消亡。在自由而平等的竞争条件下，等价交换不可能产生协新价值与额外利润（谁也不愿在被掠夺或被剥削的条件下接受交易），更不可能与利润最大化并存，只有增值交换才可能产生利润，只有产生利润的增值交换才能与利润最大化并存。

企业经营的目的是福利最大化，不是利润最大化或价值最大化，因为企业的无形资产、无形收入、无限溢价或无限外部性，都不能用利润来进行数字化或货币化的度量，股东与员工在大公司工作所产生的社会关系与社会地位也不是企业价值可以限定的，随着员工跳槽，这种员工福利，包括物质福利与精神福利，都是可以带走的。即使在企业无利润时，股东或高管也可以坐享企业经营的各种好处，这种身份附加值的“福利”不是企业价值，可以随着股东与高管的流动而流走。不能货币化或利润化的经营管理行为十分多，例如，企业对政府和社会公关而产生的人脉关系，这种人脉关系总是随着股东或高管的流动而流走。企业进行广告投资的长期效益，企业培训员工的长期效益，企业参与资本运作和兼并重组的隐性收益，企业内部管理改革的效益、企业为提升品牌所进行的各种投资、企业购买的专利权、企业的行业地位、企业与经销商的合作关系等，总之，企业在经营中会产生许多先进员工、先进客户、经济关系与市场地位，这些无形资产没法进行货币化的利润计算，也无法局限于企业之内，许多无形而无限的关系也难以全部体现为企业价值，而是随着企业所有参与者的变动而变动，并随着这种人员变动而向社会扩散，所以，企业经营往往是一荣俱荣，一损俱损，企业经营的成败既不能是完全数字化的利润最大化，也不能是完全局限于一个企业之内的价值最大化，而是具有无限的外部性与流动性，因此，企业经营的目的只能是福利最大化，是无限与有限、无形与有形、无价与有价、无私与有私的复杂融合体。

九、什么是活劳动

一个商品能畅销，一定是凝聚的活劳动多，反之，如果一个商品滞销，一定是凝聚的死劳动多。废品或垃圾不值钱，是因为活劳动贬值成死劳动，是协新价值的流失。什么是活劳动？能创造协新价值的资本、劳动或知本，都是活劳动，反之，不能创造协新价值的资本、劳动或知本就是死劳动。协新价值是商品的生命线，能带来协新价值的商品就代表活劳动，不能带来协新价值的商品就代表死劳动。在合情（文化驱动）、合理（技术驱动）、合法（制度驱动）的经营条件下，能赚钱或赢利的商品就是活劳动，不能赚钱或赢利的商品就是死劳动。

马克思认为工人的劳动是活劳动，而资本是死劳动。

《知本论》认为：资本和知本只要能创造协新价值，就是活劳动，而劳动力只要不能创造协新价值，就不是活劳动，而是死劳动。工人付出无效劳动之后就变成了死劳动，资本和知本创造了有效劳动之后就变成活劳动，这里的“劳动”包括资本化劳动与知本化劳动。资本是有限活劳动，知本是无限活劳动。以价值密度或赢利水平来度量，工人的操作性劳动是低级活劳动，资本是中级活劳动，知本是高级活劳动。资本是倍加的活劳动，知本是倍乘的活劳动。

十、什么是失业

商品滞销是失业之源，关于失业的解释很多，《知本论》只强调一点，那就是失业是不能创造协新价值的死劳动，而就业是能够创造协新价值的活劳动。一个人失业了，可能有很多原因，但多数人失业有一个共性：失业者不能形成协同效应，更不能形成创新效益，因而，不能给任何一个企业带来协新价值或附加值。态度差的人为什么失业？态度的本质是文化，态度差是缺乏文化协同，是文化性失业。能力低的人失业，是技术性失业。经常犯错的人失业是制度性失业。失业的本质就是劳动知本化的程度太低，活劳动的比例太低，而死劳动的比例太高。失业是因为边际生产率低于工资。

许多人认为失业者没有比较优势，这是很片面的，多数失业者并非没有比较优势，而是缺乏协新优势，失业者大多不能在团队中形成协同效应，也缺乏创新精神，因此，失业主要是因为协新优势的丧失，失业者不能给组织提供附加值。失业是劳动资本化和劳动知本化的暂停状态，即劳动者与知本和资本的分离状态，劳动离开资本或知本就是失业。劳动创造的新价值，不是指资本或劳动的等价转移，而是指超过劳动和资本的附加值——协新价值，如果不能创造高于全部成本或全部投资的新价值，劳动就不能创造协新价值，这种不增值的劳动即使由无数的工人来执行，也同样是死劳动，而不是活劳动。当一个组织集体陷入不增值的死劳动困境时，就面临破产而引发失业，这被称为结构性失业。失业是商品滞销的伴侣，是劳动力商品的滞销。不能为企业创造协新价值的人必然失业。

第二节 商品内涵

商品是调节社会人增值供求的主权事物，商品的二重性表现为投资性（货币性）与消费性（使用性）。绝大多数经济危机是商品投资性与消费性的灵肉分离的危机，因为投资性是商品的灵魂，消费性是商品的肉体，消费性决定投资性，投资性操纵着消费性。商品价格既是通过供求均衡调节消费性，也是通过信识评级调节投资性，消费性的供求调节与投资性的信识调节共同决定价格。一切供求平衡本质上都是不对称平衡，是信识强者剥削弱者的压迫性平衡。信识等级是定价之父，供求关系是定价之母。

例如，同一辆车，如果贴上奔驰与宝马的商标，你一定会给出 30 万元左右的预期价；如果贴上富康与吉利的商标，你一定会给出 10 万元左右的预期价，因为供求双方先对产品进行信识定级或品牌定级，再根据供求关系定价。先定级，后定价源于人类的劳动存在资本化与知本化的等级化。

一、知本是无限共产

《知本论》奉行的就是共产论，共产主义本质上就是知本主义，因为知本是无限又无私的劳动价值，是没有排他性的人类共同财富。人们共同占有的财产主要是无形、无限、无价、无私的知本，而将有形、有限、有价、有私的资本作为补充，公有制源于无限知本，私有制源于有限资本，所以说，共产主义是共享知本，其次才是共享资本。人们总以为公共物品或公共服务是共产，这是狭义的共产，广义的共产就是无形、无限、无私的知本。先进知本才是人类最主要的共产，真正的共产主义是人人都有学习和使用知本的自由，是取消专利制度与垄断组织的知本共享社会。共产主义社会没有学校、图书馆与专利局等，一切知识都是通过学习机或教育机直接输送到人的大脑皮层，而且还可以不断升级。

知本是无私的无限财富，而资本是有私的有限财富，我们所说的共产主要是共同占有知本，其次才是共同占有资本，共产主义不是否认私有制，而是要以公有制为主导，要以知本定价主导资本定价。共产就是人人都有言论自由权、民主选举权、失业补偿权、养老保障权和免费医疗权等，工作主要不是为了钱，而是为了自我实现。共产主义制度的本质不是劫富济贫的剩余价值观，而是贫富共进——让穷人变富，让富人更富的协新价值观。知识经济就是共产经济，知识的无限扩散就是知本的共产化运动。

各尽所能，按需分配不是想什么就可以无偿地获得什么，不是吃大锅饭，不是搞平均主义，而是按社会需要来给个人进行分配，人们总是误以为纯粹按个人需要分配，其实是按国家或社会的需要，来分配个人的劳动价值，按需分配的“需”是社会之需或国家之需，并不是纯粹的个人之需。总之，各尽所能的“能”，是指个人掌握和运用的知本，按需分配的“需”主要是国家社会的宏观需求，就是一个人为国家或社会创造了多大的需求，他的个人价值或收入分配才会得到相应的体现，即个人收入只是为社会创造的有效需求的一部分，国家或社会对个人的需要价值越大，个人就越富有，反之，个人越富有，就说明国家或社会越需要他。贫富分化的本质就是需求分化，对富人的需求呈现边际效益递增，对穷人的需求呈现边际效益递减。社会需求决定个人贫富，社会越需要你，你就越富，反之，社会越不需要你，你就越穷。你富，是因为社会需要你的劳动；你穷，是因为社会不需要你的劳动。按社会对个人的需求来分配个人收入才是按需分配，即按社会需要来分配个人财富，消费主权论者崇尚按需分配，其实共产主义并没有想象中那么遥远。

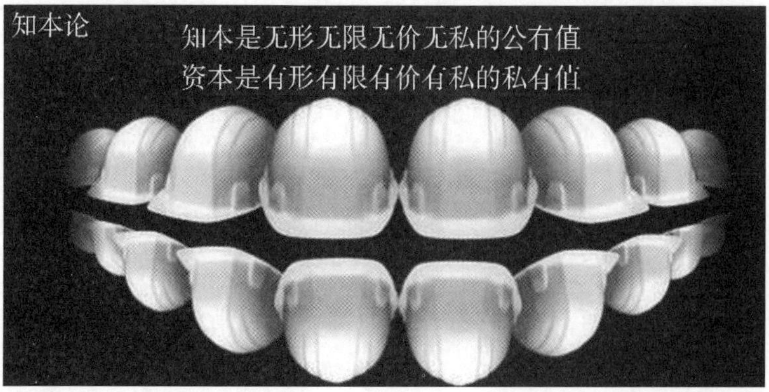

高福利国家的本质是什么？就是全民共享了先进知本的共产，先进文化、先进制度与先进技术才是人类共同富强的共产，不发达国家的工资比发达国家的工资低得多，原因何在？原因就在于工人附加在商品上的知本太少，导致人均效益或人均 GDP 较低。中国改革开放的成功就在于不断提高商品中隐含的知本，变劳动密集型为知识密集型。

《知本论》认为：全面实现劳动知本化，全面提高劳动力素质，全面普及大学教育，全面实现法治和民主，全民实现福利国家，这就是共产党为实现共产主义应持的核心执政理念。

二、资本以创造为魂

利润最大化的本质就是资本增值化，利润有两大来源，一是剥削工人的剩余价值，名义上是等价交换，二是创造企业的协新价值，实质上是增值交换。计划经济，政府是无限责任公司；市场经济，政府是有限责任公司。比较优势是商品势能，是看谁的供给成本更低，而比较求势是商品动能，是看谁的需求价格更高。

资本（知本）与劳动的关系就是不对称增值或创造性剥削的共生关系，资本少而劳动多，粥少僧多必然匹配出低工资，反之，资本多而劳动少，“粥多僧少”必然匹配出高工资，资本与劳动的关系本质上就像“男女关系”，男多女少则女人升值，女多男少则男人升值。资本和知本无形无限地跨国界自由流动时，劳动的流动却是不自由的。劳动等级可谓是壁垒森严，自由放任的只是资本，而不是受国籍、身份、种族、文化和距离限制的劳动者，全球化的本质就是无限知本对有限劳动的跨国追逐。

由于马克思的《资本论》太深入人心了，所以许多不求甚解者一提到资本就会想到剥削，而忽视了资本的创造本质，马克思并没有否认资本的创富功能，资本不等于资本主义制度，马克思批判的是资本主义制度，并不是机器、土地与资金等资本。资本家也分成善恶两类，恶类是血汗工场的剥削型资本家，善类是创新工场的创造型资本家。马克思真正批判的是恶类资本家与剩余价值，马克思并没有赞美善类资本家与协新价值，但马克思还是希望资本家能减轻对工人的剥削。资本的剥削靠剩余价值，资本的创造靠什么？就是靠协新价值，剩余价值的发现，正好为协新价值的发现预设了分析路径，《资本论》正好为《知本论》指明了前进之路。由于知本无限而资本有限，所以知本不能完全产权化或货币化，而资本可以完全产权化与货币化，知本的天性是大公小私，资本的天性是大私小公。

三、鸡蛋论与瓶酒论

商品是文明的使者，是创新的播种机。对于高度创新的高科技商品，是生产力（科技）决定生产关系（制度），产品决定营销；而对于落后商品，是生产关系（制度）决定生产力（科技），营销决定产品。创新发明是先有蛋（科技）才有鸡（制度），而学习模仿是先有鸡（制度）才有蛋（科技）。从瓶酒论看创新，新瓶是发现，新酒是发明。发现是形式创新，发明是内容创新。

国际分工不仅仅是基于比较优势，更是基于比较求势，有比较求势才谈得上发挥比较优势。低成本生产形成比较优势，高效益需求形成比较求势，定价权垄断形成比较权势。

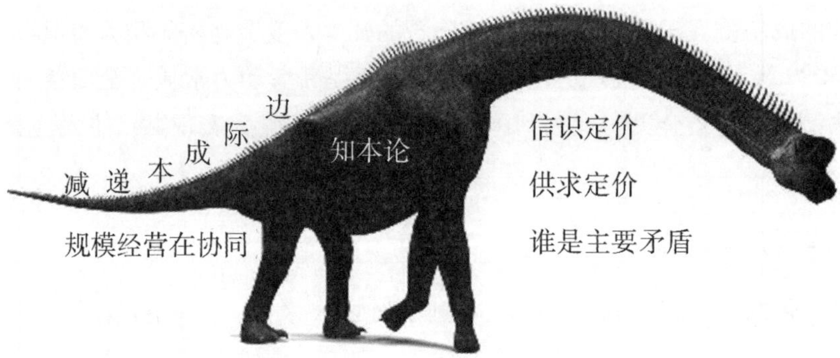

历史上著名的郁金香泡沫、南海泡沫、密西西比泡沫、亚洲金融危机、美国大萧条、美国的次贷危机、欧债危机等经济危机，都是商品的消费性（货性）与投资性（币性）的货与币分离的经济危机，要么是金融政策严重失误，要么是超级金融财团恶意操纵，都是因为商品的币性远远脱离了商品的货性。商品的供求平衡其实都是不对称平衡，都是假定信识等级（信用、信息与知识的等级）不变条件下的模拟平衡。商品投资性与消费性同样影响供求平衡，只从消费性（使用价值）讨论供求平衡是片面的，商品投资性（货币性）对供求关系的影响甚至更大，例如，黄金与房地产的价格都受供求关系的消费影响，但更受信识等级（投资级别）的货币影响。

四、协新优势

比较优势之间的较量要看协新优势，就是看谁的优势更能与环境协同或更具创新性。比较优势如同利率，协新优势如同汇率，协新优势是度量不同比较优势的关键变量。

一切商品都包括生产力三要素——资本、劳动与知本。资本是商品势能，包括资产、资源、资料与资金等有形有限的价值，决定着经济之形（规模）；而知本包括文化、制度与技术等无形无限的价值，决定着商品的动能，是经济之魂（创新）。劳动就是人的体力（资本）与智力（知本）的运用，是调节资本与知本的催化剂。劳动是经济的潜能，是挖掘资本潜力与知本潜力的决定因素。资本是知本的载体，劳动是知本的内容，人类生产力的进步其实就是知本不断积累，不断通过劳动转化成资本的过程，这是无形无限知本通过劳动创造有形有限资本的过程。

五、资本与知本的流动

穷国与富国的差距在哪里？就在于阻隔劳动要素自由流通的国籍制度，因为资本与知本在全球都是可以自由流动的，知本是无限的高速运动，而资本是有限的低速流动，只有劳动的跨国流动被强加了种种政治制约，投资移民是资本制约劳动的自由流动，技术移民是知本制约劳动的自由流动。户籍制度与国籍制度成了束缚全球劳动力要素自由流动的两大因素。殖民地富贵阶层的移民浪潮是一次投奔宗主国之旅，是一次劳动追逐知本的国际化之旅，更是一次宗主国曲线掠夺之旅。

宗主国的投资移民制度，是变相引诱殖民地的富贵阶层将财富转移到宗主国，这种曲线殖民是十分可怕的制度殖民。因为富人移民就是转移高收入，移民制度是一种十分巧妙的殖民制度，掠夺殖民地的富人和精英，这远比派军队去抢劫剩余价值更有效。

六、财为势能，才为动能

资本为财，知本为才。有形的劳动价值是“财”，无形的文化价值是“才”，“财”代表现货，“才”代表期货，“财”代表资本或金银货币，是已经实现的劳动价值，而“才”代表知本或法定纸币，是未来预期的劳动价值。资本和知本都具有溢出效应，但资本是边际成本极高的溢出，知本是边际成本极低的溢出。

一切商品能相互交换是因为普遍的效益性与特殊的对位性，并遵从效价最优法则或等效价比法则进行交换，效益 ÷ 价格 = 效价。经济危机源于劳动价值论魔咒，基于公平的等价交换是劳动价值论的灵魂，基于效率的增值交换是劳动价值论的心脏。只要社会财富的分配偏离劳动价值论并达到一定的程度，就是货性与币性分离的货币危机，就可能发生经济危机。知本是无形剥削与无形和谐的对立统一，也是无限溢出与无限溢入的对立统一，知本的无形跨界性与无限扩散性，是国际分工协作与国际品牌（跨国公司）的内生动力。知本在不断协同中可以实现“劳动替代”的“自劳动”，在不断创新中可以实现“资本替代”的“自资本”，在生产力三要素（资本、劳动、知本）中，知本是自劳动，又是自资本，因此，知本才是可以“自增值”的第一生产力，资本是知本的固化，劳动是知本的活化，知本才是人类社会经济发展的真正源泉，也是决定生产力和生产关系不断进步的原动力。

七、自由民主是经济命门

有形GDP是穷国战略，是资本驱动，而无形GDP是富国战略，是知本驱动。计算财富和劳动价值不是统计高楼大厦的数量，而是民众的自由度与民主度。在人均GDP里面潜伏着无形的知本、无形的民主与无形的自由，如何计算GDP中的无形知本，特别是自由GDP和民主GDP，这是一国持续发展的判断依据。

所谓的“私有化浪潮”就是要让国有资产流失合理化，让剥削合法化。国富在资本，国强在知本，决定一国经济发展水平的是制度、文化和技术等知本，其次才是资源、资料、资产与资金等资本。当今世界先进技术层出不穷，为什么穷国就不能成功运用先进技术呢？甚至连发达国家淘汰的落后技术都不能运用好呢？原因就在于穷国虽可以引用先进技术，却无法引用先进技术所必需的市场条件。当生产关系不能促进生产力时，穷国就止步不前了。

穷弱与富强的差距从表面上看，是经济协同与经济创新的生产力差距，实质上是政治民主与政治自由的制度文化差距。穷国与富国的差距既是资本（资源）差距，更是知本（制度）差距。

协同源于民主，创新源于自由，政治上的自由和民主与经济上的协同和创新是相互促进的。没有民主就没有协同，没有自由就没有创新。生产关系决定生产力，生产力反作用于生产关系，生产关系中的制度既是经济繁荣之源，也是经济危机之源，宏观经济问题，根源于政治制度之中，而绝大多数经济危机，都是商品二重性——货性与币性相分离的货币危机。

旧比较优势是低成本生产的优势，低成本必然产生剩余价值竞争；而新比较优势是高利润生产的优势，高利润必然产生协新价值竞争。

八、烟酒是弹性商品

《知本论》认为：价格弹性的说法是不全面的。经济学认为基本生理需求的价格弹性弱，无论价格如何变化，需求量的变化都不大，如粮食，粮多了就是低价草，粮少了就是天价宝，数量能极大地影响价格，而价格无论高低，对需求量的影响并不大。对于弹性的心理需求，价格对数量的弹性很大，价格变化能极大地促进销量，这个说法不一定正确，其理论误区在于两点，一是假定消费者没有区别，二是假定价格等级与身份等级无关。

烟酒的价格必须处在一定的价格区间，太低了就会“掉价”而无人问津，太高了就是“天价”而有行贿之嫌，因此，烟酒有特定的价格下限与价格上限，如果将价格降到约定的下限之下，不仅不能扩大销量，反而还彻底断送了销量，所以，不能说奢侈品或身份需求的价格弹性就一定大。烟酒并不完全遵从心理需求的价格弹性，因为权力消费需要相对应的价格标签。适合于大众经济的价格弹性理论未必适合于小众经济，不是所有的人都喜欢低价，薄利也未必多销，反过来，多销也未必因为薄利。还有，物美大多不会价廉，反之，价廉也大多不是因为物美，而是因为物优。有趣的是，“薄利多销”与“物美价廉”这两个“牛头不对马嘴”的奇怪词组却很流行。

第三节 商品如水

知本构成＝知本值÷总价值。知本构成低和价值密度低的低利润率劳动称为知本低密型，知本构成高和价值密度高的高利润率劳动称为知本高密型。资本主义在知本低密型商品中强榨血腥的剩余价值，在知本高密型商品中巧取和谐的协新价值。资本积累和知本积累是劳动火车前进的双轨。一切商品为什么能交换？商品能交换的原因：一是普遍的效益性或劳动性，二是特殊的对位性或使用性。例如，房地产能交易，一是因为其居住的共性，二是因为其地段的个性，有居住效益才有价值，地点对位才有价格，即居住效益产生价值，对位效益产生价格，对位效益又称为标准效益或有效需求。效益生产靠比较优势，需求对位靠比较求势。交换价值是商品相互交换时的比较效益，又称相对价值，是由众多的供求者或竞争者共同创造的多维价值。例如，一套房子无论建在什么地方，都有能容纳人和物的空间效益（绝对价值），但建在沙漠与建在农村或城市的房地产，其满足需求的对位效益在使用价值（价格）上有巨大区别，在不同市场体系中的交换价值或相对价值又有极大差异，因为房子在不同地段的协同效益是有极大差别的，需求量与协同效益成正比，需求量越大，协同效应就越大，边际生产率就越高。

一、商品如水

一切商品都离不开“劳动”，然而，简单劳动也是狭义劳动，一般仅指劳动力或员工的操作性劳动（有形而有限的劳动），而复杂劳动或广义劳动是资本、劳动者、知本等三要素在共同劳动，就像水分子 H_2O 一样，其中氧原子 O 如同劳动或劳动者，两个氢原子 H 指资本和知本。价值是抽象效益，是劳动共性；使用价值是具体效益，是劳动个性；交换价值是相对效益，是劳动弹性。人们常说财富如水，这说明了两个真理：一是财富像水一样有三个构成的主体元素；二是知本像水一样潜藏在商品中。资本是商品的美妙身体，是人类劳动不断凝聚成形的相对静止价值；而知本是商品的神秘灵魂，是人类劳动不断内化成精的绝对运动价值。按资分配与按知分配都是按劳分配和按效分配的高级形式，但不是按行政权力分配。资本和知本对劳动的不断替代，恰恰就是生产力进步的两大主线，资本和知本对劳动的剥削也就是创造，对劳动的替代也就是提高。资本和知本就像水中的两个氢原子，劳动就像水中的氧原子，生产力或知本力的三要素就是资本、知本和劳动的有机结合。

工资是劳动与资本和知本的竞合物，资本和知本对劳动既竞争（剥削），又合作（促进），当劳动相对于资本（知本）变得短缺时，工资必然上涨，反之，当劳动相对于资本（知本）变得过剩时，工资必然下降。

劳动三要素——水分子结构

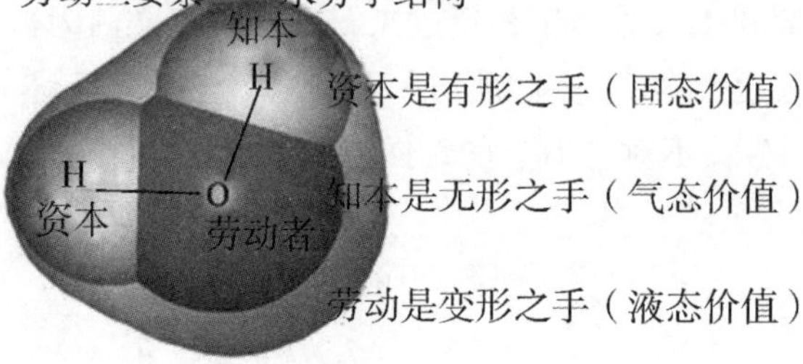

计划生育会使劳动变得相对短缺，而劳动的短缺又使工资水平不断提高，计划生育从某种意义上讲就是使劳动相对稀缺的激励工资机制，计划生育 = 激励工资，由于计划生育导致制造成本上升与老年社会加速，因此计划生育是计划经济的特殊形式和特殊产物，计划生育 = 计划经济。在经济走上市场的轨道之后，要重新审视计划生育。

计划生育 = 计划经济

计划生育 = 激励工资

计划生育会使劳动变得相对稀缺，提高劳动对资本和知本的边际替代率（交换价值），相对增加资本的结果就是相对增加工资。

二、商道的起源

在周灭商之后，商朝贵族成群结队地赶着马车和牛车走私贩运，中国农业社会正式诞生了第一批职业的商业阶层，人们称之为“商人”，大意是“商朝来交易的人”。

早期的商人是没落权贵被迫走向市场经济的结果。“商”字有分工协商与谈判商量的意思，商汤代表了“商”的和谐性，而商纣代表了“商”的剥削性。

历史上，“无诚不商”与商汤和“无奸不商”与商纣相联系在一起。商品如水，可以是好水，也可以是祸水，全在于人类如何管理。商道既在诚，也在奸；诚为本，奸为末；诚为正，奸为奇；诚为实，奸为虚；诚为阳，奸为阴；诚对友，奸对敌；不诚无以立信，不奸无以诱敌。

商业的本质在于资源配置与要素流动，并不是简单地转移价值，而是在商品流通中创造协新价值，由于古人不明白商业在创造协新价值或附加值中的主导作用，因此，不承认商业创造财富，这也导致重农抑商。从等价交换的公平法则，只能看到剩余价值，而从增值交换的效率法则，才能看到协新价值，商业提高了农业与工业的效率，因此商业资本的增值虽有剥削，但更多的是创造，商业员工能独立创造协新价值。从公有制与民主制的发展史来看，商业经济所需要的分工协作是公有制与民主制的动力源，商业文明的核心是自由贸易与平等竞争，只有高度发达的商业文明才能产生公有制与民主制，重农抑商恰恰是公有制与民主制的天敌，是专制腐败政权的权术。

第四节 商业内涵

一、商品是公私合一的产品

市场竞争离不开分工协作、买卖商量，“商人”不是“伤人”，无奸不商是封建思想。商品的本质不是代表交易双方的剥削性的伤害关系，而是共同发财或双向增值关系，即商品不是“伤品”而是“尚品”，是利已与利他合一，利私与利公合一的产品——助人是为了利已，利已也是为了助人。从协同效应看，亲近富人则富，亲近穷人则穷，道理何在？因为资本与知本具有强烈的外部性与扩散性，个人富必有助于亲友，个人穷必无助于亲友。资本的有限外溢性与知本的无限外溢性形成了利私与利公的交集。

从商品的内涵看，商品是利已私品与利他公品的交集。商品交易的合情利已是为了帮助亲戚，合理利已是为了帮助朋友，合法利已是为了帮助他人，归根到底，就是通过利亲、利友、利他而实现利已。市场是公私兼顾与公私共享的资源配置利器，利他利公是手段，但也可以是目的；利已利私是目的，但也可以是手段。商业文化应该是自由公平，而不应该是腐败垄断。

二、商品是形神兼备的产品

商品早已从初级的产品竞争——使用价值的竞争，上升到高级的品牌竞争——形象价值的竞争。产品论是唯物论，品牌论是唯心论，这是商品竞争的第一次飞跃；进入21世纪信用信息社会，商品又从品牌竞争上升到创新竞争的最高阶段，这是商品竞争的第二次飞跃。商品首先是效能，是生理使用价值，体现技术；其次是美能，是心理审美价值，体现文化；最高级的是信能，是信用、信息、信心、信念的安全增值的价值，体现制度。商品的生产是信用的生产，也是信息的生产。“资本+劳动+知本”共同产生劳动价值。

人们常说“产品是商品的生命”，这句话既对，也不全对。因为商品有三条命，效能是基本生命，美能是关键生命，信能是高级生命，效能（技术）为本形，美能（文化）为外形，信能（制度）为灵魂，三者相辅相成，缺一不可。效能、美能与信能，既相互独立，又相互影响。“效”是商品的长度，质量好才能持久经营；“美”是商品的宽度，品牌美才能多元化规模扩张；“信”是商品的高度，信用充足且信息领先，才能掌握市场的定价权。

三、商品是和谐共赢的产品

商品本身是没有阶级性的，但是附加在商品之上的分配制度（定价机制）才是剥削工具，所以，商品与商人是无辜的，而凌驾于商品之上的垄断资本剥削制度和遗产血缘继承制度则是万恶之源，当然，一切剥削归根到底都是劳动者丧失了“定价权”。在21世纪的信用信息社会，是一个信用为王，信息为后的社会，信用是市场的国王，信息是市场的王后，私营财团操纵信用与信息才是国际市场的心腹之患，也是经济危机的深刻根源。商品既可以有低级的剥削形式——榨取剩余价值的绝对剥削，也可以有高级的剥削形式——共享协新价值的相对剥削，协新价值是知本的天然属性，所以说，协新价值是比较优势生产与比较求势消费之源，没有协新价值就没有知识的无限扩散与国际分工的大发展。

四、效益就是价值

剩余价值是附减值，协新价值是附加值。协新价值是在社会化分工协作中通过协同效益与创新效益而形成的增值。有效益就有价值，但如果这种效益错位或移位，对于需求者来说就是无效或低效，商品的比较优势与比较求势就会因不对称而贬值。比较优势是降低生产成本，打败对手的竞争优势，而比较求势是提高需求诱惑，征服客户的合作优势。“优”是生产合格产品，是绝对价值或使用价值的生产，而“求”是生产合格客户，是相对价值或需求价值的生产。例如，生产一瓶合格的酒，这是绝对价值的“生产优”，对于爱喝酒的消费者来说，是“有效优”，能生产比较求势，反之，对于不爱喝酒的消费者来说，是“无效优”，不能生产比较求势。比较优势是交易的必要条件，比较求势是交易的充分条件；比较优势是商品的内在优势或内因，而比较求势是商品的外在优势或外因；比较优势创造商品或给商品定性，比较求势决定商品或给商品定价。比较优势是后推力，比较求势是前拉力。

比较优势决定竞争起点，流行生产决定论，而比较求势决定竞争终点，流行需求决定论。无论是比较优势还是比较求势，都不是一成不变的，都是需要在协同和创新中不断发展的。

一件产品既没有过人的功能技术（比较优势），也没有广受好评的品牌（比较求势），那就只有靠创新了，因为协新优势可以弥补比较优势与比较求势的不足。

第五节　商品属性

商品是调节社会人增值供求的主权事物。这个商品的定义看起来很简单，其实包含着十分深刻的内涵。商品竞争的低级阶段是“力的文明”或“效的文明”，是科技制胜论；商品竞争的中级阶段是“美的文明”，是文化决定论；商品竞争的高级阶段是“信的文明”，是制度决定论。

一、商品是有形物

商品是具有自然属性和特定质量的有形物品，如手机、电脑、牛奶、鳄鱼、枪炮、刀剑、油盐酱醋、花鸟鱼虫等肉眼看得见的有形物，有形物一般都是为了满足身体需求或生理需求的，是人类最基本最重要的生存需求。注意，这种基本生活需求的生产恰恰主要是由劳动量决定价格，传统的劳动价值论往往沦为劳动低价论，而且是劳动量决定低价格的同质化的规模大生产，主要体现资本的等价转移，难以体现创新知本的增值转型。

二、效率与利润率成正比

一般来说，基本需求商品的边际收益很接近边际成本，许多经济学家偏爱“边际成本 = 边际收益”或“边际利润 = 0”的低价竞争，认为这样才能实现资源配置的最优化，其实，从增值交换的角度看，当边际利润为零时，是资源配置效率最低的时候，资源配置效率与利润率成正比，效率越高，利润率就越高，反之，效率越低，利润率就越低。经济效率也与边际利润成正比，边际利润越高，经济效率就越高，反之，边际利润越低，经济效率就越低。西方经济学家为了让落后国家满足于同质化生产的低价劣势，鼓吹的低成本就是低工资或低创新，这显然不是比较优势，而是比较劣势。比较优势这个观点只分析低成本生产，不分析高收益消费，也没有结合协新优势进行差异化研究，因而是很肤浅的理论，是为欧美的经济殖民服务的，其实落后国家贫穷主要不是因为比较劣势，而是因为在全球知本和资本的逐利游戏中，落后国家的劳动价值被刻意贬得太低了，欧美资本和知本在协新价值中分享过多，这才是穷国长期处于贫穷的经济根源。欧美只要操纵国际机构给哪个国家设置贸易壁垒，哪个国家就别想富，反之，欧美只要想扶持哪个国家，哪个国家就富起来，日本就是很好的例子，这种扶持就能增强一国的比较求势，有了比较求势才能充分发挥比较优势（国际分工是比较优势与比较求势的附加值分工）。

国际分工协作首先是比较求势，其次才是比较优势，因为定价权或金融权掌握在美国手中，国际资本流动的总阀门是美联储，二级阀门是欧盟与日本，其他的才是新兴市场国家，美国是金融核心，欧盟与日本是金融中心，中国与其他发展中国家是金融外层。以反倾销为例，其实越是倾销，就越能降低欧美民众的购物成本，就越能让西方国家享受价廉物美的商品，而欧美偏偏要征收反倾销税，这是公然向新兴国家榨取剩余价值。再说说反补贴，其实欧美日对农业、高科技与军工产品的补贴高得惊人，中国对进口的美国商品从来不征收反补贴税，相反，美欧却频频向中国征收反补贴税，这也是欧美公然榨取中国的剩余价值。国际分工首先是按资本需求分工，欧美利用比较求势操纵全球比较优势，这就是他们的金融殖民。

《知本论》认为：利润越高就越有效率，赚钱越多就越有竞争力。创新者有暴利才是高效和合理的资源配置，只有高暴利才能对冲高风险，创新暴利在利润平均化规律或边际收益递减规律的作用下，必然在边际收益递减中走向微利，从而给广大民众带来高福利。如果创新者都利润惨淡，风险过大，那显然不利于资源共享和创新配置的优化！因此，创新商品卖高价才是科技发展的必然规律，也是知本推动社会进步的必然捷径，西方经济学推崇的“边际成本 = 边际收益”或“边际利润 = 0”的利润最大化条件，是一个伪命题，因为没有哪一个跨国公司是这样做的，如果这样做，必然要放弃名牌溢价与创新溢价，长期放弃溢价的结果就是沦落为低端品牌或削弱研发投入；如果这样做，必然要放弃创新暴利，那将会使企业无钱进一步开发新技术，也无钱提高工资或实行产业兼并。总之，《知本论》认为：利润最大化的条件一定是“边际成本 < 边际收益”或“边际利润 > 0”，同时按需定产，按照需求订单的销量来确定产量，按单定制的本质就是供求平衡。利润最大化的两个条件就是边际利润大于零与按需定产，国际名牌与主流企业也都是这样做的。注意，产能过剩是正常现象，也是必然规律，这与经济危机没有必然联系，产业升级的本质就是出现了产能过剩。买方市场的代名词就是产能过剩，没有产能过剩，就没有买方市场，因为供不应求就是卖方市场，而供过于求就是买方市场。价格战与广告战的前提就是产能过剩，只有卖方市场或计划经济，才不存在产能过剩。按需定产就是主动化解产能过剩，在工业生产能力达到无限供给的时代，供求平衡是一个伪命题，只有按需定制或按单生产才是“供求平衡”的真命题。

三、商品也是“无形事”

商品的自然属性不一定是有形的，也可以是无形的。我们这里强调无形事，不是指无形的物体，而是指劳动的服务形式，例如，买把刀子可以保存，也可以退货．但是，打造刀子的无形劳动则是无法保存与退还的。有形有限有价的资本与无形无限无价的知本成了劳动资本化与劳动知本化的两大趋势。物化商品就是指有形资本或不变资本，事化商品就是指无形知本或可变知本，因为商品源于劳动的知本性运动，成于劳动的资本性静止，知本性劳动是商品的创造源泉，资本性劳动是商品的保存形态。资本是人类劳动的相对静止，是劳动的特殊形式；知本是人类劳动的绝对运动，是劳动的普遍内容。

资本是有限势能，知本是无限动能。例如：工程师在思考、策划和研发时是知本的绝对运动，形成了技术图纸与设计方案时是暂时的资本静止，再结合大量工人与先进机器的劳动，就最终形成了产品，这是知本生产过程运动的暂停，生产阶段主要是产品自然属性的定型和物化的有形生产过程，是价值运动的暂停状态。总之，资本是劳动势能或相对静态，而知本是劳动动能或绝对运动。

商品在完成一系列定形运动与物化运动而最终成为可以出厂的有形产品，这是知本从绝对运动到相对静止而转化成资本的质变，换言之，产品就是生产过程中的知本化运动的暂时终结，代表着技术性劳动的静止形态，但并不是商品价值创造的全部过程的终结，商品还要从生产运动转入下一个阶段的销售运动。产品的成形与下线，是知本在生产阶段物化成资本的第一次飞跃，主要是产业工人的知本性劳动价值在产品中的价值保存，产品其实就是劳动价值的存贮和保管形式，是知本变成资本的桥梁与跳板。

工业劳动创造有形的绝对价值或使用价值，商业劳动创造无形的相对价值或服务价值。总之，工业资本与商业资本是环环相扣、相辅相成、相互转化的价值运动形式，本质上都是知本性劳动从绝对运动到相对静止的暂时停留，工业资本是知本化劳动停留的第一站，商业资本是知本化劳动停留的第二站，金融是资本与知本共同劳动的第三站。注意，消费也需要售后服务，也能创造顾客衍生交易与衍生消费。因此，商品的知本性运动还有下一站——消费阶段，消费是品牌价值和服务价值的延伸，是工业资本与商业资本共同推动的巧妙运动，其绝妙之处就在于消费成为变相的投资，生活成为变相的生产，当消费变成再生产时，就如同萨伊定律所说的供给自动创造需求。

《知本论》认为：萨伊定律不完全对，因为只有有效供给才能自动创造需求，不能适合有效需求的供给只能是无效供给，供给是否有效，是由需求决定的。因此，萨伊定律应该修正为“有效供给自动创造需求”。无效供给一定供过于求，不能自动创造需求，而有效供给一定供不应求，供不应求时就自动创造了需求。凯恩斯的有效需求，其实就是因为萨伊定律在供给前面少了“有效”这个词，只要补上“有效”这个词，萨伊定律的有效供给自动创造其需求就成立了。

四、信息经济的供求合一

信息经济是供求合一。供给完全源于需求，需求是有效的供给，供与求的成本距离和时空距离突然消失了，因为信息传播的边际成本可以为零，信息创新的代际成本也可以为零，需求者就是真正的信息再生产者，客户就是不发工资的外派员工，观众就是免费的信息推销员，互联网就是免费的信息销售渠道，需求曲线在向上旋转，供给曲线在向下旋转，最终两线合一，网络经济中没有供与求的本质区别，也不存在供求平衡，因为需求就是高效供给，供给就是潜在需求。

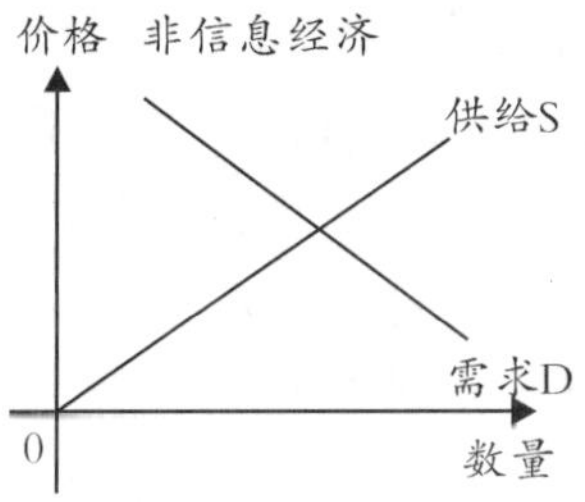

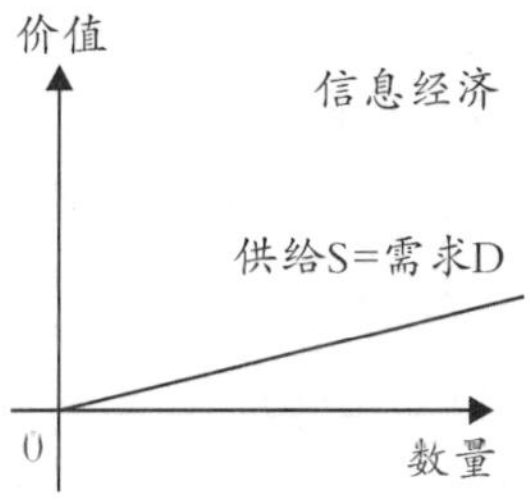

如图，左图的价格轴到右图变成了价值轴，因为信息强调的是价值，不一定直接体现为价格，在非信息经济中，供方与需方是遥遥相对的分离状态，供方要求高价才多生产，需方要求低价才多消费，双方在定价上是尖锐对立的，但是，到了信息经济社会，供方与需方并没有直接的价格矛盾，付费的往往是第三方。例如：一个网站的读者是消费者或再生产者，网站工作人员是生产者，消费者是免费上网看新闻的，供求双方在信息价格上并无矛盾，真正付费的是第三方的广告主，而广告主的付费要看观众数量，观众越多，付费就越多，观众才是真正的信息再生产者，观众才是网站的义务生产者，供与求是合二为一的。在信息经济中，需求者的顾客被视为不领工资的供给者，萨伊定律所说的“有效供给自动创造需求”，表现为新闻网站、游戏网站、购物网站与社交网站的顾客，自动创造了网站本身的需求。有效信息自动创造本身的需求，这就是信息定律。

如右图中表现为供给 S 向下偏转，需求 D 向上偏转，S 与 D 重合为一条线。信息产品的价格与供求量成正比，供求数量越大（观众越多），该信息产品的价值就越大，供求一体取代了新古典经济学的供求平衡。供求双方的雌雄同体，说明信息经济的本质就是需求自动创造了有效供给或有效供给自动创造了自身的需求，供给不存在问题，真正的问题是需求。只有找准了需求，就能找准大量的免费员工或无名员工，信息产品就能无限供求而一夜暴富。搜索网站与互动网站自然成为奴隶主，例如，百度、谷歌、腾讯、MSN、新浪等网站，广大用户才是网站的免费员工，既是生产者，又是需求者，网站巧妙地剥削广大用户。

明星经济、名牌经济、旅游经济与互联网经济，本质上都是信息经济，都是员工外置或需求内化的供求一体的新经济，这种眼球剥削或关注剥削消除了供求之间的距离，也消除了内部员工与外部顾客之间的时空距离，达到了供求一体的新境界。

决定经济成功的是技术、文化与制度共同构成的知本力，包括技术上的生产力、文化上的品牌力、制度上的管理力。旧比较优势论是强调低成本生产或低成本制造，而《知本论》的新比较优势论是强调高利润生产或高利润创造。劳动价值论的理想就是生产就是生活、消费就是投资、成本就是收益或劳动就是利润。

信用和信息经济的本质不是生产为王，也不是销售为王，而是消费为王，生产是低级增值，销售是中级增值，消费是高级增值，商品越是流通到终端消费者，知本增值的速度就越快，因为定价权与商品的流向正好是逆向的，商品从采矿到制造再到销售和顾客，是不断追加附加值的升值活动，然而，这个升值能否持续最终取决于消费者的买单。因此，定价权最终为消费权所主导。所以，商品交换既是劳动成本的等价交换（公平交换），也是对位效益的增值交换（效率交换）。等价交换是特殊性，增值交换是普遍性。

信用、信息和知识共同决定的信识经济，表面上没有直接生产出工业品或农业品。其实，信识经济的本质才是高效率的效率经济，资源定价或资本定价这个话只说对了一半，应该说是资源配置的效率定价或知本创新的效益定价，没有效率，再多的资源也仍是贫穷，总之，商品是无形无限的事，软实力往往比硬实力更重要！创新就是劳动知本化的代际效益递增。学校教育其实就是实现劳动知本化，学生的文化水平越高，将来知本化的能力就越强，单位劳动的效益就越高。教育其实是存贮和加工信息，创新的本质是改变和创造信息。技术发明就是技术秘密，是反映自然规律的信息；制度创新就是反映社会规律的信息。信息经济本质上就是平等和自由的创新经济。

五、商品价格源于主权

商品是调节社会人增值供求的主权事物，这里不是强调产权，而是强调主权，因为产权是具有严格的法律界定的权利，而主权不一定要严格的法律界定，产权是主权的高级形式，主权是所有权、使用权与收益权三者之间的模糊地带，法律并无明确规定，但受世俗、道德与文化的强烈制约。

产权是主权的法律形式，主权是商品交换的必要条件，产权是商品交换的充分条件。如果一个人对某件商品没有主权，当然就没有谁与他谈交易了，所以谈判时人们常问一句话："你说话能算数吗？你能为这个事做主吗？"这里说的就是供求双方必须具有商品或服务的"主权"。主权包括所有权、使用权、收益权、欣赏权、友情权、爱情权、亲情权、分享权、风俗权、选举权、信息权、信用权、告密权、检举权、规则权、性欲权与健康权等许多权利，这些权利或主权都是可以作为稀缺资源进行商品交换以换取利润的。

六、公地悲剧

1968 年英国加勒特·哈丁教授在《The tragedy of the commons》一文中首先提出“公地悲剧”理论模型。作为理性人，每个牧羊者都希望自己的收益最大化。在没有私有产权的公共草地上，每增加一只羊会有两种结果：一是获得增加一只羊的收入；二是加重草地的负担，并有可能使草地过度放牧。公地悲剧更准确的提法是：无节制的、开放式的、资源利用的灾难。就拿环境污染来说，由于治污需要成本，私人必定千方百计企图把企业成本外部化，这就是戴利所称的“看不见的脚”，“看不见的脚”导致私人的自利不自觉地把公共利益踢成碎片，公地悲剧需要相互强制、甚至政府强制，也可以有条件实现私有化。

公地悲剧说明的是产权不明，包括所有权、使用权与监管权的不明，使得企业和个人使用资源的直接成本小于社会所需付出的成本，而使资源被过度使用。①需要明确和稳定产权。科斯定理证明，一旦产权明确规定，而各利益相关者之间的联络、谈判、签约等交易费用足够低，则无论将产权划归给谁，最终总能达到该资源的最优配置和使用；②配合企业制度改革，力争做到公共产品私人供给。公地悲剧常表现为国有企业悲剧，所以国有企业应在内部真正实现民主选举与民主管理的改革。③加强制度建设，重视委托、代理、搭顺风车、机会主义等问题的研究。当职工意识到个人努力程度与企业经营的收益分配相关不大时，便会产生出工不出力、损公肥私等机会主义行为。

七、供求是商品的内涵

商品是调节社会人增值供求的主权事物，商品的本质就是供求关系，针对非信息化产品而言，供求平衡是资源最优配置的内在要求，但前提是信息足够透明、信用足够公正和市场完全竞争。对于信息经济而言，需求与供给是零距离或零差异的，供求平衡转变成供求一体，供求改变的往往不是商品的绝对价值。例如：一套房子无论售价高低，本身的物理性能或绝对价值是不变的，但是，供求价值与信识价值等相对价值是可以改变的，如果买房的人减少了，房子价格自然会下降，或国家规定的房产税大幅提高，也自然会导致房价下跌，这些都说明即使房子本身的材料结构（绝对价值）不变，但供求关系与信识评级都可以影响房子的市场价格（相对价值）。商品的二重性就是投资性（相对价值）与消费性（绝对价值），当投资性（货币性）远远偏离消费性（使用性）时，就容易引发经济危机。

八、增值是交换目的

需求定价必须有前提，就是需求方的出价不能低于供给方的成本，必须保证供给方能增值或赚钱，因此，“需求决定价格”应该修正为“在增值交换时由供求双方共同定价”。商品是调节社会人增值供求的主权事物。

《知本论》认为：对价可以是对等劳动量，也可以是对等效益量或对等增值，增值交换并不是要求双方的劳动对等，而是要求双方都有平等的增值机会，是机会对等，而不是赚钱数额或利润分配的比例完全相等。增值交换是基于知本的天然增值力，因为知本的边际成本和代际成本可以达到几乎为零的无限扩散，从而获得一本万利甚至是无本万利的理想增值机会，实现边际收益完全转换成边际利润的最理想扩张，而资本则因为其先天的有形排他性与有限独占性，无法实现真正意义上的“微成本+高收益”的双核扩张。因此，《知本论》不是从交换的对等条件或对等过程中寻找等价交换的合理性，而是从交换的动机与结果中寻找增值交换的双赢基因。

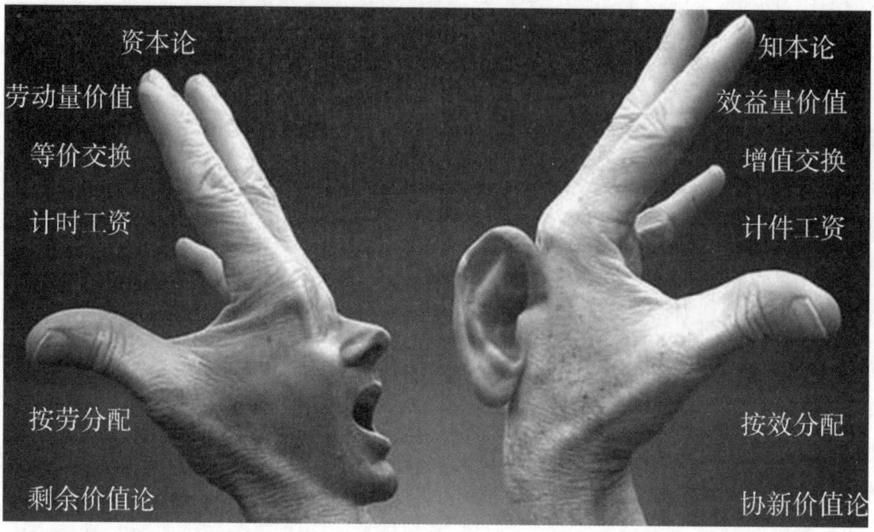

九、市场生于增值交换

一切商品交换都具有二重性，第一重是基于社会分工的劳动交换，交换价值不能低于劳动成本；第二重是基于社会分配的效益交换，交换价值不能高于对位效益。

《知本论》认为：等价交换只是起点和形式，增值交换才是终点和内容。双方不赚不亏的增值交换只是协新价值为零的等价交换，因此，等价是交换的特殊条件和形式，增值是交换的普遍目标和内容。等价交换只是增值交换的一个极小的子集，是双方都不增值也没有外部性的特殊情形。没有增值，就不会有交换，也就不会有市场，因为交换双方都是为了提高生活效益才去交换，一是按比较优势分工后，各方都提高了生产效率，可以分享超额的分工利润。例如：男女都耕田，也都织布，一对夫妻一年可以织出 10 匹布，并生产 500 千克粮食，但是，男女按比较优势分工后，男子专心种粮，一年可以生产 900 千克粮食，而女子专心织布，一年可以织出 15 匹布，经过劳动交换后，家庭实行了增值，增加了粮食 400 千克和 5 匹布，所以说增值是一切劳动交换的条件和内容，不增值的劳动交换就是资源错配，小则引发企业破产，大则引发经济危机，增值交换是市场存在的最大理由，也是企业存在的最大理由。二是按比较美势与比较权势分配后，双方实现的增值机会不同。例如：同样的劳动量，领导所得总比下属更多，权力左右着分配，这也是不公平的增值交换或劳动剥削，因为无论多少，上下级都必须增加收入才能维持一个团队的执行力。人们常说赏罚分明，本质就是绩效工资，是增值交换，绩效工

资 = 增值交换。因此，由于人们劳动的价值密度千差万别，所以，按效分配的本质一定是增值交换，工资收入不仅要弥补工人家庭的全部生活成本与教育费用，而且还要有一定的超额盈余，让工人的生活水平与教育水平不断提高，即工资必须大于劳动力价值，才能使工人的知本增值，同时工资又必须小于劳动价值，才能使资本家的资本也增值，劳资关系本质上就是不公平的增值关系，从不公平来看，资本对劳动确实存在剥削，因为资本家主导着分配权，分配标准总是服从利润标准。从增值关系来看，员工与股东都必须增值才行，员工不增值就会跳槽，股东不增值就会撤资，消费者不增值就会转向其他消费。等价交换论必然将赚钱或利润归结为剩余价值，而增值交换论才能将赚钱或利润归结为协新价值。

等价交换——赚钱因剥削——剩余价值

增值交换——赚钱因创造——协新价值

增值交换与协新价值是市场生存之本，因为交换必然会产生协同效应与创新效应，也就必然产生共享型的协新价值。反之，如果真的是等价交换，那么双方都不会增值，一方要增值的话就只有剥削或掠夺对方，这就是剩余价值论，其错误就在于忽视了全要素协同与单要素创新的超额效益，没有认识到“1 + 1 + 1 > 3”。假设 1 亿元招聘工人，1 亿元购买设备，1 亿元发明了新技术，最终产生的经济效益不是 3 亿元，而是 4 亿元或 5 亿元，或者 100 亿元以上，如果按等价交换，就只能是 3 亿元，相信任何一个投资者都不会接受这样的“等价”，只会接受“增值”。

等价交换——资本剥削——资本只能等价转移

增值交换——知本创造——资本知本是活劳动

等价交换与增值交换是同一交换过程的二重标准，等价交换认为资本和知本是不能增值的活劳动，资本只能等价转移，而增值交换承认资本和知本是能够增值的活劳动，资本能够增值创造。只有发现协同效应的量变与创新效应的质变，等价交换才能发展出增值交换。协同效应与创新效应是等价交换走向增值交换的两条腿。

$$\text{等价交换}\xrightarrow[\text{创新效应}]{\text{协同效应}}\text{增值交换}$$

等价交换是生存标准（刚性标准），交换者所获得的货币最低要等于成本价才能生存，一般在长期失业、极度贫困或经济危机时，人们不得不接受这样低的等价标准或生存标准，只具有比较劣势的求生者也只能奉行等价劳动，有一口饭吃就行，在战争与饥寒交迫时更是如此；增值交换是发展标准（弹性标准），交换者所获得的货币要能实现可持续发展的增值要求，必须有一定的利润才能发展。例如：甲乙双方交换，甲拿自己空置的厂房（市场价 800 万元）交换乙空置的机器生产线（市场价也是 800 万元），从交换的条件与交换的形式上看的确是等价交换，似乎也是对等劳动量或对等资本量的交换，但是，交换后（假设其他条件不变），甲增加生产线后的经营利润增加 150 万元，而乙增加厂房后的经营利润增加 90 万元，双方的交换都提高了协同效应。注意，甲的增值额比乙要多出 150 - 90 = 60（万元），这 60 万元既代表甲对乙的相对剥削与剩余价值，更代表甲对乙的绝对创造与协新价值。

“比较优势+比较求势+协新优势”共同决定增值交换。甲与乙的增值幅度不相等，这是平等互利的增值交换吗？当然是。所以，交换双方都会要求最低要等于成本价的等价交换，同时也希望交换后能通过协同与创新以提高彼此的经济效益，这就是增值交换。资源配置的本质就是要素协同与要素创新，增值来源于协同效应与创新效应，增值交换的本质就是供求双方在劳动成本（等价交换）之上分享协同与创新的协新价值，最终实现2+2>5的系统增值。例如：货币发行不能低于国内生产总值GDP或国民生产总值GNP，这是等价交换的要求，因为人们的劳动必须有等量的货币进行量度；同时，国家也应当适度增发一些货币，以鼓励创新科技与新兴产业，以货币制度和市场机制来协同优化产业结构，这是增值交换的要求，因为竞争的本质就是要抢占增值交换的货币定价权。任何交换都具有二重性，既是基于劳动成本和比较劣势的等价交换，又是基于比较优势和比较求势的增值交换，增值转型的知本部分要求给予的对价是增值机会或附加值的相对平等。等价交换是绝对成本转移的绝对等量交换，而增值交换是相对收益转型的相对增值交换。

十、一价定律

货币平价理论认为一元钱在各国所能购买的商品要相等，这是等价交换衍生出来的产物，是一种错误的汇率理论，因为同样一美元在各国产生的协同效益与创新效益相差很大，购买力不可能在各国实现等价，而且汇率不仅是经济标准，也是外交标准与政治标准，其背后是国际分工标准、消费文化标准与增值交换标准。购买力平价的一价定律忽视了商品定价的软约束，忽视了一元钱在各国产生的协同效应与创新效应的区别，所以一价定律是等价交换论，不是增值交换论。

假如同样一美元在中国与美国都能买到一个大苹果，请问这个苹果是酒店价还是地摊价？是名牌价还是杂牌价？是批发价还是零售价？有没有价格歧视？有没有价格欺诈？就算一美元能在两个国家买到同样的商品，也不等于是等价交换，因为每个国家附加在商品上的品牌价值、制度价值或产地价值已经不同，所以从国际贸易来看，等价交换是表象或个性，增值交换才是实质或共性。

等价交换是成本的等价转移，是同质化劳动的时间换算，是无协同、无创新的简单劳动哲学。反之，增值交换是效益的增量分享，是差异化劳动的绩效分配，是有协同、有创新的复杂劳动。剩余价值未必是“剩余”的价值，更多的是工资转移到利润的价值。

剩余价值——存量价值——价值转移

马克思所说的剩余价值，并不是真正的剩余，因为真正的剩余，一定是要素协同与要素创新之后才会产生的附加值或新价值或增量价值，因而他不认为资本和知本的增量价值，只认为劳动能创造新价值，因为劳动增值并不是可以独立完成的，没有资本与知本，劳动力并不能增值，不仅不能增值，就是转移价值都不行。所以，要承认劳动力能增值，前提就是必须承认资本和知本的增值功能。

注意：《资本论》与《知本论》在界定剩余价值时有一个十分重要和十分微妙的区别。《资本论》认为：剩余价值是工人劳动价值与劳动力价值的差额，劳动价值－劳动力

社会必要劳动时间，是没有认识到资本与知本的增值作用，以等价交换否定了增值交换

价值 = 剩余价值，这里的劳动力价值就是人才成本，是一个人的成长费用与最低工资（斯密与李嘉图都持这样的最低工资观点），劳动力价值 = 人才成本 = 成长费用 = 工资，劳动价值 - 工资 = 剩余价值，这里的工资是简单体力劳动或单个体力劳动的简单工资或个体工资。但是，《知本论》为了揭示资本和知本在协同与创新之后的增值功能，认为工人的简单劳动或个体劳动价值都是工资，即劳动价值 = 个体价值 = 工资，或者说，劳动力价值 < 工资，工资 - 劳动力价值 = 个体价值 - 劳动力价值 = 剩余价值，这就科学地将工资分成两部分，一部分工资补偿劳动力价值，另一部分工资被资本家当作利润或剩余价值，这是对《资本论》的继承和发扬，更有利于揭露资本家对工人的剥削程度。

个体价值——加班 + 克扣——简单工资 + 剩余价值

集体价值——协同 + 创新——复杂工资 + 协新价值

《知本论》将劳动价值分成了两部分，在研究剩余价值时，是指个体劳动价值或简单劳动价值，这就是工人应得的最低工资或简单工资，在研究协新价值时，是指集体劳动价值或复杂劳动价值，这里的工资是在复杂劳动条件下的复杂工资，复杂劳动价值或集体价值包括工资与协新价值，集体价值 - 个体价值 = 集体价值 - 工资 = 协新价值。总之，《知本论》与《资本论》的理论分水岭是从劳动价值开始的，《资本论》在简单劳动条件下得出个体价值、简单工资与剩余价值，而《知本论》是在复杂劳动条件下得出集体价值、复杂工资与协新价值，即剩余价值与协新价值是从劳动价值和工资的不同含义开始引申出来的，理论分水岭是从资本和知本的协同增值与创新增值开始的。

十一、社会必要劳动时间

马克思在《资本论》第一章中说：社会必要劳动时间是在现有的社会正常的生产条件下，在社会平均的劳动熟练程度和劳动强度下，制造某种使用价值所需要的劳动时间。《知本论》认为社会必要劳动时间的“必要”，首先是生产技术与资本的必要，其次才是劳动的必要，或者说，资本、技术和制度与劳动力同样必要，在自动化工厂，甚至可以不要工人，资本家夫妻两人就可以操纵整个智能生产线。总之，马克思所说的剩余价值，其实是转移价值，是资本、劳动和知本这三要素转移到新产品中的等量价值或存量价值，并不是附加或外生的增量价值，马克思认为资本家要赚钱，就必须剥削工人转移的价值，就必须克扣工资，必须无偿地让工人加班加点，必须让工资停留在劳动力价值的成本转移阶段，不能让工资变成劳动新价值，否则，资本家的利润就没有了，即资本家的剩余价值必定是克扣工资或剥削劳动价值而来。

剩余价值，它的真名应该叫做转移价值或剩余工资，真正广义的剩余价值其实就是协新价值，因为只有规模协同与差异创新才能产生真正意义的劳动剩余，资本家完全可以将工人在简单劳动中创造的新价值——“个体价值”全部发给工人，只凭资本增值与知本增值就可以发展得更好。

例如：资本家一年投入100万元的工资，工人加班加点直接创造155万元的新价值，由于土地升值和已购买的原材料涨价而获得资本增值70万元，30万元购买的技术发明专利并不增加产品的边际成本，但直接提高了零售价格与边际利润，产生了530万元的技术附加值。如果资本家将多出的55万元新价值以奖金形式发给工人，那么，资本家还能获得剩余价值或利润吗？答案是：资本家可以获得利润，资本增值70万元与专利增值500万元，共计获得570万元的利润。

总之，资本家要获得利润，并不一定要剥削工人的劳动新价值——个体价值，完全可以通过资本运作与知本运用达到增值，这就使资本家产生了两极分化：缺德、短视或陷入恶性价格战的资本家，必须剥削工人的劳动新价值——个体价值才能艰难地生存。反之，懂得名牌溢价与创新溢价的资本家，不必剥削工人的劳动新价值——个体价值，完全可以将工人简单劳动所创造的新价值用来给工人涨工资，从而激励工人更好地与资本产生协同效应，并与知本产生创新效应，达到工资越涨，高素质人才越多，利润就越高的良性循环。高级资本家将低级资本家从工资中榨取的剩余价值返回给工人，以激励工人创造更多的协新价值，所以剩余价值是附减值或克扣的工资，协新价值是附加值或增加的利润。低级资本家按劳动力价值发工资，高级资本家按个体价值发工资。

低级资本家——低工资（劳动力价值）——剩余价值

高级资本家——高工资（个体劳动价值）——协新价值

剩余价值论是否定协同与创新的血汗工场论，奉行等价交换与血汗剥削，而协新价值论是追求协同效益与创新效益的创造工场论，奉行增值交换与增值共享。在21世纪的国际分工中，落后国家痛失定价权，只能继续奉行剩余价值论，坚持血汗制造与低工资路线的比较劣势。相反，发达国家掌握定价权，可以奉行协新价值论，坚持协新效应与高工资路线的比较优势。注意，在现代市场经济中，低工资是源于低利润，由于利润太低，只能拼命压低工资，而高工资是源于高利润，由于利润太高，就可以轻松提高工资，而利润高低就在于是否发挥资本的协同效益与知本的创新效益，协新效益的高低，导致了不同的经营模式。例如：美国硅谷的高级工程师和CEO，其年收入可以比一个小企业的资本家的年利润还高，原因就在于美国资本家采用了劳资双赢的协新价值模式，劳资双方都可以赚大钱。然而，小资本家更偏重剩余价值模式，劳资双方都只能赚小钱。在21世纪的信用信息社会，剥削剩余价值往往只能赚小钱，而共创协新价值才能赚大钱。员工的工资越高，资本家的利润才能越高。反之，员工的工资越低，资本家的利润必然越低，这就是《知本论》的劳资新关系。

十二、增值交换不是平均主义

等价交换更像平均主义，而增值交换不等于平均主义，只要交易双方都能提高协同效益而发挥比较优势，就都有机会赚钱，但赚钱的数量不强求相等，而且赚钱多的一方并没有剥削赚钱少的一方；反之，赚钱少的一方也没有被剥削，因为通过交易还是多赚了钱。目前，劳动量的相对定价权在不断弱化，而资本与知本的相对定价权在不断强化。生产与加工越来越不值钱，而品牌与技术越来越值钱，按劳分配越来越不如按资分配与按知分配。21 世纪出现了一个明显的趋势：协同力与创新力较劣的企业或个人，收入相对于通货膨胀是递减的，而协同力与创新力较优的企业或个人，收入相对于通货膨胀是递增的。简单地说：协新能力较优者能跑到货币通膨的前面而实现财富的正增值。反之，协新能力较劣者会落在货币通膨的后面而惨遭财富的负增值。协新能力既是实际能力的资本存量，更是实际能力的知本增量。例如：甲与乙两个服装工厂，甲厂有 2000 人和 10 条生产线，产能为每年 100 万件，而乙厂只有 1200 人和 6 条生产线，产能为每年 60 万件，两厂生产技术水平一样，但管理营销水平与设计创新水平相差较大，到年终计算，甲厂只赢利 100 万元，乙厂则赢利 500 万元，决定双方相对优势的不是传统经济学家追捧的资本存量能力，而是《知本论》大力倡导的管理协同与营销创新的知本增量能力，所以说，无论资本化的产能实力是优势还是劣势，能提高知本化的协同与创新的整合能力才是真正的比较优势与比较求势。

十三、劳动创造什么价值

人们常说劳动创造价值，其实，不是说劳动创造剩余价值，而是说劳动创造协新价值，马克思的《资本论》所说的剩余价值既是创造出来的，更是剥削或掠夺而来的，而只有协新价值才是创造出来的。因此，在说劳动创造价值时，一定要明白这句话有两个潜台词：一是劳动创造协新价值，二是剩余价值剥削劳动。协新价值才是真正由资本、劳动与知本共同创造出来的新价值或附加值，剩余价值不是新价值或附加值，而是工人加班加点的加班工资，以剩余价值的名义等价转移到资本家的利润中去。剩余价值本质上就是无偿加班的工资或被克扣的工资，可称为应收工资，剩余价值 = 应收工资，却被强行贴上了资本利润的虚假标签，以掩饰资本家对工人的血汗剥削。

打个比方，加班工资是酒水，剩余价值是酒瓶，资本利润是最外面一层的彩纸包装，这三个名词都指同一个内容。马克思的伟大就在于彻底揭穿了血汗工场的资本利润。

总之，比较优势不仅取决于资本硬实力，更取决于知本软实力，即使是硬资本实力较优的竞争者，如果在协同与创新的软知本实力上较劣，也可能会败给资本实力较劣的一方。西方经济学中十分推崇的比较优势只是一种条件，并不是必然结果，比较优势能

实现协同与创新的比翼双飞时才能实现优势结果。反之，如果缺乏比较求势，没有需求的比较优势也只能是潜龙无用或龙困浅滩。有定价权时，就可以靠比较优势赚大钱，没有定价权时，就只能靠比较劣势赚小钱，国际竞争既可以是优胜劣汰，也可以是优劣共存。千万不要忽视劣势或弱者，劣币驱逐良币不仅仅是在金融市场，劣品驱逐良品或劣势驱逐优势更是常见现象，假冒伪劣也可以劣胜优汰，原因何在？因为居于比较劣势者更渴求协同效应与创新效应。不求高价，只求小利，往往是比较劣势者打败比较优势者的关键态度。优势不等于最后的胜利，劣势也不等于最后的失败，而竞争态度与协新效应才能决定谁笑到最后！劣势与优势都只是一种势能，决定最后胜利的只有协新优势。

十四、如何理解对价

对价＝交换价值，一方为换取另一方做某事的承诺而向另一方支付金钱或物质的代价。一项有效的对价（交换价值）必须具备以下条件：

（1）对价必须是合法的。

（2）对价必须是待履行或已履行的对价，但不能是过去的对价。

（3）已经存在的义务和法律上的义务不能作为对价。

（4）对价必须具有真实价值，但不要求充足，相等。

（5）对价必须来自受允诺人包括其代理人。

十五、社会人是主客体

商品是调节社会人增值供求的主权事物，社会人既是商品的供方，也是商品的求方；社会人既是市场的供给主体，也是市场的供给客体。宏观经济学创始人凯恩斯也认为：“经济学以心理学为前提条件。”著名经济学家马歇尔说：“政治经济学一方面研究财富，另一方面，也是最重要的方面，是研究人！”另一位经济学家斯蒂格勒也认为：“经济学分析的主要因素是人，是那些反过来受到我们分析的实践和政策影响的人。”英国重商主义者海尔斯在1549年所著的《关于英格兰王国公共财富的讨论》就提出了“人是追求最大利润”的看法，孟德尔在1729年发表小诗集《蜜蜂寓言》，提出“人的自利性是社会发展的动力”。亚当·斯密提出了较完整的经济人：第一，每个人行为要达到自己的最大利益；第二，每个人在追求自己的私利时又不得不考虑他人的私利；第三，当每个人都能自由地选择某种方式追求自己的最大利益时，“一只无形的手”会将他们对私利的追求引导到能够为公共利益做出最大贡献的途径上去——这只“无形的手”，就是基于分工的市场竞争；第四，人类还有自爱、追求自由的欲望、正义感、劳动习惯和交换等动机。

《知本论》认为：对于市场来说，掠夺剩余价值是有形之手，而创造协新价值就是无形之手。什么是经济的外部性？外部性就是难以定价的协新价值，或者说是无需支付对价的协新价值。

十六、经济人

经济人概念最早是由帕累托提出的，是一个打通经济学、政治学与心理学的伟大创举，是吸收了边际革命的理论成果，人被认为是完全理性的人，能精确计量苦乐的人，始终处于深思熟虑权衡利弊和比较边际成本与边际效益的持续过程的人。经济学家边沁提出了："各个人追求幸福，便可达到社会的最大幸福。"

马克思批评经济人假设超出一定的历史发展阶段，人的本性不是经济性或经济人，而是社会性或社会人，是由人们所处的一定的社会关系及其地位决定的。

经济人揭穿了权力腐败与计划经济低效的真相，社会人的核心本质就是经济人。

《知本论》认为：现代理性的经济人都是在既定的社会条件下来争取自身的最大利益，这些约束条件包括国家法律、政策、文化、习俗、资本、知本等，承认自利是人们经济行为的出发点，自利与互利是可以兼容的，自利激励机制与互利激励机制称为激励相容，因为自利并不一定要用损人的手段才能利己，用助人的手段同样能助人利己。损人利己是剩余价值观，是一种低效而短暂的剥削方式，是从有限资本与有限劳动看有限利润；助人利己是协新价值观，是一种高效而长久的剥削方式，是从无限知本的无限扩散中看无限利润。《知本论》从以上无形之事、有形之物、有限增值、有限供求、多元主权、社会人等六个方面论证了商品定义——商品是调节社会人增值供求的主权事物。

下面我们讨论几个热门话题：

1. 商品只是人类的劳动产品吗？

《知本论》答：不一定是。商品不一定是人类的劳动产品，也可以是大自然的劳动产品，只要有主权或供求，就可以是商品，如原始森林、自然矿藏和水源，都可以成为商品，但必须是有人能够声张资源的主权，并存在供求关系或对价要约行为。对于商品来说，人类的追加劳动与大自然的天然劳动都是一样的，人类必须适应自然规律，人定胜天未必一定对，许多原始森林与原生态风景因为无人类劳动量才更受游客欢迎，没有劳动，就无所谓比较优势，但照样可以有比较求势。总之，"劳动"，这里不仅指人类的主观劳动，更包括自然界的客观劳动，自然劳动也是商品的必备要素，将自然界与社会人的劳动等同起来，不仅没有降低或贬低人类劳动，反而强调了"人与自然"的协同和创新的重要性，同时，产品也未必是成功的或完整的，半成品、废品在有需求的对位效益或使用价值时也可以成为商品。商品的劳动主体既指人，更少不了大自然，人的劳动必须遵从自然规律，人的劳动必须与自然劳动相适应才能是有效劳动或协同效益，无效劳动不产生协同价值或创新价值。劳动资本化与劳动知本化，就是以资本和知本来同化劳动，或者以劳动来融化资本与知本，因为在社会化大生产中，已经没有单纯的简单劳动，一切劳动都是融合资本与知本的复杂劳动。

2. 废品和垃圾是商品吗？

《知本论》答：可以是，也可以不是。半成品、废品和垃圾虽然没有比较优势，但可能会有比较求势，在有需求时就是商品，没有需求时就不是商品，商品的生命就是需求，只要有了需求（需求与消费本身也是一种扩大的或再生的劳动），就可能起死回生，重新变成有用之物。注意，就算这些废旧物资是无偿捡来的，找不到供给方，但只要有人捡到并继续利用，事实上废品与垃圾又成了有使用价值或物质效用的商品，这种咸鱼翻身的废品又成为了商品，说明商品的供求不一定要有明确的供方或比较优势者，需求才是

500天养一只羊，每天杀一只狼，一只羊换500只狼才算等价交换

劳动创造商品新生命的根本所在，有需求的废品与垃圾也是商品，这就是比较求势在暗中起作用。

3. 商品一定要有交换行为吗？

《知本论》答：不一定。商品只要有主权与需求就行，一块土地要价极高，但一直没有拍卖成功，或工厂里面暂时积压的库存品，这些潜在的商品也是商品，并不需要有交换行为。许多有产权证的房地产，虽然业主并没有挂牌的出售动机，但随时也可以进入市场交易，而且正因为已经住上了房子，才导致业主在买第二套房时要求一定要比现住房更大更好。因此，自住房既是商品的参照物，也同时是潜在的商品。农民自产自用的农产品有主权与供求，也是商品。例如：农民自产自销后，假如有剩余粮食，农民就会拿去交换一些工业产品或生产资料，那么自产自销的部分实际上就成了替代性商品，正如大灾荒时农民不得不到处买粮食或等政府救济，说明自用的农产品是将主权、对价与交换这三个商品行为内化了，是特殊形态的商品。因此，商品不一定要有交换的发生，人们常说的潜在需求或创新需求其实就是认同对位效益或使用价值未必要发生交换，即使发生也可以错开时空，信用经济已经将交换进行了时间与空间的大错位，传统商品在交换上的时空同步性已被信用的无限魔力所否定。例如：期货与期权交易，其实就是商品时空错位的特殊形式。自产自销本质上是一种暗交换或自交换的增值交换，因为避免了庞大的市场交易费用，是一种类似信息经济的供求一体的理想交换，自产自销其实就是交易费用最低的最有效的增值交换，因为自产自销使供给与需求实现了零距离与零费用，自产自销的本质就是供求一体。

4. 关于经济人与社会人。

经济人假设，即假定人思考和行为都是目标理性的，唯一试图获得的经济好处就是物质性补偿的最大化，假设认为人具有完全的理性，可以做出让自己利益最大化的选择。1978 年诺贝尔经济学奖得主西蒙修正了这一假设，提出了“有限理性”概念，认为人是介于完全理性与非完全理性之间的有限理性状态。经济人的概念来自亚当·斯密《国富论》：“不是出自屠户、酿酒家和面包师的恩惠，而是出于他们自利的打算。不说唤起他们利他心的话，而说唤起他们利己心的话，不说自己需要，而说对他们有好处。”社会人假设最早来自于梅奥主持的霍桑实验（1924—1932 年）。人是有思想、有感情、有人格的活生生的社会人，人不是机器和动物。起决定因素的不是物质报酬，而是职工在工作中发展起来的人际关系。

布坎南首次把经济人引入政治学研究，经济人成为连接政治学与经济学的桥梁，因为政府官员追求权力最大化的目的就是经济利益最大化。1960 年，布坎南在《公共财政》中指出，政府官员的最大化利益与企业家不同。企业家追求的是利润最大化，而政府官员是追求权力最大化或威信最大化。政府官员不能追求利润最大化，但有权不用，过期作废，所以政府官员对权钱交易有着天然的激情，因此官员热衷于扩大财政预算，以增加权力与威信。计划经济必然失败的原因就是官员不在乎经济效益，成本与风险是国家的，浪费资源不要紧，企业亏损不要紧，只有政绩与权力才是自己的。市场经济成功的原因就是企业家必然追求利润最大化，也必须承担成本与风险，所以市场经济能节约资源并提高效率，而计划经济则不能。

英国塔维斯托克学院煤矿研究所验证，在煤矿采用长壁开采法的先进技术后，生产力理应提高，但由于破坏了原来的工人之间的社会组合，生产率反而下降了，因为协同效益的下降超过了创新效益的上升。研究所吸收社会科学的知识，重新调整了生产组织，生产率就上升了。这项研究的结论是，人除了物质需要外，还有社会需要，人们要从社会关系中寻找乐趣。1933 年梅奥总结了霍桑实验以及其他实验的结果，生产效率的提高和降低主要取决于职工的士气，而士气取决于家庭和社会生活，以及企业中人与人之间的关系。霍桑实验还注意到存在着某种“非正式群体”、“帮派”或“圈子”影响着群体成员的行为。霍桑实验还提出新型领导的必要性，社会性需求的满足往往比经济上的报酬更能激励人们。

大私必生小公
大公必育小私

协新价值之花生长
在剩余价值之斧上

从商品二重性的消费性和投资性来看，《知本论》发现了当代决定价格的因素：第一是货币信用和市场信息（以后简称“信识”，即对信用与信息的共识，个体共识是主观的或唯心的，集体共识是客观的或唯物的）；第二才是商品的供求关系，原因就在于金银本位制下，黄金与白银本身就是有劳动价值的商品，以金银作为货币，使得商品二重性的灵肉合一，但是，在当代法定纸币时代，由于部分存款准备金制与各种金融衍生工具的高度发展，纸币不再像金银那样受商品供求关系的技术制约，反过来还限制供求关系。各国央行可以随意增发纸币或通过存款准备金率与利率和汇率的调整，通过货币乘数放大货币流动性，此时影响商品价格的供求关系退居其次，决定商品价格的主要是信识关系，即纸币发行制度与信息发布制度完全可以决定价格，而以美国为首的国家正是发现了信识评级决定商品供求，才发明了各种期货工具与对冲战术，全面操纵了国际商品的对价权，美国的标普、惠誉与穆迪等三大信用评级巨头，都可以直接影响价格。美元霸权是当代国际剥削制度的灵魂，华尔街的各种金融创新与排山倒海的美元狂潮，不仅扭曲了供求定价，而且还能决定国际大宗商品的对价权。

第二章

货 币

货币是协调和创造社会经济关系的制度。

大约公元2600年前，位于今天土耳其西部的吕底亚国最早使用了金属货币；大约公元1000年前的宋朝出现了一种叫“交子”的世界最早的纸币。“钱”真是一般等价物吗？在金属本位制时，钱可能是一般等价物，因为金属货币本身也是劳动价值，但是在法定纸币时代，钱就不是一般等价物，而是一般增值物，因为钱的真正作用不是价值尺度，而是效率尺度，货币的发行遵从效率标准，而不是价值标准，所以利率与汇率变化无常，经济效率决定货币流速与单位币值，货币流速与单位币值反作用于经济效率。劳动创造成本，需求创造利润，无论成本或利润，都必须通过货币来定义，价格机制的本质就是货币量化制度。

一、货币不是价值尺度

等价物只是货币的特殊形式，加价物或增值物才是货币的正常形式，货币的天性表现为：名为等价，实为增值；名为公平，实为效率；名为创造，实为剥削；名为财富，实为债务。人们卖出商品，一定会要求得到的货币多于成本，此时，货币就体现出了高于成本的增值天性，没有增值交换就没有市场，没有比市场更高的增值交换就没有企业，没有比生产更高的增值交换就没有商业投机。纸币的增发量必须与一国的协新价值或经济附加值相适应，这可以从相邻两年的国内生产总值GDP之差中粗略地度量。资本殖民主要是货币殖民，而货币殖民又主要是价格殖民，价格配置资源本质上是货币配置资源。货币源于剩余价值时就是私有制，是代表剥削的劣币。反之，货币源于协新价值时就是公有制，是代表创造的良币。货币是普遍协同的商品，商品是特殊协同的货币；货币是协同效应的积分，商品是协同效应的微分。

货币不是价值尺度，而是价格尺度，因为法律与道德等社会价值难以货币化。

在金属币时代，偷工减料的贵金属币就是劣币，而在法定纸币时代，超量发行的纸币就是劣币。劣币是一种剩余价值或附减值，良币是一种协新价值或附加值。通胀或危机时的纸币是劣币，稳定或繁荣时的纸币是良币。经济危机证明了劣币驱逐良币的货币制度失败，经济繁荣证明了良币驱逐劣币的货币制度成功。当单位币值下降时，货币就贬值，就成了人们公认的劣币。反之，当单位币值上升时，货币就升值，就成了人们公认的良币。坏制度产生剩余价值与劣币，好制度产生协新价值与良币。

作为价值尺度，货币的币值必须保持不变。例如：1 米长的尺子，在任何地方都应该是 1 米长，不能在一个地方是 1.2 米，在另一个地方只有 0.7 米。从购买力平价看，1 元钱的货币在任何地方都应该能购买到同样数量与同样质量的某种商品。但是，利率与汇率的不停变化，本身就说明货币的币值在不停地变化。还有，钱存在银行要取得存款利息，放贷出去也要收取放贷利息，放在家里会损失利息（机会成本），用于经商就要获取利润，这些都说明钱本身是每时每刻要求有利息回报的，是自增值的。所以，从本质上看，货币不是价值尺度。

人们不择手段地追求货币增值，所以各国政府也迎合民众的增值需求，同时也为了巧妙掠夺铸币税与通胀税，就心照不宣地增发货币，所以，纸币的发行规律就是边际币值递减，边际币值递减规律恰恰证明货币不是价值尺度，而是增值尺度，增值包括两个方面，一是升值，二是贬值，主要是以货币贬值为主，货币升值是极难见到的特殊情形。

传统劳动价值论认为价值是凝聚在商品中的劳动量，货币直接度量的是价格，不是价值，而当今任何商品的定价都不是完全按劳动时间量来定价，所以价格与价值的严重背离是永远存在的。所以，如果从劳动时间量来定义价值，那么货币就绝对不可能是价值尺度，因为各国的货币发行量都无法度量该国的劳动时间量，也从来不知道和不考虑劳动时间量，所以货币不仅不是价值尺度，甚至也不是价格尺度，因为同一商品的价格也是变化莫测的。总之，货币发行根本不支持等价交换法则，货币存量不能与一国经济存量等价，货币增量也不能与一国经济增量等价，货币发行总是相对独立于一国经济水平。所以，不支持等价交换的货币就不可能是价值尺度。

斯威斯兰王国每年8月举行的芦苇节——庆祝少女成人的盛会，参加国王选妃盛会的少女们身着五彩短裙，上身赤裸，手持一束芦苇入场

裸体选妃纸币

按照《知本论》的定义，价值是供求双方共创的效益量，各国发行货币时还没有一套计算不同文化与制度的协同效益和创新效益的科学指标体系，美国 GDP 新算法中也才

刚开始将“技术研发费用”列入“投资”，因此，既然各国GDP或GNP中无法准确度量无形资产——知本的协同效益与创新效益，那么，货币也就无法成为价值尺度。总之，由于知本是无限扩散、无限增值的资源，而且技术创新与制度创新层出不穷，再加上信息不透明与效益难量化，必然导致货币与创新的脱节，而且各国货币政策都急功近利，从而使得货币不可能成为真正彻底的价值尺度。所以，货币本质上不是价值尺度，而是增值尺度。

二、货币是一般等价爱

货币未必是一般等价物，却是一般等价爱，因为爱本质上是一种消费偏好，根据偏好显示规律，爱与恨都是可以货币化的。在所谓“理性的经济人”眼里：在计划经济中，权力就是一般等价爱，只有权才是最可爱的，而在市场经济中，金钱就是一般等价爱，只有钱才是最可爱的，在不完全的市场经济中，权与钱都是一般等价爱。反腐败就是反对权钱交易，反对权和钱成为一般等价爱。

货币作为一般等价爱，爱的程度简称爱度，爱度定律可以表述为“爱度与货币量成正比”，一个人为爱付出的钱相对越多，就越证明爱的价值“高”，货币是感情的信物。

对于虚伪的人来说，货币是一般增值爱，骗取感情的边际成本递减，而边际收益递增，说假话就是一种造假钞的货币行为，假话说得越多，骗取的人情与好处就越多。

诚信是一种良币或金币，说真话的边际成本很高，边际收益却不高；而虚伪或伪善是一种劣币或纸币，说假话的边际成本极低，而边际收益极高，这是劣币驱逐良币。

争气的孩子就是良币，会让“货币成为一般增值爱”，会让父母投资的代际收益递增；反之，不争气的败家之子是劣币，只能接受“货币成为一般贬值爱”，会让父母投资的代际收益递减。

爱是一种增值货币，是协新价值之源。反之，恨是一种贬值货币，是剩余价值之源。货币是一般等价爱，也是一般等价恨，绝大多数的爱恨都是可以货币化的感情。资本性恶论必然产生剩余价值与劣币，资本性善论必然产生协新价值与良币。

三、什么是黑洞货币

资本主义基本矛盾在经济上表现为生产社会化与信识私纵化之间的矛盾，在政治上表现为自由民主与信识失衡的矛盾。信识私纵化是指资本主义私有财团操纵着信用、信息与知识的信识大权，从而私下操纵着定价权与民主权。当一种商品被人为炒作成天价从而吸引超量的货币来追逐时，这种超过正常消费需求的商品就是“货币黑洞”，因为这种黑洞商品能在投机狂潮中吸收大量的货币，成为超越实际供求的货币黑洞或黑洞货币。例如，历史上的郁金香狂潮、股票狂潮、房地产狂潮，都是大量货币被某一种投机性商品强烈地吸走，吸收大量投机资金的炒作商品已经不是消费性商品，而是一种高能量的投资性货币，是一种席卷大量货币与劳动价值的黑洞商品或者黑洞货币。黑洞货币是经济危机的巨大推手，美国策划石油——美元的价格暴涨四成时，石油就是黑洞货币；商人利用房地产吸金时，房地产就是黑洞货币。比特币也是一种黑洞货币，比特币本质上是一种商品或游戏，不是法定货币，也不可能成为长久的货币。

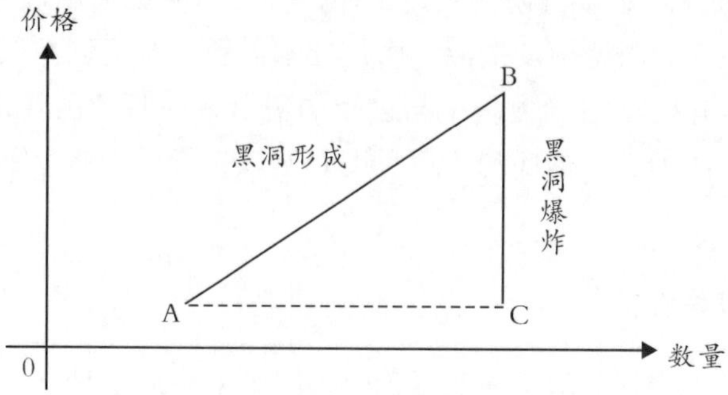

货币黑洞图

“黑洞货币”分为形成与爆破两个阶段：

第一阶段（AB 段）是商品变货币的货币黑洞形成阶段，或称去消费性阶段，或称盲目投机阶段，供求双方不是为了实际的消费或使用价值，而是为了未来的投资收益，这种炒作商品实际上已经货币化，成为一种高度泡沫化的高能货币或黑洞货币。

例如：1985 年“广场协议”逼日元升值后，日本的房地产曾经爆炒到了天价，仅东京的房地产市值就可以买下整个美国，每间房中全部装满零钱，也买不了一平方米房产，房地产成为吸收大量国际热钱的黑洞货币。货币黑洞在形成过程中，会迅速创造大量的虚化的协新价值，人人欢天喜地，个个赚得眉开眼笑，这是一个价量齐涨的黑洞狂欢阶段。

第二阶段（BC 段）是货币变商品的黑洞消失或爆破阶段，是投机价值的断崖式暴跌，或称去投机性阶段，B 点是黑洞爆炸点，C 点是价格最低点，在 C 点所有的泡沫消失，在货币黑洞大爆炸时，大量的货币灰飞烟灭，价格直线下跌，资金像受惊的群鸟四散而飞，最后一批投机者在 C 点成为黑洞大爆炸的真正受害者，黑洞货币终于还原成商品的本质，投机性消失，消费性复辟，黑洞商品脱去了货币的伪装，还原为正常商品。当货币黑洞大爆炸时，先知先觉的理性投资者提前退场，席卷了大量的剩余价值，最后上岸的裸泳者因为过度贪心而输得一丝不挂，人人欢呼雀跃的协新价值终于露出了剩余价值巧取豪夺的真面目。

三角形 ABC 面积就是货币黑洞大爆炸时疯狂掠夺的剩余价值，C 点也就是在 B 点的最高价入市而在 C 点的最低价仍未退场或仍然握有黑洞商品的最后一批裸泳者。在 C 点仍未退场的投机者全部都是受害者，而三角形 ABC 的面积就是货币黑洞的面积，即市场操纵者巧取豪夺的货币总量。

四、比特币是黑洞货币

货币有两种来源，第一种是易带、易藏、易分的金属特性，第二种是政府强权保障的法律属性，而比特币显然不具有这两种属性，充其量只是一种货币梦幻。

《知本论》认为：比特币并不是真正意义上的法定货币，纯属一种财富赌博的掠夺游戏，甚至是反对政府货币通胀的集体情绪的发泄，因为比特币越挖越少，显然是一种通缩货币，而且还有可怕的总量限制。真正的货币有三大基本功能：一是需要政府法律保证，能用来交纳税费；二是没有总量限制，总量限制是违反知本无限增值规律的；三是得到市场交易主体的广泛认同。

目前还没有哪个国家同意以比特币纳税，中国央行更明确反对比特币，绝大多数交易者都不认同比特币。比特币能不能用来纳税，这才是政府是否真正承认的关键。作为货币，必须与经济发展的速度相协调，必须与一国的经济增量——协新价值相适应，由于各国经济是不断向前发展的，每年 GDP 增量或协新价值大多是逐年边际递增的，只有少数年份会下降，这就要求货币必须与协新价值同步，而比特币显然不可能成为货币，因为比特币发行量越来越少，这与经济增长是背道而驰的，不会推动经济增长，只会越来越成为经济发展的瓶颈。

《知本论》还发现比特币的交易网站也频频遭到黑客与病毒的打击。因此，比特币不可能保证交易顺畅流通，同时比特币还容易成为犯罪集团的转账工具，比特币结算必将成为犯罪集团的新宠，利用比特币洗钱也必将令比特币被各国禁止。比特币也不能与黄金相比，因为黄金是珍贵的首饰，黄金首饰早已成为财富与荣耀的化身，黄金不仅有工业应用上的生产力，更有富贵文化的生产美，只要人类生产黄金的技术成本不能大幅降低，黄金必将再度雄起，黄金真正的价值不是货币，而是富贵文化的代言者。总之，任何东西都可以成为一定范围的货币，但只有政府同意用来抵税的商品才是真正的货币。显然，比特币不是真正可以交税的货币，随着新的电子货币的兴起，比特币限定总量的稀缺炒作，到头来反而断送了自己的前途，因为任何政府绝不会接受一个与经济增速脱节的虚拟货币，货币的本质是效率工具，是协新价值的增量符号，而比特币显然不可能随着生产效率的提高而增发。

俄罗斯风流女皇卡捷琳娜纸币长25.8厘米，宽11.2厘米

《知本论》认为：政府一定要关注特殊产业的“黑洞货币”或“货币黑洞”，这种投机黑洞一旦形成，表面上会无限吸收政府超发的大量货币，并无限吸收国际热钱，客观上能暂时提高一国的 GDP 涨幅，似乎是皆大欢喜的协新价值闪现。然而，泡沫总有破灭的一天，“货币黑洞”也总有爆破的一天。

政府如果要想打压房价，不能违反市场规律搞限购，一是应该限制购房贷款，一律现款购房，银行不得贷款，开发商也不得预售，将预售列为诈骗行为，从货币上收紧源头；二是实行房产税与遗产税，消除房地产成为黑洞货币的税法根源，让房子与货币划清界限；三是信息公开，公务员家庭一律不得超过两套房，三套以上要撤职查办；四是加快政府保障房和廉租房建设，稳定房地产的消费功能，淡化房地产的投资功能；五是政府要加强自律，不再超发货币，消除货币通胀推动房价暴涨的政府根源。总之，坚持这五项基本原则，房地产就不会成为黑洞货币。

货币黑洞的存在，也正好说明商品的信识关系比供求关系更重要，黑洞货币的形成不是因为供求失衡，而是因为信识失衡。当一种商品在疯狂炒作投机下成为货币黑洞时，政府首要的不是抑制供求关系，而是收紧货币、严控信息，并引导预期，尽早让黑洞爆炸，黑洞爆炸得越迟，吸收的货币总量就越大，吸走的剩余价值就越大，对经济结构的危害也就越大。货币黑洞本质上是剩余价值掠夺的最高形式，既是劳资冲突的最高形式，也是资本大战的最高形式，这与协新价值主导的公有制生产方式是水火不相容的。

五、货币发行依据

国家到底以什么为依据发行货币呢？

《知本论》认为：国家发行货币有三个依据。

一是发行货币的存量标准或总量标准，当年货币总量应该等于当年的国内生产总值GDP，如果GDP比上年增加，就要相应增发货币，反之，如果GDP比上年下降，就不能增发货币，以保持物价相对稳定。

二是发行货币的增量标准，一国的经济增量就是当年的经济附加值或协新价值，可以近似地理解为当年的总利润，而总利润是总收益减去总成本，也可以近似地理解为GDP的增量，即由当年GDP总量减去上一年的GDP总量，或者由当年的总收益减去当年的总成本。协新价值或GDP增量可以作为增发货币的标准。

三是发行货币的效率标准，国家有意增发一些货币，主要是解决急需的投资，而这些投资必须能降低整个经济的运行成本，提高整个经济的运行效率，打通制约经济的资源瓶颈，如建设铁路、地铁、宽带网、节能技术等，虽然货币多投放了，但由于能提高整个经济的协同水平，节约交易费用，提高全要素生产率，也就能降低物价，从而不会引发货币通胀。

货币不是价值尺度，而是增值尺度，国家发行货币必须以稳定物价和提升整体效率为轴心，坚持协新价值为主导的生产方式，综合运用总量标准、增量标准与效率标准，要坚决杜绝以货币通胀来掠夺国民的剩余价值和破坏经济协同效应的短视行为，既要勇于承认货币不是价值尺度，也要严格限制滥用货币这一增值尺度。

经济基础决定上层建筑或生产力决定生产关系，如果浓缩成三个字，就是理性的“经济人”；如果浓缩成两个字，就是高效的“货币”；如果浓缩成一个字，就是“钱”。

《知本论》认为：货币发行不仅是经济国策，更是政治国策，因为通胀会相对加深广大民众的普遍贫困与广泛民怨。所以，货币增量绝不能超过当年的经济附加值——协新价值，由于物价稳定是协新价值主导的公有制特征，货币通胀是剩余价值主导的私有制特征，所以国家发行货币的利率与汇率不仅是经济路线，更是政治路线。税收与货币是政府公信力的两大支柱，要少做加法，多做减法，即少发货币多减税，少审批多放权。

第一节 货币概论

货币是国家的名片，是国企的商标，政府信用在国内与利率成正比，在国际与汇率成正比，政府的公信力随着货币升值而升值，也随着货币贬值而贬值，货币就是优化资源配置并转移财富的效率工具。纸币不是价值尺度，而是效率尺度，所以货币通胀是正常的，因为政府总想提高经济效率。在工业经济中，公有制国家就要控制生产资料，而在信用信息经济中，公有制国家就必须控制货币。生产资料姓公或姓私与社会制度无关，关键是货币姓公或姓私，国家控制了货币就控制了一切生产资料。美国政府不能控制私有化的美联储，而中国政府可以控制公有制的中央银行，这就是体制优势。人民币能战胜美元的机会就在于中美的货币制高点上，中国应该限制私有银行的发展，不要被美联储和那些经济学家的金融自由化所误导。

一、法币与权钱交易

当前流行的纸币，书面名词是法定纸币，是以政府公权力作为信用来背书的债务币，简称“法币”，“法”代表公权力，“币”代表金钱，在资本主义国家，法币心照不宣地理解为权力货币，是权钱交易产生的法币，有法就有币，有币就有法。欧美遭受司法不公与冤假错案的人都心知肚明：纸币是法币，那就是“法律 + 货币”，在执法犯法者看来，纸币的背面就是货币，正面是司法，有钱就是法官，执法就有钱财。在冤假错案中，法官 = 法币，检察官就是“捡钱官”，名为执法者，实为违法者，执法 = 赚钱，这是经济人在政治经济学上的绝妙写照，经济人画龙点睛地揭露了司法败类为钱办案的真面目，捅破了政治学与经济学的窗户纸，那些司法败类利用国家法律“敲诈”弱者并向富豪索取司法献金。在腐败专制的封建社会，法币就是有法之币或有币之法，法律可变出货币，货币也可变出法律，有钱就有法，无钱就是罪。

二、货币就是债务欠条

美元是世界上最大的通用货币或世界货币，但美国政府不能发行美元，美元是美国联邦储备银行发行的不可兑换银行券，美联储印刷美元的数量就是购买国债的数量，美元与黄金脱钩后就与国债死锁在一起，国债（债务或欠条）取代黄金（债权）而成为美元之锚。美国政府向美联储卖出国债，美联储给政府印刷等额美元，支撑美元的就是国债，美元 = 国债，如果消除国债，也就停发了美元，只有增发国债，才能增发美元，美联储赤裸裸地证明了货币就是债务欠条。到 2013 年，美国债务规模增长到 16.7 万亿美元，美国政府税收只占政府开支的 70%，债务违约导致美国政府多次停摆，说明纸币作为政府信用或政府欠条，哪怕是最强大的美国政府，也总有信用破产的那一天。美国的赤字财政本质上就是货币欠条。

《知本论》认为：从货币发行制度看，中国的金融制度远比美国优越，中国政府发行货币不用向私有银行支付巨额利息，发行总量也不用看私有银行的脸色，这就是社会主义公有制的优越性。在信用信息时代，私人资本主导生产资料不要紧，但绝不能让私有银行主导国家金融。国家政府主导货币发行是公有制的基本特征，而私有银行主导货币发行则是私有制的基本特征。

三、“金纸币”或成救世主

有“欧元之父”之称的1999年诺贝尔经济学奖获得者蒙代尔宣称，应有一种新的世界货币，来规避因汇率问题而加剧经济危机的情况，此货币不是黄金或美元的单一货币，而是由世界几种主要货币按照比例组成的货币篮子，同时挂钩黄金，其他货币根据世界货币制定汇率浮动范围。他表示，货币篮子里除了美元和欧元，不可或缺的是人民币，这三个地区的生产总值超过全球的50%。蒙代尔认为这是大势所趋，但是，现在阻碍这一设想的很大原因在于人民币还不属于可兑换货币，不能自由兑换。

《知本论》认为：蒙代尔的说法并不成立，因为美元、欧元与人民币都不可能与黄金挂钩，也有不少经济学家提出“纸黄金”的设想，这也是哗众取宠的空谈，因为纸币的确是一种低成本、高效率的调节武器和掠夺工具，不会受黄金产量的致命制约，如果真的实行纸黄金制度，一定会造成经济低迷，因为当代的劳动资本化与劳动知本化的加速度很高，科技、文化、品牌模式等虚拟经济的威力已超越实体经济，知本的超速扩张就需要与纸币的膨胀相适应，以刺激创新的加速。另外，政府为了调控经济和提高政绩，也必然需要更多的钞票，也就是说政府不可能放弃垄断印钞机的巨额铸币税与通胀税。劳动知本化说明科技的快速发展也需要提高印钞速度，纸币的天性必然是通胀性与掠夺性，所谓的世界货币与纸黄金都毫无创意，所谓的纸黄金并不新鲜，其实就是一篮子货币与特别提款权的翻版，是一种自欺欺人的货币组合，未来的世界货币还没有找到理想的商品支持，黄金、石油与房地产都不是理想的货币对价物。

《知本论》认为：最好的办法就是既保留软纸币的低成本特性，同时又能增加一定的高成本黄金的硬制约，那就是采用“金纸币”制度。金纸币可以在纸币中嵌入防伪黄金线，即保留面值10%左右的纯金线，又为纸币贬值设定底线，这样就融合了金币的保值性与纸币的增值性。

四、拜金主义

市场经济是货币经济或价格经济，利润最大化讲的是拜金主义，增值交换讲的也是拜金主义，反垄断就是反对拜金，反腐败也是反对拜金，拜金主义是市场经济的要求，也是资本精神。在金本位制时代，黄金制约了政府滥发货币的无良冲动，经济危机爆发少，金本位制说明了拜金主义是合理的。在法定纸币时代，人们变成了拜“纸”主义，纸币取代了黄金，所以经济危机频发。黄金代表着诚实货币，拜金主义代表着诚实的经济行为，这总比想赚钱又死不承认的伪善者好得多，爱钱不是错，赚钱不是罪，经济货币化的本质就是人人在货币面前自由而平等。

五、企业源于协新价值

获得诺贝尔奖的科斯认为企业存在的原因是因为企业的交易费用或组织成本低于市场交易成本。例如，如果企业在市场采购的成本比自己生产的成本更高，那么企业就会自己生产。反之，如果企业在市场采购的成本比自己生产的成本更低，企业就不会自己生产。但是，科斯只说对了一半，企业存在的条件不仅是因为交易费用低于市场，更是因为企业做大做强后的品牌效益或协新价值，直接表现为定价权，强大的企业在市场上具有更高的定价权。在交易费用更低或协新价值更高（定价权更高）这两个企业的生存条件中，交易费用更低是初级生存条件或成本驱动型，品牌效益更高或协新价值更高是高级发展条件，也是创新驱动型，这两点是企业存在的两条腿。现在的国际名牌企业，由于企业生产成本高于市场，所以常常将生产业务外包。请问，外包型的企业既然交易费用（组织成本）高于市场，按科斯理论就没有企业存在的条件了，但是这种虚拟经营的企业仍然存在，而且员工的工资也很高，显然企业有超脱交易费用的生存法宝，这个法宝就是协新价值或名牌效益。从货币的角度看，企业存在的一个重要理由就是融资能力更强或品牌溢价更高。当然，这种强大的附加值是建立在协新价值之上的。不少上市公司的内部组织成本或交易费用在上市后都上涨了，但是，由于上市带来了巨大的品牌溢价，这种超额溢价足以抵消交易费用的上升，所以许多企业仍要争取上市。

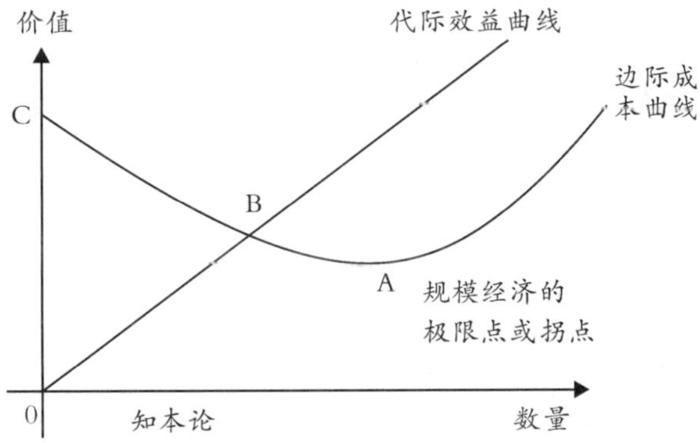

边际成本曲线（CA）与代际效益曲线（0B）共同构成协新价值曲线

六、货币是一般增值物

《资本论》认为：货币是一般等价物。而《知本论》则认为：商品的交换原则是增值交换，资本和知本在协同和创新中能产生高于劳动价值的附加值——协新价值，所以货币是一般增值物或一般贬值债，这两者区别的关键就在于是否承认资本和知本是活劳动或是增值主体。

从成本的等价转移来看，货币是价值尺度，要体现公平法则，但从收益的增值转型来看，货币又是增值尺度，要体现效率法则。只有当一件商品的利润为零或谁都不增值时，增值交换才变成等价交换，货币的增值尺度才变成等价尺度或价值尺度。任何一个国家或银行发行货币，并不是为了收回等量的货币，而是为了促进经济的协同效益与创新效益，并从中收回更多的货币，所以货币的本质是一般增值物、一般增值债或一般贬值债。任何投资者在投入一定量的货币时，都希望实现协同与创新之后的协新价值，并从中收回更多的货币，这多出来的货币或增值的货币就是协新价值。人们永远不想对货币实行计划生育，人们总是希望货币超生，希望钱能生出更多的钱，所以货币一定要促进协新价值才能完成增值交换的历史使命。自由竞争与货币增值是市场的两条腿，自由竞争和比较优势是市场的方向盘，货币增值和协新优势是市场的发动机。

七、计划生育

计划生育是中国的国策，但科斯认为：长此下去，中国将亡国灭种。为什么计划生育是中国经济的大败局？科斯并没有解释，只是举了一个极简单的逆向几何级数或等比数列：如果16亿人有8亿对夫妻，如果只生一胎，第二代就是8亿人，第三代就是4亿人，第四代就是2亿人，第五代就是1亿人，第六代就是5000万人，第七代就是2500万人，第八代就是1250万人，第九代就是625万人，第十代就是312.5万人。这种几何级数式的代际人口递减非常可怕，到了第十代以后，中国将成为地广人稀的“少人国”。

八、债务协议

货币是一种欠条，更是一种协议，只要买卖双方意见一致，任何东西都可以成为协议的标的物，任何东西都有可能成为货币。例如：商业合同、提货单、房产证、结婚证、驾驶证、行车证、工作证、身份证、幸运数字、谣言、迷信、宗教、扑克牌、麻将牌、赌博的筹码等都有可能在特定场合下成为货币。货币本质上就是一种体现债权与债务的合同或契约，是一种财富或劳动的合法求索权。国家印钞票是货币行为，人们按口头约定或经济合同办事也是一种货币行为。所以，任何约定与合同都是一种变相增发货币的经济行为，合同和约定就是一种特殊的货币。

《知本论》认为：传统教科书总是认为货币是一般等价物，其实，货币名为等价物，实为增值物，因为纸币本身并没有价值，只是一种法定的债务或公开的欠条，既然纸币没有劳动价值，为什么人们要用纸币呢？因为纸币能提高整个经济的运行效率，能提高商品的流通速度，能提高政府二次分配或多次分配的能力，而且纸币可以按政府的要求无限量发行，一切经济数据都要由货币来体现，增发货币就能给人以经济上升与工资上涨的预期，因此，货币的本质就是一般增值物或增值尺度，为了促进增值交换、增加通胀税与流通税，政府就会情不自禁地进行印钞大战。凯恩斯主义的本质就是用劣币补良币，这种挖肉补疮式的财政刺激就是将货币这种一般增值物变成特殊增值债，打肿脸充胖子，将通胀拖延成经济停滞加通胀的滞胀。

九、穷富差距在货币观

穷人和富人对待货币的本质区别在于：穷人强调等价与公平，相信货币是价值尺度，偏好存钱保值，越存越穷；富人强调增值与效率，相信货币是增值尺度，偏好贷款投资，越贷越富。借贷货币的杠杆效应就是致富效应，特别是在通胀时代，存钱有错，借钱有理。货币过度通胀或过度萎缩时，都可能降低其增值尺度。因此，任何国家调整利率与汇率时，一定要从提高整个国民经济的效率去考虑，要最大限度地发挥货币的增值功能。所以，历史经验证明大约 5% 的适度通胀最能体现货币的增值尺度。价值是抽象效益，是劳动共性；使用价值是具体效益，是劳动个性；交换价值是相对效益，是劳动弹性。货币是价值、使用价值和交换价值的三维符号，是劳动弹性的价格量化。一切商品能交换的两大条件就是效益性与对位性，并遵从效价最优或等效价比两大法则进行交换，其中，效价最优化类似于利率最优，而等效价比法则类似于汇率公平。供求平衡都是不对称平衡，都是假定信识等级不变条件下的模拟平衡，信识等级可以打破价格与数量反向变动的供求规律，信识升级时可实现价量齐涨，信识降级时可实现价量齐跌，影响供求均衡的既有商品的消费性（供求性），更有商品的投资性（货币性）。资本（知本）与劳动的关系就是不对称增值或创造性剥削。信识评级是定价之父，供求互动是定价之母，货币是信识评级和供求平衡的价格之魂。

现代国际分工出现了一个“需求先导、货币主导、优高劣低”的特点，即在需求信号的刺激与引导下，具有货币优势的投资者决定在哪个国家投资，具有比较优势者得到利润率高的项目，具有比较劣势者得到利润率低的项目。由于美元是占世界贸易 80% 左右的第一结算货币，所以美国主导的国际分工格局充分显示了美元霸权，美元是唯一能操纵全球利率与汇率的霸权货币。国际分工不仅是经济分工，更是政治分工，与美欧亲近的国家能得到数不清的贸易照顾，而中国则经常受到各种贸易制裁，美欧至今并未承认中国的市场经济地位。

纸币是高效的资源配置和价值分配工具，是政府法定或市场约定的债务符号或彩色欠条，纸币是人类历史上精美可爱的欠条。任何东西都可能成为货币，劣币与良币只是在特定的时空和文化下才有意义。例如，如果将所有优质币取消，只用偷工减料之后的劣质币，那么劣质币就成为良币了，在纸币出现之前，用一张纸就能代替金币、银币与铜币，这是古人无法想象的假币，是不敢相信的，在宋代，纸币刚上市时一定是劣币的代名词，形同于现在的假钞概念，但人们还是接受了纸币，因为纸币具有信用、信息、信心、信任和信仰等五大效能。

《知本论》认为：货币作为增值尺度，最核心的是信用功能，是财富的代表，一切财富都可以货币化生存；货币作为资源配置的第一工具，在货币流动中又起着信息指导作用，相当于交通信号灯或航海指南针。

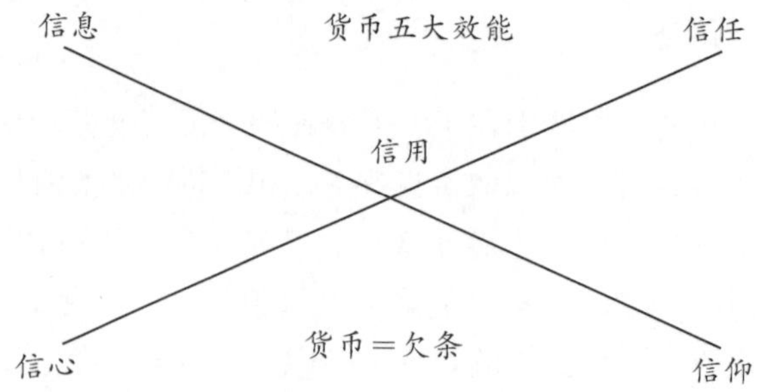

第二节　纸币危机

人类的财富都源于人类与自然的共同劳动，价值就是人类与自然共同创造的对位效益，有效供求就是对位，无效供求就是错位。“对位效益”又称标准效益或有效需求，是真正满足客户需求的真实财富，放对了位置的生产要素就是财富，放错了位置的生产要素就是废物，对位才是高效，错位就是低效或无效。然而，自从人类发明了纸币以来，无节制的纸币就成了劳动价值论的克星，可以说，抛弃金银币等实物货币，人们就在无限干预或过度定义劳动价值论，微成本的纸币泛滥与微成本的信息泛滥必然会导致经济危机。资产纸币化与纸币信息化是泡沫危机的根源。金银币等实物货币作为价值尺度与流通手段时，本质上是一般等价物，是物与物的交换，因为金银币是物，是具有消费性的商品，是劳动价值论的天然代表，所以，人们可以将金银币作为实物或财富进行储藏，金银币是真正的“货＋币”，不需要政府强权进行“背书”或“保证”，所以能经得起朝代更迭与政权更替的时间考验。除了战争与天灾所造成的经济危机外，当代经济危机都根源于纸币制度。

澳大利亚的库克群岛发行生殖神图腾纸币

历次经济危机，本质上都是纸币操纵或信用放纵的危机，是法定纸币制度引发的资源过度配置危机或过度增值危机，货币危机根源于纸币价值尺度与增值尺度的基本矛盾，一方面，纸币作为交易媒介必须是稳定的价值尺度，另一方面，货币作为效率工具又因时因地因量在不停地改变币值，是事实上的增值尺度。劳动资本化越变成劳动纸币化，人们就越不会安心于劳动生产和技术创新，所以说，过度的纸币通胀让人们无法安心于劳动生产，而股票制度与期货制度又成为纸币制度的两大帮凶，将要素配置变成了毒素配置。纸币本质上就是政治币、债务币、通胀币、掠夺币、操纵币、分配币或危机币，无限印发或无限衍生的纸币制度是现代经济危机的总根源，也是产能过剩的总根源。纸币发行不是奉行等价的公平法则，而是奉行增值的效率法则，哪里的利润率高，纸币就汹涌澎湃地涌向哪里；哪里有危机或战争，纸币就像受惊的群鸟一样翩然离开。经济危机的根源就在于脱离劳动价值论的纸币制度或现代信用制度，不劳动的人可以操纵金融市场轻松获得巨大财富，反之，辛苦劳动者却往往被洗劫一空。当代经济危机并不是生产危机，而是分配危机，而纸币制度就是当代最大的分配制度和剥削机器，现代经济危机归根到底就是纸币制度的信用危机。

一、纸币超发的后果

纸币的印刷成本太低，铸币税与通胀税实在太诱人，所以各国政府都心照不宣地进行印钞机大赛，美国纸币超发并没有在国内引发明显的通胀，物价年增长率都能控制在5%以内，因为美国超发的货币主要流向了国外。而其他国家则相反，其他国家超发的货币大多在自己国内，出口赚取的美元交给了国家银行，而企业到手的都是本国纸币，所以出口顺差越大，国家银行获得的美元外债就越多，冲向国内市场的本国纸币也就同步增长，这还不包括大量的国际热钱。因此，本国货币的超发是房地产不断涨价和物价上升的主要原因。

二、货币超发不一定通胀

货币超发不一定通胀。第一，如果超发的货币都流向了国际市场，像美国那样，就不一定会引发货币通胀；第二，如果超发的货币都用于解决阻碍经济的瓶颈，大大提高了全要素生产率与整体协同效应，降低了整个社会的生产成本或交易费用，那么超发的货币也不会引发通胀。例如，中国超发的货币有不少流向了急需的铁路、公路和基建，大大降低了商业流通成本，提高了中国市场效率，所以物价并没有涨得太高；第三，如果超发的货币都流向了成功的创新产业，使国家在几个新兴产业上做大做强了，这些新兴产业就成为超发货币的蓄水池，原来产业获得的货币与消费并未明显增加，那么也不一定引发通胀。例如，中国房地产和股市吸收了大量超发货币，中国的物价并没有想象中涨得那么高，所以房价与股价作为货币大水库，不应列入物价统计指数，而是应专门用作平衡货币流量，简单地说，国家可以用房产证作为大额定期存单，用股票当作货币支票，发挥楼市与股市平抑物价的神奇作用，货币发多了可以让房价与股价上涨，尽量不要让超发货币流进日常生活用品之中。总之，超发货币的总量多底有多少？超发货币在地区和产业上的分布结构如何？这些都要具体情况具体分析，各国政府不要迷信印钞机，严重的通货膨胀就是公开掠夺人民的财富。

三、政府干预导致产能过剩

政府过多干预经济有三大缺陷：

一是信用失衡。政府偏好将货币集中给大型企业，而大企业往往并不缺钱，真正急缺资金的中小企业却贷不到款，甚至只能高息借贷。

二是信息失灵。政府官员并不是市场的直接经营者，政府官员只是权力人或社会人，只重视权力升迁与社会好评，并不是关心经营成败的经济人，不会极端重视企业利润，企业盈亏并不需要政府官员承担个人责任。

三是政府官员缺乏经验知识。从信用、信息与知识这三个“信识”层次来看，政府干预往往会产生信识危机，导致投资失误，特别是在 GDP 导向下，越是产能过剩的行业往往越能得到大量资金。因此，政府干预导致信识过剩，信识过剩导致产能过剩。政府干预是产能过剩的直接推手，将现在的小过剩干预成了将来的大过剩。

政府干预→信识过剩→经济危机→产能过剩

计划经济延续下来的政府干预，有三个苦果，一是信识过剩（又称瞎指挥），二是经济危机（又称瞎折腾），三是产能过剩（又称瞎生产）。

习近平总书记在党外人士座谈会上强调，要坚持把化解产能过剩作为产业结构调整的重点，要管好政府这只“看得见的手”。

我国目前的产能过剩除存在外需萎缩、产业结构不合理等因素外，各级政府“看得见的手”取代了市场“看不见的手”。

四、干预过剩

要改变以往有形有限 GDP（不包括无限知本的无形 GDP）的低级增长观，产能过剩就是干预过剩，宏观调控频频失误，越调控就越过剩，越是刺激经济就越产能过剩，货币发得越多就越过剩，产能过剩正是政府过度干预的产物。在正常的劳动制度下，一般认为产能利用率 80%～90% 较为适中，低于 80% 就意味着产能过剩，而低于 70% 则是较为严重的产能过剩。2012 年中国氧化铝产能利用率为 72.5%，电解铝产能利用率为 78%，铝行业过剩明显；水泥总产能 31 亿吨，总产量 22.1 亿吨，产能过剩约 9 亿吨，水泥行业仍在建、拟建新型干法水泥生产线约有 220 条，若全部建成投产，总产能将达 35.5 亿吨。更为严重的是，不仅电解铝、钢铁、水泥等传统产业过剩，部分新兴产业也出现了过剩，个别行业甚至出现了绝对量和长期性的过剩。中国社会科学院的一项研究表明，当前光伏组件产能近 40GW，实际产量 21GW，产能严重过剩，很多中小企业处于停工半停工状态，2013 年二季度末所有工业行业产能利用率只有 78.6%，这意味着 21.4% 的产能是闲着的。越是行政干预，就越加大产能过剩。

五、单利成本增加

2000 年以后，中国的资本形成率超过最终消费率成为经济增长的最主要贡献来源，2009 年中国经济增长 8.9%，其中资本形成拉动 GDP 增长 8%，贡献率达 92.3%，标志着投资驱动在中国达到了新的高峰。政府主导的投资出现了边际回报率的持续下降，无论是政府主导投资或私人投资，最基本的原则是投资回报率不能低于市场利率，否则表明经济资源在浪费，经济的边际协同效应与代际创新效应在递减。1990 年时每 2.4 元固定资本投入可拉动 1 元的 GDP 增长，单利成本 = 投资成本 ÷ 投资利润 = 2.4 ÷ 1 = 2.4，但 2013 年中国每 1 元的 GDP 增长需要约 4 元的资本投入，单利成本 = 投资成本 ÷ 投资利润 = 4 ÷ 1 = 4，单利成本是投资收益率的倒数，单利成本越高，投资收益率越低，单利成本高就说明是成本驱动型经济。

中国经济增长对于固定资本形成的依赖度不断加强，这是典型的资本驱动，绝不是知本驱动。

《知本论》认为：社会主义应该是知本主义，是无限知本驱动型经济，这与有限资本驱动的资本主义是截然不同的。先进技术、先进制度与先进文化才是社会主义战胜资本主义的三大比较优势，先进知本是社会主义的根本特征，先进知本必然要求单利成本代际递减。边际成本递减才能做大，代际效益递增才能做强。

六、纸币就是劣币?

纸币制度最大的体制缺陷就是债务交换悖论——金银币流通时是真钱或好钱在流通，而法定纸币在流通时是假钱或劣钱在流通。当然，《知本论》所说的真假与好坏不是法律的评判，而是劳动价值的评判。用纸币购物，是用债务在购物，收到这个债务的人必须尽快用掉，存在银行也会因通胀而贬值。纸币发行量越大，社会上累积的债务或欠条就越大，再加上金融权贵还通过股市与期货进一步操纵债务泡沫或欠条泡沫，当泡沫破裂时，也就是债务链条断裂时，人们就会陷入债务交换的泥坑中难以自拔，无法节制的印钞狂潮或纸币机制夸大了价格二重性中虚价与实价的背离，使大宗商品作为投资品的虚价与作为消费品的实价出现了严重的背离。

21 世纪，世界各国在美元的带动下，将国家干预政策归结为印钞机政策，谁印的钱多，谁就能刺激出口并逃避国家债务，赤字财政成了举世瞩目的臭豆腐——闻起来很臭，吃起来很香。有时候，美联储会偶尔提高一下利率或炒作退出量化宽松政策 QE，以显示反通胀的决心，但大多是虚晃一枪，转眼又变成了印钞大战。美国最厉害的武器不是核导弹，而是无敌美元。美元制度是人类有史以来最可怕也最强大的金融殖民制度，只有美元可以轻松操纵全球汇率与利率，因为美元只要多印一点就可以让全世界人民为美国军费买单。美元霸权体系操纵经济危机，归根结蒂就是践踏了马克思的劳动价值论。

斯蒂格利茨还从信息经济学的角度指出了金融系统本身的问题——信息和激励问题推动了金融泡沫。例如，股票期权激励公司高管提供误导性的信息——在资产负债表中只记收入而不记负债，这种会计造假有利于高管增收。高管们所持股份升值时个人获利，贬值时个人不受损失，这种错误的激励机制让高管铤而走险。证券企业主要靠市场而不是靠银行来融资，证券发行者不用承担违约的后果，证券化造成了新的信息不对称。评级机构和会计机构为了拓展业务收入而刻意吹捧和提升自己的客户级别，信用评级本质上就是一场掠夺战争或货币战争，是引爆经济危机的导火线之一。

大卫·科茨认为：美国政府采取的解除或放松管制，放弃对宏观经济的调节，大幅削减社会福利，与大型企业联合打击工会，为企业和富人减税等新自由主义政策，削弱了工人的议价能力，加剧了税后收入的不平等。利润相对于工资迅速增加，上层家庭收入不断积累，超过了现有的生产性投资机会，为资产泡沫的产生创造了有利条件。工人实际工资的减少限制了他们的消费能力，必须靠举债消费来解决需求不足和维持经济增长，这就造成了贫富分化的加剧与经济危机的持续。

协新价值主导的公有制占主体、国家银行为主导是社会主义的特色和比较优势，也是抵御世界性经济危机的法宝。

《知本论》认为：这些经济学家的分析都说明了经济危机完全是人为操纵信用机制与信息机制的苦果。纸币制度决定国家经济安危，印钞机是政府的安全带，也是慢性毒药。

七、纸币岂能私藏

纸币的本质就是一个欠条或白条，任何债务货币都没有长久的储藏性，只要市场上能流通，任何东西都可以替代纸币，现在的电子货币是用无形的数字来替代纸币。纸币不仅仅是一张纸，而是一套国家法定的经济制度与分配制度。纸币也同样具有信用、信息、信任、信心与信仰等五大效能，人们的信用和信心大多与纸币的占有量成正比，爱钱是一种信仰，不贪财也是一种信仰。

2007 年 6 月 28 日《西安晚报》以“苦啊，80 多万钞票变成土，是鬼偷走了吗?”为标题，说的是：台湾云林县一对老农夫妇，把钱藏在后院土里，没想到半年后挖开，只剩条条防伪线及橡皮筋捆绑的泥块。五年多来，自己慢慢累积，就是想保住“祖产”，因土地被抵押，他不敢把钱存银行，以防“扣走”，起初就将钱放在柜子或抽屉里，后来决定把共有 80 多万元新台币的钱藏进酒瓮里，埋在自家后院。当他和妻子开开心心挖地取钱，却发现封瓮的塑料袋不见了，只剩一堆线条与泥土。

2012 年 6 月 28 日台湾《苹果日报》报道，台湾刚毕业不久的陈姓女大学生为了一圆出境留学梦，8 年来努力打工，辛辛苦苦存了 100 万元新台币，并把这笔留学基金藏在家中保险箱，偶尔拿出来清点金额，激励自己早日达成梦想。岂料 2013 年 4 月，她发现保险箱内 100 万元钞票竟被白蚁蛀烂，只剩纸钞上的金属防伪线，台湾银行最后只能让她兑领 2 万元，女大学生落泪痛哭，出境留学美梦破碎。

《知本论》认为：纸币绝不能私藏，私藏有四大害处：一是容易被盗抢，甚至惹来杀身之祸；二是容易被白蚁吃掉，一般保险箱或钱罐是挡不住微生物小虫的；三是无法保值或升值；四是私藏会面临通货膨胀的血洗，政府的通胀就是看不见的抢劫之手。

从以上两则新闻可知，私藏纸币者根本不明白纸币与金币的差别，金币有储藏价值，而且白蚁也吃不了，可以藏在地下或墙上，而且黄金的价格总体是上涨的，因为黄金的供应是短缺的，反之，纸币的供给是多余的，甚至是无限的，纸币没有储藏价值，而且也不适宜私藏，纸币的总体趋势是不断贬值的。纸币藏在家里最明显的机会成本就是“利息损失”，银行不会给私藏货币的人以“利息”，纸币一藏在家里就丧失了增值功能，纸币只有在流动中才能促进增值交换。严格地说，金币是诚实币、储存币、等价币和放心币，而纸币是虚拟币、流动币、增值币和忧心币。

纸币本位制度：第一次世界大战期间以及1929—1933年资本主义经济大危机期间，各主要资本主义国家为筹集资金以应付战争和刺激经济，大量发行纸币，导致纸币与黄金之间的固定比价无法维持，金汇兑本位制在几经反复后终于瓦解，各国普遍实行纸币本位制度。纸币是价值的符号，更是债务的鬼魂或欠条的幽灵，在金本位制度下，纸币因黄金不足而代表或代替金币流通。但在纸币本位制度下，与黄金脱钩的纸币不再代表或代替金币流通，相应地，金平价（铸币平价和法定平价）也不再成为决定汇率的基础。纸币本位制度，是以政府或中央银行所发行的纸币为本位货币，货币的单位价值不与一定量的任何金属保持等值关系的制度。纸币不能要求政府兑换成金银，称为不兑换纸币制度。不兑换纸币既然不与一定量的金属保持等值关系，发行数量亦不被动地受所拥有金属数量的限制，因此称为自由本位制，与金属本位制的名称“束缚本位制”相对称。在这一制度下本位货币既然已与金属价值脱离联系，为了稳定其对内对外的价值，发行者对之须有周密的计划与有效的管理，所以又称为管理纸币本位制。

八、纸币应是中国一大发明

中国的四大发明是造纸术、印刷术、火药与指南针，其实纸币比指南针更重要，更有资格进入中国的伟大发明之中，中国并没有因为发明指南针而像葡萄牙、西班牙、荷兰与英国那样开创海上霸权并推动国际贸易。纸币较之金属货币，因其简便、高效、生产和流通成本低、便于国家掠夺和管理的优势，成为当今世界各国最主要的经济效率工具，经济发展和增值交换导致对货币的需求量是边际递增的。但是，纸币的增发量必须与该年度的协新价值或经济增量相等，一国经济的协新价值是决定纸币增量的根本大法，当纸币超过协新价值时就会引发通货膨胀。只有货币面值远远高于币材（造币材料或劳动价值）的价值，才能坐收巨额铸币税，才算得上纸币。

中国是世界上最早发行和使用纸币的国家，世界上第一张法定纸币可能是中国汉武帝时的“白鹿皮币”，因为跟北方匈奴连年战争，国库耗费极大，于是汉武帝发行了“白鹿皮币”，在一尺见方的鹿皮上印上图案和文字，规定每张“白鹿皮币”相当一定数量的金银。

九、纸币本位制度的特点

《知本论》认为：纸币本位制有如下特点：①纸币的发行不受黄金储备的限制，其发行量决定于货币管理当局实行货币政策的需要，可以无限供给，每增发一张纸币的边际成本几乎为零；②纸币的价值不由黄金价值决定，而由虚拟的购买力决定，缺乏贮藏价值；③纸币的流通完全取决于纸币发行者，即中央银行的信用；④中央银行大多是政府的银行（美国的美联储银行是私有的中央银行），政府以法律手段强制公众接受，保证纸币的流通和交易，纸币的携带十分方便，但容易磨损；⑤纸币发行就是债务和泡沫在发行，纸币发行量直接影响纸币的价值尺度，相对发行量越大，价值尺度越低；⑥纸币制度本质上是分配制度，是国家坐享铸币税和通胀税的制度；⑦纸币制度衍生庞大金融市场，美元作为当今最大的世界核心储备货币，美元霸权是美国操纵和剥削全世界人民的主要手段，美国的赤字财政就是欠债或剥削有功的代名词；⑧国际银行家操纵纸币和信用，就能操纵经济危机，因此，无法节制的纸币制度是经济危机的最大祸根。

总统斩首货币

刚果扎伊尔纸币挖掉专制国王蒙博托头像就投入流通

哈佛大学罗格夫和马里兰大学莱茵哈特认为：过度杠杆行为是当前危机的直接原因，而政府在鼓动过度杠杆行为中起了决定性作用。芝加哥大学的贝克尔与墨菲认为：政府干预在大多数情况下只会帮倒忙，人们不清楚政府将在什么时间采取什么行动以及谁会获得救助，这就会带来风险和不确定性。法国学者居伊·索尔曼认为：理智的决定应当是让破产的银行消失，只需要几个月，市场就会消化掉僵尸银行和坏账，新的银行就会出现，不受政府干预的房地产市场会恢复真实的房地产价格，使交易建立在可维持的基点上。僵尸银行被认为太大而不能倒闭是自欺欺人的，自由市场策略也许会导致更严重的衰退，但会使经济更快反弹，衰退的时间更短。

货币的本质不是一般等价物，而是一般增值物或一般增值债，货币表面上是价值标准或等价交换，实质上是分配标准或增值交换。这个价格的增量就是比较优势、比较求势与协新优势共同创造的协新价值，当协新价值由正转负时，经济危机就会爆发。不理解基于协同和创新的协新价值的增量分配，就不会真正理解比较优势与比较求势，比较求势是按需分配的代名词，即有效需求决定价格。比较优势和比较求势是增值交换的原因与分享条件，增值交换是比较优势和比较求势的结果和分配目标。李嘉图在提出比较优势理论时，却没有想到比较求势论与增值交换论，因为古典经济学家过分关注生产环节所创造的绝对价值，却忽视了流通与消费环节“创造”的相对价值。

产权分为绝对产权与相对产权，绝对产权可以在法律中清晰，而相对产权只能在市场中随遇而定，相对产权没有永远的清晰，只有暂时的清晰。产品的相对价值决定了产权的相对价值，相对产权与法律无关，完全是由市场决定的。国际分工既是按比较优势和比较劣势分工，更是按比较求势和比较权势分工，主要是欧美需求的订单投向哪个国家，哪个国家就要争着生产加工，欧美看谁不顺眼，就会以各种贸易壁垒抬高谁的生产成本以操纵或贬低其比较优势，因为美元与欧元共同占据了全球货币结算的90%左右，大部分国家出口的直接目标就是换取美元或欧元，货币流向也成为国际分工的主角。增值交换是常态，等价交换是增值为零时的特例，所以，货币是一般增值物，货币存在的本质就是要提高交换效率，提高分配的不对称性，提高合理剥削与合理和谐，并让所有竞争者能分享到效益的增量。货币不是价值尺度，而是增值尺度，因为交易双方在货币中要体现的不仅仅是基于成本（劳动时间量）的价值，而是要体现双方基于不同效率或不同优势的增值。

十、穷人求等价，富人求增值

相信货币是价值尺度的多是穷人，穷人存钱，是想存自己血汗凝聚的劳动成果；相信货币是增值尺度的多是富人，富人借钱，是想借到货币增值的机会。所以越存越穷，越借越富。由于纸币是不断贬值和缩水的价值尺度，根本没有金币那样的稀缺性、适用性与储存性，存钱好像存水，而且是不断蒸发的水，而借钱好像借水。纸币如水，越存越少，越借越多，原因就在于纸币没有储存性，表面上支持等价交换，实质上支持增值交换。

十一、纸币是分配制度

货币是协调和创造社会经济关系的制度，金银贵金属币是资本与知本的完美融合，而法定纸币本质不是资本，而是知本，是政府强制规定的一种分配制度，是一种兼顾公平（等价交换）和效率（增值交换）的法定分配制度。“纸币 = 制度”或“纸币 = 知本”，这一点让习惯于“纸币 = 资金”或“纸币 = 资本”的人不好理解，因为纸币有二重性，纸币首先是法定的分配制度，其次才是法定的价值标准，纸币首先是知本，其次才是资本。金银币本身就是劳动价值，具有投资性与消费性，所以金银币首先是资本，其次才是知本。法定纸币的横空出世，大大提高了人们增值交换的掠夺效率，因为一切商品交换，首先是与货币或钱交换，这就要求商品要有足够的货币性或投资性来体现人们的增值欲望或赚钱动机，而纸币的微成本发行，不仅可以让政府坐享巨额铸币税与通胀税，而且能提高市场交易的效率。

在纸币流行以前的金属币时代，除了天灾、人祸与战争，基本上可以几十年或几百年不出现经济危机，中国的盛世时代，就曾经多次拥有长达百年的经济繁荣，金银币成为定海神针与镇妖宝塔，而在纸币一统天下以来，经济危机频频爆发，因为纸币的代名词就是债务或危机，纸币是危险的机遇，经历危机才有商机，纸币一下子解放了人们的双手，拼命印钱成为粉饰危机、转嫁危机、推迟危机的法宝，结构性经济危机一直就存在，不断印钱可以将危机转嫁，产业调整往往变成了危机转嫁——用新的产能过剩来掩饰旧的产能过剩，用通货膨胀来掩饰 GDP 下滑，从货币总量上看不出危机，危机像击鼓传花的花，在不同地区与不同产业上传递，花最终落在谁的手上就要看政府的货币决策，或者说，政府的结构危机还是可控的，经济危机的爆发时间、爆发行业、爆发地区和爆发力度，完全要看政府货币政策的精准打击与定向爆破。

价格配置资源，不是在“等价”中“低效”配置资源，而是在“增值”中“高效”配置资源，即谁的效率高，谁就多增值，谁得的资源就多，反之，谁的效益低，谁就少增值，谁得到的资源就少。贫穷是因为增值交换少，富贵是因为增值交换多。在自由和公平的交易中，不对称增值并不完全代表剥削关系，更主要的是代表和谐关系。当代的法定纸币制度本质上就是一种不公平的分配制度，一切不公平最终都可以量化为货币，谁操纵了货币发行权与货币定值权，就操纵了利率与汇率，所以说美元为王的国家主权货币制度，就是最不公平的货币分配制度。发达国家遵从生产力决定生产关系，因为生产力的本质是创新，而发展中国家遵从生产关系决定生产力，因为生产关系的本质是协同，没有好的制度，落后国家就无法学习发达国家的创新技术。社会主义的基本矛盾是腐败与公平的矛盾，用一个字简称就是“权”的矛盾，或劳动者之间的等级矛盾，表现为隐性的权力分配与显性的劳动分配之间的矛盾。资本主义的基本矛盾是信识失衡与自由民主的矛盾，用一个字简称就是“钱”的矛盾。纸币规律表现为边际币值递减规律，因为垄断印钞权的各国政府，必然无法遏止坐收巨额铸币税、通胀税与逃债税的自我激励。在正常的税收体系外，普通民众不会想到还有一个无法拒绝也无法逃避的货币通胀税，通胀税成就了边际币值递减规律，纸币成为生产力要素配置的最强大的分配工具与定价工具。

知本是无形的剥削与无限的和谐的矛盾体，知本在不断协同中可以实现劳动替代的自劳动或代劳动，这是比较优势分工和协作；知本在不断创新中可以实现资本替代的自资本或代资本，这是知识产权和技术革新；在生产力三要素的“资本＋劳动＋知本”中，知本（制度＋文化＋技术）是自劳动，又是自资本。因此，知本在市场中具有自调节功能，在经营中具有自组织功能，是上天唯一赋予人类的可以自增值的聚宝盆。

黄金和白银是传统的币材，白银的波动幅度比黄金大，金银都适合投机炒作，炒金炒银要见好就收，金银毕竟不是最保值的。例如，在民国初年，1 两（50 克）黄金大约购买 2 亩良田，5 两黄金能够购买当时的一个北京四合院，100 年后这 5 两黄金利滚利大约可以累积为 3 千克黄金，大约相当于现在的 200 万元人民币，而现在的 2 亩良田在北京可以值几千万元或几亿元，关键是看地段。如果当时不是买北京的四合院，而是买某个偏远农村的四合院，炒金与炒房的投资收益很可能相当。一般情况下，土地应该比黄金的保值能力强得多。当然，如果现在爆发世界大战或经济危机，黄金的利息也未必比房价和土地的投资收益差。以一国之都的北京和改革开放的盛世来对比黄金与土地的投资收益，确有以偏概全之嫌。

《知本论》认为：“骗子”是货币化生存的一种极端的另类现象，在股市或期货市场上翻云覆雨的对冲基金与金融大鳄，就是最高明的骗子，骗子的本质就是编造和操纵真假信息，创造信息的时间差以掠夺他人的财富。一切经济危机与产能过剩都源于信用、信息与知识的信识失衡，可以说，信用是危机与过剩之父，信息是危机与过剩之母，知识是危机与过剩之门。有一种谬论是生产过剩导致经济危机，还有一种谬论是经济危机导致生产过剩，正确的说法应该是信识失衡导致经济危机与产能过剩，危机与过剩都是结果，不是原因，真正的原因一定是信用失衡、信息失灵和知识失效。骗子产业的存在，就根源于知识失效，人们的知识没能抑制人性的弱点。

是这种矛盾发展的必然结果。美国1950年发动朝鲜战争，海外军费剧增，国际收支连年逆差，黄金储备源源外流。20世纪60年代中期，美国卷入越南战争，国际收支进一步恶化，黄金储备不断减少。到1971年，美国的黄金储备（102.1亿美元）仅是它对外流动负债（678亿美元）的15.05%，此时美国已完全丧失了承担美元对外兑换黄金的能力。于是，尼克松总统不得不于1971年8月15日宣布停止承担美元兑换黄金的义务。1971年12月《史密森协定》标志美元对黄金贬值，同时美联储拒绝向国外中央银行出售黄金，至此美元与黄金挂钩的体制轰然倒塌，美元开始展示了独步天下的“吸星大法”——开动美元印刷机就可以定义全球商品的价格并吸收世界财富为美国所用。1973年2月美元进一步贬值，世界各主要货币由于受投机商冲击被迫实行浮动汇率制，布雷顿森林体系维系的固定汇率制寿终正寝，但直至1976年国际社会间才达成了以浮动汇率合法化、黄金的非货币化等为主要内容的牙买加协定。

2007年帕劳共和国发行印有圣母玛利亚头像并伴有一个小水瓶的银币，里面装着从法国露德山洞里取出的圣水

纸币是虚拟货币，是信用币，不是金银那样的实物币，微成本的纸币比高成本的金银更有调控效率与掠夺效率，更能在等价交换的历史阴影中高举增值交换大旗，因为纸币有强大的转移财富或掠夺财富的功能，这是金银等贵金属币所不具备的。按照马克思的观点，纸币不存在劳动，也不是商品，仅仅有虚拟世界中一般等价物的特点，所以不能有价值。

《知本论》认为：价值既可以是凝结在商品中的劳动量，也可以是商品给社会创造的对位效益，由于纸币能大大节约金融资源与交易费用，提升社会整体的经济效率与分配效率，因此，纸币与其他支票或电子货币一样，都具有效益型价值，也都具有使用价值，因而纸币也是一种商品。纸币的价值就是其促进社会经济效益的共性，纸币的使用价值就是其促进供求双方对位效益的个性。

实物币——质量币——劳动币——等价尺度

法纸币——数量币——法定币——增值尺度

金银等实物币的价值是由质量或成本决定的等价币，而纸币的价值则是由数量或制度决定，即金银铜币是质量币，绝对减轻质量就是造假币，而法定纸币是数量币，相对增加发行量就是造假币，通货膨胀的本质就是劣币驱逐良币，是高速印币驱逐低速印币，汇率战争变成了各国印钞机的速度战争，印钞机的产能过剩才是最可怕的过剩，才是经济危机之源。金属币造假可以直接称量，但纸币通胀只能看物价变化，所以，纸币通胀比金银币偷工减料更隐蔽更可怕。当代虚拟纸币及其衍生的整个金融信用制度中，纸币虽然仍保留传统金银实物币的价值尺度、流通手段、贮藏手段、支付手段和世界货币等五大职能，但是，这些职能正在弱化，其中，纸币不再像金银币那样具有储藏价值，由于不能长久储藏，纸币就必须寻找房地产、土地和黄金这些资产进行变相储藏或保值，此时，纸币完全显示了其不堪一击的“纸老虎”形象，因为黄金与土地才是“真老虎”，即“金老虎”或“地老虎”才具有永久的储藏价值。经常出现的资产泡沫就是纸币在贬值寒风中寻求的避风港。

二、地本位与金本位

美联储以购买资产抵押债券发行货币，这些资产抵押物成为了货币信用的来源。世界货币的总趋势是竞相贬值的边际币值递减规律，石油价格已经从10美元涨到100美元左右。美元的指数是由欧元、日元等货币的汇率来确定的相对指数，假如由石油、黄金、粮食等商品的价格来确定美元的绝对指数，美元的贬值将是触目惊心的，美元贬值造成了全球的输入性通胀。竞争性的货币贬值将在西方各国非合作博弈的囚徒困境下持续到破裂，如同全球货币挂钩美元，美元又挂钩黄金的布雷顿森林体系的崩溃。从金本位到现在的法定纸币或电子数字币，形成硬币到软币的变化趋势，然而，全球通行的房地产贷款本质上就是房本位或地本位变相取代了金本位或油本位。目前美联储依然是全球的黄金清算主体，金本位制复辟不影响美国的金融货币霸权，拥有全球最大黄金储量的美国仍可称孤道寡。金本位复辟可能引发世界经济的严重衰退，因为黄金远不如商品总量增长快。

美国人把房地产称为真实的财产，视房地产为财富之王。MBS的土地抵押量超过总量的90%，有人直接把MBS翻译为土地支持债券，事实上催生了土地本位制，地本位显然比金本位更诚信可靠。MBS模式下的土地集中到资产证券化机构，房地产的价值评估技术已相当成熟，地本位有望取代油本位。保存黄金或石油的库存费用是极高昂的，而且容易被盗窃或损毁，但是，房地产天然的地租性收入可以对冲货币利息，地租或房租正好抵销货币利息的利滚利。广义货币M2的自我繁殖会在利滚利中形成巨大的增量货币，而金本位制无法靠黄金出租的“利息”来实现自我积累式的乘数增长。黄金与石油不能自发地长出租金来，而银行存贷都是要长出利息的，租金能对冲利息的资产才适合作本位币，所以土地与房产适合作为货币之锚。

《知本论》认为：金本位制回归的可能性极小，而地产本位制有可能水到渠成。中国各家银行在贷款时都要求固定资产的抵押，本质上就是认同房地产本位制。

诺贝尔经济学奖得主克鲁格曼在1996年曾经引用了米达斯国王的故事，爱金如命的米达斯国王点石成金，在把身边一切都变成黄金之后，国王后悔不迭，求神为他去除魔力，米达斯国王的真正罪过在于不懂得货币经济学，因为黄金只不过是一种金属而已，并不具备不可替代的独特性。

《知本论》认为：如果在纸币中嵌入银质防伪标签或金质防伪标签，并保证金银标签的原材料价值能在纸币面值的10%以上，这就能兼容金属币与法纸币的双重优点。这种保留一定黄金的纸币，就为纸币贬值设定了一定比例的黄金止损线，实际上是金纸币制度。

三、世界最早的狮币

公元2600年前吕底亚出现了世界最早的金属币。

吕底亚人在安纳托利亚这块丰饶的土地上开发了各种矿藏，其中以银金矿为主，银金矿是一种金和银混合的矿物，吕底亚人用这种白色的金子制造了世界上最早的钱币。世界上最早的金属货币，是由吕底亚人和中国的周人分别发明的，吕底亚人是最早铸造和使用金银货币的人，考古也证实了这一点。现在已知最早的铸币就出现在吕底亚，即末代吕底亚王克洛索斯之父阿里亚特的时代。由于该货币上经常出现一只狮子的头像，所以也被称为狮币。之所以最早的货币出现在这里，是因为吕底亚当地富含金银矿。狮币就是由金银合金铸成的，狮币大概含54%的金、46%的银，重量约4.74克，直径约11毫米。吕底亚王国当时是在有意保证这些货币的成分、重量、大小的稳定，这就是国家保证其信用的体现，而打上狮头的印记，既表明王室（权力机构）的支持，也体现了吕底亚的当地特色。这种在货币上打印记的做法，被后来所有铸币继承了下来。不同的国家，在铸造自己的货币时，都会按照自己的一套度量衡来铸造，这就出现了该国的一套货币体系，这就是该国的币制。比如中国秦汉时代的主要货币是所谓秦半两、汉五铢，从名称上我们就能知道它们和重量单位有多么紧密的联系。至于“钱”这个名词，本来就是重量单位，同样的现象在古希腊也同样存在。

第四节　中国货币

货币作为中国的第五大发明，显示了中国在市场经济中曾一度领先于世界。

中国古代钱币萌芽于夏代，起源于殷商，发展于东周，统一于秦，中国是世界货币制度最早最大的经济试验田，开创了不少世界货币史的第一。中国还是世界上最早使用铸币的国家，距今三千年前殷商晚期墓葬出土了不少无文铜贝，这是最原始的金属货币。至西周晚期除贝币外还流通一些无一定形状的散铜块、铜渣、铜锭等金属称量货币。中国发明和使用货币的历史长达五千年之久，中国是世界货币的摇篮。

中国古代货币经历了五次重大的演变：自然货币向人工货币的演变；由杂乱形状向统一形状的演变；由地方铸币向中央铸币的演变；由文书重量向通宝、元宝的演变；金属货币向纸币“交子”的演变。

中国从春秋时期进入金属铸币阶段到战国时期已确立布币、刀币、蚁鼻钱、环钱四大货币体系，以后又经历了秦、唐、汉、魏晋南北朝，直到1948年12月1日，中国人民银行成立并发行第一套人民币。

一、流行千年的贝币

《知本论》发现，贝壳币与金属币的流行，说明货币作为市场协同之王，必须在技术上难以大量生产，有较高的生产成本，还要便于贮藏与携带，使货币流通到哪里，哪里的生产要素就能提高协同效应，稀缺资源正是在货币的推动下流向最需要的地方，货币是劳动、资本与知本三大市场要素的“黏合剂”。

生产技术与交通成本在货币的选择中起决定作用，由于大海的贝壳供应不上，路途太遥远，而且炼铜术得到了大发展，于是用青铜仿制贝壳的形状，贝壳币让位于青铜币，中国货币在秦始皇统一中国后就全面进入了金属货币时代。贝币是中国最早的天然货币，商朝以贝壳作为货币。

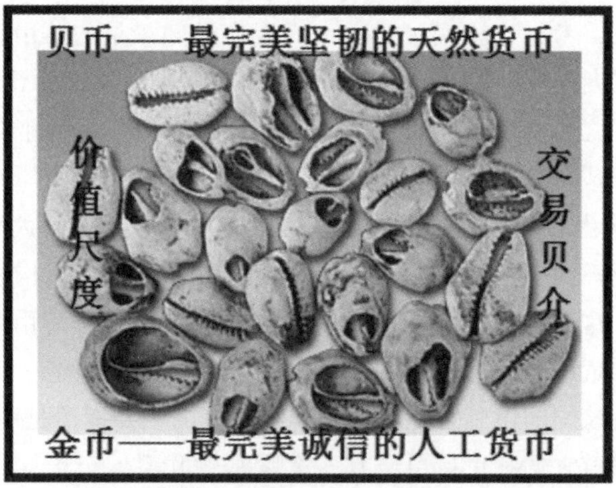

二、中国最早发明“纸币”

中国是世界上第一个使用纸币的国家。公元11世纪，中国四川地区发现了世界上第一张纸币——北宋的“交子”。南宋发行的有“会子”“关子”，金代发行的有“交钞”“宝石券”，元代发行的有“元宝交钞”“通行宝钞”，明代发行的有“大明宝钞”，清代发行的有“大清宝钞”等，鸦片战争以后，近代银行业逐渐兴起，银行兑换券开始盛行，纸币逐步成为主要的货币。明代的“大明宝钞”为世界至今最大幅面纸币，即币面为209毫米宽与320毫米长。最早的西方纸币受中国纸币影响，在1661年由瑞典发行的，法国在1720年，美国在1797年，法国到1806年才发行自己的国家纸币，中国纸币与西方最早的瑞典纸币相比，早了900多年。

《知本论》认为：纸币应该进入中国“四大发明”之后的第五大发明，纸币比指南针更重要，中国最先发明造纸术与印刷术之后就具备了最先发明纸币的条件，没有造纸术和印刷术，就没有纸币，造纸术是纸币之父，印刷术是纸币之母，纸币进入中国的五大发明是顺理成章的事。

三、中国货币的几次演变

贝壳币是自然货币的杰出代表，后来演变成金属人造币，并由杂乱形状向统一形状演变，这是中国货币的前两次演变。

到了战国时期不仅各国自铸货币，而且在一个诸侯国内的各个地区也都自铸货币。以赵国的铲币、齐国的刀币、秦国的圆形方孔钱、楚国的蚁鼻钱较著名。楚国盛产黄金，是世界上最早发明和使用金币的国家。东周最后的周赧王公开发行了世界上最早的债券，当时称“别券”，一块竹片上刻着双方的姓名、借贷金额与还款日期。秦始皇于公元前210年颁布了中国最早的货币法——“以秦币同天下之币”，规定在全国范围内通行秦国圆形方孔的半两钱。货币外形的统一，结束了中国古代货币形状各异、重量悬殊的杂乱状态，是中国古代货币史上由杂乱形状向规范形状的一次重大演变。秦半两钱确定下来的这种圆形方孔的形制，一直沿袭到民国初期。

2007年蒙古发行面值500图格里克硬币，反面印着美国前总统肯尼迪头像

货币的第三次演变是由地方铸币向中央铸币的演变。

公元前113年，汉武帝收回了郡国铸币权，由中央统一铸造五铢钱，五铢钱成为当时唯一合法货币。汉武帝时的“上林三官”就是最早的中央银行，也是人类历史上第一个“国家铸币厂”，比欧洲最早的英国皇家造币厂（887年）正好提前1000年。汉武帝确定了由中央政府对钱币铸造、发行的统一管理，这是中国古代货币史上由地方铸币向中央铸币的一次重大演变。

货币第四次演变是由文书重量向通宝、元宝的演变。

秦汉以来所铸的钱币，通常在钱文中都明确标明钱的重量，如“半两”、“五铢”等。唐高祖武德四年（621年），李渊决心改革币制，废轻重不一的历代古钱，取“开辟新纪元”之意，统一铸造“开元通宝”钱。“开元通宝”一反秦汉旧制，钱文不书重量，是我国古代货币由文书重量向通宝、元宝的演变。

货币第五次演变是由金属货币向纸币“交子”的演变。

北宋时成都有16家富商联手发行世界上最早的纸币——交子，这些发行纸币的富商被称为“交子户”，1023年四川政府改为官办发行交子，还首创了世界上最早的“部分准备金制度”，规定每年最多发行125万贯交子，同时以36万贯四川铁钱作为交子的准备金，1944年布雷顿森林体系就是以黄金作为美元的准备金，比中国要晚921年。

四、中国古币的四个时期

从钱币形态特征上来分，我国古代钱币的发展大致可分为四个时期：钱币萌芽时期、纪地钱币时期、铢两钱币时期和年号钱币时期。

1. 钱币萌芽时期：钱币萌芽时期从公元前12世纪的商代晚期开始，到公元前8世纪的春秋初年结束，先后经历了400多年，这一时期的钱币形态还很原始，与一般的生产工具不易区分，而且钱币上没有文字。

2. 纪地钱币时期：纪地钱币时期从公元前8世纪的春秋初年到公元前3世纪末的战国晚期结束，历时500多年，这一时期的钱币上开始出现文字，但钱文的主流是纪地，钱币的种类进一步增多，币材由单一的金属铜逐渐向多种金属发展。

3. 铢两钱币时期：铢两钱币时期，从公元前221年秦始皇统一中国，到公元621年唐高祖下令铸“开元通宝”钱结束，共800多年。所谓“铢两钱币”就是钱体上铸有标明钱币重量的文字，也称作“纪重钱币”，这一时期的钱币钱文由原先纪地的性质变为纪重性质，多种钱币形态并存的局面宣告结束，方孔圆钱成为货币的主流。

4. 年号钱币时期：年号钱币时期从唐高祖武德四年（公元621年）始铸“开元通宝”开始到清王朝覆灭结束，先后历时1200多年。这一时期以“通宝”、“元宝”、“重宝”等为名称的“宝文”钱币取代了沿袭已久的纪重钱币，从此进入了以年号为主的新时期。币制钱法也日趋完善，对铸钱的原料、成色、大小有了明确的规定，钱币的材质多样化，以铜钱为主，在不同阶段又兼有其他质料的钱币，最具历史意义的是纸币开始出现。

五、中国古币的四大体系

从春秋时期进入金属铸币阶段到战国时期已确立布币、刀币、蚁鼻钱、环钱四大货币体系。

一是布币体系：赵、韩、魏三国和周王室等地，主要流行布币。春秋时期的布币主要是空首布即有装柄的空心銎，而战国时期的布币主要是平首布。

二是刀币体系：齐国和北方的燕国主要使用刀币。刀币分“燕明刀”和“齐刀币”两大类型。

三是秦国独用的环币体系：其形制是从纺轮或玉璧演化而来，环币分圆形圆孔和圆形方孔两种。战国时期较早铸的是圆形圆孔，后秦惠文王，秦始皇铸圆形方孔“半两”钱。圆形环钱是方孔钱的原始状态。

四是楚国的蚁鼻钱体系：由贝币演化而来，铜贝钱文形似鬼脸，为“贝化”二字组合。蚁鼻喻小，意即小钱。楚国有文铜贝铸币俗称“鬼脸钱”、“蚁鼻钱”。楚国除蚁鼻钱外，还有黄金称量货币，是战国时期唯一以黄金为流通货币的国家。秦统一六国后，

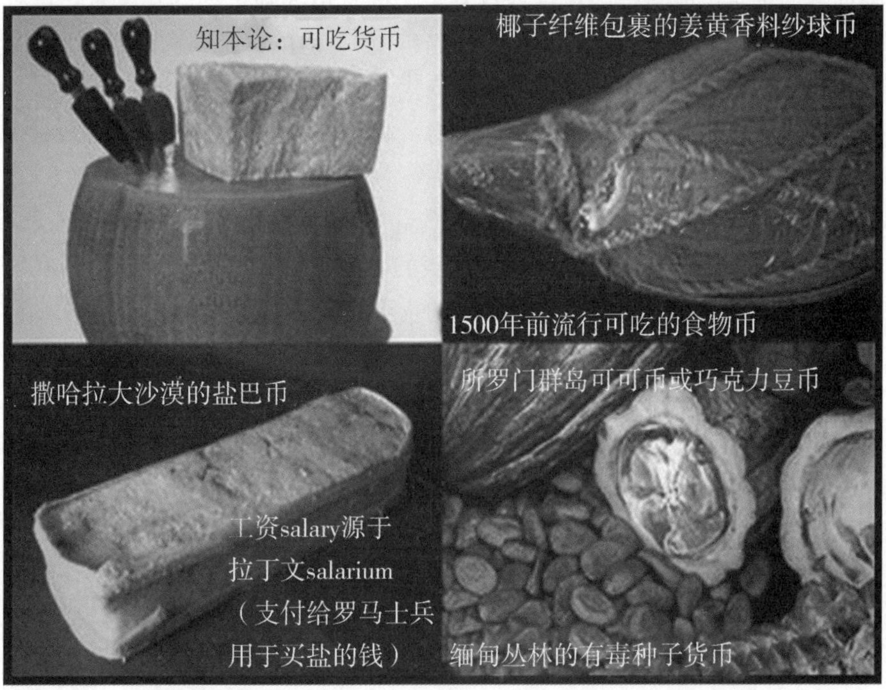

秦始皇统一文字与度量衡，也统一了货币，秦汉“半两钱”规定以“黄金”为上币，以镒（20 两）为单位，以圆形方孔铜钱为下币，以半两为单位。钱文“半两”与实重相符，这种方孔圆钱从此成为中国货币的主要形式一直沿用两千多年。秦朝方孔圆钱是世界上最早由政府法定的货币。汉武帝公元前 118 年下令废除汉初郡国制币权，改由中央统一铸币。设“上林三官”即钟官、辨铜、均输，组成中央铸币机构负责铸造五铢钱，也称上林钱和三官钱。五铢钱质量高，改变了货币混乱现象，从汉武帝起历经七百多年。五铢长期为历朝法定货币，中国以“五铢”为主要形制的方孔圆钱还影响了日本、朝鲜等国。

六、母子相权论

西方货币学中的生产费用说或币材价值说，类似于一千多年前中国人发明的“母子相权论”。清秋子所著的《货币历史》中写到一个叫“单旗”的人，他给周景王和周敬王当过卿士（宰相），当时周王室衰弱不堪，财力十分穷困，于是两王就想铸造不足值的大钱，把一个钱当 100 个钱用，也就是在一两重的钱上刻 100 两的标记，这就是劣币驱逐良币的伪钱或虚钱了。单旗知道后站出来反对说：重钱为母，轻钱为子，轻重钱也称大小钱或母子钱，要相互配匹，钱既用来权轻重（作为价值尺度），也用来赈救民（作为流通手段）。铸币的轻重，也就是货币的定值权，要根据市场流通的实际需要而定，所以单旗对周天子说：铸币多少不是王室说了算，而是市场说了算。如果废轻而作重，必然民失其资，如果一意孤行地发行重量不够的大钱，必然导致“民离而财匮，灾至而备亡”。

高瞻远瞩的单旗可能是中国最早或世界最早的货币大师了，尽管单旗还没有充分认识到“货币存量看商品数量，货币增量看协新价值”，但单旗已经意识到了货币发行的币种结构的优化问题，他在当时是很了不起的绝代奇才。

多少年后的货币主义大师弗里德曼才认为：“政府对货币体系的管理失效，才是引发经济危机的根源。”

《知本论》认为：货币面值为子，币材质量为母，从这个角度理解“子母相权论”更好，也就是票面价值一定要与货币真实代表的商品价值相适应，不同货币在购买力平价上要一致。如果子大于母，就是通货膨胀的货币超发。

纸币制度的最早发明人是第五琦，唐代理财家第五琦提出了虚实相权论，反对子母相权论，支持政府铸造不足值的虚钱，铸钱时可以偷工减料或假冒伪劣，可以方便商品流通，弥补财政紧张，于是，大量以一当十或以一当百的钱铸造出来，政府虽然节省了不少铜材，却弄得物价飞涨，民怨沸腾，许多人饿死了。第五琦因为亲手制造了中国历史乃至世界历史上的第一次通货膨胀而被撤职查办，后又被人诬陷受贿黄金 200 两而被错判流放。

在人们十分重视货币的生产费用或币材重量的时代，虚实相权论这一诞生了一千多年的纸币理论，从理论上看是一个信用的创举，第五琦也算得上是世界上最早的纸币教父了。

《知本论》认为：现代人以商品为母，以货币为子，子与母相依为命，子母相权才能平衡经济。纸币 = 虚钱，铜币 = 实钱，第五琦的虚实相权论就是纸币合理化理论。

七、金属铸币时代的贬值

中国古代在发行铜铸币时，出现过多次名义价值和实际价值不符，从而引起货币贬值，物价上涨，社会不稳定。其中重要的大致有以下几次：

1. 自公元 7 年到 14 年，王莽三次改革币制。王莽从主观出发，随心所欲地改革币制，滥发大钱，结果“每一易钱，民用破业”“农商失业，食货俱废”。

2. 黄巾起义后，东汉政权名存实亡。公元 189 年，董卓进京，毁五铢钱，更铸小钱，董卓铸贬值恶钱，引起物价飞涨，五铢钱制度遭到严重破坏。

3. 三国时战争频繁，军费开支浩大，各国为解决其财政困难，都铸造了面额较大的货币。大钱出笼后，导致物价上涨，后被迫停铸。

4. 公元 465 年，南朝宋前废帝刘子业铸二铢钱，景和元年，采纳沈庆之建议，允许私铸，于是钱货乱败。

5. 北魏孝明帝即位后，为解决财政困难，517 年采用崔亮建议，广开铜矿铸钱以收“治利”。此后，民多私铸，钱更薄小，钱价更低。其流通的后果是物价上涨，货币流通阻滞，犯罪者增多，加剧了社会矛盾。

6. 隋炀帝时期政治腐败，统一的五铢钱制度遭到破坏。由私铸引起货币严重贬值。

7. 唐乾元元年（758 年）在理财家第五琦的建议下，唐肃宗实行通货贬值政策，铸造大钱，称“乾元重宝”，一文当开元通宝钱十文。肃宗诏书说：“冀实三官（汉代主管铸钱机构）元资，用收十倍之利。”次年又铸“重轮乾元重宝”，重 11.94 克，重量为开元钱的三倍，却当开元钱五十。大钱发行后引起通胀：一是物价飞涨，人民遭难；二是盗铸严重，以致寺庙的钟、铜佛都被熔化；三是货币流通出现混乱，有实钱和虚钱双重价格，导致“物价益起，人心不安”。

8. 五代十国时期货币形式五花八门，国家用铅、铁、泥等铸钱，以此掠夺人民，维持其财政和军费开支，并用恶钱削弱敌国。南唐后主李煜铸铁钱，民间纷纷藏匿铜钱，商人们用十枚铁钱换一铜钱，出现劣币驱逐好币。

9. 清咸丰三年（1853 年），在发行纸币的同时，京局开始铸造大钱，共分五等：当十、当五十、当百、当五百、当千。当时称“咸丰重宝”，其余称“咸丰元宝”。当百钱直径 7 厘米，重 199 克，为诸钱之冠。大钱一出笼，立即引起物价飞涨。

八、古代纸币的通货膨胀

《知本论》认为：自古以来，货币升值则政权升值，货币贬值则政权贬值，政府公信力与币值成正比，人民币对外升值，说明中国的国际地位在升值，人民币对内贬值是暂时或偶然现象。币值和汇率是政府执政能力的客观标志，币值与政府的执政能力成正相关，通胀往往是政权更替的重要推手。

1. 北宋的交子是中国也是世界上最早的纸币。仁宗庆历年间（1041—1049 年），因对西北用兵，益州交子务在陕西发行无钞本交子 60 万贯，以充军费。神宗熙宁年间（1068—1078 年），规定交子同时使用，引起贬值。哲宗绍圣年间（1094—1098 年），因对付西夏，增加发行额达到 188 万余贯，但实际已达数倍，于是通货膨胀加剧。到北宋末徽宗在位时，政府滥发交子，交子信用下降，遂于大观元年（1107 年）把交子务改为钱引务，改称交子为钱引。不久，军费全仰发行纸币来解决。发行额达 2655 余万贯，其数相当于神宗以前的 42 倍，贬值 3/4，有些地区贬值 90%，引起物价飞涨，民怨沸腾，北宋政权在内外交困中终于走向了“通胀式”灭亡。

2. 南宋纸币有多种，主要是会子。孝宗（1163 年即位）以前发行额还有所控制，到宁宗开禧年间（1205—1208 年），弄臣靠大量发行纸币作为军费，从此发行额扶摇直上，一贯会子已不值一文钱。嘉熙三年，南宋政权到了崩溃的“贬值式”灭亡边缘。

3. 金代发行的纸币叫“交钞”。贞元二年（1154 年）开始发行，以七年为一界，期满兑现或换新钞。从章宗即位时（1189 年）开始取消七年为界，成为长期流通纸币，于是开始通货膨胀。明昌四年（1193 年），官俸全发交钞，通货膨胀日趋严重。政府用种种办法限制铜币，强使纸币流通，结果铜币被纸币排斥退出流通领域而贮藏起来。金朝最后 20 年，经济崩溃，军费开支浩大，各种纸币轮番登场，通货膨胀更为严重。金后期，“以万贯唯易一饼”，经济走向崩溃，金代陷入货币贬值而很快灭亡。

4. 元代货币以纸币为主，其纸币制度称为钞法。元代钞法经历了中统钞、至元钞、至正钞三个阶段。中统钞于中统元年（1260 年）发行，以金银为本，钞本不许亏欠挪用，发行量严格控制。到忽必烈末年，信用有所降低。至元二十四年（1287 年），又发行至元宝钞，与中统钞并行，一贯当中统钞五贯，即承认中统钞贬值 4/5。至元十年

(1350 年) 又发行至正交钞，一贯合至元宝钞二贯，两钞并行流通。至元十七年 (1280 年) 起，佞臣阿合马当权，为应付财政困难大量印钞，又动用钞本，元政权在恶性通货膨胀中自动崩溃。

5. 洪武七年 (1374 年)，朱元璋设立宝钞提举司。翌年，诏命中书省主持造“大明宝钞”，同时禁止民间金银买卖，只许向政府换纸钞。大明宝钞不分界，不限时间，不定发行限额，也无准备金。这样发行后不久，由于投放太多，导致纸币贬值。从钞钱比值看，洪武八年 (1375 年) 钞 1 贯值钱 1000 文，以后不断贬值，到宣德七年 (1432 年) 值钱 5 文；弘治元年 (1488 年) 值钱 1 文；而到万历四十六年 (1618 年) 仅值钱 0.1 文。实际上弘治以后，人民只用银和铜钱，不再用钞票了。最后，政府不得不承认金银交易，侥幸逃过一场纸币不断贬值的政权崩坍危机。

6. 清咸丰年间，太平天国起义，军费激增，咸丰三年 (1853 年) 发行两种纸币：一是户部官票，简称官票，又称银票，以银两为单位；二是大清宝钞，又叫钱票、钱钞，以制钱为单位。清政府本意是纸币与银钱并重，并规定出纳皆以五成搭用，但实际上政府自坏成法，自毁虚实相权论，收款时少收或拒收钞票，支付时多付钞票，造成钞价大跌。百姓持钞购物，商店不是涨价，就是匿货不卖。外国人则趁机以低价收购钞票，按五成去交关税。咸丰五年 (1855 年) 官票一两，宝钞一千文都只能换京钱四五百文，合制钱二三百文。此后官票继续贬值，福建强制推行票钞，激起民变。至此，清政府下令课税停止收钞，只收实银，各项开支也不用钞。不久，清政权随着贬值的钱票一同灭亡。

九、近现代货币通膨

比起古代来，中国近现代纸币的通货膨胀更厉害，这更进一步地证明了《知本论》的“币值是政权的生死符，政权安全系数与币值成正比”，其中比较重要的有以下三次：

1. 京钞风潮。北洋军阀统治开始后，各省均可发行可兑现的银行券作为筹款办法，但由于缺乏兑换准备，故信用低下，币值日跌。当时北洋军阀筹款主要由中国银行、交通银行发行的可兑现银行券。1915 年袁世凯要恢复帝制，又加上云南起义后军费大增，就强迫动用这两行的现银准备，遂使国库空虚，引起商民争兑。1916 年 5 月 12 日，北洋政府下令中国银行、交通银行钞票停止兑现，出现市面骚动，物价上涨，现银绝迹。商界怕承担损失，纷纷拒收京钞，而银行对北洋政府的垫款却日渐增多。5 月份停兑时，京钞流通及存款数合计 2600 万元，10 月达 4600 万元，第二年 12 月增到 9700 万元。于是京钞币值迅速下跌，袁世凯在这次通货膨胀中迅速败亡。

2. 法币陷阱。1935 年 11 月 4 日，国民党政府为摆脱美国白银上涨给采用银本位制的中国带来严重影响，因而实行法币改革，规定由中央、中国、交通三银行发行的钞票为法币，禁止白银流通，将白银收归国有，法币汇价为一元等于英镑的一先令二便士。法币是一种以外汇为本位的货币制度，它借助无限制买卖英镑来维持币值，后来又投靠美元，这是英美经济殖民的结果。1942 年 7 月，法币的发行集中到中央银行。由于国民党政府完全控制了金融业，其发行法币又没有限制，这就为法币不断出现通货膨胀铺平了道路。在法币改革前，1934 年底全国主要银行发行的兑换券总计约 5.6 亿元，至 1948

年8月21日已达6636946亿元。物价上涨得更快，战前能买一头牛，这时只能买1/3包火柴。

3. 金圆券败局。在法币已走到了绝境时，国民党政府于1948年8月20日发行了金圆券。此券由中央银行发行，法币按300元合金圆券1元收兑。企业及个人持有的金银外币限期兑换金圆券，违者没收。金圆券发行限额为20亿元，发行准备必须有40%为金、银、外汇。金圆券表面上是金汇兑本位制，实际上是一个纸币骗局，因为黄金收归国有，外汇不能买卖，后来美国在布雷顿森林体系崩塌前也学到了这一点。金圆券原定限额发行，但到1949年4月上海解放前夕，已达51612.4亿元。金圆券面额从1元一直发到50万元、100万元。物价也一日数涨，上海当时一商店曾一日改换商品标价达16次之多。各地发生抢购风潮，暗地则以银元交易。1948年8月到1949年5月，金圆券的发行增长307124.3倍，同期上海物价上涨6441361.5倍。国民党政府12年中发行法币和金圆券，从全国人民手中掠夺去了150亿银元，金圆券仅发行9个月就变成了废纸。

第五节 信用制度

信用是纸币的生命。纸币的第一功能就是信用，如果政府不讲信用地狂印纸钞，纸币就可能变成废纸，由于货币贬值与政权贬值成正比。因此，通胀往往是政府的心脏病，但又是强心针。

一、石头货币

平凡的石头作为货币，不是为了大范围的流动，而是为了小岛上的财产保存，石头就像土地或房产，成为一种真正笨重而坚硬的硬币。大石块也许是世界上最坚硬最笨重的货币之王，石头货币充分证明了货币就是一种财富信仰或财富共识。

当石头作为货币时，货币的流动性似乎成为一个伪命题，或者石头只能在极小的范围里成为货币。雅普岛是太平洋上卡罗莱群岛中的一个岛，岛上的居民世世代代都用一种开采出来的石头当钱，货币石头的直径从1英尺（1英尺=0.3048米）到12英尺不等，每块石头的中心都钻有一个洞，形状很像中国秦代流行的圆形方孔铜钱。想要搬动，就用木棒从这个洞里穿过去抬走。石头钱叫做“斐”，是从雅普岛以南400千米的一个岛上开采出来的，货币价值与石头的大小或重量成正比。当地许多居民冒着巨大的风险从岛上开采大石头并运回来，交易时并不搬动石头，只是由石头的主人作一个口头声明，宣布这块石头已经易主就行了。一个富有的家庭自称在400千米以外的岛上有一块巨大无边的石头“斐”，但雅普岛上的居民从来没有见到过这块巨石货币，财富完全成为一个虚拟而模糊的概念币或信仰币。

1898年，德国人从西班牙人手中接管了卡罗莱群岛，并计划改造雅普岛上的道路，却遭到岛上居民的抗拒。德国人用黑色染料在所有石头“斐”上画上黑十字，并宣布这些带黑十字的石头不再是货币，这是一种巧妙的货币殖民。岛上居民一下子失去了全部财富，尽管石头还是静静地堆在那里，居民们却输掉了货币战争，不得不按照德国人的

意志修路，后来德国人将所有石头“斐”上的黑色十字洗刷干净，宣布这些石头还是合法的钱，雅普岛的居民喜出望外地重获财富，庆贺自己夺回了原始而独特的印钞权与定值权，这一经典案例说明：货币只是一种社会约定或债务契约，任何东西经过约定都可以成为货币，货币是一种暴力，也是一种制度与文化，金币是一种靠得住的信用，纸币只是一种靠不住的信用。

二、信用制度

信用制度是指关于信用及信用关系的制度安排，是对信用行为及关系的规范和保证，即约束人们信用活动和关系的行为规则。货币既是商品价值的代表——资本，又是信用制度的代表——知本，这是由货币的二重性决定的，货币和劳动一样都具有资本与知本的二重性，信用的形成首先源于银行的部分储备金制度，其次是各种延期支付或分期支付手段，最后就是期货与各种套期保值操作，这些信用制度最大的好处就是将货币配置资产和各种要素的功能发挥到了极致。21 世纪是信息与信用双核驱动的信识经济，信识关系能调控供求关系与商品价格，信用是价格之父，信息是价格之母。

信用危机是指信用过度扩张引发通货膨胀和经济动荡，进而影响信用体系的信誉，导致其各环节面临崩溃的现象。信用既能跨越时空极大地促进财富创造力，又能巧妙而高效地将财富转移到资本家或知本家手中。在股市或期货上，一条内幕消息就能让人利用信用制度与信息威力大发横财，充分享受劳动知本化的神奇。一次错误的买空卖空就可以让人倾家荡产，而一次正确的抄底或操作就可以让人赚取一辈子的养老费，信用与信息作为最可怕的金融核弹，实在是具有十分可怕的财富转移力，信用制度将“资本化的大鱼吃小鱼”“知本化的快鱼吃慢鱼”发挥到了十分可怕的程度，转眼之间，就可以让巨额的财富从股市上蒸发，巨额的国际热钱都隐藏在看不见的数字账户或离岸账户上待机而动，像巨大的鳄鱼张着血盆大口伺机吞食各种财富猎物。总之，信用制度将货币的协同效应发挥到了登峰造极的程度。

国家发放货币越多或越是结构失衡，就越有可能通货膨胀，房地产就越是暴涨。那么，钱并不会像国家希望的那样流入制造业，经济的过热，恰恰导致热钱流出制造业而流入资本市场，因为，任何制造业都不可能像资本运作那样赚快钱。通胀时，价值飘浮的纸币必然要在固定资产或保值资产中借尸还魂。例如，将一万吨石油或粮食运到一万公里以外的费用十分高昂，但是，如果是进行期货运作，只需要点几下鼠标就可成就几十亿元的利润或亏损。超强的信用剥削制度，极大地贬低和掠夺了实体经济的劳动价值，因此，制造业的大衰退表面上是资金短缺问题，实际上是纸币泛滥成灾的制度问题。实体经济与币值稳定度成正比，币值越稳定，实业发展就越快，反之，如果币值经常通胀或通缩，就会增大市场交易费用，增加劳资协同成本与创新风险，恶化产业链与要素链的协同水平，只能是阻碍实业发展，所以人们发现无论是贬值还是升值，从长远来看都不利于全要素的协同发展。

《知本论》认为：只要一个国家的纸币制度能有效阻击泡沫的形成，完全可以实现经济的稳定发展而不出现经济危机，所谓经济危机的周期性纯属自欺欺人，经济规律本质上是社会规律，不是纯粹的自然规律，谁也无法准确预测未来经济危机的时间、地点与数量，何来周期性？只有可以准确预测、可以全盘重复的经济现象才具有必然的周期性。经济危机不能准确而全面地预测，并不是经济学家的水平不高，而是经济危机不是周期性的自然规律或生物规律，而是本来就是没有周期性的社会规律。

有什么办法防止通胀洗劫？面对通货膨胀带来的货币贬值与财产危机，《知本论》认为：各国应采取不一样的办法。例如在美国要少贷款，才能避免私营金融巨头有组织有预谋的“剪羊毛”行为，防止个人财产掉入贷款陷阱而惨遭恶意掠夺。又例如在中国，由于货币的发行大权在国家中央银行（美国的美联储是私营机构控制的中央银行），国家不会刻意操纵货币的通胀与通缩来掠夺人民财富，而且人民币的发放速度不一定总会高于国民生产总值 GDP 的增速。但纸币的低成本性与政府印钱的高利润性决定了各国政府绝对不可能对纸币巨额的铸币税视而不见，因此，物价上涨是纸币时代的共同特征。在中国贷款买房就意味着赚钱，因为房价在纸币狂发的信识时代是必然要不断上涨的，而且房价上涨速度远远超过贷款利息，因此，在美国要少贷款买房，在中国要多贷款买房才有利于对抗通胀，因为中国房价是政府直接控制的，房价不会低于通胀速度，而美国政府不直接控制房价。

通胀税，也称为货币税，指发行货币的组织或国家，在发行货币并吸纳等值黄金等财富后，货币贬值，使持币方财富减少，发行方财富增加的经济现象。通胀货币的币面价值超出生产成本的部分也被称作铸币税，现代政府使用纸币以取代足值硬币，产生资源使用方面的巨大节约，否则将大大增加金属的开采与熔炼。这种铸币税的价值可通过把货币的总需求量曲线当作利息率的函数来衡量。使用国际货币基金组织（IMF）建立的特别提款权或美元之间的信用资产取代黄金，将会产生以铸币税形式出现的大量社会利益，其数量等于资产的机会成本减去为提供该信用资产所花成本的部分，包括向储备财产持有者支付的利息。正是这些巨额铸币税收益的存在，导致了金汇兑本位制的发展，在这种本位制下，第二次世界大战前是英镑，战后是美元在国际储备中取代了黄金。假如向美元的财产持有者支付低于市场利率的利息，铸币税将被发行者和持有者瓜分。

货币替代是指在开放经济与货币可兑换条件下，在本国出现较为严重的通货膨胀或出现一定的汇率预期时，公众出于降低机会成本与保持相对高的受益的考虑，减少持有价值相对较低的本国货币而增加持有价值相对较高的外国货币的现象。货币替代影响财政税收，货币替代对财政政策的影响主要体现在对政府预算约束的影响。货币替代会通过货币需求和购买力的转移而对国内经济产生紧缩效应。

货币替代影响铸币税，铸币税是由货币发行主体垄断性地享受通胀货币的币面价值超出生产成本的收益。Stanley. Fischer（1982 年）研究表明：世界上主要的美元化国家在使用美元时向美国支付的铸币税成本最高竟达到 GNP 的 8%！这充分说明美元霸权是美国频频发动战争建立货币殖民地的根本原因。货币替代是最可怕的掠夺。

货币替代影响通胀税，通货膨胀税是指政府通过发行基础货币的方式向社会征收的隐含的铸币税。

货币替代影响国债，当本币的贬值预期上升，作为国债购买主体的金融机构从资产合理组合的角度出发，会降低对国债的需求，政府只能降低债券的发行价格，或者提高利率，这将不可避免地增加融资成本以及财政赤字。

货币替代影响外债，一国政府的赤字融资可以通过出售本国对外国的债权（即减少外汇储备）或增加对外举债来实现，货币替代本身的紧缩效应可能导致经济衰退，财政赤字扩大。总之，货币替代说明国内经济严重失衡或存在恶性通胀。

三、货币由谁来印发

货币该不该去国家化？经济学家哈耶克认为政府印刷货币不如让私人来竞争货币的印发权，因为货币是一种特殊商品，也应当符合自由竞争、优胜劣汰的市场竞争法则。

《知本论》认为：货币由私人银行印发将会产生无法抑制的货币风险，同时也会加剧贫富分化，因此，货币去国家化是行不通的，例如现代的比特币注定就是一个货币骗局。政府印发货币会产生通胀，如果让私有银行来印发货币，也同样会产生通胀，因为只要是人，就无法抑制印发货币的暴利冲动。例如，美国的美联储就是全球最大的私有银行，美元贬值之快也是十分惊人的。一些大型企业的饭票与购物券也常被周边居民当成“钞票”来使用，这说明任何东西，只要能成为信用的代表，都可以成为货币，任何单位的信用权证也都可以成为货币，但是，请注意，一个经济体的票证只能在极其狭小的范围内成为货币，要成为一个国家范围的货币，只能由一国政府来垄断货币印发权。

还有一个不容忽视的关键就是货币打假，任何纸币都会面临“假币”的严重挑战，伪币制造工厂也不一定就在国内，因此，假币打假的难度是相当大的，这不是任何一个私有银行有实力完成的，而国家掌握着强大的司法机关，政府出面打击假币是最高效的，货币去国家化是不现实的，货币的世界化或世界货币也是不现实的，货币理应由国家来印发，但货币的印发量应该进行适度的约束，不能由政府随意增发，因此，货币的印发总量必须通过民意调查或全民公决来确定。自 1944 年确立布雷顿森林体系以来，美元成为全球的核心储备货币，代行世界货币的职能，美元利率与汇率的变化，对各国的货币

2005年11月，菲律宾总统阿罗约Arroyo印制100比索的纸币（约1.83美元）上，Arroyo错印成Arrovo，字母y错印为V，成国际笑谈

印发量也产生极大的影响。无论是国家发行的公币还是私有银行发行的私币，关键还在于货币发行量是否能适应物价稳定和经济平稳的要求。

四、著名的货币骗局

（1）庞氏骗局是指骗人的虚设的企业投资，以后来投资者的钱作为快速盈利付给最初投资者以诱使更多人上当。庞氏骗局是一种最古老和最常见的投资诈骗，是金字塔骗局的变体。1917 年，查尔斯 · 庞齐移居波士顿，在那里开设了一家所谓的证券交易公司，有些人冲着一个半月内能获得 50% 的回报率去尝试投资并如期获得了红利。狡猾的庞齐把新投资者的钱作为快速盈利付给最初投资的人，以诱使更多的人上当。庞齐成功地在几个月内吸引了数万名投资者，累积获得的投资就超过了 1500 万美元，后来庞齐带着约 4 万名投资人的毕生积蓄逃之夭夭。庞氏骗局实质上是将后一轮投资者的投资作为投资收益支付给前一轮的投资者，以此类推使卷入的人和资金越来越多。类似传销的庞氏骗局得以长期延续的方式主要有：无限接近极限、不断调整骗局标的物、拆东墙补西墙。庞氏骗局是一种鼓吹无极限的几何级数增长的骗局。

（2）房地产的庞氏泡沫：房地产业成长过程中极易出现地产价格的庞氏骗局。由于土地价格的市场投机炒作，会出现虚涨，土地价格出现成倍，甚至几十倍的飞涨。例如日本金融危机前的房地产泡沫就是典型的例证，日本六大城市的地价指数，从 1980 年起的 10 年间上涨了 5 倍，地价市值总额高达 4000 万亿日元，相当于美国地价总值的 4 倍，土地单价为美国的 100 倍。1991 年以后地价暴跌，泡沫破灭，至今经济尚未恢复过来。

《知本论》认为：房价泡沫并不是由供求关系制造的，而是信用与信息的恶意操纵制造的，即使房地产实际产能过剩，人们也照样会买入房地产作为投机。

（3）麦道夫骗局：伯纳德 · 麦道夫是美国华尔街的传奇人物，曾任纳斯达克股票市场公司董事会主席，他以高额资金回报为诱饵，吸引大量投资者不断注资，以新获得的收入偿付之前的投资利息，形成资金流。这个骗局维持多年，直到 2008 年次贷危机爆发，他面临高达 70 亿美元资金赎回压力，无法再撑下去，才向两个儿子（也是其公司高管）坦白自己一无所有。麦道夫的儿子们当晚便告发了老爸，一场美国历史上金额最大的诈骗案终于暴露在世人眼前。首先，麦道夫以善良形象完美地包装自己，负责麦道夫投资证券公司10多亿美元资产审计的会计事务所，居然只有3名员工：合伙人、秘书以及一名会计师。麦氏骗局映衬华尔街监管的脆弱，在这长达20年的时间里，高达500亿美元的投资骗局只是在麦道夫儿子履行了监管者之职后才大白于天下，这也说明没有政府严厉监管的自由放任是多么容易产生经济危机。

（3）美国次贷危机，又称次级房贷危机、次级房贷风暴、次级按揭风暴、二房风暴、二房危机。是指由美国次级房屋信贷行业违约剧增、信用紧缩问题而于2007年夏季开始引发的国际金融市场上的震荡、恐慌和危机。美国政府还批准了耗资逾1500亿美元的刺激经济方案，另外放宽了对房利美、房地美（美国两家最大的房屋抵押贷款公司）等金融机构融资、准备金额度等方面的限制。美国财政部于2008年9月7日宣布以高达2000亿美元的代价，接管了濒临破产的房利美和房地美。次按即次级按揭贷款是一个高风险、高收益的行业，对贷款者信用记录和还款能力要求不高，贷款利率相应地比一般抵押贷款高很多。近年美国等国家放松购房信贷标准（不用付首期，不用收入证明，也不计较抵押单位的质素等），形成次级房贷市场。美联储长期执行低利率政策、衍生品市场脱离实体经济太远、金融文化仍有待提高，乃是此次金融动荡的三大原因。

五、强者才能定义自由

市场国际化要求信用机制的国际公平化与信息监管的国际透明化，然而，以美联储为首的超级私有银行及巨型私募基金，他们私下操纵着全球市场的信用机制，也操纵着金融市场的信息，这就变成了少数金权集团操纵着国际金融市场，而不是各国政府共同控制国际金融市场，这根源于美元霸权的一国利益与众多国家利益的尖锐矛盾，美国主权货币的单极格局可以操纵全球劳动价值的不公平分配。表面上国际金融规则是公平的，但是，参与者的资金实力和信息实力相差太远，国际行业竞争总是“几只老虎与一大群狼和鼠的同台竞技”，规则公平的幌子下掩盖着实力不公、信息不公与结果不公，这种信用市场的病态结构必将不断孕育经济危机，所以，资本主义的基本矛盾并不在生产制造环节，而在于信用和信息环节，危机源于信识失衡与自由平等的矛盾。

2002年英格兰银行发行1000万张5英镑防伪币，纸币油漆难干，居然可以用手擦掉数字，银行马上收回尚未发行的5英镑纸币

西方学者很推崇自由放任论与比较优势论，其实这是两个瞒天过海的美好谎言，因为只有美国耀武扬威的掠夺自由，哪有弱小国家的竞争自由，美国从来就是高额补贴美国农业，向其他国家倾销过时的军火，却频频用反倾销与反补贴的“双反大棒”打人，为了美元霸权可以频频武装侵略不听话的小国，国际货币基金组织与世界银行也是欧美人操纵全球经济的两条大棒，总之，只有美国凭独步天下的实力自由放任，其他国家根本没有实力自主安排国家的对外政策，因为美国还可以压迫别人的货币升值或贬值。当今世界，只见美国发挥比较优势，不见落后国家的比较劣势。

第六节 定 价 权

货币的本质是定价权，汇率和利率与定价权成正比，汇率和利率上升，则定价权增强。货币殖民大多表现为价格殖民，不公平的定价权中就隐含着货币殖民的阴魂。中国本是世界大宗商品的需求大国，按照马歇尔的均衡论与需求定价规律，似乎大宗商品定价权注定属于中国，但是，由于中国企业在信用与信息方面没有比较优势，集中体现在期货市场没有话语权，因此，全球大宗商品定价权中并没有体现中国需求的力量，中国需求反而还成为国际金融资本提前炒作的暴利手段，这充分证明了《知本论》的论断：在金银本位制时代，供求关系可以单向决定价格，但在信用与信息操纵时代，第一是信识定价，第二是供求定价，这是源于商品的二重性，既可以成为有使用价值的消费品，更可以成为有投机价值的信用品。

在各种金融创新制度的推动下，商品的生产化或生活化成为绝对价值，而商品的货币化或泡沫化成为相对价值，商品的消费性与投资性的二元对立往往导致经济危机，产能过剩就是源于信用与信息的失衡。

一、为何中国需求不能定价

2013 年 4 月 1 日，中国钢铁现货网分析：自 2012 年 9 月份以来，我国进口铁矿石价格涨幅已超 80%，又重新接近 2011 年时的高位，这让接近亏损边缘的钢铁企业“雪上加霜”。在石油、铁矿石等大宗商品方面，中国占据了多数的需求却没有定价权，甚至在中国垄断的部分上游资源领域，如稀土，也没有定价权。在早期传统的国际贸易中，大宗商品的定价主要基于现货市场的供求关系。在金本位制度下，商品的价格基本由供求关系决定，但以美元主导的国际信用纸币制度及其衍生工具，使商品的价格还要看期货市场的信识关系。目前，大宗商品国际贸易价格是以世界主要期货交易所的标准合约价格为参考，商品定价机制形成了金字塔式的结构：现货市场是塔基，远期等基础金融产品市场是塔身，期货市场加上衍生品市场则是塔尖，塔尖利用各种信用杠杆，操纵或影响着塔身和塔基。大宗商品“异化”成了金融化泡沫，商品定价权的争夺已经演变成期货定价权的争夺。

二、国际霸权与定价权

2012 年 12 月 18 日的《银行家》认为：从近十多年来，石油、铁矿石、大豆等中国需求量较大的进口商品价格走势来看，欧美市场操纵了多种大宗商品价格，赚取了巨额金融利润。金融定价权只是目前世界经济秩序的一个重要侧面。从金本位制的商品定价权到信用货币制度下的金融定价权，都是不同时期的主要资本主义国家霸权的具体表现。在金本位制条件下，商品的价格是基本稳定的，影响商品价格的因素主要是商品和黄金的供求关系。要获得商品定价权，必须获得供应链中的垄断地位。这包括三个方面：一是渠道垄断：渠道商对生产商的成本倒逼，如沃尔玛超市等通过集中采购迫使小供货商压低价格。二是品牌垄断：耐克等体育用品品牌通过设计、广告、渠道等方面的运作来压制生产商的价格。三是资源垄断：对于钢铁、石油、有色金属等大宗商品，以资源垄断来压缩生产企业的利润。要想获得商品定价权，必须想方设法地维持垄断地位。定价权不是天上掉下来的馅饼，是打拼得来的。在金银本位制下，商品定价权主要是垄断资本在操纵供求关系。

三、信用泡沫与期货定价权

信用货币价值飘浮导致商品价格飘浮，金融定价权就是目前最便捷的信识掠夺机制。由于主权货币价值与黄金供求的脱钩，货币对内价值和对外价值都不再稳定，导致利率、汇率等基本变量的频繁宽幅振荡，金融定价权成了市场经济和供求关系的命门。美国虽然将生产外包，但只要将金融定价权牢牢地掌握在手上，就可以最大限度地捞取利益，金融定价权是弱肉强食的吸血工具或掠夺劳动价值的吸星大法。大宗商品金融定价权的基础之一是期货投机。昔日的商品定价是以现货定价为主，现在的商品定价是以期货为主。

四、大宗采购是国家机密

据多家媒体报道：1999 年，美国 IT 经济泡沫破裂。美联储只好降息，吹起了地产泡沫。从 1999 年末到 2008 年，美国连续 9 年实现低利率。美元在世界四处泛滥，催生了世界性的通货膨胀。由于价格上涨完全出乎意料，中国不少生产厂家多空头对冲保值，但国外交易对手似乎事先知道了中国生产厂家的空头仓位，通过逼仓带来暴利。金融定价权（信识评级）的获得不是套期保值或对冲等保守交易的结果，而是主动投机的结果，美元资本一手推高大宗商品期货价格，另一手同时推高现货囤积。如美国黄金基金大量购入黄金现货，支撑期货市场金价的攀升，美国铜商品基金也大量囤积铜商品。这是明显的投机行为，以现货支撑期货，这不是对冲的套利交易。由于期货杠杆率高，现货与期货之间存在套利机会，即现货购买推高价格的成本远远低于期货多头的获利。

在价格机制中，信用为价格之王，信息为价格之后，知识为价格之兵。

农产品生产的蛛网理论表明，一旦某一参与方有了信息优势，这一方就是价格的领导者或受益者，拥有信息优势的参与者通过积极的期货投机来掌控价格。高盛等投资银行通过收集生产信息，预测全世界大宗商品的产量，进而准确地预测价格。高盛有这个掠夺信息的能力，而中国的生产商却没有这个掠夺信息的能力。中国要逐渐获取金融定价权，机构参与者就必须拥有信用资金、信息、垄断等实力。

五、美元信用体系独霸全球

金融定价权的本质是金融资本主义操纵信识关系的定价体系。目前，金融定价权基本上为美国所独有，美元霸权短期内还难以撼动。与美元发行所对应的美元利率和数量等影响商品价格的关键因素的控制权都掌握在美国人手里，欧洲、日本、中国在金融定价权方面都处于战略上的被动地位，而且中国比欧日更被动。世界大宗商品的定价权基本都在美国三大证券交易所实现，美国是世界主要的定价中心。农产品价格形成于芝加哥期货交易所（CBOT），金融衍生品价格形成于芝加哥商业交易所（CME）和芝加哥期货交易所。纽约商品交易所（NYMEX）的轻质低硫原油期货合约是世界上成交量最大的商品期货品种之一。布伦特原油所在的伦敦洲际交易所（ICE），2001 年就被美国洲际交易所收购。2006 年 10 月 17 日，芝加哥商业交易所与芝加哥期货交易所合并诞生了全球最大的交易所——芝加哥交易所集团。2008 年 3 月，芝加哥交易所集团收购纽约商品交易所，更加牢固地掌握全球商品定价权。

六、资本殖民关键在定价权

2010年5月，中国商务部官员坦言，中国在国际贸易体系的定价权几乎全面崩溃，中国面临的一大问题就是大宗商品定价权的缺失。中国的出路在于获得金融定价权，实现企业的转型。世界创造了价值，美国掠夺了价值，剥削重心从商品生产环节转移到货币分配环节，剥削效率从供求关系转向信识关系。美国独占金融定价权的根基在于美元霸权，与全球金融定价机制的演变相适应，人民币国际化，必然要实现贸易进程向金融进程的升级转换。从金融信息和美元可获得性来说，美国等金融机构有着得天独厚的金融定价权优势。为了超额利润，他们会主动猎杀潜在对手。期货可以逼空，也可以逼多。当大宗商品期货波动15%时，判断失误的对手就血本无归。

七、中国还没有定价权

中国是仅次于美国的第二大原油进口国；铁矿石进口约占国际贸易总量的50%；大豆进口超过国际贸易总量的50%；氧化铝进口约占国际贸易总量的30%。表面上，中国是全球最大的重要进口国，但中国制造只是代替欧美需求下单，产品大多还要出口欧美，即原材料与制成品两头在外，中国只是从事加工制造，中国既无原材料上的比较优势，更无市场需求的比较求势，高买低卖的“夹心饼”制造惨遭两头挤压，中国制造本质上是欧美定价的劣势制造。中国生产，美国消费；中国分工，美国分配；中国顺差，美国逆差；中国流汗，美国吸血，这就是贸易上中美争霸的巨大差距。

比较劣势 （高价进口）	中国制造 欧美定价	比较求势 （低价出口）

自从中国加入WTO以来，国际大宗商品市场出现了“中国买必贵，卖必贱”的怪现象。

2004年的大豆风波比较典型，在得知中国大豆采购代表团即将前往美国采购250万吨大豆后，国际炒家联手将CBOT大豆期货价格从200美元力推到400美元；但合同签署完毕后，期货价格马上下跌1/3，国内一半大豆压榨企业倒闭，这个大豆采购团是不是国际炒家的掌上玩物呢？这是不是“信息定价”的教训呢？

2005年，国家电网公司公布即将投资上千亿元进行电网建设与改造的消息，随即拉动铜价创下16年新高，如此轻率地公布国家重大工程，简直是向国际炒家提前报信，实际上是一种泄漏国家商业机密的行为。

不仅是在对原材料有着绝对需求时，中国没有定价权，甚至于在中国垄断的部分上游资源领域，仍没有定价权。以稀土为例，作为世界上最大的稀土出口国，从1990年到2007年，中国稀土的出口量增长了近10倍，目前出口的平均价格却被压低到当初价格的64%，中国成为了国际大宗商品人为控制涨跌的最大受害者。

中国欲在国际上提高对大宗商品的定价话语权，第一，要转变经济增长方式和对外贸易增长方式；第二，要建设开放、完善的期货市场，转变“自弹自唱”的现状；第三，应建立战略储备制度。

2012年3月，大宗商品研究中心发布的《2011年中国大宗商品依存度研究报告》中显示，名列“2011年中国大宗商品的对外依存度榜单”前十名的品种，其依存度百分比无一例外地超过了40%，大豆、天然橡胶等多个品种的对外依存度超过了60%，原油和铁矿石只是分别以56.5%和50.8%排在榜单的第六位和第七位。中国大宗商品对外依存的严重程度可见一斑。

大宗商品定价权在一定程度上是一项“金融游戏”。欧美国家在其交易所中不断推出现货交易、期货交易、期权交易等花样繁多的交易方式，生成一系列的金融衍生品，这使得争夺定价权成为一种高杠杆率、高风险、高回报的金融游戏，美国通过实施其货币政策就可影响大宗商品的价格。

军事殖民、技术殖民、文化殖民、制度殖民、金融殖民或货币殖民最终都要殊途同归地表现为价格殖民。在衍生品出现以前，大宗商品的定价主要基于供求关系，而在金融衍生品市场出现以后，大宗商品的定价是商品的供求关系与信识关系的双重作用，期货市场，是形成大宗商品基准价格的中心，许多国际大宗商品价格主要是参考期货市场的价格制定。衍生品市场定价，必然成为大宗商品价格确定的主要风向标。

“中国生产，美国定价”，这就是美国经济殖民走向价格殖民的可怕之处。《知本论》发现，期货市场本质上就是信息定价与信用定价，是利用信用、信息与知识的信识定价，来操纵现货市场或商品的供求关系，是以超视距、超时空的信识定价来预设和指导近距离的供求定价。如果说现货是资本，那么期货就是知本，因为货币代表的是资本，运行的却是知本，或者说，资本是货币之形，知本是货币之魂，这就是货币的二重性。

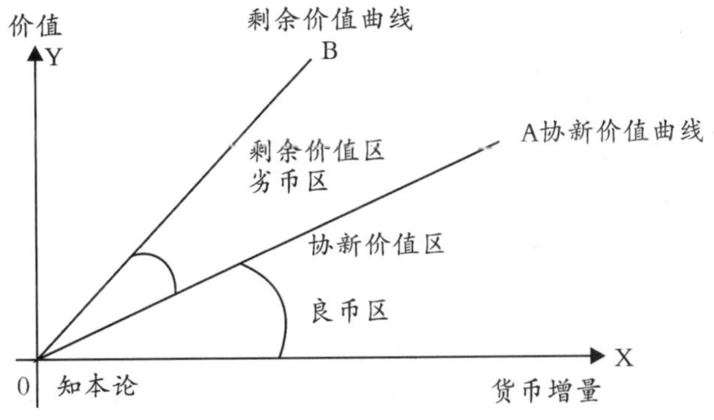

良币区是货币增量不超协新价值的有效发行区
劣币区是货币增量超过协新价值的剩余价值区

如上图：横轴代表货币增量，纵轴代表价值，OA代表协新价值曲线，OB代表剩余价值曲线。协新价值决定货币增量，货币增量必须与协新价值相适应，AOX放射区表示协新价值制约货币增量时的良币区，良币区是经济繁荣昌盛的稳健增长区间。由于国际投机热钱与国际投资的进入，再加上一国资本的输出，货币增量并不完全受一国生产的协新价值所约束，超过协新价值的部分是剩余价值区或劣币区，这个劣币区就是经济危机的潜伏区间。

《知本论》假设：在完全自由平等的竞争市场，而且国内利率与国际汇率完全处于合理水平，如果一国货币增量不超过该年度的协新价值，那么所发行的货币都是良币，OB剩余价值曲线向下偏转到与OA重合，剩余价值区或劣币区消失，贫富分化缩小，这才是比较理想的货币发行。货币是协调和创新社会经济关系的分配制度，货币增量不得超过协新价值，才能充分发挥货币的协同效益与创新效益。“货币增量=协新价值”的临界点是经济从繁荣到危机的转折点。

第三章

知 本

人类的文明史，就是一部知识史或知本史，文明 = 知本，知本论 = 文明论。知识是没有排他性与独占性的全人类共同财产，所以知本是共产，知本论也是研究公有制的共产论。如果没有知本或劳动知本化，人类将永远停留在猴子时代或类人猿时代。为什么知本经济是公有制经济？因为知本不具有排他性和稀缺性，是人类可以共同拥有的无限财富，知本的量变永远不会稀缺，只有创新的质变才是唯一的稀缺，知本的公有制特性表现为：一是知本无边际成本的规模扩张，可以创造无限的边际利润；二是知本无代际成本的创新升级，可以创造无限的代际利润；三是知本可以无影无形地穿越各种贸易壁垒与市场界限，无限制地协同和创新全球资源。资本论是研究剩余价值的学说，知本论是研究协新价值的学说。

从劳动价值论到资本价值论，是人类思想的第一次飞跃；从资本价值论到知本价值论是人类思想的第二次飞跃。劳动创造低速增值，资本创造中速增值，知本创造高速增值，这是人类循序渐进的三个认识层次。增值生产、增值交换与增值消费是人类社会经济发展的根本源泉。当知本用于榨取剩余价值时，是知本暂时或偶然的私有制；当知本用于创享协新价值时，是知本长久或必然的公有制。

劳动增值论——资本增值论——知本增值论

知本是技术、制度和文化的总称，是推动人类社会经济发展的根本动力，相应地，技术性的生产力、制度性的创新力、文化性的营销力或管理力，是知本力的三要素，知本力是一个动态的竞争力系统，是生产力（技术）、创新力（制度）与营销力（文化）的乘积或积分。

资本是私有制之母，知本是公有制之母，知本主义是共产主义的灵魂。任何国家的经济，都是资本为形，知本为神，形神兼备。一国经济总是以技术为力、以文化为美、以制度为信，不能只重视生产力（科技），也要重视生产美（文化）与生产信（制度）。

资本主义是名为对内自由放任，实为对外政府干预；名为对内完全竞争，实为对外壁垒森严；名为对内资本平等，实为对外资本歧视。所以，政府干预、部分竞争与利润级差化是资本主义市场的三大基本特征，而自由放任、完全竞争与利润平均化并不是资本主义的基本特征，反而是共产主义的三大市场特征。

第一节　知本概论

在知识经济时代或“知时代”，知本主导资本，知源主导资源，知力主导资力，知格主导资格，知性主导资性，“资时代”的关键词都演变成“知时代”的关键词，从有形有限的“资”到无形无限的“知”，虽然一字之差，发展模式却有天壤之别。榨取剩余价值是有限的附减值经营，创享协新价值是无限的附加值经营。协同效益是整体倍加个体的量变，创新效益是个体倍加整体的质变。

一、中国制造是硬制造

《知本论》认为：目前的中国制造是物优价廉的生产中心，制造大国其实是“生产力大国”，中国的生产力很强很大，但中国的管理力与创新力跟不上，所以知本力并不强，缺乏定价权，中国制造是脚重头轻，脚重就是生产力很强，头轻就是管理力和创新力很弱。因此，中国制造是头痛制造。国际名牌，特别是奢侈品牌，除了微软、英特尔、苹果、三星、谷歌等少数主要靠技术制胜的生产力企业之外，大多数国际名牌都不是靠生产力，他们大多是交给中国企业生产，中国企业帮助他们解决了生产力问题，他们赚钱的动力是营销力与创新力，靠的是先进文化和制度创新，许多国际名牌根本不在乎由谁来做，他们给代工企业的利润是极低的。

国际竞争出现了“按生产力分工，按创新力分化，按营销力分配”的大趋势，具体表现为“生产成本决定分工，国际名牌决定分配，国家制度决定分化”，这是全球经济殖民的大格局。目前的中国制造是高成本、高能耗、高污染的“三高制造”，主要是靠发挥

低工资的比较劣势，是资本驱动的有形和有限的中低端制造。

二、美国制造是软制造

当中国制造显示强大的生产力时，美国制造则显示了强大的知本力，美国在“生产力”这个环节不如中国，这是不争的事实，但是，美国的自由文化显示了强大的营销力和生产力，美国的民主制度显示了强大的管理力与创新力，美国制造是知本力的制造。因此，美国与中国的比较很像孙膑赛马，“生产力之马”是中国小胜，但是，“营销力之马”与“创新力之马”都是美国获胜，所以，美国是知本力的第一强国。

经济的发展，不是生产力的一维发展，而是生产力（技术）、营销力（文化）和创新力（制度）的三维发展。

美国人似乎最明白知本力的无限性，坚信知本必然在全球无形、无限、无本、无私、无价地海量扩散，所以，美国将全球资源都看成是美国创新知本的势力范围，打破国界制约的是跨国公司。美国自认为是地球村的村长，美国制造理所当然就是全球制造，全球都要接受美国的分工与分配，全球都在为美国制造。

三、专利制度

专利制度是知本竞争的需要，最早实行专利制度的是威尼斯，它在1474年颁布了第一部具有近代特征的专利法。

1802年，美国成立了国家专利局，专利局的出现，标志着人类开始进入了知本驱动的新时代。在美国商务部的大门口上还刻有林肯总统的一句话：“专利制度就是将利益的燃料添加到天才之火上。”专利制度是一种促进技术发明的知本激励制度，是以牺牲一段时间的知本无限扩散力为代价的。

为了促进国际交流合作和技术贸易，各国先后签订了一些有关保护工业产权的国际公约。1883年，在巴黎由法国等11个国家缔结的《保护工业产权巴黎公约》，这是第一个也是至今为止最重要的国际专利公约，到1984年已有94个国家参加。

1980年，中国成立了专利局，1984年颁布了《中华人民共和国专利法》，1985年加入了《保护工业产权巴黎公约》。

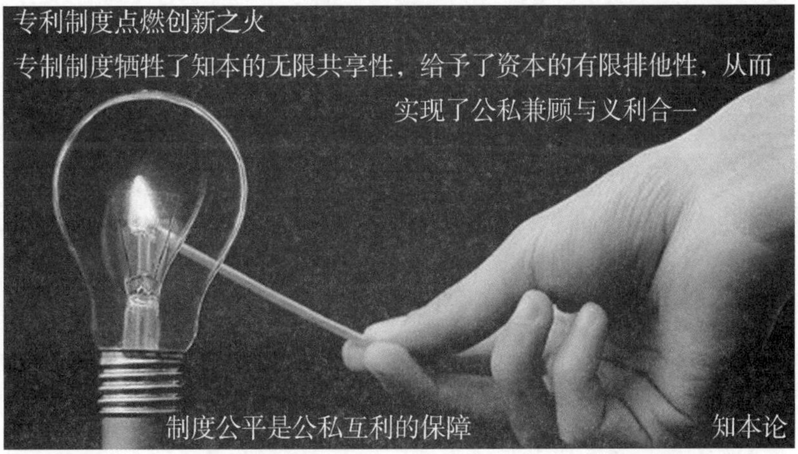

专利制度，是知识经济时代的起点，但专利制度确实损害了知本的公有制天性，给予了发明者一定期限的私有制，专利过期后才能还原为公有制或人类共产的本质，所以专利制度的确是公私兼顾的创新。

知本来到世间，终于有了合法的身份证，知本家终于有了护身符，无形无限的知本也像有形有限的资本一样具有一定时间的独占价值。

一个全新的信息经济时代开始了，知识产权与土地产权变得一样重要了，制度与科技一样重要了，生产力与生产关系可以相互决定相互转化了。从知本的无形无限的扩张力来看，知本既可以是生产力，也可以是生产关系，或者说，生产力与生产关系通过知本桥梁联系起来了，谁是主角，谁是主要矛盾，就要看不同国家在不同发展阶段的不同国情了。生产力与生产关系的相对决定问题，既有普遍性，更有特殊性。

四、美国 GDP 的知本算法

2013 年 7 月 31 日，美国经济分析局在其官方网站公布了调整后的 GDP 核算方法，以及根据新方法修订的经济数据。根据新的“知本算法”，美国将研发投入和娱乐、文学、艺术产业的支出等原本纳入成本的部分，以及养老金赤字、住宅所有权转移成本等计入核算范畴之后，其 2012 年 GDP 总量增加了 3.6%，即 5598 亿美元，美国人在 GDP 中不再只局限于资本的存量与势能，开始量化知本的增量与动能，这是美国继续领导信息时代的重要标志。

传统 GDP 是有形 GDP，是缺乏灵魂和大脑的 GDP，传统 GDP 算法将知识产权、教育培训、民主制度与广告宣传不作为投资收益，是无法适应知识经济的落后 GDP，统计结果很难真实度量一国经济的经济水平。

根据新的知本算法进行统计，美国从 1929—2012 年和 2013 年第一季度连续数十年的经济数据全部得到修正。美国 1929—2002 年年均 GDP 增速修正为 3.3%，较以前核算数据高了 0.1%；2002—2012 年年均 GDP 增速修正为 1.8%，也比以前的数据高了 0.2%，同时新核算方法也将 2010 年和 2012 年的 GDP 增速分别上调 0.1% 和 0.6%，但维持 2011 年数据不变。修正后的数据科学地体现了知本增量，使 GDP 从传统的资本存量分析转向较强的知本增量分析，从 2012 年和 2013 年上半年的数据来看，美国经济已经开始缓慢复苏。修正数据后，回看 2008—2009 年的经济衰退也不像之前分析的那么严重了，其中 2008 年第三季度从原先的下跌 3.7% 修正为下跌 2.0%，第四季度则从下跌 8.9% 修正为下跌 8.3%。

为了加强理解，《知本论》假设甲家庭与乙家庭某年的总收入（GDP）同为 10 万元，但是，甲家庭的两个子女即将大学毕业，而乙家庭的两个子女都是初中毕业后就到工厂打工，甲家庭每年投在教育、培训、文学与艺术上的钱为 8 万元，而乙家庭完全没有教育与培训方面的支出，如果不算知识经济 8 万元的无形资产的区别，两个家庭的 GDP 总量是一样的，但无法区分甲乙两个家庭的经济增量，显然甲家庭远比乙家庭的增长潜力大，8 万元的知识投入显然应计入 GDP，甲家庭的 GDP 理应是 18 万元。从长远的经济增量和动能来看，教育培训与研发和品牌等投入，是无形资产，不仅应计入 GDP，而且应加倍地计入 GDP，这样才能预测一个国家的可持续发展能力，所以，美国 GDP 新算法不是算多了，而是算少了，研发投入应该乘以一定的倍数再计入 GDP，有形 GDP 或资本 GDP 强调存量，无形 GDP 或知本 GDP 强调增量，没有无形的增量 GDP，就没有可持续发展。

新的 GDP 核算方法给美国带来的福音不少，美国过去十年的储蓄率显著上升；与此同时，随着 GDP 总量提高，联邦债务占比也相应下降。美国商务部公布 2013 年第二季度的初步数据显示，第二季度新国内生产总值（GDP）初值按年计算增长 1.7%，大大好于经济学家此前普遍预期的数据（增长 1.0%），美国第一季度新 GDP 按年计算的增速同时由 1.8% 修正为 1.1%，新算法引发纽约股市高开，道琼斯指数盘中创下历史新高，欧洲市场主要股指全线飘红，纽约油价受到利好支撑也上涨，避险情绪缓和，纽约金价走低。《华盛顿邮报》还指出：修正后的经济增长数据更加符合就业增加的趋势，表明未来将有更持续更稳健的雇佣数据，知识产权产品占 GDP 比重将达 40%，或者说无形 GDP 或知本 GDP 比重将达 40%，预示美国向知识经济转型，并从 GDP 算法上给知本驱动型经济以国家认证。

2009 年，五个国际组织联合发布了新的国民经济核算国际标准 SNA 2008（System of National Accounts 2008），并鼓励各国在国民经济核算中采用这一新的国际标准。

SNA 2008 的新变化表现在：对生产性资产分类进行了较大幅度修订，并扩展了资产边界，其中最突出的变化就是知识产权的资本化，使固定资产规模加大，非生产性资产减少，知识密集型行业资产规模加大，科技创新活跃地区的资产比重上升。

现有的 GDP 统计已不能准确反映国民财富增长情况，不能反映经济发展质量的差异、社会福利的改善情况，更不能反映资源消耗、环境损失以及人力资本投资、技术进步等无形资产的真实状况。一国"无形财富"的总量和构成不仅是生产力的基础，也影响着未来产出的水平和可持续性，并成为一国财富的发动机，在知识经济时代，自然资源并不是一国经济发展的极限或制约，知本比资源更重要。

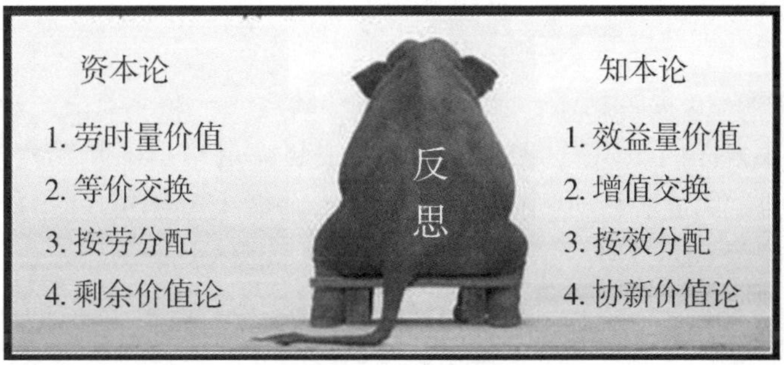

中国在核算 GDP 中的固定资本总额时，仅分为住宅、非住宅建筑物、机器和设备、土地改良支出、矿藏勘探费、计算机软件和其他七个主要类别，没有对研究与开发、数据库、娱乐、文学或艺术原作、非生产性资产所有权转移费用等固定资本形成总额进行核算，可以说是落后的 GDP 算法。

五、无形资产 = 投资

世界银行行长瑞斯查德说："在知识经济时代，知识是比原材料、资本、劳动力、汇率更重要的经济因素。知识经济改变和超越了以技术为驱动，片面追求生产规模极大化，追求产品技术极致的发展模式，而转向把知识作为驱动的主要力量，这对现代企业管理提出了更高的要求。"尽管有许多人质疑美国 GDP 新算法，但是，美国重视无形资产的 GDP 核算方法的调整开始重视知本驱动，这无疑是经济思想的一个划时代进步，是信息经济与知本发展的必然要求。包括知识产权产品在内的无形资产首次被纳入美国的经济核算体系，这显然是美国经济对创新价值的高度重视，批评美国知本算法的人只是暴露了自己对知本经济的无知。

美国经济分析局特别将这些无形资产称作 21 世纪的组成部分，反映出美国政府强调知识产权的重要性，同时也是对以创新为基础的知识产权的尊重与鼓励。将研发支出算作投资，等于认可了专利和其他知识产权等无形资产在美国经济中扮演的重要角色。

联博基金经济学家乔·卡尔森认为："这使得 GDP 数据走出了黑暗时代并进入了 21 世纪。"美国纽约大学斯特恩商学院教授戴维·巴克斯在接受新华社记者采访时也表示，无形资产极具重要性和价值，应将其视为投资。

《知本论》认为：技术研发不仅是投资，更是倍加的投资，知识产权不仅应计入 GDP，而且应该加倍地计入 GDP，只有这样才能真正体现资本是劳动加法，知本是劳动乘法。

美国 GDP 新算法还比较保守，如果将知识产权的投资乘以一定的倍数，才能真正体现美国经济的增量与动能，也才能真正明白中美的差距在哪里，从而为中国经济从资本驱动走向知本驱动提供决策依据和转型决心。美国将逐步完成经济形态由劳动密集型（工资主导投资）到资本密集型（机器设备主导投资）再到知识密集型（知识文化主导投资）的全面转变，GDP 新算法其实就是一个国家的创新指南与知本标杆。倘若按照新的 GDP 统计方法计算，知识产权产品在 GDP 中的比重将高达 40%，预计未来知识产权产品比重还将增加。

劳动密集（员工）——资本密集（机器）——知本密集（知识）

目前，各国大力提倡知识经济，但在 GDP 中起决定作用的是工资与机器的资本投入，而教育、文化、制度、科研、技术等无形投入则不计入 GDP，使 GDP 的说服力急剧下降。例如，中国是 GDP 大国，仅次于美国，但中国的人均收入很低，这就说明 GDP 的统计方法有着致命的缺陷。巴克斯表示，这并非 GDP 真实增长了，而这只是统计口径上的转变。实际上，人们更关心的是经济增长率的变化，而经济增长率不会受到太大影响，因为 GDP 的历史数据也会相应调整。美国经济分析局在公告中也指出，新核算方法只是对美国 GDP 总量产生显著影响，但不会改变广义上的经济发展趋势或是普通模式下的商业周期。

《知本论》认为：巴克斯和美国经济分析局显然不懂知识经济的本质，美国 GDP 新算法既不是灌水 GDP，也不仅仅是统计口径上的数字游戏，更不只是影响美国 GDP 总量，GDP 新算法关键是经济政策与经济模式的成功转型，其着眼点并不是 GDP 总量，而是 GDP 增量，是 GDP 的数据结构与经济结构的一致性，这必将改变宏观政策，从而长久提高经济增长率，因为 GDP 新算法终于确立了：知本是经济之王，资本是经济之后；知本是经济内生力，资本是经济外生力；生产力与 GDP 增长归根到底是知本增长，只有知本增长才能无限提高协新价值，而美国 GDP 新算法终于从阴暗而低速的资本时代跨入了灿烂而高速的知本时代。

美国此次修订 GDP 统计方法不仅是自 1929 年以来的第十四次调整，响应了国际通行的第五版国民经济核算体系（SNA）的最新建议。SNA 以全面生产理论为基础，运用会计账户方法对一定时期一个国家或地区国民经济活动的全部内容进行系统的统计核算，为宏观经济分析、决策和管理提供客观依据。SNA 由联合国下属负责统计的机构指定，通常每 5 年修订一次。2003 年，受联合国统计委员会委托，联合国、欧盟委员会、经济合作与发展组织、国际货币基金组织、世界银行等五大国际组织主持形成并发布了《国民经济核算体系 -2008》（简称 SNA 2008），成为目前 SNA 的最新版本，该版本提出的一项重要建议就是要将研发支出纳入投资统计。2009 年，联合国统计委员会在第四十次会议上通过了将 SNA 2008 作为国民经济核算的国际统计标准，并鼓励所有国家都尽可能按照 SNA 2008 来编辑并报告其国民经济账户。美国此次修改 GDP 的核算方法就是顺应和领导了知识经济的大势。

研发费用 = 固定投资？

文艺原创 = 固定投资？

美国经济分析局主管国民经济核算的布伦特·莫尔顿声称，在美国 GDP 的新算法中，企业、政府和非营利机构的研发费用支出将被视为固定投资，有关娱乐、文学及艺术原创支出也将作为固定投资纳入统计数据，另一个类别将包括电影、长期电视节目、图书、录音等。此外，包括房屋交易时的多项税费和固定收益养老金计划赤字等也将并入计算。这些新指标的纳入将影响 GDP（国内生产总值）、GNP（国民生产总值）和 GDI（国内总收入）等经济数据。

目前，尽管 SNA 最新标准尚未让各国充分重视无形资产与知本的重大意义，但包括欧洲在内的多数发达国家和地区将从 2014 年起采用美国 GDP 新算法，将会有越来越多的国家采用美国 GDP 新算法或 SNA 2008 统计标准。

《知本论》认为：GDP 新算法绝不是数字游戏，而是一国经济政策的重大调整，是从资本加法向知本乘法的划时代进步，对无形资产和知识产权的重视，必将从根本上提高 GDP 的说服力，从低效的有形 GDP 到高效的无形 GDP，这的确值得中国决策者深思。如果中国也引入 SNA 2008 的 GDP 新算法，必将更快地推动中国创造的升级转型！从劳动 GDP 到资本 GDP 是人类经济观的第一次飞跃，从资本 GDP 到知本 GDP 是人类经济观的第二次飞跃。

六、大富无形

小富靠有形资产，大富靠无形资产，对吗？

著名经济学家曼昆在其《经济学原理》中写道：移民到美国的墨西哥人的效率是本土墨西哥人效率的五倍多，这是为什么？答案并非美国有更多的机器、工具以及自然资源。恰恰相反，根据世界银行的调研表明：最主要的原因是美国人均拥有超过41.8万美元的无形财富，而墨西哥人只有3.4万美元。

《知本论》认为：美国与墨西哥的差距恰恰就是知本这一“共产”的差距，是人均公有值的差距，说明美国私有制的发展，客观上也促进了公有制的发展，美国经济正在“声东击西”“指鹿为马”“暗度陈仓”地向公有制经济转型。

两年前，世界银行的环境经济学部门开始研究一项主题——“国家的财富在哪里：衡量21世纪的资本”，这项研究认定自然资源是不可再生资源（包括石油、天然气、煤炭和矿产资源）、种植土地、牧场、森林和保护性地区的总和。人们总以为资本指的是机器、设备和建筑物（包括基础设施）以及城市土地的总和，但世界财富的绝大部分不在其中。如果只是简单地把一国的自然资源和生产资本相加，并不能代表一国的收入水平。收入中的无形财富包括社会中人们的相互信任、有效的司法系统、清晰的产权以及有效的政府，所有这些无形资本也在刺激劳动生产率，并且带来更多的财富总额。世界银行发现“人力资本和制度的价值是所有国家最大的财富”，如果考虑世界上所有的自然资源和资本，富国80%的财富和穷国60%的财富是无形资产。富国之所以富裕，是因为人口的技能和保证经济行为的制度质量。

世界银行的经济学家们做得最漂亮的一件事是他们把教育和社会制度这些无形资产量化了。比如，根据他们的回归分析，法律制度占国家无形资产的57%，教育占36%，法治指数是由几百个衡量管制概念的变量设计出来，出自18个不同的组织构建的25个相互独立的数据来源，包括公民社会团体和商业风险评级机构等。瑞士法治指数的得分是百分制的99.5分，美国是91.8分，尼日利亚只有5.8分，布隆迪是4.3分，埃塞俄比亚是16.4分，经济合作与发展组织（OECO）成员国平均值是90分，而非洲撒哈拉地区平均值是28分。富裕的国家，比如美国，其自然资源只占其全部财富的很小一部分，通常是1%～3%，但是它们从中获取了更多的价值。富国的土地、牧场和森林更有价值（《知本论》所说的协同效应），是因为它们能和机器等产权联合（协同）起来生产更大的价值，机器、建筑、道路占富国财富的17%。经济合作与发展组织成员国的人均财富是44万美元，其中包括1万美元的自然资本、7.6万美元生产出来的资本以及异常大的35.4万美元的无形资本（瑞士的人均财富最高，为64.8万美元，美国居第四，为51.3万美元。）。

《知本论》发现，从有形资本到无形知本，从有限资源到无限知源，从有形资力到无形知力，人类经济发展进入了无形时代或无限时代，知本能超过资本能。由于技术知本在数量上没有稀缺性，可以无限复制、无限生产、无限传播，可以在边际成本为零的条件下无限应用，甚至可以在代际成本为零的条件下无限升级。因此，只有无形而无限的知本驱动才是增量经济，资本驱动充其量只是等价转移的存量经济。当无形资产——知本主导世界的价值创造与价值分配时，无限知本会推动全人类共同走上共产主义之路。

世界银行发现低收入国家的总财富平均是每人7216美元，其中，2071美元是自然资本，1150美元是生产出来的资本，3991美元是无形资本。人均财富最少的国家是埃塞俄比亚（1965美元）、尼日利亚（2748美元）和布隆迪（2859美元）。一些国家的管理实在差，其无形资本实际上是负数，一些国家由于猖獗的腐败和不良的学校系统毁灭了他们的无形资本，只能让它们的人民未来更贫穷。世界银行说明了“发展的主动力”是法治和良好的学校系统，不同资本资源对经济和社会发展的贡献度不同，世界财富的绝大部分不再是已经“生产出的资产”或有形资产，如房屋、设备、城市基础设施等，新世纪衡量国家和公民财富的，更多的是无形资产——这包括全社会人们的相互信任、清晰的产权、廉洁高效的政府、公正的司法系统和国家管理能力。无形资产创造出公正的法律机制、人力资本价值和保证经济行为的“制度质量机制”和能带来更高的劳动生产率，这才是国家和民众最大的财富，即无形财富重于有形财富。在整个国家的财富体系中，房地产、现代化的生产流水线和基础设施等有形资产只占很小的部分（17%左右），因为有形资产只有在强大的国家管理水平和产权制度基础之上，才能产生更大的价值，无形知源决定有形资源的产出效率，无形知本决定有形资本的定价水平。

七、知本代际效益递增

协同整体是个体价值的倍加，协同倍加表现为边际成本递减规律；创新个体又是整体价值的倍加，创新倍加表现为代际收益递增规律。整体通过协同效应重新定义个体，个体通过创新效应重新定义整体。

协同倍加——规模量变——边际成本递减

创新倍加——效益质变——代际收益递增

知本经济的根本规律就是无边际成本规律和代际效益递增规律，表现为两个方面，一是协同效益可以扩大和增加产品的成本边际，使边际成本递减的长度变得更长，规模效应的本质就是延长边际递减的路径或时间，可以达到无边际成本的理想状态；二是创新效益充分体现代际收益递增规律的作用，实现劳动价值密度的无限提高。总之，协同是横向延伸边际革命的广度或价值量度，而创新是纵向提高代际革命的高度或价值密度。由于知本无限扩散可以低成本或无成本地跨越国界与法律的刚性制约，以交换他国的高成本的劳动力与资源。因此，经济殖民就是知本殖民，是低成本的知本交换高成本的资源，成本的不公就造成了只承认殖民的剥削论，不承认殖民的创造论。

知本既是协同之父，也是创新之母，任何国家的社会经济发展，不能只靠人力与物力等有形和有限资源，还要靠无形和无限的知本，因为知本的边际成本可以为零，代际成本可以趋近于零，拥有知本优势者可以无本取利或无本殖民。所以，殖民地总认为自己被剥削了，落后国总是向先进国交学费成为普遍现象，或许这是另一种殖民式剥削。

资本是劳动价值的相对静止状态，知本是劳动价值的永恒运动状态，因此，资本与劳动是可以暂时分离的，而知本与劳动永远结合在一起。

有限资本是私有制之魂，无限知本是公有制之魂。

《知本论》研究无形、无限、无价、无私的知本，本质上是共产论，其理论核心是知本无形、无私、无限的协新价值，知本是可以无限共享的公共资产，知本 = 共产，所以知本主义是共产主义的必要条件，社会主义理论上是知本主义。而《资本论》是研究私有制的，其理论核心是资本的剩余价值，资本是具有排他性的有限资产。当代商品的定价权与分配权出现了越来越知本化的大趋势，知本的无形、无限、无本、无价与无私决定了知本就是人类的共同财产或共产。资本是排他的有限财富，而知本是共享的无限财富，所以，知本主义会创造共产主义，只要一个社会实现了全社会成员的自由平等和协同创新，即最大限度地实现了每个公民的自由权、平等权、协同权与创新权，就是接近共产主义的知本主义。

从中国制造到中国创造，就是从资本驱动的社会主义转向知本驱动的共产主义。美欧是私有制占绝对主导的资本主义，但也是重视科技创新与全球文化交流的，美欧的先进知本也在全球无形而无限地扩散，有些甚至也在无私地扩散，因此，美欧资本主义也在转向知本主义或共产主义，中美欧之间的意识形态不只是资本主义与知本主义（社会主义）的冲突，还有相互学习与融合之处。

以协新价值主导的公有制占主体、国有银行为主导、国控新闻成主流是社会主义的三大特色和比较优势。公有制是社会主义之父，国有银行是社会主义之母，国控新闻是社会主义之子。社会主义是公有制主体，国家掌控金融，国家主导新闻采访。而资本主义是私有制主体，私营财团掌控金融，私营资本主导新闻采访。例如以中美来作对比，中国是以协新价值主导的公有制为主体，美国是以剩余价值主导的私有制为主体；中国是国家掌控货币的发行权与定义权，而美国的中央银行——美联储是私营财团在幕后控制。以前，中国总是强调所有制在生产资料上的公私区别，其实，银行和金融的公私区别更重要，因为谁掌握了银行业与货币发行，谁就掌握了社会财富的分配权与定义权，社会主义最大的优越性是政府对中央银行的高度控制，并以公有制银行为主体，中央银行的铸币税与通胀税全部可以用于中国经济建设，不会落入私有银行的钱袋。国家控制新闻发布，就会防止私有媒体操纵和欺诈广大民众，确保广大民众拥有信息知情权。

公有制占主体就是确立协新价值为主导的新型生产方式，促进劳资和谐与公私兼顾，因为公有制为主的潜台词就是承认私有制的合法性与补充性。国家银行占主导是社会主义的分配保证，国家银行是社会主义的钱袋。中国在改革开放中一定要注意两点：

一是涉及国家战略安全与经济命门的产业不能放手，例如，城市基础设施、铁路、公路、基础教育、自来水、电力、能源、军工等的控股权，绝不能落入私人手中，这是改革开放的产业底线。

二是银行业绝不能失去控股权，因为银行业既是金融的命门，也是国民经济的命门；货币发行权既是经济的生命线，也是政府的生命线，一定要防止和限制国际银行业操纵中国经济。

知本论——公有制——共产论

资本论——私有制——私产论

共产主义的各尽所能，按需分配，就是每个人都发展自己的才能或知本，按国家或社会的集体需要来给个体分配，各尽所能的“能”是个人拥有的知本，按需分配的

“需”是国家或社会的需要，不是纯粹的个人需要，更不是每个公民需要什么就分配什么。社会主义是知本主义的初级形态，共产主义就是知本主义的高级形态，因为无限的知本天生没有排他性，是人类可以共同拥有的共产。有限的资本天生就有排他性，不可能是全人类共同拥有的共产，股份制的股权也仍然是一个有限数。各尽所能就是要努力学习，掌握知本，按需分配就是按每个人给社会创造的有效需求来分配其收入，富者给社会创造的需求多，所以利润高，而穷人给社会创造的需求少，所以利润低。贫富分化就是每个人给社会创造的需求出现了分化。

富是因为需求你的人多，穷是因为需求你的人少。

按需分配是按国家和社会的需求来给个人分配，是集体需求与个体需求的统一，是公共需求与私人需求的统一，如果缺乏自由民主的监督机制，就容易出现以权谋私的腐败行为，因为腐败权贵总是以国家需要为名，行个人需要之实。决定一国经济的，是技术、文化与制度共同构成的知本力或体制力，包括技术上的生产力、文化上的品牌力、制度上的创新力，知本力是人类进步的动力，生产力只是知本力的一个重要的技术构成。公有制的本质就是按需分配，按国家或集体的需求给员工分配。

按需分配有三个层次，一是按国家需求分配，二是按集体需求分配，三是按个人需求分配。中国的国有企业都是这样做的，但也确实存在一些问题和隐性的腐败。公有制企业的本质是好的，但也确实很不完善，与私有制企业存在很大的矛盾，还远没有达到人民的要求。公有制改革的当务之急绝不是私有化，而是民主化，公有制的全民之体急需民主之魂，民主是公有制，专制是私有制。

生产力 + 管理力 + 创新力——知本力

新陈代谢或升级换代的本质就是代际革命，再融合知本的微边际成本的无限扩张（简称“无边扩张”），高代际知本一旦得势就席卷低代际市场，即高代际知本形成了居高临下的强大代际势能，然后再转化成席卷市场的超级动能，这就是知本先积累代际势能，再无限转化成边际动能的代边革命。

思想决定制度，制度决定科技，这是生产力发展的路径，即思想力决定制度力，制度力决定生产力。信息经济本质上是知本经济，先知与多知者常胜，后知与少知者常败。知己知彼，百战不殆，就是强调知本力（决策力）对资本力（实力）的先导作用甚至决定作用。超前信息与远见卓识就体现为知本权，在股市与期货市场，知本权才是生死攸关的决策力。金融大鳄靠定价权稳胜，中小股民靠知本权险胜。知本决定资本，知源配置资源，知力形成资力。

知识就是权威，知本就是权力，军事殖民与剩余价值是低层次剥削，而经济殖民与协新价值是高层次“剥削”。

福柯曾说：“知识与权力相互渗透，权力源于知识，知识预设和重构权力。”韩毓海说：“现代统治都是文化统治，现代政治斗争的关键就是争夺文化领导权。”

《知本论》认为：触及灵魂与触动利益都很难，深化改革最终还是思想革命与知本革命。

第二节 代边革命

名牌溢价或明星暴利，是因为凝聚在知本之中的高等级势能总是要在无成本扩散中形成无法阻挡的边际扩张动能，形成高屋建瓴、一泻千里的代边优势，这是由高势能的代际革命推动大动能的边际革命。明星与名牌的超高收益就是源于明星与名牌的高代际势能，在强大的信息传播中转化为一泻千里的边际动能，从而使明星与名牌在知本的无边扩张中形成了极高的边际生产率，严格地讲，明星经济与名牌经济本质上是需求定价，而不是成本定价，是效益价值论，不是劳动价值论，所以明星与名牌不是靠边际生产率，而是靠代际需求量。名牌或明星的生产效率主要不是比较优势的低成本推动，而是比较求势的高效益拉动。

一、知本型需求价值论

名牌溢价与明星收益是协新价值最生动的两个实例，名牌与明星在生产效率上的比较优势并不强，例如，著名足球明星的进球数未必比普通球员要高上 10 倍，但实际收入何止高上几十倍或几百倍？名牌产品也未必比普通产品的功能技术强多少，但名牌产品的利润何止是普通产品的几十倍或几百倍？单从比较优势的低成本生产上看，名牌效应与明星效应会陷入理论分析的比较优势陷阱，从资本型劳动价值论无法理解明星经济或名牌经济，因为明星或名牌的劳动时间量与其超额收入不成比例，显然，明星或名牌的超额价值不是靠劳动量，而是靠需求量或效益量，不是靠劳动上的比较优势，而是靠市场上的比较求势，或者说先有相对求势，后有相对优势，这是一种知本型需求价值论，但价值标准不是劳动量，而是需求量或效益量。

二、按需分配经济

明星经济与名牌经济是最常见的按需分配经济，明星租值与名牌租值远高于一般劳动的租值。如果甲明星的观众是乙明星的 10 倍，那么甲的收入自然就可以是乙的 10 倍。如果名牌赚到的利润是杂牌的 101 倍，那么多出的 100 倍利润就是观众的无偿奉献或由观众创造的名牌溢价，这与产品的质量无关，这不是按劳分配，因为明星与名牌虽然付出了一定劳动，但明星溢价与名牌溢价则是由观众创造的，是按观众或客户的需要来给竞争者分配利润，这就是按需分配。

明星广告收入是普通艺员的几百倍或几千倍，不是因为明星的劳动量比普通艺员更高，而是因为效益量或需求量的差距，不是劳动定价，而是需求定价。在球场上，明星与一般运动员的劳动量是没有多大差别的，但明星的效益量或需求量远非一般运动员可比。名牌与杂牌在收入或利润上的悬殊不能由劳动量或比较优势来解释，只能由需求量或比较求势才能解释。劳动创造成本，效益创造价值，需求创造价格。

劳动价值论——劳动量定价——比较优势

效益价值论——效益量定价——比较求势

明星经济与名牌经济在本质上是信息经济，而信息经济是供求合一的经济，供求关系转化为纯粹的需求决定，供给方就是需求方，明星与名牌的追求者既是外置的生产者，又是内生的需求者。在知识经济中，有效供给自动创造其自身的需求，或有效需求自动创造其自身的供给，这是萨伊定理的延伸，真正生产明星的是广大关注者，真正生产名牌的是广大消费者，明星团队与企业员工更像是需求的中介人。在名牌与明星的信息经济中，消费者是不拿工资的生产者，需求者是不拿工资的供给者，产销一体化，供求零距化，“剥削”合理化。

三、客户是义务员工

例如，演员甲在一部电影中是配角，报酬是 1 万元，因为只有 10 万名观众关注他，1 万元中有 9000 元是劳动量收入，1000 元是关注量收入（观众奉献的钱），每位关注者或粉丝为他创造 1 分钱的品牌溢价，而演员乙在电影中出任主角，报酬是 100 万元，因为有 9500 万粉丝追捧他，每位追星族为他创造一分钱明星溢价，累计为 95 万元，余下的 5 万元是作为主角的劳动量与演技的收入。由上可知，明星主角与一般配角的差距主要不是劳动量差距，而是关注量差距，明星的价值其实是由观众创造的，但是，明星给观众发工资了吗？没有！明星高收入本质上就是掠夺了观众的剩余价值，是私有制的极端形式，是大私无形，这也被视为协新价值的公有制形式。观众成了明星的免费员工或义务员工，明星成了“剥削”广大观众的资本家或知本家，观众得到了什么？观众得到了快乐。现场观众付出了票价，电视观众在免费观看，无论观众是否付费，观众都在为明星创造协新价值，观众在体现和创造明星的协同效应与创新效应，观众才是明星的衣食父母。

观众创造明星，明星忽悠观众。有些明星盛气凌人，轻视观众，这些被观众宠坏的明星还真的相信赚钱是因为才华过人？其实，明星暴利与才华无关，许多普通演员的长相与才华并不比明星差，明星赚钱不是靠比较优势，而是靠比较求势，观众才是他的提款机。哪个明星从观众口袋中掏的钱多，哪个明星就是大腕。当明星得到观众好评时，是花钱找乐的协新价值模式，当明星引起观众不满时，是花钱不乐的剩余价值模式。

四、信息经济的供求一体

观众既是需求者，也是生产者，明星或名牌只是诱导需求与生产的价格信号，需求者（观众）就是真正的生产者（观众），供求合一或供求一体，这才是信息经济的真正本质，连接供给与需求的桥梁正是明星或名牌，所以明星经济与名牌经济是最巧妙的“剥削”经济，观众或顾客是双重“奴隶”——被明星或名牌“剥削”劳动，特别是心理劳动，这是被明星或名牌直接“剥削”了的，同时在口碑营销或购物联想中又免费给明星或名牌做了广告，被明星或名牌间接“剥削”或二次“剥削”。信息经济本质上是知本的租值经济，顾客或观众费时费力地给明星或名牌设租、创租和增租，明星或名牌的天价租值是信息产权化或知本产权化。

五、明星名牌是“奴隶”文化

信息经济中的明星经济与名牌经济，就是现代“奴隶”经济，明星或名牌成为现代“奴隶主”，广大顾客成为义务打工的现代“奴隶”。信息经济不仅不能消除贫富分化，反而还加重了贫富分化，因为广大观众越是迷恋于网络电视、网络电影、网络论坛、网络交流或网络新闻，就越是难以创业成功，因为大量的上网时间其实就成了其他信息产业巨头的“剥削”时间，只要你上网，你就不知不觉中为某个信息巨头或文化名人在义务打工，“网虫”或“粉丝”是现代“奴隶”的代名词。品牌忠诚就是“奴隶”身份化或“剥削”合理化，奢侈名牌的消费者是文化“奴隶”。国家应该对明星或名牌加强征税，开征明星税或名牌税，以强化全民福利保障与免费医疗，这样才能让明星“奴隶”和名牌“奴隶”要回自己的部分劳动报酬。

六、求势决定优势

需求是有效劳动，需求定价是高层次的劳动定价，需求决定劳动，比较求势决定比较优势。如果从比较求势上看高效益需求，就会明白名牌与明星的效益。

例如，明星大片可能有10亿人想看，但不知名的演员可能只有10万人想看，相差一万倍，这就是比较求势或需求定价的区别，尽管事实上不知名演员并不比知名演员的表现差或比较优势差。

信息经济竞争的不是比较优势，而是比较求势。需求不大就不是名牌，观众不多就不是明星，大优未必大求，大求必定大优，求势决定优势，优势强化求势。明星或名牌的收益主要不是投资带来的，而是需求带来的，是广大受众或顾客自愿奉献的劳动价值，明星天价或名牌溢价是靠广大民众的义务劳动，并不是靠企业内部员工加班加点的超额劳动量。当然，要让广大民众成为免费员工，那就一定要千方百计地引爆客户的兴奋点与需求点。

点市成金的意思就是一个好点子或好形象可以让市场变出金子来，这里的金子就是协新价值。

七、做大在资，做强在知

协同是满足现在的需求，创新是满足未来的需求。代边革命就如同一粒高效能的创新种子，必须在人们争先恐后的播种和大量繁殖中才能广泛提高产能，因此，代际革命是创新革命，是寻找成功的种子，而边际革命是规模经营，是寻找广大的市场，让创新的种子成千上万地复制，做大在资，做强在知。知本有一种自劳动与自资本的自生功能，其关键就在于代际创新抢占市场制高点，形成高等级势能，然后再如高山滚圆石般地席卷而下，将巨大的石球搬上山顶是靠知本创新或代际革命，是知本积累势能的阶段，再将巨大的石球推下山坡是靠资本规模或边际革命，是资本爆发动能的阶段。

知本追高，资本求大，这就是市场创新与市场普及不断交替循环的代边革命。利用知本创新不断打破旧边界，又利用强大的资本规模不断扩张新边界，这就像巨石从高空落入平静的湖面而激起不断扩散的波纹一样，每一圈波纹都比上一圈更大，但边际波能递减，相邻两圈波纹之间的环状区域又代表创新效益。名牌与明星的超额溢价，就是先在知本等级中提高代际势能，再在资本规模中扩张边际动能，互联网将以点带面，以高压低的代边革命发挥到了极致，自媒体时代正是催生自知本与自资本的天然土壤。

资本是倍加的劳动

知本是倍乘的劳动

资本（知本）与劳动的关系就是不对称增值或创造性“剥削”。生产要素的数量型（低成本）增长必然追求剩余价值，生产要素的质量型（高效率）增长必然追求协新价值。理想的规模经济有两大必要条件：边际成本递减与代际收益递增。

做大在资，做强在知。资本积累和知本积累是劳动积累的双翼，商品与货币是市场的两条腿，而知本才是市场的大脑，知本可以称为知识资本或知识成本，是知识融化在商品中的无形财富，包括科学技术、人文艺术、制度模式。人类社会进步的永恒动力就是知识性劳动在商品中的不断凝聚并不断资本化，所以资本是生产力不断凝固的相对静止，知本是生产力不断发展的绝对运动，资本在等价转移中实现相对的协同增值或边际革命，知本在增值转移中实现绝对的创新增值或代际革命。人类社会生产力的发展就是劳动知本化与劳动资本化的交替运动，边际协同与代际创新融合生长必然创造协新价值，协新价值是人类经济不断增长的根本源泉，也是增值交换的根本动力。

边际革命——协同效益——做大在资

协新价值是市场的双手，增值交换是市场的双腿。知本是无形的“剥削”与无限的和谐，无形无限的知本天然就具有协同性与创新性，知本在规模经济中可以无成本增值，并在不断协同中实现劳动替代的自劳动；知本在差异经济中可以微成本增值，少量创新可以打开大片市场，并在不断创新中实现资本替代劳动的自资本，或者实现知本替代劳动的自知本，自资本和自知本是劳动替代的两只神奇之手，也是社会进步的两条神奇之腿。在生产力三要素的“资本+劳动+知本”中，知本是自劳动，又是自资本，因此，一切生产力进步本质上都是知本（技术+制度+文化）的转化与积累，知本才是生产力的推动力，协新优势才是决定比较优势与比较求势的源泉。

八、如何理解增值

没有增值交换就没有市场存在的理由，如果交换不能增值，人们就不会脱离自给自足的小农经济，企业做大做强的原因就在于内化了大量的增值交换，而且优化了大量的增值交换，最终提高了企业的价值密度（品牌效益）与赢利能力。一个强大的企业或经济体，其实有一个强大的内部市场，内部市场在压缩了无数次的增值交换之后，最终要进入企业的外部市场。

增值交换源于国际分工中的比较优势与比较求势，实质上是知本无成本扩散时产生的附加值或协新价值。科斯认为企业存在的理由是交易费用低于市场费用，这只是企业存在的次要理由，企业存在的主要理由是为了协新价值。

九、资本是增值劳动，知本是增值资本

没有增值交换就没有市场，没有增值交换就没有企业。等价交换必然造成剩余价值的掠夺性转移，增值交换必然形成协新价值的和谐性创造。

例如，甲、乙两国同时生产衣服和葡萄酒，甲国生产衣服年收益20亿元，生产葡萄酒年收益15亿元，而乙国生产衣服年收益32亿元，生产葡萄酒年收益10亿元，现在两国按比较优势进行分工，甲国专门生产葡萄酒，乙国专门生产衣服，按比较优势分工后，甲国专门生产葡萄酒而畅销世界，年收益48亿元，年收益净增48-（15+10）=23（亿元），乙国专门生产衣服年收益56亿元，年收益净增56-（20+32）=4（亿元），甲国与乙国在分工后年收益净增23+4=27（亿元）。按比较优势分工是增值表象，真正的增值是源于协同与创新后，甲乙两国获得了不是直接源于生产成本，而是直接源于协同效益与创新效益的附加值——无需增加成本和劳动量的协新价值27亿元。

以上是比较优势的增值分析，但比较求势的增值分析更有意义。

假如甲国生产的葡萄酒是世界名牌，乙国生产的葡萄酒也必须贴上甲国的知名商标；同理，假如乙国生产的衣服是世界名牌，甲国生产的衣服也必须贴上乙国的知名商标。尽管甲乙两国都在生产葡萄酒和衣服，但在国际市场上畅销的是甲国的葡萄酒与乙国的衣服，这种基于国际名牌的比较求势分工，使甲乙双方的利润都增长了好几倍，比如说从27亿元增加到50亿元，其中甲乙两国在葡萄酒和衣服上的品牌溢价为50-27=23亿元，

这23亿元是无形知本或比较求势创造的，但双方在低成本生产上的比较优势并无变化。

比较优势是生产分工和生产力经济，而比较求势是营销分工和生产美经济，比较优势是技术制胜，比较求势是文化制胜。

剩余价值是直接源于劳动量的资本增值，协新价值是超越劳动量的知本增值。榨取剩余价值必须增加劳动量或资本量，共享协新价值不一定要增加劳动量或资本量。无论是比较劣势还是比较优势，只有参与协同与创新才能获得协新优势，才能有超越劳动量与资本量的无成本增值——协新价值，协新价值来源于比较优势或低成本生产，却决定于比较求势或高效益需求。比较优势、比较求势与协新优势是决定边际革命与代际革命的三大优势。协新价值是增值交换的根本内容，增值交换是协新价值的分配形式与实现路径，增值交换同时又是比较优势与比较求势的连接桥梁。

企业存在的原因，一要内部分工协作成本低于市场交易成本，即科斯所说的交易费用（组织成本）低于市场成本；二要内部分工协作充分体现规模效益与创新效益，在市场中获得做大做强的超额溢价——协新价值，科斯没有发现协新价值或品牌溢价是企业存在的第一个原因，交易费用只是企业存在的第二个原因。一些垄断组织或龙头企业，尽管内部交易费用常常高于市场采购成本，但由于有超高的协新价值或名牌效应，仍然取得了巨大的成功，实现了高工资与高福利，使企业走上了高成本、高利润的双高循环。总之，一切组织的增值，不外乎两手，一手是削减组织成本（交易费用），另一手是增加协新价值，提高组织的定价权。做大是提高企业的规模租值，做强是提高企业的技术租值与品牌租值，提高企业租值与员工租值远比降低交易费用更重要。

第三节 知本属性

实践性和进步性既是检验真理的两大标准，也是指引知本创造与知本流动的左右手，“实践之手”与“进步之手”是指引当前知本创新的两大手段，也是产业升级换代和创新赢利的关键。

知识并不等于知本，能提高社会经济效益的知识才叫知本，也就是说能够促进社会进步并能转化成生产力与消费力的知识才叫知本。

知识 + 协新价值 = 知本

无限的增值性、无价的实践性与无私的进步性是知本的三大属性。

一、无限的增值性

知识不一定是为了创造利润，但知本一定是为了创造利润，赢利性不是知识的本质属性，但一定是知本的本质属性，知本的增值性就表现为：个体经济效益与社会整体效益是同步的，个体效益越大，知本无限扩散的能力就越强，全社会的经济效益与增值性就越强。从有限资本的排他性看，公与私是你死我活的剩余价值关系，所以资本的归宿是资本主义私有制，但从无限知本的共享性看，公与私是你中有我、我中有你的协新价值关系，所以知本的归宿是共产主义公有制。

资本扩张不能达到边际成本为零的最高境界，但是，知本的扩张可以达到边际成本为零、边际收益全部转化为边际利润的最佳境界。

当代教育投资可以说是充分挖掘了知本的增值力，穷家孩子的最佳出路就是刻苦学习努力实现知本化，知本是穷人的救星，穷人必须在学习中积累知本才能积累资本。对于资本驱动型经济，自然资源是发展的极限，但是，对于知本驱动型经济，自然资源不是发展的极限，知本扩张是无限的。资本增值性天然就有极大的资源难关，而知本增值性没有太大的资本制约，只要不是太愚蠢的人，利用知本发财致富就没有先天障碍，知识学习并没有贫富界限，因此，知本天然就是不受物质条件的客观制约的增值手段，知本经济的灵魂就是不受贫富制约的自由和公平的创新。

知识面前人人平等，知本面前人人自由而平等。但是，资本天然就有数量等级的制约。知本是平等的源泉，具有最无私的普世价值，可以无成本无边界地扩张，而资本是等级的源泉，具有狭隘的普世价值，只能是高成本有边界地扩张。人们谈到普世价值时一定是指知本的无限共享性，而不是资本的有限排他性。

二、无价的实践性

高级技工拥有的是实用的知本，而哲学博士拥有的知识实用性不强，一般来说，哲学与诗歌、艺术一样，很难迅速成为知本，只适合于少数天才的谋生之道，并不适合一般人作为谋生职业，因此，大学的学科配置必须以社会实践为准则，冷门专业要少招人，热门专业要多招人，要以知本为教育标准，而不是以知识为教育标准。大学的任务不是传播抽象性知识，而是传播实践性的知本。教育改革一定要坚持“实践标准”与“进步标准”的原则。

三、无私的进步性

知本是能带来协新价值的知识，不能带来协新价值的知识就不是知本。

例如资本家为了维持现有的市场垄断地位，有时会购买创新技术并将之束之高阁，使用“反知本”的恶劣手段来维持现有的垄断地位，提升原有投资的边际收益率。

中国改革开放的总设计师邓小平提出：实践是检验真理的唯一标准。这句名言应该继续发展和完善为：实践和进步是检验真理的两大标准。

为什么要增加真理知本的进步性呢？例如，一些具有进步性的高科技产业或环保节能产业，虽然从目前的实践检验标准来看未必赚钱，好像得不偿失，但从进步检验标准来看，确实显示了政府宏观经济调控的高瞻远瞩。

实践性与进步性就好像一把锐利的剪刀，能剪开蒙在真理或知本之上的伪装布和遮羞布。

没有实践性的知本只能是无效的纸上谈兵或有害的异端邪说，而没有进步性的知本也只能是目光短浅和不顾后果的投机，或者是损人利己与损公肥私的剩余价值恶行。

国际金权集团在知本低密型商品中强榨血腥的剩余价值，在知本高密型商品中巧取文明的协新价值，剩余价值主要转移给不发达国家的资本来完成，而协新价值主要由发

达国家的资本和知本来实现，这种狼狈为奸的全球产业链分工可以掩饰资本主义信识失衡与自由平等的基本矛盾。注意，国家资本主义不再是直接控制生产资料或直接参与生产经营，而是直接控制货币信用、控制市场信息、控制教材知识，即控制信用、信息与知识三大信识，即从控制“人体”（生产资料），变为控制“灵魂”（信识关系）。

四、中美财富要比知本

西南财大家庭金融调查中心的一份《中国家庭金融调查报告》称：美联储不久前发布 2010 年美国最新家庭资产状况，美国家庭净资产为 57 万亿美元，而中国家庭净资产则高达 69 万亿美元，中国家庭净资产比美国高出 21%。

支持中国居民家庭净值超越美国的原因有很多，如中国的高储蓄率，因为中国家庭的储蓄率是美国家庭的 5～9 倍。

哈佛大学一位教授说：得出这一结论的原因，一是中国人口多，是美国的 4 倍，家庭总数量当然数倍于美国；二是中国房价迅速上涨，2008 年至今，中国房价不但没有下跌，反而出现高位拉升的走势，而美国房价同期已下降了近 30%。

中国家庭财富以 69 万亿美元之巨超过美国，支持该结论的主要因素还是房地产高估。北京金融街 10 年前房价是 1 万元/米^2 左右，现在逼近 10 万元/米^2；在南京城西奥体中心，10 年前房价 3000 元/米^2，现在是 2 万多元/米^2。过去 10 年房价涨了接近十倍，房子变戏法似地催生孵化了太多的百万千万富豪，家庭资产也因此出现了井喷的上涨，虚拟财富增加并终于在 2010 年超越美国。但世界银行的经济学家在一份主题为《国家财富：衡量 21 世纪的资本》的研究报告中认为：不同资本资源对经济和社会发展的贡献度不同，世界财富的绝大部分不再是已经生产出的有形资产，如房屋、设备、城市基础设施等，新世纪衡量国家和公民财富的，更多的是无形资产：这包括人们的相互信任、清晰的产权、廉洁高效的政府、公正的司法系统和国家管理能力，因为这些无形资产创造出公正的法律机制、人力资本价值和保证经济行为的质量机制，能带来更高的劳动生产率，这才是国家和民众的最大财富，这就是《知本论》极力倡导的知本驱动型经济与信识定价战略。

五、无形财富更值钱

世界银行有一项研究有力说明了当下国家发展的主动力和国家财富之源：清晰的产权、廉洁高效的政府和法律制度占国家无形资产的 57%，教育占 36%，而在整个国家的财富体系中，房地产、现代化的生产流水线和基础设施等有形资产只占很小的一部分：17%。因为有形资产只有在强大的国家管理水平和产权制度基础之上，才能产生更大的协同价值与创新价值。世界银行这份关于财富理念的阐述报告给我们以深刻启迪。中国虽然已经成为世界第二大经济体，但综合国力同发达国家相比仍有不小的差距。虽然经历了一场空前的金融危机，但西方发达国家综合实力的领先优势并没有发生根本变化，其体制的活力和创造力、其经济修复能力和自我调整能力、其对全球顶尖的创新型人才的吸引力和对先进技术的掌控力，再加上对国际规则的制定权、引导力，这些都是中国需要努力迎头赶上的。

1988 年年底，日本的土地资产额是国民生产总值的 1.4 倍。日本房地产泡沫登峰造极之时，东京帝国广场一平方千米土地的价格，居然比整个加利福尼亚的土地价格还高，一个东京都的地价就相当于美国全国的土地价格。日经平均股价由 1985 年年末的 13113.32 日元，蹿升至 1989 年年末的 38916 日元，涨幅近 200%！当时，以股价和地价论，日本的居民家庭资产价格超越了美国。让人警醒的是，日本随即进入了急剧衰退的十年。日本财经作家吉川元忠在《金融战败》一书中回忆那段历史时说："没有哪个国家像日本那样更加忠实和积极地配合美国的赤字和巨额花销政策。日本人忠诚和慷慨地购买美国国债、房地产和其他资产，最终换来的报酬竟是泡沫经济的破灭和世界历史上最具破坏性的金融灾难。就财富损失而言，日本金融战败的后果几乎和第二次世界大战战败的后果相当。"

在所有商品中，也许只有房地产是无法流动的劳动价值，只有房地产才是无法国际化的产品，如果一个地方或一个国家的房地产价格暴涨，这未必是国际化的结果，更多的可能是通货膨胀。房价不仅是建筑材料的凝聚，更是资本凝聚与知本凝聚，城市每一平方米土地上投入多少资本并分享多少知本，那是房价的秘密。

当房价成为一个国家的最大财富时，这是有形 GDP 的耻辱；当法制和教育成为一个国家的最大财富时，这是无形 GDP 的光荣。

联合国 GDP 新算法是人类财富观的一个里程碑，只有知识产权、人均教育水平、自由民主的法治、保障自由竞争的经济制度计入一国的无形 GDP 或知本 GDP 并主导一国的 GDP 发展时，那才是真正文明的现代化强国。高楼、高速公路、高铁、高端奢侈品消费和种种腐败，并不是现代文明强国的标志，自由文化与民主制度才是国家强大的永久基石。

六、利义之争

什么是利？资本驱动人的行为，叫利。什么是义？知本驱动人的行为就叫义。利为义之本，义为利之魂。

西南财大家庭金融调查中心的《中国家庭金融调查报告》认为：中国比美国更富，这是只看有形 GDP 的报告。对于美国的专利产权、国际名牌、文化财富、教育财富、法治财富、居住环境等都不计入家庭金融，显然是不全面的调查报告。

要判断两个国家谁更富，办法很简单，看看移民数字就行。如果中国移民美国的富人更多，那当然是美国更富，反之，如果是美国移民中国的富人更多，那当然是中国更富。投资移民是资本驱动的增值交换，技术移民是知本驱动的增值交换，移民目的国的协新价值会更高。

第四节 知本与资本

资本是有形有限的资源，是需要产权制度的私产；无形无限的知本虽然在获得专利权后也可成为资本，但这种专利是有时间限制的，超过专利期限后也会成为人类的共同财富，因此，先进技术、先进文化与先进制度等先进知本，本质上是人类的共同财产或共产，共产主义是高级的知本主义。

资本主义为什么没有灭亡？原因就在于资本主义已经不是以前的那个资本主义，资本主义已经暗中转向了知本主义。有趣的是，资本主义一方面努力从资本驱动向知本驱动转型，从资本主义向知本主义转型，另一方面却极力否认这种转型。

资本主义有一个鲜明的路线之争：在经济繁荣时，资本主义的自由放任论占主流，私有化或私有制主导了国家经济，小政府臣服于大市场，但是，到了经济危机时，资本主义的宏观调控就占主流，国有化或公有制主导了经济走势，大政府与大市场并存。

资本主义与社会主义的发展都必须走向技术、文化与制度的知本竞争，无形、无限、无价、无私的知本，才是人类发展的真正动力与共同基因，因此，资本主义与社会主义最终都必然走向共产主义，而共产主义的本质就是知本驱动。资本天然具有排他性，而知本天然具有容他性，知识产权过了保护期后就从私产变成公产。例如，一块牛肉吃下肚就没了，但一篇牛肉做法的网络文章可以让无数人不限时空地阅读和转载；一颗炸弹爆炸后就没了，但制造炸弹的技术可以永存于世并无限复制和无限转让。资本不可能无边际成本地生产和消费或无代际成本地代替和升级，但知本可以无边际成本地生产或无代际成本地代替和升级。规模经营的必要条件要么是边际成本递减的成本驱动，要么是代际收益递增的创新驱动，边际革命革了成本的命，代际革命革了效益的命，基业长青的名优企业一定是同时进行成本与创新的双轮驱动。

一、知本没有供求平衡

信息经济与供求平衡无关，因为信息和知识的供给是无限的，而且边际成本可以无限趋近于零。

资本驱动型经济存在供求平衡，因为物质供给是有限的，而且具有较强的边际成本，但知本驱动型经济不存在供求平衡，因为知本供给是无限的，而且知本供给几乎无需边际成本。

例如，卖书或卖报都存在供求平衡，每本书都有一定的供给成本与时间成本，但网络文章不存在供求平衡，几乎没有供给成本与时间成本，网络信息可以短时间之内无限次地生产与传播，既然是无限供给，就不存在知源短缺，没有知源制约，就无所谓供求平衡。信息经济本质上就是无限供给的经济，不存在供求平衡，只存在需求定价。

由于知本经济本质上是无限生产的，因此，对于知本经济不存在数量上的稀缺性，信息经济没有数量稀缺，只有质量稀缺，即知本可以无限次无成本地复制，唯有创新是稀缺的，信息经济本质上是质量经济或创新经济，不是数量经济或成本经济。

例如，一个软件程序编辑出来后，只要在网络上公开发布，立即可以由无数热心用户无限次地再生产，消费就变成了生产，供给变成了消费，只要制度上不人为限制，任何信息产品都可能成为无限复制、无限转发、无限关注、无限供给的无限产品，信息产品的稀缺性往往是保密制度与专利制度人为规定的。

由于信息经济天然就是无限生产与无限供给，所以，信息产品的稀缺性只能表现为创新，只有创新才是永远稀缺的信息，第一条信息才是创新，以后相同的信息无论传播多少次，都不是创新，因此，信息经济具有三大特点：创新、第一和无限，创新是信息的生命，第一是信息的价值，无限是信息的产能。

（1）创新是信息的源泉，信息源于创新；

（2）需求者定义第一，行业第一最赚钱；

（3）信息可以不受时空限制地无限供求。

由于信息是无限供给与无限需求的，因此，信息的供给量是由需求方来定义的，需求方也是信息再供给或再生产的供给方或生产方。

例如，一部电影或DVD能有多少观众，不是由制造方定义的，而是由需求方来定义的。有多少人需求，就有多少次供给。信息产品完全是需求定价，与供给成本无关。信息产品没有数量上的稀缺性，只有质量上的创新性，所以信息经济本质上是质量经济，不是数量经济；信息经济需要的是创新成本，而不是复制成本。

二、资本的四有特性

知本与资本像“灵”与“肉”一样，既相互联系，又相互区别，是一套既对立又统一的哲学范畴。资本是泛指资源、资金、资料与资产等有形、有限、有价、有私的“四有财富”，其中，资源包括自然资源与人口资源，资料包括生产资料与生活资料，资产包括流动资产与固定资产，资金包括各种货币、证券和债权。

《知本论》认为：真正的国富不仅是房地产与建筑物等有形资产，而是技术发达、文化自由、制度民主这些无形资产，知本是用于生产和消费的知识成本，是软成本或软实力，而资本是用于生产和消费的资源成本，是硬成本或硬实力。

小富或短富靠有形资本积累，大富或长富靠无形知本积累。真正的可持续发展是知本积累型或知识经济型，绝不是资本积累型或资源经济型。

资本的四有特性：

一是“资本有形”：资本有特定的具体形态或空间结构，一般肉眼可见或特殊仪器可以检测到其质量或重量，在存贮和运输时会伴有物理变化或化学变化。有形必然导致制造、销售、运输、存贮的成本较高。

二是“资本有限”：资本有特定的限量或限制，有体积、重量、数量的限制。有限必然导致使用价值有时空制约，具有排他性。

三是“资本有价”：资本大多有明确具体的价格。资本大多是可以进行货币量化的，非货币化的资本较少出现。

四是“资本有私”，资本具有独占性与排他性，具有天然自私自利的要素。

资本的四有特性决定了资本的独占性与排他性，有形有限的东西必定有特定时间、特定空间位置和空间体积的客观制约，这就决定了只能由少数人在特定的时空中去具体地拥有，有限不仅指质量限制，也指数量限制，同时，有形是指不能无成本地复制，也不能无成本地交换和送达，因为有形的东西就必定有一定的质量与重量。有限性直接决定了资本天然具有独占性与排他性。

例如，一辆火车或一架飞机的形状与空间都具有限定性，它的载客量不可能是无限的，供给的刚性决定了每一个座位都具有独占性与排他性，如果甲坐在某个座位上，那么乙就不可能再去独占该座位，甲的座位对于乙来说就具有“排他性”。

有价性也决定了资本的扩散有明确的成本，不仅是资本品本身有成本，就是资本品的保存、仓储、运输和送达也必定有成本，也说明资本扩张不可能像知本那样达到边际成本为零。资本是“知本 + 劳动”的静止状态，也就是说知本不断地与劳动结合共生，达到阶段性的静止状态时就变成了特定形态的资本。

只要人类给任何静态的产品（资本）施加劳动创造绝对价值，就进入了知本的运动状态，一旦知本性劳动停止，又转化成资本性产品，人类就是在知本性劳动的推动下，不断地创造、流通、存贮、分配、消费、毁灭资本。知本就像河水生生不息地永恒运动着，而资本则像鱼儿不断地在相对的静态与绝对的运动中游动。注意，我们所说的劳动不仅仅指人类的主观劳动，同时也包括自然界的客观劳动，知本不仅要遵循社会规律，与人类劳动相结合，同时也要遵循自然规律，与自然劳动相结合，才能形成现实的资本品。以石油为例，自然动植物在太阳的劳动下形成了地下油矿，又在人类劳动下形成了成品油，所以石油是自然劳动与人类劳动共同产生的对位效益或使用价值。

自然资源确实可以让一国暂时轻松致富，但自然资源并不是一国富强的必然制约，地力或人才才是一国富强的必要条件，但不是充分条件，自然资源穷国照样可以凭借科技、人文、制度的创新获得跳跃性增长而进入富强之列。例如，瑞士凭借金融制度创新而致富，美国阿拉斯加本来是沙漠，但创新了赌场制度之后就成为富裕之地。日本的资源主要从国外进口也成能为制造强国；美国虽然也是资源大国，但美国更主要是靠科技创新而致富，是领导世界的知源强国，美国是资源与知源都领先的强国。

劳动的二重性表现为：劳动既是自然性劳动，同时又是社会性劳动，是人类与自然有机结合的二重劳动，同时，劳动与人的结合表现为劳动知本化，而劳动与自然的结合又表现为劳动资本化，知本化和资本化也是劳动的二维性。劳动资本化体现为劳动手段（机器与工具）的资本化、劳动对象（生产资料）的资本化、劳动过程（机器流水线）的资本化、劳动条件（货币）的资本化与劳动结果（产品）的资本化。劳动知本化体现为劳动者教育培训的知本化、生产技术的知本化、管理制度的知本化、品牌文化的知本化与市场机制的知本化等。

三、知本的四无特性

知本作为无形、无限、无价、无私的“四无财富”，是社会生产力的第一推动力。知本是人类进步的灵魂和第一推动力，而资本则是人类进步的形体和第二推动力；知本决定资本，资本体现知本，两者是神与形的共生共荣、缺一不可的有机体。资本主要通过劳动而协同增值，知本主要通过劳动而创新增值。知本是无法损毁的，除非将掌握知本的人与书全部损毁。知本的“四无性”可以理解为：知本的无形性——知本是肉眼看不见的；知本的无限性——知本没有复制次数的限制，也没有时间与空间的限制，因此，知本可以实现零成本的无限复制、无限传播、无限生产，知本不是靠供求定价或稀缺定价，而是靠创新定价，所以在艺术品市场上或新闻报道中，原创是无价的，复制是廉价的。

例如，许多开源的代码，谁都可以免费下载无数次；一个商业机密一旦泄露，可以超越国界让全世界人民受益；拥有专利技术的产品，销量可以无限地扩散到全球，其边际成本或代际成本可以为零，从而实现“边际收益 = 边际利润”的理想扩张。

知本的无价性表现为：知本是没有特定价格的，知本的价格最终总是要通过与特定的劳动相结合才能确定和表现出来。同一知本性劳动，在不同的地方或不同的时代，其知本的增值力或定价力也可以相差极大。

知本的无私性表现为：知本是最无私的精神财富，可以低成本模仿和无成本借用，是协同效益和创新效益的唯一源泉，是真正无需成本追加就可以创造的协新价值。知本的正面和反面是协新价值，知本的主体和客体也是协新价值。知本论本质上就是协同论与创新论，是不需要增加成本又离不开一定成本的溢价论。

有限资本和资源越消耗就越少，无限知本和知源越消耗就越多，所以资本不能自生产或自繁殖，而知本能自生产或自繁殖。资本是外生力，知本是内生力，知本经济才是可持续的内生经济。凯恩斯赤字财政的荒诞无稽之处就在于混淆了资本与知本在内生力上的严格区别。因为大量印发货币并不能确保带来知识进步与经济内生力。

知本的无限性决定了知本具有容他性，许多人在不同的地方可以同时使用同一个知本，而且知本是没有国界限制的；知本的无形性决定了知本具有共享性，许多人在同一

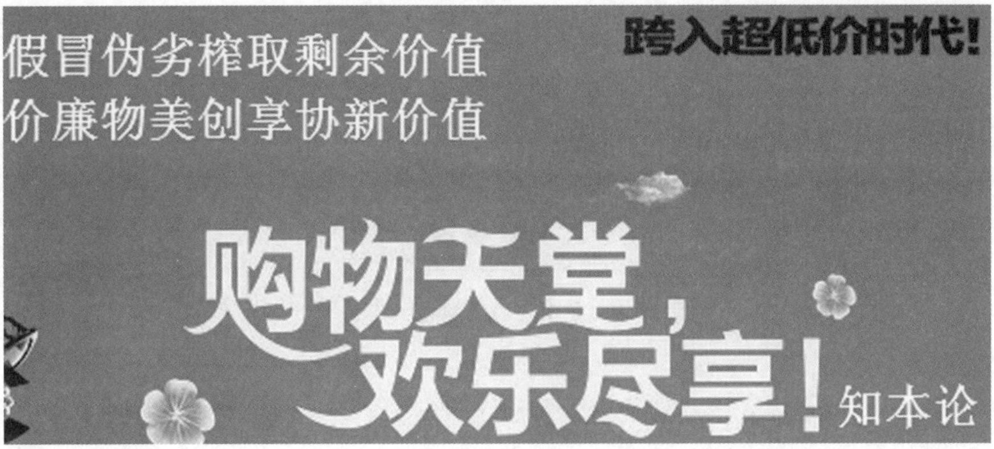

地方可以同时占有同一个知本，因此，知本具有无穷无尽的微成本扩散力，当代难以节制的纸币印发制度则是过度滥用知本的力量。资本是有限扩散力，而知本是无限扩散力，这是因为资本流动的成本极高，而知本可以零成本或微成本地流动，信息经济就是知本的微成本流动、微成本互动、微成本签约、微成本看样、微成本收支的“五微经济”，网络信息经济将信用经济的无限衍生力扩张到了登峰造极的地步！人类社会经济的增长，特别是可持续增长与低成本增长，一定不是大量耗费资源（包括自然资源与人口资源）、资料（包括生产资料与生活资料）与资产（包括流动资产与固定资产）的资本驱动型增长，而一定是无形、无限又无私的，具有共享性与容他性的知本驱动型增长，表现为科技驱动型、人文驱动型与制度驱动型等三类增长模式。

四、知本才是“永动机”

从物理学上来说，并不存在永动机，能量守恒定律是在绝对理想空间才有的，现实中能量总是会大量损耗的，物体运动总会有摩擦力，商品运动总会有交易费用。资本作为有形、有限、有价、有私的“四有资源”，在现实中总会有很高的边际成本与代际成本制约，因为“有形”必定有较高的存贮与移动成本，“有限”必定有较强的时间与空间限制，“有价”必定有较多的供求制约与预算约束，“有私”必定有很高的产权成本与交易费用。这就导致“资本品”不可能无限地低成本扩张，即使在规模经营中能实现边际成本递减，但递减是有技术水平制约的，而知本的边际成本完全可以递减到零，达到边际收益完全转化成边际利润的理想状态，因此，资本不可能是经济发展的“永动机”，能成为经济发展“永动机”的只能是无形、无限、无价、无私的“四无知本”，因为无边无涯的“无”才能创造无穷无尽的“有”，从而做到无中生有，无中生有是创新的代名词，也是经济发展的最高境界。

对于资本驱动型企业来说，天上掉馅饼是不可能的神话，或者说是黑天鹅那样的小概率事件，但是，对知本驱动型企业来说，天上掉馅饼是常有的事，钱完全可以从脑袋中跳出来而落到口袋里。

五、富于无形，穷在有形

真正的贫穷一目了然，真正的富贵却视而不见。真正的富国是无形的，是靠无形的技术与制度，而不是人均房地产或人均货币。无形资产是指企业拥有或者控制的没有实物形态可辨认的非货币性资产，无形资产在使用和形成过程中，具有不同于有形资产的特征：

一是非物性，无形资产没有人们感官可感触的物质形态，只能从观念上感觉它，忠诚、善良和大度就是一种无形资产，自由、民主和法治也是一国应该计入 GDP 的无形资产。

二是垄断性，有些无形资产在法律制度的保护下，禁止非持有人无偿地取得，排斥他人的非法竞争，如专利权、商标权等。有些无形资产的独占权虽不受法律保护，但只要能确保秘密不泄露于外界，实际上也能独占，如专有技术，商业秘密等。还有一些无形资产不能与企业整体分离，除非整个企业产权转让，否则别人无法获得，如商业信誉。

例如，可口可乐经常炒作饮料配方，其实这个所谓的配方并不是技术配方，而是营销配方或炒作配方，因为从盲饮对比试验来看，当试验对象都用布蒙住眼睛时，51% 的受试者选择了百事可乐，这说明百事可乐的口味更好，饮料配方更好，但是，当受试者能看到饮料瓶上的商标时，64% 的受试者认为可口可乐的味道更好，只有 36% 的受试者认为百事可乐的口味更好，这说明可口可乐的品牌美誉度比百事可乐更好，百事可乐强在生产力（口味），可口可乐强在生产美（品牌）。品牌垄断是知本无限扩散中的“有限价值”。

三是共享性，无形的知识产权可以同时被许多人使用。

四是创新性，无形资产大多是创新而来的知识产权。

五是时效性，无形资产不具备存储性，因为经济发展太快了，如果新技术不及时使用，就可能成为被时代淘汰的旧技术。

移民的基本目的就是求知，追求知本的附加值，所以，无论富人或穷人，都试图移民到无形资产发达的先进国家。例如，移民到美国的墨西哥人的工作效率是墨西哥本地人工作效率的 5 倍多，这是为什么？还有，为什么同样是餐馆服务员或流水线上的生产工人，其他国家的工人的工资只有美国工人的 20%？穷国与富国同工不同酬的原因，就在于富国的劳动知本化程度高，每个公民都能分享到先进制度与先进文化的知本溢价，知本分享少的就穷，知本分享多的就富，所以说：知少穷，知多富。这里的“知”就是发达教育、先进技术与民主制度等无限知源。

有形财富决定生存，无形财富决定发展。

世界银行的环境经济学部门开始研究各种不同的资本对经济发展的相对贡献程度。研究主题是“国家的财富在哪里：衡量 21 世纪的资本”，这项研究认定自然资源是不可再生资源（包括石油、天然气、煤炭和矿产资源）、种植土地、牧场、森林和保护性地区的总和。资源是有形 GDP，知源是无形 GDP。

世界财富的绝大部分不是有形的资源，而是无形的财富——知源。如果只是简单地把一国的自然资源和生产资本相加，并不能代表一国的国内生产总值 GDP 或国民生产总值 GNP。无形资产总该计入 GDP 或 GNP 了，因为人们的相互信任、有效的司法系统、清晰的产权以及有效的政府都能左右劳动生产率，并且带来更多的财富总额，人力资本和制度的价值是所有国家最大的财富。如果考虑世界上所有的自然资源和资本，富国 80% 的财富和穷国 60% 的财富是无形类资产，富国之所以富，是因为他们人口的技能，保证经济行为的制度质量和法律制度占国家无形资产的 57%，教育占 36%。

富裕的国家，比如美国，其自然资源只占全部财富的很小一部分，通常是 1%～3%，但是它们从中获取了更多的价值。富国的土地、牧场和森林更有价值，是因为它们能够和机器、强大的产权联合起来产生更大的价值。机器、建筑、道路之类只占富国财富的 17%，所以富国主要靠无形财富。经济合作与发展组织成员国的人均财富是 44 万美元，包括 1 万美元的自然资本、7.6 万美元生产出的资本以及异常大的 35.4 万美元的无形资本。瑞士的人均财富最高，为 64.8 万美元；美国居第四，为 51.3 万美元。与此对应的是低收入国家的总财富平均是每人 7216 美元，其中，2075 美元是自然资本，1150 美元是生产出的资本，3991 美元是无形资本。人均财富最少的国家是埃塞俄比亚（1965 美元）、尼日利亚（2748 美元）和布隆迪（2859 美元）。发展的主动力是法制和良好的学校系统，贫富不在资源，而在知源，或者说发展的瓶颈不在自然资源，而在制度知源。

六、食物论——资本论——知本论

人类的财富观是不断变化的，大致经历了三个阶段。

低级阶段是食物论，食物成为财富的主要代表，草原人的财富就是马和羊，五匹羊或一匹马就可以娶到妻子，原始社会以“食物”定义财富。农民的财富是粮食，大约 1500 千克大米就有资格娶个喜欢的妻子了。食物论者认为 GDP 最主要的就是统计有多少匹马牛羊或多少千克粮食，哪个国家的食物最多，哪个国家就是最富的。

中级阶段是资本论，由于食物难以长久储存，而土地与房子是最可靠的，于是地多者为富，房大者为贵，有房地产才能娶到好媳妇，人们千方百计买地买房，但最终必然导致房价疯涨，资本论者认为：一国的 GDP 主要是统计房地产的销售额，只要让房价不断地涨，GDP 就能不断地涨。

高级阶段的财富观是知本论，当国家征收房地产税并有良好的福利保障时，人们发

财不是靠炒房，而是靠技术创新、制度创新和文化进步，这时国家的主要财富，既不是食物，也不是房地产，而是先进技术、自由文化与民主制度等知本。

《知本论》认为：一国GDP或GNP的统计必须以知本为主，而美国改变GDP新算法就是人类财富观进入“知本论”的标志。许多人移民欧美，不是因为欧美的食物多或房地产多，移民者并不在乎这些有形资产，而是在乎无形资产或知本，在乎欧美的先进文化与民主制度，在乎欧美的高工资与高福利。一个国家要想人民的劳动更有价值，就必须不断充实一国的自由创新与民主法制，低薪在于少知，高薪在于多知，国家创造和积累的无形知本，才是工资制度的深刻根源。无中生有就是无形知本可以生产大量的有形资本，保值在资，增值在知。教育投入与研发投入，不仅应计入一国GDP，而且应该十倍或百倍地计入一国GDP，才能使科技强国或知本富国体现在国家决策与制度创新上。

第五节 知本的美德

协同竞争必然要求个体服从整体并融于整体，协同奉行的是时势造英雄、整体价值大于部分价值之和，但是，创新则不一样，创新往往是个体决定整体，核心少数或关键人物决定多数人的福利，创新奉行的是英雄造时势。有了知本的微观效益，才会有更大的宏观效益。

一、个体服从整体吗

整体协同是个体价值的倍加，要素创新是整体价值的倍加。许多人总以为整体决定个体，全局主导局部，多数决定少数，才会产生协同效益，这在知本经济中不一定是对的，在知本经济中不存在绝对的小服从于大或少服从于多，因为真理总是先掌握在少数精英或天才手中，成功总是从个别或少数知本家开始，增值力极强的先进技术永远是掌握在少数先导国或先驱企业手中，如果大家都掌握了，就成了缺乏增值力的知本了，因此，个体在创新时不是从属于整体，而是能决定整体。

协同经济是整体优化个体的大众经济，而创新经济就是个体领导整体的精英经济，因为创新总是从一个企业或一个产业开始扩散，这一点与协同相反，协同是整体决定个体的经济，个体只有融入整体并成为整体的一部分才叫协同，但个体不能融入整体时就变成了破坏性的协异，如果协异产生新的协同，就叫创新。知本家是一个国家经济富强和国民经济的增长引擎，而且，知本家的利润不仅不像资本那样源于对工资的剥削，恰恰相反，知本家的利润是推动工人工资和福利增长的根本源泉。知本家的意义，对于任何一国经济体来说，能起到画龙点睛的协同关键或点石成金的神奇作用。整体定义个体叫协同效应，个体定义整体叫创新效应。

二、赚钱就不高尚吗

合情、合理、合法地赚钱，是高尚的。货币无罪，金钱无罪，有罪的是印钱的数量或用钱的方式，同理，资本无罪，有罪的是资本主义制度，是榨取剩余价值的生产方式。

《知本论》认为：赚钱是美好的事情，当然，我们推崇的是合情（合乎人民需求与偏好）、合理（合乎科学技术与自然生态环境）、合法（合乎法律与国际惯例）地赚钱，所谓君子爱财，取之有道。财与义并不矛盾，不仅不矛盾，反而是互为必要条件，即人民大众都富裕了，才能有高尚的精神文明；反之，如果只有高尚精神，没有强大的物质保证，那么，这种高尚也是没有诱惑力与感染力的。

仇富心态与市场经济是绝不相容的，“仇富”很多时候是仇恨自己无法实现梦想或仇恨不公平的分配制度，并不是仇恨财富本身。

在市场经济中，贫穷是罪过，“穷”说明个人的知本没有与社会形成规模协同或创新增值，说明穷人必须对自己的赚钱能力和赚钱方式要进行反省，“穷”还说明个人的营销推广做得太差，我们不否认不法富豪的存在，但守法富豪也很多，不能将为富不仁作为自己逃学、失业或者懒惰的遮羞布。

各国的税收制度是化私为公的利器，也是公私兼顾的分配利器，税收制度其实是一种公私混合所有制——公私制。从个人所得税和财产累进税的税收制度看，个人或企业赚钱了，才能给国家多交税。注意，当富人都觉得赚钱容易时，穷人才有致富的商机，反之，如果富人都难以赚钱，那么穷人就更是难上加难了，因为富人比穷人更具有劳动的资本化优势和知本化优势。

知本家得到的利润越多，知本扩散的速度就越快，扩散的范围就越大，广大民众就越能从中受益。不怕知本家的创新赚钱，就怕知本家的创新不赚钱，如果知本家不赚钱，就说明创新失败了，社会经济又错过了一次从低效到高效的升级机会，许多失业者又错过了一次找好工作的机会。简单性或机械性的劳动确实很少创造超过这个商品本身价值而形成增值，但是知本性劳动具有协同性或创新性，既能完成资本的等价转移，更能完成知本的增值转型，因此，知本家团队不仅能用劳动创造价值，更能创造不断增值的价值——专利、制度、品牌。协同与创新等能长期带来附加值的价值。资本驱动型经济是高成本、微收益的存量转移经济，而知本驱动型经济则是微成本、高收益的增量创造经济。

公有制不等于低效率，私有制也不等于高效率。资本主义发展到国家资本主义或帝国主义阶段时，国家财富积累与国家主导竞争成为主流，欧美国家的公有制也发展神速，特别是以民主宪政和全民福利为基础的政治公有制得到了发展。另外，社会主义打破大锅饭并发展民营企业与股份制企业，认识到了私有制与公有制的互利关系，因此，从全球来看，没有真正彻底的公有制，也没有真正彻底的私有制，各国实行的都是公私混合制（简称公私制）。合情、合理、合法的私有制本质上就是利国利民的公有制，这是名私实公。反之，特权、垄断与腐败的公有制，也就是祸国殃民的私有制，这是名公实私。当然，公与私并不是对立关系，它们既相对独立，又相互依存，相互转化，相互促进。

第六节 比较求势论

卖方市场或生产中心论强调比较优势，买方市场或需求中心论强调比较求势。比较优势是一个生产者以低于其他生产者的机会成本生产一种商品的优势，但未必是知本构成较高且对价权较强的竞争优势。比较劣势是一个生产者以高于其他生产者的机会成本生产一种商品的劣势，多数是知本构成较低且对价权较弱的竞争劣势。注意，比较优势与比较劣势都只是一种潜力与势能，是一种赢得竞争的可能性或竞争条件，并不是一种必然发生的经济行为，也不是一种必然能让竞争者胜出的结果。

劣币淘汰良币既是纸币淘汰金币，更是比较劣势淘汰比较优势。如果一种劣势与另一种优势产生协同效应时，就不再是劣势。例如，低工资是一个工厂员工的比较劣势，没有哪个员工希望自己的工资低，但是，如果企业突然获得了独家专利或独家垄断地位，那么低工资也会迅速变成高工资。

知识产权既是一个国家提高知本构成的比较优势，同时也是比较劣势，所以保护知识产权对科技强国来说是比较优势，对科技弱国来说是比较劣势。

1817 年，大卫·李嘉图在其名著《政治经济学及赋税原理》中首次明确提出了比较优势理论，他举了一个包含两种物品（葡萄酒与衣服）和两个国家（英国与葡萄牙）的例子，说明了两个国家都可以通过基于比较优势和专业分工的贸易而获益，李嘉图还在英国议会上反对限制粮食进口的《谷物法》。

比较优势只是从低成本生产的角度进行比较，其实就是低成本驱动的优势，分析国际分工与贸易时，仅有比较优势是不够的，还得有比较求势，还得从需求者的预期价格来考虑，国际分工首先是按比较求势分工，其次才是按比较优势与比较劣势分工。例如，消费者认同哪个国家的品牌，那么原产地最好放在那个国家，就算生产成本高一点也行，如果硬要放在其他穷国生产，那就是高收益的比较求势决定低成本的比较优势。需求定价也说明需求决定国际分工协作。

产品经济的本质是按比较优势分工，品牌经济的本质是按比较求势分配，由消费者的需求偏好来决定分工，甚至还要由消费偏好来决定分销，消费者认同哪个国家的某个品牌，就会跑到那个国家去买，这就是消费体验或场景体验。例如，一些中国代工的商品，无论是否贴上欧美的知名商标，生产成本都是已定的，从比较优势无法看出中国制造与美国制造的区别，但是，贴上欧美知名商标，价格就可以提高不少，这既是信识评级中的升级，也说明中国的比较求势较差。当今国际竞争，不能只看谁的生产成本更低或比较优势更强，更要重视谁能创造更好的比较求势，谁的销售利润或市场溢价更高，也就是谁的比较求势更强。

比较优势——低成本驱动——国际分工

比较求势——高效益驱动——国际分配

比较优势（生产力）决定国际分工，比较求势（生产美）决定国际分配。分工创造价值，分配决定价值。

商品定价权首先要看比较求势，其次才看比较优势。比较优势看成本，比较求势看需求。有求无优仍可生存，有优无求一定不能生存。

比较优势源于协新优势与比较求势的不断累积。知本构成高的产业经济才是充分发挥比较优势的知本型经济。

富国生存主要靠劳动知本化的比较优势，无形知本是富国 GDP 中的主要财富，而穷国生存主要靠劳动资本化的比较劣势，有形资本是穷国 GDP 中的主要财富。

中等收入陷阱像是一个伪命题，因为任何收入层次都会有陷阱，最富的国家有高收入陷阱，最穷的国家有低收入陷阱，美国与欧共体都长期在高收入陷阱中止步不前，全世界最穷的几十个国家也长期在低收入陷阱中徘徊不前，换言之，富国之所以富，是因为富国有致富态度与自由民主机制，而穷国之所以穷，是因为穷国缺乏致富态度与自由民主机制，因此，仅从比较优势上来分析国家贫富的根源，显然陷入了富强是因为比较优势，比较优势又是因为富强的循环论证怪圈。

比较优势不能独立说明穷国与富国的差别，还要看比较求势与协新优势。如美国、德国、瑞士、新加坡、中国香港、英国、法国、加拿大等国家及地区，在低成本生产上毫无比较优势，但注重发挥比较求势与协新优势，人均知本积累与人均资本积累高，照样成为全球领先的高收入地区。中国的一些企业，不是因为有什么比较优势，而是因为我们具有低工资的比较劣势，再加上积极参与国际分工，才取得了成功。

收入陷阱的说法并不准确，许多中等收入国家未能进入发达国家的高收入行列，主要还是因为缺态度、缺制度所致，其中，人力和物力的缺失是不容否认的先天缺陷与次要因素，这确实是比较优势问题，但是态度与制度的缺失则是人为因素，只能用协新优势与知本优势才能解释。不少国家小富即安，过早实行高福利政策与失业救济政策，根本就丧失了进入发达国家的吃苦耐劳精神，能守住中富已属侥幸，想要大富又不想吃大苦，能行吗?

博弈论中有一个著名的“胆小鬼博弈”之说，在一条窄小的路上，双方高速相向对开，看谁先退让，结果胆小鬼会先退让，安全性能居于比较劣势的汽车也会先退让。这个“斗胆游戏”的单次均衡点是最后一秒钟，因为总有人会先踩刹车，但是，多次博弈的均衡点就不一定有人避让了，谁也不愿意总是以比较劣势去衬托别人的比较优势。

同样是端盘子洗碗筷或护理病残患者的简单体力劳动，美国工人的工资远远高过中国干同样工作的工资？这并不是因为美国工人比中国工人更有比较优势，而是因为一国工资不仅取决于个人劳动量的绝对价值，更取决于人均资本量、人均知本量、工资制度、供求关系与劳动者的边际生产率等相对价值。

一、宏观工资与微观工资

边际生产率在服务业很难具体度量，可以用人均资本占有率与人均知本占有率或人均 GDP 与人均 GNP 来说明，美国人均资本占有量（人均基建投资累积量与人均货币发行量）是中国的几十倍，人均知本占有量也是中国的几十倍，再加上整体市场效率也是中国的好几倍，你就会明白中国工人的工资为什么只有美国的 1/10。工资主要度量社会经济的宏观效率，其次才是度量个体的微观效率，因此，国家富强与个人富强是互为条件的。劳动资本化才是提高工资的必由之路，资本越多，单位劳动替代的资本越多，工资就越高，资本化的劳动远比体力化的劳动值钱，资本剥削劳动是次要的，资本提高劳动才是主要的。“资本—剥削—创造—和谐”这是一个阴阳互补、相生相克的价值轴线。

中美工资差距不是取决于个人能力的比较优势，而是取决于中美两国的人均 GDP 或人均 GNP。中国在 GDP 总量上虽然居世界第二，有一定的比较优势，但按人均 GDP 计算，中国又是穷国，又居于比较劣势，这就是中国工资水平低的反映。国强与民富是互为先决条件的，中国劳动者分享劳动成果的比例太少，这也是中国内需乏力的根源。

产业链——要素链——定价链

人们对比较优势的认识是随着国际生产要素的整合而逐步发展的，大致经历了纵向产业链、横向要素链、变向定价链三个历史阶段，只有赢得知本值或附加值的定价权之后，才能说一个国家真正从比较优势向协新优势升级了，才能开始对比较劣势的血汗之争说再见了。知本构成高的国家就是知本宗主国，知本构成低的国家就是知本殖民地，因为知本是转移和增值劳动量的吸星大法，知本可以无形而无限地吸收和创造大量资本与劳动。从“产业链——要素链——定价链”的演变充分说明：知本无限的跨国界扩散力，已越来越不受具体国界与产业边界的制约，而进入一种与实体资本若即若离，从贴身肉搏到远程遥控并存的新境界，信用经济终于显示出了无比强大的资源配置力与价值掠夺力，无形无限的信用制度可以瞬间聚集无比强大的能量提高知本增值力。所以，信识定价比供求定价更可怕。

一是纵向产业链的较优阶段：

人们一直认为所谓的比较优势就是基于专业链或产业链的纵向产业间或纵向产业链的全链条分析，一般是以职业、专业或产业来大致描述纵向的职业或产业，一般认为一个国家会垄断整个产业链从上到下的所有生产工序或生产环节，以最早的美国汽车产业链为例，其完整产业链为：铁矿石→钢铁→橡胶→汽车配件→汽车技术→整车→汽车品牌，汽车的每一个零件都是在美国生产。这个阶段关于“比较优势”的认识带有很强的地域性或国家性，是有空间限制的比较优势，产业链分析几乎成为地区间或国家间竞争力分析的唯一捷径，所谓的发展经济学其实都是沿着产业链分析进行的，管理经济学都要重点研究美国模式、德国模式、日本模式等，显然都是以国家边界为产业边界，以地区优势划分比较优势界限，所谓的华盛顿共识就是美国产业链或美国模式的跨国界复制，产业链分析大多与财政货币政策一起作为宏观经济研究的基本内容，是从国家经济模式的角度俯视产业链竞争。

卢卡斯的“理性预期理论”强调了产业链中比较优势竞争的内生动力，认为政府最好的政策就是不干预政策，自由竞争与平等交易的市场机制能自发解决效率问题。当然，卢卡斯批判也有为垄断资本要求放弃监管政策和鲸吞穷弱国家核心资源的私有化阴谋，因为自由放任论本质上就是弱肉强食的代名词。跨国公司的要素配置国际化，越来越不能将资源、人工、渠道、产品与价格仅局限于一国的边界之内，众多国家的本土化经营在本质上已经打破了国家或地区的产业边界，使跨国公司的采购地、生产地、销售地、消费地和总部所在地，可以分布在不同的国家或地区，跨国公司是纵向产业链转型到横向要素链的主要推手，既是品牌知本无限国际化的内在冲动，同时也是降低采购、生产与销售成本的内在动力。“产业链”的国家化或区域化，常常容易引发贸易壁垒和贸易制裁，因为生产要素全部局限于一国或一区的行政边界之内，产业边界 = 国家边界，产业边界太清晰，这是典型的画国为牢或画地为牢的GDP思维。

二是横向要素链的较优阶段：

在跨国公司纵横全球之际，到了20世纪末，人们开始认识到比较优势不一定要完全依附于产业链，即使不做汽车强国，也可以在某一个配件或某一个技术环节将比较优势横向插入他国的汽车链；即使不做服装强国，也可以为服装强国横向嫁接时装展览馆和时装设计师；即使一国不养奶牛，也可以成立跨国性的奶业集团进行虚拟的品牌扩张；即使一个企业不养羊不养鸡，也可以办成世界级的小肥羊和肯德基等跨国连锁；即使一国什么也不生产，也可以形成“劣币驱逐良币”的赢利环节，也可以从别国的产业优势中变相淘金。注意，比较劣势并非不能生存，只是生存得太血汗或太缺德，没有利润最大化的产业定价权优势。其实，许多有比较优势的企业和国家，也经常运用比较劣势来巧妙搭配其比较优势。

例如，人们崇洋媚外的凯迪拉克豪车与爱马仕的天价皮包，其实宣传的就是慢吞吞的低效率手工制造，他们就是要通过这一工作效率低和劳动时间量大的比较劣势宣传，以体现国际奢侈品的产量少和难度高，因此，奢侈品的超高对价权是生产上的比较劣势与营销上的比较优势的巧妙融合，这隐含着两个引导：比较求势引导比较优势，比较优势引导比较劣势。

比较求势——比较优势——比较劣势

一是比较求势引导比较优势，需求决定价格，分工决定利润，有资金优势、文化优势与技术优势的企业大多能领导新需求；

二是比较优势引导比较劣势，当创新型或先导型企业打开了一片产业蓝海后，接着就是追随者纷纷涌入，但追随者的先发优势或比较优势已难以发挥，只有发挥比较劣势才能生存。

产业边界不清晰的要素链的跨国跨区横向整合，本质上是知本的无形增值力和无限扩散力与当代国家界限或产业边界的尖锐矛盾。产业链是对国家边界的服从，是劳动资本化的有形有限生存，而要素链则是对国家边界的超越，是劳动知本化的无形无限飞越，对国家边界的跨越就诞生了跨国公司。国际交流、国际移民与国际品牌，成为要素链跨越产业链的强大动力。同样，产业链之内与专业生产之内，还是有无穷无尽的国际大分工的。

例如，一个设计公司或广告公司可以同时为手机、电视、空调等多种产业进行“横向服务”，一个设计公司或一个广告公司可以跨越多个国家进行“横向整合”。一项技术专利，可以悄无声息地透过国家界限成为多国武器。一部网络文化大片，可以通过互联网渗透到千家万户的电脑。传统国家界限与产业边界在要素链的无形穿透与无限飞越中已形同虚设，知本的无形渗透力与无限扩散力打破了以国界为限的产业链堡垒，要素链实质上就是无限知本对有限国界的自由跨越，是对贸易壁垒与等级市场的相互渗透。

基于要素链的比较优势观不再强调地区产业或国家产业的行政界限，强调的是全要素的国际化自由流动与多环节自由配置，技术无国界、文化无国界打破了以国家边界为局限的产业链封条。

例如，美国的软件产业链在全世界具有绝对优势，这离不开美国作为移民社会的创新文化和创新制度的强力支撑，但是，美国的软件必须与中国的硬件结合，整个电脑产业链和手机产业链既不能说是美国链，也不能说是中国链，只能说电脑和手机的要素链大脑在美国，要素链身体在中国。还有，美国的软件要素链有全世界的工程师从中赚钱寄回本国养家糊口的，美国软件业其实也是全世界的软件业，因为众多的穷国都在抄袭仿冒美国的软件技术以发展本国经济，这种抄袭、模仿和盗版就是知本无形之手在全球配置资源。

总之，无论产业链的纵向条条，还是要素链的横向块块，都说明产业链的细分化与国际化趋势，那就是从产业链的外部宏观分析走向产业链的内部微观分析，从产业链的规模聚群分析走向产业链的单元要素分析。纵向产业链较优阶段就像世界要分成比较优势不同的五大洲，是给产业链计算总量和积分；横向要素链较优阶段就像这五大洲还要分成具有比较优势的竞争要素，要给每条产业链计算个量和微分。由于同一产品的不同要素链可以属于多个国家，因此，贸易战打起来就是害人害己，贸易壁垒与闭关锁国一样，是害人不利己的剩余价值思维，而改革开放才是助人利己的协新价值思维。

例如：如果美国抵制中国生产的手机，实际上是打击美国的跨国公司，如苹果智能手机等。贸易战是害人害己，降低了双方的产业协同效应，使双方都不能分享到协新价值。

从知本在全球无形式、无限量、无成本、无定价、无恒私的扩张大势来看，增值交换越是无障碍，国家积累的增值就会越多，因为交换的频次与利润越多，所以，自由放任论本质上就是知本扩张论，知本的自由度与知本的增值力成正比。所以说，最大的人口红利是人口的自由流动，最好的人口红利是全民免费教育与全民免费培训的普及，知本精神本质上就是自由精神与民主精神。

许多经济学家推崇自由放任论，不知他们是否意识到：只有自由，才能无限放任知本的增值力，穷国与富国的最大区别就在于知本自由度的差别。共产主义的核心就是知本主义的无私性与无限性，因为知本才是人类可以无私共享的无限财富或公共财产。不排他的先进文化、先进技术与先进制度，才是知本的普世本质。所以说，要达到共产主义社会，就要铲除一切先进知本的扩散障碍，反对一切形式的反倾销、反补贴的贸易制裁。所谓的普世价值，就是无形无限的知本价值，知本才是普世之本。如果没有普世价值，还能有国际化吗？

三是变向定价链的协新阶段：

《知本论》提出：产业链的新视角——定价链或对价链，产品在哪个国家或地区生产并不重要，在产品中贡献资源的多少也未必重要，生产的零配件数量多少也不重要，真正的比较优势并不是看劳动量或生产量由哪个国家或地区完成，而是要看最终谁从这个产品的价格中获益最多，谁拥有产品的对价权或定价权，谁就具有真正的比较优势或比较求势，丧失对价权的生产只能是比较劣势，正如美联储的美元法则就是：谁生产黄金和石油并不重要，重要的是谁来操纵黄金和石油的价格。

对价权也称定价权，是商品中真正决定价格高低与市场份额的关键要素或领导力量，对价权才是比较优势和比较求势的裁判员。

例如，智能手机基本上都在中国生产，但是，最关键的核心技术与品牌设计都由美国的苹果与韩国三星等企业控制，中国代工企业只是完成了劳动量的等价转移，赚取知本值或附加值少得可怜的加工费，而美国手机巨头只需要以极微小的边际成本，就可以无限复制其软件与商标，就可以轻松席卷每年几亿部手机销售额 90% 的利润，手机核心技术成为独霸手机利润的吸星大法，苹果和三星等企业在 2013 年独占了绝大部分高端利润。是否给中国代工企业生产手机的加工权，是否让中国代工企业多赚点美元，完全是由苹果和三星等企业决定，可见，中国代工企业是在比较劣势上苦苦赚钱。

二、对价权法则

无情地控制对价权是一种新式的国际霸权，也是《知本论》研究的学术核心，对价权的生死大战是以文化战、品牌战、技术战和金融战为战场制高点的，对价权本质上是知本权，是技术、文化与制度的知本战争，是知本靠吸星大法掠夺和重构世界劳动价值。而世界上 90% 以上的国家仍然忙于采矿权、炼油权、制造权、劳工权与加工权的资本争夺战，却忘记了对价权法则——谁开采和生产商品并不重要，重要的是谁来给商品制定市场交易价格。

美国曾经在石油上让全世界人民明白了对价权的可怕。

1973 年 5 月的彼尔德伯格俱乐部年会上，84 位国际银行家和政客讨论“如何重振失去黄金支撑的美元劣势”。会议策划了 1973 年 10 月 6 日的第四次中东战争，决定让国际油价统一用美元结算并暴涨 400%，石油价格一飞冲天的 4 倍涨幅，让人们见证了生产权的比较优势在定价权的比较优势面前是何等不堪一击。

美国通过强大的军事力量操纵中东战争进而操纵石油美元的对价权，这才是独步天下的绝对优势。所谓供求平衡就是强者操纵弱者的不对称平衡，是拥有信用优势、信息优势与知识优势的信识强者操纵的信识平衡，信识定价远比供求定价可怕。

美国是全球唯一能够操纵国际汇率与各国利率的霸权国家，美国被誉为建立在车轮上的美元帝国，科技强权与美元霸权成为美国的两大经济命脉，没有多少人能充分认识到：美元是产业链、要素链和定价链的“三合一”体系，美元产业链才是世界上最可怕的产业链，美元的印刷、定义、发行、分配、流通制度是人类有史以来最强大的要素链，这条美元定价链可以表述为：全球军事基地——武器输出——制度侵略——文化侵略——资本侵略——技术输出——美元输出——商品回流。美国庞大的军费开支并不是美国人在支出，而是美元制度在供养着，是全世界人民的血汗流向美元，全球廉价商品浮起了美国的航母战斗群，美国再以武力保护强迫中东石油以美元结算，并强迫产油国的大型工程由美国公司承包经营。美国只需要开动美元印钞机，全世界的产业链就得由美元定价链来操纵，美元已成功操纵了全世界的汇率与利率，从而操纵了全球大宗商品与金融市场的对价权，这就是美国为了美元霸权而不断假借联合国名义频频侵略石油小国而进行的美元殖民。

以定价权为核心的比较优势和比较求势之争，既是纵向的产业链之争，也是横向的要素链之争，产业链放在哪里并不重要，重要的是利润流向哪个国家；要素链中谁的劳动量最多并不重要，重要的是谁提供的要素最昂贵。劳动量不能定价，比较优势与比较劣势也不能定价，只有比较求势与比较权势才能定价。美国将制造中心先移向日本，后来移向中国，但美国死死掌控着技术、军事和美元的三大定价权，以美国定价链遥控中国产业链和全球要素链。美国一直巧妙地对全球市场进行计划经济与宏观调控，只有美国打人的自由，没有别人打美国的自由；只有美国制裁别人的放任，没有别人制裁美国的放任，这就是美国理解的“自由放任论”。所以，只有真正的强国才有资格谈论自由放任论，弱国只能多谈政府干预论。

纵向产业链是整个地区或整个国家的产业链，中国有完整的钢铁业、建材业、服装业、家电业、家具业、汽车业与房地产业等产业链，但在横向要素链上并不完整，定价链更是十分虚弱。定价权表现了虚拟信用对实体制造的远程遥控能力。知本值或附加值更高的一方具有定价权和比较优势，而知本值或附加值更低的一方处于比较劣势并丧失定价权。

从产品竞争阶段上升到品牌竞争阶段，实际上就是从资本竞争上升到知本竞争。再如，全球家电制造中心从美国向下转移到日本，是因为美国人看不起家电业的低利润率，而日本也不重视血汗付出的比较劣势，接着将全球家电制造中心又从日本向下转移到中国。劳动密集型或知本低密型向着比较劣势转移，而知本高密型产业向着比较优势转移。在产业链的梯度转移中，接受别人的低端产能转移主要是发挥比较劣势，如果能逆向将产业链向上提升，那才是真正发挥比较优势，所谓“中等收入陷阱”就是因为产业链上下转移的可逆性过不了艰苦协同关和积极创新关，因为协同往往是解决比较劣势问题，而创新往往是解决比较优势问题。

当前国际经济学界出现了一个片面强调工业经济结构的发展经济学，其实，大多数产业只要创新都可以赚钱，就是一头奶牛也可以卖出天价，都可以富国强民，既要小而全地调结构发挥比较劣势，更要大而专地做特色发挥比较优势，关键是结合本国要素进行创新并融入全球要素链，未必每个国家都要开办大型钢铁厂、大机器流水线、大型交通枢纽、大型购物中心才叫现代化。许多土地和人口小国或资源穷国急需的不是工业化结构，而是制度创新，新西兰、新加坡、中国香港、中国澳门、瑞士的成功与工业结构没有多大关系。

从机会成本标准来看，谁的机会成本更低，就由谁来做，这在分析个人竞争力时是有一定道理的，但在分析大企业或人口大国时，就有一定问题了，因为规模协同与失业率的存在不容忽视，比如，在大企业集团中，尽管有些生产环节、生产要素或生产工序确实没有比较优势，但为了维持大厂原装或品牌原装的高端形象与比较求势，未必一定要让成本更低的小作坊厂来代工，还有，在淡季时为了避免员工无事可干，在月工资的边际成本已经固化的前提下，也可以发挥一下规模协同效应，继续让成本更高的本厂员工发挥比较劣势，反而更能提高规模效益。在产品升级换代时，如果代际成本增加一点，但只要代际收益增幅更大，也仍然是要大胆创新的，一旦创新成功，比较劣势也可转化成比较优势。

知本构成是一个商品中的知本价值占总价值的百分比。

知本价值 + 劳动价值 + 资本价值 = 总价值

知本构成 = 知本价值 ÷ 总价值

例如，生产一个商品的总价值 100 元，知本价值 44 元，那么知本构成是 44 ÷ 100 = 44%，注意，知本构成既可以描述成本结构，也可以描述收益结构，44% 既可以是知本值占总成本的百分比，也可以是知本值占总收益的百分比。例如，一个苹果的价值是 10 元，其中只包含 1 元的种植技术或知本性软投入，其余 9 元是资本性硬投入，则该苹果的知本构成是 10%，在竞争中显示出比较劣势，该苹果的利润率难以超过 10%，因为 90% 的资本性投入都是刚性的人工、肥料与农药等，边际成本不会低于 90%，然而，另一个 U 盘的价值为 50 元，软件的知本构成为 60%，硬件的边际成本只有 20 元，其余 30 元软价值就可能由边际收益直接变成边际利润，该软盘显示出很强的比较优势，企业的利润主要不是源于资本硬值，硬值大多是成本，利润主要是源于软值，以知本值或附加值为标志的软值才是增值之王。在增值交换中，资本是条件，知本是动力。

谷歌、Infosys、SAP、阿里巴巴等公司的巨大成功，不是因为他们拥有某些有利的位置、建筑物或土地，相反，他们是改变传统经济的企业，他们建立了紧密集成的商业生态系统，实现全球联系和思想交流的商业生态网络正在成为新的虚拟地产。互联网作为信息来源和通信平台已拥有超过 10 亿的用户，是全世界最流行的社交场所。不太为人所知的是，它在经济领域的更重要作用是被科学界、商业界、教育界和政府用作网络合作的平台。例如，在医学商业生态网络，超过 152 万个医学研究人员将他们在 750 种不同疾病领域研究的最新治疗方法与临床经验和广大公众分享。从最初 1971 年的 25 名医学研究人员的网络到现在超过每月 1000 万用户的生态系统连接，创造了比任何“老地产”的购物中心或复杂的办公室更多的价值。沃尔玛商业生态系统带来近 35 % 的成本节约（或利润获得），这是知本驱动的创新经济模式。

三、要淘汰落后产能吗

不能盲目提倡淘汰落后产能，因为哪个国家都有失业人口，失业人口对于赚钱的要求也不高，所以仍然要坚持发展劳动密集型产业，用知本构成较低的比较劣势的企业，给生活在底层的工人留一碗血泪浸泡的冷饭，起码可以让他们的孩子能有书读，能养家糊口。这些国家有不少缺乏知识和技能的比较劣势者，他们需要落后产能以维持基本生存，同时也降低这个国家的失业人数，因此，落后产能虽然不能富民，但可以救民，这对于国民素质相差极大的国家来说是很重要的。

如果是知本主导型的竞争，往往要利用比较优势，因为知本天然就具有微边际成本、高边际收益的超强附加值，知本值就包含部分成本与全部附加值，在创新成功却不增加边际成本时，可以说，知本值 = 附加值，此时就要向上争取技术与文化的比较优势；反之，如果是知本构成较低的企业或产业，是资本驱动型竞争，天然具有高边际成本、低边际收益的特点，此时就要面对附加值（知本值）极低的困境，充分利用比较劣势，千方百计降低生产成本，才能赚取极其微薄的生存利润。比较优势的竞争是虎狼之争，比较劣势的竞争是鼠虫之争。因此，发挥比较优势与比较劣势才能两条腿走路，千万不要歧视劣势人群与劣势产业，对于贫富悬殊和知识悬殊的人口大国而言，发挥比较劣势与比较优势同样重要。中国制造就是充分发挥低工资的比较劣势才开始走上成功之路的，当然，比较劣势升级到比较优势时，就是中国创造之路了。

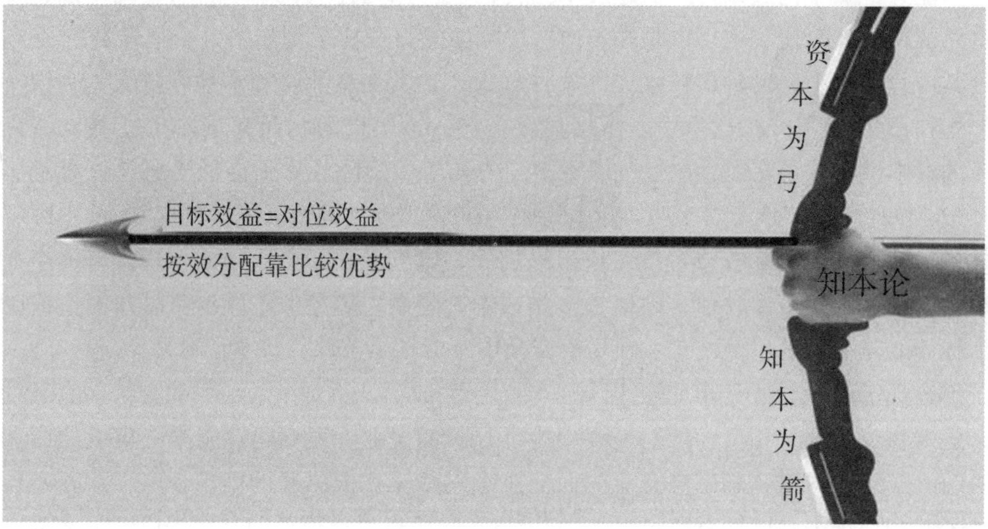

知本构成与商品竞争力成正比，知本构成可以成为比较优势与比较劣势的判断标准，知本构成高的商品竞争力一般都很强，而知本构成低的商品竞争力都很弱，因此，越是比较劣势，往往越是劳动密集型，越能解决就业，这对于社会稳定是很重要的，绝不能轻言淘汰，除非全民素质都能全面提高，总之，淘汰落后产能需要普及全民大学教育。

需求与收入成反比关系的商品是低劣品，即需求随收入增加而减少的商品是低劣品，如低档衣服、低档食品、低档家具、低档电器或低档旧汽车或旧房子等。注意，这里说的低劣品不仅是对消费而言，也是对生产而言，对于那些低劣品的生产者，显然是没有多少知本值或附加值的，只能是劳动驱动型的生产，这种低劣品利润极低，它是靠生产者用不赚钱或赚血汗钱的比较劣势来获得的。

第七节 比较优势陷阱

经常下象棋或围棋的人都明白：局势优劣只是一种势能，要真正赢到最后还得看态度（协新优势）。如果缺乏协新优势，优势不等于胜势或胜利，劣势也不等于失势或失利。比较优势与比较劣势都反映了机会成本与知本构成的高低，但是，传统的经济学观念都有一个基本假设前提——机会选择都是可能的和可逆的。这就像无差异曲线所说的那样，任何选择组合都是没有差异的，其实，我们要说明的是，机会成本不是无条件的，而是有不可能性与不可逆性的双重限制。按劳分配与比较优势分工是格格不入的，按劳分配从来不考虑分工，计时工资否定了劳动差别。比较优势必然决定按效分配，比较求势必然决定按需分配。

人才的流失说明那个国家不是淘汰落后产能，而是没有引进先进的产能，谁是先进产能？那些留学生被“逆淘汰”到了欧美，大部分变成了别国的先进产能。

2014 年 1 月 13 日人民网报道：当今中国留学需求依旧旺盛，科学和工程领域人才选择留在国外研究机构及企业的滞留率升至 87%，出于强烈的危机意识，中国政府于 2013 年 12 月底举办多场就业说明会，目标是吸引 1200 名优秀留学人员回国工作。

据中国教育部统计，从 1978 年改革开放至 2012 年年底，中国海外留学人员累计达到 265 万，其中回国的只有 109 万。2011 年在美中国留学生中，已经在中国取得了博士学位的就有约 3. 38 万，占在美持外国国籍拥有博士学位者的 30%，特别是科技领域人员的外流已呈不可遏止的趋势。在美国的航天、军事领域工作的中国籍研究人员超过 2 万，这些高层次人才正在对美国的发展贡献力量。中国政府所需要的人才，正是这些在欧美的航天、军事等部门从事研究的技术人员。留学西方的精英人士相继回国，建立起支撑中国科技立国的众多 IT 企业，为经济发展做出贡献，一时间留学归国人员也被称为“海归”，但国家真正需要的航天、军工等顶尖人才并没有回来，以文科为主的海归在就业市场正面临困境。

《知本论》认为：如果不吸引全球最顶尖的科技人才，就不能妄谈淘汰落后产能，因为落后产能也是一种低端竞争力。高端产能上不来的话，那么落后产能就不能轻言淘汰，因为青黄不接或拔苗助长的结果只能是加剧失业率上升。许多国家就因为高端产能上不来，而深陷中低收入陷阱。

中国许多民营企业家凭着小学文化，艰苦创业而取得了巨大成功，到了“富二代”时，许多人认为有了老子的创业成功，再加上“高富帅”们又受过国外的高等教育，应该是很有比较优势了，但是，富二代或富三代掌权后，企业反而走下坡路了，为什么呢？因为创业者发挥比较劣势时可谓艰苦卓绝、卧薪尝胆、披荆斩棘，然而，后代继任者虽然学历上高达硕士或博士，但不能吃苦了，小钱看不上眼，大钱又不好挣，而且还热衷于炒房炒股，最终缺乏协新优势的比较优势反而成了比较“忧”势！这说明丧失协新优势的比较优势并不必然导致成功，所谓的中等收入陷阱往往不是经济结构调整的投资制约和技术制约，而是丧失了协同精神与创新精神的协新优势的制约！比较优势陷阱简称比较优势，例如，许多人恃才傲物，恃强凌弱，大企业也自以为有很强的规模优势与品牌优势，自以为凭着比较优势就可以笑到最后，而现实竞争的结果往往相反，自知处于比较劣势的一方充分发挥协新优势后反而笑到了最后！

小作坊式的家庭生产可以不讲加班加点的工资报酬，也不需要复杂的管理成本，小作坊主能发挥吃苦耐劳的比较劣势和协同优势，大企业的规模经营是想多赚钱，大企业不能接受的超低价，在小微企业看来却是有利可图，所以，小作坊能凭亲情协同的比较劣势打败大企业的规模优势，让大企业跌入比较优势陷阱，优势变成了“忧势”。

例如，日本与中国的先后崛起，有一个十分突出的共同点就是仿制经济，开始是假冒伪劣，后来是抄袭改良，从美欧创新强国来看，模仿是属于比较劣势，但中日制造就是靠模仿取得了巨大的成功，甚至将美欧的许多创新产品都打败了。印度也是靠大量的仿制药以低价打败了美国的药物。

又例如，节能产品的生产成本很高，本来是一种比较劣势，市场销售也没有价格优势，但是，各国纷纷出台节能激励机制，既帮助企业变相降低了生产成本，也树立了消费者的环保荣誉感，节能产品又摇身一变而具有比较优势与比较求势了。

优势与劣势在不同的协同条件与创新激励下，也是能相互依存和相互转化的，有优势不要骄傲，有劣势不要气馁，优势与劣势皆可互变互化，只有协同与创新才是永远不变的真理！协新优势是比较劣势之父，又是比较优势之母！无论是比较劣势或是比较优势，都必须牵手协新优势才能走向成功。

第八节　国际分工贸易

经济学家普遍认为：专业化和贸易的好处不是基于绝对优势，而是基于比较优势。

《知本论》认为：绝对优势是具有独特性或垄断性的竞争优势，是独一无二的创新性或垄断性优势。比较优势又称相对优势，是具有差异性或领先性的竞争优势，而比较劣势或相对劣势则是相对落后性的竞争劣势。从知本构成来看，绝对优势是完美的知本优势或独一无二的知本垄断性优势，如专利技术租售公司或文化创意公司，资本等价转移的量极少，基本上是知本值或附加值的创造。相对劣势或比较劣势的知本构成极低，定价能力极低，只有完成资本等价转移的作用，并在资源可以廉价浪费，人工可以大量克扣，或生态环境可以随便污染时，才能坚持劣势竞争。在高端产品中发挥绝对优势，在中端产品中发挥相对优势，在低端产品中发挥比较劣势，未必是所有发达国家的要求，但对于中国、印度这样的人口大国和发展中国家来说，三种竞争都是必要的，因为高端人口、中端人口与低端人口都很多，对于那些特别贫穷落后的国家，越是比较劣势，竞争就越惨烈。只有充分发挥比较劣势才能在国际贸易中占得一席之地，反之，如果连比较劣势都不能发挥，那就无异于闭关锁国了。盲目淘汰落后产能不可取，正确的说法是让落后产能也能卖出特色和高价。比较劣势大的资本家难以发挥协新优势，热衷于追求剩余价值；比较优势大的资本家容易发挥协新优势，热衷于追求协新价值。

当前国际分工贸易的大格局表现为：美国凭借占世界核心储备 60% 以上的美元和高

端科技的绝对优势，轻松掠夺知本值、附加值与协新价值的超级强国。中国、日本、英国、法国、德国、瑞士、澳大利亚等30多个国家具有较大差异化的比较优势，在国际上具有较小的商品对价权优势，但获得知本值或附加值的能力不强。东南亚、南美和非洲等100多个穷国或中等发达的小国，在国际上主要还是发挥资源与人力的比较劣势，基本上没有国际商品的对价权，只能靠比较劣势争夺协新价值。

亚当·斯密在1776年发表的名著《国富论》是论述贸易与分工相互依存的里程碑，国际贸易是分工、交换与市场相互促进的必然产物，分工竞争的结果对赚大钱的胜者而言有两大动力阶段：

一是资本构成提高阶段。资本构成＝资本值÷总价值，竞争的胜者能使机器化或机械化大量替代工资不断上涨的人工，提高了资本的边际替代率和资本的规模协同水平，这第一阶段的分工形象地说就是机器吃人，当然被吃掉的不是高级技工，而是一般的体力工人；这是从资源分工向现代机器分工的第一次飞跃。

二是知本构成提高阶段。知本构成＝知本值÷总价值，具有资本硬件配套工程的优势企业更有条件专注于技术与品牌的知本化扩张，提高了知本的创新水平，这是比较优势积累的第二个阶段，也是高级阶段，这是从现代机器分工向科技、时尚和金融分工的第二次飞跃。

从比较优势的积累规律看，多数国家或企业都会先完成机器和厂房的硬件资本扩张，这是赢得规模协同优势的初级竞争形式，接着才会走向专利技术与品牌文化和商业模式的知本扩张，即所谓的轻资产、重知本的软性扩张，这是创新优势积累的高级竞争形式。

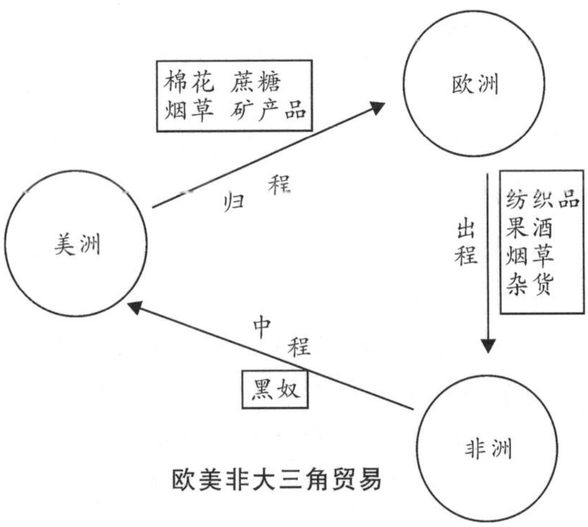

欧美非大三角贸易

国际分工产生于16世纪“地理大发现”之后，西方资本主义列强将亚非拉殖民地定义为农品产业链与原料产业链，是缺少知本值或附加值的低端产业链，而资本主义列强则将自己定义为宗主国，主导了产业链、要素链与定价链，这三大链条全是知本值和附加值极高的高端产业链，像三条永远无法挣脱的钢铁绞索，死死地套在第三世界人民的脖子上，绞索上的金银扣环的时松时紧完全视宗主国的经济殖民需要。

人才的定义就是劳动知本化的活载体，全世界都认为美国是全球先进创新中心，顶尖移民人才带来的协新优势与知本增值力十分惊人，美国欢迎移民的本质就是掠夺他国的剩余价值。从1995—2006年，由移民创建的高科技公司有52.3%在美国硅谷。到2006年，这些公司雇用了45万名工作人员，直接产生520亿美元的收入。这些移民CEO们对GDP的间接贡献估计每年超过2000亿美元，并逐年增长，美国的GDP有很大部分依赖于从世界各个地方不断流进的顶级人才。

哈佛商学院一位教授总结了一个现象："虽然移民约占美国劳动人口的15%，但他们当中博士级的科学家和工程师却占了美国将近一半的比例，在获得诺贝尔奖、被推举进入国家科学院、获得专利奖项等奖项的博士队伍中，相当大的比例是移民。他们是美国技术发展非常强大的贡献者，因此吸引和留住这支高技能的队伍就是美国国家利益，这是提高我们国家创新率所采取的一个最简单的政策杠杆。"

价格配置资源的背后是精英配置资源，中美之争的关键是人才之争，中国的不利之处在于顶尖精英人才以移民或留学的方式加入了美欧国籍，顶尖人才永远是最稀缺的资源，有资料显示清华和北大等顶尖学府的顶尖天才大多流向了美欧国家，留不住最核心的知本。中国向美国输出的顶级人才数量最多，中国为美国的协新优势做出了巨大的贡献。70%的中国留学人员留在了美国，这意味着中国将数以万亿计的协新价值转送给了美国，这是一个人才黑洞。人才流动就是知本流动，顶尖人才流动就是创新知本流动，一个能吸引顶尖人才移民或留学的国家才是真正的世界强国，美国欢迎移民的本质就是资本掠夺（投资移民）与知本掠夺（技术移民），是资本殖民或知本殖民的现代表征。

西方列强首先制定了国际贸易的游戏规则，然后对不同的国家实行双重标准，将定价权"剥削"运用到了极致，从产业链和要素链到定价链，西方列强成功地将曾经的殖民地定义为制造中心，而将自己定义为科技中心、文化中心与印钱中心，先后形成了英国印钱中心与美国印钱中心，并逐步形成了从自然资源分工到现代工艺分工的第一次转型，现在又开始了从现代工艺分工到高端技术服务的第二次分工转型。资本主义自由竞争进入垄断阶段后，形成了全球性的销售网络与多边贸易协定的支付体系，跨国公司与国际品牌也成为独立于联合国之外的隐性国家，这是国际贸易发展的两大特点：

一是市场机制对国家界限的超越，这是知本宗主国优势分工与殖民地劣势分工相互依存相互转化的结果；二是知本驱动协新价值对资本驱动剩余价值的超越，这是知本无形穿透力和无限扩散力超越资源国界与资本限额的必然规律。

大卫·李嘉图认为：只要两国之间存在着比较优势，那么贸易国会出口相对成本较低、具有比较优势的产品，而进口相对成本较高、具有比较劣势的产品，这样优劣互补的结果就是贸易各国都能从国际交换中获益，获益的比例还要看竞争者的协新优势。国际市场就是公有制经济的天然牧场，因为知本无限扩散必然要求打破狭隘而封闭的国家界限，大国"养"小国，强国"养"弱国，这将是全人类共同致富的必然要求，真正完全的公有制一定是打破小国瓶颈，特别是那些又小又穷的政府，完全是无限知本扩散的道德障碍与国际化的制度陷阱。

李嘉图的最大误区就在于没有考虑贸易壁垒、运输成本、交易成本与品牌溢价等，生产成本低的比较优势不等于就能赢得国际市场，以农产品为例，美国农场的规模经营最好，但美国对农业实行高额补贴，各国同样也对农业进行贸易保护，因此美国的比较优势农业也不可能淘汰其他国家的比较劣势农业。

《知本论》认为：低成本生产的比较优势并不适合分析信用经济与信息经济，只有高效益扩张的比较求势最适合分析信用信息经济，“生产推动”远不如“需求拉动”。信息经济因为信息的无限复制与无限传播，所以供给是无限的，包括无限供给的数量与无限降低到零的边际成本，没有供求平衡，只有供求一体化之后的需求制衡。

自由贸易政策有益于社会经济资源的最优配置，有益于生产和营销效率的提高。早期的比较优势研究只有成本标准，没有收益标准，只有产品标准，没有品牌标准，都是假设同类商品的营销价格没有区别，只是单向度的成本分析，还没有结合价格进行双向度的“成本—收益分析”，过分注意资本耗费或劳动量的成本竞争，忽视知本值或附加值的收益竞争，导致资本驱动的劣势国与知本驱动的优势国的分工格局很难改变。比较劣势者更难获得协新优势，比较优势者更易获得协新优势，无形而无限的协新价值的两极分化让劣势更劣，让优势更优。

第四章

市　场

市场是由一切愿意通过增值交换来改善供求关系的系统。市场是买卖双方共同构成的时空定价关系、分工协作关系与利益分享关系。计划经济，政府是无限责任公司，权力大于价格，计划大于竞争，生育也计划化；市场经济，政府是有限责任公司，价格大于权力，竞争大于计划，生育要市场化。一切商品能交换的两大属性就是普遍的效益性与特殊的对位性，并遵从效价最优化或等效价比两大法则进行交换。效价最优类似于利率，等效价比类似于汇率。效益是增值交换的内容，对位是增值交换的方向与标准。

公与私的评价标准是公平，公平竞争与公平分配的市场就是公有制市场，垄断或腐败的市场就是私有制市场。协新价值是公平价值，剩余价值是不公价值。被剩余价值主导的市场就是私有制市场或血汗市场，被协新价值主导的市场就是公有制市场或创新市场。奴隶买卖市场是剩余价值市场或私有制市场，专利产权市场是协新价值市场或公有制市场。在市场的价格机制中，按边际成本定价是自由放任论的理想假设，按对位效益定价或按有效需求定价才是协同与创新的激励机制。对位效益定价才能推动市场交换的效价最优化谈判与等效价比选购。

机器、资料和工人是产业之体，信用、信息和知识是产业之心，简单地说，产能是形，信识是心。

人们常常津津有味地谈论国际产业转移，更是以中国是世界制造中心与美国是最大债主而偷着乐，甚至以产业空心化讥笑美国，其实，这恰恰是掉进了欧美财团精心布局的国际产业陷阱之中。

首先，我们要明白，什么是产业之心？真正的产业之心不是人力多，也不是资源浪费多，而是技术强权与信用强权，只有技术优势与信用优势才能确定产业之心，真正的产业之心不是资本存量，而是知本增量。谁掌握了一个产业的定价权，谁就掌握了该产业的心脏；谁操纵美元与欧元，谁就能操纵世界金融。

其次，我们要明白产业转移有两大趋势，一是劳动构成高或劳动密集型产业向落后

国家的下行转移，劳动构成下行规律是以工人的低工资为比较劣势的，越是劳动耗费大的产业，越是向下转移到不发达国家。同时，资本构成上行规律，凡是靠资本和知本主导的产业，如资本密集型产业和知识密集型产业，是向发达国家转移的，因为资本和知本移入越富的国家，人均资本与人均知本才会越来越高，人民的劳动才能显得更加的稀缺，毕竟劳动力的人口增长远不如资本和知本的增长速度快（欧美国家的人口长期徘徊不前是人均 GDP 高的原因），只要单位劳动的生产力匹配或分摊更多的资本与知本，才能实现高工资、高福利。总之，产业转移的本质就是定价权的再分配，是剥削权向发达国家的上行转移，与被剥削权向落后国家的下行转移，这是剥削效率的国际分工。劳动构成高的低剥削效率的产业向落后国家转移，资本知本构成高的高剥削效率的产业向发达国家转移。

第一节 市场概论

劳动创造成本，成本要求等价交换；需求创造收益，收益要求增值交换。价格配置资源的背后是民主配置资源，如果没有民主制度，价格必然会被扭曲。因此，民主制度是价格机制正确发挥作用的必要条件。

《知本论》认为：中国特色的社会主义市场经济有“三主”特征：一是以创享协新价值的企业（公有制企业）为主体；二是以国家银行领导的信用体系为主导；三是以国家媒体信息为主流。中国的独立自主就是这“三主”，这是中国经济的三大公有制支柱。

没有任何壁垒、障碍与歧视的“完全竞争市场”与“利润平均化规律”只有在共产主义社会才能真正实现，资本主义实际是限制人口国际流动与高端技术转让的“不完全竞争市场”和“利润级差化规律”。欧美国家不会对落后国家发放免签证，就是打着国际化与自由化的幌子，要将落后国家定义成“高能耗、高污染、高人力”的三高制造基地。国籍歧视成为当代劳动力要素流动的最大贸易壁垒，如果人力不能自由流动，所谓的自由竞争只能是画饼充饥。

效益论认为增值交换的本质就是“效价最优”（包括卖方效价最小化与买方效价最大化的讨价还价），效价=效益/价格，在每一次交换中，买卖双方都想最大限度地分享协同和创新的协新价值（附加值），而公平论认为不同次的交换中，买卖双方的交换具有传递性，一次交换中的最优或增值会对后面的其他交换有等价的影响，当然，这种遗传性会不断发生变异的，坏的变异就是协异，好的变异就是创新。

《知本论》认为：知本是人类增量经济与持续发展的唯一本源，知本是生产力之父，又是生产关系之母，知本既决定生产力，也决定生产关系，因此，决定社会经济发展的是知本，知本全集中的“技术子集”主要指生产力，“制度子集”主要指生产关系。欧美国家的发展经验证明：在专制腐败时期，生产关系是主要矛盾，制度变革大于一切，反之，在民主创新时期，生产力是主要矛盾，发展技术大于一切。但无论生产力为主还是生产关系为主，都是受知本决定的阶段性选择。

一、债务发展悖论

是通过扩张赤字、刺激增长，在增长中减少债务？还是实行紧缩、控制债务，在财政可持续性下实现经济增长？这是自20世纪30年代大萧条以来，每一次衰退时西方国家都要面临的艰难选择。

2010年，美国经济学家卡门·莱因哈特和肯尼斯·罗格夫发表了一篇名为《Growth in a Time of Debt》的论文，该文研究44个国家200年来的统计数据得出结论，一旦政府债务与国内生产总值（GDP）之比超过90%，该国经济将陷入负增长。显然，这是一个对紧缩派有利，而对扩张派不利的学术结论，但离奇的是，其他三位经济学家仔细校验论文后发现，该论文在运算数据时存在错误，经改正后，债务率超过90%的结果并不是特别严重，这一发现引起轩然大波，而原作者也承认了这个错误，但争论并没有结束。

经济学的魅力之一，就在于“道”与“器”兼备的厚度，或“体”与“用”兼备的高度。在古典经济学时代，道器之争围绕什么是财富，是自由贸易还是管制贸易等问题展开；到了20世纪，“道”之争大多围绕政府之手与市场之手的先后轻重而展开。从器的层面看，自从19世纪末物理学思维和数学方法运用到经济学，其分析工具、分析方法得到极大改进，计量经济学大量使用数学工具而显示出“道器合一”的科学性。

中国经济改革不仅要“改器”和“改用”，更要“改道”和“改体”，技术改革为末，制度变革为本。

凯恩斯派大战自由放任派，就是靠边际消费递减、资本效率递减、工资刚性、乘数等基本概念才一度获得大胜。反紧缩派的经济学家马丁·沃尔夫为了论证债务不影响经济增长，举反例说，19世纪上半期债务利息支出几乎占到英国全部公共支出的一半，但英国后来却迎来了大增长。

债务工具既是经济之器，也是经济之道。

《知本论》认为：国企与民企都只是投资主体不同的“器”，国家投资的企业不等于一定能提高资源配置效率，不等于能创享协新价值。反之，个人投资企业也不等于榨取剩余价值，不等于就是名副其实的私有制。判断公有制与私有制，不在于生产资料的主体之形，而在于生产方式的经营之魂。凡是合情、合理、合法经营的私有企业，以协新价值为主要生产方式，就是实质上的公有制。反之，只要是不择手段榨取剩余价值的私有企业才算名副其实的私有制。但少数以垄断与腐败为特征的所谓国企，如果只有高管工资高和福利好，就是剩余价值的生产方式，是假公有制，是好处归个人的私有制。从投资主体与生产资料定义所有制，是形而下的“器”；从价值创享与生产方式定义所有制，是形而上的“道”。

个人合理合法地赚钱，就是公有制的主人。私有企业合理合法地创造利润，提高工资并上缴税收，就是公有制。

市场经济的道器之争表现为：一些私有企业名为私有制，实为公有制，即私器而公道。反之，一些国有企业，名为公有制，实为私有制，即公器而私道。合理合法的个人收入是国家财产，合理合法的个人消费是国家财富。总之，剩余价值是附减值，必然边际效益递减，而协新价值是附加值，必然代际收益递增。一切代表协新价值的良币都是公有值或公有制；一切代表剩余价值的劣币都是私有值或私有制。

钱的善恶不在于所有，而在于所用，大公无私是公有制，损公肥私是私有制。

二、交换价值

市场竞争主要有三种源泉：一是比较优势或技术竞争；二是比较求势或需求竞争或文化竞争；三是比较权势或制度竞争。

现实市场并不是一个完全竞争市场，而是一个不公平的等级市场，劳动是要分等级的，谁来给劳动分等级呢？是资本和知本给劳动来分等级，资本构成高的劳动是资本密集型，掌控资本的劳动者就是资本家；知本构成高的劳动是知本密集型，掌控知本的劳动者就是知本家。资本与知本可以自由地流动，但劳动力是无法自由流动的，国家之间的移民成本与人才流动是相当昂贵的。生产要素的配置从全球来看，是无限流动的资本与知本疯狂追逐有限流动的劳动力的过程。要素国际化是分层次的，劳动是低效流动，资本是中效流动，知本是高效流动，所以表现在劳资分配关系上，劳动是低效增值，资本是中效增值，知本是高效增值。

劳动资本化就是用资本给劳动分级，劳动知本化就是用知本给劳动分级，不同级别的资本和知本就产生不同级别的劳动，也就是信识级别产生劳动级别，这就是劳动的信识定价，比供求定价更能影响劳动的价值密度。从增量经济的角度看，简单劳动不能增值，只有基于协同和创新的复杂劳动才能增值。

欧美频频对发展中国家实行反倾销与反补贴的双反制裁，其实是对比较优势与自由竞争的践踏，因为所谓的倾销就是成本极低的生产和销售，反对别国的低成本生产，本质上就是反对别国的比较优势，利用需求国或进口国的比较求势和垄断国际定价权的比较权势，公然打压自由竞争与比较优势，这就是欧美双反制裁的强盗逻辑，实质是保护欧美的比较弱势产业，为此还提出了幼稚的产业论与贸易保护论等理论作为借口。

战场是掠夺生命和财富的地方，而市场是繁衍生命与财富的地方，因此，战场的本质是榨取剩余价值，而市场的本质是创享协新价值。许多人总喜欢将商场或市场比作战场，但竞争法则不同于战争法则，道理很简单：广大民众大多是兴高采烈地走向市场，去分享协新价值；却总是谈虎色变地远离战场，躲避剩余价值的榨取，从民众的脸色就能看出市场表情与战场表情是绝不相同的。计划经济或专制时代对“市场”有敌意，原因就在于分不清战场与市场的本质差别，战场是掠夺和剥削劳动价值，而市场是创造和分享劳动价值。资本殖民就有两个阶段，初级阶段是战场殖民或剩余价值殖民，而高级阶段是市场殖民或协新价值殖民。

欢乐天天购

知本论：协新价值创造市场，增值交换发展市场

商品交换的二元性表现为：一是基于价值（效益）的普遍性交换，任何人的交换都不能脱离整个社会交换价格的参照水平，这称为交换的宏观性或宏观交换；二是基于使用价值（对位效益）的特殊性交换，任何人的交换都可以偏离社会平均交换水平，充分体现个体的交换意志，这称为交换的微观性或微观交换。

交换价值又称相对价值，是两个使用价值的交换关系或交换比值。交换价值不是用另一个商品来表示，而是用货币数量或货币价格来表示，必须引用效价比或效价，效价 = 效益/价格，效价比是商品的消费性（效）与投资性（价）的结合，是商品与货币交换的灵魂。人们买卖的动力是效益与价格的比较，谁都希望在有限价格中实现效益最大化，即“效价比最优化”。正如边际效用论的等边际规则或购买力平价所说的，每一元钱购买的效益必须相等，等效价比就是消费者花在任何一个商品上的钱，每一元钱购买的物质效益和精神效益是相等的，这才是最公平的增值交换，精神效益无法像物质效益那样直观而具体，这种消费偏好只能是由买卖双方自己去灵活把握，这与产品的设计和品牌是生死相依的。

为什么中美清洁工收入相差十几倍？从交换价值公式 $y = c + dx$ 可知，中国与美国的清洁工的边际生产率 dx 是没有多大差别的，微观工资差别不大，d 是生产效率，x 是劳动量，中美两国劳动者创造的人均 GDP 或人均 GNP 表现在 c 的差别上，由于 c 相差十几倍，所以中美两国的清洁工也就相差十几倍的宏观工资。这说明个体劳动的效率相差不大，但整体市场的效率相差太大。工资中的劳动量差别较小，而资本差别与知本差别较高，说明资本和知本主要不是剥削工资，而是提高工资，如果员工只是反对资本家的剥削，其实就是反对工资的上涨，因为工资主要取决于单位劳动所融合的资本与知本，资本构成和知本构成越高的行业，工资必然越高，反之，工资就越低。美国的清洁工肯定不愿意来中国扫地，而中国的清洁工也只有移民到美国才能将交换价值或工资水平提高十几倍。人才的交换价值不仅取决于个人的能力与态度，更要受国家整体经济效率的巨大制约，中美员工由个人能力决定的微观工资差别不大，但由国家经济情况与市场效率

决定的宏观工资差别很大。生产力与生产关系是人类社会经济发展的两条腿，哪条腿在前，哪条腿在后，只能在特定的历史发展阶段来看。科斯的产权理论说的就是生产关系问题，马克思的劳动价值论主要谈生产关系，剩余价值论就是生产关系中的劳资剥削论。

三、企业的市场边界

只要存在劳资雇佣或规模经营，就必然要求“两权分离”。企业为什么存在？科斯产权理论中的交易费用能够成为解释企业存在的一个理由。

1991 年诺贝尔经济学奖得主科斯是现代产权理论的奠基者和主要代表，被西方经济学家认为是产权理论的创始人，他一生所致力考察经济运行背后的财产权利结构，即运行的制度基础。没有产权或产权不明的社会是一个效率绝对低下、资源配置绝对无效的社会。能够保证经济高效率的产权应该具有以下的特征：

（1）明确性，产权是一个包括财产所有者的各种权利及对限制和破坏这些权利时的处罚的完整体系；

（2）专有性，产权使因一种行为而产生的所有报酬和损失都可以直接与有权采取这一行动的人相联系；

（3）转让性，产权可以被引到最有价值的用途上去；

（4）操作性，清晰的产权同样可以很好地解决外部不经济（指某项活动使得社会成本高于个体成本的情形，即某项事务或活动对周围环境造成不良影响，而行为人并未因此而付出任何补偿）。

美国芝加哥大学教授科斯的“确定产权法”认为在协议成本较小的情况下，无论最初的权利如何界定，都可以通过市场交易达到资源的最佳配置，因而在解决外部侵害问题时可以采用市场交易形式。

科斯认为市场和企业是两种不同的组织劳动分工的办法，企业的出现一定是企业的交易费用低于市场的交易费用，所以交易费用的差别是企业出现的原因，企业的边际成本是由企业内行政管理费用（组织成本）与市场交易费用相比较而决定的。当企业的规模扩大时，内部行政费用会上升，这增加的费用接近节省下来的市场交易费用时，企业的规模就不会扩大了。

四、协新价值决定企业存亡

《知本论》认为：科斯的说法不全面，交易费用低于市场费用，是企业独立于市场而存在的理由之一，成立企业不仅能降低各部门与各生产工序的交易成本，起码内部员工与各部门之间不用讨价还价地浪费时间了，企业内部的分工协作制度节省了每次合作的契约成本，这是科斯理论正确的地方。但是，企业存在还有一个理由就是规模效益或品牌价值，企业发展不仅以边际成本递减为必要条件，更要以代际效益递增为必要条件，也就是企业的规模增大之后，能大大提高品牌的信识等级，也就是说企业的边际成本是由企业内部的经营管理费用与市场费用相比较而定的。规模经营有助于企业的信用升级、信息升级和品牌升级，提高企业的融资能力、信息集散能力与品牌定价能力。大企业内部的交易费用不一定低于市场交易费用，但只要产生强大的品牌效应，如垄断企业和领袖企业和国际名牌企业，企业交易费用往往都比市场交易费用大，员工的工资都很高，但是，由于有强大的品牌溢价，企业不仅可以存在，而且还可以高成本、高效益、高速度地存在，其中创新与垄断是超越成本标准的两个关键变量，只要成功创新或获得垄断地位，就算内部组织成本高于市场成本，企业也能高速发展。

《知本论》认为：企业存在有两个条件：一是交易费用或组织成本低于市场费用；二是如果交易费用高于市场费用，必须有足够的创新与垄断来吸收成本增量，有足够的协新价值对冲过高的交易费用。

《知本论》认为：个体与整体可以通过协同与创新这两种方式来相互决定。企业存在的理由就是相对降低交易费用与相对提高协新价值，科斯指出了企业存在的成本原因，而《知本论》指出了企业存在的收益原因。

从 21 世纪的企业发展现实来看，企业不仅要存在，更要做大做强，虽然大不等于强，但不大就一定不强，大就是要降低企业内部的交易成本，实现边际成本递减才能做大规模，而强就是要提高企业外部的品牌溢价或交易收益，能卖出高价格的企业才能称得上强，所以，降低交易成本才能做大，提高协新价值才能做强，当代的市场竞争已经进入了大兵团作战时代，因此，企业是在成本减法与效益加法的双核驱动下才能生存。

《知本论》认为：企业存在的内部边界既是科斯所说的“内部交易费用 = 市场外包费用”，而外部边界则是“规模经营效益 = 市场平均收益”，就是说当规模经营效益高于市场平均收益时，就有存在附加值理由，如果低于市场平均收益，就可能出现规模不经济，此时企业就会破产或裁员。总之，边际成本递减（协同效应）与代际效益递增（创新效应）是企业强大的两个必要条件。

科斯之所以提出交易成本范畴，直接的目的是论证企业存在的必要性。这种必要性在于：如果没有企业制度，每一个要素所有者都用自己的要素来生产产品并直接参加交易，那么市场交易者的数目将非常大，交易摩擦将极为剧烈，从而交易成本也会惊人的高，甚至使交易中止。企业作为一个参与交易的组织单位，其经济作用在于把若干要素所有者组织成一个单位参加市场交换，从而减少市场当事者数目，减轻交易摩擦，降低交易成本。

在外在性问题上，产权界区含混所造成的混乱和对资源配置有效性的损害表现得最为充分。在明确产权的基础上，引入市场价格机制，就能有效地确认相互影响的程度以及相互负担的责任。

科斯列举了一个著名的案例：当火车驶过一片种有树木和庄稼的土地时，机车排出

的烟火经常引起周围的树木、庄稼着火，这是一种外在性，如何克服它呢？科斯认为关键在于明确产权。如果这块土地是属于农场主的，农场主就有权禁止火车排放烟火，火车若要排烟，火车的所有者就必须向土地的主人赔偿一定的费用，反之，如果赋予火车主人具有自由释放烟火而又不负责任的权力，那么农场主若想避免由于火车释放烟火所导致的火灾造成的损害，进而要求火车不放烟火，就必须向火车主人支付一笔费用，以使火车主人愿意并能够不排烟火，甚至停止运行。科斯由此认为，更有效地消除外在性，用市场交易的方式实现赔偿，前提就在于明确产权。只要产权界区不清，交易成本不为零，市场机制就会由于外在性的存在而失灵，所以，经济学的任务首先是分析产权，资源配置的有效性取决于产权界区的清晰度。

交易成本经济学的代表人物威廉姆森认为：只要交易界区是清晰的，资源配置就能有效。如果火车主是一个人，而铁路沿线的农场主有很多个，那么农场主之间达成协议的交易成本便会远远高于火车主进行谈判的交易成本，这样纠纷就难以得到合理的解决，外在性无解。相反只有在农场主个数减少，使得双方的交易成本相当时，才可能有效地解决纠纷，克服外在性。产权界区的明确是降低交易成本的基础，也是减少交易摩擦的润滑剂。

公共选择学派的布坎南等人认为：只要交易是自愿的，那么初始的合法权利的配置与资源配置的有效性无关，即使权力初始配置不合理或不公正，只要界区清楚，且产权可自由转让，资源配置的有效性便可保证，所以经济学研究的重心应是产权界区和产权转让。如果火车被赋予排烟火权 ，只要这种权利明确，且可以转让，那么，农场主便可出价购买这种权利，使火车主同意不排烟火：相反，若农场主具有禁止火车排烟火的权利，只要这种权利明确，且可以转让，火车主便可购买这种权利，即以一定的赔偿取得继续排放烟火的权利。显然，只要产权明晰，且可自由转让，即使初始权力配置并不公正，结果也可实现资源的有效配置。

自由竞争派的舒尔茨认为：只要在产权界区上保证完全竞争，资源配置的有效性便能得到充分保证。火车主处于垄断地位（只有一个），农场主则是分散的，众多的，这就违背了完全竞争的假定，因而他们相互之间不可能有效地解决纠纷，市场在此必然失灵。产权界区清晰与完全竞争的市场环境是相互联系的，完全竞争离不开产权明晰，而产权明确之后还必须在完全竞争的市场条件下，才可能使资源实现有效配置。

《知本论》认为：完全竞争与产权明确是相辅相成的，因为绝对产权是法律界定的，但相对产权是市场定义的，真正的完全竞争市场必须是自由竞争、自由流动、信息透明的，这样的完全竞争只有在共产主义消灭了国家界限时才可能实现。

谨慎看待淘汰落后产能的说法，只要是存在的产能，就未必落后，需求才是硬道理，能卖出高价的生活方式就未必落后，只有不赚钱的产能才是落后产能。

第二节　相对产权

市场是商品交易系统的简称，起源于古时人类对于固定时段或地点进行交易的场所的称呼。

《知本论》认为：市 + 场 = 市场，“市”表示集市，交易，买卖之意，有价无市说的就是有人出价，但没人卖；有市无价说的是有人买，但没人出价卖。“场”是场地、场所、商场的意思。市场就是交易的场所。商品 + 市场 = 商场，商场就是商品交易的场所。市场可以是线下的现实市场，也可以是线上的虚拟市场。

例如，淘宝网，由阿里巴巴集团于 2003 年 5 月 10 日投资创办。淘宝网目前业务跨越 C2C（消费者间）、B2C（商家对个人）两大部分交易业务，现在中国飞速发展的网店将市场这一交易的场所重新定义成了交易的网站。

著名的 5P 营销理论就是对“市场”的较好描述，市场包括：地点（Place）、产品（Product）、价格（Price）、促销（Promotion）和参与人群（People）五大要素。市场逻辑是平等互利的民权逻辑，而官场逻辑是等级服从的强权逻辑。司马迁云：“廉吏久，久更富，廉贾归富；故善者因之，其次利导之，其次教诲之，其次整齐之，最下者与之争。”强调的是廉洁奉公与市场共富和官商分离或政企分开，政府要支持民众致富，不要与民争利。市场的逻辑既想通过利益均沾（增值交换）来改变人的心智，而且能通过自由竞争与法制威力来规范人的行为，即以利人之行，实现利己之心（主观利己，客观利人）。

亚当·斯密在《道德情操论》里说：同情心普遍存在，即使最坏的人也有同情心，但所有的同情心都是围绕自己展开的，同情心的大小，一是与物理上的距离有关，二是与心理上的距离有关。

三种分配论如下：

比较优势论——各尽所能，按劳分配

比较求势论——各尽所钱，按需分配

比较权势论——各尽所权，按位分配

比较权势大于比较优势与比较求势，这是社会主义的一个主要矛盾。社会主义的基本矛盾在于“权”，表现为腐败与公平的基本矛盾，而资本主义基本矛盾在于“钱”，表现为信识失衡与自由民主的基本矛盾。

市场经济一直推崇的六大原则就是“自由、自愿、自觉、平等、互利、和谐”，“自由 + 自愿 + 自觉”又称为利私原则，而“平等 + 互利 + 和谐”又称为利公原则，市场就是主观利私、客观利公的交易工具。

一、为何抹黑公有制

一些所谓的知名经济学家与知名企业家公然抹黑公有制，因为他们是私有制的最大受益者，也是既得利益者，其实，公有制恰恰是自由和宪政的天然支柱，欧美的资本主义民主为什么不彻底？原因就在于私有财团的势力太大，竞选费用太高，民主防得了个人专制，却防不了无孔不入的金钱。

《知本论》认为：如果民主制不落实的话，全民所有制确实有可能蜕变成权贵私营制或权贵使用制。

公私之争的主要原因在于：

一是公有制的定义应与时俱进地改革。不能以国家投资或国家参股来定义公有制，这种血统论的定义确实对公有制不利，毕竟有一部分国有企业经营亏损和腐败严重，同时，也确有一部分创新能力强的私有企业没有纳入公有制的范围，因此，公有制不能再局限于国家参股或政府参股，而是应将公有制从生产资料定义或投资人定义转变成生产方式定义或社会效益定义，实现从生产资料所有权定义向生产成果分配权定义的改革，即“凡是以创享协新价值为主导，能守法经营并促进劳资和谐的企业，都是公有制企业”，反之，“凡是以榨取剩余价值为主导，不能守法经营并加剧劳资冲突的企业，都是私有制企业”。对公有制的定义进行修改，一方面符合中央发展混合所有制或股份制的改革大计，另一方面也有助于提高公有制的含金量。当然，重新定义公有制的最大好处，是有利于将所有优质企业都纳入公有制的大旗下，有利于政府调整财政与货币支持，进一步提高政府干预经济的管理水平。

二是公有制与私有制都存在少数败家子，但都不是主流，不能因为个别公有制国企出现了腐败问题，就一叶障目，诛杀九族。还有，国有企业经营好坏，不是体制问题，而是用人问题，用人对了就经营好，用人错了就经营差，因此，国有企业是民主制的天然试验场，当务之急是要将用人权交给国有企业的全体员工，由国有企业员工年年投票直接选举经营团队，党政要员不得指定国有企业领导人，因为只有员工才最清楚谁是好高管。国有企业的管理问题主要在于“委托—代理制”的信息不对称，党政要员并不了解高管的真实能力与真实品德，必须由全体员工直接对国有企业的所有权与经营权负责。两权分离不是一句口号，关键是全体职工有没有真正的用人罢免权与经营监督权。

总之，抹黑国有企业是一种误国误民的谬论，政府当务之急要做好三件事：一是以协新价值的生产方式重新定义公有制，将亏损或腐败的国有企业列入私有制名单或立即换帅，将有国际影响力的私有企业列入公有制名单；二是将国有企业的用人权下放给全体职工，要相信职工的眼光，他们会投票选出好的董事长与总经理，即使一次选错了，他们还会更正，继续选出杰出的领导人；三是政府也可以入股或控股大型的优质私有企业，在给他们大量资金时也换取一定股份，实现公私合股，有利于杰出私有企业做大做强，同时也有利于国有资产增值。以上三点说明，国企改革绝不是私有化，而是民主化，同时，杰出私有企业还应实行国有化，这才是发展社会主义公有制的捷径。

二、相对产权论

不少学者将相对产权与绝对产权混为一谈，国有企业从法律上讲就是国家所有或全民所有，法律规定的绝对产权是十分清晰的，根本不存在产权不清的法律误区。即使是国有企业的蛀虫，也不敢否认国有企业产权的公有性质。将国有企业的产权清晰硬说成产权不清，或将管理问题硬说成是产权问题。

从相对产权的使用权与收益权来说，国有企业的产权确实存在一定的模糊性，因为谁来代表国家管理国有企业？谁来代表全民来经营国有企业？经营国有企业的好处到底落到了谁的腰包？产权代表人的任免问题一直没处理好，全体员工无法通过投票行使对国有企业领导的任免权，这就使国有企业出现了一个绝对产权清晰，相对产权模糊的困境，如何解决这一问题？私有化会导致国资流失与超级腐败，显然行不通；由全国人民投票选举国有企业高管，也行不通，因为选举成本太高，信息的传播与选择太难；最可行的办法是由国有企业的全体员工代表全国人民，公开进行差额选举，以全员选举的方式来寻找国有企业的领导人是最佳选择，被公选的国有企业领导就是国有企业相对产权的管理者。全员海选、全员持股、全员分红、全员监督、全员管理是明确国有企业相对产权的必由之路。国有企业产权的管理不是官员指定制，而是全员海选制，因为公有制的灵魂本来就是民主制。

《知本论》认为：公有制与私有制目前都不完美，对公有制的改革绝不是国际资本所希望的“私有化”，而是要实行全员选举的“民主化”经营。国有企业的问题主要不是产权问题，而是用人机制问题，是相对产权——使用权和收益权的问题。绝对产权只是法律上或名义上的归属问题，真正重要的是相对产权，相对产权包括使用权与收益权。

产权形式是法律，产权实质是收益，没有收益的产权就没有意义，所以，绝对产权是形式，相对产权才是内容。

三、拆迁风波与相对产权

政府征地拆迁常引发各种风波，拆迁问题大多不是绝对产权问题，因为法律明文规定了拆迁户的土地证与房产证的真实性。但是，绝对产权只是法律归属问题，相对产权是使用收益问题，拆迁补偿才是政府与住户的核心问题。政府在解决这一问题时如果缺乏相对产权的概念，将很难说服住户。

私有财产神圣不可侵犯，这句话对吗？从绝对产权的角度看，法律明确界定了产权，私有财产当然不可侵犯，但是，从相对产权角度看，一个人的房屋产权关键在使用权或收益权，相对产权是由社会经济水平决定的，也是由左邻右舍决定的，因此，相对产权的使用权和收益权是可以改变的，在市场上表现为房子的交换价值或相对价格。如果否认相对产权，那么所有的房子都将无法在市场上交换，政府也无法进行拆迁和征地的补偿，住房的商品化与货币化都是源于相对产权。

“钉子户”曾一度被误认为是产权的保护神。

《知本论》认为：过度强调绝对产权的法律归属是片面的，相对产权的使用效益更重要，政府该不该强拆钉子户，一要看城市发展税是否开征，二要看多数法则，同地段80%以上的多数人同意拆迁，政府强拆钉子户就是合理的相对产权保护，反之，如果多数人反对拆迁，政府强拆就是不合理的，因为侵犯了多数人的相对产权。

拆迁补偿费本质上就是产权的相对价格或市场均衡价，关键看多数拆迁户是否接受。注意，钉子户的相对产权是由城市发展水平决定的，是由市场多数来决定的，钉子户无权影响多数拆迁户的相对产权，也无权影响政府进一步发展城市，相对产权论是政府拆迁的理论依据，在房产证、土地证与拆迁通知书中应该强调相对产权法则。

四、自由市场论

（1）古典经济理论的自由放任。

《国富论》以个人满足私欲的活动促进社会福利为逻辑起点，推演出市场就是自由放任秩序。

《知本论》认为：斯密直接将利私等同于利公，这中间缺乏一个十分重要的环节，那就是生产方式，如果以剩余价值满足个人私欲，就不能促进社会福利，反之，如果以协新价值满足个人私欲，就能促进社会福利。个人满足私欲的剩余价值活动不能促进社会福利，个人满足私欲的协新价值活动才能促进社会福利。美德的利私是利公，缺德的利私不能利公。

政府完全不能干预个人追求财富的活动，也完全不用担心这种自由放任将制造混乱，“一只看不见的手”将把自由放任的个人经济活动安排得井井有条，斯密的市场概念重点在于强调限制政府对个人的经济活动干预上。《国富论》也花去相当的篇幅去抨击干预个人经济活动，限制个人经济权力（产权）的重商主义政策，以后的古典经济学家也一直坚持自由放任的观点。斯密发现了利私通过市场竞争可以达到利公与合理合法的利私，是最高效的利他和利公。斯密最出名的是提出了“看不见的手”，其实，斯密的伟大之处就是模糊地发现了“善与恶”和“私与公”通过市场竞争是可以转换的，尽管斯密的表述并不明确，但他已经为《资本论》发现剩余价值和《知本论》发现协新价值打开了通道。

《知本论》认为：斯密的伟大之处就是终结了性恶论与性善论的千年争论，既然自由竞争可以化恶为善或化私为公，那么，无论竞争的出发点是为了利私还是为了利公，就令性恶论和性善论的争论变得毫无意义了，因为只要竞争是自由放任的，私就是公，恶就是善，自由市场总是可以促进社会福利的提高。斯密的《国富论》就是自由市场论，人性的善与恶并不重要，只要自由竞争，一切恶或私都可以变成善或公，所以，《国富论》彻底终结了性恶论与性善论的争论，所以市场学就是关于人性的学问。自私自利有两种方式，一种是损人才能利己，这是剩余价值论，另一种是助人才能利己，这是协新价值论。斯密提出了利私可以等于利公的命题，但是，斯密没有发现利私转化成利公的前提条件——协新价值的生产方式。剩余价值的生产方式不能化私为公，而协新价值的生产方式才能化私为公。

（2）新古典经济学的“价格机制”。

新古典经济学在引入边际概念和数学论证的基础上，为新古典经济学的自由放任秩序建立了形式上经济学的数学模型：供求均衡，并提出了价格定理——供过于求时价格下降，供不应求时价格上升。代表人物马歇尔在供求模型中分析：价格是最重要的自变量，这一模型也可以叫价格机制。达到一般均衡的过程，也是一个社会资源受价格指引的流动过程，所以，价格机制调节社会资源的配置。在新古典经济学的数学模型的表皮下，依然是古典经济学的自由放任秩序，“新”只是新在边际效用递减与供求曲线相交于均衡点的数学形式上。

古典经济理论在新古典经济学的边际革命后，就陷入了停滞不前，因为供求定价并不是市场竞争的全部，而且供求定价过分强调商品的消费性，忽视了商品本身也具有投资性与货币性，信用、信息和知识本身也能决定价格，即使消费和使用上的供求关系不变，货币政策、投机、投资等金融活动也能直接影响商品价格，货币通胀或通缩成为供求关系无法解释的经济常态。总之，供求定价是“看不见的手”，信识定价也同样是看不见的“无形之手”。

五、政府干预论

（1）宏观经济学的政府干预。

1929—1933 年的经济大萧条迫使西方的经济理论家反思古典的自由放任论对市场的定义。凯恩斯主义认为完全的自由放任是不行的，看不见的手有时并不存在，市场会失灵，政府应该对经济活动进行总量干预，于是宏观经济学就诞生了。罗斯福也接纳了凯恩斯的建议，实施政府干预经济的罗斯福新政。现在已经在全世界基本达成共识——政府干预经济手段：财政政策，货币政策。

《知本论》认为：凯恩斯主义本质上就是计划经济与货币贬值，给财政赤字度身定做了一张遮羞布，让政府无限开动印钞机找到了异端邪说，罗斯福新政其实就是宏观调控，东西方的经济手段越来越不能用阶级性和政治性来画线了，许多经济手段的确是客观中立的市场工具。

政府对经济的过度干预，必然会产生国有企业怪胎，国家资本主义或公有制是政府干预经济的最高形式。有研究表明：按每个国家对国有企业的投资占 GDP 的比重把 64 个国家分成 3 个等份组。发现：国有企业投资占 GDP 比重越高的国家，其法治指数就越低。这表明：国有企业在经济中占比越高，法治就越差，特权对收入分配（劳动权本化）的影响就越大，收入差距越不容易缩小。道理很简单：有了国有企业后，政府就与民争利，各类法律与政策不再中立，各级法院、执法和行政机构都不再是中立的裁判员，而是都偏爱国有企业，于是法治面前人人平等就成为一句空话。

（2）新制度的产权明确前提。

同样面对市场失灵，2012 年诺贝尔奖得主科斯却给出了截然相反的回答，外部效用问题无需政府干预，可以通过明确相关产权和利用市场来解决，但有经济学家反对说：根本就不存在所谓的外部效用，只存在不明确的产权状态。

《知本论》认为：产权明确只是价格机制发挥作用的必要条件，但不是充分条件，各种形式的货币政策、贸易壁垒、专利限制、政治对立、文化歧视、身份差别、价格欺诈与政府之手等，都会对价格机制形成重大的影响。产权只是制度设计问题，执行制度还得依赖长期的社会文化与市场道德的自由民主机制建设。

第三节 政府之手

整体价值倍加个体价值，创新价值又倍加整体价值；整体通过协同再造个体价值，个体通过创新再造整体价值；协同要求全要素协调与结构平衡，创新则要求打破旧协调再造新平衡。

以规模协同与质量创新为创造源泉的协新价值才是人类发展的伟大源泉。资本天然具有排他性，知本天然具有共享性，因此，资本驱动的经济大多以剥削为主，而知本驱动的经济大多以和谐为主。市场是买卖双方遵循一定的社会经济制度而建立起来的供求关系，具有一定的时空性、地域性、规则性和交换性，是商品生产、流通、交换、服务、消费的聚合体。比较优势、比较求势、比较权势是市场分工的基础。

一、协新价值双核

协新价值有两大来源：一是分工协作产生的低成本生产的比较优势与有效供给，在规模数量经济中必须遵从边际成本递减规律，这是创造协新价值的内值、内因或内核；二是分配协商产生的高效益需求的比较求势与有效需求，在质量差异经济中必须遵从代际收益递增规律，这是创造协新价值的外值、外因或外核。

分工协作——比较优势——生产增值（内值）

分配协商——比较求势——需求增值（外值）

比较优势分工是创造协新价值的内因，商品生产的协新价值称为内值，比较优势分工是协新价值的内核；比较求势分配是创造协新价值的外因，商品消费的协新价值称为外值，比较求势分配是协新价值的外核。比较优势创造协新价值，比较求势决定协新价值。比较优势是创造协新价值的必要条件，比较求势是创造协新价值的充分条件。

在“需求定价”的买方市场，比较求势是第一位的，比较优势是第二位的，即使一个企业没有低成本生产的比较优势，但只要品牌价值足够高，或找准了潜在需求，那么照样可以有较高的定价权。例如，许多奢侈品的生产效率并不高，甚至故意慢腾腾地推迟生产与推迟发货，照样获得了惊人的利润，所谓“边际成本 = 边际收益”的利润最大化产能条件纯属伪命题。特别是在产能过剩成为常态时，纯粹的成本竞争已走到尽头，需求创新与比较求势才是协新价值的第一推动力。

二、中国农业是计划经济

新中国成立以来，中国农业一直就是计划经济，一直就是政府下达种植计划与收购计划的计划经济。家庭承包责任制不是发挥比较优势，而是发挥比较劣势，是为了降低生产效率以解决就业。

中国农业的生产方式先后经历了四个阶段：从个体小农生产发展到互助组合作社；再发展到人民公社；最后发展到现在的家庭联产承包。

农村最大的生产资料是什么？是土地与农民。但是，土地与农民能自由流动吗？不能！既然土地与农民不能自由流动，又何谈市场经济？所以中国农村一直就是计划经济，土地一直掌握在政府手中，农民实际上只有使用权。

人民公社将土地使用权收归集体所有，农民丧失了对土地的使用权，也没有劳动的自由权，农民既没有时间支配权，也没有劳动成果的分配权，而且农村并没有大量使用机械化，并没有真正基于比较优势的专业分工，无非就是将分散的农民集中起来进行同样低效的简单劳动。比如，一个农民肩挑大粪变成了 100 个农民一起肩挑大粪，而不是由几个农民驾驶着大型运输车送粪，表面上是规模经营，实际上是许多人一起进行同质化的简单劳动，这就是一种伪规模经济，无法实现边际成本递减规律，所以，人民公社是虚的规模经营，并没有基于机械化的专业分工协作，农民的边际生产率并没有提高，原因就在于众多的人民公社之间不存在竞争，效益好的人民公社也无权兼并效益差的人民公社，而且所有的人民公社都无权分配多余粮食或重奖农民，所以人民公社成为了计划经济的大本营。规模经营要使边际生产率大于个体生产率，从而实现边际成本递减，没有边际成本递减，就没有规模经营。

农村实行家庭联产承包，变相把土地再次归还给农民，使农民的劳动对象从为集体劳动再次回归到为家庭劳动，从而提高了农民的积极性，但是，土地仍然不能自由流动，农民也没有农产品的定价权，只有出外打工的自由，家庭承包制唯一的好处是为加工出口企业提供了大量的农村剩余劳动力，大批农民转化成进城的农民工，这种“种田＋打工”的新式农民，并没有改变土地不能流动的属性，农民被土地、户籍和农产品收购价牢牢地“计划”在农村，所以家庭承包制仍然是计划经济，只不过农民增加了一个外出打工的比较优势。土地流转也是一种虚的市场化，因为土地流转需要以较高的价格从农民手中租用土地，而且所得的流转收益也不高。

由于土地不能让农民自由交易，粮价不能由农民自由确定，甚至承包地上种什么，农民也不能自由选择，而是要接受政府的种植计划，这种小农经济是虚市场、实计划，导致各种强大的社会资金无法进入农村进行经济建设，至今农业的机械化大生产的规模效应仍然难以实现，农民仍然是肩挑手提的简单劳动。“新农村计划”就是建一排新房子的农村计划，是新在房子的形式，而不是新在机械化大农业的生产方式上。

家庭承包制就是有计划的小农经济，形式上是市场经济，实际上是计划经济，因为最基本的土地和粮价并不能由市场自由调节，由于土地面积被分割得太小，导致人民公社残存的一点农业人机械也消失得无影无踪，由于土地不能私有化或自由流动，这就导致家庭承包制不仅不能走向规模大生产，反而还成为规模农业的天然克星，所以“家庭承包制”与“土地国有化”是以丧失规模农业或机械农业为代价的，将农民的基本生存收益固定在土地上，以土地作为农民的基本保险，从而实现政治稳定。所以说，中国农村的计划经济有利于政治稳定，却不利于整体经济效益的市场化改革。家庭承包责任制是生产关系决定生产力，而不是生产力决定生产关系。

三、附加值意义

比较优势决定协新价值的绝对值，比较求势决定协新价值的相对值。协新价值这一附加值，是由比较优势生产出来的，却是由比较求势在消费时决定的。

“附加值”有两个含义：一是依附在比较优势上的物质增加值，也称优加值或协新优值；二是依附在比较求势上的精神增加值，也称美加值或协新美值。如果一个竞争者既没有低成本生产的比较优势，也没有高效益需求的比较求势，就不会有附加值或协新价值。

产品或生产力——比较优势——优加值

品牌或生产美——比较求势——美加值

比较优势是协新价值之形，比较求势是协新价值之魂。

现在的大企业主要有两个人数最多的大部门，一个是生产部，主要发挥比较优势在企业内部创造协新价值（附加值），称为协新内值或内加值；另一个是营销部，主要发挥比较求势在外部市场创造协新价值（附加值），称为协新外值或外加值。

注意，产品属于比较优势，而名牌属于比较求势，因为名牌的所有权不是像技术那样属于企业，而是属于广大客户，客户创造名牌的价值，客户决定名牌的价格，因此，名牌是客户需求中产生的比较求势。

在知名的5P营销组合中，产品（product）、价格（price）、客户（people）、促销（promotion）、地点（place），是赢得品牌营销的五大要素。

在5P营销中，顾客作为“以人为本”的对象，是整个营销的中心。地点不仅仅是买卖的场所，更是特定地区文化与法律制度和资源资本的承载体，是决定市场营销最关键的要素。没有基于比较优势、比较求势与比较权势的社会分工，就没有劳动资本化与知本化，所以说，比较优势是商品分工之父，比较求势是商品分工之母，比较权势是商品分工之王。比较优势者与比较劣势者的名言：所谓“劳心者治人，劳力者治于人”，也就是说，脑力劳动者有比较优势或比较权势，体力劳动者有比较劣势但没有比较权势。知识资本或知本成为人类分工的标准。

古今中外，人们总有一个优胜劣汰的偏见，总以为没有比较优势就不能生存，其实这个看法是误区，没有考虑到生活水平的层次差别、自然资源的禀赋差别和标准的多元化差别，其实无论比较优势或比较劣势，无论穷人还是富人，都可以有自己的生存方式，划分优劣的标准从来也不是只有一个。

例如，学问高的人只有在做高级复杂的对口专业工作时才显出比较优势，如果都是做简单体力劳动，高学问反而变成了比较劣势。同一个人，按不同的比较标准，就会有不同的甚至相反的优劣结论。还有，在一个嫉贤妒能或人浮于事的环境中，就是劣币驱逐良币，比较劣势者反而生存得更好，怀才不遇的比较优势者反而备受排挤、打压和诽谤，决定职位升迁的是比较求势与比较权势。比较劣势分工产生任人唯亲，比较优势分工产生任人唯贤。

只能主动创造并且分配协新价值的就是比较优势，只能被动创造并且被分配协新价值的就是比较劣势。

比较优势——主动增值——领导协新价值

比较劣势——被动增值——追随协新价值

商品多样化的背后是竞争力的优劣多元化，竞争能力的比较优势与比较劣势，形成了分工的优势与劣势，也形成了商品增值能力的高低，从而推动了商品经济的繁荣昌盛，因此，基于分工的优劣竞争，是人类市场经济持续发展的内生力与“永动机”。有好市场，才有好商品；商品关系本质上就是市场关系，市场是一个国家最大的经济动力源，而商品就是市场中源源不断的血液，没有商品，市场就成了死海。

四、有效供给——有效需求

自由放任主义者奉行生产力决定生产关系，政府干预主义者奉行生产关系决定生产力。过度自由的唯生产力论，过度干预的唯生产关系论，对于宏观经济运行都是有害的。

17 世纪中叶资本主义生产方式开始逐渐形成的欧洲，古典经济学的经济自由理论——萨伊定律一度流行。英国经济学家亚当·斯密 1776 年出版的《国富论》论述了经济自由主义思想。在他看来，人都是利己的，每个人都追求自己的利益，结果会有效地促进整个社会的利益。对自我利益的追求就像“一只看不见的手”在指导着社会的经济活动，对经济活动的管制是不必要的，也是有害的，应该任由经济主体相互自由竞争。分工的深度取决于市场的宽度，如果市场过小，人们就无法专注一业，而必须生产自己所需要的多种产品。财富的增加和经济的增长取决于分工，分工又取决于市场规模，而市场规模只有在自由竞争、自由放任的环境中才会不断扩大。

斯密的“市场促进分工”的论断被称为斯密定理。

《知本论》认为：斯密定理只强调了市场的作用，是比较片面的，其实分工才是市场的前提，市场分工定理完整的表述是：“分工协作决定市场，市场促进分工协作。”分工是市场之母，协作是市场之父，没有分工协作，何来市场?

以亚当·斯密为主要代表人物的经济学理论在经济思想史上被称为古典经济学，经济自由主义几乎是古典经济学的代名词。法国萨伊提出了“供给会自动创造对自己的需求”的萨伊定律，其实萨伊定律只说了一半，应该倒过来补充下半句“需求也会自动地创造对自己的供给”，1929 年大萧条中出现的产能过剩与高失业率证明了萨伊定律是需要下半句的。

《知本论》认为：萨伊定律的供给自动创造需求有一个前提，那就是供给总是有效的或需求总是无限的，所以萨伊定律应修改成有效供给自动创造需求，有效的供给才能自动创造需求，无效的供给不能自动创造需求，有效供给与有效需求是互为条件的。由于产能过剩，不是所有的供给都能创造需求，如果所有的供给都自动创造需求，那就不存在产能过剩，过剩的产能就是无需求的产能。在信息经济中，由于信息可以无限复制、无限传播、无限裂变，所以信息的供给是无限的，甚至无需边际成本或代际成本，而且客户也能义务参与信息的生产，所以无限供给的信息同样不能自动创造无限的需求，信息经济永远存在信息过剩，因为信息需求也是有限的。

五、凯恩斯的短命兴奋剂

凯恩斯主义是十分肤浅的通胀理论，是一种治标不治本的急救术。

《知本论》认为：凯恩斯的宏观学说有一定的政策性与实践性，其凭空捏造的边际消费倾向递减规律、资本边际效率递减规律、流动偏好规律等三大心理规律是唯心主义的伪命题，因为凯恩斯的《通论》的确是一本逻辑颠倒而且结构杂乱的低劣作品，只是因为迎合了各国政府干预经济危机的短期行为与政治选举周期的需要，才受到了各国政府的重视，正是因为各国政府肆意干预和滥用财政手段与货币超量刺激，不断用超量货币给经济增肥，才导致阻碍市场均衡的肥胖症与败血病没有被及时救治，市场在不断地打强心针和喝兴奋剂之后，反而导致经济危机越来越频繁，并且常常陷入通胀与失业并存的“滞胀”。自由放任机制虽然有缺陷，但政府干预的缺陷与后遗症更大。

《知本论》认为：市场自由调节永远是主导力量，政府强制干预只能是次要的补充手段，市场与政府的主仆关系不能颠倒，自由竞争永远是经济的主人，政府调控永远是经济的仆人。

凯恩斯有意模糊了市场与政府的主仆关系，其赤字财政和寅吃卯粮的通胀思想十分有害。

1933 年初，入主白宫的美国总统罗斯福采取了一系列经济干预政策，以对付经济危机，这就是凯恩斯谬论导演的罗斯福新政，其实罗斯福新政的成功有着十分特殊的历史背景，因为当时欧洲各国正逢战后重建，各国急需资金，而且美国提供的是真金白银。罗斯福新政显示了政府干预经济的强心针作用，凯恩斯理论被暂时捧上了神坛。

六、边际消费倾向递减

凯恩斯的边际消费倾向递减规律是一个伪命题，推动人类生产力不断发展进步的根本动力就是人们的代际消费欲望不断增长。

《知本论》认为：人们的边际消费倾向未必递减或递增，更多的是稳定。例如，吃了一辈子的肉和酒还是要吃的，不可能酒肉递减到不吃了。人们的消费倒是遵从代际效益递增规律，例如，买了自行车，还想买摩托车，买了摩托车还想买小汽车，买了低档小车还想买高档小车，买了车还想买游艇或私人飞机，产品升级换代的代际效益是递增的。凯恩斯所说的边际消费倾向递减规律纯属伪命题，如果真的有边际消费倾向递减规律，为什么无法解释人们对金钱、权力等的无限追爱，凯恩斯恰恰说反了，人们的欲望与生活水平的提高是永无止境的，现实生活中人们是基本遵循代际消费倾向递增规律，人们读小学、中学、大学、硕士与博士，一级比一级的学费更高，这显然都是代际消费倾向递增的。政府干预理论与边际消费倾向的“递减”或“递增”毫无必然联系，只要有经济危机，政府当然要干预，而且经济危机的深刻根源并不在商品供求，而是在于信用与信息的泛滥成灾，政府要解决经济危机不应该从消费入手，产能过剩只是假象，而应从信用改革与信息监管入手才是对症下药。

如果是采用金币与银币等贵金属货币，除了战争、瘟疫、重税与天灾外，只要反腐倡廉且社会和谐，一般不用担心经济危机，因为市场价格机制的供求均衡完全可以自发调节商品生产，中国历代都曾出现过几十年甚至上百年的经济繁荣昌盛，其中金属货币的主导作用限制了信用泛滥成灾。美国尼克松总统 1971 年 8 月 15 日宣布停止承担美元兑换黄金的义务，标志着布雷顿森林体系崩溃，全球经济进入了没有黄金制约的法定纸币时代，从此纸币作为欠条或债务，打开了被黄金死死压制的盖板，国际银行家与超级金融炒家频频操纵信用与信息，利用无比强大的资金优势策划和制造了经济危机，这些与商品的生产和消费毫无直接关系。

七、资本边际效率递减

修一条高速公路或高速铁路，绝不能说前面一公里的投资最值钱，而最后一公里最不值钱，其实，每一公里的投资都是具有同样的边际效率，不存在边际效率递减或边际效率递增。当全国的铁路联网时，每多一条铁路干线与其他支线互联互通，铁路的规模效应就会边际效率递增，根本不存在资本边际效率递减。再如，烧开水，是烧 1 摄氏度水的投资有效率，还是烧 99 摄氏度水的投资更有效率？应该说在 100 摄氏度之前的每一度水的投资效率都是同样重要的。从规模经营的角度看，理论上一节火车后挂的车厢越多就越有效率，电力网和铁路网延伸得越长越密就越有效率，飞机座位越多就越有效率，同一品牌销售的产品越多就越有效率，因此，凯恩斯的资本边际效率递减规律完全违背了规模经济效益的常识。只要资本投在规模效应高或创新效应高的行业上，资本边际效率就不会递减，甚至因为不断创新而导致边际效益与代际效益同时递增。

资本边际效率递减在理论上并不成立，投资在成功的创新产业与新兴市场国家的资本显然呈现出边际效率递增的规律。

《知本论》发现：凡是发行纸币的国家，基本上都是边际币值递减，因为政府印钞的欲望是边际递增的，而且印钞速度总是远远超过经济增速，然而，资本边际效率递减正好成为货币贬值与赤字财政的学术理由，为各国政府滥发钞票找到了一块遮羞布。

资本边际效率递减规律只是在同质竞争的红海市场或夕阳产业中才可能成立，当出现重大的创新优势、新兴市场、自然垄断、技术垄断与品牌垄断时，凯恩斯的资本边际效率递减规律就是伪命题，因为资本效率并不是独立变量，而是要受知本（科技 + 文化 + 制度）效率的决定，以谷歌、微软、脸谱、苹果、三星等为首的一大批科技龙头企业，就证明了只要不断创新，就能实现升级换代的代际收益递增，所以资本边际效率递减规律并不成立，资本并不是能脱离知本与劳动的独立变量，知本的无限扩张必然不断提高规模效益与创新效益，这就决定了资本的边际效率递减大多不成立，只有在货币通胀时才可能成立。例如，某跨国公司投资 10 亿元之后出现了资本边际效率递减，因为资本相对过剩了，但是，在技术人员创造了几个重大发明之后，需要再增加几十亿元才能实现发明的规模化生产，此时，资本又变得相对短缺了，资本边际效率递增了。总之，在企业没有市场创新或供过于求时，资本边际效率递减规律才能起作用，但是，在企业不断创新或市场供不应求时，资本边际效率递增规律就起作用了。总之，不能脱离供求关系与创新需求去空泛地定义边际效率。

假如真的是资本边际效率递减，那么，大公司就没有必要存在了，最好是拆分成众多的小公司。公司为什么存在呢？一是因为公司各部门间的交易费用低于市场交易费用，有助于节约成本；二是公司规模与协同效应和创新效应成正相关，有助于实现升级换代的代际效益递增。公司的结构越庞大，同一公司内部的资源共享和配置成本就会远远低于与公司外部的合作，同一公司内的各要素可以在信息透明、文化协同、制度公平的大平台上实现充分有效的激励机制，实现规模协同效应，能完成单个人无法实现的大创新，才能实现资本边际效率递增。"资本边际效率递增规律"恰恰是任何企业或公司做大做强的根本动力。如果一个企业或一个国家发现资本边际效率递减规律起作用了，那就说明这个企业或国家的协同效益与创新效益陷入了严重的经济危机。

总之，资本效率不是绝对论，而是相对论，因为资本要产生效率，必须要看劳动与知本的相对变化，所以，资本效率恰恰不能只从资本数量中考察，而是要从劳动和知本的相对变量中去考察，凯恩斯脱离劳动变量与知本变量去考察资本变量，只能得出荒唐谬论。

八、流动偏好规律是伪命题

如果你挣的钱越来越多，那么，你是更喜欢买房子、买股票或其他投资呢，还是更喜欢将钱存入银行吃利息呢？

《知本论》发现：人们更喜欢投资，就是借钱贷款也要投资，手上留着大量现金的人毕竟是少数。现在流行刷卡消费、信用卡消费、支票消费或贷款消费，人们为了安全根本就没有流动偏好，毕竟现金带在身上或放在家里太危险，所以，流动偏好规律是一个伪命题。人们手上保留一点现金，不是因为偏好现金，而是因为正常的生活必需，以防止意外事故的发生，其实，人们真正偏好的是钱生钱的投资，不是流动偏好规律，而是赚钱偏好规律。比如，买一套房子，既可以有利息收入，又可以坐等房子升值，相信很多人都偏好房子升值而不是偏好存款保值。特别是在利率波动、汇率浮动、房价飙升、物价上升的信用时代与信息时代，人们基本没有流动性的现金偏好，只有争取低息贷款的投资升值偏好、炒股赚钱偏好或放高利贷偏好。人们最大的偏好不是现金或活期存款，而是固定资产升值与股票升值等投资升值。

凯恩斯的三大经济规律既无统计数字的支持，也不符合人们的生活常识。

《知本论》认为：凯恩斯的三大基本心理规律都很难站住脚，是边际效用论的低级翻版，而且心理规律是微观个体规律，而经济规律主要是宏观集体规律，绝不能将心理规律与经济规律画等号。新古典的边际效用论最大的误区就是混淆了心理学与经济学的重大区别，所谓边际革命是将心理规律移花接木地强行嫁接到经济规律上。

政府干预的成功不是因为符合三大基本心理规律，而是因为政府通过货币扩张刺激投资需求时达到了一石三鸟的目的：一是政府大肆开动印钞机降低了迫在眉睫的融资成本，有利于股市繁荣和竞选成功；二是通货膨胀加速了弱肉强食的财富分配与变相掠夺，有利于淘汰落后产能和贫富分化；三是大量政府项目上马的财政刺激有利于总体需求量上升，有利于粉饰政绩。凯恩斯主义的经济刺激效果是因为透支了未来的信用与消费，虽然短期内确能见效，但长期来看只能让经济陷入高通胀与高失业并存的"滞胀"之中。因此，各国政府为了政治目的和竞选成功，纷纷采用凯恩斯的强心针或兴奋剂，狂发货币不断给经济体增肥和注水，而不顾继任者的难处。

九、“挖坑论”就是通胀论

凯恩斯主义是1929年经济危机的“兴奋剂”，支持政府干预，要求国家采用扩张性的财政政策与货币政策，通过增加需求促进经济增长，实际上是用信识定价强行干预供求定价。凯恩斯打了个比方：请200人挖坑，再请200人填坑，就可以刺激经济；挖坑后还需要埋些钱，再雇人挖出钱来用。

《知本论》认为：凯恩斯的挖坑论就相当于“浪费有理”论或“通胀有理”论，其荒谬的理论前提就是货币本身不是债务，而是债权或财富，而且是可以无限透支的财富，印钞票就等于印财富。凯恩斯主义没有认识到纸币是债务或欠条，并不是已经实现的财富，过分通胀与赤字财政对经济运行造成的长期损害远远大于短期收益。“凯恩斯兴奋剂”往往很容易上瘾，各国为刺激经济，不断借债挖坑，再不断借债填坑，反正只要能实现GDP数字的通胀目标，哪管他引发出高通胀与高失业并存的滞胀。

黑兹利特提出了破窗论或战争论：一个小孩打破了面包店窗户，面包店老板要拿钱安装玻璃，这样，玻璃工人和木匠有活干，玻璃厂和伐木场开工，推动了社会就业。

挖坑成败的关键在于无效坑还是有效坑?

《知本论》认为：无效生产必将导致无效需求，如果这个“坑”或“窗”不能产生协同效应或创新效应，就是无效供求，是不该挖的无效坑；反之，则是有效供求，是可以挖的有效坑。

凯恩斯的错误就在于没有分清无效劳动与有效劳动的本质差别，无效劳动只能创造无效坑与无效需求——浪费性需求；只有促进社会生产力发展并提高资源配置效率的需求才是有效需求，填补有效需求的坑才是有效坑。挖坑并无对错，关键是挖有效坑，还是挖无效坑。挖无效坑是按劳分配，挖有效坑是按效分配。

挖坑之后又填坑，这种不创造经济效益的无效坑却创造了财政支出的信用黑洞，假如政府拿2万亿美元挖坑，再拿2万亿美元填坑，这4万亿美元就相当于用直升机向人群中撒钱，其结果是财政赤字增加并引发通货膨胀。

凯恩斯主义挖的坑是腐败坑、通胀坑、掠夺坑或浪费坑，表面上是为了解决经济危机，实际上是透支政府信用和人民财力，将经济危机向后推延，使资源浪费和无效劳动达到合理化。

由于美联储是美国的私有中央银行，并不是全体美国人民的公有银行，所以，凯恩斯的挖坑论显然是美联储将美元与国债锁死，进而剥削美国人民未来税收的阴谋论，美联储每天都在挖坑埋美元，这个“坑”就是美国不断疯涨的国债坑。美国国债的无限上涨，就是对凯恩斯主义的无情讽刺。

早期的重商主义者，曾一度认为国际贸易就是赚取黄金和白银，将金银的货币功能当成了商品功能，后来荷兰、西班牙和葡萄牙等西方殖民者掠夺了大量的金银，导致金银太多而出现货币贬值，物价飞涨，终于让殖民者明白金银货币太多并不能取代稀缺商品，货币只是手段，不是目的，后来殖民者的重心转向掠夺稀缺商品。

凯恩斯主义的错误也与早期重商主义者一样，误以为货币就是具有使用价值的商品，误以为印钞机与发动机是一回事，印钱就是生产商品，如果真是这样，美国就不用生产商品了，天天开动印钞机给全世界发放美元就行了。

《知本论》认为：价值定义应修改为：价值是凝结在商品中的有效劳动，凝聚在商品中的无效劳动不仅不产生价值，反而还浪费和扼杀了劳动价值。所以说，价值是凝结在商品中的无差别的人类劳动，这是马克思的价值定义，只适用于供不应求的卖方市场或计划经济，在当代普遍产能过剩的买方市场，不是所有的劳动都能产生价值，无效劳动就不产生价值，低效劳动也只能产生小部分价值，高效劳动才能产生大部分价值，100%满足需求的劳动才能全部产生价值，从哲学高度看，价值就是凝聚在商品中的有效劳动，如果再考虑经济的外部性，也可以说价值是推动社会经济发展的有效劳动。人们必须承认智力劳动与体力劳动、无效劳动与有效劳动等基本的差别性劳动。

十、反对凯恩斯的三大学派

（1）货币主义学派的稳定论。

以弗里德曼为主要代表的现代货币主义认为利率是难以控制的，增加货币供给量，起初可能会使利率降低，但利率的降低会带来市场对货币的需求增加，并最终导致利率的提高。人们的货币需求是相当稳定的，如果货币供给量因受中央银行的错误政策操纵而在短期内剧烈变化，便会影响经济体系的稳定，所以，政府的经济干预是有害的。长期实行凯恩斯主义导致许多国家出现了政府干预的后遗症——“滞胀”，即高通胀与高失业同时并存的正相关（菲利普斯曲线是通胀率与失业率成负相关），通货膨胀意味着总需求相对过大（供不应求），而失业则意味着总需求相对不足（供过于求），这是传统的凯恩斯主义所无法解释的。政府的干预造成了过度需求（供不应求），带来了通货膨胀，而政府干预却又不能真正解决总需求的不足（供过于求）。政府就必须稳定货币供给量的增长，把控制货币供给量作为唯一的政策工具，使货币供给的年增长率长期地固定在同预期的经济增长率基本一致的水平。除此之外，政府不应再干预经济体系。减税等政策并不能达到刺激消费需求的目的，政府为对付通胀而采取的增税等政策也是无效的。

（2）理性预期学派的自由论。

20世纪70年代，从现代货币主义学派中分离出理性预期学派。该学派反对政府干预，比现代货币主义更为激进地强调经济自由。根据理性预期理论，经济活动主体对任何经济变动和政策变动做出理性预期，会提前采取防范性措施。如社会上失业情况较严重时，人们依据政府连续一贯的政策规则和政策动向，预期政府会采取扩张性货币政策从而带来通货膨胀和实际工资降低时，就会及时甚至预先要求提高货币工资。扩张性货币政策实施后，企业看到实际工资并未降低，也就不会增加雇佣劳动力，所以，政府的扩张性货币政策不会使失业率下降，只会使物价水平不断提高。理性预期将使政府的经济干预政策变为无效，就像中国调控房价，越调越涨一样，因为人们相信政府也需要高房价，高房价对土地财政是很有利的，因此，政府干预往往有害于经济健康。美国经济学家普雷斯科特和挪威经济学家芬恩·基德兰德（均为2004年度诺贝尔经济学奖得主）共同提出了实际经济周期理论，认为经济波动源于各种客观因素，如技术进步、新产业的崛起、经济政策、自然灾害、贸易条件变化等。经济波动是经济活动主体对经济因素变化的合理反应，就如同人身体的排汗是对气温变化的反应一样正常，因此，政府不必采取宏观调控政策去应对经济波动。

（3）供给学派的减税论。

20世纪70年代后期形成的供给学派认为：凯恩斯主义仅仅强调对总需求的调节和管理，但美国当时的问题主要来自总供给方面，即来自总供给的不足，来自生产体系缺乏活力。当总需求大于总供给时（供不应求），不能总是去压缩总需求，而更应该提高总供给，以实现总需求和总供给的平衡。美国当时的总供给之所以不足，一是税率太高，二是政府管制过多（目前中国经济也有这种状况）。高税率严重挫伤了人们的劳动热情和企业的生产积极性，凯恩斯主义的干预理念造成了政府职能的扩大和政府部门的膨胀，这又增加了政府对高税收的依赖，同时也强化了政府对经济的过度干预，使经济体系缺乏活力，所以，供给学派主张大幅度减税，裁减政府支出和政府部门，减少政府干预，让经济在自由竞争的环境中恢复活力。

新凯恩斯主义的价格黏性：在现代货币主义、理性预期学派和供给学派的强大冲击下，1980年前后创立新凯恩斯主义的斯蒂格利茨、菲尔普斯、曼昆、罗默等人粉墨登场，主要是基于工资黏性和价格黏性展开分析。新凯恩斯主义假定现实社会的名义工资和产品价格呈黏性，即名义工资和产品价格是可以调整的，但是调整速度十分缓慢，调整过程很长。就工资而言，一个经济社会中各个企业的劳动工资合同不可能是同时签订的，也不可能是同时到期的，而是具有分批到期的特性，这便使工资具有黏性，即相对于价格水平的变化，名义工资的变动缓慢、迟钝。全社会的工资平均上升幅度低于物价上升幅度。劳动合同分批到期的批数越多，工资变动的幅度就越是小于物价变动的幅度，即工资呈现黏性。实施扩张性的货币政策并导致物价水平上升后，那些合同未到期的工人的名义工资不会相应地提高，从而实际工资会下降，企业便具有增雇工人、扩大产量的动力，因此，一味地排斥政府的经济干预是不正确的。价格黏性同样说明市场调节的局限性，从失衡状态回复到均衡状态要经历一个长期的适应过程，政府干预是必要的。2008年的金融危机以来，经济自由与经济干预这两种路线之争引人关注，过度自由或者过度干预对于宏观经济运行都是有害的，这两种路线也出现了折中与兼容的大趋势。

十一、拉弗曲线（Laffer Curve）

美国供给学派经济学家拉弗知名度颇高，以其拉弗曲线而著称于世，并当上了里根总统的经济顾问，为里根政府推行减税政策出谋划策，主张以大幅度减税来刺激供给从而刺激经济活动。

拉弗曲线的基本含义是，税收并不是随着税率的增高在增高，当税率高过一定点位后，税收的总额不仅不会增加，反而还会下降，因为决定税收的因素，不仅要看税率的高低，还要看课税的基础——经济主体收入的大小。过高的税率会削弱经济主体的经济活动积极性，因为税率过高企业可能微利甚至无利，企业便会心灰意冷，纷纷缩减生产，使企业收入降低，从而削减了课税的基础，使税源萎缩，最终导致税收总额减少。当税收达到100%时，就会造成无人愿意投资和工作，政府税收也将降为零。

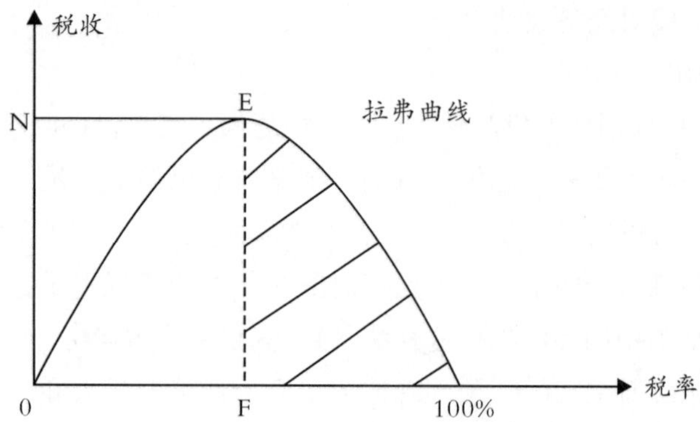

拉弗曲线表明了税收与税率之间的关系：当税率为零时，税收自然也为零；而当税率上升时，税收也逐渐增加；当税率增加到一点位 F 时，税收额达到抛物线的顶点 E，这是最佳税率 F，如再提高税率，超过 F 点后的税收额将会减少。拉弗 1974 年为了说服当时福特总统的白宫助理切尼，使其明白只有通过减税才能让美国摆脱滞胀的困境，即兴在宴会的餐巾纸上画一条抛物线——拉弗曲线（被戏称为餐桌曲线）以此描绘高税率的弊端，餐桌曲线得到同来赴宴的《华尔街日报》副主编贾德·万尼斯基的极大赞赏，他利用记者身份在报纸上大肆宣传，很快减税主张便博得社会各界的认同，最终被里根政府所采纳，拉弗曲线享誉全球。在 1980 年的总统竞选中，里根将拉弗所提出的拉弗曲线理论作为里根经济复兴计划的重要理论之一，并以此提出一套以减少税收、减少政府开支为主要内容的经济纲领。里根执政后，其减税的幅度，在美国的历史上实为罕见，经济增长也出现当时少有的景气，可以说拉弗曲线理论立下了汗马功劳。

里根对拉弗曲线有切身体会，20 世纪 40 年代里根还是演员时，他在每年完成 4 部电影后便不再工作而选择度假，因为继续工作所得收入的绝大部分将用于交税。当 1981 年里根入主白宫后，他实施了美国历史上最大规模的减税。到 20 世纪 70 年代，服用凯恩斯主义药方的国家纷纷得了相同的后遗症：滞胀，即经济停滞（失业增加）与通货膨胀并存。如何医治滞胀这个恶疾，便成为现代西方经济学家研究的重点。

第四节 平衡假设

人类还没有完全彻底的公有制，也没有完全彻底的私有制，人类一直是“公私兼容”的混合所有制——公私制。生产要素的存量“剥削”必然追求剩余价值与私有制，生产要素的增量分享必然追求协新价值与公有制。在创造剩余价值时，工人只是机器的一部分，是能说话的工具，是被动协同，被动创新，因此，剩余价值本质上是被动价值，工人成为资本的“奴隶”。反之，在创造协新价值时，工人是主动协同，主动创新，工人不只是机器的“奴隶”，工人也同样是机器的主人。因此，协新价值本质上是主动价值，工人与资本是平等协作的关系。

剩余价值——被动价值——存量掠夺——劳资冲突

协新价值——主动价值——增量分享——劳资和谐

从工人的态度就能一目了然地划分两种价值的界限。当工人冷若冰霜，从不提合理化建议，并对机器和企业家充满痛恨时，这就是剩余价值型的工人，这是激励机制与管理文化的大败局。反之，当工人热情洋溢，经常提合理化建议，并对机器和企业家充满热爱时，这就是协新价值型的工人。从工人的表情就能看出企业的所有制差别：多数工人冷若冰霜的企业，大多是榨取剩余价值的私有制，反之，多数工人热情洋溢的企业，大多是分享协新价值的公有制。

有报告称：2001—2008 年，国有企业少支付利息 2.8469 万亿元，少交地租 3 万多亿元，少交资源租 5000 多亿元，亏损补贴 1198 亿元，总计 6.4767 万亿元，远大于 4 万多亿元的企业利润总额，而最终上缴国家的 6% 利润，95% 都回流到了国有企业本身。不管名义上是公有还是私有，本质上都是个人管理和个人支配的私营制。私有制下，是无数的主体在分散化地占有和支配资源；公有制下，则只能有一个主体来占有和支配资源，这个主体名义上是国家，代理人是政府，而实际支配人是个人。可见，国有企业改革应该是强化全员投票与工会监督的民主制。

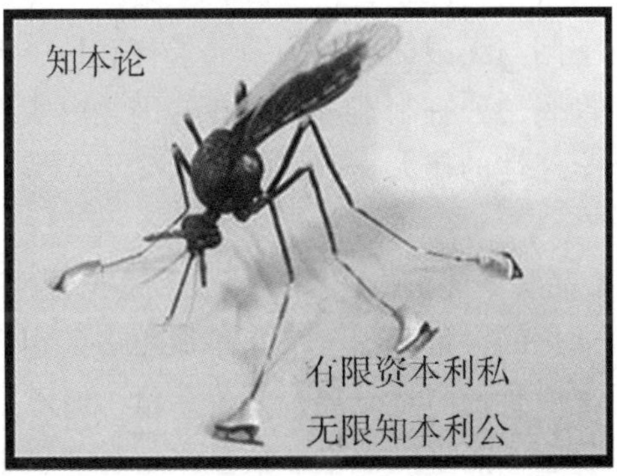

公有制是民主制之体，民主制是公有制之魂，民主制有时也称为政治公有制，公有制与民主制是人类的成就，公有制与民主制合则两利，分则两害，公有制国有企业的一

切问题归根到底是民主问题。

《知本论》认为：目前公有制的用人机制客观上远离了民主任免制，国企职工无权投票选举班组长，班组长无权投票选举车间主任，全体员工无权投票选举董事长与总经理，工会也无权罢免不称职的国有企业领导人，由于权力不是从下而上的全员选举，反而是从上而下的委托任命，因此，国有企业一定要改变用人机制。

低成本战略总会倾向于剩余价值的掠夺，这是红海市场的有限竞争论，反之，高效益战略总会倾向于协新价值的创造，这是蓝海市场的无限竞争论。国有企业是介于红海与蓝海之间的银海市场，有很强的垄断性，但也参与较强的市场竞争，国有企业经营不好的也会破产倒闭。国有企业的工资待遇远高于民营企业，但创新文化与创新制度都有问题，所以，国有企业既不是低成本竞争，也不是高效益竞争，而是介于两者之间的行政性市场经济。中国经济显然不奉行古典经济学的自由放任论，而是奉行类似凯恩斯的政府干预论。

低成本驱动——剩余价值竞争——克扣工资

高效益驱动——协新价值竞争——激励工资

穷国参加国际竞争有两个阶段：

一是脱贫的小康阶段，穷国必须利用低工资与低价资源的比较劣势，这是低成本驱动或剩余价值竞争的血泪阶段，虽然这种竞争很低级很血腥，但这是在没有技术优势时的无奈选择。

二是致富的发达阶段，发展中国家要从小康到大富，不能永远止步于低成本与剩余价值的低级竞争，而是必须在全球实现资源协同与要素创新，在全球寻找协新价值。

剩余价值主导的私有制可以是局限于一国资源的国内竞争，而协新价值主导的公有制必须是全球协同与全球创新，所以协新价值天生就是国际竞争，公有制天然就有全球使命，大国与强国天然就有义务携手众多小国共同走上公有制道路，因为狭小的国家边界与市场边界是与公有制的天性不相容的，公有制和民主制是硕果，真正彻底的公有制与民主制必须是全球性的制度，也必然伴随着家庭小私有制与国家大私有制而逐步消亡。由于知本的无限扩散是协新价值的原动力，因此，无限知本决定了协新价值超越时空的无限性。知本无限的生存空间与无限的增值力，要求打破种族界限、宗教界限、户籍界限与国家界限，因为真正彻底的公有制不可能只在一国之内实现，所以共产主义不可能局限于一国之内，一定是全球性的伟大文明。共产主义是人类的普世价值，是依托于无限知本的普世价值。

《知本论》发现：高端品牌不迷信供求平衡，大多是先通过市场调查与品牌战略选择信识定级，再通过定级合理化的大量营销推广来争取更多的客户，先定级，后定量的本质就是先定价，后定量，本质是价与量分离，先价后量，而不是价与量同步变化。信识定级的本质就是市场定位，这不能用供求平衡模型来解释。供求平衡模型最致命的失败就是忽视了信用与信息对价格的决定性影响，货币供给和信息选择，能直接影响均衡点，均衡价格并不是完全由供求之间的相对数量来决定的。

在信用信息时代，信用评级与信息好坏完全可以左右供求关系对价格的影响，预期经济理论就证明了预期或见识对于价格的影响，信识升级时，可以实现量价齐涨；信识降级时，可以实现量价齐跌，所以信识评级比供求平衡更有效。相对稀缺未必一定导致涨价，相对过剩也未必一定导致降价，信识等级能极大地左右供求关系，或者说商品的投资性能极大地调控其消费性。从现实经济的大量新闻报道可知：创新产品在初期很受欢迎，价格很高，但产能太小，这时的确存在供不应求的短缺现象，但很快就有大量对手跟进，因短缺而涨价的例子实在太少，因为短缺总是昙花一现的。商品的供求平衡其实都是不对称平衡，都是假定信识等级（信用、信息与知识的等级）不变的条件下的模拟平衡，信识等级可以打破价格与数量反向变动的供求规律，信识升级时可实现价量齐涨，信识降价时可实现价量齐跌。

供求平衡是价格与数量的反向变动，信识评级是价格与数量的同向变动，这正反两种力量同时在决定市场价格。例如，某商品供过于求时价格面临下跌，但如果此时通货膨胀或信息预期乐观，价格就不一定下跌，也可能上涨；在供不应求时价格面临上涨，但如果此时通货紧缩或信息预期悲观，价格就不一定上涨，也可能下跌。分析价格变动，既要看供求关系，更要看信识关系，21 世纪各国都有纸币扩张的强烈冲动，纸币贬值将是大势所趋，影响价格的主要是货币发行，其次才是供求变化。一味强调供求定价，不顾信识评级，往往得出错误的结论。否认信识定价，就是否认货币政策与市场营销，否认了价格就是对位效益，对位就是定位或信识定级。

信识评级直接影响价格，供求平衡间接影响价格，说明商品的货币性（投资性）比消费性更能影响价格。在纸币时代，人们总以为纸币才是货币，其实，任何商品只要成为投资或投机的对象，就会变成货币，例如：股票、黄金、房地产，是人们投机炒作的三大热门商品，本质上就变成了三大辅助性货币。21 世纪的货币变成了“1 + 3”的格局，以纸币为货币核心，以股票、黄金和房产为货币中心，其他商品都是以这四大货币体系为参照物进行定价。除了货币通胀外，股票、黄金和房产的涨价，也会极大地带动其他商品的普遍性涨价，反之亦然。人们买房子不一定是为了居住，也可能是投资或投机，房地产供过于求时，如果炒房力度够大，也可能不降反升；房地产供不应求时，如果炒房者纷纷撤离，也可能不升反降。

定价存在双轨制，一是供求定价之轨，二是信识定级之轨。

供求定理有三个默认或公认的平衡假设：

一是完全竞争假设。假设市场是完全自由平等的竞争，不存在垄断或人为操纵，而且信息完全透明，各种要素都能完全参与竞争，不存在交易费用，这种假设是很难成立的，现实中的竞争是既不充分，也不透明。现实中的竞争大多是处于过剩区，企业的品牌营销与广告促销都是因为企业身处过剩区，处于短缺区的企业根本不需要广告促销。

二是完全调价假设。假设供过于求时必然降价，供不应求时必然涨价，这其实也是想当然的。现实中，供过于求时，企业常常更愿意通过减少产量来稳定价格，降价并不是唯一的选择，特别是在边际利润趋于零时，企业不一定会选择降价来扩大产量；在供不应求时，企业更不愿意轻言涨价而失去市场份额，往往会趁机扩大产能，因为竞争对手会蜂拥而入，会很快扩大产销量。

三是完全产能假设。进入21世纪，人们发现除了农产品和极少数确有独特创新的工业品之外，几乎99%的工业产品产能都是处于产能过剩状态，大机器加流水线和自动化，将人类的产能提高到了前所未有的高度，可以说产能过剩并不是经济危机的原因，而是经济危机的苦果，这也是当代机器化大生产的常态。只有产能过剩才能让工农业人口不断向服务业和科技业大规模转移，以美国农业为例，2%的农民利用大机械生产养活了100%的美国人还要大量出口农产品，美国农业的产能过剩从来就没有引发美国农业的经济危机，可以说，任何一个产业都必将走向产能过剩，产能过剩是技术创新的内在动力，反之，如果没有产能过剩，总是供不应求，那企业还有必要技术创新和广告营销吗？

《知本论》认为：产能过剩者大多数都不想通过降价来寻求平衡，因为长期降价等于信识降级的合理化，会使产品信识或品牌地位陷入降级合理化陷阱，这会摧毁企业的品牌形象。企业大多会通过以销定产的订单生产来平衡，并不是先大规模生产出来再去找客户，而是客户来了订单再按订单生产，因此，大约99%的产能利用都是部分的和不完全的，几乎很难发现有企业能长期满负荷地完全按产能去生产，绝大多数的产能都是处于部分闲置或变相过剩状态，能全年完成70%的产能就是很杰出的企业了。按订单定产本质上就是掩盖了产能过剩，因为订单的数量总是远远低于最大产能量。供求平衡实际上都变成了看菜吃饭式的以销定产，是需求方对供给方的主动平衡，而供给方几乎总是处于被动平衡，这种虚拟平衡大多是在供过于求的过剩状态下进行的平衡假设，是名为供求平衡，实为部分过剩。由于竞争不完全、调价不完全和产能不完全，所以，即使不考虑信识失衡，供求平衡在现实中也是极少成立的。

旧比较优势论是强调低成本生产或低成本制造，而《知本论》的新比较优势论是强调高利润生产或高利润创造。市场的价格机制天然就是自由平等机制，政府的政策法律天然就是强制性的等级机制，市场是跨国界的，但土地、人才与政策是有国界的。金钱借助利率和汇率可在全世界自由流动，但政府权力和一般劳动力不能自由流动，一国官员不能管理他国事务，但一国的钱可以购买他国的劳动。金钱流动的边际成本很低，但权力流动的边际成本很高；金钱升级的代际成本较低，但权力升级的代际成本较高。边际是增加一单位的数量扩张，比较优势和边际成本递减是规模协同的必要条件，而代际是增加一单位新技术、新设计、新创意的质量扩张，比较求势和代际收益递增是差异创新的内在要求。市场通过价格与金钱可以充分体现自由竞争与平等合作，因为金钱是没有表情而只有数字的，但是，权力有深刻丰富的表情，有无法言说的神奇魔力，权钱交易是资源配置的地下管道。权力奉行的是强盗逻辑，而金钱奉行的是市场逻辑。权力是刚性调节，市场是弹性调节；权力是上下调节，市场是水平调节；权力讲资源平衡，市场讲资源平等；权力讲自觉，市场讲自由；权力证明身份，市场证明身价；权力是向上方配置利益，而市场是向任意一个方向都能配置利益；权力是定向地往上流，而市场是不定向地往每个地方流！因此，市场调节是高效公平的多方向调节工具。

行政权力有地域性、等级性与强制性，金钱没有地域性、等级性与强制性，金钱可以向任何一个方向流动或向任何一个阶层流动，金钱天生就具有公平性，起码给了每一个人在市场中看得见的发财机会，任何人通过个人奋斗不一定能成为小官，但一定可以多赚一点小钱，所以，勤俭一定能小康或致富，但勤俭不一定能当个小官或升大官。纸币上只有数字，没有上下等级，但权力上面不仅有数字，更有上下等级。总之，市场机制比政策机制更能实现资源的最优配置，也更公平，更自由，市场制度是人类经济不断进步的原动力与“永动机”！什么是取之不尽的聚宝盆？自由平等的市场机制和民主制度就是聚宝盆。

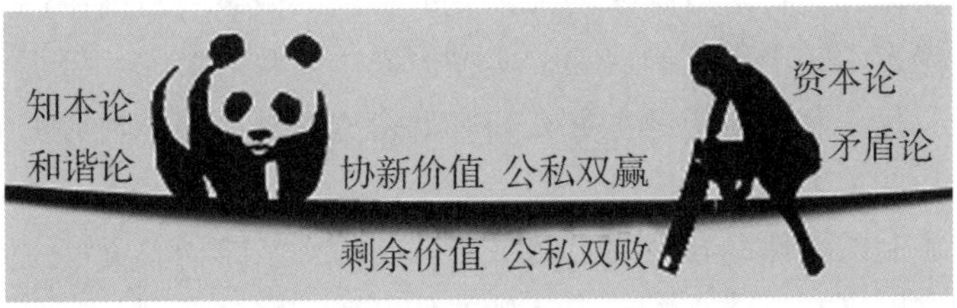

公有制的三大缺位——民主分享缺位、民主决策缺位与民主监督缺位。从法律归属上看，公有制的绝对产权是很明晰的，但从经营收益上看，公有制的相对产权是很模糊的，关键就在于公有制丧失了民主制之魂，而国有企业私有化并不等于民主制。国有企业改革的出路绝不是私有化，私有化只能让既得利益者腐败合法化，国有企业的唯一出路就是民主化，由员工自己竞选总经理、财务总监、工会主任与董事长，由全体员工投票，而且每届任期只有一年。

私有制的灵魂是剩余价值和垄断制，公有制的灵魂是协新价值和民主制，可以说，公有制 = 民主制，可是在民主机制的建设上，公有制经济反而形成了内部专制的温床，任人唯亲，腐败和垄断成为世界各国公有制经济的生死命门，因此，公有制本身没有问题，但能否真正让公有制结合民主制才是大问题。公有制是人类文明的最大值，民主制是人类文明的最优化。民主制是公有制的灵魂，政府任命是公有制的癌症，全员选举才是唯一出路。

企业是一种特殊的法人或公民，公民就是公有制的人民，也是“公有制 + 民主制”的意思。在理论上，“公”与“民”似乎是等价或同义的，但一涉及具体的某个穷苦百姓的投诉，就变成了以公压民或公贵民贱，当然，在严抓反腐倡廉后，“公”与“民”的关系得到了极大的改善，领导干部的公民意识大大提高，“公”与“民”出现了等价的趋势，强化了中国民主制的进程。

只有民主制才能确保公有制，没有民主制，公有制就成了无源之水。没有民主制，所有的公有制都可以变成事实上的私营制或私有制。有趣的是，股票机制这一市场创新，意外地实现了公有制与私有制的殊途同归，股份制作为公有制与私有制的连接纽带和融合形式，充分说明公有制本身是强大的制度，关键是要改革那种由政府官员指定中高层的错误用人机制，公有制的出路就在于由下而上的逐级选举，没有全员民主选举，何来全员民主监督。当然，不是那种事先圈定名单的所谓“选举”。

警惕那些肆意攻击公有制的先天优势，鼓吹国退民进，无形中帮助美欧私有金融巨头侵吞中国改革开放成果的人和事，还有就是利用美元和欧元的核心地位和贸易大棒政策肆意操纵人民币汇率与中国商品的国际定价权，操纵汇率和利率来掠夺中国人民劳动成果的人和事。总之，公有制和民主制是保卫中国改革开放成果的两大支柱。

目前，全球的私有化浪潮是由美欧超级银行家与金融家主导的，他们打着私有化幌子，目的是要大量鲸吞受助国的核心产业与战略产业，进而控制受助国的经济命脉，将落后国家变成自己的经济殖民地与金融殖民地，为此，他们肆无忌惮地诋毁公有制的天然优势，瞒天过海地鼓吹私有制的市场优势，目的就是要通过操纵私有化改革，趁机掌控落后国家的经济命脉，将落后国家的人民变成自己的奴隶。目前中国生产的一些产品出现了被美欧金融资本暗中操纵的局面，实在值得中国政府警惕，警惕人民币成为国际资本下一个操纵目标，警惕新帝国主义在知本低密型商品中强榨血腥的剩余价值，在知本高密型商品中巧取美妙的协新价值。

公有制是民主制的天然基石，民主制是公有制的必然路径。资本主义强国以私有化来盗取他国的公共财富时，建立了一个巧妙的伪命题：将公有制与产权不清挂钩，将私有制与产权明晰挂钩，这个双挂钩就像布雷顿森林体系的美元与黄金挂钩，他国货币又与美元挂钩。其实这就是资本主义的炸弹。

第五章

经济道德

剩余价值为什么缺德？因为剩余价值是克扣工资的附减值，阻碍了科技进步与劳资和谐，不能真正促进经济的持续增值，工人应得工资的减少，降低了需求总量，相对加剧了产能过剩。总之，当应得工资转化为剩余价值时，必然导致总需求下降与产能过剩，从而出现经济危机，榨取剩余价值的私有制生产方式才是经济危机的根源。

应得工资——剩余价值——经济危机——产能过剩

协同效益是整体倍加个体的量变，创新效益是个体倍加整体的质变。不公平往往源于不对称，如资金实力不对称、信息不对称、知识不对称等都是不公平的根源。各种国际竞争规则表面上是公平的，但由于信用不对称、信息不对称与知识不对称，国际自由贸易规则大多成了弱肉强食的遮羞布。

一、私有制导致经济危机

许多西方经济学家总是认为公有制或国有企业是经济危机根源，其实，恰恰相反，真正导致经济危机的总根源是榨取剩余价值的私有制。

马克思认为：社会化大生产与生产资料私人占有制之间的矛盾导致了经济危机，这是一个伟大的预言，但需要进一步说明：一是社会化大生产要求国家和政府直接掌握金融制度与货币发行，然而资本主义国家的金融由私有银行控制，这是危机的信用缺陷；二是社会化大生产要求由国家统一掌握、发布、监控供求信息，然而资本主义竞争者相互进行信息封锁，甚至相互进行信息战争；三是资本主义有一大批著名经济学家与教材，他们利用知识刻意为代言集团说话，具有很大的欺骗性。总之，信用、信息与知识这三大信识工具，成为了私有制损人利己的合法工具，造成了信用失衡、信息失真、知识失效，这在私有制自由竞争下是无法解决的。

社会化大生产与生产资料私人占有制之间的矛盾，这句话还需要与时俱进地修正一下，因为私人占有生产资料并不一定导致经济危机，但私人占有市场信用与市场信息达到一定程度就能爆发经济危机，哪个行业投资多，生产资料就多，反之，哪个行业投资少，生产资料就少。投资又是受什么指导呢？投资者一要考虑资金信用，二要考虑市场信息，三要考虑团队的知识水平，生产资料的投资是受信识私人操纵决定的，即受信识私纵化决定。因此，资本主义基本矛盾在经济上表现为生产社会化与信识私纵化之间的矛盾，在政治上表现为自由民主与信识失衡的矛盾。在信用信息时代，资本主义基本矛盾与经济危机的根源不是在生产资料或生产环节，而是在信用结构失衡与信息传播失真环节。

二、生产方式决定所有制

协新价值是提高工资与利润的附加值，促进了科技进步、劳资和谐与社会效益，所以创享协新价值的生产方式就是公有制，公有制一定代表附加值，而私有制一定代表附减值。消极的员工创造剩余价值，损人不利己，积极的员工创造协新价值，利人也利己；劳资对立时创造剩余价值，劳资和谐时创造协新价值。剩余价值第一步是让工人变得剩余，失业率提高；第二步是让资本家也变得剩余，企业破产倒闭。产能过剩的本质就是价值过剩，过剩产能就是剩余价值惹的祸。从深层次讲，过剩产能是因为劳资长期对立，缺乏集体协同与创新效应，导致商品缺乏竞争力，是剩余价值方式经营的私有制败局。决定所有制的不是生产资料，而是生产方式。

剩余价值——附减值——私有制

协新价值——附加值——公有制

过剩产能是形式，剩余价值是本质，从剩余价值到过剩产能，是通过信识失衡起作用的。剩余价值的血汗经营总要以过剩产能的方式表现出来。产能过剩表面上是对投资失误的惩罚，实际上是对劳资对立的惩罚，也就是对剩余价值的惩罚，产能过剩实质上是剩余价值过剩，是对资本家与私有制的惩罚，所以不能从生产资料来定义私有制，而应该从生产方式来定义私有制，也就是将榨取剩余价值的生产方式定义为私有制，这样才能实现资本家、剩余价值与私有制这三个核心概念在逻辑推理上的科学一致。

三、经济危机有周期性吗

经济危机是完全可以避免的人祸，并不是什么自然规律或生物规律，更不存在什么必然性或周期性。

《知本论》认为：国际上流行的危机论都没有多大意义，纯属学者闭门造车，经济危机并没有周期性，更不是因为产能过剩或需求不足，而是因为政治选举周期需要超级财团操纵经济沉浮。社会主义基本矛盾是腐败与公平的矛盾，即“权”的矛盾，而资本主义基本矛盾是信识失衡与自由民主的矛盾，即“钱”的矛盾，只要各国政府都用好“权”并管好“钱”，就不会有经济危机。在货币通胀时，纸币本质上是劣币或假钱，而且这种劣币还能形成巨额的国债或债务泡沫，这就使纸币经常呈现出边际币值递减规律，从而使纸币成为贬值尺度，丧失了等价尺度的基本功能，价值尺度的丧失导致社会资源分配的价格失灵，即作为交易媒介的价值尺度与作为效率工具的增值尺度的内在矛盾构成了纸币悖论。

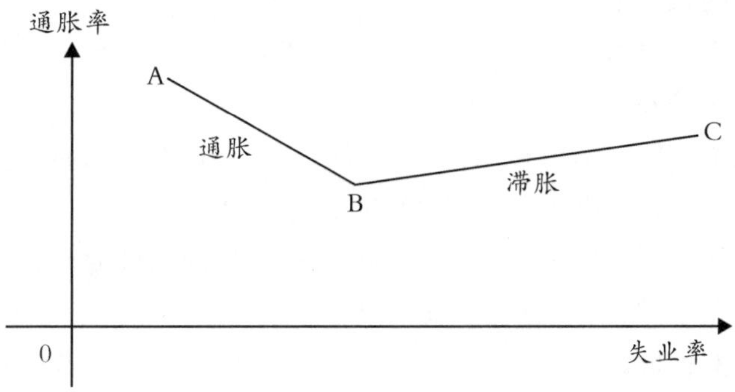

《知本论》图示

如图，在通胀阶段，失业率较低，通胀率与失业率成负相关，也就是说 A 点是高通胀而低失业率，B 点是低通胀而高失业率，AB 能说明的是短期菲利普斯曲线，但是，货币刺激不是永远有效，一旦反复刺激到经济产生了“抗药性”，就会进入高通胀与高失业并存的滞胀阶段，此时通胀率与失业率会转为 BC 滞胀曲线的“正相关”，增发的钱越多，人们就越不投资，也越不消费，产能过剩就越严重，失业率就会越高，此时政府对高通胀和高失业并存的滞胀就毫无办法了，只有坐等市场价格机制慢慢发生自我调节的作用了，所以说，凯恩斯主义本质上就是饮鸩止渴的危机操纵主义。国际金融财团操纵信用与信息就能频频制造经济危机，凯恩斯主义是经济危机的幕后力量。凯恩斯主义实际上是一种后计划经济理论。

第一节　公私互利

榨取剩余价值的劳资关系是缺德的私有制，创享协新价值的劳资关系是美德的公有制。无论生产资料的来源是国家或个人，只要劳动成果被极少数人掠夺就是私有制，反之，只要劳动成果被广大民众分享就是公有制。如果国有企业的经营成果只是有利于极少数几个人，那就是挂着国有企业牌子的私有制；如果国有企业的经营成果有利于社会经济效率的提高并受到广大民众赞美，那才是名副其实的公有制，从这一点上看垄断与腐败是公有制的天敌。如果私营企业的利润都被投资者霸占，那就是名副其实的私有制；如果私营企业的利润大多被用来涨工资，那就是挂着私企牌子的公有制。公有制与私有制的本质区别，其实不在生产资料或生产环节，而在于生产方式与分配机制。人类有绝对的私有财产（私有值），但只有相对的私有制；人类有绝对的公有财产（公有值），但只有相对的公有制。例如，鲁宾孙漂流到一个只有他一个人的孤岛，岛上的财产都是他个人绝对的私有财产，但没有法律，没有私有制，也没有公有制。又如公海的鱼，是绝对的公有财产，谁都可以去捕，谁捕到后公有的鱼就变成了私有的鱼，但公海没有私有制。

公有制是积分的私有制，私有制是微分的公有制；

公有制是长期的私有制，私有制是短期的公有制；

公有制是宏观的私有制，私有制是微观的公有制。

合格的劳资关系是协新价值关系，不合格的劳资关系是剩余价值关系。不合格资本家“剥削”员工，不合格员工“剥削”资本家。

大私无公是只讲个体，不讲整体，只讲短期，不讲长期的私有制。反之，大公无私是只讲整体，不讲个体，只讲长期，不讲短期的公有制。

道德文化通过导引需求来决定生产力，明星与名牌的超额溢价就源于道德文化。资本主义的基本矛盾在于“钱”，社会主义的基本矛盾在于“权”。市场经济与计划经济，是人类发展经济的两种最典型的模式，在计划经济的国家，如前苏联和改革开放前的中国，视市场经济为剥削经济或缺德经济，视赚钱为剥削，反之，在欧美等市场经济国家，视计划经济为专制祸水或人权克星，计划经济体与市场经济体似乎存在深不可测的道德界限。总之，市场经济是高效率的经济，因为市场能将效率与公平发挥到最佳状态，反之，计划经济由于低效率，难以实现民富国强的道德目标。竞争是最好的合作与监督，特权是最坏的垄断与腐败。权力和等级不能反腐，竞争与民主才能反腐。自由竞争与自由贸易是世界强国的共同成功之路，计划经济与垄断资本都是排斥竞争自由的，造成社会经济资源的巨大浪费与低效，计划与垄断从体制上造成了不平等，这种体制性腐败和制度性不公，会摧残人们的道德自觉。

剩余价值是附减值，必然边际效益递减，而协新价值是附加值，必然代际收益递增。包容性制度就是公有制或协新价值模式，榨取性制度就是私有制或剩余价值模式，公与私的区别要看本质，合理合法地赚钱增加了个人财富，又合理合法地花钱造福社会，这种私有财产或私有制本质就是公有财产或公有制，因为这种私人的钱代表了协新价值；国家财富表面上代表公有制，如果国企不是靠公平竞争的效率取胜，而是靠腐败与垄断取胜，而且上缴利润极少，高管坐享天价年薪与巨额灰色福利，那么这种钱表面上是公有财产，实际上是私有财产，因为它代表了剩余价值。公财与私财不在于谁拥有，而在于赚钱方式与花钱方式，合理合法的家庭财富就是国家财富，是国家财产的一部分，是国家藏富于民的结果，反之，那些无理无法的家庭财富才是名副其实的私有制。

合理合法的赚钱方式都是公有制，协新价值主导的私有企业就是公有制，反之，无理无法的赚钱方式都是私有制，剩余价值主导的国有企业就是私有制。只要合理合法地

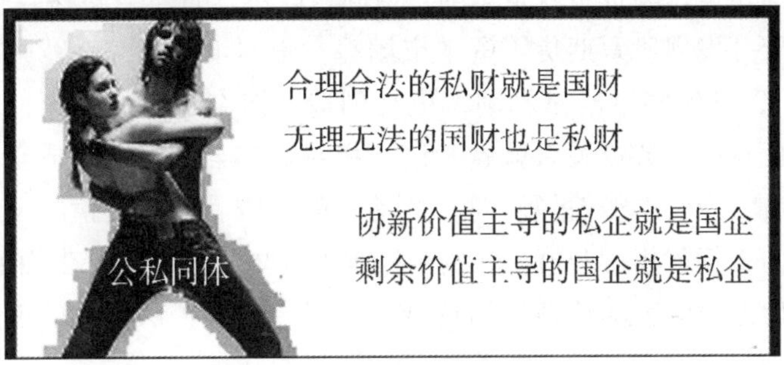

赚钱和花钱，无论这个钱是由国有企业高管掌控的，还是由家庭个人掌控的，都是公有制或公有值。钱（公有值）放在国家账户上不等于就是公有制，还要严防腐败的侵蚀；钱（私有值）放在个人账户上也不等于就是私有制，个人也可以拿来做慈善事业。

市场是客观理性的经济工具，是社会主义与资本主义在经济上的交集。市场就像飞机导弹一样，既是资本主义的强国利器，也是社会主义的强国利器。谁用得好，谁就民富国强。资本主义就是私产主义，是建立在剩余价值理论上的剥削理论，而知本主义就是共产主义，是建立在协新价值理论上的和谐理论。

资本主义 —————————————— 知本主义

私产主义 -- 共产主义

资本主义的本质一定是私产主义，是剩余价值驱动的经济模式，共产主义的本质一定是知本主义，是协新价值驱动的经济模式，因此，中国发展的根本路径不是大量消耗资源与劳动，而是大量创造先进技术、先进文化与先进制度，中国地大物博是有限资源，中国科技和制度先进才是无限资源。目前在先进知本的比赛上，资本主义美国暂时领先，但这是共产主义天赋的知本驱动所无法接受的。因此，中国当务之急是要在技术、文化和军事上赶超美国。

没有民主就没有高效的协同，没有自由就没有持续的创新，协新效应是生产力与生产关系的幕后决定力量。战争是破坏性“剥削”，竞争是创造性“剥削”，战争扩大了善与恶的距离，而竞争缩小了善与恶的距离。剩余价值虽然是劳资“剥削”，但也为劳动者创造了挣到工资和加班费的机会，协新价值虽然也有“剥削”，但为劳动者创造了提高奖金和福利的机会。剩余价值是知本构成低、劳动附加值低、资本家利润率低的三低“剥削”，协新价值是知本构成高、劳动附加值高、资本家利润率高的三高“剥削”。

一、剥削就是相对创造

剥削不见得一定是什么坏事，被剥削也不见得一定是什么好事，领导“剥削”员工是栽培？员工“剥削”领导是奉迎？劳动剥削价值是分配问题，劳动创造价值是生产问题，这两者并不矛盾。工人的劳动只创造价值，而资本家的劳动既创造价值，也剥削价值。劳动资本化与劳动知本化就是资本和知本融化劳动价值，或者资本和知本强化劳动创造，弱化劳动分配，异化劳动要素。

许多人总是固执地认为资本就是剥削，请问，既然“资本 = 转移 = 剥削”，那么，为什么还要招商引资并发展股票期货等资本市场呢？资本市场的存在，主要还是因为“知本 = 创造 = 和谐”，其实知本既是剥削，更是创造，知本越多的国家，知本家剥削得越多，工人的工资也越高，劳资关系就越和谐。相对资本与相对工资成正比，从资本与劳动的供求关系来看，当资本相对短缺时，劳动者的工资就相对贬值，反之，当资本相对过剩时，劳动者的工资就相对升值。在资本极少的计划经济时代，表面上只有权力剥削，没有资本剥削，但人民的劳动价值反而更低，所以，刻意否认资本的创造性就是愚民政策，就是仇富心理。

一提到剥削，人们总是相信你多我少的绝对剥削，总是不相信你赚大钱我才能赚小钱的相对剥削。在劳资关系上，《知本论》与《资本论》理解的剥削是不一样的。

马克思在《资本论》第三章中说：“通过延长工作日总长度而生产的剩余价值，叫作绝对剩余价值，与此相反，通过缩短必要劳动时间，相应延长剩余劳动时间而生产的剩余价值，叫作相对剩余价值。工人一进入劳动过程，便被并入资本，作为协作的人，作为一个工作机体的组成部分，工人只不过是资本的一种特殊存在方式。”

工人能否分享协同与创新的附加值——协新价值，是绝对剥削与相对剥削的划分标准。

《知本论》认为：绝对剥削就是工资等于劳动力价值，工人所创造的附加值——协新价值全部归资本家所有，而相对剥削就是工资等于个体劳动力价值，工资 = 个体价值，个体价值减去劳动力价值的差就是工人分享的部分协新价值。总之，绝对剥削是工人不能分享附加值的剥削，工人不能进行资本积累，而相对剥削是工人可以分享附加值的剥削，工人能进行少量的资本积累。

《资本论》研究的剩余价值是只有剥削没有和谐的资本，而《知本论》研究的资本和知本，在产生规模协同与差异创新的协新价值时，是既有剥削，也有和谐，协新价值是和谐为主，剥削为次，是在创造超额增值后的分配问题，并不是直接剥削工人工资的问题。资本（知本）与劳动的关系就是不对称增值或创造性剥削。总之，剩余价值是绝对剥削工人附加值的绝对剥削，工人无权分享附加值，协新价值是相对剥削工人附加值的相对剥削，工人有权分享附加值。

二、契约精神

少数国有企业高管或许会用产权不清来否定职业道德与契约精神，为自己的失职或渎职寻找遮羞布。

英国法学家梅因指出：从身份到契约就是从不平等到平等，从不自由到自由。因此，契约精神就是自由精神与平等精神。契约关系是一种理性关系，包含着职业道德与交易信用，契约成立的前提是经济人是理性的，经济人是理性追求自身利益或效用的人。契约关系撕烂了“君权神授”与“大公无私”的美丽面纱。

著名思想家埃里希·弗罗姆说：如果把我的邻人作为一个人来爱是一种美德的话，那么，爱我自己也是一种美德而非一种恶，因为我也是一个人。

公共选择理论认为：任何官员都是理性的经济人，都是追求利益最大化的。

经济学家张五常说："我相信每个人，每个政治家和政府官员都是自身利益最大化者，他早上一起床就想如何为自己谋求更多的收入，而在通常的情况下，腐败一般说来是达到这个目的的最有效途径。"

著名经济学家萨缪尔森认为：如果制度存在缺陷，权力的滥用、腐败、专制、愚弄和欺骗都难以避免。既然"人本性恶"，那么人的善恶就全靠制度，制度善则人善，制度恶则人恶。这也是《知本论》所说的性度论——制度决定人性的善恶。

契约精神是一种令人感动的职业品格与社会美德，中国就有"一诺千金"与"君子一言，驷马难追"等名言。美国人也很珍爱契约，在美国纽约哈德逊河畔，离美国 18 届总统格兰特陵墓不到 100 米处，有一座孩子的坟墓。在墓旁的一块木牌上，记载着这样一个十分感人的故事：1797 年 7 月 15 日，一个年仅 5 岁的孩子不幸坠崖身亡，孩子的父母悲痛欲绝，便在落崖处给孩子修建了一座坟墓，后因家道衰落，这位父亲不得不转让这片土地，他对新主人提出了一个特殊要求：把孩子坟墓作为土地的一部分永远保留。新主人同意了这个条件，并把它写进了契约。100 年过去后，这片土地转手了许多次，但孩子的坟墓仍然留在那里。1897 年，这块土地被选为总统格兰特将军的陵园，而孩子的坟墓依然被完整地保留了下来，成了格兰特陵墓的邻居。1997 年 7 月，格兰特将军陵墓建成 100 周年时，当时的纽约市长来到这里，在缅怀格兰特将军的同时，重新修整了孩子的坟墓，并亲自撰写了孩子墓地的故事，让它世世代代流传下去。那份延续了 200 年的契约精神令人感叹：承诺了，就一定要做到。契约精神培育了西方人的诚信观念，因为人与人之间与生俱来的天分和财富是不平等的，但在遵守社会契约上是平等的。

社会契约论是有关权力分配与控制的理论，认为国家与公权力根源于人们缔结的社会契约，以天赋人权为基础，以自然状态说为前提，人们放弃自然权利，交给一个人或某些人，以缔结契约来治理国家。

西方的契约精神包含两个重要的内容：一是私人契约精神，私人交易之间的契约精神对商品经济的发展至关重要。二是社会契约精神，起源于西方资产阶级革命时期的古典自然法学派所持的学说，对西方的民主、自由、法治的构筑有着深刻的影响。契约精神有四个重要内容：契约自由精神、契约平等精神、契约信守精神、契约救济精神。契约自由精神是契约精神的核心内容，西方人权理念中就一直存在经济自由中的契约自由精神。

三、权力剥削最无耻

权力腐败的本质就是违背社会契约，而产权不明就是少数国有企业高管缺乏契约精神的绝妙借口。计划经济是劳动特权化经济，市场经济是劳动货币化经济。计划经济，政府是无限责任公司；市场经济，政府是有限责任公司。生产要素的数量型（低成本）增长必然追求剩余价值，生产要素的质量型（高效率）增长必然追求协新价值。复杂劳动对简单劳动的"剥削"是黑心的缺德剥削，比资本家对工人的"劳资剥削"更没有道德，国企腐败和低效的根源就在于这种"剥削"。社会主义的基本矛盾不是"钱"的矛盾，社会主义的基本矛盾是复杂劳动对简单劳动的等级剥削，即腐败与公平的基本矛盾，也就是“权”的矛盾。

国有企业缺德总裁剥削工人，是权力剥削，是劳动权本化，而企业家剥削工人，是资本剥削或知本剥削，是劳动资本化或劳动知本化，权力剥削是低级剥削，资本剥削是中级剥削，知本剥削是高级剥削。没有劳动剥削也就没有激励机制。权力剥削工人叫无耻，资本剥削工人叫分配，知本剥削工人叫分享。

四、人民的国企才是人民的

2013 年，国家审计署公布了关于 15 家央企的审计报告，再次暴露了国有企业的种种怪相。

2012 年 5 月，在中美高层战略经济对话会议上，美方要求中方增强国有企业财务的透明度，中方承诺将国有资本经营预算纳入国家预算体系。

国有企业改革在 1998 年至 2002 年之间形成了一个高潮，民航、电信、电力试行分拆改组。但是，最近的十年国有企业改革出现了停滞，“国企是执政的基础”或许已经成为阻碍国有企业改革的一个理论主张。

国有企业是中国的政治体制和社会治理模式的有机组成部分。从法律上看，国有企业是独立的法人，多数国有企业直接适用《公司法》，但在实质上，国有企业特别是大型央企，并不是普通的经济组织，它的人事任免属于政治安排，其中 50 多家特大型央企的主要负责人，是由中组部甚至由更高的政治权力机构所决定。国有企业承担着重要的政治、经济和社会控制功能。首先，在垄断地位上，国有企业代表国家对基础资源实施垄断，控制经济命脉；其次，在经济引擎上，中国的经济发展主要依赖政府的海量投资，并通过国有企业渠道使之增值；再三，在财务制度上，国有企业还具有调节和平衡经济成本的功能。

国有企业发挥了它的政治功能，但稍有不慎会导致严重的社会分配公平问题。2006 年，国有企业产值突破万亿元，但国有企业保留利润的政策依然不变，严重滞后，直到 2007 年 12 月财政部和国资委发文要求央企分三类分别上缴利润，才终结了国有企业利润不上缴的神话，但最高上缴比例只不过是 10%，后来最高比例调至 15%。如果这万亿元处理不好，会将全民排除在国有企业利润的润泽范围之外，却培育出特殊的国有企业利益阶层，同时使国有企业日益庞大，挤压民企的生存空间。

以 1993 年《公司法》的颁布为标志，国有企业公司化改制是第一次国有企业改革；21 世纪初期完成的抓大放小是第二次国有企业改革，第三次国有企业改革应将国有企业改造成为真正的国有企业，而非权贵的国有企业，更不是既得利益集团的国有企业，最终消除社会财富分配不公的黑箱。

重要而急迫的改革应当包括：第一，尽快出台法律法规，提高国有企业利润上缴比例，在国际上，通常国有企业利润的上缴比例在 30% 以上，丹麦、芬兰、法国、德国的国有企业利润甚至基本上缴财政部门。目前，我国国有企业利润年均增长 15%，“十二五”期间累计将达到 11.48 万亿元，即使按国际最低标准 30% 的比例计算，国有企业应当向国家财政支付3.44万亿元的红利。第二，还应提高国有企业的资源使用租金，增加财政实力，填补社会保障的巨大资金缺口。第三，抑制和限制国有企业的垄断范围，将国有资本重点转移到公共产品领域；第四，修改《预算法》第19条，将国有资本纳入全口径的财政预算体系，提高国有企业资产的透明度；修改《国有资产法》，将金融国有资产、事业单位国有资产纳入大国资体系，进行统一管理。

"国企是执政的基础"是我们熟悉的口号，但我们面临的真正的问题不是国有企业是执政的基础，而是怎样的国有企业才是执政的基础。

《知本论》认为：只有真正实现全员持股、全员选举、全员决策、全员分红、全员监督的民主制化的国有企业，才是长久的执政基础。公有制天然就是民主制，民主制也必然属于公有制，离开了国有企业民主制，就没有真正彻底的国有企业公有制，人民的国有企业才是执政基础。

五、附加值是市场道德

市场缺德集中体现为剩余价值——附减值，市场道德集中体现为协新价值——附加值，因为市场存在的根本条件就是增值交换和协新价值，市场经济形式上是私有制，实质上是公有制，没有集体协同与个体创新的协新价值——公有制，就没有市场，市场本身就是公共财富，绝不是个人私产。市场能让参与各方都有机会分享到附加值，如果不能分享到附加值，就会被市场淘汰。失业者为什么会失业？因为失业者不能创造协新价值。企业为什么会破产？因为破产企业不能创造协新价值。所以，失业或破产的根本原因，就在于协新价值与经济增量的丧失。

例如，一个员工的劳动力价值是每月3000元，那么他的工资底线就是3000元，如果他不能创造高于3000元的附加值，就不能给任何企业创造利润，就必然失业。如果一个企业投资2亿元，收益不能高于2亿元的话，就不能产生协新价值，就必然破产。

总之，任何经济体，如果不能产生协新价值——附加值，就没有在市场上存在的理由。不赚钱，就说明你的投资是过剩的，你的资本是多余的，你没有找到正确的生产方式。

（1）协新价值是集体价值与个体价值之差。

$$集体价值-个体价值=协新价值$$

$$集体价值=个体价值+协新价值$$

这里的集体价值就是包含协同效益和创新效益的集体价值，不能产生协同效应的集体价值不在此列，因为不能产生协同效应的集体价值反而比个体价值更低。中国有一个著名的寓言：一个和尚挑水吃，两个和尚抬水吃，三个和尚没水吃。一个和尚每次可挑两桶水，两个和尚每次只抬一桶水，三个和尚已经不打水了，这就是在激励机制不好时，集体劳动不能产生具有附加值的协同效应，反而是承受亏空的协异效应。集体劳动在人数增加时，每增加一个生产者的边际效益不是协同递增，而是协异递减，所以我们这里说的集体价值一定是能产生协同效应的集体价值，或者说，集体价值 = 全部个体价值 + 协同效益。

例如100个工人，每个人在分工协作之前都是单干的个体户，他们单独工作的劳动价值平均为每月1000美元，这100个工人进行一个有分工协作的企业后，平均每个工人的劳动价值上涨到1600美元，这1600美元就是每个工人的集体劳动价值，是协同与创新之后的劳动新价值。那么，平均每个人创造的协同价值就是集体劳动价值减去个体劳动价值。

$$1600 - 1000 = 600 \text{（美元）}$$

协同效应产生的集体价值与个体价值之差就构成劳动附加值或协新价值，市场道德就是能将个体价值提高到集体价值，能创造协新价值这一附加值。市场就是创造协新价值的场地或分享附加值的场所。

（2）协新价值也是创新价值与个体价值之差。

创新价值 − 个体价值 = 协新价值

创新价值 = 个体价值 + 协新价值

单个劳动者参加大规模的分工协作是为了将个体价值提高到集体价值，这种提高如果是被动的，就难以实现创新效应，只能获得集体协同效应，因此，被动从众的员工只创造协同效益，主动出众的员工既有协同效益，更有创新效益。主动的员工懂得争取创新效应，那就是既团结其他员工，又想办法改革工作方式或学习新技能，以获得创新效益。任何创新，既是集体性创新，这是创新共性，同时又是个体性创新，这是创新个性。个别员工的好建议、好设计、好方法、好发明都是个体创新，一旦被企业采用和改进，又变成了集体创新。创新员工的工资增加或奖励增加，都是个体价值增加到创新价值之后的合理回报。

员工的个体价值是工作的起点，是员工固有的绝对价值，而集体协同价值与创新价值则是员工的相对价值，好的管理制度就是最大限度地提高每个员工的相对价值。员工跳槽的本质是什么？就是个体价值或绝对价值难以迅速改变时，寻找更好待遇的企业，以求提高跳槽者的集体价值或相对价值，寻找更高的附加值的过程。员工创新的目的是什么？是提高创新效益以求个人附加值的飞跃，但创新效益与规模经营的水平成正比，或者说创新效益与协同效益成正比，产业集群的本质就是规模经营与创新经营的双轨制融合生长。

协新价值或附加值有两条腿，一条腿是规模经营或协同价值，另一条腿是个体变革或创新价值。一个员工要想多赚钱，要么是到大企业尽情分享协同价值，要么是到高科技企业尽情分享创新价值。如果企业不大，技术又差，就很难让员工分享到集体价值与个体价值的差额。总之，从个体价值到集体价值有两条腿，一条腿是协同，另一条腿是创新，因此，全部个体价值加上协同效益与创新效益，才是完整的集体价值。

协新价值有两个阶段，初级阶段是劳动力价值到个体价值。例如：在中国的小农经济中，农民的全部生活资料构成劳动力价值，而农民有头脑的个体劳动又构成个体价值，个体价值减去劳动力价值的差额构成了初级的协新价值，这在家庭承包与小作坊经济中比较常见，但这种协新价值数值极少。高级阶段的协新价值是社会化大生产之后才有的，是集体价值减去个体价值的差额。

$$集体价值 - 个体价值 = 协同效益 + 创新效益$$

$$集体价值 - 个体价值 = 协新价值$$

这个等式充分说明了国际分工协作与市场存在的本质，那就是任何人参与市场竞争，都必须通过协同与创新将个体价值上升到集体价值，才能创造附加值——协新价值，所以集体精神就是协新价值。

劳动创造价值这句名言有两层意义：一是什么样的劳动？当然是具有协同效应与创新效应的劳动；二是什么样的价值？当然是能产生附加值的协新价值。

企业存在是因为科斯所说的降低交易费用，更重要的是企业存在是因为集体协同与团队创新的迫切需要。理想的企业是既能降低交易费用，又能创造更多的协新价值，但是，一般企业要么是只能降低交易费用却不能提高定价权，要么是交易费用较高却有很高的定价权，当然，定价权决定附加值，没有附加值就没有定价权。如果没有协新价值，一切企业与市场都将烟消云散。协新价值是企业存在的根本原因，只要协新价值能吸收或消化交易费用，无论交易费用是否高于市场成本，企业都可以存在。

第二节　市场中性

市场的价格之手与政府的调控之手，哪只手更好？是两手并用，还是只用一只手，一直存在争论，就算是两手并用，那么如何用呢？两只手的使用方式、时间、地点、对象和条件等，确实是一个大学问。

一、市场是公有制的工具

市场到底姓“资”还是姓“社”？市场机制是纯粹的客观技术，是生产要素配置的自然工具，并不具有政治性。市场和技术都是公有制与私有制的客观竞争工具，市场就像战略要地，技术就像粮草武器，放弃市场机制，就像放弃战略要地；放弃技术创新，就像放弃粮草武器。

例如：知识青年的上山下乡实际上是资源错配，既加剧了农村的劳动力剩余，也断送了城市化与工业化急需的技术人才与管理人才，实际上是割裂了知本、资本与劳动的协同关系，幸亏邓小平高瞻远瞩，不仅让知青回城，更让农民进城，中国才真正走上了工业化与城市化的发展道路。农村劳动力从过剩到短缺，在国际上叫“刘易斯拐点”，在中国叫“邓小平拐点”。

《知本论》认为：市场机制首先体现的是人与物的关系，是人类改造自然界的主客关系，市场是人类配置生产要素的最佳工具，就像工业机器一样，社会主义国家可用，资本主义国家同样也可以用，即市场机制是自然规律或客观工具，不是阶级工具或政治手段，市场机制与政治形态和意识形态没有任何必然联系。市场如同宝剑，在谁的手中就是谁的武器。市场是取之不尽、用之不竭的金矿，哪个国家用得好，市场就是哪个国家的“永动机”。

市场既不姓“社”，也不姓“资”，谁都可以用，中国不仅要发展市场经济，而且还要利用市场机制体现和捍卫社会主义制度的优越性。国际化市场和领先科技，是公有制的本质特征，只有在市场与科技两方面领先的公有制才能在协新价值上领先，才是有说服力的公有制。

二、市场机制的公私之争

市场到底为公还是为私？有人总喜欢把市场机制看成是非公有制经济，错误地认为“公有 = 共富，私有 = 剥削”，市场就是自私自利的斗兽场。其实，战场是毁灭资源，降低整体经济效率，赢家从输家身上掠夺剩余价值。而市场是创造资源，只要提高整体经济效率，都可以是赢家，只是赢的份额未必相等。

战场有善恶，战场的双方总是要将对方说成是性恶论，将自己说成是性善论；而市场的双方不在乎善恶之争，只要双方都有利可图，都能实行增值交换就行。能合理合法赚钱就是善，不能合理合法赚钱就是恶，为了帮助别人赚钱而自担亏损，也是一种恶。只要有一方不赚钱的交易就是榨取剩余价值的恶，只有双方都赚钱的交易才是共享协新价值的善。竞争才能化私为公，合作才能公私互利。

市场 = 战场？市场虽然像战场，但是，市场未必是你死我活的战场，市场完全可以实现双赢或多赢，许多人的自私自利不等于一起灭亡，恰恰相反，众多人的自私自利反而促成了激烈的竞争与合作，竞争是公私转换器，合作是公私平衡器。

相互间的竞争与合作使利己利私变成了利他利公。由于竞争压力与合作动力的存在，使市场成为一个奇妙的公私平衡器，越是能正当赚钱的人，越是能多交税多捐款，越是能为其他人带来更多的福利，也越能给社会创造更多公共利益（经济学家将市场经济的利他或利公称为外部性）。成则为王，败则为寇的优胜劣汰，在市场竞争中是必然规律，

只有赚钱才能成功，亏损者就必然失败，赚钱的本质是什么？赚钱就说明个人劳动的附加值高，协同效应与创新效应强，反之，不赚钱就说明个体劳动难以转化成集体劳动与创新劳动，所以，合理赚钱不是剥削，而是创造了附加值。

三、市场规范

中国经济经常说“一放就乱，一收就死”，什么是乱？经济高速发展就是乱吗？自由竞争就是乱吗？其实大多数人没有理解“乱”与“死”，正确的说法应该是“一放就活，一收就乱”。

中国经济的“乱”，恰恰是政府太多的规范，小政府、大市场。政府不要既当运动员又当裁判员，这才是根本。政府越是规范，经济就越乱，产能过剩就越严重，货币通胀就越厉害，反之，政府管得越少，经济就越好。过度干预，必然增加了交易费用与剩余价值的双重阻力。

谁来规范市场？政府的管理是必要的，但主要还是靠自由而平等的竞争，因为自由平等才是市场的规范，竞争才是经济平衡器，竞争越激烈，市场就越规范。政府干预经济的规范越多，宏观经济就越是不规范，中国的产能过剩与政府调控和规范有关。真正要规范经济，不是靠政府出政策，而是靠自由平等的竞争机制。

四、正视国企腐败

频频发生的国企高管腐败事例，使一些人认为国企的存在是中国滋生腐败的根源，甚至有人说公有制是滋生腐败的制度。

在您最关注哪些是国企争议话题的调查中，国企腐败得票率为 67.6%，列第一位。这说明，近年来有关国企老总腐败的新闻，正在不断地刺激着公众的神经，损害着国企在公众中的形象。

《知本论》认为：只要监督到位，国有经济本身并不必然产生腐败；只要制度完善，国有经济并不会必然发生权钱交易。

当前许多国企都是股份制的上市公司，国企高管跟跨国公司的经理人本质上没有太大的区别，跨国公司和私有企业的经理人为何腐败丑闻相对较少，关键在于监管上。

先从定量上看，腐败在国企中是否具有普遍性，可用五个定量的档次来分析。从高管人数上看，如果贪污的人数超过 40% 为普发型，超过 20% 为多发型，10% 为疏发型，1%～2% 为偶发型，0.5% 为个发型，前三种可视为必然性。当前全国高管人数大约为 20 万人，每年发生的贪污案例涉及几十人到几百人，最多一两千人，如果平均按 1000 人计算，贪污案只占高管总人数的0.5%，基本上属于个案的范围，因此，国企与腐败没有必然联系。

为什么私营企业没有贪污？因为财产都是他们的，就无所谓贪污了。20 年前，俄罗斯一位私有化的急先锋曾经说过：“如果强盗变成自己资产的有效主人，他就不会再做强盗了。”私营企业当然不产生所谓的贪污问题，但不等于它就没有腐败行为。例如，行贿和偷税行为，至少要占私营企业的 50% 以上。再如，坑害消费者、哄抬物价、制造有毒药品、有毒食品、假冒伪劣产品、环境污染以及其他侵吞国有资产等行为，对他们的社会管理成本比国有企业不知要高多少倍。就拿浪费来说，国有企业的浪费铺张现象固然不可漠视，但私营企业对社会资源环境的浪费（如：造豪墓、赌博、吸毒等行为）更为惊人。一个富翁嫁女儿就花了7000万元，难道不算腐败吗？只是因为它属于私产，没人说它是腐败而已。

五、国企反腐在于民主选举

公有制的高级形式即全民所有制，它的本质决定了与化公为私的腐败行为格格不入。公有制是共同富裕的经济基础，是按效分配的制度根基，代表了广大群众的利益。它的任务就是推动整个社会富裕和进步，它不能容忍化公为私的腐败行为。国有企业的性质是由国家的性质决定的。中国是社会主义国家，国有经济是公有制经济的主导部分。它决定着中国经济制度的性质，是现阶段中国基本经济制度的主要支柱。国有资本的人格化特殊性，具有拒腐蚀的抗体。

马克思曾多次指出：资本家是资本的人格化。在社会主义市场经济建立以后，公有资本也有一个人格化问题，最关键的是经营管理者以及高管层级。对于国有企业的经营管理者来说，实现公有资本的人格化，需要把思想道德摆在第一位。社会舆论已经形成了一股巨大的力量，它可以发动整个社会谴责、惩办腐败行为。从大量事实看，舆论监督的力量使得腐败浮出水面。企业内外的广大群众都会表现自己的意志，反对贪污浪费的腐败行为。社会主义国有企业同剥削阶级的腐败行为不但没有必然联系，而且本身就有一种拒腐蚀的排异抗体。我们立足于优化公有制的根基，决不能把腐败与公有制混为一谈。

《知本论》认为：无论是公有制还是私有制，都要反腐败，都必须建立民主竞选、民主决策、民主经营、民主分配、民主监督的民主制度，民主制既是政治公有制，更是经济公有制的最高形式。不能说公有制就与腐败有必然联系，也不能说私有制就必然产生腐败，关键是在于建立一套完善的民主经营机制，贪污受贿在公有制企业和私有制企业都有可能产生，因此，公有制国企必须将顶层设计权从国资委移交给全体国企员工，由全体员工投票选聘董事会和总经理团队，强化国有企业的基层民主权。真正的公有制，权力一定是来源于广大民众与全体职工，而不是个别高层领导的委托任命。国企在内容与形式上都是公有制，却在用人策略上背离了公有制，所用非人或责任虚置，就造成了产权虚置的假象，国企的问题根本就不是产权问题，而是民主用人的管理问题。

六、国企不存在企业家吗

近来，不少人认为国企不可能有企业家，这种观点的根据在于：一是国有企业的政企无法分开，管理者无法完全追求经济利益最大化；二是国有企业无法破产，只存在关、停、并、转，因为国家财产不可能“破”，破产无意义；三是国企经营者无法真正为企业负责，难以为企业独立进行决策，也无法真正自负盈亏。总之，产权虚置问题说明国企不可能有真正的企业家，因为国企领导缺乏契约精神与职业道德。

《知本论》认为：国企完全可能有企业家。

第一，产权属性与管理职责是两个完全不同的问题，国企的产权属于国家或集体，这是不容置疑的社会契约，例如，保姆没有主人家庭的产权，这并不说明保姆就不能尽责。没有产权，也照样存在职业责任与契约精神，不能将产权与职责混为一谈。

第二，股份公司如今成为大企业的主流，管理者可以持有本公司的股票，也可以不持有本公司的股票，是否持股不应影响管理者的职责，《公司法》或《劳动法》也没有规定员工必须持股才能尽职尽责，不能将持股作为履行职责的前提条件，任何员工不能将持股作为尽职的前提，难道将国企分给员工才能有好员工吗？

第三，国有企业或集体企业如果破产，所有员工在经济上都必定受影响，许多劳动福利和工资一样都难以保障，所以，没有哪个国企员工是希望企业破产的。国企问题不能总拿产权当遮羞布，国企真正的问题是管理上的用人机制问题，应当由国企全体员工与工会充当国企产权的代理人，由全体员工投票选举或罢免高管，国企高管对全体员工负责，再加上合理合法交税，有这两条，就是对国家和人民负责。只要坚持用人的民主制与交税的平税制，让国企与民企平等交税，那么民主制与平税制就能保证国企产权与高管职责的一致性。

将国企明晰的产权问题与高管的职业道德混为一谈，既是为国企高管腐败寻找遮羞布，寻找腐败合理性，同时也为西方财团廉价收购国企寻找私有化依据，也为一些高管刻意搞垮国企以谋私利打开方便之门。

认为没有产权或股权就不能履行职业道德，这就全面否定了所有劳动者的职业道德，等于是说资本家或投资者才有责任心，没有股权的所有员工都没有责任心，这就为资本家压迫和剥削工人寻找到一块遮羞布。

随着上市公司股票的全民化和全流动化，更需要强调职业经理人的道德与职责，而不是产权，因为职业经理人可以随时购买股票拥有产权，也可以随时卖掉股票而放弃产权，在产权社会化、流通化和投机化的今天，产权与职责的界限越来越清晰，无论国企、民企、外企或股份制企业，产权都是十分明确的，唯有职业道德是不明确的，不是产权虚置，而是道德虚置或职责虚置，因此，任何所有制企业，都可以有美德的企业家，也都可以有无德的企业家，关键在于企业员工选择什么样的企业家。

为了斩断产权虚置与职责虚置的混乱联系，《知本论》不赞成按生产资料投资人的身份来划分所有制属性，这是按产权的血统标准划分，而不是按职责的绩效标准划分，因此，应与时俱进地将生产资料标准变成生产方式标准，即无论股权结构如何，那些坚持协新价值生产方式的企业都是公有制，那些坚持剩余价值生产方式的企业都是私有制。例如，凡是合理合法向中国政府交税，坚持社会效益优先，促进劳资和谐的企业都是协新价值生产方式，哪怕是百分百的家族企业，也同样是公有制企业，同样是国家所有的国有企业；反之，哪怕是百分百的国家出资，但年年亏损，工人怨声载道，而高管坐享其成，这样的企业同样是私有企业，是高管实际支配的没有成本只有收益的私有企业。

七、荒谬的产权至上论

目前，在全球经济学界兴起一股产权崇拜或产权至上的歪风，这是在西方财团与学术基金暗中资助下的私有化理论，一些所谓的著名经济学家也在唯产权论上推波助澜。产权至上论必然得出国企不可能有企业家或国企必然腐败等谬论。

有人说国企不可能有企业家，原因是国企高管是国家的主管部门委派的，这显然也是强词夺理。国企高管无权将自己的贪腐无能归结为主管机构上面还有国家，主管机构更无权将自己的用人不当归结为产权不清。任何企业完全政企分开是不可能的，毕竟各国都有政府管制与政策导引。

一是产权约束并非万能。任何企业，无论是国有企业还是私有企业，完全靠所有权约束或产权约束是无效的，因为都可能存在败家子或奸臣，忠臣和奸臣都与所有权约束无关，而是与人才选拔和管理监督有关，不能将奸臣归为产权不明，而将忠臣归为产权明确，忠奸之别全在职业道德，产权约束也不能离开道德约束与文化约束。

二是短期化是经营共性。所有企业都存在经营行为的短期化，因为职业经理人年年都有业绩考核，这种短期化是激烈的市场竞争所致，与企业所有制形式无关，也不是经理人的错，长期战略是投资人制定的，而不是管理者的权限，管理者是受投资人指导的，投资者在长期化战略上也未必采纳经营者的建议。

三是预算约束不决定成败。任何企业都存在预算约束，毕竟资源都是有限的，国企可以透支的资源较多，贷款也容易，因此，国企预算约束较软，而私企贷款难，预算约束较硬，但预算与经营成败没有必然联系，这就像兵力多少不能完全决定战争胜负一样，经营效益主要在于管理水平而不是资本数量。国企作为法人破产，破产也照样会影响全体员工的工资福利，反之，民企作为法人破产，破产也照样会影响全体员工的工资福利，但一些私有企业将破产作为洗钱或逃债的绝妙手段。

四是管理者与员工的相互制衡有助于职责分工，国企员工名义上是国有企业的主人，实际上却只能服从领导，并不能完全制衡领导，就像广大民众无法制衡政府官员一样，正因为国企高管不是职工民主选举的，而是政府任命的，所以国企高管才有机会腐败，国企恰恰要变任命制为民主制，要增强全体员工对国企高管的实际制衡能力，有制衡，才有廉洁高效的职业道德，当然，私有企业的高管与员工之间也存在相互制衡，任何投资者都希望这种制衡得以提高效率，只有充分的制衡才能各司其职。不能将民主制衡歪曲成低效与腐败的根源，恰恰相反，如果没有员工之间的相互制衡，个个都可以失职或渎职，任何企业都会立即崩溃。

《知本论》认为：对人类的激励既有产权，也有偏爱。产权与偏爱是两大激励机制，奢侈品明明是暴利，但偏爱奢侈品的人还会选择“被剥削”，奢侈品消费本质上不是产权激励，而是身份激励。

许多产权专家认为私营企业的效率高，是因为有明确的产权激励，这是一个似是而非的命题。

第一，公有制与私有制都是人类文明的两大成就，各自在不同的领域具有高效率。例如，公有制在公益事业、重大战略项目与国家安全上具有高效率，而私有制在微观经济上具有高效率，各有所长。

第二，从总量上看，私有企业倒闭或破产的绝对量或相对量都远远超过国有企业，中国私营企业的平均寿命大约 3 年，而国有企业的平均寿命在 10 年以上。

第三，不可否认一些私有企业是通过假冒伪劣与偷税漏税而发展壮大的，有的私企打败国企的一个重要原因是劣币驱逐良币，未必真的都是赢在效率。

第四，传统意义上的国有或私有只是企业的出身血统问题，这在股份制企业都变成了混血儿，产权血统与经营效率没有必然联系，如同人的出身与能力没有必然联系一样。

总之，产权崇拜或产权至上是一种无限产权论，而产权不仅有绝对的法律界定，更有相对的市场定位。相对产权论或有限产权论更符合实际，我们不能否认产权激励机制，但也不能无限放大产权激励机制，不能混淆了产权激励与职责要求的界限。

产权扩大化或产权至上论是很可怕的，发展下去就会否定职业道德与管理制度的重要性，变成了只有股东才是好人，没有股份的员工都可能不是好人，产权崇拜论的险恶用心就在于否认国企领导人的职业道德，否认员工爱岗敬业的集体主义精神，本质上是推崇剩余价值剥削，反对协新价值共享，为贫富分化寻找遮羞布。

八、任何企业都政企难分

许多人总以为只有国企才存在政企不分，其实，任何国家的所有企业，都不可能真正做到政企分开，私有企业更需要政府的保护。由于国有企业是国家投资，政府官员不敢轻易发难，国有企业恰恰是沾了政企不分的福气。然而，私有企业主也需要寻找保护，希望政府多加关注，希望做到政企不分。

经济人是联结政治与经济的桥梁，利润最大化与权力最大化并不必然矛盾，地方官员想要治理好地方，就得想办法支持企业做大。

真正离开政治保护伞的私有企业可能无法做大做强，所以，“政企不分”未必是坏事，私有企业也存在隐性的政企不分，日本与韩国的私有企业都是在政企不分中做大做强的，所以政企不分与职业责任并没有必然联系，不能说一个企业的政商关系密切，就可以说职业经理人能够失职，甚至能够腐败。私有企业也像国有企业一样，既需要政企不分，也需要对政企不分保持警觉，毕竟政府是最大的权力资源，任何企业都不可能与政府完全分家，更不可能违背政策或违法犯罪，欧美的知名企业如花旗银行、通用汽车、房地美和房利美等，就是在经济危机时通过政企不分来渡过难关的。

九、所有企业都是私营

许多人误以为只有私有企业才是私营企业，这是不全面的，其实，一切性质的企业，包括国有企业、外资企业、股份制企业与私有企业，全部岗位都是私人在负责，都是私营企业，无论投资者是谁，法人代表——董事长只能是一个具体的自然人，法人代理——总经理也只能是一个具体的自然人，因为法人只是法律意义上的企业定义，法人还需要自然人来代表或代理，因此，所有权与经营权的两权分离问题，不仅是国企的根本问题，也同样是家族私有企业的根本问题，家族企业更需要所有权与经营权的两权分离，只有纯粹的个体户、家庭作坊或无限责任公司，才不存在两权分离，任何企业做大了都需要两权分离。当然，股份制企业也离不开两权分离。

国有不等于国营，将国有企业称为国营企业是错误的，这种错误说法是为国企高管寻找遮羞布，所有的国有企业都是私营企业，其中，国企董事长是法定代表人，国企总经理是法定代理人，这与私有企业和股份制企业一样，国有企业也可以破产或亏损，但一定要追究董事长与总经理的私营责任，任职前都必须与工会和职工代表大会签订亏损责任书，工会和职工代表大会应该随时有权罢免他们。

由于没有认识到国有企业董事长与总经理的私营属性，因而导致职责虚置或责任虚置，而这又恰恰被一些所谓的学者硬说成是产权虚置，从而为国企一些腐败分子打开了私有化的腐败通道。

两权分离的本质并不是明确产权，而是明确责任，两权分离的成败全在责任，而责任全在用人机制，与产权毫无关系。

有限责任公司的法律规定就内含着两权分离，有限责任包含着有限产权、有限收益与有限风险等相互分离的内容。法人概念也内含着一切企业都只是法律人格，产权只是法律范畴，经营才是人为范畴，真正的企业人格还需要自然人来体现或表达。由于任何投资属性的企业都存在两权分离，这就说明所有企业都是产权明确的，根本不存在产权虚置问题，这在工商局的产权登记或股东协议中是十分明确的。真正的问题是职责虚置或责任虚置，因为所有企业都是某个企业家在私人管理，都是处于私营状态，而私营者或代理人又都是经济人，都有其私人目的，这种信息不对称就造成了职责虚置，从而被误会成产权虚置。

国企的领导人与私企的领导人都是产权信托人或私营管理者，无论投资者是国家或个人，董事长与总经理都必定是某个人在私营，因此，无论谁出资，企业都是私营的。既然一切企业的经营管理都是私营，那就说明产权决定分配，职责决定效率，产权明确实际上是明确分配权，而职责明确就是明确经营权，严格地说，直接决定经济效率的不是产权属性，而是职责行使。产权与效率没有直接关系，但职责划分与效率有直接关系，产权至上论的错误就在于否认职责对效率的决定作用，片面夸大产权对效率的影响。产权至上论的险恶就在于彻底否认了公有制的合理性，让人误解为似乎只有将国家财产分光的员工才是好员工，其实，任何人的职业角色都有两重性：既是为自己打工，也是为社会打工，真心为老板打工才有机会做老板。企业的任何岗位都是法人所有，也都是个人私营，企业效率不在于产权制度，而在于用人制度与工资结构。所有企业职位都是特定的自然人在私营，私有企业做大了都会变成公有或国有，一切上市公司都是公众所有并在重要职位上的个人私营，因此，民主选人、绩效工资与民主监督才是效率的根本保证，所有权都要通过管理制度或民主用人才能决定经济效率。由于国有企业的每个重要岗位都是私人在经营，因此，政府最好的办法是放权让全体员工投票选举董事长与总经理，因为员工的眼睛是雪亮的，能最大限度地减少信息不对称，并最有效率地预防职务腐败。

第三节　三大灵魂人物

亚当·斯密、李嘉图、马克思是劳动价值论的三大灵魂人物，是举世闻名的三大劳动价值论的先知，亚当·斯密发现了合理利私就是高效利公的“竞争定理”；李嘉图发现了“比较优势论”；马克思发现了“剩余价值论”。下面我们简要介绍劳动价值论的三大思想伟人。

一、亚当·斯密

1723 年，英国的亚当·斯密出生，14 岁就进了格拉斯哥大学，17 岁获得硕士学位，1746 年毕业于牛津大学巴利奥尔学院，先在爱丁堡大学任讲师，1751 年担任格拉斯哥大学逻辑学教授，1752 年改任道德哲学教授，他口若悬河与广征博引的执教风格令人惊叹。1763 年，跳槽去做了布克莱希公爵的私人教师。1764 年开始游历欧洲，拜访了坚持商业创造价值的重商学派，又拜访了坚称农业创造价值的重农学派，而亚当·斯密则提出了“劳动创造价值”的学说，后经李嘉图与马克思等思想家进一步发扬光大。

亚当·斯密3岁丧父，和母亲相依为命，终生未娶，小时候的他遭遇过一件有趣的儿童贩卖案，妈妈带他到舅舅家去做客，将他放到门前独自玩乐，突然来了一群吉卜赛流浪汉，抱起他就拼命地逃走，他舅舅追寻着哭声一直冲到20英里外的一片森林，终于从惊慌失措的流浪汉手中夺回了亚当·斯密。

在亚当·斯密的传记中有这样的记述：“他的舅舅幸运地为世界挽救了一位天才，正是这样一位天才创造了推崇市场‘无形之手’的经济学；否则这个社会将多了一位算命先生，少了一位经济学家。”

亚当·斯密从小生长在一个小渔村码头里，由于国际贸易的发展，这个小渔村终于成为一个中等城市，船员们一边喝酒，一边谈论着世界各地的市场行情与风土人情，使他开始意识到按照比较优势的国际分工与国际贸易对于一国经济发展的极端重要性。在欧洲的游历也使他充分意识到了国际市场是靠一只看不见的手（协新价值之手）在指引着，每一个人都是出于利己利私的动机在赚钱。由于国际分工与贸易的发展导致了整体经济效率的提高，在人们没有意识到利私通过分工、竞争与合作可以转化成利公时，人们的确是为自己而奋斗，但结果却比他真正想要的利公行为更加有效。在公平竞争时，利私就是最好的利公；在腐败垄断时，利私就是最大的害公。利私比利公更促进社会福利的市场机制，当然是指公平互利的自由竞争，自由竞争的发现打破了多年的善恶之争或公私之争，实在是一个伟大的思想发现。

亚当·斯密的伟大之处就在于揭示了“市场＝增值”的真理，无论你是否有意识地想促进利他或利公，只要你按比较优势进行分工协作就能提高附加值，竞争者与合作者就会自发地成为利益相关的监督者和支持者，竞争可化恶为善，合作可隐恶扬善，使得市场就像太阳一样既照耀着你，也照耀着你的对手，更照耀着所有的市场参与者，个体收益不仅源于微观增值，更源于对宏观总体增值部分的额外分享，即在协同与创新中对协新价值的共同分享，因此，市场客观上就成了私利和公利的平衡器与转换器！善恶之争或公私之争，在自由竞争与平等交易面前都变得毫无意义，谁能赢得竞争，谁就是善，反之，谁输掉了竞争，就会破产倒闭，就会害家误国，谁就是恶，善与恶变成了效率之争而不是道德之争，或者说，高效率就是善，低效率就是恶，效率或效益成为人性善恶的最大标准。经济人的理性标准取代了道德上的感性标准，所以说，经济人的发明者应当是亚当·斯密。经济人是一个重大发现，它撕毁了善与恶的政治标签，为善与恶建立了货币化的可量化标准。

亚当·斯密提出了劳动创造价值，但是，他没有说明到底是劳动创造成本，还是劳动创造收益，成本与收益在古典经济学的价值中混为一谈，从而导致劳动价值论难以解释许多经济问题。

《知本论》发现：亚当·斯密的竞争可有效地化私为公的观点，其实已经朦胧地意识到了协同效应与创新效应的重要性，看不见的手将利私引导到利公，其具体路径有两条，一是在要素遗传中产生附加值——协同效益，二是在要素变异中产生附加值——创新效益，协同效益与创新效益合称协新效益或协新价值。协新价值是公私兼备的原动力，是利润最大化的原动力，是增值交换的原动力，也是市场存在的根本理由。假如没有协新价值，不仅市场道德无从谈起，就是市场也缺乏存在的前提。

看不见的手在亚当·斯密眼中还是停留在简单的赚钱阶段，他还没有发现真正看不见的手是隐藏在市场交易背后的附加值或协新价值。附加值之手或协新价值之手是引导企业或市场做大做强的无形无限的点石成金之手。假如市场没有附加值或协新价值，善与恶就是一清二楚的，掠夺别人就是恶，被人掠夺就是善，但是，一旦产生了超额附加值或协新价值，市场参与者就都有增量分享与共同赚钱的可能，在自由竞争与公平交易的市场，赚钱不等于“剥削”，而是共同创造，因此，附加值学说或协新价值学说，才彻底改变了公与私的对立关系，只有在丧失附加值时，公与私、善与恶才有区别。

剩余价值论——利私必定害公——公私对立与劳资冲突

协新价值论——利私可以利公——公私兼容与劳资和谐

剩余价值论者是不承认协同效应与创新效应的附加值的，由于不承认资本和知本的增值天性，否认了劳动资本化与劳动知本化的增值交换，结果不仅没有拯救劳动于水深火热之中，反而让劳动者迷失了民富国强的根本路径全在于招商引资与知识创新，因此，剩余价值论一定程度上种下了仇富情结。如果企业家只知道榨取剩余价值，那就必定是浪费资源、克扣工资与血汗工场的剥削路径，利私与利公就无法兼容，反之，如果劳动能与更多的资本和知本结合，才能使劳动显得更加相对短缺，劳动的相对价值或边际替代率才能提高，劳动资本化必然富国，劳动知本化必然强国，坚信协新价值的企业一定是知本驱动的创新企业，也一定是创造更多附加值的企业。没有协新价值，经济就没有增量或动能，善恶就无法同化成效率，公私也无法同化成效益，因此，微观上看不见的手是市场，宏观上看不见的手是附加值。

2007 年 3 月 13 日，作为“现代经济学之父”的亚当·斯密的肖像还上了 20 英镑钞票，他的市场自由思想统治了资本主义世界长达 150 年之久，他的自由市场论曾经指引了欧洲与美国的经济繁荣，他主张国家不要干预经济，而是让经济自由发展，让价格机制自发地起作用，每个人都会按价格机制并根据自己的私利去做事，这样自由竞争的结果就是整体经济的发展，自由竞争是利私变成利公的捷径。

亚当·斯密坚称：政府不要干预经济，只做一个国家的守夜人。1929 年席卷西方世界的特大经济危机，使得亚当·斯密的自由贸易理论受到了严重的挑战，从而出现了同为英国的另一位经济学家——凯恩斯的国家干预论——用看得见的手干预经济，国家干预是对市场失灵的有益补充，但是，凯恩斯谬论的支柱——边际收益递减规律、边际消费倾向递减规律、流动性偏好规律全是伪命题，因为这些所谓的经济规律一放到创新经济中就都不成立了。凯恩斯的干预理论是从华而不实的论证中得出了政府可以放纵权力的谬论。凯恩斯理论的错误表现在以下三个方面：

一是在产品丰富多彩的多样化市场，根本不存在边际消费倾向递减规律，难道消费者到了琳琅满目的大商场，多去几次就不想消费了？难道消费者到了千奇百怪的小吃市场，吃了几次就不想吃了？恰恰相反，随着产品更新换代的速度加快与生活水平的不断提高，人们的边际消费倾向在稳定递增，因为欲望的增长总是超过货币与商品的增长。

二是随着科学技术与生产力的不断进步，工资的边际收益是不断递增的，在不断创新的产业，边际收益也是不断递增的，只有部分落后产业与过剩产业，才有可能存在边际收益递减规律。由于创新可以出现代际收益递增，所以边际收益递减只适合同质化的微观消费。

三是流动性偏好规律的华而不实，人们留一部分现金不是因为偏好，而是因为方便生活的客观需要，同时也是避免过多刷卡所产生的交易费用。人们真正的偏好是增值性偏好，身上留多少现金并不重要的，重要的是个人资产要不断增值。人们偏爱的不是存钱或将钱带在身上，而是赚钱越来越多。流动性偏好是次，增值性偏好是主。

总之，凯恩斯理论说白了就是先缝合伤口，却留下刀片，将小危机用海量货币掩饰起来，变成更长久的大危机。将财政赤字变成财政负担，将小通胀变成大滞胀，但是，凯恩斯迎合了政治选举周期的需要，而被别有用心的政治家捧红了。

1776 年，美国革命者签署了《独立宣言》，正是这一年，亚当·斯密推出巨著《国民财富的性质和原因的研究》，这本书又称为《国富论》，在此书中有一段名言：人类几乎随时随地都需要同胞的协助，要想仅仅依赖他人的恩惠，那是绝对不行的，他如果能刺激他人的利己心，使其有利于他，并告诉其他人，给他做事是对他们自己有利的，那么他要达到的目的就容易得多了（利人 = 利己）。请给我们所要的东西吧，同时，你也可以获得你所要的东西：这句话是交易的通义。我们所需要的相互帮忙，大部分是依照这个方法取得的。

我们每天所需要的食物和饮料，不是出自屠户、醇酒师或面包师的恩惠，而是出自他们利己的打算。我们不说唤起他们的利己心，而说唤起他们的利他心。我们不说自己有需要，而说对他们有利。社会上（除乞丐外）没有一个人愿意全依靠别人的恩惠过活。每一个人既不打算促进公共利益，也不知道自己是在何种程度上促进公共利益，他所盘算的只是他自己的利益，他受着一只看不见的手引导，去尽力达到一个并非他本意想要达到的利公目的，不是出于本意的利公，也不会对社会有害。他追求自己的利益，往往使他能比在真正出于利公本意的情况下更有效地促进社会利益。

《知本论》认为：亚当·斯密上面这一段话揭示了一个“合理利己 = 有效利他”或“合法利私 = 高效利公”的市场真理，隐藏在公私真理背后的就是协新价值这一众善之源，假如不产生协新价值，利私就无法转化为利公，利公也无法惠及利私。

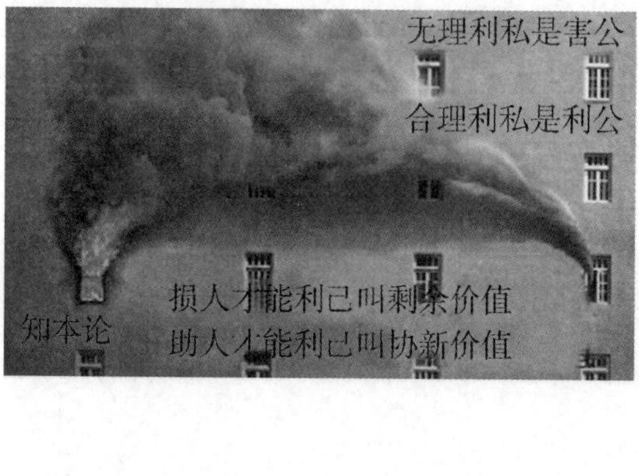

《知本论》认为：信用是协新效应的硬件，信息是协新效应的软件，知识是协新效应的关键。资本主义奉行小政府、大市场，所以资本主义基本矛盾在于“钱”；社会主义奉行大政府、小市场，所以社会主义基本矛盾在于“权”。自由放任论就是“钱”论，计划调控论就是“权”论。协同靠民主文化，创新靠自由制度，自由民主制度才是协新价值的社会基石，也是公私兼顾的市场基石。市场制度就是人类的知本发明，市场来到世间，人类才开始告别了蛮荒与兽群，人类在相互分工与协作中才真正成为一个有机融合且结构复杂的群体，公平竞争 = 公私兼容，合理利私 = 大公小私，无理利私 = 小公大私，利私是协新价值的微分，利公是协新价值的积分；人人合法为己，通过自由而平等的竞争，必定人人合理为公，因此，完善市场机制永远是人类物质文明与精神文明的强大推动力！完善的市场机制就是善恶同体或公私同体的制度！对于许多专制腐败的国家来说，生产关系之“土”太坚硬，死死制约了生产力之“花”的成长，因此，不改革生产关系，就无法学习和模仿世界先进技术，没有自由平等的生产关系，就没有协同与创新的生产力，也就没有市场道德可言。

从经济人看，大公无私是不可能的，因为人都是追求利益最大化的私有化动物。从社会契约论来看，一切财产、权利、身份、货币、地位等，都是一种社会约定，没有广大人民的私人契约同意，就不可能有公共财富，所以公有制是因为每个私人都让渡或转让了一部分私有财产的结果，即大公源于大私。

例如，小岛上的 10 万个居民想改船为桥，平均每人出资 50 元，共集资 500 万元修建了一条桥梁，这个桥是公共财产，也是公有制的表现，是每个人让渡或转让了 50 元私有财产的结果。

《知本论》认为：大公无私是一个天大的谎言，无私绝不可能大公，我们看一个简单的数学算式：$10000 \times 0 = 0$，如果想要集体或国家收获 10000 亿元，却让劳动者一贫如洗，个人收益为零，那结果能大公吗？不可能，结果“公有值”必定也是零，当人民一贫如洗时，政府或国家也必定垮台。大公必定大私，无私必定无公，富国必定富民，大公与无私不可能并存，如果全国人民个个穷得要死，国家岂能富强？没有无私之公，也没有无公之私，利私之公才是大公，利公之私才是大私。一流国家国强民富，大公大私；二流国家国强民康，大公小私；三流国家国强民弱，大公无私；四流国家国穷民困，无公无私。

私是公的微分，公是私的积分，当微分是零时，积分也必定是零，所以无私不能让个人陷入绝对贫困，无私不可能大公，真正的大公反而需要大私，大公无私是假，“大公大私”才是真，即国家多富豪，则国必强，反之，国家无富豪，则国必弱。大公无私否定了个体与整体的相互依存关系，因而是市场谬论。我们已经认识到公私混合制的重要性，本质上就是承认私与公的互补性，即要求大公大私，家家小富，才有国家大富。

二、大卫·李嘉图

大卫·李嘉图，古典经济学理论的集大成者，生于犹太人家庭，父亲为证券交易所经纪人，是一位钱财广进的“高富帅”。李嘉图 12 岁到荷兰商业学校学习，14 岁随父从事证券交易。1793年独立开展证券交易活动，25岁时拥有200万英镑财产，成为当时的巨富，随后钻研数学、物理学。1799年读亚当·斯密《国富论》后开始研究经济问题，参加了当时关于黄金价格和谷物法的讨论，1817年发表《政治经济学及赋税原理》，1819年选为下议院议员。李嘉图以边沁的功利主义为出发点，建立起了以劳动价值论为基础，以分配论为中心的理论体系。他继承了斯密理论中的科学因素，提出决定价值的劳动是社会必要劳动，决定商品价值的不仅有活劳动，还有投在生产资料中的劳动（承认资本增值的合理性）。他认为全部价值由劳动产生，并在3个阶级间分配：工资由工人的必要生活资料的价值决定，利润是工资以上的余额，地租是工资和利润以上的余额。他还论述了货币流通量的规律和建立了对外贸易中的比较成本学说等。

真正的大师都不是学出来的，而是悟出来的。无师自通者才是大师，如果不敢否定老师，就永远成不了大师。李嘉图和英国的亚当·斯密、法国的萨伊、巴斯夏等人一样都是自学成才的伟大经济学家。

由于李嘉图的父亲是一位富裕的证券经纪人，所以，尽管李嘉图并没有正规地上过什么学校，但他的父亲却有钱给他请任何他喜欢的家庭老师来讲课，这是经典的资本驱动知本。李嘉图12岁的时候，就曾被父亲派到荷兰留学，那时候的荷兰，可是全球商业最发达的地区。两年后，李嘉图回到英国，开始下海，跟父亲经商。李嘉图爱上了一个跟自己家的宗教信仰完全不同的姑娘，并准备私奔，但父亲坚决不同意这门天仙配，推崇罗密欧与朱丽叶的李嘉图跟老父亲闹翻了，21岁那年，父亲将李嘉图赶出家门，让李嘉图尝到了经济人不敌宗教人的苦果。

李嘉图在证券交易界摸爬滚打了十几年而发财致富，成为许多美女心目中的“高富帅”，在滑铁卢战役前4天，他成功地买进大量政府债券，结果英军打败拿破仑让他与全球首富——罗斯柴尔德家族一起暴发了。27岁那年，他偶尔读到了亚当·斯密的《国富论》，对政治经济学产生了兴趣。他的第一篇文章《黄金的价格》发表，他得到了英国当时著名学者、功利主义的创始人詹姆斯·穆勒（即后来写《论自由》的密尔的爸爸）的无私帮助。在穆勒的再三催促下，李嘉图开始竞选国会议员，并于1819年2月当选，同时，李嘉图完成了自己的名著《政治经济学及赋税原理》，这本书于1817年4月出版。李嘉图与人口论大师——马尔萨斯争论不休，携手共进，可谓高山流水遇知音。李嘉图因为一只耳朵感染而于1823年9月11日去世，年仅51岁。

李嘉图的价值理论的核心就是商品的价值取决于其生产所必需的相对劳动量。劳动的价值（工资）是一定社会中为维持工人生活并延续其后代通常所必需的生产资料决定的，而利润则决定于工资。李嘉图无法解释窖藏酒中的自然力问题：“我不能克服这样的困难：在地窖里贮藏了三四年的酒，或最初在劳动方面花费了也许还不到2先令，后来却值100镑的橡树。”这个窖藏酒难题与后来的水与钻石难题一样，都是劳动资本化和劳动知本化的两难考题，成为古典经济学的两大学术挑战，这是生产费用论与劳动成本论都无法解释的，古典经济学家的三大代表——斯密、李嘉图和马克思都无法用劳动价值论来解释钻石为何比水贵以及低成本窖藏为何能使葡萄酒获得高收益。因为他们只承认比较优势，不承认比较求势，不承认需求定价比成本定价更可怕。比较优势是定价内因，比较求势是定价外因，比较优势与比较求势是创享协新价值的两只手，劳动能创造价值，但劳动不能直接决定价值，直接决定价值的是效益。

李嘉图认同亚当·斯密的分工协作与比较优势：假定制造一单位布，英国需要50个劳动日，葡萄牙需要25个劳动日；制造一单位酒，英国需要200个劳动日，葡萄牙只需要25个工作日。葡萄牙制酒、制布所需的成本都比英国绝对低，即都处于绝对优势。不过，葡萄牙在酒的生产中表现出的优势更大，葡萄牙的制酒成本相对低，处于比较优势。在这种情况下，英国放弃生产比较劣势的酒，专门生产比较优势的布。如此分工，两国合起来不仅可以生产出更多的酒和布，英国还可以用布换到较多的酒，而葡萄牙用酒可以换到更多的布，两国同时获得国际分工与国际交换的好处。比较优势是创造经济增量或分工附加值的重要源泉，但李嘉图还没有发现附加值或协新价值才是企业与市场存在的根据，只是找到了协新价值的一个实现路径。

比较优势论是完全不考虑品牌文化差别的，如果考虑品牌需求偏好的差异，就必须用比较求势进行分析，制酒与制布，英国在低成本生产上都没有比较优势，但是，如果英国的名牌酒与名牌布都能卖出比葡萄牙更高的价格，那么，只要品牌溢价或协新价值远远超出生产成本的增加，由英国生产和营销还是可行的，或者说由葡萄牙生产，再贴上英国商标，在英国完成订货与营销，实现要素链的横向整合与国际化合作，就能将葡萄牙的比较优势与英国的比较求势结合在同一类商品要素中。劳动价值论只重视生产分工，不重视营销分工，只重视比较优势，不重视比较求势，因而无法解释国际名牌与奢侈品的定价机制。完成商品生产的不仅是产业工人，还有商业伙伴与广大消费者。

国际分工与国际交换的利益，只有在政府不干涉对外贸易，实行自由贸易的条件下，才能最有效地实现。在一个具有充分商业自由的体制下，每个国家把它的资本和劳动置于对自己最有利的用途。1808年穆勒出版了阐述自由贸易主张《商业保护论》，李嘉图大为赞许。1815年，在有关《谷物法》存废的论战中，李嘉图发表了《论低价谷物对资本利润的影响》的小册子，要求允许谷物自由贸易，进口低价谷物，以降低工资，增加利润，促进资本主义的发展。1817年，《政治经济学及赋税原理》终于写作完成并出版。马尔萨斯成名早于李嘉图。由于《人口原理》的发表，在李嘉图进行经济学研究时，马尔萨斯早已是名满英伦的经济学家，李嘉图对马尔萨斯的人口理论赞不绝口："这是仅次于亚当·斯密《国富论》的名著。"李嘉图于1810年发表了《黄金的高价是银行纸币贬值的验证》，马尔萨斯主动结识了李嘉图，穆勒也自称他和麦克库洛赫是李嘉图的信徒，1821年，穆勒出版了《政治经济学原理》，第一次系统阐述李嘉图的理论。

三、伟大的天才：马克思

马克思主义劳动价值理论主要体现于《资本论》中，在劳动价值论的基础上创立了剩余价值学说。

（1）抽象劳动创造价值的原理；

（2）社会必要劳动时间决定价值量的原理；

（3）价值形成过程的原理；

（4）价值增值过程的原理；

（5）价值构成的原理：价值由补偿购买生产资料的不变资本 c 和补偿购买活劳动的资本 v 及劳动者创造的剩余价值 m 三部分组成，即：价值 = c + v + m。

剩余价值是不是经济增量或附加值？马克思没有明确说明，但是，从马克思《资本论》看，剩余价值应是工人的应得工资或加班费，并不是真正的附加值，对于工人与市场而言是一种附减值，减少了经济动能与劳动积极性。

《知本论》认为：资本是劳动的灵魂，知本是劳动的生命，离开了资本就砍掉了劳动左手，离开了知本就砍掉了劳动右手，没有资本之手与知本之手，复杂劳动就无法实现，不能过分地偏向体力性或操作性劳动，而忽视资本与知本才是走向劳动成果的两条腿。

一是社会必要劳动时间，这里的必要就隐藏着必要的资本与必要的知本，如果没有必要的资本与知本，社会人的概念就难以成立，社会化大生产或社会性劳动就更不能成立。必要劳动的本质就是必要资本与必要知本参与下的社会化劳动，劳动社会化的本质就是劳动资本化与劳动知本化，绝不能将必要劳动降低为纯粹的体力劳动，这与资本主义的货币化、技术化和机器化大生产是不相符的。

二是社会正常生产条件，什么是社会正常呢？什么是社会平均呢？其实，劳动熟练程度就是技术培训，劳动强度就是机器应用的程度与边际生产率，显然，没有机器与技术的广泛采用是不正常的，也是不平均的，这里的社会正常是指正常的技术水平，社会平均是指平均的机器产能。正常的劳动在资本主义大生产中并不是简单劳动，却是必须借助资金、厂房、机器与技术的复杂劳动。总之，社会正常生产条件本来就包括正常资本与正常知本。

《知本论》认为：社会必要劳动时间以“平均”或“正常”定义，混淆了资本租与知本租，片面神化了劳动租，只想到突出剩余价值而没有想到协新价值，将复杂劳动贬低为简单劳动。

1836 年晚夏，在波恩大学攻读法学的马克思，回到特利尔向自己热恋的姑娘求婚。燕妮就和 18 岁的马克思定了终身，并亲昵地称马克思为“小猪”。有“白富美”之称的燕妮，被公认为是特利尔最美丽的姑娘和舞会皇后，许多英俊贵族青年为之倾倒。如果说燕妮是劳动资本化的权贵代表，那么马克思就是劳动知本化的知识代表，男才与女貌的结合，就是知本与资本的结合。

1841 年 4 月 15 日，贫困的马克思提前获得了哲学博士学位，并把博士论文亲手送到燕妮的父亲手里。从他们私自定终身到结合，燕妮等待了漫长的七个年头，抄写马克思

知本论

否认了资本租与知本租，也就否认了分工协作的比较优势，等价交换与按劳分配都无需比较优势

的手稿，纠正其中的错误并润色，在与卡尔的婚姻生活中她一共生育了 7 个孩子，但是只有 3 个女儿埃莉诺、燕妮和劳拉活了下来。三个女儿也深受父亲的影响，她们分担了马克思的部分工作或者参与到工人运动中。1880 年，燕妮患了肝癌，1881 年 12 月 2 日，燕妮长眠不醒了。高贵的燕妮选择了贫穷的一代伟人，却分享了伟人的万古流芳。

第四节　市场原则

美国、英国、瑞士、新加坡是实践自由放任论的国家地区。中国香港一直采取积极不干预政策，香港地区已经在经济自由度指数上多年排名全球第一。批评者认为自由市场无法妥善处理市场失灵与金权垄断和信息欺诈。落后国的资本家在知本低密型商品中强榨血腥的剩余价值，发达国家的资本家在知本高密型商品中巧取微笑的协新价值，丧失定价权的资本家从工人身上吸血，获得定价权的资本家从员工脑袋上造血。从员工口袋中压榨的钱叫剩余价值，从员工脑袋中创造的钱叫协新价值。

《知本论》认为：自由放任论是最美丽的国际化谎言，因为在美欧帝国主义牢牢掌握着国际贸易机构与产业定价权的大前提下，信用、信息与知识共同构成的信识关系能决定价格，信识失衡是基础，供求平衡是假象，规则自由的背后是层出不穷的贸易壁垒与金融操纵，公平竞争的波涛下翻滚的是军事、货币、政治与外交的恶浪。

所谓的比较优势不是由弱者来定义的，而是由强权定义的，决定“比较优势”发展路径的，是欧美需求的比较求势与欧美霸权的比较权势，因此，强者在大谈自由放任论，不谈政府干预论。国际规则往往成为弱肉强食的遮羞布，自由放任论和比较优势论又是规则殖民的遮羞布。自由放任论的提出虽然在英国得到了美好的证明，但是，英国当时是世界第一强国，现在也是世界超级强国之一，而且与美国亲密无间，以英国或美国为例说明自由放任论的成功并没有代表性，许多贫弱小国恰恰是死于自由放任论，在开放自由市场之后反而变得更加贫穷了，或者说，英美要求别人自由放任，自己却经常大搞贸易壁垒，这是值得发展中国家警惕的。也许，只有强者才有资格谈自由放任论，对弱者，自由放任论可能是一个死得更快的国际化陷阱！

一、人往高处移

人往高处走，这是无可厚非的理性人要求。

《知本论》发现：中国的稀缺精英有移民倾向，这说明制度改革的紧迫性。人往高处移，什么样的国家是高处呢？从欧美发达国家来看，他们的高楼大厦与机场铁路并不比中国更壮观，中国不是输在资本硬件上，而是输在知本软件上，这是不争的事实，否则也不会有那么多富人想移民了。知本才是一个国家的高处，先进文化和先进制度，与先进技术一样，才是一个国家的文明高处。安全感、民主、自由、法治这些生死攸关的软财富或软知本，早已构成了一国 GDP 的绝大部分，先进国家对资本型 GDP 不很热心，却对知本型 GDP 很热心。

富人移民，一定是向着高处去的，绝不会向低处的贫贱之国去。富人移民，标志着改革开放的紧迫性，不深化改革很难留住精英与富人，也就别想跳出中等收入陷阱。国家富强的标准不仅仅是生产力，更是消费力，制造能强国，消费更能强国。制造强国只能让中国小康，消费强国才能让中国大富。打个简单的比方，A 国全是不从事生产制造的富豪居住（如新加坡和瑞士等国），相邻的 B 国全是生产制造的工人居住（如越南与印尼等国），那么，A 国肯定比 B 国富得多，生产力不能决定 B 国为富国，而消费力却能决定 A 国为富国。

中国富人移民的本质是什么？是先进知本驱动大量资本的跨国迁移，是先进文化与先进制度决定了货币流动的规模与方向，是软 GDP 征服了硬 GDP，是无形 GDP 移走了有形 GDP，是先进知本显示了对强大资本的统治力。留不住富人的国家能富吗？富贵之家的移民的确是对改革开放的深刻警醒，这也是一种变相殖民或逆向殖民，一般意义上的殖民是外国人抢走当地人的财富，而富人移民是当地人抢走本地财富并输送到国外，这种隐性殖民更可怕，说明中国的改革与制度创新已到了关键的时刻。

以高速公路为例，全世界 14 万公里中有 10 万公里在中国，而且中国的收费标准远高于国际平均水平，从广州到北京的高速公路运费，超过从广州到美国的海上运费，取消公路收费，以高速公路的加油站、修车、餐饮、娱乐服务的升级取代里程收费，成为高速公路转型的根本，也是构建全国统一大市场的关键。高速公路的通行费是垄断资本的剩余价值，高速公路免费通行后开发服务区的娱乐与加油收费，这才是自由竞争下的协新价值生产方式。

市场是调节资源组合的最高效利器，市场是一个超级无敌的计算机，它能计算出无比复杂的资源的流向、流速与流量，特别是在互联网时代，市场的内存与计算能力已经达到无法形容的数量级，这是任何国家政府无论采用多少台计算机也无法完成的难题，因此，市场机制是人类高效、全能和完美的利益计算机。

《知本论》认为：市场机制有以下得天独厚的四项基本原则。

（1）中性原则：市场机制是纯科学的中性工具，没有政治属性，只有经济属性，既不姓社，也不姓资；既不唯公，也不唯私，是任何国家或任何政策都需要的客观工具，是通用的国际贸易和世界合作机制；市场机制的价格标签不是政治标签，商品的商标也不是政治商标，虽然，在特定的垄断条件与政治打压中，国际强权可以通过各种信用手段与贸易规则强行给某些商品或货币贴上政治封条，但这毕竟不是国际贸易合作的主流。

例如，美欧国际强权经常以反补贴、反倾销为名提高关税壁垒，对中国出口商品进行政治打压，但这种违背市场中性原则或中立原则的贸易保护措施是不可能长久的。按附加值贸易计算法，贸易保护是害人害己的，从长远看损害了知本无边无际的增值力，贸易制裁的本质是降低了国际生产要素的协同效应，使双方能分享的附加值总量减少了，从短期看也许有利，从长期看大多是害人害己。

（2）共生原则：市场机制以“竞争”与“合作”为双核动力，能准确计算出市场参与者的利益分配，能对社会经济资源做出最合理最高效的配置，因此，市场既不姓私，也不姓公，而是姓“钱”，是公私兼顾的共生共荣体；市场是公私利益相结合与相协调的经济，市场像太阳一样公正、公开、公平地普照所有竞争者。当然，由于假冒伪劣、价格欺诈、信息屏蔽等各种不正当竞争手段的存在，使得市场的共生原则常常受到伤害与挑战。

（3）两手原则：市场机制与政府调控并不是水火不容的关系，市场是无形之手，政府是有形之手，两手都要抓，两手都要硬，但是，政府不能取代市场，市场调节是根本大法，政府可以在市场失灵时充当治病救市的医生角色，严格地讲，自由放任竞争的市场是富强之父，政府适度干预的市场是富强之母，市场与政府是白头偕老的伴侣关系，不能过分地对一方进行捧杀而形成对另一方的棒杀，所以凯恩斯的极左论与哈耶克的极右论的世纪论战并无胜败之分，政府必须充分尊重市场机制的主导地位与主导作用，政府应心甘情愿地充当服务者与救火者。

（4）信善原则：市场机制是和气生财，是与人为善的，极端的利己主义在市场上是行不通的，真正的大品牌与大企业都不是靠假冒伪劣或坑蒙拐骗做出来的，恰恰相反，他们都是靠诚信经营、规模协同、大胆创新才笑到最后的。信奉无奸不商者是难成大器的，而信奉无忠不商者才能最终成就大器。

《知本论》认为：以上的市场经济的四项基本原则，是我们深刻理解市场机制的关键，市场经济所说的经济人或理性人就是追逐利润最大化，是利己动机下的私利最大化，但谋私并不等于就一定要害公，反之，害公也不等于就一定能长久实现谋私，合理、合法、合情的利私就是利公。

企业赚钱了才能多交税多招工，资本家赚钱了才能提高工人的工资与奖金，所以，剩余价值代表剥削，协新价值代表创造。

例如，一个人如果失业了，不谋私了，那就等于为公了吗？那就是为别人让出了工作机会了吗？不能这样看，因为失业了，不能挣钱了，恰恰说明不能适应市场竞争了，个体价值不能在协同与创新中转变成集体价值了，就会成为市场配置资源的弃儿，于己于国都不是好事，反之，一个人在市场上越受欢迎，工资越高，越说明能实现利私与利公的双赢，由于人类社会的进步之路就是优胜劣汰之路，因此，市场机制的自由竞争恰恰是公私兼容的公平制度。

竞争淘汰是市场完成公私共生的内在转化器，优胜劣汰或成王败寇存在以下几种可能性：

（1）无私＝无公：个人失业，误己误人误国；

（2）小私＝小公：个人低薪，小农经济主义；

（3）大私＝大公：个人致富，多交税多捐赠。

利私与利公的关系，本质上是全局与局部、整体与个体、微分与积分的关系，我们提倡牺牲个人，成全大家，这是因为大多数人最关心的首先是个人，其次是家庭，再次是朋友，最后才是国家，这也不是什么坏事，因为每个人都强大了，再加上良好的市场机制，国家自然就强大了。还有，就算每个人要关心国家大事，也要通过一定的组织，否则，表达爱国热情的时机和方式不当的话，效果则适得其反。微观上的自我中心与宏观上的国家中心是存在交集的，在完全合情、合理与合法的个人奋斗中，个人子集与国家全集是可以完全重合的。人类的本性就是自我中心主义，自我中心主义不等于利己利私，也不等于利他利公，如果有好的制度，自我中心可以变成利他利公的结果；反之，如果没有好的制度，自我中心可以变成害他害公的结果。自由竞争和民主制度是公私和谐的两大保证。

$$\text{利己利私}\xrightarrow[\text{自由竞争}]{\text{民主制度}}\text{利他利公}$$

人类经济行为的动机体现为四个关爱层级圈，最核心圈的是关爱个人的利己层，次核心圈是关爱家庭成员的利私层，第三层的中心圈是关爱亲戚朋友的利他层，第四层的外围圈是关爱所生活的社区或所在国家的利公层，这种利益级差或关爱级差是人的天性，也受制于人的智力与财力，应该说人们在赚钱后，是按从里层到外层的顺序进行逐级的消费支出的，但这也要受赚钱能力的左右，因为一个人越穷，就越没有能力关心别人，穷则误国，富则强国，反之，如果一个人很有钱，他就会沿着“利己——利私——利他——利公”的路径，实现“公私兼顾，亲友兼爱”。利私圈是亲友圈或近距圈，利他圈是关系圈或中距圈，利公圈是人类圈或远距圈。人类的关爱层级或利益层级就像石子投入水面，是从里向外一圈圈扩张其爱心的，因此，利私就是小范围的利公，利己就是小范围的利他。弱者利私就是完成强者的利公，穷人利己就是实现富人的利他，反之，强者利公就是有能力利私，富人利己就是有金钱利他。时空距离与心理距离决定利人距离。

利己圈——利私圈——利他圈——利公圈

从知本无限的“微成本＋高收益”的扩散力来看，公私兼顾是人生的高境界，所谓的大公无私是违反知本规律的，因为没有私，又何来公？一个人如果累死了或穷死了，又拿什么继续为国家民族出力？知本增值的两大核心就在于自劳动与自资本，就算是没有花一分钱学来的知本（制度 + 文化 + 技术），也照样可以自发替代巨大的劳动量与资本量，所以，知本的代劳动与代资本功能，是生产力进步的根本动力，也是公私互利、贫富和谐的秘密。

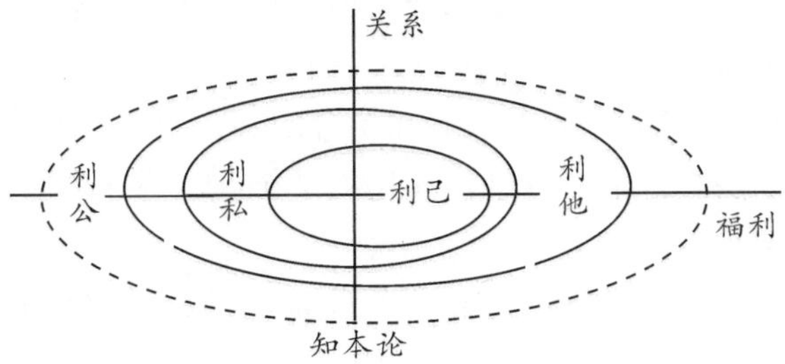

《知本论》认为：一个人的幸福感有两个源泉，一是基于经济人的物质利益，简称福利，二是基于社会人的社会关系，简称关系，所以，幸福感与物质利益（绝对价值）和社会关系（相对价值）成正比，与个人的需求成反比，这里的需求包括客观需要与主观追求两部分。

幸福感 =（福利 + 关系）÷ 追求

注意，福利是生产力水平或劳动效率决定的绝对生活水平，而关系是各种社会网络与参照体系决定的相对生活水平，需求则代表一个人的物质目标与精神目标的综合欲望与追求。

《知本论》认为：福利与关系之和除以需求的商就是幸福感，或者说，幸福感与福利和关系成正比，与主观需求成反比。

钱不一定与爱的态度成正比，但一定与爱的能力成正比，赚钱越多，就越能实现最高效的公私兼顾。国际知名企业能参与国际竞争并能赚大钱，这就是好的“资本家”，好的企业家。企业家成了“资本家”，既掠夺工人的劳动，也提高工人的劳动。

一个有强大国际竞争力的企业家，更能脚踏实地地促进社会和谐。

《知本论》提倡的社会人，就是既要理直气壮且光明正大地追逐自己的私利最大化，更要有高尚的道德情操与救世济民的广大胸怀！

中国古人说：君子爱财，取之有道。爱财就是要合情合理合法地利己利私，有道就是有道德的自觉与自律，就是要利用赚到的钱做强做大以更好地回报社会，成为一个道德高尚且有能力广施善缘的知本家！当代企业家精神就是理直气壮且光明正大赚钱的精神！赚小钱只能爱小家，赚大钱才能爱大家！在政府充分保障竞争者的平等与自由时，竞争是从利己到利他的左腿，合作是从利私到利公的右腿，竞争与合作是个人和社会同时进步的双核动力。我们的教育应该树立“财”与“义”共生共荣的正相关关系，合理赚钱才是人生大义，贫穷必定误国，富贵才能强国。

财 = 资本 = 私产，义 = 知本 = 共产，所以知本主义是共产主义的桥梁，共产的本质就是共享无形无限的知本。

资本和知本都是劳动价值的增值器，资本越多，才能让劳动变得相对稀缺，才能提升劳动的边际替代率或交换价值，也才能使工资不断增加，反之，在一个资本极度缺乏的经济体中，人均资本很难提高，劳动是不值钱的，工资也别想提高。知本是直接提高劳动效率与劳动者价值的超级利器，知本既可以体现在机器中，也可以体现在劳动者的素质中。资本是提升工资的外因，知本是提升工资的内因。劳动资本化就是以资本强化和升值劳动，劳动知本化就是以知本优化和增值劳动。资本和知本的主流是创造高价值劳动，而不是剥削劳动价值。

《知本论》认为：社会人是利己与利私相结合的人，也是利他与利公相统一的人，这是市场机制固有的竞争与合作的竞合规律作用的结果。越赚钱就越能解决就业，交的税就越多，也就越能刺激内需。

不违法经营就是君子，既要重财赚钱，也要重义行善。赚钱是有效手段，行善是可行目标。从营销角度看：

合情赚钱——人文情艺增值——情感营销

合理赚钱——科学技术增值——科技营销

合法赚钱——法律制度增值——标准营销

这里说的增值就是我们通常讲的附加值或协新价值，增值＝附加值，不包括成本或资本的转移部分。不赚钱，又如何能更有效地行善呢？赚钱是为了行善，行善更需要赚钱。

《知本论》认为：合情合理合法的赚钱精神就是现代雷锋精神！从制度经济的角度看，市场是伟大的制度文明或制度创新！产品、商品与品牌，隐含着商品价值，包含着人文精神价值、技能物质价值与制度社会价值这三个方面，由此产生美度、效度与信度的三维立体竞争。市场的二重性表现为竞争性与协作性的对立统一。市场的两只腿是自由之腿与平等之腿，市场在用两腿走路时，又必须伸出竞争之手与合作之手，因为自由竞争与平等合作是发展比较优势与比较求势的必然道路，也是协新价值的增值之路。

价值是人类与自然协同创造的效益，使用价值是满足特定客户需求的对位效益，交换价值是市场交易中的相对效益，商品交换具有二重性，一是等价交换法则或公平交换法则，商品交换本质上是分工协作的劳动交换，要求交换商品中的劳动时间量要相等，这是公平优先；二是增值交换法则或效率交换法则，商品交换动机上是相互满足对方需求的效益交换，交换双方提供的效益必须正好是对方身心需求的对位效益，而且双方都必须能赢利赚钱，能共同分享按比较优势和比较求势进行分工协作的系统增值，这是效率优先。

总之，市场逻辑既是利己与利私的自由与民主逻辑，也是利他与利公的助人与共富逻辑，绝不是损人才能利己或害人才能富己的强盗逻辑。市场就是公私互利、去恶扬善的人性培育场。一切经济危机，本质上都是背叛了劳动价值论，背叛了市场道德中利私与利公合一的原则，当一种产品的价格远远偏离其实际价值时，或商品的消费性与货币性严重分离时，就会产生经济危机，危机总是源于人性的贪婪和对市场道德的无耻践踏。一切经济危机归根结蒂是剩余价值与协新价值的对立危机。

二、双本转移

资本转移与知本转移的区别，是一个十分重大的哲学课题，由此会产生无穷无尽的经济学逻辑。

先打个简单的比方，假如甲送给乙一条大鲤鱼，这就是有形、有限、有价、有私、有本的资本转移，这是由鲤鱼的物理属性、生命属性与有限资产性决定的，但是，如果甲把自己的钓鱼技术或造渔船的技术传授给乙，这就是无形、无限、无价、无私、无本的知本转移，这是由钓鱼术或造船术的技术属性和无形资产性决定的，这里的无本不是指平均成本，而是指边际成本或代际成本。

资本转移是高成本的存量转移，是剩余价值生产，而知本转移是无成本的增量共享，是协新价值生产，一切附加值归根结底是知本的无本转移或无本复制，这里的"本"是边际协同成本或代际创新成本。

我们主要从成本转移的角度分析一下，假如甲打了几条鲤鱼，如果送了一条给乙，那么甲就少了一条，乙的资本增加是源于甲的资本减少，总存量不变，一方所得资本必须以另一方所失资本为前提，而且所得与所失是等量或等价的（假设双方的交易费用为零），但是，如果甲将造船术或钓鱼术传授给乙，那么甲会失去造船术或钓鱼术吗？当然不会失去，也就是说乙的知本所得并不是因为甲的知本所失，这就是知本的无限共享性或无限共有性，知本没有天然的排他性，知本是真正无限的人类共产，所以说共产主义的本质就是知本主义，知本论的灵魂就是共产论。知本的无限共产性，决定了协新价值的无限性或附加值的无私性，所以，资本家赚钱，就不一定要剥削工人，要分以下两种情况：

一是资本驱动型，这里的资本是广义的资本，包括资本化的劳动力，工人也是资本的一种特殊形式，还包括其他物质资源与机器设备等，这些就是一个企业的硬件，硬件驱动模式具有很高的边际成本，赚钱主要是靠节约成本，利润最大化的本质是什么？就是资本家最大限度地将协新价值或附加值据为己有，尽量不让工人分享附加值，只让工人实现劳动力价值的等价转移，不让工人实现劳动力价值的增值转移。工人承受着等价交换的绝望，却看不到增值交换的希望。

二是知本驱动型，知本是先进文化、先进技术与先进制度的总和，由于知本的边际协同成本与代际创新成本都可以无限趋近于零，所以知本的边际利润或代际利润可以无限接近边际收益或代际收益，知本收益几乎可以全部视为附加值，而且知本扩张必须以员工的主动性为条件，知本溢价与员工主动性成正比，这就迫使资本家不得不让员工分享协新价值，员工获得的知本溢价越多，为资本家创造的附加值就越多，劳资双方都能看到增值交换的双赢希望。

以上两点表明，资本转移与知本转移有本质的差别，资本转移的附加值很少，而且基本为资本家独占，而知本转移的附加值很多，劳资双方可以共享，而且必须以员工共享为持续发展的根本条件，因为在知识经济或信息经济中，员工的主动协同与主动创新是成功的必要条件。

总之，资本转移是等价转移，一方所得大多是另一方所失，如果不考虑协同增值与创新增值，这种转移在简单劳动中就不会创造新的劳动价值，在简单劳动中，资本是等量转移，不创造新价值，只有在复杂劳动中，资本转移才可能与知本协同或创新后产生新价值，资本能否增值转移关键看协同效应与创新效应能否产生。简单劳动只有资本保值，能发生协新效益的复杂劳动才有资本增值。资本增值主要是因为分享了知本无限扩散中的协新价值。

三、比较美势

有时才女不如美女，生产力不如生产美，比较优势不如比较美势。

例如，A 国生产服装的单利成本为 20 元，生产粮食的单利成本为 10 元，而 B 国生产服装的单利成本为 18 元，生产粮食的单利成本为 5 元，单利成本是每赚一元钱利润所需要付出的成本，显然 B 国在两种产品的单利成本上都具有比较优势，但生产粮食的单利成本显然更低（只有 A 国的一半），因此，A 国应放弃粮食而专门生产服装，B 国应放弃服装而专门生产粮食，这样就能让双方都充分发挥比较优势，获取更大的增值交换，并分享到更大的协新价值，但是，假如 A 国粮食的名牌溢价极高，那还要放弃粮食生产吗？又假如 B 国生产的服装可以卖出比 A 国高三倍的价格，那么 B 国还能放弃服装吗？所以，比较美势有时超越比较优势。产品经济是按比较优势分工，品牌经济是按比较美势分工。

随着人们生活水平的提高与恩格尔系数的降低，人们的消费水平已从必需的产品消费进化到高级的品牌消费。

《知本论》认为：比较优势理论存在致命的缺陷——只是从生产成本来考虑经济模式是不够的，还得考虑巨额的国际运输成本和交易费用，更要考虑比较效益。

例如，甲产品比乙产品的生产成本要低，是不是一定要由甲来生产呢？不一定，因为如果乙生产能拥有更大的品牌优势的话，可能还得让乙来生产，因为，消费者不仅关心生产成本，更关心由谁来生产，在哪个地方生产。同样生产成本的商品，上面印着越南生产与美国生产的售价可能会相差极大，这就是需求偏好的选择。

比较优势论只考虑比较成本，不考虑品牌的文化心理价值的比较效益。

例如，中国的山水音响、欧典地板、达芬奇家具等“假洋鬼子”硬要从公海上转一圈或巨资炒作洋品牌，目的就是提高品牌附加值，也间接否定了比较优势的成本决定论。名牌的比较优势不是低成本决定的，而是高文化信念和高溢价决定的比较美势。

比较优势的说法太强调物质生产成本的比较优势，没有体现名牌文化和科技创新的比较美势，难以说明旅游产业、文艺产业、娱乐产业、科技信息产业、金融信用业与名牌价值等生产美或竞争美，因此，应该用比较优美这个词，强调物质更优，精神更美，兼顾产品物质效能与品牌文化美好的双重比较。

21 世纪，国际分工出现了一个新格局，那就是欧美等发达国家主动将附加值低的资本驱动型产业转让给了第三世界落后国家，而将技术溢价高与品牌溢价高的知本驱动型产业牢牢掌握在手中，因为以资源、资产、资料与资金为代表的资本扩张的边际成本高，代际革命较难，边际利润较低，而以科技、品牌、文化、制度为代表的知本扩张的边际成本极低，代际革命较易，名牌和专利成了名副其实的印钞机。技术附加值和品牌附加值是穷国与富国财富分配不公的源泉。只有在垄断市场或特殊时机的供不应求市场，资本驱动型产品才能获得暴利，但是，只要是有知本优势（科技优势、品牌优势与制度优势）的创新企业，知本驱动型产品多数都能获得惊人暴利——代际收益。

四、知本是增值动能

在简单劳动中，资本不增值，只有知本增值，马克思的劳动增值是将简单的知本直接视为简单劳动或忽略不计；在复杂劳动中，生产要素的代代遗传是协同增值，生产要素的代代变异是创新增值，在简单劳动中不增值的资本，一旦放到复杂劳动中就可能产生增值，资本与知本和劳动的协同或创新会产生协新价值，但是，这个协新价值是以知本为主导，以资本为条件的，或者说，资本是增值势能，知本是增值动能。能否增值靠知本，增值多少靠资本。资本是利润存量，知本是利润增量。利润最大化的本质是什么？是知本构成最大化，即利润最大化的本质就是知本增值最大化，收益最大限度地转化成利润，或利润尽可能来自无边际成本的知本扩张。

例如，中国的煤老板与房地产老板突然暴发了，是他们的煤或房地产中有很高的知本构成吗？不是，采煤与建房并没有多大的技术革新，他们获得暴利显然不是知本驱动，是什么呢？是资本驱动或权力驱动，资本驱动的利润率远远低于知本驱动，为什么却暴利？因为资本在简单劳动中只能等价转移，在复杂劳动中只能分享知本增值的较小部分，也就是说采煤与建房本来不应是高利润率的行业，但在中国却成了暴利行业，原因在哪里？原因就在于国家对采煤业征收的资源税太少，煤老板的暴利就是国家流失的资源税，或者说是资源税的等价转移。房地产的暴利是国家流失的城市发展税，或者说是城市发展税的等价转移。国家应开征城市发展税，房地产的升值并不是开发商的功劳，而是城市化发展的超额红利被房地产老板窃取，所以国家应对高价房实行累进税制的城市发展税，总之，只要是知本构成低却存在行政性或垄断性暴利的行业，就一定要改革国家税收，增加相应的暴利税，如果不征收暴利税，就是眼睁睁地看着国有资产流失或等价转移成相应行业的暴利。

五、知本决定协新价值

《知本论》认为：知本转移是增值转移，知本在转移中会创造无数倍的知本，可以无限复制与无限传播，而且这种无限生产并不需要边际成本，因此，知本在协同与创新中居于主导地位，而资本在协同与创新中居于从属地位。知本是协新价值之主，资本是协新价值之仆，劳动是协新价值之家。工人的劳动能创造新价值，主要不是因为资本的等价转移，而是因为知本的增值转移，因为资本在转移中只是等价收回成本，或者说资本是计入成本的。知本可以没有边际成本或代际成本，知本的边际收益可以全部转化成边际利润。知本的边际效益递增是协同效应，知本的代际效益递增是创新效应。

假设某企业生产一万多箱时装，生产第一箱时装是要花费人力和物力去争取最时尚的设计，经过试销后一抢而空，企业马上采用同样的设计继续销售一万多箱，获得了可观的设计红利，注意，除了第一箱的试销要设计成本外，其他一万多箱可以无成本地复制这个成功的设计，不必再在每一箱时装上都增加设计成本，设计作为无形资产，可以无限度地推动利润复制，这种零边际成本或零代际成本的复制就表现为劳动增值，是无中生有的增值转型。在时装销售中，设计成为利润的最大动力，这是典型的知本驱动，设计红利占据时尚业劳动新价值中的绝大部分，劳动创造价值的本质就是资本创造成本，知本创造利润。

六、知本决定增值

资本转移一般是等价的，但在知本增值转移时，资本也能分享协同效益与创新效益。知本在转移时可以无成本地无限复制，因此，知本转移是增值转移，而且是无限次、无限量、无限时、无限地、无限人的增值转移，没有无限知本，劳动就不能无限增值。劳动能创造新价值，主要是因为知本无形、无限、无价、无私、无本的增值转移。劳动等价靠资本，劳动增值靠知本。存在协同效应与创新效应时，有限增值靠资本，无限增值靠知本。资本增值是有限的，货币超发到一定程度就失效了或有害了，而知本增值是无限的，只有不断创新就能避免经济危机。

“劳动创造价值”有两种表述：一是资本化劳动等价转移到新价值中，二是知本化劳动增值转移到新价值中，资本不一定增值，资本的边际成本不一定带来边际利润，而知本可以直接增值，知本的边际成本可以为零，边际收益可以全部转化为边际利润，代际收益可以全部转化成创新利润，工人的劳动，只是知本增值转移的形式，真正增值的第一源泉不是资本，也不是劳动，而是知本。

例如，某企业每月发工资 100 万美元，采购原材料和水电费共计 200 万美元，这 300 万美元都是资本投入，而且会等价转移到新产品中并计入成本，发明新技术或采用新设计后每月的 300 万美元资本投入仍然不变，企业每月的边际成本没有增加，说明代际成本为 0，创新后的边际收益增加 88 万美元，说明代际收益是 88 万美元，这 88 万美元增值就是附加值或协新价值，也是知本增值或知本溢价，由于员工与生产资料也参与了规模协同与创新劳动，所以每月的 300 万美元资本也必然要分享这 88 万美元的知本增值。

知本是增值内容，资本是增值形式，内容与形式相辅相成，缺一不可，但知本是增值之主，资本是增值之仆，这种主次关系不能颠倒。在所有的增值矛盾中，知本是主要矛盾，资本是次要矛盾。没有先进知本，就没有增值，但没有充分的资本，也就不可能有更多更快的增值。

资本是保值劳动，知本是增值劳动，但知本的增值仍然要体现为资本，所以资本是知本增值后的存值容器。

七、资存形，知增灵

资本有形，知本有灵；资本保值，知本增值。

以钓鱼为例，假设一个人学钓鱼的学费是 500 元，这 500 元就是创新的代际成本，但创新后的边际成本并没有增加，而代际收益却增加了。如果没学好钓鱼术时，每天只能钓三条鱼，在学好了钓鱼术之后，每天付出同样的劳动，却可以钓到五条鱼，这多出的两条鱼是什么？就是知本化劳动创造的新价值或代际收益，增加了每天钓鱼的边际成本吗？没有！如果说等量的“三条鱼”是资本转移，那么增量的“二条鱼”就是知本转移。

资本主义是存量主义，资本经济是存量经济，而知本主义是增量主义，知本经济是增量经济，由于知本主义是共产主义的本质，因此，共产主义经济就是增量经济，只有经济不断发展的社会才是社会主义，只有科技不断领先的社会才是共产主义。劳动创造价值的二重性就是资本保存价值，知本增加价值。在劳动价值的转移中，资本与知本分担着截然不同的历史重任。损耗有限资源只能短富，发展无限知本才能长富，所以各国都要发展高科技行业与国际名牌。

国家绝不能让知本构成低的行业坐享暴利，采矿业与房地产业绝不可能长久成为一国的经济支柱，因为知本构成低的行业暴利必然是国家财富的等价转移，必然有自然资源的极限制约，这就是一个国家制定资源税与暴利税的理论依据。

《知本论》认为：知本构成就是检验国家利益的最好标准，任何行业的发展都必须建立在不断提高知本构成之上，只有知本构成高的行业才能长久成为国家的支柱产业，才能打破自然资源的发展极限，国家开征房地产开发税与房价暴利税，才能打消房地产支撑国民经济的美丽谎言或病毒 GDP，不能让城市化的协新价值或无形资产变成了开发商的暴利之源与腐败之源。房价远远高于广大民众的需求水平，这是一个国家税收政策与货币政策的问题，当房价暴利成为无限吸收资本的价值黑洞时，是对创新经济、知识经济、劳动价值与学术良知的践踏！

八、知本转移的无限性

知本转移的无限性决定了协同无限与创新无限，既然是无限的增值，由无限性又延伸出知本的密集性与同步性。资本转移不具有密集性与同步性，当一个地方的资本过多时，就会出现资本边际收益率递减，在利润平均化规律的作用下，过剩资本一定会流向资本相对短缺的地方，以求更高的投资收益率，然而，知本转移则不一样，无限知本天然就具有高度的密集性，越是知本集中的地方，就越能吸引知本无穷无尽地聚集，因为知本的协同性与创新性具有很强的同步性，从协同效应来看，知本越多，协同效益就越大，而且可以无限大；从创新效应来看，知本越多，创新效益就越大，因为知本的协同与创新是同步的，协同过程也就是创新过程，科学家总是喜欢到更多科学家的地方作研究，因知识天然需要大规模的频繁碰撞与增值交流。产业聚群成功的背后，是知本集中与信息集中推动了创新的倍数增长。

知本转移，是协同与创新的同步转移，是无法分离的协新价值，而资本转移，不一定产生协同效应或创新效应，而且协同与创新在资本转移中是可以分离的协新价值。知本的无限性决定知本的密集性与同步性。知本转移的密集性决定了知本边际收益递增，知本越多就越能通过协同产生协同效益，而知本转移的同步性决定了知本代际收益递增，

知本越多就越能产生更高级的新知本。资本总是向相对稀缺的地方转移，资本越少就越能通过创新自增值，而知本总是向相对集中的地方转移，知本越多就越能通过创新自增值，所以优秀的知识分子总是喜欢聚居在一个国家或城市。

九、基尼系数

衡量一国的经济道德或市场道德主要看基尼系数。

维基百科认为：基尼系数是20世纪初意大利学者科拉多·基尼根据劳伦茨曲线判断收入分配公平程度的指标，是比例数值，在0和1之间。基尼指数是指基尼系数乘100倍作百分比表示。在民众收入中，如基尼系数最大为"1"，最小等于"0"，"1"表示居民之间的收入分配绝对不平均，而"0"则表示居民之间的收入分配绝对平均，即人与人之间收入绝对平等，但这两种情况只出现在理论上；因此，基尼系数的实际数值只能介于0~1之间，基尼系数越小收入分配越平均，基尼系数越大收入分配越不平均。

洛伦兹曲线

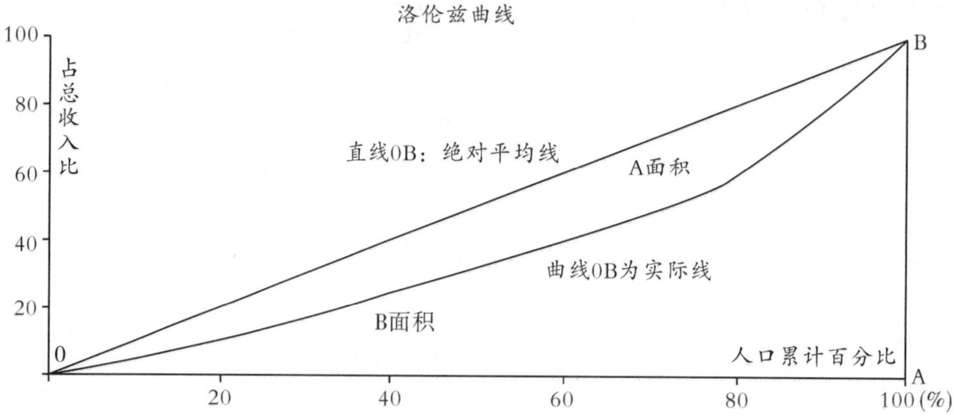

知本论：折线0AB为绝对不公线

图中横轴为人口累计百分比，纵轴为该部分人的收入占人口总收入的百分比，三条色线各表示不同情况下后者和前者的比例。绿色直线OB表示人口收入分配处于绝对平均状态，蓝色折线OAB表示绝对不平均（即所有收入由一人独占），红色曲线OB则表示实际情况。红曲线OB和绿直线OB之间的面积越小，则收入分配越平等。设右图中的实际收入分配曲线（曲线 OB）和收入分配绝对平等线（直线 OB）之间的面积为 A，直线 OB 与收入分配绝对不平等线（折线 OAB）之间的面积为 B，则表示收入与人口之间的比例的基尼系数为$\frac{A}{A+B}$。

如果 A 面积为零，即基尼系数为 0，表示收入分配完全平等（直线 OB 与曲线 OB 重叠）；如果 B 面积为零，则系数为 1，收入分配绝对不平等（曲线 OB 与折线 OAB 重叠），该系数可在 0 和 1 之间取任何值。收入分配越趋向平等，劳伦茨曲线的弧度越小（斜度越倾向 45 度），基尼系数也越小；反之，收入分配越趋向不平等，劳伦茨曲线的弧度越大，那么基尼系数也越大。基尼系数的调节需要国家通过财政政策进行国民收入的二次分配，例如对民众的财政公共服务支出和税收等，从而让收入均等化，令基尼系数缩小。

联合国有关组织规定：基尼系数若低于 0.2 表示收入平均；0.2～0.3 表示相对平均；0.3～0.4 表示相对合理；0.4～0.5 表示收入差距大；0.6 以上表示收入差距悬殊。通常把 0.4 作为收入分配差距的警戒线，超过这条警戒线时，贫富两极的分化较为容易引起社会阶层的对立从而导致社会动荡。主要发达国家的基尼指数在 0.24～0.36 之间，美国较高，为 0.45。据美国人口调查局提供的最新数据，1973 年，20% 最富有的家庭收入占美国总收入的 44%；而到 2002 年，这一比例已经增至 50%，对社会最下层的 20% 的家庭而言，他们的收入占美国总收入的比例从 1973 年的 4.2% 降至 2002 年的 3.5%，目前全球基尼系数最高的地方是非洲的纳米比亚，中国的基尼系数超过 0.4，美国的基尼系数达 0.45。2001 年，中国香港达到 0.525，2006 年高达 0.533，2012 年更高达 0.537，中国香港成为贫富悬殊较为严重的地区；即使把发展中国家包括在内，香港地区仍在全球贫富悬殊最严重程度中排名前列，紧跟着的是新加坡，仅次于萨尔瓦多、哥伦比亚、智利、危地马拉、巴西、南非等国家和地区而排名倒数第 18 位，中国台湾于 2010 年公布的基尼系数为 0.342，日本、韩国和欧洲一些前沿民主国家的指数均低于 0.4。

2013 年 1 月 18 日，中国国家统计局一次性公布了自 2003 年以来十年的全国基尼系数。统计局局长称，按照国际新的统计口径，内地居民收入的基尼系数，2003 年是 0.479，2004 年是 0.473，2005 年为 0.485，2006 年为 0.487，2007 年为 0.484，2008 年为 0.491，2009 年为 0.490，2010 年为 0.481，2011 年为 0.477，到 2012 年的数据是 0.474，为 2005 年以来最低水平，而自 2008 年起，基尼系数也在逐年下降。而此前西南财大调查数据显示，中国的 2012 年的基尼系数为 0.61，但无论是民间统计的数据还是官方统计的数据，结果都遭到学术界质疑，仍具有争议性，都没有显示出在哪里存在分配不公。国际间并无制定基尼系数的详细准则。

十、单利成本

劳资定律——资本构成与劳资剥削成反比，资本构成越低则对劳动的相对剥削越高，资本构成越高则对劳动的相对剥削越低，所以资本和知本天然就是劳动的增值器和兴奋剂，劳资关系与劳知关系天生就是和谐共生的互利关系，只有在自由与公平的价格机制被扭曲时才会变成对立的剥削关系。工人的工资越低，资本家剥削的剩余价值就越多，反之，工人的工资越高，资本家剥削的剩余价值就越低。

资本家实行高工资虽然确实减少了剩余价值的无情榨取，但是，高工资能激励员工的协同精神与创新意识，高工资有利于增强员工的资本积累与知本积累，高工资虽然不利于边际成本递减，但提高了协同与创新，有利于边际收益递增或代际收益递增，企业协新价值的“规模效益递增”远远超过了剩余价值的“边际收益递减”，因而从整体上看，高工资 = 低成本，这必须从单利成本而不是平均成本的角度进行理解。据统计，美国企业每赚 1 元钱利润，平均要花 2～3 元的投资成本，而发展中国家的企业每赚 1 元钱利润，平均要花 5～6 元的投资成本，我们将“每赚一元钱利润所需要的成本称为单利成本”，例如，某企业投资 100 万元，当年赚取利润 20 万元，那么当年投资利润率是 20%，单利成本则为 100 ÷ 20 = 5（元），每赚 1 元钱的利润就需要投入 5 元钱的成本，也就是说单利成本是投资利润率的倒数。平均成本与边际成本在跨产品分析时不如单利成本更有说服力，就像要比较不同国家的币值不能只看利率，还得看汇率。

例如，两个企业都生产球鞋，A 企业每双鞋的平均成本为 100 元，B 企业每双鞋的平均成本为 80 元，从平均成本的比较优势看，显然 B 比 A 更有竞争力，但是，两企业的品牌形象和设计个性不同，品牌的规模效益和定价权有很大差别，A 企业每双鞋的利润为 50 元，而 B 企业每双鞋的利润为 20 元，从每赚一元钱所需要的单利成本看，A 的单利成本为 100 ÷ 50 = 2 元，B 的单利成本为 80 ÷ 20 = 4 元，所以 A 的单利成本 2 元反而比 B 的单利成本 4 元更低。

在没有知本溢价时，比较优势与平均成本和边际成本是成正比关系的，但是，在科技溢价、品牌溢价与创新溢价存在时，比较优势与平均成本和边际成本的正比关系被打乱了，平均成本或边际成本的高低不等于比较优势的高低，因为还得考虑平均收益与边际收益才能确定谁更有比较优势，此时，单利成本在跨行业或跨地区分析时显然更有说服力。边际成本像利率分析，单利成本像汇率分析。初级比较优势看平均成本，高级比较优势看单利成本。

十一、中国制造是低成本吗

许多人认为中国的人工成本低，工资低。工资越低，就说明企业利润中剩余价值的构成就越高，剩余价值构成 = 剩余价值 ÷ 总利润，反之，工资越高，就越说明剩余价值构成低，而协新价值构成高，协新价值构成 = 协新价值 ÷ 总利润。

中国出口产品的平均利润率只有 5% 左右，而美国出口产品的平均利润率有 40% 左右，换言之，单利成本是投资利润率的倒数，即中国出口产品的单利成本为 100 ÷ 5 = 20 元，而美国出口产品的单利成本为 100 ÷ 40 = 2.5 元，显然从平均成本的比较优势看，中国是低成本驱动，但是，从单利成本的比较优势看，美国才是真正的低成本驱动。平均成本和边际成本是不参照收益和利润的绝对成本，只适合于同一产品的历史纵向比较，而单利成本是要参照收益和利润的相对成本，更适合于不同产品的横向比较。

从单利成本的角度看，中国制造才是真正的高成本驱动，平均成本像利率，单纯的利率高低没有可比性，就像美元利率与人民币利率很难简单地比较高低，不同货币要比较高低，必须通过汇率，换言之，不同国家、不同行业或不同产品的制造成本高低，不能只看平均成本与边际成本，更要结合利润来看单利成本，单利成本就像汇率，是衡量不同国家或不同行业的成本高低的标准。单利成本分析粉碎了那些谈论中国是“低成本制造”的谎言，证明中国制造没有比较优势，反而是比较劣势，所以更要加快技术转型升级。单利成本 = 协新成本，边际成本 = 协同成本，边际效应是协同效应，单利成本包括协同成本与创新成本，更适合度量比较优势。

例如，甲投资服装厂，平均每件服装的成本是 50 元，净利润是 20 元，而乙投资牛奶厂，平均每箱牛奶的成本是 40 元，净利润是 10 元，由于产品不同，度量单位也不同，跨行业的平均成本很难直接比较，此时，只能用单利成本进行比较，甲每赚一元钱的单利成本为 50 ÷ 20 = 2.5 元，而乙每赚一元钱的单利成本为 40 ÷ 10 = 4 元，显然从平均成本看，服装厂更高，但从单利成本看，服装厂更低，由于服装单位的“件”与牛奶单位的“箱”不同，不同的度量单位使得平均成本没有说服力，但单利成本不受商品计价单位的限制，因而就更有说服力。

十二、中国真有完整的制造业吗

中国制造是大而不强，是气球战略，不是钻石战略，规模很大，但核心技术不大。

以举世瞩目的苹果代工为例：一台苹果 iPhone 的利润率 58.5%，中国制造仅占 1.8%，2011 年第四季度中国制造为苹果公司贡献 45 亿美元收入，同比增长 270%，在苹果总收入中的占比达到 16%，相比而言，中国制造在苹果 2009 年收入中的占比仅为 2%，事实上苹果整机的 98% 都是在中国生产的，可见中国分享到的利润很少，根据制造业微笑曲线，中国制造显然处于利润低的底部加工生产环节。中国制造缺乏核心技术，显然不具备完整的纵向产业链或横向要素链。

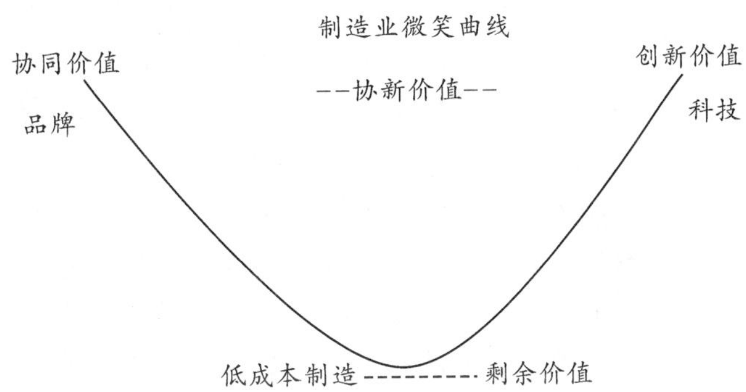

《知本论》认为：中国制造的低成本伪命题主要有四点：

一是刻意压低自然资源价格；

二是不计算环境污染成本；

三是肆意压低或克扣工资；

四是恶性的价格战与假冒伪劣竞争。

如果考虑以上四点，中国制造是高成本驱动。总之，只有科技、文化与制度的创新优势才能带来真正的低成本，其他的劳动力与资源和资金带来的大多是高成本，换言之，高生产率或低单利成本的知本驱动才是低成本战略，而低生产率或高单利成本的资本驱动就是高成本战略。人们常说的成本驱动就是资本驱动，是边际成本极高的驱动，也就是靠物质资源的大量耗费去驱动生产，这是劳动密集型与资本密集型生产，而创新驱动就是知本驱动，是靠科技、文化与制度去驱动生产，是边际成本极低的驱动，是要节约或减少物质资源的消耗。单利成本是检验成本高低的最有效标准，用单利成本标准检验，中国不是边际成本低的低成本制造，恰恰相反，中国是单利成本高的高成本制造。

成本驱动——边际成本较高——资源限制大——资本驱动

创新驱动——边际成本较低——资源限制小——知本驱动

根据劳动价值公式 $Z = ax + by^n$，知本驱动才是真正的低成本驱动，而且单利成本极低，利润率极高，而资本驱动只能是单利成本较高的高成本驱动，即资本只能做低效的劳动加法 ax，而知本可以做高效的劳动乘法 by^n。由于有形有限资本在扩张时的边际成本极高，单利成本也较高，而无形无限知本在扩张时的边际成本极低，单利成本也较低，因此，资本驱动型的高成本制造难以持久保持比较优势，只有知本驱动型的低成本创造才能长久保持比较优势。由于人口红利、廉价资源、人民币汇率与欧美经济危机的多重影响，2013 年已进入中国制造的高成本时代，中国不仅要继续学会做成本减法，更要通过各种技术创新、品牌创新与制度创新学会做收益加法或创新加法，中国企业不仅要学会降低成本，更要学会提高收益，国际竞争的核心不再是资本主导的成本竞争，而是知本主导的溢价竞争。生存靠资本存量，发展靠知本增量。

十三、产能过剩

经济危机大多表现为需求不足与产能过剩的并存，但不是所有产业产能过剩，也不是所有产业需求过剩，像电影、口红、土豆、书籍、农产品、网络游戏、低档消费品等刚性需求反而更畅销，因为人们没有钱去买房买车和旅游了，但一些价廉物美的基本消费还是可以打发时间的，因此，经济危机来临时，受影响最大的是房地产与奢侈品等需求价格弹性极大的高消费。

在中国有这样一个有趣的现象：当钢铁价格上涨时，带动煤矿价格上涨，导致许多闲置的落后煤矿纷纷死灰复燃；反之，当钢铁价格大跌时，生产效率低的落后小煤矿又停工待产了。其实，全世界的机器开工率按每天工作 8 小时计算，平均开工率不足 60%，除了极少数特别火爆的新兴产业，绝大部分工厂的产能都是过剩的，如何应对产能过剩呢？一是降价扩大需求量；二是主动限制生产量；三是缩短工作时间，变 8 小时工作制为 6 小时或 5 小时工作制；四是淘汰落后产能，降低总产能；五是提高人口总量，扩大市场需求规模；六是加强政府采购；七是提高福利保障水平；八是加速国际合作与要素输出。

欧美国家在工业革命初期时的“法定工作日”是 12 小时或 10 小时，现在又降为 8 小时或 6 小时，也就是说产能过剩的幅度还与法定工作日的长度有关，当然也与机器的技术生产水平有关，总之，产能过剩是一个社会经济系统的大问题，甚至与货币通胀和失业人口都有关，菲利普斯曲线就说明了失业率与通胀率之间的负相关关系，在通胀率高或失业率低时，产能过剩的压力就会变小；反之，当通胀率低而失业率高时，产能过剩就更加明显，此时经济就会低迷或出现危机，所以各国在发生经济危机时不会再像1929年美国大萧条那样去错误地紧缩货币了，而是都争先恐后地开动印钞机撒钱，就像给病人努力打针以输入维生素和同型血一样，美国发明的赤字财政和通胀输血像瘟疫一样感染了全球经济。即使没有经济危机，全球多数政府也大力印钱发钞，以通胀价格包装政绩和增加出口。

广告大战或促销大战的存在说明什么？

《知本论》认为：产能过剩是一种买方市场的常态，也是生产率增长超过人口增长的必然，也是知本无形、无本、无限扩张的必然，说明绝大部分产品只有广告促销才能应对产能过剩，如果没有产能过剩，就不需要品牌营销与广告促销，也更不需要技术创新了。在计划经济或卖方市场，由于供不应求或按计划生产，就不存在产能过剩，或者说以计划生产和计划消费掩盖了产能过剩。在以消费者主权为中心的买方市场，全世界经济整体上是供过于求的，这还不包括旺季时每天有可能让机器运转24小时的三班轮换制生产。总之，没有产能过剩，就没有买方市场；没有产能过剩，就没有创新压力。

农业产能过剩时，就必然出现工业文明；工业产能过剩时，就必然出现商业文明；商业过剩时，就必然出现信息文明。产能过剩是一个产业走向成熟的标志，也是下一个新兴产业即将崛起的转折点，因此，产能过剩是人类物质产品极大丰富的必然要求，与信识失衡导致的经济危机没有必然联系。

十四、规模经营 + 有限需求 = 产能过剩

除了以上所说，还有贸易战、战争及自然灾害等的影响，可以说，产能过剩是20世纪以来的常态化现象，是机器人工业提高生产率的必然表现，是从以生产为中心转型到以客户为中心的必然要求，因为人口增长与消费力增长，永远追不上现代大机器生产的规模增长，规模经营必然导致产能过剩，也只有产能过剩才能为规模经营划定最大产能边界，反之，如果没有产能过剩，那么机器大工业将无限制地生产下去，还有，产能过剩也是有限需求的对应词，如果不出现产能过剩，就会得出无限需求的荒谬结论。特别是中国实行计划生育和欧美国民不愿生育，全世界的人口增长更加落后于生产能力的增长。产能过剩是人类不断提高生产力并创新需求的必要条件。只有产能过剩，人类才能不断压缩工作日长度和增加旅游休闲的时间；只有产能过剩，人类才能有更长的时间接受教育与培训；也只有产能过剩，才能证明劳动资本化与劳动知本化的威力。正因为有了生产率进步与产能过剩，农业人口才能向工业人口转移；也正因为有了生产率进步与产能过剩，工业人口才能大量向服务业人口转移。

十五、产能过剩是正常现象

从供求关系来看，只要供过于求，就必定是产能过剩；任何有淡旺季之分的产业，

在淡季大多是产能过剩；只要是有库存的企业，其实就存在产能过剩；在新旧产业交替时，旧产业也一定是产能过剩，没有产能过剩，就不会有库存与促销和广告。其实，产能过剩是当代经济最常见最普通的正常现象，只要没有强大的金融势力或垄断组织编造信息欺骗民众，市场的价格机制完全可以自发调节产能，企业经营者都不是机器人，他们必定在库存大时就少生产，需求大时就多生产，这都是很正常的买方市场的供求现象，根本不会产生经济危机。当政府为了掩饰决策失误或金融财团为了转移视线时，产能过剩就成了金融危机或政府失策的替罪羊。投资总是超过工资是产能过剩的直接原因。

产能过剩是人类生产力和需求不断提高的必然规律，任何一个行业不断加大投资之后必然会出现产能过剩，在产能过剩时就会出现投资的边际收益率递减规律，此时，多余的资本就会转战其他产业，这也是平均利润率规律起作用的表现，因此，产能过剩是资本追逐平均利润的跳板，也是一个产业成熟和稳定的标志，与经济危机没有必然联系。利润平均化规律就是通过产能过剩起作用的，一个行业利润高，就会吸引大量投资者加入，从而就走向产能过剩，出现产能过剩后，大量资本才转战其他产业，所以，产能过剩是利润平均化的常态。产能过剩还是利润级差化的常态，因为一个行业出现产能过剩时，在利润级差化规律的作用下，会引导过剩资本转而追逐新兴产业或产能短缺的产业。由于利润平均化规律与利润级差化规律的并存，产能过剩既是低利润行业的现在，也是高利润行业的未来。低利润行业要求平均化，高利润行业要求级差化，或者说，落后产能或过剩产能要求平均化，先进产能或短缺产能要求级差化，企业利润最大化的背后是市场利润平均化与利润级差化的矛盾运动。

产能过剩还是物价 CPI 下降的动力，大家想一想，如果没有农业的产能过剩，能有那么多的农民变成工人吗？如果没有工业的产能过剩，能有那么多的工人转移到服务业吗？中国的城镇化浪潮，其实就是农业产能过剩推动的结果，也是工农业生产率提高的规律，因此，产能过剩不仅是产业人口转移的动力，也是创新产品不断变成生活必需品的内在动力，更是物价下降的必然保证。

产能过剩本质上是剩余价值转换成协新价值，这一点不太好理解，产能过剩的行业必然损失惨重，造成大量剩余价值被创新产品的协新价值所吸收。

例如，一向守旧的甲厂因为产能过剩导致破产倒闭，4600 万元人民币的资产只得作价 3000 万元人民币拍卖，作为同行的乙厂善于创新，利润丰厚，乙厂以 3000 万元人民币兼并了甲厂，并重新聘用了大部分甲厂员工，由于甲厂资产市值 4600 万元，在拍卖中亏损 1600 万元，这 1600 万元就具有价值二重性：从甲厂来看，1600 万元剩余价值被掠夺了，而从乙厂来看，这 1600 万元收购溢价是企业长期创新的奖励，是协新价值，所以说产能过剩可以成为剩余价值与协新价值相互转化的桥梁。

第五节　权本经济

21 世纪，劳动资本化与劳动知本化是不可阻挡的两大趋势，按资分配与按知分配主导了按劳分配，价值增值路径是知本从运动到静止时转化为资本，资本携带着体内凝聚的知本又转化成机器与工具。知本在人类生生不息的劳动中一方面凝聚在人的工作与教育中，从而形成了知识劳动者，这是知本自劳动或代劳动，另一方面又不断与自然资源结合凝聚成机器和设备以及生产资料，这是知本的自资本与代资本，所以，知本才是真正的“活劳动”。

但是，权力资本化或按权分配这一威胁人类社会经济的历史毒瘤，并没有退出历史舞台，权经济在腐蚀着钱经济，反而以比较权势的新面目来打击比较优势与比较求势。

《知本论》认为：资本和知本是客观财富，是人类改造自然的成果，可在市场上自由流通，而权本不是客观财富，也不是人类改造自然的成果，也无法自由流通，因此，严格地说，权力不是具有储藏价值与流通价值的财富，只是掠夺和分配财富的手段。资本和知本是可以明码标价的生产要素，可以货币化为价格，但权本不是可以明码标价的生产要素，权力不能货币化为价格，权力资本化和劳动权本化通常是暗箱操作，不是“阳光操作”，因此，劳动权本化是市场经济的大毒瘤，是对广大人民劳动价值的强夺豪取。市场剥削是创造财富后的相对剥削，而官场剥削是掠夺财富后的绝对剥削。

权力资本化的三大表现为：一是市场经济是否真的形成，如果是虚假的或半截子的市场经济，特别是没有独立新闻与独立司法时，权力资本化是无法制约的；二是政府是否能主动约束自己与民争利的垄断权力，政府不能既当市场经济的裁判员，又当市场经济的运动员、观众和教练；三是政府的政治权力凌驾于资本权力之上，直接控制各种重大资源，获取政治权力资本化的超额利润，而且能利用司法不公甚至司法腐败刻意打击商业对手或民营资本的竞争。

《时代周报》报道：劳动收入占 GDP 比重太低。

《新京报》报道，该比值从 1983 年的 56.5%，降至 2005 年的 36.7%，22 年间劳动报酬占比下降近 20%。

1978 年，国家统计局划分的 16 个大行业中，工资收入最高的电力、煤气及水的生产和供应业与最低的社会服务业人均工资之比仅为 2.17 倍；2006 年，全国各大行业中工资收入最高的信息传输、计算机服务和软件业与工资收入最低的行业人均工资之比高达 4.69 倍，全国这一比值最大的省份已经接近 6 倍。

一、美国暗搞国进民退

西方国家在经济繁荣时喜欢高唱自由放任论，鼓吹私有化，而在经济危机时则喜欢高唱政府干预论，鼓吹国有化。为了应对房地美与房利美引爆的次贷危机，2008 年 9 月 7 日，美国政府宣布接管陷入困境的两大住房抵押贷款机构，承诺拿出最多 200 亿美元注入“两房”以救市。几天之后，美国国际集团 AIG 获得美联储 850 亿美元的过渡贷款。2008 年 11 月 23 日，美国政府同意将 250 亿美元的优先股转换成普通股，从而以 36% 的持股比例，一举超越持股 4.5% 的道富银行，成为花旗银行的最大股东，美国政府还控股通用汽车、福特汽车与克莱斯勒等三大汽车集团。2008 年 10 月 13 日，英国率先拉开了银行国有化的序幕，370 亿元英镑注入苏格兰皇家银行等三大银行。德国内阁 2009 年 2 月 18 日投票通过《救援兼并法》，该法允许政府对陷入困境的银行实行国有化，并强调银行国有化是最后手段，国有化银行只能在没有任何其他合理的法律和经济办法来维持金融市场稳定的情况下才能实施。

花旗银行的国有化，使美国自由竞争的市场精神丢魂失魄，因为私有化的花旗是美国自由民主的经济之魂。美欧资本主义在繁荣昌盛时高举自由放任大旗鼓吹私有化，在危机低迷时又高举政府干预大旗鼓吹公有化，既不是完全信奉自由经济，也不是完全拒绝计划经济，欧美在危机时的国进民退正好说明了市场是中立的，既不姓社姓公，也不姓资姓私。

二、国企应外进内退

不少学者认为做强做大国有企业是必要的，但发展国企不等于就是国进民退。社会主义公有制为主体、多种所有制经济共同发展的基本经济制度既不是全盘私有化，也不是单一公有制。真正的公有制不是生产资料姓公，而是协新价值的生产方式。

1999 年党的十五届四中全会做出《关于国有企业改革和发展若干重大问题的决定》，明确提出了战略性调整国有经济布局的重要方针，即国有企业有进有退，有所为有所不为。党的十六大报告提出了："坚持公有制为主体，促进非公有制经济发展，统一于社会主义现代化建设的进程中，不能把这两者对立起来。各种所有制经济完全可以在市场竞争中发挥各自优势，相互促进，共同发展。"

国家政府确实没有提出国进民退的口号，中央政府也一直希望国进民进，共同前进，但事实上，那种垄断国企梦想做大做强的产业，民营经济就很难公平竞争。如果只是局限于中国的内需，是无法解决国进民退的矛盾的，最好的办法是外进内退，就是国企重点向国外进军，充分发挥规模大资金强的优势，而在国内慢慢退出垄断市场，这种外进内退显然比国进民退更符合中国的全球竞争战略。

外进内退对国企和民企都是适用的，只有中国企业具备全球眼光或国际优势时，才不会斤斤计较于国内的得失，外进就是要做大在国外的市场份额，从而相对减少国内的市场份额，达到内退。

比如，以前 90% 的利润在国内，只有 10% 的利润在国外，现在可以变成国内与国外都占 50% 左右的利润，这样，国企与民企的矛盾就会少很多。总之，外进内退与国进民进一样重要，只有走出去，才能迎来洗心革面的良机。只有企业成功走出去，才能更好地将大私变成利国利民的大公，当然，只有知本驱动型企业才有资格真正走得稳，走得久。

第六章

需求价值论

劳动创造效益，需求决定效益，对位效益是有效需求，错位效益是无效需求。效用论强调了消费者的主观评价，特别是边际效用递减规则对指导供求有一定作用，但是，这两个理论的独立解释力都有欠缺，联合解释的话反而有一定说服力。例如，金银币既有劳动价值，又能给人提供极高的边际效用，贵金属币是真实劳动价值，代表劳动资本化，实物币本质上是商品，而法定纸币是虚拟价值制度，纸币制度代表劳动知本化，纸币本质上是一种债务欠条或信用制度。许多人总误以为纸币就是资金或资本，其实，纸币既是资本，更是知本，纸币严格地讲是一种定义、标识、调节、掠夺、转移资源和债务的高效分配制度，即：金银 = 诚信商品，纸币 = 分配制度。

效益 = 需求 = 价值

对位效益 = 有效需求 = 价格

效益是由需求方定义的价值，而对位就是有效，对位效益就是由有效需求者定义的价格。有效需求不足就是价格不足，即价格机制失灵，资源配置无法对位了，出现了大量错位，需要政府干预了。供方创造效益，需方决定效益，所以效益价值论也叫需求价值论，因为需求方掌握着生产效益的评判权，需求者认可的效益才是有价值的，反之，需求者不认同的效益就没有价值，效益定价也就是需求定价。劳动价值论重视比较优势，效益价值论或需求价值论重视比较求势。比较优势与比较求势都是创造协新价值的两大动力。

第一节　效益增值

劳动创造成本，成本要求等价交换；需求创造收益，收益要求增值交换。劳动创造价值不等于劳动分配价值，创造是生产问题，分配是制度问题。劳动创造价值是真，劳动分配价值是假。按劳分配与按资分配和按知分配一样，都是按要素分配，但前提必须反对腐败，只有反对权力滥用，并反对过度的政府干预，才能真正实现自由竞争与按要素分配。劳动、资本和知本这三大要素都能创造价值，但都不能单方面决定价值。资本是中立的，资本也不能决定剩余价值，决定剩余价值的是资本主义制度。无理的“剥削”是抢劫，合理的“剥削”是分享。按边际成本定价必然走向血泪的剩余价值模式，而按代际收益定价就必然进化到甜美的协新价值模式。

一、协新价值是和谐之源

协同效益是整体倍加个体的量变，创新效益是个体倍加整体的质变。只有当市场提供的附加值——协新价值高于个体单干的新价值时，个体才会离开小农经济走向大工业。

假设甲男和乙女完全是个人从事农业劳动，甲每年独力创造 3 万元价值，乙每年独力创造 2 万元价值，两人单干一年能创造 5 万元价值，后来甲与乙结婚了，甲专门种田，乙专门织布，每年共创造 6 万元劳动价值，这多出的 1 万元就是夫妻两人分工协作之后的协同效益（附加值）。除了生儿育女之外，这 1 万元附加值就是双方结婚的经济理由。后来改革开放了，在城市化的诱惑下，甲乙都不种田了，都到城市打工，甲当电焊工每年挣 7 万元，乙当促销员每年挣 6 万元，两人共挣 13 万元，又比夫妻协作的 6 万元多出 7 万元的附加值，这是小规模协同向大规模协同的增值飞跃。

总之，从个体单干到家庭作坊会产生少量的协新价值，从个体直接融入大市场经济，会分享到大量的协新价值。工业化和城市化的本质是什么？就是附加值或知本溢价的规模化，不断扩大集体价值与个体价值的差距。

二、谁在创造协新价值

简单的个体劳动只能创造个体价值，但个体劳动不完全等于个体价值，能够创新的个体劳动也能产生集体价值，反之，集体劳动也不完全等于集体价值，消极而破坏的集体劳动也不能产生集体价值与协新价值。个体价值是指人数极少的简单劳动与消极被动的复杂劳动；集体价值是指大规模的简单劳动与积极主动的复杂劳动。判断个体价值与集体价值有两大标准：

第一是规模标准，家庭作坊或小农经济的人数极少，只创造个体价值，很少创造集体价值。大规模的分工协作大多能创造集体价值与协新价值。

第二是态度标准，消极而被动的机械性劳动，只能创造个体价值，很少创造集体价值，只有积极而主动的创新性劳动，才能创造大量的集体价值与协新价值，当然，企业中那些损公肥私的员工，不仅不创造集体价值，反而还损毁集体价值与协新价值。资本家从个体价值中榨取剩余价值，知本家从集体价值中分享协新价值。

三、资本是有形劳动

人是一切社会关系的总和，当然也是一切资本关系和劳动关系的总和，因此，资本关系也决定劳动关系，资本也是活劳动的物化，是活劳动的条件，是活劳动的结果，因而资本就是能增值的活劳动。资本不仅是劳动，更是一种最可靠的刚性劳动，“劳动资本化”就是劳动与资本的相互融化，包括相互强化或相互弱化。单位劳动融化的资本越多，工人的工资就越高，说明劳动的价值密度就越大。资本相对供给越多，才能相对地增加劳动稀缺，从而相对提高工资，反之，资本相对供给越少，劳动就会相对地过剩，就会导致工资相对下降。

四、劳资协同定理：相对资本与劳动价值成正比

资本相对于劳动越多，劳动价值相对就越高，反之，资本相对于劳动越少，劳动价值相对就越低。富国比穷国更富有，就是因为富国人均积累的资本与知本相对比穷国更多。

五、劳资二重性

资本是有形劳动，知本是无形劳动。人均 GDP 或人均 GNP 与工资成正比，劳动转化为资本的目标就是提高工资，工资是劳动资本化的标志，没有资本，就没有工资；工资越高，劳动资本化的程度就越高。劳资的主要矛盾是如何创造，次要矛盾是如何剥削。自从马克思的《资本论》问世以来，一提起资本，人们就会想到剥削，反而将资本最根本的创造与和谐功能忘记了，历史上形成了很严重的资本偏见与市场偏见，其实，资本与市场都是中立的经济工具，资本主义国家可以用，社会主义国家也可以用，不仅要用，还要用得更好，才能体现社会主义的优势，中国改革开放的成功就在于端正了对资本与市场的认识，纠正了资本偏见与市场偏见。先进思想是生产力，因为思想决定制度，制度决定科技，科技决定生产力，上层建筑在一定条件下能决定生产力，解放思想比解放科技更重要！资本要以人为本，坏制度决定资本的剩余价值，好制度决定资本的协新价值。

六、剥削对象到底是谁

《知本论》发现：资本家发财大多不是因为剥削工人，工人涨工资也大多不是因为剥削资本家。例如，假如两个工厂物质条件一样，工人一样多，每年发放的工资总额也相同，为什么甲厂破产后老板跳楼自杀，乙厂赢利后老板享受名车豪宅而且工人都加薪？难道甲厂老板被工人剥削了？难道乙厂老板剥削工人的太多了？其实，甲厂老板带领工人创造的效益与需求太少，而乙厂创造的效益与需求太多，两厂经营的附加值相差太大，这才是真正原因。乙厂老板发财的真正原因不一定是剥削工人，而是多分享了工厂的协同效益与创新效益，或者说多占有了规模经营的附加值——协新价值。注意，协新价值不是工人单方面创造的，而是全部要素协同与局部要素创新的产业链成果。不仅资本家能剥削（分享）协新价值，工人也同样能剥削（分享）协新价值，因为乙厂工人的工资提高了而资本家并没有亏损。

无形、无边、无限、无私、无价的协新价值才是劳资双方共同的剥削对象与真正的增值来源，工人努力工作是为了剥削（分享）协新价值，资本家努力创新也是为了剥削（分享）协新价值。没有协新价值这一内生力，就不会有市场，也不会有企业，丧失协新价值的市场必定崩溃，丧失协新价值的企业必定破产。以剩余价值为主要生产方式的是私有制，以协新价值为主要生产方式的是公有制。一国打压房价的政治根源是平息民愤，经济根源是房价过高严重损害了制造业与科技业的资本集中，破坏了一国经济的总体协同与全面创新，房价泡沫过大必将断送全国经济的GDP增量——协新价值。

农民放弃自给自足的单干，挤进城市打工，离乡背井为了什么？就是为了放弃个体经济，融入现代大工业的协同经济与创新经济，在集体经济和规模经营中分享到规模效应与创新效应的附加值——知本溢价或协新价值。没有协新价值，就没有产业转移与农民进城，从农民到“农民工”，一字之差的奥秘就在于小农经济只有个体价值，缺乏集体价值，而协同与创新天然需要集体分工协作，农民从个体价值到集体价值的惊险一跳，完全是为了获得分享协新价值的机会。

$$\text{集体价值} - \text{个体价值} = \text{协新价值}$$

$$\text{集体价值}\ y = \text{个体价值}\ a + \text{协新价值}\ bx$$

$$y = a + bx$$

a是物质资源与劳动量的等价转移额。

b是代表协同水平与创新水平的协新系数。

x是科技、文化与制度的知本化劳动量。

个体价值是经济存量，协新价值是经济增量；

个体价值是资本势能，协新价值是知本动能。

从遥远的农村，到现代化的大都市，农民寻找致富之路的两条腿是协同之腿与创新之腿，产业附加值是农村到城市的打工桥梁，工业化和城市化本质上是协同和创新的附加值产业化，附加值牵引着农民走向城市，附加值牵引着农民学习新技术，知本溢价牵引着淘汰落后产能，协新价值牵引着和谐社会的生长。如何继续创造知本溢价，将是各国深化改革的根本战略。

七、知本力是人类进步动力

知本既是生产力和生产美的第一推动力，也是劳动增值的第一主体，同时也是真正的资本剥削对象。这一深藏于资本和劳动之后的剥削对象——协新价值，被人类寻找了多年，终于被《知本论》发现了。

到底是资本家亏损时养活工人，还是资本家赢利时被工人养活？其实，真正养活工人与资本家的是协同效益和创新效益，或由知本主导的协新价值，是科学、文化与技术不断进步所带来的附加值滋养了工人与资本家，不断增长的协新价值才是劳资双方永远的，也是真正的剥削对象，只是这一剥削对象隐藏得太深，人们很难发现而已。协新价值是生产力发展的源泉，是市场价值的永恒支柱。协新价值的分享也不会公平，但这不是纯粹的绝对剥削，而是劳资双方都有增值的相对剥削。

八、生存靠协同，发展靠创新

同一系统的两大要素经常发生主仆之争。例如，鸡对蛋说，蛋剥削了鸡的生产，而蛋对鸡说，鸡剥削了蛋的孵化，到底是鸡剥削蛋还是蛋剥削鸡？是先有鸡还是先有蛋？

协同无大小，创新有先后。鸡与蛋都一样重要，鸡病了不会有好蛋，蛋病了不会有好鸡，先有鸡或先有蛋的本质是“谁先创新”，鸡先创新做神鸡，蛋先创新做神蛋，鸡先创新就先有鸡，蛋先创新就先有蛋，这不是谁先存在的协同问题，而是谁先发展的创新问题。

真正的剥削不是存量分享，而是增量分享，人类发展的规律从来就是对系统增值、附加值或协新价值的分享（剥削）。剩余价值是劳动存量或经济存量，所以剩余价值是绝对剥削；协新价值是经济增量或增值，所以协新价值是相对剥削。

九、资本积累靠协新价值

员工讨厌企业时，就大谈剩余价值，反之，员工热爱企业时，就大谈协新价值。剩余价值是一种附减值或负能量，协新价值是一种附加值或正能量。信奉剩余价值的人对资本有一种仇富情结，信奉协新价值的人对资本有一种爱富情结。

请问：当工人涨工资或得到奖金时，高兴吗？当然很高兴，因为工人多分享（剥削）到了协新价值，那么资本家一定痛苦吗？并不痛苦，因为资本家知道工人的工资增量是一种投资，会让自己以后从协新价值中分享（剥削）更多的利润。从协新价值这一真正的剥削（分享）对象来看，工资的本质不是成本，而是再投资，工资上涨说明投资规模增大，而且协新价值也将增大。工资是劳资双方分享（剥削）协新价值的跳板。资本利润不应源于工资减少，而应源于协新价值扩大后的分享（剥削）。

十、所有制曲线图

剩余价值论：工资与利润成反比，克扣工资才能增加利润。

协新价值论：工资与利润成正比，增加工资才能增加利润。

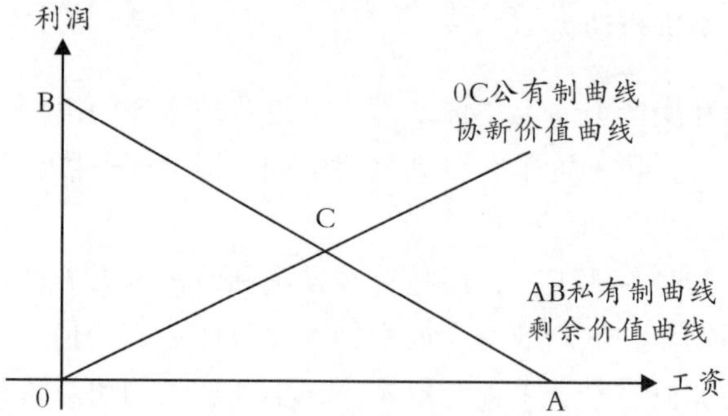

如图很像供求关系模型，AB 是类似需求曲线的剩余价值曲线或私有制曲线，表示工资与利润成反比，A 点是只有工资没有利润，B 点是只有利润没有工资，注意 AB 是一个无法向两边延伸的线段，假如 BA 向下超过 A 点，则企业的利润为负值而亏损，资本家会停产或破产；假如 AB 向上延伸超过 B 点，则工资为负值，工人肯定跑光了，企业不会合法存在下去。AB 不能上下延伸就说明劳资双方的增值是固定的，即三角形 0AB 的面积表示剩余价值，是一个限定的数，资本家不会仅以三角形 0AB 面积为限，还要千方百计地克扣工人工资，资本家相信只有克扣工资才能增加利润，在增值固定时，工资与利润必然成反比关系或反向变动关系。

0C 段是类似供给曲线的协新价值曲线或公有制曲线，注意，0C 段是能向上无限延伸的，工资越高，员工的协同精神与创新能力就越强，资本家的利润就越高，在协新价值无极限时，工资与利润就可以成正比关系或同向变动关系。

此图形象地说明：剩余价值主导的私有制是没有前途的，存在时间是有上下界限的，而协新价值主导的公有制是有前途的，是没有时间上限的，因此，共产主义是人类发展的终极理想社会！

马克思所发现的剩余价值，揭示了克扣工资的真相。说明了剩余价值就是最不光彩的掠夺。剩余价值不是资本积累的合理源泉，协新价值才是资本积累的合理源泉。因为工人的普遍贫困必将导致资本的协同效应降低，导致高科技行业难以招到高素质的工人，因此，剩余价值是低级或缺德资本家的思维，而当代资本家一定会想方设法激励员工争取协新价值，如果欧美资本家不持续涨工资正向推动涨利润的协新价值，仍停留在克扣工资反向推动剩余价值的血腥阶段，那么欧美资本主义早已岌岌可危了。缺德的资本积累靠剩余价值，美德的资本积累靠协新价值。

十一、协新价值是劳资之本

工人剥削（分享）的协新价值叫奖金，资本家剥削（分享）的协新价值叫利润，劳资关系存在的根本条件不是剩余价值，而是协新价值，没有协新价值就没有企业，也没有分工和协作的市场。在失去协新价值时，共创财富的竞争就变成了掠夺财富的战争，共同赚钱的市场就变成了你争我夺的战场。马克思所说的剩余价值是一种不叫工资的克扣工资或剩余工资。

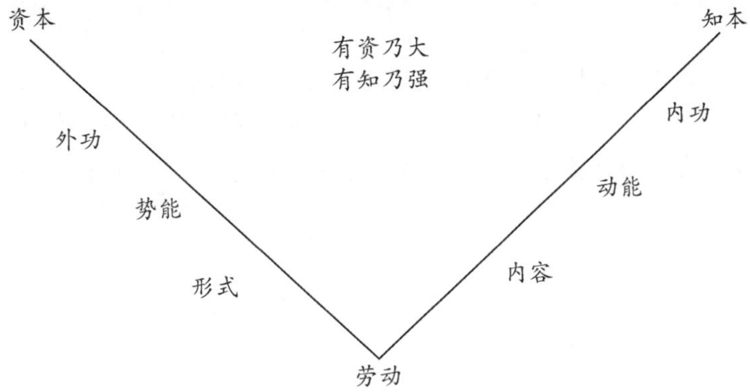

资本和知本是劳动双手

从“V”型图可知，资本和知本是劳动增值的双手，资为富形，知为富本。资本是劳动的外功、势能和形式，而知本是劳动的内功、动能和内容。资本与知本的增长速度应当高于劳动的增速，还有，资本与知本的增值力强，劳动的增值力弱，资本密集型与知本密集型的工资高，而劳动密集型的工资低。资本是劳动增值的外因和条件，知本是劳动增值的内因和动力。资本是劳动之后，知本是劳动之王。人们常常误以为资本剥削劳动，其实那是一个伪命题，真正剥削劳动的不是资本，而是血汗的工资制度，是资本主义初级阶段的分配制度。

注意：资本不等于资本主义，资本也不等于剥削制度，资本的基本属性是创造劳动并奖励劳动。资本与货币一样都是中性的，资本在坏的工资制度下代表剥削与剩余价值，在好的工资制度下代表创造与协新价值。资本无善恶，但人性和制度可以给资本定义善恶，坏人坏法定义坏资本，好人好法定义好资本。

十二、知本人

工资的增长有两大引擎，一是资本引擎，这是涨工资的硬件；二是知本引擎，这是涨工资的软件。当劳动力增长相对低于资本量增长和知本量增长时，工资就必然上涨，反之，当劳动量增长相对高于资本量增长和知本量增长时，工资就必然下跌。地方招商引资的动力就在于使资本量的增长高于劳动量的增长，而穷人家的孩子脱贫致富大多只能靠提升自身的知本量，从而提高自身的劳动等级，使自己变得更加稀缺，才能实现涨工资的长远目标。

社会人的主要内容就是资本人与知本人。人在漫长的学习教育阶段，社会人就变成知本人，在工作挣钱时期，社会人就变成资本人。知本人体现了社会人的精神文明，资本人体现了社会人的物质文明。如果否认资本是增值活劳动，就是否认物质文明；如果否认知本是增值活劳动，就是否认精神文明。

当低级资本家实行“劳动力价值 = 工资”时，则“简单劳动价值 - 劳动力价值 = 个体价值 - 工资 = 剩余价值”，这是低级资本家无法调动员工集体协作精神与创新精神时的

劳动力价值	剩余价值	简单劳动价值	协新价值	复杂劳动价值
成人价值	附减值	个体价值	附加值	集体价值

剩余价值单赢模式，剩余价值模式本质上是一种落后的模式。

当高级资本家实行“简单劳动价值 = 工资”时，则“复杂劳动价值 - 简单劳动价值 = 集体价值 - 工资 = 协新价值”，这是高级资本家调动员工协同与创新精神之后的协新价值双赢模式。

注意，榨取剩余价值时，工资只够工人养家糊口的生存成本或劳动力价值，劳动力价值 = 工资；在创享协新价值时，工资就大于劳动力价值，是指个体劳动价值或简单劳动价值，显然，榨取剩余价值时定义的工资远远低于创享协新价值时定义的工资，即剩余价值对应的是回收生存成本的低工资，协新价值对应的是发展个体价值的高工资。低级资本家在简单劳动中榨取个体的剩余价值（附减值），高级资本家（知本家）在复杂劳动中充分激励协同效应与创新效应。

十三、资本是代劳动

如果一个人有几套房子，就可以坐收房租，可以不用上班了，房子可以代替劳动或代劳动，又如企业用机器人代替了一大批工人，机器就是代劳动。肥沃的土地比贫瘠的土地的产量更高，肥地也能减少农民的劳动，也具有代劳动的功能。总之，人们为什么喜欢做富豪？就是因为富豪具有大量的资本，资本具有“代劳动”的属性，可以让拥有财富的人少劳动或不劳动。

资本为什么能代替劳动呢？这是因为劳动的传承性与协同性，资本是以前的劳动或他人的劳动，是劳动成果的静态传承，如果资本再结合新的劳动，又会分享协同效益。传承性说明资本可以储存以前的劳动，转移他人的劳动，而协同性又说明资本可以继续分享协同价值。由于协新价值是隐藏于劳资双方合作之中的剥削对象，资本可以代替劳动，当然，劳动也可以代替资本，所以资本与劳动的交换价值或边际替代率就在剥削协新价值时起决定作用。资本的代劳动可以使人们坐享他人的劳动，所以资本一直被视为劳动之王。

十四、知本是自劳动

知本可以像资本一样代替劳动，但知本最主要的功能还不是代劳动，而是自劳动，因为知本在传播与互动中，会不断变形，不断自我繁殖。知本不仅可以代替劳动，更可以在劳动替代时不断升值或变迁，有一个寓言说的是第一个人听说老鼠钻进人的耳朵了，经过不断传播，第十个人就说亲眼看到一只猫钻进人耳了，第一百个人就说看到一只老虎从人的耳朵里跑走了。任何信息与知识在无限的传播中就会发生变异，不断产生新的信息与新的知识。

资本的代劳动是高成本、无创新的等价转移，而知本的自劳动是低成本、有创新的增值转移。

自劳动是一种微创新或再创新。例如：日本人不善于创新，但日本人对知本的自劳动十分了解，所以日本人从美欧偷学的技术都要加以改良，而美欧人对自己发明的技术的自劳动认识不足，在这方面总是败给了日本人。资本的代劳动具有很强的传承性，但资本很缺乏变异性，而知本不仅具有传承性，更具有很强的变异性，所以知本天然就具有很强的创新性，“知本论”本质上就是“创新论”。资本的代劳动重在协同，知本的自劳动重在创新，资本和知本的剥削对象不一定是工人，却一定是在协同与创新中形成的附加值——协新价值。

十五、劳动量 = 价值

马克思所说的价值不是一般人理解的效益或财富或福利，而是劳动时间量，甲的一头牛与乙的300只鸡能交换，仅仅是因为一头牛与300只鸡的劳动时间量相等，所谓的等价交换其实就是换工游戏或换时游戏。

社会化大生产的本质是劳动资本化和劳动知本化，生产力 = 资本化 + 知本化，代表生产力发展的并不是简单劳动，而是资本化劳动与知本化劳动，资本家和知本家才是生产力发展的灵魂要素或领导要素。资本家有组织生产管理、制定经营战略、人才培训、融资投资、品牌营销公关等多方面的作用，不是那种被刻意丑化成什么都不用干，只知道坐着掠夺剩余价值的超级吸血鬼。不承认资本与知本的劳动本质与增值功能，整个国际分工协作与知本创新经济就失去了坚实的理论根基，离开了资本的代劳动与知本的自劳动来谈论工人的“必要劳动”是毫无意义的。

十六、必要资本 + 必要知本——必要劳动

社会必要劳动恰恰是建立在一定资本和一定知本条件下的大机器化生产，大生产的社会化恰恰是资本化和知本化的高度统一，因此，社会必要劳动既要归功于工人的简单劳动，也要归功于资本家的机器投资与技术专利，即社会必要劳动一定是资本家、技术员与工人们借助机器与技术的共同劳动，因为到了资本主义阶段，必要劳动一定是融合资本和知本的复杂劳动，绝不仅仅是工人阶级简单的体力劳动或机械操作。在社会必要劳动中否认必要资本和必要知本的增值功能，这是不合实际的，也是行不通的。

十七、劳动力为何能增值

为什么劳动力能增值呢？这就要将人类劳动的个体价值与集体价值进行比较，同样的劳动量，如果是个体劳动，显然就无所谓比较优势，因为个体劳动并不需要与任何人竞争或比较，因此个体经济没有协同效益，也很少有创新效益，一旦个体接受社会化的大分工与大协作，就会产生不可估量的协同效应与创新效应。社会化劳动（集体劳动）就比单个家庭的劳动（个体劳动）具有更大的协新效应，能创造“1 + 1 > 2”的附加值或协新价值，没有这个附加值的牵引，劳动者就不会满怀希望地离开家庭作坊或小农经济，企业也将没有做大规模的必要，因此，劳动力能增值，不是因为个体劳动的保值，而是因为参与了集体劳动的增值，即人类的群居生活与社会化大生产的分工协作，使全

部劳动者能在不增加个体劳动量的条件下去共享附加值或协新价值，这才是劳动力增值的社会化根源。总之，没有基于比较优势和比较求势的社会化大分工与大协作，就没有劳动力的增值。

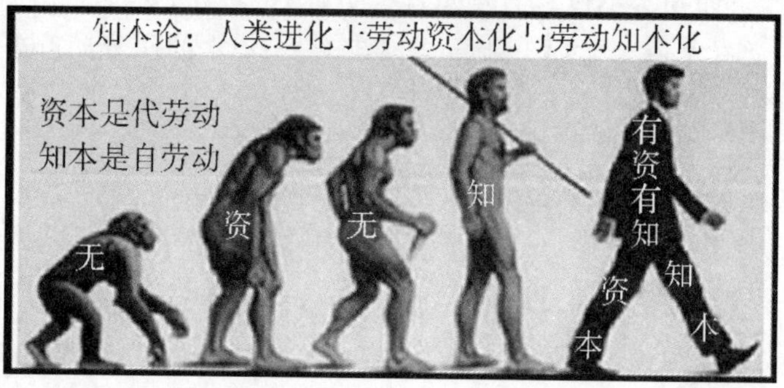

劳动力能创造出高于自身价值的附加值——协新价值，这就是社会人的伟大意义，只有社会人或经济人才能主动协同，主动创新，才能创造附加值——协新价值，而纯粹的生物人或自然人是不会协同与创新的，因此自然人是不能创造附加值的，小农经济与个体作坊也几乎不能创造附加值，能创造附加值的一定是人类主动协同与主动创新的集体劳动或社会化劳动。协新价值或附加值是集体价值与个体价值的差额。整体协同是个体的倍加，要素创新又是整体的倍加。整体价值是个体价值的超额加数，创新价值又是整体价值的超额倍数。

集体价值 > 个体价值，劳动创造增值，是协同效应；

集体价值 = 个体价值，劳动等价转移，是转移效应；

集体价值 < 个体价值，劳动创造贬值，是协异效应。

总之，附加值或协新价值不是绝对价值，而是相对价值，是集体价值相对于个体价值的增量，这个增量才是社会生产力不断进步的永恒动力，全部经济学的密码就在于协同与创新的增量经济与协新价值之中。《资本论》揭示的剩余价值是源于没有技术租的等价交换与按劳分配，《知本论》揭示的协新价值是源于技术租的增值交换与按效分配。

十八、复杂劳动是简单劳动的倍加

为什么复杂劳动是简单劳动的倍数或乘数？原因就在于简单劳动无需协同与创新，缺少附加值，价值密度低，而复杂劳动要求很高的协同水平与创新能力，能产生大量的附加值，价值密度高，所以复杂劳动在单位时间里能获得更高的协新价值。

例如，100 个农民各自种田，每人每年种 5 公顷土地，一年耕种 500 公顷土地，收入 50 万千克粮食，如果这 100 个农民买一台拖拉机、一台播种机和一台收割机，并采用先进的种子，选举一个出色的企业家，一年就可以种 3000 公顷，收入 300 万千克粮食，虽然 100 个农民的劳动时间量并无变化，但产出已提高六倍，这多出来的 250 万千克粮食就是分工协作的协同效益再加上采用先进技术的创新效益。100 个人各自为战的个体劳动没有协新价值，也不存在“谁剥削谁”的问题，然而，100 个人组成一个公社组织，协新价值提高了，公社领导比一般员工的收入更高，而所有员工也都得到了比各自单干时更好的收入，但却产生了领导“剥削”群众的新问题，其实，这种“剥削”只是一种分配不均的相对剥削，领导的劳动知本化程度显然更高。

组织协同的人数极限，就是企业经营的规模边界，超过协同极限的员工不创造增值，甚至还会贬值，任何组织精兵简政的目的，就是确认企业的协同极限与经营边界。通俗地说，领导者最多能管理多少员工，就决定了企业的协同极限与规模边界。

创新效益的极限，就是企业持续经营的时效边界。无论企业协同规模的大小，一旦创新失败而且长期无法找到正确的创新，那么企业就会像老人一样死掉。总之，协同极限决定企业的空间边界，创新极限决定企业的时间边界。

在协同极限与创新极限之内，复杂劳动才是有效的劳动，才可能是简单劳动的倍数。当然，缺乏有效协同与有效创新的复杂劳动，未必就是简单劳动的倍数，甚至可能还不如简单劳动。当复杂劳动不是简单劳动的倍数时，企业的效率必然十分低下。企业存在的必要条件就是企业分工协作后的复杂劳动必定是简单劳动的倍数，企业效益必定比全体员工各自单干的个体效益之和更大，也就是说一定要有组织附加值，即企业总体效益一定要大于全部员工各自单干的个体效益之和。

假设 Y 是企业规模协同和积极创新后的总效益，而 X_1、X_2、X_3……Xn 分别是 n 个员工各自为战或单打独斗的个体效益，那么企业存在的必要条件就是整体效益大于各员工单干的个体效益之和。

$$Y > X_1 + X_2 + X_3 + \cdots + Xn$$

企业裁员的极限就是整体效益等于个体效益之和，这是企业生与死的临界点或生死线。

$$Y = X_1 + X_2 + X_3 + \cdots + Xn$$

这个等式中的 n 就是劳动力的最大人数，超过这个人数就会出现多余的员工与协异效应，所以资本、知本与劳动者的协同人数取决于协同效应的内在要求，人不是越多越好，也不是越少越好，精兵简政就是将超过这个等式的多余人数减掉。

十九、哪种员工不增值

增值必须依赖于团队协同与经营创新，因此，破坏团队正确目标的捣乱分子不增值，这种不团结者反而会让团队贬值，矛盾制造者是企业的价值黑洞。在团队中反对创新的人，包括专制的领导和守旧的成员，这种反对创新者也不增值，甚至可能使团队贬值。一般来说，不团结的员工不增值，不创新的员工不增值，这两类员工难以创造超过自身价值的附加值，属于企业淘汰的对象。

不团结的员工破坏企业的规模协同效应，不创新的员工影响企业的创新效应，这两类员工就是企业的破坏者或剥削者，是比黑心资本家更黑的黑心员工，这种黑心员工才是企业真正的剥削者。

二十、劳资对立与黑白对立

劳资对立是一个争论多年的伪命题，因为从附加值的角度看，劳动者与资本家根本就不是严格意义上的剥削关系，劳动者所得一定会高于自己的劳动力价值，否则劳动者绝不会离开乡村而走进工厂，同理，资本家所得一定会高于自己的投资，否则资本家宁愿在家里睡大觉也不会千辛万苦地办企业，而且还要承受各种无法预计的市场风险。劳资关系成立的前提就是高于劳动价值和资本价值的企业附加值，没有这个附加值，企业就不会存在，劳资关系也就不可能在自觉自愿的基础上成立。

既然劳资对立是一个争论多年的伪命题，那么企业中到底是谁剥削谁呢？

《知本论》认为：企业中真正的对立关系不是劳资关系，而是黑红关系，即黑心员工与红心员工的对立关系，黑心资本家与红心资本家的对立关系。凡是对工作不负责，甚至暗中破坏团结与创新的员工，都是黑心员工，企业的一切监管与考核主要是针对黑心员工而展开，黑心员工在腐蚀和破坏着企业的协新价值，对其他红心员工和资本家都是极大的威胁，企业破产大多是因为没有及时发现和清除这种黑心员工，而导致企业附加值丧失殆尽。凡是对工作任劳任怨的员工，都是红心员工，红心员工能大大提高企业的协新价值，所以企业的劳资剥削并不是主要矛盾，黑心员工对红心员工的剥削才是主要矛盾。在信息经济与知识经济中，工人与资本家的劳资矛盾是次要的，黑心员工与红心员工的黑红矛盾才是主要的，黑心员工既剥削其他红心员工，更剥削资本家。

二十一、资本也能增值

只有劳动力能增值吗？不是，在社会化大生产中，资本是劳动的根本，知本是劳动的关键，协同与创新的协新效应需要劳动，但也离不开资本和知本，因此，市场附加值来源于资本、劳动与知本的三维价值空间，没有资本增值和知本增值，就不会有劳动增值，因为社会化劳动本质上就是资本化劳动与知本化劳动的融合，没有资本，就没有劳动社会化；没有知本，也同样没有劳动社会化。资本是有形有限的社会化，知本是无形无限的社会化。从边际成本或代际成本的角度看，资本和劳动的成本都是很高的，但是，知本的边际扩张和代际创新有时需要成本，有时可以零成本扩张，由于只有知本能实现边际成本为零或代际成本为零的无限增值，因此，从“成本—收益法”分析可知，真正的增值是知本，然后再传递给劳动者，最后通过劳动传导到资本，这种“知本—劳动—资本”的增值路径表明：知本增值是劳动增值之母，资本增值是劳动增值之子，劳动是承上启下的增值中枢。《知本论》发现附加值有三个阶段：

（1）初级阶段只承认资本增值，资产阶级学者都承认资本增值，甚至认为是资本家养活工人；

（2）中级阶段只承认劳动增值，正如《资本论》提出的剩余价值论；

(3) 高级阶段：知本、劳动和资本是三大增值之源，协新价值被人们认识。

《知本论》认为：协新价值或附加值绝不是个体值，而是全要素融合的系统值，当系统结构崩溃时，协新价值也就消失。因此，知本、劳动与资本融合成一个经济组织时才能增值，如果将这三大增值要素分隔开，那么谁都不能增值。如果将资本、劳动与知本不合理地强扭在一起，就不会产生协同效益与创新效益，也就不会增值，因此，劳动增值有三个条件：一是资本、知本都要与劳动有机结合；二是要能实现协同效益，清除黑心员工；三是要能实现创新效益。

资本＝有形有限劳动

知本＝无形无限劳动

《知本论》认为：资本和知本都是劳动的代言人或劳动的化身，资本是有形有限劳动，知本是无形无限劳动，否定资本和知本能创造价值，本质上就是否定劳动创造价值，因为资本和知本都是劳动的高级形式，劳动创造价值就包括资本化劳动创造价值或资本创造价值。

例如，无人工厂或机器人或智能设备，都是能代替人类劳动的资本，这种资本就是前人的劳动或他人的劳动的物化，资本就是物化劳动或刚性劳动，而知本是智化劳动或柔性劳动。既然资本和知本都是人类的高级劳动或他人的成功劳动，那么资本和知本创造价值，不仅没有否定劳动创造价值，反而还进一步肯定了劳动创造价值。社会化的本质就是资本化与知本化，所以社会化大生产就是资本化大生产和知本化大生产，因此，承认资本和知本能创造增值，本质上就是承认生产的社会化，承认劳动的集体价值。如果不承认资本和知本的增值功能，本质上就是只承认简单劳动，不承认复杂劳动，或只承认无协同、少创新的个体劳动，而否认有协同、多创新的集体劳动。

在简单的体力劳动中，脱离资本和知本的劳动可以创造极简单的劳动价值，但是，在社会化大生产中，资本和知本是劳动的双手，融合资本与知本的劳动才能实现协同效应与创新效应，才能创造附加值。要承认附加值，就必须承认资本和知本的增值功能。

二十二、资本和知本传承劳动

传承性或协同性是劳动的本质属性，而资本和知本恰恰就是传承性劳动或协同性劳动。

例如，采矿工人的劳动成果是矿石，采矿的劳动在炼钢环节就变成了矿石资本；炼钢的劳动在汽车配件环节又变成了配件资本；汽车配件的劳动在汽车整车环节又变成了汽车资本。

一般来说，上一道工序的劳动，就是下一道工序的资本，劳动转化成资本，恰恰说明资本就是物化的劳动或特殊形态的劳动，当资本创造价值时，往往是指上一道工序的劳动者或资本家在继续创造价值，资本实际上就是延伸的劳动。如果否认资本创造价值，实际上就否定了劳动的传承性或协同效应，否定了前人或他人的劳动，也就否定了资本家的决策性劳动或风险性劳动。资本是不说话的劳动，知本是不显形的劳动。

二十三、劳动不仅仅是生产

劳动价值论不能只是将劳动等同于生产，其实，生产、营销、商业、消费、社交等生活都是人类的劳动，严格地说，劳动就是生活，劳动价值论既是生产价值论，也是生活价值论，以互联网经济为例，网站工作人是劳动者，但网站的用户与受众才是真正的劳动者，而且是不领工资的生产者，网站的经济效益其实是受众生产出来的，网站员工只是技术员或管理员的角色。对于一个游戏爱好者来说，游戏是生活，其实也是为游戏网站在生产，游戏迷才是网络游戏业的“产业工人”，他们既是生产者，又是消费者，当游戏成为一种快乐的生活时，劳动价值论就是生活价值论。

在知识经济或信息经济时代，生产者有时以消费者面目出现，有时又以需求者形象出现。例如，新闻的生产者并不是记者，而是广大消费者，读新闻的还是广大消费者，在新闻的生产与消费上，其实都是同一群人，而媒体记者只是起到了传声筒的作用。从媒体的生产者与需求者来看，供求是合二为一的，有效供给自动创造了自身的需求，有效需求自动拉动了自身的供给。资本之手是有形之手，知本之手是无形之手．资本与知本共同构成复杂劳动的双手，资本与知本不仅是劳动，而且是劳动的高级形式，劳动的双本化（资本化+知本化）是人类社会经济发展的必然规律。

二十四、带来剩余价值的是制度

客观的资本并不能带来剩余价值，带来剩余价值的仅仅是资本主义制度，可以说，资本主义制度是带来剩余价值的价值。剩余价值其实就是工人在剩余劳动时间的工资，剩余价值=克扣工资，剩余价值本来是工资，但没有发给工人，被资本家扣留作利润，所以，工人把剩余价值叫应收工资，资本家把剩余价值叫合法利润。资本既包括工资，也包括利润，资本在农民手中不能带来剩余价值，资本在工人手中也不能带来剩余价值，资本在创新型或垄断型资本家手中也不榨取剩余价值，资本只有在黑心资本家手中才带来剩余价值。资本只是产生剩余价值的一个客观条件，真正带来剩余价值的不是资本，而是资本主义剥削制度，所以说，剩余价值不是资本价值，而是一种不公平的制度价值。

竞争=剥削=创造

例如，某一个人有100万元的工资积累，现在他想投资，如果他招聘无血缘关系的工人，是不是一定代表剥削？如果他只聘用有血缘关系的家人，属于家庭作坊，还算不算剥削？如果他与几十个人合伙组建股份制公司，员工全部是股东，有没有剥削？严格地说，只要存在劳动差别与收入差别，就一定有显性或隐性的剥削，剥削并不一定是个贬义词，剥削和被剥削都是发挥比较优势与比较劣势的竞争过程，剥削=竞争，没有价值剥削，何来市场竞争，竞争就是剥削，分工就是剥削。资本家招聘对工人而言就是要争取“被剥削”。剥削性创造或创造性剥削恰恰就是人类生产力的常态，剥削=创造，创造和竞争的本质就是为了获得定价权与知本无限扩散的超额溢价。

假设1亿名工人与100亿元资本组合成一国生产要素，工人与资本的比值是1∶100，此时工人的平均工资是100元，但是，经过大规模制度创新与招商引资后，变成了1亿工人匹配1000亿元资本，资本上涨10倍的结果是工资也能涨到1000元，这就是劳动资本化的创造作用或和谐作用，这就是穷富国家工资差距的根源——人均资本和人均知本的巨大差距，富国工人有大量资本的代劳动与大量知本的自劳动。富国资本家与工人都剥削（分享）了大量的协新价值或附加值。

在落后贫穷的国家，工人与协新价值都是剥削对象，而在富强创新的国家，工人不是剥削对象，克扣工资不是赢利的基本方式，剥削协新价值才是资本家和工人的基本生存方式，所以富国的平均工资水平可以是穷国的10倍左右。克扣工资本质上不是合法剥削，而是非法抢劫，只有剥削协新价值，才是合理剥削。

二十五、资本积累的产业形态

野蛮的资本积累靠克扣工资的剩余价值，文明的资本积累靠激励工资的协新价值，资本家要将企业做大做强，一定不是打骂工人或克扣工资，以剩余价值实现资本积累；而是赞美工人或激励工资，以协新价值实现资本积累。

不同产业的资本积累方式有很大区别：

在低级的劳动密集型产业，资本积累表现为“低工资+低利润”，大多是剩余价值与协新价值并存，由于缺乏创新效益，资本家不得不克扣工资以剥削剩余价值，最常见的是加班不给钱或少给钱，或经常规定过高的标准进行“罚款”，这类低级资本家想尽办法钻市场的空子以获取协新价值。

在中级的资本密集型产业，资本积累表现为“中工资+中利润”，大多是以协新价值为主，以剩余价值为次，克扣工资不是主要手段，但偶尔也用一用，特别是在工人跳槽或企业裁人时，资本家会想办法找借口克扣工资。

在高级的知本密集型产业，资本积累表现为“高工资+高利润”，由于员工的创新精神才是企业的生死命门，因此，知本家（资本家）绝不采用打骂员工或克扣工资的形式来掠夺剩余价值，而是以赞美员工或奖励员工的方式追求协新价值，因为协同精神与创新意识天生不能源于惩罚机制，只能源于激励机制。现代欧美的高科技产业，全部是以协新价值为主导的创新型企业，代表了当代经济思想的主流。

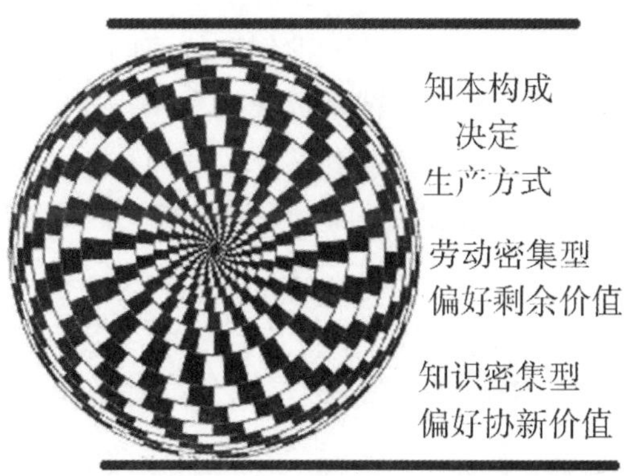

《知本论》认为：知本构成低的劳动密集型产业，低工资就会导致低利润；知本构成适中的资本密集型产业，中工资就会导致中利润；知本构成高的知本密集型产业，高工资就会导致高利润，这说明什么？说明知本构成决定了劳资双方的赢利模式，知本构成决定了劳资双方剥削剩余价值与协新价值的选择！要消灭缺德的剩余价值剥削，实现美德的协新价值剥削，就只有提高知本构成！资本积累速度与知本构成是成正比的，知本构成越高，利润率就越高，资本积累就越快。资本家要想提高资本积累，绝不是克扣工资而自损团队实力，一定是用激励工资来提高团队的作战能力，所以剥削工人的剩余价值不会导致资本积累的可持续发展，而劳资双方团结创新，共同剥削企业的附加值或协新价值，这才是可持续的资本积累，也是高效率的资本积累。

二十六、货币附加值

莫斯利由于劳动生产率的提高引起附加价值增大的论点称作宏观货币解释模型。莫斯利的货币的定义如下：

$$N = m \cdot H \cdot D \cdot (PL)$$

H 为每天的劳动时间数，D 为一年间总的劳动天数，PL 为从业人员数。

每单位劳动时间的货币附加价值 $m = N/(H \cdot D \cdot PL)$，此处的 m 就是价值的货币表现，而 m 的倒数无疑就是莫斯利的货币价值。

上式用文字可表述为：用价格表示的总附加价值（N）＝每小时劳动时间的附加价值（m）×总劳动时间（H·D·PL）。

在 H·D·PL 一定时，生产率上升，若价格表示的附加值 N 增大时，每单位劳动时间附加价值 m 必然增大，同时，每单位货币的劳动时间的货币价值也必然缩小，而与货币生产相关的社会必要劳动时间的变化与否没有相关性。即使每单位生产物的必要劳动时间减少了，每单位劳动时间的附加值 m 则增大了。生产率的提高不可能造成每单位生产物的价格下降，只能是随着生产率的提高而提高，在总劳动时间不变的前提下，总附加价值出现增加的局面。

《知本论》认为：莫斯利能认识到生产率提高能导致附加值提高或生产率与附加值成正比，这是劳动价值论的一个飞跃或质变，只有从生产率或附加值入手，才能全面而深刻地认识资本创造价值、知本创造价值与劳动创造价值的同一性，从等价交换不能认识资本和知本的增值功能，只有从附加值或增值交换出发，才能认识资本增值、知本增值与劳动增值的必然性和统一性。由于莫斯利结合时间与货币进行增值分析，这实际上将劳动价值论与货币主义观念结合起来，从而极大地扩充了劳动价值论的解释范围。当然，剥削制度本身也是一种激励机制，没有相对剥削，就没有合理的激励机制。

第二节　葡萄价值难题

主张劳动创造价值的李嘉图在他的一次演讲中，有一个听众当场提出了一个让他无法回答的问题，事后李嘉图回家翻来覆去地想，仍然无法用劳动价值论进行合理解释，这就是经济学中与“钻石和水”难题相提并论的“葡萄窖藏”难题，解释不了葡萄就说葡萄酸的他很苦恼地给友人写信说：“葡萄酒的窖藏增值问题太要害了，能够证明劳动价值理论是错误的！”李嘉图悲观失望地想放弃他研究多年的劳动价值学说。

李嘉图的劳动价值论无法解释的葡萄酒增值难题是这样的：假设有两瓶葡萄酒，一瓶生产出来后拿到市场上立即当新酒出售，如果当时的市场均价是新酒每瓶卖 10 英镑。另一瓶生产过程和包装成本相同的葡萄酒，放到生产商的地库里窖藏起来，过了一段库存时间（比如说 5 年或 8 年等），旧藏酒的市场价就可以卖到大约 100 英镑。有人问李嘉图：“这多出来的 90 英镑，是谁创造的呢？”虽然把酒窖藏起来需要劳动，但这个劳动是非常少的甚至可以忽略不计，跟多出来的价格严重不成比例。这个问题就如同现在的奢侈品，直接生产成本只有几百元的皮包或洋酒，贴上国际知名商标就可以卖到 10 倍以上的万元高价，而多贴一个商标的边际成本只需要 1 元钱，这多出来的边际收益与增加的劳动量严重不成比例。

无法解释葡萄酒增值难题的李嘉图死后，他的弟子麦克库罗赫在演讲时又被人追问这个葡萄酒增值难题，他终于承认了包括大自然劳动与人类劳动的劳动二重性：“这 90 英镑的价值不是工人劳动创造的，而是大自然的劳动创造的。”用化学术语解释就是酒分子之间的长时间碰撞劳动的化学反应创造了好酒质。酒分子之间的碰撞价值如何确定呢？只有当这瓶酒拿到市场上出售并通过需求方的出价来决定。张忠任先生在其新著《百年难题的破解——价值向生产价格转型问题的历史与研究》（人民出版社 2004 年）中说：“新葡萄酒与陈葡萄酒的价值在人的体力和脑力劳动的消费上并没有什么不同，它们所含有的价值量是相等的，但它们的生产价格却不同，因为陈葡萄酒必须在生产过程中滞留较长的时间，处于不利的地位，因而会有一部分剩余价值从其他部门流出转到陈酒这里来，使之能获得平均利润，这就是陈酒的价格高于新酒的原因，这也是马克思生产价格理论的重要结论之一。”这个解释在《知本论》看来只能是极小部分合理，因为窖藏酒比新鲜酒增加的劳动量与资本量都是很少的，大约只有 10% 左右的生产成本增加，但是，价格却增加了几倍以上，这显然是无法用利润平均论来解释的，因为即使资本利润的平均化运动能起作用，但也不至于几分之一的成本差距造成几倍的价格差距。

《知本论》认为：价值是人类与自然协同创造的效益，价值就是商品整合自然物性与社会人性的最佳效益，是自然劳动与人类劳动（包括资本化劳动与知本化劳动）共同创造的总效益，葡萄酒的价值取决于信识评级与供求平衡等方面：一是不同地段和气候条件的葡萄产量差别大；二是窖藏水平与温度也会影响窖藏酒的品质；三是旧藏酒比新鲜酒更加好的宣传很重要；四是不同国家不同品牌的葡萄酒会有不同的需求偏好；五是市场上葡萄酒业的供求关系和信识评级影响极大；六是窖藏的生产周期大大延长，导致窖藏酒的供给弹性大大降低，从而容易出现供不应求的短缺，导致价格上升。总之，窖藏酒增值是供求平衡与信识评级共同决定的，是窖藏酒的名牌效应与名牌溢价，是一个复杂的竞争定价过程，主要不是劳动定价，而是需求定价，需求定价大多表现为信识定价。

传统劳动价值论是推崇劳动时间、辛苦和费用的苦劳论，缺乏对信识等级和需求差异的重视，而《知本论》信奉的是劳动等级制度，强调的是劳动效益决定价值而不是劳

动付出决定价值的功劳论。苦劳论认为只有人的劳动才是增值的唯一源泉，而功劳论认为人力、资本、知本需要共同劳动，是增值的三大源泉，人的劳动通过资本化和知本化形成了无数的劳动等级，表现为效益等级与分配等级。一个国家积累的资本越多就越富，工人的工资等级就越高，而工人受教育的程度越高，积累的知本等级就越高，工资等级也越高，所以，资本积累和知本积累与工资增长的矛盾是偶然的，与工资增长的同步是必然的，资本代表剥削是次要的，而资本代表和谐是主要的。

《知本论》认为：葡萄酒的第一层核心价值是物质效能价值，这可以由劳动量来计算；第二层核心是人们普遍相信旧窖藏酒更健康，再结合大自然的劳动，才形成了旧窖藏酒极高的文化认同，这是人文价值在商品中的反映，就像许多奢侈名牌主要卖的不是必需生理需求，而是文化心理需求。注意，解决人们身心需求的，是商品的绝对价值，是商品的内因价值或内在价值，突出的是人与物的关系，因此，葡萄酒的供求价值与信识价值差别很大，这是第三层外围的相对价值，相对价值是外因或外在价值。

定级——定量——定价

贫穷与富贵的差别，往往不在个人的绝对价值，而在于供求价值与信识价值等相对价值，人们求职选择好公司高工资，也是为了求得更高的相对价值（外因）。商品的绝对价值（内因）取决于劳动效益；商品的相对价值（外因）取决于市场需求。效益是抽象价值或绝对价值，对位效益是具体价值或使用价值或相对价值，对位就是适合需求决定的价位。

例如，同样一瓶酒放在低级场所或货币紧缩时可能只卖10元，但放在五星级大酒店或通货膨胀时就可以卖100元，这就是不同商业系统或商业制度下的信识等级；一瓶酒贴上普通商标只卖20元，换个一元钱的知名商标可以卖35元，这是不同品牌系统或品牌制度下的信识价值；还有，同样一瓶酒在不同国家的销售渠道与不同连锁的销售制度下，也会有不同的信识价值。商品二重性表现为消费性（使用价值）与投资性（货币价值或信识价值），消费性受供求关系制约，而投资性受信识关系制约，商品定价有两条法则，一是信识均衡法则（定级法则），二是供求均衡法则（定量法则），供求双方围绕产品的信识等级进行“定级”，随后再通过供求关系来“定量”，最后达到“定价”。简单地说，先有信识定级，后有供求定量，定级与定量共同定价。

信识评级是质量选择，供求变动是数量选择。在定价权的争夺中，第一是信识等级，人们对质量的认识是通过信识评级完成的，第二才是供求变化，相对数量影响价格变动，例如，钻石的生产成本并不高，而且供应量极其巨大，早已经是供过于求，仅俄罗斯的天然钻石矿就可以供应人类三千年以上，还有大量未发现的钻石矿，然而，供过于求的钻石却牢牢把握着定价权，原因就在于钻石经销商一直联手维护钻石高价，通过广告营销共同维持了钻石的信识等级，使人们总是误以为钻石就代表高贵和稀缺，其实，钻石就是一堆价值不高的烂石头，欺世盗名的“钻石营销”极其雄辩地证明了价格机制首先取决于信识等级的“质格”，其次才是供求关系的“量格”，最后是成交的“价格”。举世无双的“钻石营销”主要不是源于资源垄断，而是源于市场信识定级。

企业在生产和销售中常常面临一个两难的矛盾：如果大幅降价，就会大幅提高销量，短期内会扩大市场规模并提高利润总量，有利于短期赢利，但是，降价就会降低企业的信识等级，降级之后再升价就很难了，甚至可能永远跌入低价品牌之列，不利于长期赢利。如果企业涨价也可能会降低销量，并失去市场，当然，如果涨价的理由能让消费者信服并形成乐观预期，就能成功升级，并能实现价量齐涨。信识升级必然价量齐涨，信识降级必然价量齐跌，这与供求关系的价涨量跌或价跌量涨是完全不同的。

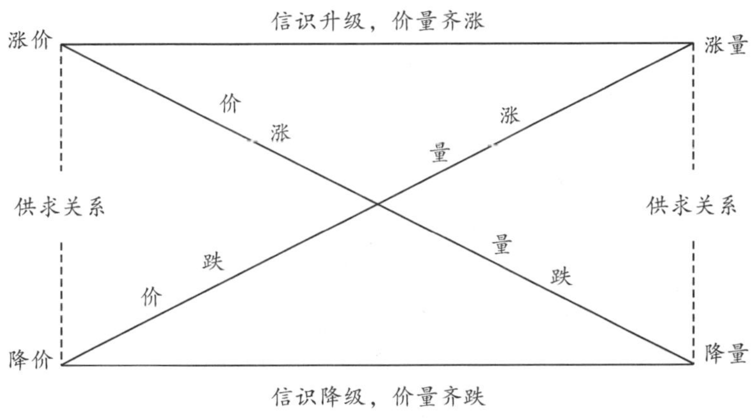

信识定级与供求定价图示

预期经济就属于信识评级经济。在信识评级与供求变动的价格双轨制中，要注意信识等级升降对供求量价变化的主导作用。只有在产品价格等级与市场需求等级不变时，供求定理中的短缺必涨和过剩必降才能顺利发挥市场之手的作用。当产品的信识评级处于升级状态时，即使涨价也未必减少销量，这如同房地产越限价就越涨价一样，因为政府信用通胀与信息垄断左右了住房评级，反之，当产品的信识评级处于降级状态时，即使降价也未必增加销量，例如，产品出现重大质量丑闻时，哪怕只是一个产品或一个员工出问题，也会降低产品等级，从而导致降价也无法涨量，如三株口服液、三鹿奶粉、达芬奇家具等因个别丑闻而导致品牌降级，量价齐跌。又如一类明星的出场价是 10 万元，三类明星出场价是 3000 元，明星出场费的总利润一要看出场单价，二要看出场次数，出场单价要看明星的信识等级，出场次数要看明星的供求数量，所以市场之手有两只手，一是信识之手，二是供求之手。离开信识定级去谈供求定价，就如同离开劳动等级去谈劳动时间。

一、库存就是劳动资本化

目前一些房地产开发商在资金不紧张时，由于预期房价将要上涨，因而故意捂盘或惜售，这种类似葡萄酒“窖藏”的库存行为，实际上是一种按资分配的投资行为，库存表面上占据了流动资金，但由于有涨价预期、通货膨胀预期或淡季产能不足预期，此时库存量的增值力就可能超过活劳动量，库存管理就转变为劳动资本化，就是劳动与资本相互融合生长的资本性劳动，能够获取超过单纯劳动的超额资本收益。窖藏酒的高价值既有劳动创造的价值，也有一部分通过生产资料转移价值，还有一部分是资本创造的价值，因为地窖空间是一种厂房投资，窖藏时间越久必然导致折旧越多，长期窖藏也需要相应的管理和照看劳动，同时也会积压大量生产资料与流动资金，从而也会成为其他投资项目的机会成本，总之，窖藏劳动显然是一种资本化劳动，应该获得较高的资本收益率。当然，从供求关系来看，由于窖藏是一种长时间的劳动，因此窖藏酒的生产周期特别长，供给弹性极低，不能及时增加供给而形成供不应求的涨价局面，窖藏本质上是一种创造供不应求的稀缺营销方式，窖藏等级就是一种信识评级。同时，窖藏也是一种品牌文化，是一种公认的信用创造与信息传播，因此，窖藏能提高信识等级与相对稀缺。

二、人文就是劳动知本化

假设人们认为窖藏会让葡萄酒流失营养价值，就像新鲜鱼肉放置一段时间必然跌价一样，那么，葡萄酒生产商就不会去长期窖藏葡萄酒，长期窖藏不仅是一种占用资本并要追加劳动的投资行为，更是为了迎合消费者需求偏好的窖藏文化，原因很简单，因为人们相信窖藏酒比新鲜酒更有价值，即使事实上或科学上并非如此，但只要人们都有一种追求窖藏文化的消费理念或品牌理念，那么，人们就愿意出高价买窖藏酒而不是新鲜酒，这说明商品不仅要通过生产劳动“卖”价值，更要通过品牌文化宣传“卖”价值，也就是说，葡萄酒的价值不仅包含工人的体力劳动价值，也包含长期窖藏这一资本化劳动或知本化劳动的文化增值，这三个方面共同构成了葡萄酒的绝对价值与相对价值。

窖藏品一般被视为艺术品，如茅台酒与五粮液的窖藏品都可以作为艺术品拍卖出天价，一旦成为艺术品，就必须具有极强的差异性与独特性。劳动价值论一直忽略精神产品与主观需求，李嘉图认为类似古董、书画之类精神产品太少了，可以忽略不计，这种偏见是无法解释名牌和奢侈品的高价销售的。英国经济学家巴尔本曾称：人的欲望分为物质和精神两种，大多数商品具有价值是因为它们满足人们的精神需求，历史的进程是精神产品越来越多，也就是心理需求有可能超过生理需求。总之，窖藏品、艺术品与奢侈品的商品价值大约10%取决于内在的劳动价值（绝对价值），而大约90%取决于外在的交换价值（相对价值）。

三、自然力是资本化劳动

马尔萨斯的“让渡利润说”提到了真实价值与相对价值的不一致，而所谓真实价值就近似于《知本论》所说的绝对价值，相对价值源于商品所处的信识评级与供求关系，但并不是让渡利润，而是需求定价与信识定价的双轮驱动，从劳动资本化和劳动知本化的两大趋势看，相对价值有主导绝对价值的趋势。

麦克库洛赫在《政治经济学原理》中也提到了那个让经济学界长期争论不休的话题，即木桶的葡萄酒发酵过程是否属于劳动的学术问题，麦克库洛赫认为发酵是自然力的劳动，自然劳动可以创造价值，由于窖藏劳动主要不是劳动者的贡献，因此资本家有权分享窖藏酒的超额利润和超额利息，这引发了对劳动价值论100多年的质疑和论战。

《知本论》认为：麦克库洛赫的观点将劳动概念延伸到了自然界，这是一个十分了不起的理论进步，这次劳动革命使得劳动资本化或资本化劳动开始受到哲学家们的广泛认可，承认自然劳动与人类劳动一样是活劳动，同样有劳动价值，这就大大扩展了劳动价值论的适用范围，实际上是开始承认了资本也能创造价值与劳动资本化。

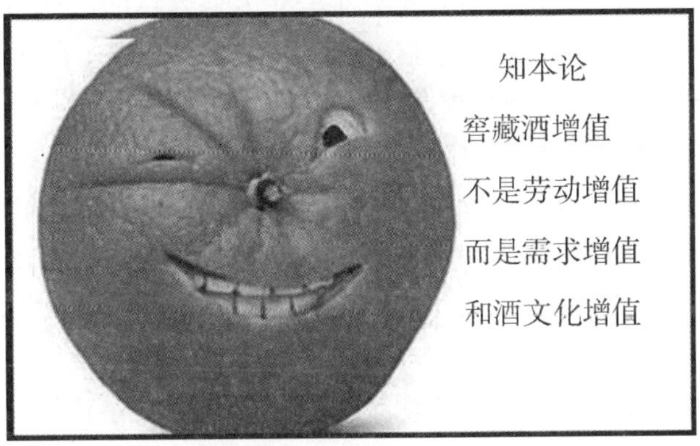

麦克库洛赫认为：商品的交换价值决定于商品所需的劳动量，商品在购买或生产后一直保存到适合于使用之前，交换价值的增加与劳动无关，反而是一种资本利润。他假定一桶值50镑的新葡萄酒放在地窖，12个月之后就值55镑，这升值的5镑是葡萄酒增加的劳动价值，虽然葡萄酒表面上没有经过人类劳动的作用，但实际上通过自然力的媒介，把一笔等量资本转到葡萄酒内，这种生产方式无需资本和人的劳动交换，是自然本身的作用力在酒桶内产生，因为劳动既包括了人力，也包括自然力，而李嘉图主张自然力只是增加使用价值，但葡萄酒的货币价值升值却是他无法解释的。

《知本论》认为：从劳动主体看，劳动二重性可以表现为人类劳动与自然劳动；从增值要素看，劳动二重性可以表现为资本化劳动与知本化劳动。

第三节　劳动力价值

人们出卖的是劳动能力与劳动时间，但不能出卖人格权、选举权、被选举权、休息权、交际权、健康权、婚姻权、生育权、生命权、治病权等，因此，买卖人口、买卖尊严和买卖身份都是违法行为。劳动力并不是完全意义上的商品，有许多权利既是劳动者自己也无权出卖的，资本家也无权购买的，所以，劳动力只是相对商品或部分商品，不是绝对商品或完全商品，通常劳动力商品化的说法并不科学严谨。劳动力严格地说是准商品或半商品。还有，劳动力中的协同精神与创新意识是无法买卖的，资本家也是无法真正监管的，资本家可以从工人身上榨取剩余价值，却无法从工人身上榨取协新价值，因为协新价值只能靠激励机制才能诱导员工主动地创造出来。剩余价值是被动价值，协新价值是主动价值。

劳动力的个人价值虽然受制于宏观经济效益，但个人必须与社会协同才能分享，否则就进入了被社会经济体系异化的失业困境；同样，劳动力的个体价值也必须有创新能力，好的工作岗位不是天上掉下来的，也是需要自己努力创新，创造成绩，才能让别人去发现你的价值。

劳动力为社会创造的最小效益不能体现自己的真实价值，千里马只有日行千里才能证明自己是千里马，如果永远是日行百里就不会是人们公认的千里马，因此，只有最大效益才能体现和证明劳动力的真实价值，最大效益或最大需求决定一个人的价值。

《知本论》认为：劳动力的价值就是为社会创造的最大经济效益，正如机会成本就是做一件事而放弃做另一件事的最大收益。

从资本主义一诞生，工人的工资就是劳资双方生死争夺的战略制高点，因为工资直接决定着剩余价值的多少。

重农学派的重要代表人物杜尔阁认为：由于劳动力市场是供大于求的，所以工人的工资只能维持其最低限度的生活。

英国古典政治经济学创始人威廉·配第认为：工资是维持工人生活所必需的生活资料的价值。

马尔萨斯等人也认为：工人只能拿最低限度的工资，他们认为工资就是只能维持最低生存的生活资料，其工资等式是：

$$生活资料价值 = 劳动力价值 = 工资$$

劳动力价值是由生产资料决定的，这无疑是一个伪命题，这是将人的消费水平等同于人的生产效率。

后来马克思也补充说明：资本主义工资并不是被劳动力价值决定的，而是被资本主义社会的经济规律和法律制度所决定的。

从美国劳工部统计局的资料来看，2006—2010 年，虽然员工工资的年均增幅达到 3. 23%，用工成本增加了，但是整体的劳动生产率也得到提高，年均增幅 2. 5%，说明了工资与劳动生产率成正比关系，这就是劳动资本化和劳动知本化的体现。

资本是增值之形，知本是增值之神，劳动是增值之路，人们常抱怨学非所用或所用非人，说的就是劳动力价值一定要学有所用与知人善任才能体现。人才价值体现为比较优势、比较求势与比较权势。孙武演兵斩美姬、刘备三顾茅庐、萧何月下追韩信，均说明哪怕是千古奇才，也必须在一定的社会关系中达到协同效应，才能充分体现劳动力价值。总之，每个劳动力都是有绝对价值的，关键是识人与用人的激励机制如何体现劳动力的相对价值。世有伯乐，而后有千里马，伯乐的作用就在于发现人才的相对价值，一个人的价值有多大，除了取决于自己的绝对价值——体力与智力外，还要取决于自己多方面的相对价值——社会关系，而社会关系包括社会经济条件、社会角色、社会地位等多方面。求职就是一个寻找和实现相对价值的过程。

《知本论》认为：劳动力价值的三要素为体力价值、智力价值与社会关系。

一、体力价值

劳动者的体力，是一种与生俱来的生理能力，一般在 20～30 岁之间达到最大值，任何劳动都必须有一定的体力作支撑，如果一个人全身瘫痪或变成植物人，就不可能参加社会劳动了。从体力价值曲线可知，在 20 岁与 30 岁时有两个比较明显的价值拐点，超过 30 岁后，人的能力就开始明显而直线地下降了，当然，这只是一般规律，由于每个人的职业、心理、健身习惯、生活水平与社会遭遇各不相同，因此，会与这个体力曲线有些偏差，但就大多数人来说，基本上是按这个体力价值曲线而随年龄变化的。30 岁前人的体力基本上是每年呈现边际体能递增规律，而 30 岁后是边际体能递减规律起作用。

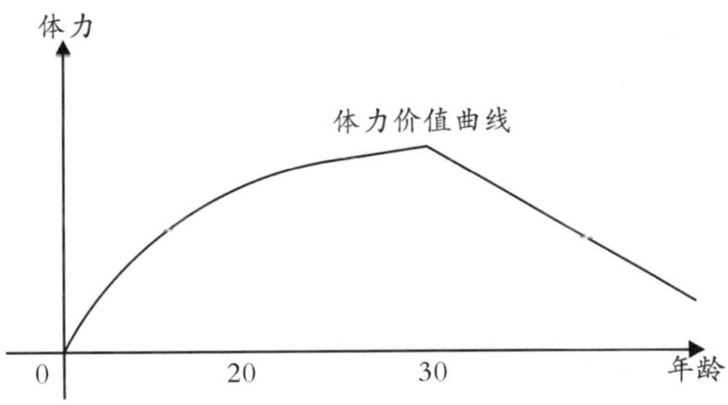

二、智力价值

人的智力主要取决于个人经验积累、长期的教育和培训、自学与自我反思等多方面的积累，是一个人处理各种社会经济问题的全面思维能力。智力包括人们通常所说的情商、智商等各种生存智慧。

智力价值曲线表明：30 岁时智力会达到比较高的地步，一直到 60 岁都会增长，但不如 30 岁前增长快，可以说，第一个 30 年是快速增长期，第二个 30 年是平稳增长期，到 60 岁后会缓慢下降，但不会像体力曲线下降得那么快，老人尽管体力远不如年轻的时候，但智力与体力是不同步的，许多老人的智力仍然是很高的。当然，个体的智力差异比体力差异更大，特别是与一个人是否具有终生学习的习惯有关，好学不倦的人在 60 岁后智力下降很慢，但拒绝学习的人下降很快，大多数人的智力与年龄的关系还是符合智力价值曲线的规律。一般来说，一个人在30岁时的智力是每年边际智力递增，但30岁后因人而异，主要取决于是否继续学习。还有，从教育普及和知识发展来看，总体上人类是一代更比一代聪明，因此，从宏观上看，人类的代际智力递增，但在微观上还有很大差异，不一定是每增长一岁，他的边际智力递增。

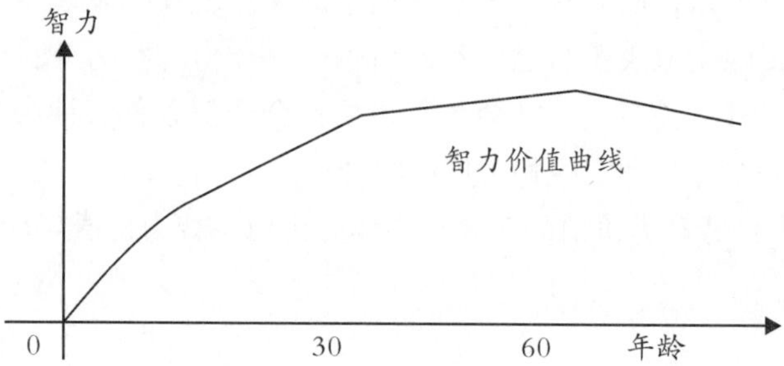

三、社会关系

劳动力价值从微观上来说，主要由体力与智力决定，但从宏观上来说，劳动力毕竟是社会人，劳动力的价值更多地由其所处的社会地位、角色、职业、财产、亲友与家庭等全面的社会关系网来决定，严格地说，人是一切社会关系的总和，只有承认资本和知本也是能增值的活劳动，才能真正确立人是社会关系。社会关系对劳动力价值起着主要的决定作用，也对劳动资本化和劳动知本化起着决定作用。体力与智力是一个人的绝对价值（内因），而社会地位和关系网是一个人的相对价值（外因）。

体力价值 + 智力价值 + 社会关系 = 劳动力价值

《知本论》认为：人是一切社会关系的总和，所以劳动力价值是其体力价值与智力价值再加上社会关系的总和，其中体力价值与智力价值是劳动力的微观价值或内生价值，而社会关系是劳动力的宏观价值或外生价值。

第四节　无形劳动价值

有形之物在购买之前可以存在，也可以是预付款先订购，让生产者先收钱再生产出来后发货，这是很正常的信用经济。但无形之事往往是劳动与购买同步，服务在时空上大多无法保存，例如，歌舞表演等，既有先付款后劳动，也有先劳动后付款，买卖在时空上分离是很正常的信用经济，劳动力价值与劳动价值在时空上是可以任意分离与组合的，两种价值既可以同时发生，也可以在异时异地发生，这就是信用经济与虚拟经济的魔力。

劳动价值 - 劳动力价值 = 剩余价值

这里的劳动价值是简单劳动下的个体价值，不是包含协同与创新的集体价值。注意，公式里的劳动价值特指劳动创造的新价值，不包括生产资料等不变资本转移来的旧价值。

虽然这个公式有点奇特，但是，在资本主义原始积累的血腥剥削阶段，资本家还真的是按这个公式行动的，还真的是使“劳动力价值 = 工资”和“劳动价值 - 工资 = 剩余价值”，这两个公式只适合资本主义原始积累初期的血汗工场，随着知本构成的提高，剩余价值剥削就让位于协新价值剥削了。绝对剥削是剩余价值，相对剥削是协新价值。

一、资本家雇用工人到底是买什么

对雇佣劳动制的认识大致有三种劳动购买理论：

一是能力论，认为资本家是购买劳动能力或购买劳动力价值，许多计划经济国家都是这样认为的，但是，劳动能力也就是劳动力价值，人不是买来看的，而是买来用的，不用又怎么证明其能力呢？劳动力价值论或能力论是低效的工资理论，是发人头工资的绝对平均主义，这是按人头分配。

二是劳动论，认为资本家是购买劳动，雇用工人不就是让工人干活吗？流行的计时工资、工龄工资等，都是将劳动时间作为劳动的计量工具，因为劳动是没法计算的，只能用时间来间接计算劳动，这又引发了劳动时间量等于价值的争论。

三是效益论。资本家雇用工人，其实是三重购买，第一重是面试，购买劳动力价值，即能力论；第二重是试用，购买劳动时间量，即劳动论或苦劳论；第三重是结果论或效益论，购买的是劳动效益，这是按效分配。总之，资本家购买劳动力价值（能力论）是表层功夫，购买劳动时间量（苦劳论）是中层功夫，购买劳动的结果（效益论或功劳论）才是深层功夫。

假设一个中国工人的月工资为 4000 元，其生产出的纯利润为 1000 元，工人的单利成本为 $4000 \div 1000 = 4$，而一个美国工人的月工资为 2 万元，他生产出的纯利润为 2.5 万元，美国工人的单利成本为 $2 \div 2.5 = 0.8$，显然中国工人的单利成本（相对工资）高了。想要提高工资水平，只能是提高个体生产效率与整个社会人均资本和人均知本水平，简单地说，要想提高工资，就必须提高人均 GDP 或人均 GNP 才行。

二、U 型微笑曲线

经济学上的制造业的 U 型微笑曲线就是一个双头剥削曲线，美国的经济殖民就是要在技术级与资本级进行两极控制的双向剥削，而且这两极也不需要太多的劳动量，只有中间的加工制造才需要大量的劳动量，因此，经济殖民的本质就是通过资本和知本输出，控制定价权，从而加速劳动资本化（资本和原料输出）与劳动知本化（品牌和技术输出）的不对称发展，让资本和知本的定价权提高，让劳动的定价权降低，这就是经济殖民的理论根源，也是知本可以无边际成本或无代际成本地进行无限扩张的动力。

从国际贸易战和国际金融战的角度看，所谓的制造业微笑曲线本质上就是美帝经济殖民与受援国政治腐败的“联手曲线”，同时也是知本构成、资本构成双双提高和劳动构成不断降低的价值掠夺曲线。宗主国处在微笑曲线的两极上，而殖民国处在微笑曲线的最底端。

劳动价值论衍生出了后来的生产中心论与成本定价论，边际效用论衍生出了后来的

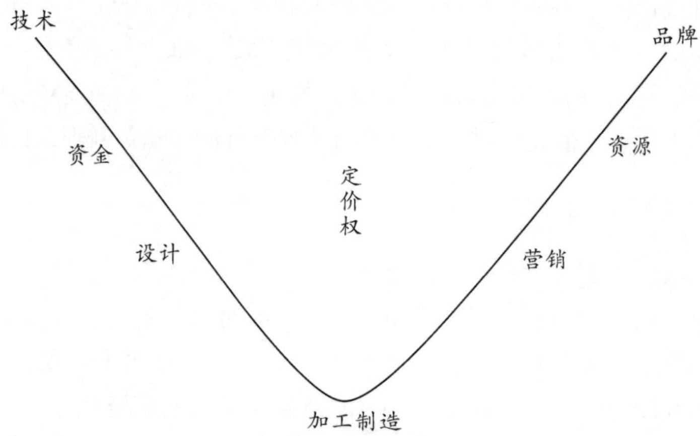

U 型微笑曲线

客户中心论与需求定价论。市场营销学或品牌学就是从经济学的边际效用论发展而来的。边际效用论是联结经济学、心理学与营销学的核心学说与中心枢纽。

效用论与需求论很相似，都强调了需求决定消费，效用论就是主观需求论，目前的效用论过分强调满意度，因为人们在吃穿住行时既是为了满意度，也是迫于生理压力与社会压力，肚子饿时不满意的食品也还是要吃的，不满意的房子也还是要买的。为了某种目的，不惜打肿脸充胖子，贷款买车买房的人就是这样的人。

标准效益最大化是一切经济行为的动力，社会人追求的效益都是身份效益或标准效益。人们需求的不只是最小效用，更是最优效益。最大效益定价或最佳身份定价才是真正的需求定价，而最小效用定价是一种错觉。

例如，效用论者认为马尾巴或狗尾巴决定价格，或者人的指甲与头发决定价格，因为尾巴、指甲与头发的效用最低。最大效益定价者认为马或狗的价格不是取决于尾巴长短，而是取决于马或狗给人带来的最大效益，猎狗的最大效益取决于体能，宠物狗的最大效益取决于可宠性。注意，效益标准不是由狗来定义的，而是由人来定义的。

第五节　效用概论

功利主义，即效益主义是道德哲学（伦理学）中的一个理论。提倡追求最大幸福，主要哲学家有约翰·史都华·米尔、杰瑞米·边沁等。

《知本论》认为：效用价值论应该是侧重经济行为的动机——需求与偏好，而劳动价值论应该是侧重经济行为的条件——成本与费用，两者本来应该是好好互补、相辅相成、相得益彰的理论，却争吵了 100 多年。

例如，有钱人买高档品很快乐，如果让穷人拿全部积蓄去周游世界，那可是本末倒置的苦差，而富人周游世界则十分快乐，因为收入高又没有后顾之忧。有趣的是，越是恩格尔系数高的穷国越崇拜劳动价值论与基本必需品，而越是恩格尔系数低的富国就越喜欢效用价值论与高档奢侈品，所以，发展中国家很流行劳动价值论，而欧美等发达国家很流行效用价值论。在基尼系数不高不低的中国，贫富分化比较严重，中国穷人讲究效价比，而中国富人讲究美价比，所以穷人偏爱的劳动价值论与富人偏爱的效用论都能在中国流行。

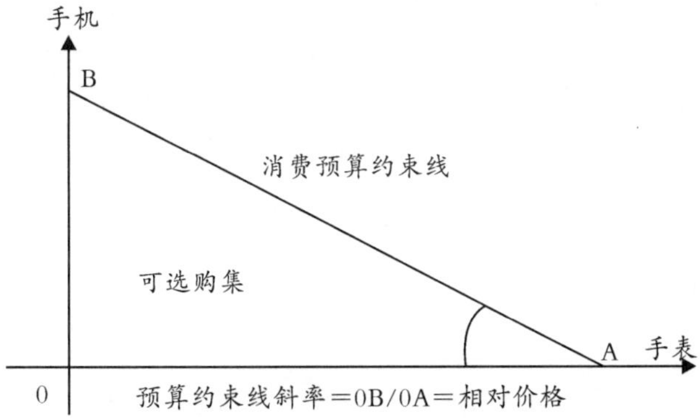

如图，预算约束线是表示消费者支付得起的消费组合，横轴代表手表的数量，纵轴代表手机数量，三角形0AB之内代表消费者可以选择的消费组合。预算约束线斜率等于两种物品的边际替代率或相对价格——某种物品与另一种物品的价格之比。在三角形0AB之外的消费组合超过了消费者的收入水平或预算限度，是无法选择的效用，例如，消费者很想买一辆名牌车，但是买不起，那么这辆车的效用并不在有效需求之内（三角形0AB之内），也就是说：效用+偏好+预算=有效需求，效用有时作为使用价值的代名词，有时又作为主观评价的代名词，以后主要用效益或效能取代效用这个词，效用不是使用价值，而是对使用价值的评价。

效价=效益/价格，效价最优化对于卖方就是效价最小化（价格越高越好），效价最优化对于买方就是效价最大化（价格越低越好）。当然，消费者不仅重视商品的生产力（边际优或代际优），也重视商品的生产美（边际美或代际美），所以，美价比与效价比一样重要，但美价比很难量化计算。

一、奢侈品的困惑

奢侈品与必需品相比，显然必需品的效用序数靠前，奢侈品的效用序数靠后，必需品是奢侈品的效用倍数。

《知本论》发现：边际效用极小的奢侈品与边际效用极大的必需品相比，谁的价格更高呢？富贵者说：边际效用最小的奢侈品决定价格；而贫穷者说：边际效用最大的必需品决定价格。

例如，同样一块30万元的名表（制造的边际成本只有3万元），富贵者说：最大效用定价，既问生产美，更问生产力，名表物有所值；而贫穷者则说：最小效用定价，只问生产力，不问生产美，名表物无所值。显然，奢侈品作为富人的最大效用品与穷人的最小效用品，价格差距太大，当富人将自己花费30万元的名表赠给穷人时，穷人更愿意拿去换3万元的必需品，穷人绝不相信这个名表就因为一个小商标而值30万元，也就是说边际美与消费力成正比，越富贵就越相信边际美定价，越贫穷就越相信边际优定价。30 万元的名表，对于买表的富贵者来说，最小效用是 30 万元，而对于永远不会买这个名表的穷人来说，名表的最大效用只有 3 万元。

最小效用其实不是由商品来定义的，更不是由商品数量来定义的，而是由消费偏好来定义的，边际效用递减是个伪命题，或者说，劳动价值论是绝对价值论，边际效用论是相对价值论，边际效用不是由生产者决定，而是由相对的需求者来决定。由于消费者是分层次，分等级的，因此，效用级差的本质就是身份级差。最小效用定价就是荒谬的尾巴定价或指甲定价或头发定价，合适的身份才能带给人们最大的效益，因此，最佳身份定价就是最大效益定价或最优效益定价。

二、奢侈品的无形服务

效用论者很强调有形商品的效用，但忽视了无形服务的效用，一些中国人本来在国内都能买得到国际奢侈品，但偏偏要跑到欧美国家去买，原因何在？中国的高关税导致的价格倒挂只是次要原因，主要原因还是无形的服务效用与有形的产品效用是不可分割的效用系统，高端顾客既重视对产品的有形体验，也重视对产品的无形体验，到欧美的高端商场采购，如果说是一种对奢侈品的调查和认证，不如说是对奢侈品无形的文化效用进行“多重确认”。

三、星巴克暴利风波的反思

2013 年 10 月，中央电视台批评星巴克暴利，引发互联网的一场大论战。价格到底是由生产成本决定的，还是由需求水平决定的？其实，成本是价格的底线，在降价时不可能低于成本，特别是边际成本，但是，在涨价时，价格就不受成本制约，而是由需求水平直接决定，边际效用或边际生产率决定价格。在国际反倾销或降价大战时，用成本定价来分析是对的，但是，在研究名牌溢价与涨价竞争时，再用成本定价来分析就是舍本逐末，高价格或高利润的根本是需求定价。分析星巴克也要分两种情形：一是讨论低价倾销或恶性价格战时，要用成本定价法进行分析，即降价看成本；二是讨论超额利润或高价营销时，要用需求定价法进行分析，即涨价看需求。这里的需求是相对需求，相对于供给而言的需求，即所谓的稀缺定价。如果谈论哪个名牌的超额溢价或知本溢价，包括星巴克在内，必须用效用论或需求论，而不能用劳动论或成本论，这是经济学的常识。

星巴克对中国实行的价格歧视是合理的奢侈消费，因为只要是自由而平等的市场定价，不存在垄断与强迫的话，定价越高，越说明边际效用高，星巴克在中国定价高，正好说明在中国经营成功，深得中国消费者喜爱，给中国消费者提供的边际优和边际美高。任何企业，包括麦当劳、肯德基、微软、谷歌、安利、宝洁、IBM、戴尔、奔驰、奥迪与宝马等，都对中国实行价格歧视的营销策略，企业的经营目标都是利润最大化，而赢利的两个重要条件就是边际成本递减与边际收益递增，星巴克的边际利润高，是因为星巴克的名牌溢价或知本溢价高，而中国企业哪一个不梦想自己的名牌溢价高呢？

国际自由贸易的精神就是要尊重国际名牌的定价权。只要是不垄断不强迫的自由竞争与平等交易，任何高价或低价都是合理的，自由市场的本质就是价格自由。

以个别咖啡材料的直接成本来证明星巴克暴利，这也是不懂边际成本概念，企业经营的必要条件就是要降低边际成本，以边际成本低来评判企业的定价权是有失偏颇的。没有边际成本的递减，就没有规模经营的做大，而没有代际成本的降低，也就没有创新经营的做强，低成本是任何企业的必然追求，边际成本低才能拉动平均成本不断降低，这样的低成本是值得追求的。中国餐饮业应该多培养一批像星巴克、肯德基、麦当劳这样拥有强大需求定价权的杰出企业。

四、什么叫暴利

以暴力与垄断来赢利才叫暴利，垄断是软性暴力或隐性暴力，只要没有暴力与垄断，赚多少钱都不算暴利，反之，如果采用暴力与垄断方式实行微利销售或低价销售，也同样是暴利，所以，看是否暴利的关键是看采用的手段是否合理合法，而不是价格高低与利润多少。这就像一个人靠自由而平等的交易发财，赚多少钱都不是暴利，反之，如果是抢劫、偷窃和诈骗等犯罪手段去赚钱，哪怕赚一分钱都是暴利。

强迫不买的人去低价购买，也同样是一种暴利；垄断企业偶然推出低价套餐，“套”住了许多无法自由选择的消费者，也同样是暴利。建立在垄断与强迫基础上的薄利多销同样能带来惊人的利润，也是暴利。是否属于暴利，关键看经营手段是否合理与合法，自由和平等的正当交易，都不算暴利，反之，垄断和强迫的不当交易，都属于暴利。国际名牌没有强迫中国消费者消费，也没有中石油与中国电信那样的垄断地位，何来不正当竞争下的暴利?

市场用效价最优法则来度量一个商品的使用价值或绝对价值，用等效价比法则来度量一个商品的交换价值或相对价值。

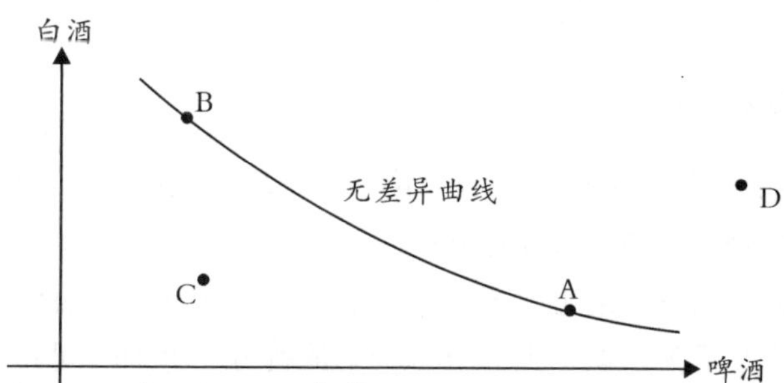

A与B效用偏好相等，小于D而大于C

边际替代率是消费者愿意以一种物品交换另一种物品的比率。边际替代率就是两种物品的交换价值，边际替代率递减表示一种物品替代另一种物品的交换价值（数量）递减，或该物品的交换价值在降低。在无差异曲线上，每一点上的效用都是相等的，都是可以替代的，例如闲暇和货币收入搭配的选择，当货币对人们的收入递减的时候，人们可能更多地选择闲暇。当人们的收入发展到一定水平时，低级的生理需求就让位于更高级的心理需求。一些人在原始积累时期把对货币的追求放到一个相当高的地位，而在货币积累达到一定程度时又不惜捐献于社会，物质文明发展到一定程度，精神文明就变得更稀缺更有价值了。

五、边际革命

19 世纪 70 年代，边际效用学派的出现被认为是经济学中爆发了一场全面革命的标志，这场革命被称为边际革命，这场革命使经济学从古典经济学强调的生产、供给和成本（劳动价值论），转向现代经济学关注的消费、需求和效用（效用价值论）。

在杰文斯看来，价值由最后的效用决定，门格尔认为价值由最小重要的用途决定，瓦尔拉认为价值由最后欲望满足的程度决定，这也就是说在他们的代表作中虽然没有使用边际效用这一概念，但他们都认为价值是由物品的最终效用决定的。

六、庞巴维克假设

庞巴维克假设有一位农民，一个年度收获了 5 袋谷物，第一袋是他一年生活所绝对必需的；第二袋是他在必需之外保持强壮体力和旺盛精力的；第三袋是他用来饲养家禽，保证有肉吃的；第四袋是用来酿酒的；第五袋还没有想出更好的用处，就用它来饲养鹦鹉。显然这些用途不同的谷物是他根据自身生存需要的重要性顺序而安排的计划。最重要的是第一袋，然后重要性递减，最不重要的是最后一袋。在他拥有 5 袋谷物时，若失去一袋，毫无疑问，首先失去的是饲养鹦鹉的福利。他将用剩下的 4 袋谷物满足除去饲养鹦鹉的所有其他福利。饲养鹦鹉在这里就成为了被放弃的、最后的、最不重要的需要，饲养鹦鹉的谷物就处在了全部谷物效用的边沿、边际，故称之为边际效用。依次类推，假如他只收获了 3 袋谷物，那么接下来被削减掉的将是酿酒的需要；假如他只收获了 2 袋谷物，接下来被削减掉的将是饲养家禽、补充肉食的需要；假如他只有 1 袋谷物，那么除去维持生命所必需的谷物以外的所有需要都将被舍弃。这唯一的 1 袋谷物对农民来说无疑具有无比的重要性，其边际效用也是最大的。

七、庞巴维克的宏观陷阱

《知本论》认为：庞巴维克的五袋谷物论强调了级差效用或需求层次，与马斯洛的需求层次论相比，其实是异曲同工或殊途同归。

谷物的市场价格是由农民的五个效用层次决定的吗？不是。最小效用决定价格最大的问题是将微观与宏观混为一谈，因为只有个别消费者在个别时间才能分辨出最小效用，而一旦转到宏观层次，最小效用就难以成立，当市场价格由宏观的信识等级与供求关系共同决定时，个别消费者认同的最小效用所起的定价作用几乎可以忽略不计。马克思所说的社会必要劳动时间量决定价值（不是个体劳动时间量决定价值）不承认最小效用定价。中国农业与日本和美国一样，都是政府高度干预的计划经济。

假设谷物市场的行业价格是每袋 100 元，当然必须是合格的谷物，不合格的谷物只有 50 元一袋。那么农民收获的五袋谷物都是 100 元，而且是合格的优质谷物，这就是农民不得不接受的宏观价格，并不随个别农民的效用级差或序数效用而递减。由于谷物是人类的必需品，价格刚性很强，无论价格多少，人们所需要的谷物数量都是变化不大的，谷物供过于求时就是低价之草，而谷物供不应求时就是高价之宝，因此，谷物的边际效用主要取决于整体的供求关系，而不是个体的生活安排。当市场的谷物供给是宏观过剩时，无论个别农民有多少袋谷物，谷价必然很低，反之，当市场的谷物供给是宏观短缺时，无论个别农民有多少袋谷物，谷价必然很高。显然，谷物的价格，不是由个别农民的最小效用决定，而是由市场宏观的信识定级与供求关系决定。如果国家出台谷物限价或保价政策（各国大多有粮价补贴政策），那么谷物的价格就更不会由最小效用定价。对于大众消费品的谷物，定价一定是多种宏观的市场因素共同起作用，根本不存在最小效用定价。

庞巴维克认为：边际效用决定价值，边际效用小，像饲养鹦鹉的那一袋谷物，价值也就小；边际效用大，像第一袋谷物，价值也就大，由于物的不同存量导致拥有物的人具有不同的福利水平，并由此形成一个由高到低的排列顺序，所谓边际效用就是物的数量被界定为处于边际时所具有的效用。边际效用定价就是数量边界定价，同样是谷物，当农民拥有 5 袋时，第 5 袋具有边际效用；当拥有 3 袋时，第 3 袋具有边际效用；当只有 1 袋时，1 袋的效用是唯一的，也是边际的。价值的本体就是客观效用，价值的本质就是边际效用。边际效用有多大，价值也就有多大。边际效用决定的价值，不仅仅是指处于边际的那一部分物的价值，而是由边际物来决定的全体物的价值，最小价值决定全部价值，这相当于最短的木板决定水桶的盛水量，或最差的学生决定全班的成绩。决定物品价值的，不是它的最大效用，也不是它的平均效用，而是它的最小效用，所以，决定价值量的规律：一件物品的价值是由它的边际效用决定的。

八、效用论的舍本逐末

最小效用定价强调的是比较劣势，而最大效益定价强调的是比较优势。

《知本论》发现：中国有个成语叫“舍本逐末”或“见木不见林”，是说放弃最重要的事，只做最小的事，而边际效用论恰恰就认为商品价值不是由最大效用（商品之本）决定，而是由最小效用（商品之末）决定，边际效用论最大的失败恰恰就是这种舍本逐末的思维。人们常说最短的木板决定装水量，但请注意，一个人的社会身份不是水桶，任何人都有缺点，决定人生价值的不是最小的木板，而是最大的木板。国际分工的本质就是比较优势与比较劣势的双重分工，是最大效用分工和最小效用分工的结合。

需求定价就是身份定价，一件商品的价值，取决于它维护和提高社会身份的最大效益，即最大效益定价或最佳身份定价，也是社会角色定价。

奥古斯丁·古诺（1801—1877）是第一位提出完全垄断、双寡头垄断和完全竞争的精确数学模型的经济学家，是提出如下命题的第一位经济学家：通过把价格定在边际收益等于边际成本的那一点，企业可以实现利润最大化。

《知本论》认为：在“边际收益 = 边际成本”时可确定同质化资源的最优配置的最大产量，这是比较优势论的思维，但在买方市场就未必能够实现利润最大化（比较优势要受制于比较求势），利用行政手段、技术垄断、自然垄断与品牌优势等，完全可以在“边际收益 > 边际成本”时实现利润最大化，因为边际收益等于边际成本时只能实现产能最大化，而在边际收益大于边际成本时才能实现利润最大化，这是因为粮食等刚性需求的产品，需求者的价格弹性很小，涨价或降价对需求量的影响不大，因此，刚性需求常常是高价的限量销售来求得最大利润。在需求弹性极小时，边际收益越是大于边际成本，就越能实现利润最大化。

亨利希·戈森（1810—1858）写了《人类交换规律与人类行为准则的发展》一书，并于1854年出版。可惜曲高和寡，无人问津，该书只售出了寥寥数本。戈森非常失望地召回并销毁了剩余的书籍。1871年，杰文斯出版《政治经济学原理》第一版后，发现了戈森的这本书，惊奇地发现他的边际效用理论几乎早就被戈森完全提出来了。于是，在《政治经济学原理》的以后的版本中，杰文斯将边际效用理论的提出完全归功于戈森，因此，经济学家戈森才为人所知。

戈森理论的出发点：最大幸福原则。戈森第一定律：当一种产品消费量增多时，增加的效用会逐渐减少，即边际效用递减规律。戈森第二定律：通过获取最大满足的理性消费来平衡边际效用，即边际效用均等原理。戈森显然认为边际效用不仅递减，而且每次递减的幅度是均等的，即匀速地递减。

九、供求均衡论

马歇尔的均衡价值论是建立在局部均衡论基础上的均衡价格论，均衡价格论是马歇尔经济理论的核心和基础。

马歇尔错误地称：“一个人从一物的所有量有了一定的增加而得到的那部分新增加的利益，总是随着他已有的数量的增加而递减。在要买进一件东西的时候，他刚刚被吸引购买的那一部分，可以成为他的边际购买量，因为是否值得花钱购买它，他还处于犹豫不决的边缘。他的边际购买量的效用，可以称为此物对他的边际效用。”

供求两条曲线相交于A的价格为均衡价格，供求曲线相交于A的数量为均衡数量，供求定理就是供过于求时必然降价；供不应求时必然涨价；价格调整可以让供求达到平衡状态。

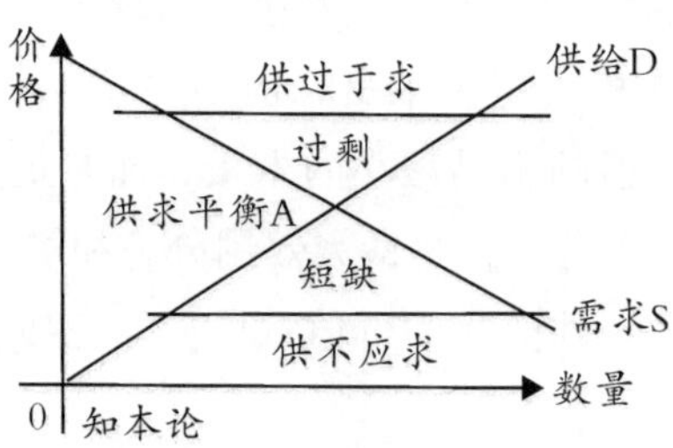

《知本论》认为：马歇尔的均衡论是用边际效用绑架信识等级与供求关系。

第六节　价值反思

著名管理学家熊彼特在《资本主义、社会主义与民主》一书中批判了劳动价值观的缺陷：“首先，在完全竞争以外的情况下，它完全不起作用；其次，即使在完全竞争情况下，除非劳动是生产的唯一要素且所有劳动都是同一性质，否则它绝不会顺利地起作用。”

张培刚先生在《评熊彼特的（资本主义、社会主义与民主）》一文中写道：“我们认为熊彼特的观点是值得商榷的，首先，他所提出的反对劳动价值论的‘两点理由’并不能成立，因为如果把‘假设条件与实际情况之间存在着重大矛盾’这一点作为反对的理由，那这也同样适用于‘边际效用价值论’，其次，更加重要的关键一点倒是在于：所谓‘边际效用论’只是一种以主观评价为基础的主观价值论；而‘边际效用’作为一种生活现象虽然存在，但是各个消费者千差万别，变动无常，要是把它作为最终形成价值和衡量价值的客观依据，不论是基数效用论，还是序数效用论，那都是不可能的。”

一、钻石与水

水与钻石悖论和葡萄酒窖藏增值悖论都是古典经济学的经典案例，曾影响了经济学界长达百年之久，时至今日，西方主流经济学界对这一案例的解释依然停留在漏洞百出的边际效用价值论和生产费用论上。

水与钻石悖论，又称价值悖论，为古典经济学的经典案例，虽然此问题并非经济学鼻祖亚当·斯密在其名著《国民财富的性质和原因的研究》中最早提出：“没有什么东西比水更有用；能用它交换的货物却非常有限；很少的东西就可以换到水。相反，钻石没有什么用处，但可以用它换来大量的货品。”

具体到水与钻石悖论上，斯密显然是将使用价值只局限于物质效能价值或身用价值，没有包括精神美好价值或心赏价值在内。劳动价值论者只承认生产力或竞争力，不承认生产美或竞争美；只懂成本分析，不懂收益分析，是经典的生产中心论或供给决定论。

交换价值就是相对价值，是由市场需求决定的。

李嘉图在其著作《政治经济学及赋税原理》中，将商品分为两类，一类是劳动不能大规模增加其数量的商品，另一类是劳动可以无限增加其数量的商品。他认为第一类商品有罕见的雕像和图画，稀有的书籍和古钱，以及只能在数量极为有限的土壤上种植的葡萄所酿制的特殊葡萄酒等，这类商品的价值只由它们的稀少性决定，只随希望得到它们的人不断变动的财富和嗜好一同变动。可见李嘉图也间接为水与钻石悖论提出了“稀缺定价”，即钻石有很强的稀少性，追逐的人多了，因此价值也就上升了，并非完全由生产钻石的劳动量来决定，劳动价值论已开始悄然转向边际效用论（李嘉图《政治经济学及赋税原理》，商务印书馆 1976 年版，8 页）。他们想知道到底是什么决定了商品的交换价值（相对价值），即“是因为人们潜入水中费力将珍珠取出，所以珍珠才有价值（即交换价值取决于劳动量的绝对价值），还是因为珍珠有价值，人们才潜入水中寻找珍珠（即交换价值取决于其对人类的效用的满足）”？古典经济学家萨伊反对斯密和李嘉图的劳动价值论学说，他认为价格也即价值，取决于供求本身，而不是劳动量，水和钻石交换价值的巨大差异也是其各自供求的巨大差异所导致的。萨伊的伟大之处就是率先提出了“供求定价”的思想。《知本论》发现“边际革命者”首先革了水的命，几乎否定了水的边际价值。

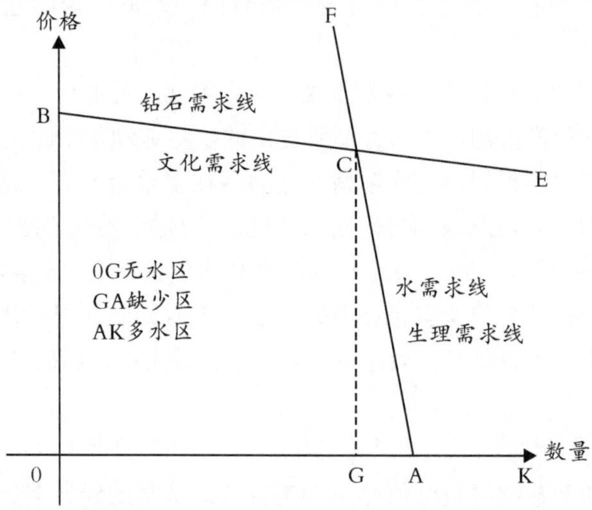

《知本论》创作此图就是要以需求价格弹性理论解释经济学争论130多年的钻石与水公案。钻石需求线本质上就是弹性极高的文化需求线或身份需求线，而水需求线本质上就是弹性极低的生理需求线或生存需求线，钻石与水的价值之争，实际上是地位需求与生存需求的价值之争，是效能价值（身用价值）与美励价值（心赏价值）之争。假设水是能生育的才女，而钻石是不能生育的美女，水与钻石的价值就因人因时因地而不同了，没有统一的标准与答案。

《知本论》假设0G代表无水区，GA代表缺水区，AK代表多水区，BCE代表钻石文化需求线，ACF代表饮水生理需求线，两线相交于C点。

在0G无水区（沙漠区），水的价值超过钻石（CF对应的价格高于CB），生存需求大于文化需求，生命大于尊严，0G段是水价格完胜钻石的无水求生阶段。

在GA缺水区（干旱区），水增加一点，刚性需求的价格就直线下降，而钻石的价格下降极小，因为水的价格弹性极小，而钻石的价格弹性极大，说明生理需求比文化需求更重要，双方是相持的。

在AK多水区（水源区），水的价格几乎是零，而钻石的价格仍然极高，是水价完败于钻石价的崩溃阶段。A点是水需求的最大效益量，超过A点的水没有需求，也就没有价格，效用论者会认为是边际效用为零后就没有价格。总之，钻石和水的比较是有时空与需求限制的，没有超越时空与需求的价值论。

二、边际效益如何变

能不能从购买行为逆推消费偏好？

显示性偏好理论是由美国经济学家保罗·萨谬尔森提出来的，其基本精神是：消费者在一定价格条件下的购买行为显示了他内在的偏好倾向，因此我们可以根据消费者的购买行为来推测消费者的偏好。这是一种不基于偏好关系（效用函数）——消费者选择的逻辑思路，而是一个相反的过程，即消费者选择——偏好关系。显示性偏好理论是基于消费者需求理论以边际替代率作为归依，而边际替代率的假设，就是消费者是为了把效用极大化而作消费决定。虽然功用极大化的假设不受争议，但显示性偏好隐含着的功用函数就难以被准确计算。显示性偏好理论就能弥补需求理论的不足，借观察行为来界定功用函数。学术界认为显示性偏好理论的最大贡献是抛弃了那些虚构的公式和函数，从结果看结论，简单说就是不需要基数、序数等公式化的数学理论，直接从消费者的选择现象出发，研究消费者行为的结果。比如上面显示性偏好的命题，就是一个消费者选择的定律，并且从这个定律获得了传统理论所能得到的结论。

（1）吃饭的边际效益。正常情况下，吃饭的边际效益分两段，在吃到饭量的50%～60%时开始有从饥到饱的感觉，即图中的0A段，是边际效益不变或递增的阶段，超过A点的AB段，是继续强化饱的感觉，是边际效益递减阶段，但到B点就达到最大效益量，实现了吃饭价值，不能再吃了，再吃就会不舒服或生病。《知本论》对吃饭的效益分析显然与边际效用论认为的吃饭边际效用递减不同，效用论强调的只是主观感受的一直递减，而效益论是客观分析，是从吃饭的效益目标进行分段研究，吃饭在半饱状态时有一个明显的效益转折点或边际效益拐点，拐点之前是边际效益不变或递增，拐点之后才是边际效益递减，一直递减到最大效益量为止。

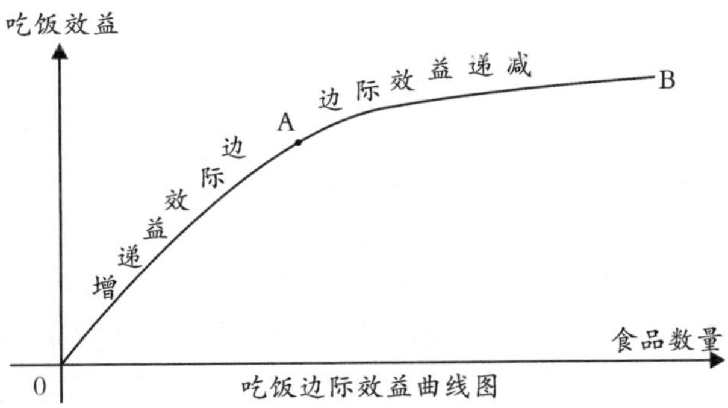

吃饭边际效益曲线图

（2）读书的边际效益递增：以读书为例，假如读高中的起薪是1000元/月，大学是2500元/月，硕士是4500元/月，博士生是8000元/月，显然，读书的年数越多，积累的知本就越大，越读到后面的价值密度就越大，每增加一年知本的边际效益似乎呈递增趋势。读书的知本租呈现边际效益递增规律。

（3）烧水的边际效益递增到100摄氏度为止：例如，烧开水，第一度最不重要，最重要的是100摄氏度，越烧到后面的劳动价值密度就越大，因为99摄氏度差1摄氏度的话还不是开水，还是量变，99 + 1 = 100，此时才是质变，最后 1 摄氏度是否出现，才是决定是不是开水的关键。最后 1 摄氏度最难，也最有价值（效益量），最后 1 摄氏度烧不到就不是开水，烧到开了才是开水。一般来说，只有边际效益递增才能达到质变，超过质变点才有可能边际效益递减。

（4）考分的边际效益递增到满分为止：以学生考试为例，得 100 分的满分最难，而得 90 分就比较容易，得 60 分就更容易，为什么呢？因为考试分数越到后面，学生付出的劳动量就越大，如果得 60 分需要学习 60 小时，那么得 90 分可能就要学习 150 小时，而得 100 分可能就要学习 500 小时，越到后面，每单位分数的难度和价值密度就越大，差生要从 60 分到 90 分较难，但好生要从 90 分到 100 分则更难，付出的努力更大，所以，考试分数也符合边际效益递增规律。越接近 100 分的完美满分，每一分的知本构成就越高，价值密度就越大。

（5）身高的边际效益递增到理想标准后又递减：假如身材矮小的女人是公认为“不美”的“矮女人”，多数人认为 1.70 米是最合适的“最佳身高”，超过 1.70 米被认为“太高了”，如果发明了增高术，那么在 1.70 米以下时，每增加一厘米的边际效益递增，增高收费与增高美感就是边际递增的，但是，超过 1.70 米以后，就是边际效益递减了，如果一个女人长到 2 米或以上，估计是很难嫁人了。当然，每个人心目中都有一个美女的最佳身高或理想身高，不一定是 1.70 米，但大多数人应该在这个理想身高上下浮动，多数人不会认为美女越高越好或越矮越好。

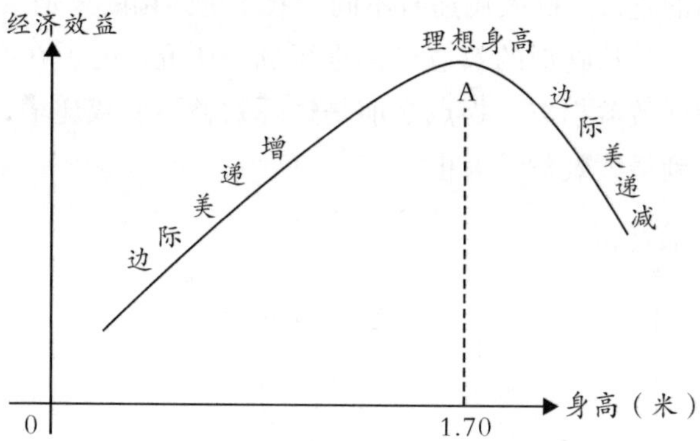

《知本论》认为：劳动时间量或劳动量不是价值，而是实现价值的条件或成本，无效劳动不创造价值（效益），有效劳动才创造价值（效益），这里价值不是劳动量，而是效益量。价值是人类与自然协同创造的效益（抽象效益），使用价值是人类与自然协同创造的对位效益（具体效益），交换价值是两种商品交换时的相对效益（相对价值）。价值是普遍的效益，价格是特殊的效益，同一价值的商品在不同的时间、空间与对象面前会形成不同的价格。效益决定价值，对位效益决定价格。效益 = 价值，对位效益 = 使用价值 = 价格。效益性和对位性是商品的两大基本属性，有效益才有价值，能对位才可使用，才有价格，价格就是需求者认可的使用价值，简称需求定价或比较求势。世界上一切事物都有价值，但不一定有使用价值，同一件事物在不同的时空与对象面前，具有不同的价值。只有效益与需求者对位时才有使用价值。效益决定价值，需求决定使用价值。

三、信息经济不讲成本

微观上，无偿索取客户个体的创新效益，宏观上，又无偿索取客户集体的协同效益，这就是明星或名牌的发财秘密，即用创新效应征服个体，用协同效应鼓动群体，从而无偿占有广大客户的心灵劳动或眼球劳动等信息化劳动，这就是天上掉馅饼式的信息经济或需求定价，“天”就是消费者，“馅饼”就是协新价值，这种无需边际成本的协同收益与无需代际成本的创新收益，就是知识经济的成功双核。

劳动价值论或资本价值论认为成本是不可缺少的，天下没有免费的午餐，而知识价值论或知本价值论则认为总成本与平均成本或许是必不可少的，但是，体现协同规模的边际成本和体现创新质量的代际成本常常无需付费。

例如，客户的口碑营销，企业无需给传播费；客户提的合理化新建议，企业也无需给咨询费；网上免费下载的开源软件程序，企业实际上是收取免费广告；策划一个新闻事件，就免去大量的广告费支出。总之，劳动价值论永远是有本经营，有成本则有收益，客户不是员工，而知本价值论总会有无本经营，无成本也可以有收益，客户只是不发工资的外部员工，而员工是索要工资的内部客户。劳动价值论认为天上没有免费馅饼，而知本价值论则认为天上到处是摇摇欲坠的免费馅饼，只要企业站到最正确的位置就行。

明星与名牌的超额收益不是因为增加劳动量，而是因为广大客户变成了企业的内部员工，而且是不领工资的员工，使得明星或名牌能大量占有顾客或民众的义务劳动，这是一种信息殖民，也是一种信息垄断。

信息经济或知本经济的基本特征就是供给无本，需求无价——扩大供给往往无需边际成本，创新供给也大多无需代际成本，而信息收益则无法限量，这无法用劳动价值论来解释。明星与名牌的超额收益，实际上是广大民众义务创造的，所以，国家应该征收相关的税，应开征明星税或名牌税，再提高免费医疗与养老保险和失业救助的福利水平，将本应属于民众的信息劳动收益归还给民众。

四、边际成本定价

对位是分工和分配关系，效益是效率和收益关系。对位效益不一定是最优选择或次优选择，因为供求平衡都是信用失衡、信息失衡与知识失衡时的不对称平衡，因此，对位效益事实上也是一种不对称效益。

假设在完全竞争市场，A 点是按边际成本定价，可实现资源最优配置，但供给方常常面临亏损，而 B 点是按平均成本定价，可实现资源的次优配置，可以让企业收支平衡。现实中，都是信识不对称的不完全竞争，任何产品或品牌都力求差异化，大多会选择在 D 点的高于平均成本的价格，同时又希望能满足“边际成本 MC = 边际收益 MR”的最大产量 E，自然垄断行业存在着成本劣加性，一家生产的边际成本比几家生产的边际成本还要低，政府常用限制竞争的特许生产对自然垄断行业进行价格规制，垄断组织可以轻易影响消费者在对位效益上的需求选择，垄断价格是一种不对称价格或剥削性价格。

许多从西方归国的知名学者十分推崇边际成本定价或“边际成本 = 边际收益”，误以

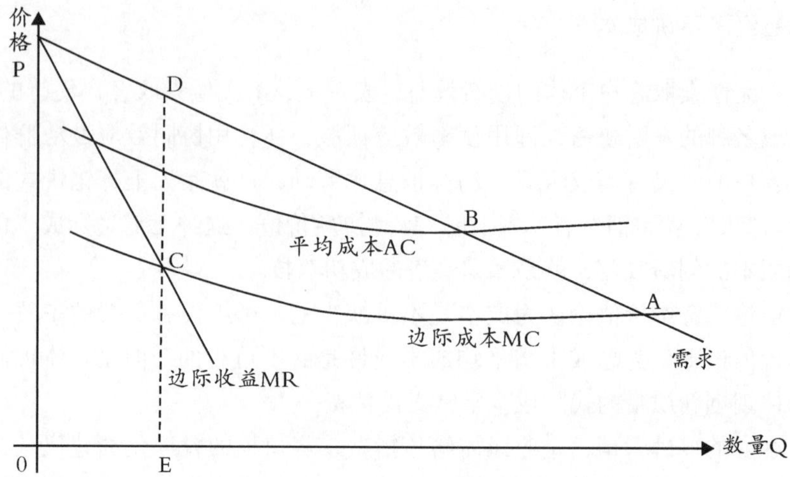

为这样才能实现资源的最优配置，这其实是一种低级的同质化思维，因为从创新经济、特色经济、品牌经济、信息经济与殖民扩张的角度看，只有完全丧失定价权的竞争者或经济殖民地的血汗工场才被迫按边际成本定价，在边际成本定价时，资本家难以与员工分享协新价值，只能榨取剩余价值，工资只能降到劳动力价值这一最低生存线，所以，哪个国家如果真的按边际成本定价，那一定是经济殖民地，西方经济学的高明之处就在于打着资源最优配置的幌子，让别人赚成本钱和血汗钱，让自己赚高利润，所以信奉西方经济学的人要慎防经济学的合理化骗局，慎防让经济学教材变成了西方殖民者的思想统治工具。欧美天天高喊自由贸易与平等竞争，其实那是诈骗殖民国的鬼话，他们经常以各种违背世界贸易规则的理由保护本国产业并对殖民国进行双反制裁和新闻抹黑。表面上的规则公平，在资本实力与知本实力相差悬殊时，注定不会有公平的竞争结果，自由竞争就变成弱肉强食的自由剥削。边际成本定价是协同成本定价，等于剥夺了企业的协同利润，这是按成本分工，违背了按协新价值或附加值分工的人性法则。

“边际成本定价”或“边际成本 = 边际收益”的本质就是血汗制造，因为“边际利润 = 边际收益 - 边际成本 = 0”时，企业每制造一件产品都没有利润，如果算上各种意外损耗或残次品风险，企业肯定是白干了，只有两种企业能这样干：一种是不追求利润的“慈善企业”；另一种是没有竞争力和定价权，确实没办法提高价格的企业。国际上第一种企业几乎不存在，第二种企业大多是殖民地的血汗工场，资本家只能靠克扣工资和非人待遇来榨取剩余价值。还有，一个边际成本定价的企业，注定是没有创新红利或协新价值的，工人无法提高工资，资本家也无法提高利润，劳资关系是十分紧张的。西方经济学很热心地向殖民地贩卖这种利润最大化理论，因此，中国企业要提防这种伪科学的理论，要在有比较优势与比较求势的产业坚决组建价格联盟，要努力使定价远远高出边际成本，才能跳出恶性竞争的国际化怪圈，争取更高的国际定价权与知本溢价。

五、利润最大化条件

“边际成本 = 边际收益”是西方学者津津乐道的利润最大化下的最大产能条件或规模

经营条件。

《知本论》认为：这是一个荒诞的伪命题，因为中国制造几乎都是按“边际成本 = 边际收益”进行微利润生产的，结果导致资源严重浪费与生态严重污染，中国买的必然贵，中国卖的必然贱，因为中国企业没有定价权，供求均衡在信识失衡的大环境下纯属强者操纵市场的伪均衡。中国的低成本制造是全球最大规模的“边际成本 = 边际收益”的试验，但并没有实现利润最大化，反而造成了浪费最大化与污染最大化。

以苹果手机为例，95% 以上的利润都被美国人拿走了，中国工厂生产了几乎全部手机配件，而纯利润不到 3%，中国工厂的确是按“边际成本 = 边际收益”的利润最大化条件办事，但实际结果呢？中国工厂只是实现了劳动量最大化，实现利润最大化的只是美国苹果公司。美国人胡编乱造的经济教科书只是让中国人看的，不少获得诺贝尔经济学奖的知名学者也成了国际垄断资本的代言人。欧美公司从来就是让他们的边际收益远远大于边际成本，他们的利润最大化的条件不是边际利润为零的边际成本定价，而是品牌溢价最大化，他们真正要赚的不是人工利润，而是技术、文化与制度的知本利润——品牌溢价。跨国公司的经营准则是资本租和知本租的双重最大化。

六、奢侈名牌为何限量销售

限量销售就是说销售量不变，目的是为了强化稀缺性与身份性的联想功能，同时也是为了强化投资预期，所以奢侈品经常玩限量版，是为了确保竞争力或竞争优时，也提高竞争美或边际美。

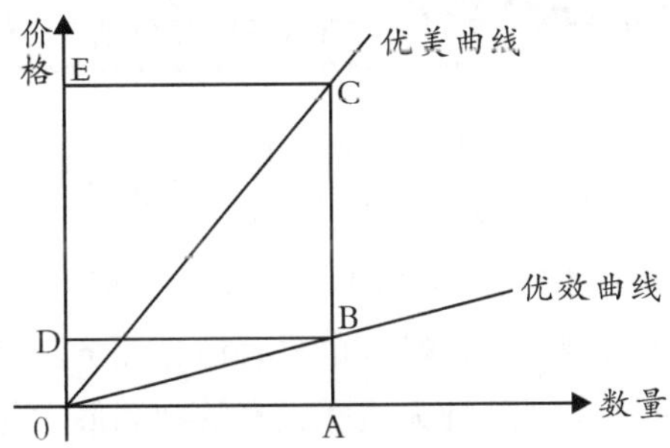

如图，0B 是低端商品的边际成本曲线，是满足生活必需的优效曲线，0C 是高端商品的边际成本曲线，是满足身份需求的优美曲线，由于是限量发行，无论价格高低，销量都是 0A。假如在 B 点是按边际成本定价，在 C 点是按高端奢侈品定价，显然，矩形 0ADB 面积代表低价时的总收益，而矩形 0ACE 面积代表高价时的总收益，所以矩形 DBCE 代表限量时的品牌溢价。矩形 DBCE 面积是名牌的协新价值，又称为知本租或名牌租。

总之，从图示可知，在限量销售时，任何一个名牌都不会愚蠢地按“边际成本 = 边际收益”实现产能最大化，也不会愚蠢地按边际成本定价，而是要通过广告宣传与品牌定位，将价格几百倍甚至几千倍地提高，从而逆向运用供求定理。注意，逆向运用供求定理也必须以品牌定级为条件，如果不是高端品牌，就算限量销售也不可能卖出天价。

限量销售是一种稀缺营销或个性营销，是拉动品牌升级与利润率的一种市场高招。

七、免费是为了更贵

传统经济学不是在信息经济的背景下创立的，从信息经济的角度看，由于信息产品和知识产权的传播可以做到无边际成本的无限扩散，那么，如果按“边际成本 = 边际收益”来确定最大产能，也就是要实现零边际利润的无偿赠送或免费使用，天下有这样的傻瓜吗？信息企业还能赚钱吗？当然，在互联网中，确实出现了许多免费下载或者免费试用的免费服务，但是，这只是一种暂时性的促销手段，生产者终究要从别的服务中超额收回利润的，所谓免费的就是最贵的，免费不是信息经济的本质，只是一种特定条件下的促销手段，是一种变相回收的广告费。在信息经济中，由于边际成本可以为零，所以边际收益就可以全部转化成边际利润，企业利润最大化的条件就绝不是“边际成本 = 边际收益”时的“边际利润 = 0”，而是要以“边际成本 = 0”为条件。

信息经济利润最大化条件不是无边际利润，而是无边际成本，达到无边际成本的捷径就是变消费者为义务员工，变顾客为免费员工。

例如，QQ 聊天工具或百度搜索引擎，多一个人使用的边际成本为零，但多一个人使用，就多一份关注或多一次广告点击，也就让网站多了一点边际收益，但是，网站绝不会给网民（消费者）发一分钱工资，而使用者或消费者也就成了网站不发工资的编外员工，这就是无边际成本的利润最大化策略，也只有信息经济、品牌经济、文化娱乐经济、网络游戏经济、旅游经济才能实现这种无边际成本的利润最大化。

八、知识经济特征

知识经济又称信息经济或知本经济，是假设在完全自由、完全平等且不考虑专利制度的前提条件下。无形、无限、无价、无私、无本的知识经济又具有以下具体特征：

（1）无边际成本——产品中的知本部分是没有边际成本的，但其他资本部分或劳动部分可能还有成本，即知本构成可以在产品的边际成本中为零。

（2）无代际成本——知识创新可以是即兴或偶然的发现，也可以偷学或模仿，在产品设计或构成中可以实现零成本创新。

（3）无限量供给——知识经济本质上不存在供给的稀缺性，因为同一个信息或知识可以无限地复制或生产，在信息经济中唯有创新才是稀缺的，没有创新的信息都是过剩的。

(4) 无边界扩散——在国际化中，知识和信息是可以没有国界或地界自由流动的，特别是在互联网时代，信息传播已进入了光速时代。

(5) 无限度增值——增值交换是市场存在的必要条件，协新价值是生产力发展的根本前提，知识或信息具有自生产、自扩散、自需求、自变异的自我繁殖功能，这种无形、无限、无本、无私、无价的特质表现为无限地增值交换。

总之，由于知识和信息的无中生有、虚中有实、以柔克刚、以神控形的天性，导致知本成为了协新价值的第一源泉，也是人类第一位的活劳动，而劳动者和物质资料只不过是体现和物化无限知本的有限要素。

真正的经济增长，不是人口和资源的有限开发，而是创新知本在自由与平等中的无限复制，这种无限增值又必须依赖于民主制度的改革开放。由于技术是没有国界的，而文化制度是有国界的，因此，真正制约知本无限增值的是文化制度，而不是技术，社会经济发展的真正瓶颈不是可以无限复制的技术或生产力，而是难以无限复制的制度与生产关系，严格地说，是制度决定技术的进步，是生产关系决定生产力的发展。对于弱小国家而言，只要肯打开国门，国际上的先进文化、先进技术与先进制度等海量信息，就会排山倒海般地汹涌而来，就会让穷苦民众与物质资源在知本的汪洋大海中浮现其潜在的协新价值。

总之，一切效益皆在无形知本的无限扩散中，因此，资本和人口决定知本增值的协同规模与边际收益，自由和民主决定知本增值的创新速度与代际收益。知本天然就是人类没有排他性与歧视性的共享财富，知本 = 共产，知本主义必然就是共产主义，资本主义与社会主义会殊途同归地走向共产主义。

第七节　对位效益

对位效益又称有效需求。对位就是相对位置，既知己，又知彼，自己要站对位置，也要让客户站对位置，对位 = 高效劳动，错位 = 低效劳动，失位 = 无效劳动，空位 = 没有劳动，错位时会造成亏损与浪费，对位是相对价值或交换价值的关键，效益是绝对价值或使用价值的根本。所谓的产业链就是对位链与效益链的融合，所谓的价值链就是效益链的环环相扣的对位关系，供求关系本质上就是对位关系加上效益关系，对位是方向盘，效益是发动机。价值是普遍性效益或效益共性，使用价值是特殊性效益或效益个性，一切能满足人类需求的效益都是价值，但在特定时空中，能满足特定需求者的特殊效益才具有使用价值，例如，月亮的资源有价值，对于能飞到月球上的国家才具有使用价值，而对于无法到达月球的国家就没有使用价值。

一切商品都具备交换的 5W 要素，都具有交换的共同属性：what—交换的效益；when—交换的时效；where—交换的地点或虚拟空间；why—交换的原因或方式；who—供求双方。

一、商品为什么能交换

马克思认为商品交换本质上是劳动交换，这是一元论。

《知本论》认为：商品交换既是劳动时间的交换，更是对位效益的交换，是二元论。国际分工协作，形式上是劳动协作，实际上是效益协作，因为一个专业劳动者，只能提供一个或有限的几个专业效益，而且在有限的时间内也只能集中精力发挥有限的比较优势。两个商品能交换，是因为他们都能满足对方需求或具有对位效益。

例如，甲的牛与乙的羊为什么能交换，是因为乙要牛耕田，甲要吃羊肉，甲牛与乙羊互为对方所需要的效益—对位效益（对方需求），只要有一方不需要对方的产品，就错位了，因而需要货币作为交易的万能媒介，货币作为一般等价物（实物币）或一般等价债（法纸币），主要就是解决商品交换中的对位问题，提高交换的成功率。对位效益是产品进入市场的准生证或通行证，是产品变成商品的惊险一跳或必要条件。如果甲物不能成为乙的对位效益，那么甲会去寻找其他买方，如果所有的人都不买甲物，那么甲物就找不到对位需求或对位效益，就不能在市场中摇身一变而成为对价商品，也就失去了商品最基本的需求属性——对位性，自然就不能参与市场交换，可以说：效益 = 价值，对位效益 = 使用价值，一件商品的相对价值要由相对位置的交易者所获得的效益来度量。

效益是价值的生命，对位是价值的灵魂。产品只有在找到需求时才能成为商品，所以对位是商品的灵魂，效益是商品的生命，缺一不可。具有对位效益时，商品就具有交换的资格，但如何交换，就要看基于成本的等价交换与基于收益的增值交换，这两个交换法则并不矛盾，等价交换是起跑线，增值交换是终点线，讨价还价的过程就是从等价交换线开始的赛跑过程，跑得越远，交换的对价物越多，说明对价权利越大。

等价交换（起跑线）—— 互为对位效益 / 互争对价权利 —— 增值交换（目标线）

无论是对位效益还是对价权利，都不是由哪个竞争者单方面能决定的，都必须是由市场机制来决定。任何产品要进入市场而成为可交换的商品，都必须具有一个共同属性——能提供市场需求的效益——对位效益。对位效益本质上是双向互利关系，对位关系 = 互利关系。

市场经济的灵魂就在于互利，没有互利就没有协新价值，没有协新价值就没有市场存在的理由。

由于价值分为绝对价值（身用价值 + 心赏价值）与相对价值（供求价值 + 信识价值），所以，对位效益又分为绝对的对位效益与相对的对位效益，绝对效益是商品的内在价值，相对效益是商品的外在价值。

例如，一把锋利的宰牛刀，放在屠夫手里能杀牛，这是刀的绝对价值或绝对效益；如果这把宰牛刀放在疱丁手里，就会杀更多的牛，杀牛的多少就是刀的相对价值或相对效益。杀牛是刀的绝对价值，杀多少牛是刀的相对价值。

增值交换必须奉行效价最优化法则，双方在激烈的竞争与合作中，必须使双方都增值，如果一方增值而另一方只能等价交换（保本或零增值），则交易成功的概率极低；如果一方增值而另一方亏损（负增值），则交易不能成立。双方都能实现增值目标时，才能保证交换持续不断地进行，双方才能实现效益最优化。市场经济是信善经济，就在于增值是双向的，是双赢的，是在相互“剥削”中的共同创造，剥削与创造并不矛盾，剥削是分配不公的创造，创造是促进分工的剥削。创造是生产效率问题，剥削是分配公平问题，创造与剥削并不是同一性质或同一范畴的话题。

机器人是劳动资本化与劳动知本化的完美结合体，是能创造新价值的活劳动主体，机器人取代了生产线上的操作工人，被取代的工人并没有消失，而是经过教育和培训转向其他机器人暂时无法取代的岗位。机器人的出现，使人类从机械重复、枯燥无味的体力劳动中解放出来，让人类从事更高级的复杂劳动。智能机器的出现，就是要降低被动性的机械劳动，提高主动性的创造劳动，其结果必然提高了劳动的价值密度——单位劳动占有的资本与知本越多，劳动者的效率就越高，工资也就越高。机器人和智能设备的使用无可争辩地证明了一个生产力规律：工资与相对资本和相对知本成正比，要想提高工资，就得大量引进资本，不断提高知本，资本既剥削劳动价值，更提高劳动价值；资本既是带来剩余价值的价值，更是和知本一样能创造协新价值的价值。资本、劳动和知本都是活劳动的三大主体，资本和知本虽然不能独立创造新价值，但是，一旦与劳动结合，资本和知本都能在全要素协同与创新中创造协新价值，如果说生产力是一辆狂奔的汽车，那么劳动者就是方向盘，知本就是发动机，资本就是汽油或电池。在简单劳动中，决定劳动价值的是劳动者，而在复杂劳动中，决定劳动价值的是资本、劳动与知本的协同效益与创新效益。

二、效价最优化

供求关系本质上是一种对位互动关系，供求的本质就是竞争约束与需求约束的双轨约束下的对位均衡，即对双方市场地位、商品地位、交易地位的对价谈判，即寻找效价最优点或效价等位点的过程，因此，商品交换就是效价等位化，效价等位化是双方力求效价最优化的谈判过程。效价不能简单理解为有效价格，而是效益（有效的利益）与价格的比值，因此，效价不是绝对量，而是一个效益与价格相互比较的相对量，效价 = 效益 ÷ 价格。

效价等位化是商品交易的根本法则，有三重意思：一是供求双方对效益和价格的组合因地位不同而有分歧，需要信息选择；二是双方谈判要等到公平价位的出现，谈判要有一定的耐心，要学会等位，好的交易价位往往是“等”出来的；三是效益与价格在市场中都是有位置的，当效益与价格的位置对等时就可能成交。

首先，从供给方来说，一是出售价格不能低于成本价，最低要与成本等价，即有最基本最公平的等价交换要求，但是，供给方只有在供过于求或清理库存等特殊的艰难情况下，才能选择等于成本的等价交换；另外，供给者还有正常的增值交换要求，即要求效价最优化，也就要求出售价格能尽量更多地高于成本价，超越成本价位的越位运动就是供给的动力，因为越位运动决定着供方利润最大化或效价最小化的实现，但一定会遭到竞争者与需求者的压价阻击。

其次，从需求者来说，由于大量的广告传播与信息轰炸，需求者对所求商品的效益和价格也有预期的效价目标，目标效价 = 目标效益 ÷ 目标价格，目标效益除以目标价格的比值（商）就是效价比（本书简称“效价”）。

边际效用论在分析无差异曲线时，提出了等效价比规则，也就是说两种商品的效价比相等就可以视为边际效用等价了。

例如，消费者买手机还是买电脑呢？在预算约束之内，消费者会考虑：手机边际效用 ÷ 手机价格 = 电脑边际效用 ÷ 电脑价格

只有每一元钱花在手机上与电脑上的边际效用相等，那么消费者买手机与买电脑的满意度就是一样的，手机数量与电脑数量就可以组成无差异曲线了，注意，从宏观的价格竞争可以显示手机与电脑的替代性，但是，从微观上看，手机与电脑无法相互替代，一个急着要买电脑的消费者不会接受手机，因此，无差异曲线只能研究宏观现象。边际效用论是比较片面的，因为消费者缺手机就会买手机，缺电脑就会买电脑，这是由消费者的生活位置或工作岗位来决定的，不完全是由满意度决定的。

例如，对于一个作家或艺术家或工程师，为了用电脑写作或设计，他就必须买电脑，因为电脑已成为工作伴侣，所以无论他是否对电脑满意，都必须买，这是客观的对位需求，同时消费者通过多种形式的市场调查，会形成最低的效价比标准，因此，消费者货比三家或讨价还价的目的也是一种越位运动——供方提高一个价位，就等于求方要被越位一次，反之，供方降低一个价位，就等于求位反越位成功。当然，是否真正成交，还会受到一些偶然的或情绪化的因素影响，但这种影响是次要的，需要买的人终究会买。其实市场上存在一个公认的合理价位，但供求双方都想越位，供方需要效价最小化以提高价格，而求方需要效价最大化以降低价格，但对位运动的结果就是效价等位化或效价最优化。

一是劳动效益。自然资源与人类协同创造的资本和知本，都是价值的主体和客体。例如，自然风景既可以成为开发房地产的生产资料而被视为劳动客体，也可以在人们购买了房地产后成为赏心悦目的窗外美景而成为劳动主体。人与自然的和谐就是劳动主体与劳动客体的一致，唯一的区别就在于看问题的角度。

二是对位需求。一切价值都必须有需求与偏好的主客观响应，对位就是要对准双方的需求之位或满足相对位置上的需求。边际效用论认为决定商品价值或价格的不是最大效用或平均效用，而是最后效用或最小效用（根据边际效用递减规律，最后的效用 = 最小的效用 = 价格），这就像最烂的那个水果决定一筐水果的总价格那样片面，但对位效益论则认为决定商品价值的是目标位置上的需求满足。

边际效用论者认为最后买的那双鞋就决定了鞋的价格，不是最大的鞋或最适合的鞋，而是最小的鞋或最后的鞋，但是，对位效益论则认为鞋大鞋小不一定代表对位效益或有效需求，买鞋的先后顺序或最后一双鞋也不代表价值，只有“最适合”要求的那双鞋才代表对位效益，最合脚的鞋才是对位效益或使用价值。脚的空间位置决定了鞋的规格与设计，鞋必须与脚相互对位才有可能达到效价等位化或效价最优化。脚标准和心标准都

是鞋是否对位的效益标准，首先，鞋必须与脚的规格相适合，这是生理需求的对位，同时，鞋的价格、款式、颜色、面料、艺术、商标、品牌等，还必须与“心”的预期相适合，这是心理需求的对位，只有身心对位，商品才能实现对位效益的惊险一跳，只有效价最优化才是交换的目标。

名牌的高价战略是效价最优化的最大体现，买卖双方都知道名牌的制造成本可能只有价格的20%，名牌几倍的超高溢价实现了供求双方的效价最优化。越贵，卖方的利润越高，而买方的虚荣心也越大，注意，买方并不是希望效价最大化，而是反常地与卖方一样，都希望效价最小化，效价 = 效益 ÷ 价格，买卖双方都希望价格高，奢侈品营销本质上就是高贵身份的确认，奢侈品本质上是社会等级和身份差别的文化标签。奢侈品的高价是由信识等级决定的，经营者不会以降价来谋求短期利润最大化，而是一定要坚守高价等级以求长期利润最大化。奢侈品的超高价首先是由信识等级决定价格档次，其次才是由供求关系对价格进行微调。

三、效率不等于效益

一些高产作家，一辈子出版几本甚至几十本书，从字数来看，写作的效率很高，但价值密度不高，每本发行量都不大，价格也上不去，并没有产生很好的经济效益与社会效益，而司马迁出了一本《史记》，曹雪芹出了一本《红楼梦》，罗贯中出了一本《三国演义》，他们只出了一本书就可以万世流芳，表面上他们出书是低效率，实际上是价值密度极大的高效益，总之，效率与效益绝不能画等号，当然，效率与效益还是有交集的，多数情况下，在资源配置趋近最优化时，高效率也可以勉强视为高效益。经济效益也不能与社会效益画等号，当一个单位的经济效益很高，但对社会产生了很不好的影响时，其社会效益就很低，长期来看其经济效益也必然受到影响，所以经济效益和社会效益也不一定是同步的，但是没有经济效益保证就无从谈起社会效益。从经济学角度看，只有当一个企业正常进行生产和扩大再生产，在提高效率的同时，考虑各方面因素，保证其效益，这时才能实现最佳的经济效益，进而实现企业利润最大化与社会效益最大化。效率是生产速度，收益是生产成果，收益 - 成本 = 利润。

从生产角度看，“效益”的第一层意思是：“效”与“益”的联合词组，即“效率 + 收益”的意思，效率 + 收益 = 效益，效率是单位时间内完成的工作量，强调生产的数量与产量，效率是数量经济，效益是“数量 + 质量”经济，效益是完成工作所取得的效果和利益，强调的是结果，包括多方面的，如经济的、感情的或社会的等。“效率”只能说明单位时间的产量，并不包括价格，而效益或收益显然还要包括价格的考虑。经济学中所研究的价格弹性理论说明的就是这种情况。

例如，无论食品的价格过高或过低，在人口一定时人们的粮食需求量总是变化不大的，所以食品的价格弹性极低，粮价对数量的影响不大，所以粮多是草，粮少是宝，粮食越是增产，粮价的降幅就会超过产量的升幅，农民的总收益反而变小，所以，作为刚性需求的粮食，增产对农民未必是好事，增产不增收也是由于信息分散而滞后，这就产生了农业供求的蛛网理论。

自动化、智能化和机器人，标志着资本化劳动与知本化劳动的新时代到来。简单劳动与复杂劳动之间不一定是倍加或自乘的关系，劳动本身是无差别的，而无差别的劳动划分为复杂劳动与简单劳动，表明复杂劳动与简单劳动之间存在的是剥削关系（例如：高管与员工之间的剥削关系），这种“劳动倍加”就是资本和知本对简单劳动的剥削，没有剥削，又何来倍加或自乘？

例如，一个科学家是复杂劳动的话，如果科学家劳动 1 小时，相当于一个杀猪工 10 小时的劳动，那么科学家就是劳动知本化的主体，科学家比杀猪工的收入高，高出的部分就是知本对劳动的替代或剥削，这种剥削与创造是兼容共生的，合理剥削就是增值创造，所以知本也是活劳动的主体，而且还是大知无形、新知无限的第一主体。

第七章

代际革命

协新价值与边际协同革命和代际创新革命有深刻的价值关联。人类从来就没出现过完全自由和平等的社会，而是一个等级森严的不公平竞争社会。社会等级具有二重性，榨取剩余价值的私有制必定扩大社会等级差距，加剧经济上的贫富分化与政治上的贵贱分化，而创享协新价值的公有制必定缩小社会等级差距，缩小经济上的贫富分化与政治上的贵贱分化。为什么私有制与公有制能相容共生？就是因为公私混合制能适合社会等级制度，能挑战和抹平社会等级的就是公有制，能强化和扩大社会等级的就是私有制。私有制利于竞争，公有制利于合作，一切财富都是源于竞争与合作的公私互利。

剩余价值——分配不公——强化等级——私有制

协新价值——分配公平——弱化等级——公有制

私有制与公有制的攻防就是围绕等级制度进行的，没有等级，就没有公私之争，也没有剩余价值与协新价值之争。原始社会、奴隶社会与封建社会是权力等级，资本主义社会是金钱等级，社会主义社会是公私等级。但是无论什么等级社会，都必须以等级文化为绑绳，以等级制度为枷锁，从低等级向高等级的升级运动就是代际革命。社会人的本质就是等级人，等级社会延伸到市场就是等级竞争，延伸到商品中就是等级商品，所以协同效应表现为同一等级的商品生产的边际成本递减，又称为规模经营，而创新效应表现为从低等级向高等级的代际收益递增。

社会等级——市场等级——商品等级——代际革命

代际革命本质上就是升级革命，是提高商品或品牌的市场等级或社会等级：一是技术等级或产品等级，反映了人类改造自然的客观成果，集中体现为供求关系的量价或量格——数量定价格；二是市场等级或社会等级的品牌等级，反映了人类改造自身的人与人的关系或主观成果，集中体现为信识关系的质价或质格——质量定价格。注意，人们认识和评价质量，是通过信用、信息和知识来完成的，所以信识定级是质量定级的现实形式，质量定价、效益定价或标准定价本质上都是信识定价。总之，价格是质量体系与数量关系的综合反映，信识定价是第一位的主要矛盾，是全部市场营销的核心，是定级主导定价，而供求关系是第二位的，是第二位的次要矛盾，是产能调配的问题，是定量辅助定价。经济人强调产品经济与供求关系，社会人强调品牌经济与信识关系。

例如，有个商家代理了一个非常好的产品，他拿到马路边摆地摊，标价 10 元，按边际成本定价，但销量很小，供过于求，后来，他在大商场租了一个柜台，定价 280 元，按对位效益定价，销量直线上升，供不应求。这个商家自己也不明白是怎么回事，《知本论》的解释就是他无意中让信识定价起了主要作用，因为消费者是通过产品设计、产品包装、营销广告、销售地点、销售服务与销售价格等因素去认识产品质量的，无论产品的客观质量如何，最终都必须取决于客户内心认可的心理质量或信识评级，马路边与低价格对产品是信识降级，而大商场与高价格对产品是信识升级，所以，西方经济学家津津乐道的按边际成本定价就是一个伪命题，是要将殖民地的低价格与低利润进行合理化。其实，按对位效益定价或按有效需求定价，才是真正的信识定价，才是第一位的定价机制。对位效益定价、效价最优化谈判与等效价比选购都是有效需求定价的表现。

一、顾客是免费员工

当顾客变成免费员工且消费变成义务生产时，比较求势就成了一本万利或无本万利的比较优势，此时，比较求势就是最理想的比较优势，顾客生产力就转化成员工生产力，在信息经济的无成本或微成本扩散中，顾客与员工的界限仅仅是发不发工资的差别，发工资的顾客就是员工，不发工资的员工就是顾客，广大顾客就成了无边际成本的生产者，无成本的比较优势就是信息经济中的比较求势。信息经济基本模糊了产权界限，也基本模糊了比较求势与比较优势的界限，似乎也模糊了劳动价值论与边际效用论的界限。

$$\text{比较求势}\frac{\text{顾客变成免费员工}}{\text{消费变成义务生产}}\text{比较优势}$$

在网络互动中，供给者与需求者已经合二为一。信息经济是供求一体化的经济，劳动就是享受，享受就是劳动，劳动 = 享受 = 效用 = 价值，劳动价值论衍生的比较优势，与边际效用论衍生的比较求势，在零距离交流的信息经济中已实现了供求合一，传统的供求平衡模型已无法适用信息经济，因为信息的无限复制性决定了信息生产的无限性，信息经济中只有创新才是稀缺的，没有创新的信息都是无限供给的。

利润最大化产能是"边际成本 = 边际收益"，而信息经济最优化条件为"比较求

势 = 比较优势”，即需求全部转化成生产，或顾客全部转化成员工。

例如，微博和网评就是信息经济最优化的表现，所有发表微博或网评的人其实都是在免费给网站打工，是网站不发工资的编外员工，这些免费写手其实就是网络“奴隶”，大型网站自然就是“奴隶主”。网络信息经济表面上提高了言论自由，实质上却加剧了贫富分化，因为消费者只要浏览任何一个网站，其实就在为这个网站进行宣传和加分，这种无偿劳动是网络消费者没有意识到的，网络热点互动其实是一种集体无意识的跟风。

二、眼球经济

眼球经济是可怕的信息或符号掠夺经济，你旅游看风景，就成了旅游景区的“奴隶”，因为风景区不会因为你多看了一眼而增加边际成本，游客的边际收益全部转化成了边际利润；你上网多看了一眼，你就成了网站的“奴隶”，因为你为网站创造了宝贵的流量与口碑，但网站不会给你发一分钱工资；你上网下帖痛骂明星绯闻，但你上当了，你为明星策划的绯闻炒作而口诛笔伐时，你又做了义务劳动，成了明星策划团队的“奴隶”。信息经济的定价权总是掌握在大网站或大明星手中，而广大民众一上网就变成了毫无定价权的“奴隶”，看电影或唱歌就成了明星调教的“奴隶”，你传播了明星的价值，明星不会给你发一分钱工资，你还要给明星的信息传播买单——买门票、买 U 盘、买明星签名或代言的任何产品。大明星与大网站凭什么发财？就是凭着有大量的粉丝免费为其义务劳动，将不劳而获的比较求势全部转化成了一本万利的比较优势，信息经济的理想状态就是“比较求势 = 比较优势”，大型网站或偶像明星表面上没有广大粉丝的使用权，却具有心照不宣的定价权。形式上网站或明星被广大民众“使用”，实质上则是广大民众被网站或明星定价，这是信息巨头对广大民众的海量劳动的巧妙掠夺。明星租与名牌租都是广大顾客义务劳动的成果。

第一节 等级战争

没有等级制度，就没有激励制度，所谓激励机制就是不断提高社会人的身份等级，包括物质奖励的金钱等级与精神奖励的政治等级，计划经济的本质是政府唱独角戏的等级战争，而市场经济的本质就是全民参与的等级战争。任何市场都是等级市场、等级企业、等级产品、等级客户与等级品牌的复合体系。市场等级和产品等级决定价格等级，信识等级与供求关系是决定价格的左右手。奴隶社会和封建社会是以政权划分社会等级，权力等级决定劳动等级，腐败和歧视成为剩余价值的特殊形式，而资本主义社会是以金钱划分等级，资本等级决定劳动等级，利润最大化的背后是等级最大化。

权力型剩余价值表现为歧视性剩余价值与腐败性剩余价值，资本型剩余价值表现为低薪性剩余价值与垄断性剩余价值。美国的种族歧视与印度的种姓歧视，都是一种掠夺他人劳动以获取剩余价值的歧视制度，一切可以不劳而获或少劳多获的比较优势与比较求势，本质上都是剩余价值主导的私有制，明星溢价与名牌溢价本质上就是由比较求势主导比较优势的少劳多获的巧取剩余价值的私有制。

社会主义是以所有制的公私划分社会等级，知本也是讲等级的，高等级文化必将淘汰低等级文化，高等级制度必将淘汰低等级制度，高等级科技必将淘汰低等级科技，这就是知本的等级革命或代际革命。新陈代谢或升级换代的本质就是等级革命或代际革命，再融合知本的无边际成本的无限扩张，形成高代际知本一旦得势就席卷低代际市场之势，这就是知本驱动的代边革命。成功的大企业多数是先在技术与品牌上积累势能，再通过不断地降价形成销售动能，从高价到低价地扩大销量，通过价格等级的代际递减不断提高市场占有率，以求利润最大化。同一等级的同质化竞争，是边际成本递减的数量扩张或规模经济；不同等级的差异化竞争，是代际收益递增的质量升级或信识升级。

同一等级——同质产品——数量扩张——边际革命

不同等级——差异产品——质量升级——代际革命

名牌溢价或明星暴利，其根源就在于知本内在的文化等级、制度等级与技术等级总是要在无边无际的扩散中形成无限的剩余价值与协新价值，知本一旦创造了代际势能，就会在海量的无边际成本扩散中，形成“高压电网”式的代际势能（创新势能），再通过降价或促销不断转化成边际动能（规模动能），这种代边革命（代际革命 + 边际革命）是先通过比较优势形成创新效应，再利用比较求势形成协同效应，最后是利用比较权势形成独特的垄断地位。

代边革命的动力源就是协新价值，所以协新价值也称为代边效益，包括协同效益与创新效益。协同效益 = 边际效益，创新效益 = 代际效益，做大做强就在于协同成本递减与创新效益递增。

一、信识定价与供求定价

供求关系是基于数量与价格的协同效益，是从定量到定价的水平定价，而信识等级是基于质量与价格的创新效益，是从定质（定级）到定价的垂直定价，所以信识定级和供求定量是价格机制的双手。供求定理认为价格与数量呈反方向变动，价涨必定量跌，价跌必定量涨，反之，信识定理则认为价格与数量可以同方向变动，在信识升级或质量升级时，价量齐涨，在信识降级或质量降级时，价量齐跌。由于质量是通过信用、信息与知识等信识评级来体现的，所以这两个定理适用的条件不同，并不矛盾，是价格的左右手，在不同的条件下可以交替主导价格变动。供求模型中的需求曲线就是量价反方向变动的供求定价，而供给曲线是量价同方向变动的信识评级或信识定价。

如图，信识定价曲线 BA 是向上无限延伸的量价同向变动，价涨量升，价跌量降，说明创新无极限，天价无极限，而供求定价曲线 CA 是向下无限延伸的量价反向变动，价涨量跌，价跌量涨，说明规模有极限，成本有底线。注意，与供求均衡模型不同的是，信识定价曲线 BA 不像供给曲线那样从原点出发，价格不会从零开始，而且价格没有上限。供求定价曲线向下也不会降到价格为零，最下端的 D 点为边际成本点，即当“边际收益 = 边际成本”时，并不是西方经济学所说的利润最大化产能，而是企业停产的极限点，即边际利润为零时企业必须停产或面临破产。

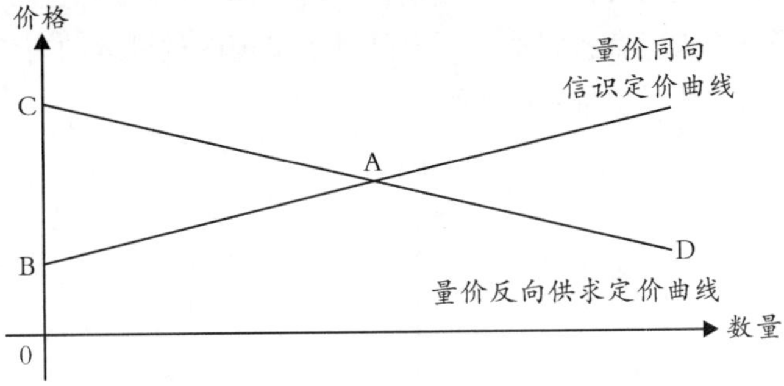

定价机制图

二、信识评级

如图供给曲线 S 一定时，价格主要取决于信识评级曲线 PM 的上下移动，PM 向上时就是信识升级，往往量价齐升；PM 向下时就是信识降级，往往量价齐跌。一切市场营销工作就在于向上移动 PM 线，有时可能花上巨额的广告费才能向上移动一点，而一切品牌危机与公关丑闻都会导致向下移动 PM 线，有时可能导致企业破产。

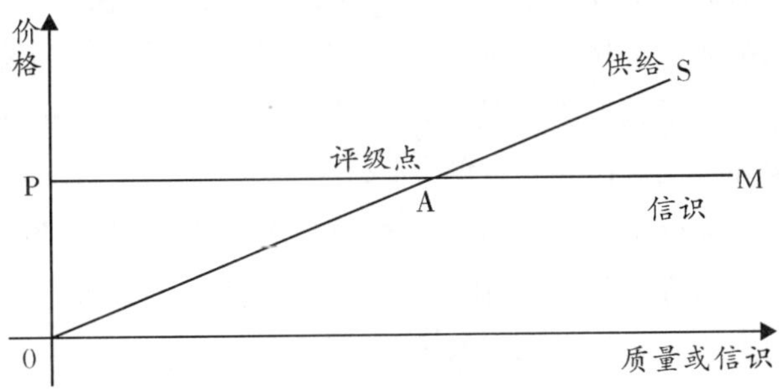

供信评级图

商品价格的度量必须体现为一定数量的货币，货币变动就等于价格变动，反之，价格变动也一定体现为货币变动，价格配置资源就等于货币配置资源或信识配置资源，货币的定义与发行，就能影响价格变动与资源配置。商品价格不仅受自身供求数量的影响，更受信用与信息的直接影响，信识变动本质上不仅是信用与信息的变动，更是产品质量评价的变动。

量变论 供求平衡 相对数量定价	价格双轨制	质变论 信识平级 相对信识定价

《知本论》认为：在信用与信息社会，信识平级比供求平衡更能决定价格的变化，当信识平级与供求平衡在同方向运动时，价格的变化是很容易预期的，反之，如果与供求平衡反方向运动，那么价格的变化是很难预期的。例如，中国房价不断上升，是由于供求平衡的短缺运动和信识平级的升级运动的共同作用，所以中国的房价一直涨个不停，

很容易预期，反之，中国的股价则很难预期，因为实体经济比较低迷，而货币发行量又在增长，人们对经济增长仍有较强信心，商品供求平衡的过剩运动与信识平级的升级运动形成了反方向变化，所以股价难以预测。

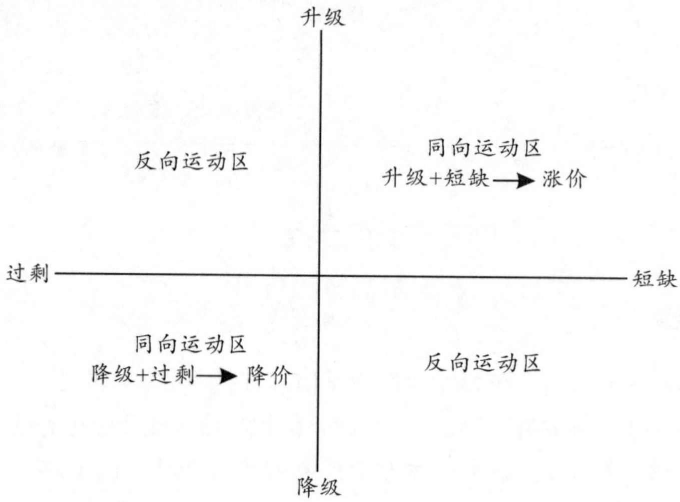

人们常说价格配置资源，而价格是财富分配的最灵敏信息，可以说，价格 = 分配，价格 = 信息，许多人都明白价格是商品尺度和交易灵魂，但很少有人明白价格是信用流动和信息传播，价格的灵魂就是债务的灵魂或货币的灵魂——分配制度。价格对资源的配置是通过信息传播和信息对比来实现的。

例如，某一个产品涨价了，涨价这一信息就具有很强大很灵敏的信号功能，对于其他生产者来说就有跟风涨价的指路作用，同时，对于消费者来说也会有涨价预期，促使消费者早日做出购买决策，即常说的买涨不买跌，供不应求时，卖方是"奴隶主"；供过于求时，买方是"奴隶主"；供求平衡时，谁的钱多谁就是"奴隶主"，谁不急于成交谁就是"奴隶主"。

信息不对称与信用不对称是当代分配不公的两大根本源泉，因为信息不公必然导致价格不公，而价格不公必然导致分配不公，因此，市场机制本质上就是信息引导的价格分配财富的机制。

《知本论》认为：价格具有劳动符号、交易灵魂、供求关系、竞争工具与分配制度等五大功能。

三、信用评级与信识战争

邱仰林的新作《评级真相》分析了 2008 年美国房地美与房利美引发的次贷危机，揭露了美国信用评级下调的国家利益之争与信用战争。

2011 年 10 月 20 日，中债资信评估有限责任公司发布了它的评级业务体系，这同时意味着中债资信评估有限责任公司在投资人付费模式（无偿评级模式）下的评级报告面世，但世界大多数信用评级机构包括三大评级巨头仍然采取被评机构付费模式（类似有偿新闻的有偿评级模式），导致信用机构为了经济利益降低信用评级标准或者没有及时下调有关机构的信用评级。

《知本论》认为：穆迪、惠誉与标准普尔等三大评级机构是美国操纵的以赢利为目的的调查评级机构，其公正性像美国的石油美元战争一样备受质疑。信用评级正成为美国操纵金融市场与经济危机的合法武器。信用评级是一种十分强大而巧妙的隐性定价机制，常常能操纵供求关系，使数量与价格同向变动，而供求均衡只能让数量与价格反向变动。

《评级真相》认为在希腊债务危机演变成欧债危机进程中，信用评级机构别有用心地打击欧元，维护美元霸权，使美元在世界贸易中的结算量高居80%左右，处于垄断地位，这种畸形的国际货币体系使得美元能肆无忌惮地操纵金融市场。在国际巨头不断入侵、垄断和控制中国国内信用评级市场的同时，中国本土信用评级机构进入美国市场的希望却几乎为零；中国对美国开放信用评级，美国却不对中国开放信用评级；美国对中国评级机构采取控制与封杀，导致三大评级机构掌控中国金融命门。美国的信用评级垄断使得标准普尔、穆迪和惠誉三大评级巨头基本瓜分了全球信用评级市场。美国仍然希望将三大评级巨头作为自己统治世界的工具并维护美元霸权；美国标准普尔、穆迪以及惠誉三大信用评级机构打着貌似公允的旗号对各国进行主权信用评级，对除美国以外的国家带来负面影响，因此包括中国在内的各国都应建立起具有公信力的评级机构。

查普曼所著的《坏钱》中有一段话："银行与信用评级机构之间的关系是某种邪恶的联盟关系，其目的是为了支撑银行'发起加销售的经营模式'，信用评级加速了银行业自身的毁灭。"信用评级本质上就是高于供求战争（实价机制）的信识战争（虚价机制）。

《知本论》认为：信用评级没有永远而绝对的客观，只有暂时而相对的客观，美国信用评级垄断资本市场，为美国操纵金融危机而发起评级战争和信识殖民。货币战争不仅仅是金钱的信用较量，也是信息战和知识战的较量，信识战争的成败正是当代国际经济危机的根源。

四、边际变化

边际变动经常被用于描述生产计划或消费计划的微量或增量调整。边际革命是最后增加一单位的增量分析，不是最小效用定价而是对位效益定价或有效需求定价，而代际革命是一次改良或一次创新的增量分析，最大效益或对位效益决定商品价格。理性人通过边际收益与边际成本的比较来决定经济行为。协同效应是合租或共租效应，多方协调一致共同创造资本租或知本租，协同效应是边际增租效应，是通过边际优或边际美创造边际租，边际产值－边际租＝工资，当边际产值等于工资时，协新价值为零，不能为企业创造附加值。

边际分析是同质分析与供求定价，代际分析是差异分析与信识定价。人们考察最后一单位的产品消费，是假定前面所有的产品都是同质化的，如果是大同小异的产品，是否适合边际分析呢。

例如，商场销售的白衬衣越来越多，边际价格也在递减，但是，设计师突然改动了一点点，在白衬衣的胸前绣了一朵小红花，边际价格递减终止了，生产美或边际美拯救

了生产力或边际力，创新效应与比较求势发挥了作用，出现了更高的代际价格，在高等级的创新价格中开始新一轮的供求均衡与边际递减，也就是代际革命拉动的价量齐涨（而不是供求均衡所说的价涨量跌），这就是代际势能转化成边际动能，极小的代际创新，可以极大地扩张边际收益的边界。总之，边际分析无法解释创意与创新的最新一代或更高一级的价格变动，代际分析正好能弥补这一点。边际革命是规模经济，主要由供求均衡来调节价格的小幅量变，而代际革命是创新经济，主要由质量等级或信识定级来调节价格变化，蛛网理论是信识定价的一个典型例子。

五、蛛网理论

蛛网理论是某些商品的价格与产量变动相互影响，引起规律性的循环变动的理论。1930 年由美国的舒尔茨、荷兰的丁伯根和意大利的里奇各自独立提出。由于价格和产量的连续变动用图形表示犹如蛛网，1934 年英国的卡尔多将这种理论命名为蛛网理论。蛛网理论是介于供求平衡与信识评级之间的一种动态均衡论，因为价格与数量的变化并没有一个稳定的长期均衡点，而是分散在长期均衡点周围，原因就在于信息不对称与信用不对称。当然，信识关系就是研究信用和信息对价格的关系，所以，蛛网理论兼有供求定价与信识定价的二重性，是连接供求论与信识论的桥梁。

供求论——蛛网理论——信识论
（不对称信用与信息）

在信息对称的完全竞争市场，应当只有一个长期稳定的供求均衡价格，但是，由于存在不对称信用与不对称信息，供求平衡点总是分散于长期均衡点周围，呈繁星点点的网状分布。蛛网理论证明，按照古典经济学静态下完全竞争的假设，均衡一旦被打破，经济系统并不一定自动恢复均衡，特别是农产品按季节或按年度安排生产时，生产周期很长，供给弹性与需求弹性都很弱，价格的变动并不能迅速形成供求均衡。蛛网理论的假设是：①完全竞争，每个生产者都认为当前的市场价格会继续下去，自己改变生产计划不会影响市场；②价格由供给量决定，供给量由上期的市场价格决定；③生产的商品不是耐用商品。三大假设表明，蛛网理论主要用于分析生产周期长、供给弹性差而且信息很分散的农产品，所以农产品需要政府进行价格干预。

（1）高房价的蛛网理论。

假如住房的供给弹性比需求弹性大，房价的波动必然呈向外扩散的蛛网状，但是，在城市中心地段或邻近河海地段，住房的供给弹性要比需求弹性小得多，因为特殊地段的土地面积难以增加。住房不会移动，土地的稀缺性决定了供给弹性极小，但买房者的过剩性与差异性决定了需求弹性较大。对于特别发达的地区而言，住房供给弹性确实小于需求弹性，房价的变化规律应该呈向内收敛的蛛网状，市场无法调节特殊地段的供求平衡，只能是政府宏观调控，中国房价主要是由政府的土地垄断、货币超发、盲目调控、乐观预期、信息不联网等信识因素决定的。

（2）猪周期的蛛网理论。

"猪周期"也是一种典型的蛛网理论，指的是猪肉价格上涨刺激养猪户大量养猪，生猪供给增加必然导致猪肉跌价，降价又导致了养猪者减少养殖，猪量下降又使得肉价上涨，这一循环的供求均衡过程体现的是经济学中的蛛网理论。猪肉市场的周期长度在1100～1400天，故养猪业有"赚一年，平一年，亏一年"的蛛网理论。美国的"猪肉/粮食"的价格比也存在周期性的变化，一般以4～6年为一个周期。中国的生猪产量全球第一，标准化的大规模饲养水平低，养猪户的信息收集、分析和预测的能力差，导致了猪周期的循环往复的价格变化。

（3）生猪/玉米循环。

不少经济学家根据蛛网理论提出了著名的"生猪/玉米循环"模型：玉米是生猪的主要饲料，生猪的价格会影响到玉米的价格。当玉米价格发生变动后，又会影响下一年玉米产量，玉米产量变动后，又会影响玉米价格，玉米价格的变动，进而影响生猪的价格，生猪的价格变动又影响生猪的产量。如此运行，直至趋向一个长期的均衡，即玉米和生猪的价格和产量相对稳定下来。从蛛网理论可知，生猪/玉米循环是在相对封闭的循环供求中实现的，玉米只能给猪吃，不能有其他用途，但是，随着世界能源技术的发展，玉米被作为工业原料广泛地用于医药、化工以及其他领域的生产，而且随着石油价格的走高，美国及一些国家开始用玉米生产燃料乙醇来替代原油的使用，所以玉米今后不一定要喂猪了，而猪却离不开玉米，这就可能使玉米的定价权远远高于猪。这循环的蛛网有一个特点，它是一根丝织成的并不闭合的圆圈，用数学术语说是不收敛的，这与一般商品不同，一般商品的供给和需求会相互作用最终形成一个稳定的价格来平衡供需。

（4）农产品的蛛网理论

农产品价格升高，导致农民增产，农产品增收，又导致价格下降，这样的循环性变动就是蛛网理论。英国人卡尔多于1934年，为这个理论起了个形象的名字——蛛网理论。蛛网理论广泛描述那些生产周期较长（供给弹性较小）的商品，在特定原因下失去供求均衡时，发生价格波动的一种动态分析理论，是假设市场完全竞争，不是耐用商品，价格由供给量决定，而供给量又由上一期的市场价格决定，只有农产品才是最符合条件的商品。如果一项商品在价格下跌后，消费者需求并不会急剧增多时，蛛网的形状将会呈现发散形状，即实际价格和实际产量上下波动的幅度会越来越大，偏离均衡点越来越远而成为发散型蛛网。如果白菜的价格降到1分钱，人们也不会完全吃白菜而不吃肉，消费者对于白菜价的迟钝导致了不少菜农因滞销而严重亏损。蛛网理论的最初假设就是"生产者总是根据上一期的价格来决定下一期的产量"。经济学家们假设生产者是短视的飞蛾，只会扑火（价格）而飞，政府不应强行收购蔬菜，继续向农民发出错误的供求信号。

总之，农产品破“蛛网”在于：一是加强信息战的能力；二是加强存储与深加工；三是组建大的农业集团；四是大力发展农超对接；五是发展农产品的国内期货市场，让信识定价指导供求定价，让蛛网理论更接近供求均衡论，以保持稳定的均衡价格而指导农业的健康生产。蛛网理论与供求定价论和信识定价论是不矛盾的，三者在解释价格变动时各有侧重点与理论前提。

六、利润级差化规律

由于创新空间与代际革命的存在，高收益行业并不是一成不变的，而是层出不穷的，再加上创新风险、投资风险与市场壁垒的并存，所以，利润不仅没有平均，反而在优胜劣汰中不断分化，劳动等级化必然导致利润等级化，因为利润平均化的前提是劳动平均化或劳动同质化，但是，劳动平均化规律越来越受制于劳动级差化，只有在同一个等级的劳动才存在利润平均化规律，即先有劳动等级，后有劳动平均，不同级别的劳动潜伏着巨大的资本鸿沟与知本鸿沟，甚至是特权鸿沟。劳动鸿沟不仅没有被利润平均化，反而在利润最大化规律的作用下，出现了技术垄断与品牌垄断的利润级差化。创新经济的本质规律就是利润级差化规律，而不是利润平均化规律。

同级市场——无壁垒——无歧视——利润平均化

级差市场——有壁垒——有歧视——利润级差化

只有在真正自由平等的完全竞争市场，才适用利润平均化规律，而在垄断、品牌、技术、文化与制度等方面具有知本壁垒的不完全竞争市场，只适用利润级差化规律，这就是穷国与富国的差距所在。许多经济学家总是想当然地认为，资本无国界无等级，只要哪里利润高，资本就往哪里去，问题是，资本并不能单独决定或自由决定流向。协同效应是增加资本和知本的边际租，是经济量变，而创新效应是提高资本和知本的代际租，是经济质变。做大靠边际租或资本租，做强靠代际租或知本租。

例如，一些产业早已产能过剩，甚至无利可图，但一些地方政府为了追求 GDP，仍然大量投资，人为改变资本流向。又例如，美国拒绝中国的中兴与华为进入美国市场，理由是国家信息安全，这种贸易壁垒又怎能让利润平均化规律起作用呢？美国和欧洲既不承认中国的市场经济地位，又经常以反倾销与反补贴为名制裁中国，中国企业能与欧美企业一样实现利润平均化吗？发达国家与落后国家的工资差距相差 10 倍左右，投资收益率也相差 3 倍左右，这种差距不是利润平均化，而是利润级差化，原因就是发达国家对内实行自由放任，对外实行贸易壁垒，或者说，西方资本主义强国对内是利润平均化规律，对外是利润级差化规律。

七、什么社会才能实现利润平均化

只有全球众多而狭小的国家界限基本消灭，才可以通过大国协议让资本、技术与劳动等生产要素完全自由流动，只有这样才具备实现利润平均化规律的必要条件。也就是说，只有全世界消灭国家界限，或者实现共产主义才具备了真正大一统的无障碍、无壁垒、无歧视的完全竞争市场，也才能真正将现实的利润级差化变成理想的利润平均化。

所以，利润平均化规律是走向共产主义的必由之路，也只有在共产主义社会才能真正实现利润平均化规律。

利润平均化规律与利润级差化规律是同时并存的，这是因为资本和知本基本可以自由流动，但劳动力没法自由流动，一些特殊的资本和顶尖的知本也没法自由流动。由于专利壁垒、品牌壁垒、劳动壁垒、制度壁垒与文化壁垒的并存，导致利润级差化规律往往比利润平均化规律更起作用。支持优胜劣汰的市场法则的不是利润平均化规律，而是利润级差化规律，只有在缺乏差异与创新的同质化竞争中，利润平均化规律才起作用。

除了共产主义社会的完全竞争市场能实现利润平均化规律之外，在纯粹的卖方市场也能实现利润平均化规律。当前是买方市场为主，资本流动其实存在一个许多人视而不见的需求壁垒，投资收益率最终要由消费者说了算，由社会需求说了算。由于广大消费者是分区域、分层次、分等级的，这就导致资本最终也要分区域、分层次、分等级，浮动汇率制的本质就是资本等级浮动制，美元是第一等级，欧元、日元与人民币是第二等级，其他国家的货币是第三或第四等级。货币的升值或贬值就是由利率与汇率调整的货币等级。真正的自由放任论也只有共产主义才能实现。因此，政府干预、部分竞争与利润级差化是资本主义的市场基本特征，而自由放任、完全竞争与利润平均化反而是社会主义或共产主义的基本市场特征。

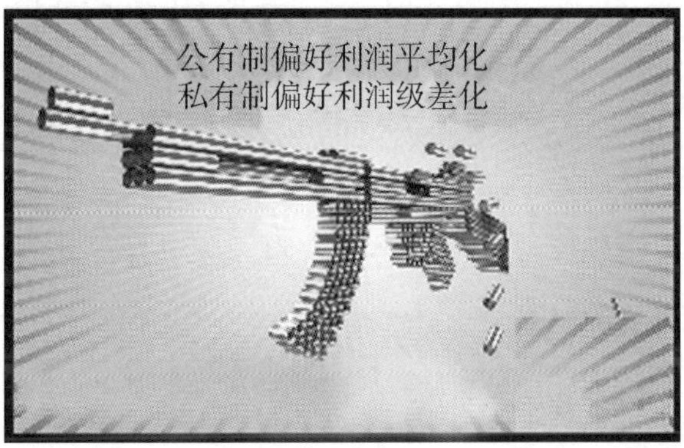

例如，美国公司在中国享受市场化待遇，在中国自由放任地发展，在中国获取的利润率大多高于中国同行，因为社会主义市场是信奉自由放任、完全竞争与利润平均化的市场。相反，中国公司在美国却举步维艰，大多受到各种隐性的制度壁垒与文化歧视，美国为了将贸易壁垒合法化，一直不承认中国市场经济地位，资本主义的政府干预很巧妙，主要是对内放任，对外干预，目的就是让美国公司获取的利润比其他国家更多，这就是国家资本主义的本质，所以，美国政府对美国人是全球征税的，只要你是美国籍，无论你在哪里工作，美国政府都要向你征税，因此，美国的政府干预是全世界最强大也是最隐形的，政府干预、竞争限制与利润级差化就是美国对外的基本特征。

《知本论》认为：由于资本主义国家长期偏重自由放任，社会主义国家长期偏重政府调控，所以，资本主义需要强化政府干预手段，社会主义需要强化自由放任手段，因为目前各国大多是公私混合制，只有不断完善公私混合制才能更快地走向共产主义。

利润平均化推动了资本平等与人权平等，推动了民主化进程，民主制是政治上的公有制，而利润级差化强化了国家差别与创新差别，延续了私有制寿命。

利润平均化——资本平等——人权平等——民主制

利润级差化——国家差别——创新差别——私有制

完全竞争市场和利润平均化规律作为共产主义的基本市场特征，体现了马克思的劳动时间量决定价值这一公平的定价法则。利润平均化源于劳动时间量价值的等价交换与按劳分配，利润级差化源于劳动效益量价值的增值交换与按效分配。

利润等级或劳动等级决定于效率法则——利润级差化规律，而利润平均或劳动平均决定于公平法则，最公平的当然就是分配上的绝对平均主义。利润平均化其实就是平均主义的代名词，是理想，还不是现实。利润最大化是单个企业的微观法则，而利润平均化和利润级差化是全球市场的宏观法则。

利润平均化规律有三个前提：

一是共产主义的完全自由的竞争市场，所有竞争要素都能自由流动，这就要求打破以狭隘民族主义为标志的国家界限，对全球所有国家的公民都要实现无条件的免签制度，当务之急是大国有义务扶持小国，强国有义务抚养弱国，打破国际要素流动的最大障碍——国家界限或国家壁垒。信息经济，要求打破过多的国界限制才能充分发挥经济要素的规模效应，在信息经济时代，贫穷而弱小的国家界限是国际化的障碍，是阻碍生产要素国际化流动的因素。大国兼爱小国，富国扶持穷国，不再是传统意义上的经济侵略，而是大国政府对弱小贫穷国家民众的解救，是一种超越狭隘民族主义的普世价值与国际主义，关键是解救之后不要歧视小国民众，而应一视同仁，让弱国民众获得更大的自由与富裕。

二是完全同质化的产品，产品没有技术差别；只有供求定价与边际成本递减，缺乏信识定价与代际收益递增的影响。

三是劳动者完全同质化，没有文化、技术与制度的知本差距。利润平均化本质上是协同效益对创新效益的平均，所以利润平均化也就是利润协同化，在不断的协作中使利润趋于协同一致。利润级差化规律推动了创新经济与代际革命。

利润平均化——公平法则——公有制

利润级差化——效率法则——私有制

利润平均化是公平法则，有助于消除贫富分化，是社会主义公有制的特征，而利润级差化是效率法则，有助于扩大贫富分化，是资本主义私有制的特征，中国必须坚持公有制与私有制并存的公私混合制这种两条腿走路的方式。

八、等量资本要求等量利润

利润平均化规律是马克思劳动价值论的巧妙延伸，马克思认为价值是凝聚在商品中的劳动时间量或价值，由社会必要劳动时间决定，而社会必要劳动时间又取决于社会平均的技术熟练程度，可见利润平均化规律正是马克思社会平均劳动时间决定价值的另一种表现，是劳动公平法则的跨行业或跨国界的理性表达。由于国家之间壁垒森严，文化歧视、制度差距与技术封杀等知本因素的巨大落差，特别是创新意识的普遍觉醒，利润平均化规律越来越不现实，而利润级差化规律更能说明国际市场的现状，为什么同样的简单劳动，欧美工人的工资就比其他国家工人高得多？原因就在于欧美的人均资本、人均知本与级差利润远远高于其他国家。同一级别或同一地区的同质化劳动才可能存在利润平均化，而不同级别或不同地区的差异劳动，利润级差化才是主流，利润平均化只是补充。利润级差化主要表现为国家级差、地区级差、行业级差、产品级差、品牌级差、技术级差、文化级差、制度级差等劳动级差。创新效益不断推动效率差异、劳动级差与利润级差化，而协同效益又不断阻击劳动级差与收入差别，推动利润平均化。优势者要求利润级差化，劣势者要求利润平均化。

创新效应——劳动等级——比较优势——利润级差化

协同效应——劳动平等——比较劣势——利润平均化

利润平均化规律本质上是反创新的理论，因为没有利润级差，又何来创新动力？没有优胜劣汰，何来创新压力？或者说，要挑战利润平均化规律，唯有不断创新才能不断飞越利润的平均化陷阱。当今全球各国按富强到贫穷进行排序，是一个长长的国家等级阶梯，按每年的人均收入就可以排出一个连续不断的等级阶梯，这个收入阶梯恰恰证明是利润级差化规律在起作用。一般来说，在利润平均化时是降价大战和利润惨淡的红海市场，而在利润级差化时是高价营销和利润丰厚的蓝海市场。

九、平均化供求与级差化信识

利润平均化规律与供求定价有内在的一致性，都是数量与价格的反向变动规律，而利润级差化规律与信识定价又相一致，都是强调劳动等级与价值级别。利润最大化是短期和局部的微观规律，而利润平均化和利润级差化是长期和全局的宏观规律。创新能力与利润平均化成反比，与利润级差化成正比，创新弱者要求利润平均化，创新强者要求利润级差化。

十、必然级差化与偶然平均化

利润率平均化是指投资于不同行业或部门的资本，其利润回报有平均化趋势，等量资本要求等量利润，因为资本要求自由、民主、平等，资本民主要求等量资本分享等量利润，资本民主表现为人权平等。利润率既受平均化因素影响，又受级差化因素影响，因而实际利润率并不平均。利润级差化是经常的、长期的共性，而利润平均化则是偶然的、暂时的个性，利润平均化是一种相对静止状态，而利润级差化是一种绝对运动状态。利润平均化与利润级差化并存，这才是现实的利润规律。在利润率不同的情况下，等量资本不能获得等量利润，这同资本的民主本性相矛盾。一般来说，同一国家、同一行业或同一层次的企业，主要受利润平均化规律影响，而不同国家、不同行业或不同层次的企业，主要受利润级差化规律影响。

马克思说："总的说来，在整个资本主义生产中，一般规律作为一种占统治地位的趋势，各个生产部门的利润率与平均利润率的偏离会相互抵消，始终只是以一种极其错综复杂的和近似的方式，作为从不断波动中得出的、但永远不能确定的平均情况来发生作用。”（《马克思恩格斯全集》第25卷，第181页）在现实经济过程中存在一些阻碍平均利润率规律起作用的因素，各个部门间的竞争是这一规律发生作用的不可缺少的条件，然而各个部门不同程度的垄断，会阻碍利润率的平均化。资本主义土地私有制的垄断，供给少于需求，也阻碍着农业部门参加利润率的平均化过程，这类似于政府低价征地后再高价卖给开发商的土地垄断。等量资本预期得到等量利润，原先利润率较低的部门，利润转化为平均利润，价值转化为生产价格。这就进一步掩盖了剩余价值的来源，似乎利润就是来自资本，而不是来自劳动。其实，平均利润率规律是在劳动价值规律基础上发生作用的，它只是剩余价值规律的转化形式而已。

剩余价值——工会压力——利润平均化

协新价值——创新风险——利润级差化

《知本论》发现：由于工人素质的同质化与国际工人运动的强大影响力，迫于工会压力，榨取剩余价值的资本无可奈何地遵从利润平均化规律，反之，由于教育、金融与科技的发展，拥有技术优势与创新优势的企业需要更高素质的专业员工，需要更高的投资收益率以对冲巨额的创新风险，就去追求利润级差化规律。

十一、劳动创造利润级差

等量资本要求等量利润，等量劳动也要求等量利润，但是，只有彻底的马克思主义者才信奉劳动量决定价值与等量劳动决定等量利润这一公平的经济观。

在劳动知本化中，劳动被知本等级划分成了无数的劳动等级或级差劳动，市场定价和需求定价成为利润级差化的托词。劳动级差源于知本级差，知本级差决定了等量资本很难获得等量利润，因为资本不能独立创造利润，资本必须与劳动和知本结合起来才能创造利润。资本要求利润平均化，而知本和劳动要求利润级差化，因此，劳动资本化要求利润平均化，而劳动知本化要求利润级差化。劣势劳动要求利润平均化，弱者要求平均法则，优势劳动则要求利润级差化，强者要求效益法则。

十二、长期的利润平均化规律

如果认为平均利润率规律的存在是以竞争为前提的，产品按照价值出售，这无疑加剧了竞争和生产的无政府状态，必然会导致社会劳动的巨大浪费。资本对劳动的剥削程度是决定平均利润率水平的主要因素，资本家要取得更多的利润，阻碍资本从一个部门转移到另一个部门的障碍大致已被清除，不仅要提高对本企业工人的剥削程度，到了机器大工业阶段，还要提高全体资本家对全体工人的剥削程度。资本在各生产部门之间的流动很不容易，所有的资本家如同一个股份公司的股东，他们共同参加对无产阶级的剥削，共同对付无产阶级。无产阶级不仅受直接雇佣他们的资本家的剥削，而且受到全体资本家的剥削。

十三、利润平均化刺穿经济泡沫

中国人民大学经济学院黄卫平教授称：金融风暴是平均利润率规律在起作用，经济风险没办法消灭，但总有办法转移，任何一个转移风险的工具，在平抑风险的同时，总是在另一个层面创造更大的风险，关键是平均利润率这个规律在起作用。

任何一个资金如果在金融要素全球化流动，只能获得平均利润率，你今天的所得超过别人，必然由明天的所失与他平衡。如果投机资产的回报率远高于投资实业的回报率，聪明人会去干实业吗？而经济规律一定是强行开辟自己的路的，到最后这两者差距最大的时候，它就会以崩盘的形式或以泡沫崩溃的形式回归，使你这个行业和别人的行业最终的利润率持平，金融危机起到了利润平均化刺穿经济泡沫的作用。

《知本论》认为：一个国家要逐步淘汰利润率很低的产业，逐步强化利润率较高的产业，才能提高人均资本与人均利润，至少要有一个以上的高利润产业支柱，才有可能越过中等收入陷阱。如果没有几个高利润行业或高利润的大型国际公司给一国经济平均，所谓中等收入陷阱就变成了没有高利润产业的利润平均化陷阱。当然，即使某个国家或某个行业发生了经济危机，也不等于其利润就被其他国家或其他行业平均了。

例如，欧美发生了金融危机，但并不等于全世界贫弱国家就有了平均欧美财富的发财机会，反而也深受欧美债务危机的拖累，因此，中等收入陷阱未必是利润平均化所致，反而更像是利润级差化规律在起作用。目前，欧美中产阶级在大量消失与分化，贫富分化越来越严重，中产阶层出现边际幸福感递减，利润平均化规律的作用显然很小，而利润级差化规模的作用显然很大。利润级差化是经济右手，利润平均化是经济左手，两手交替指挥着市场经济。

第二节　代际成本

规模经济与创新经济合称强大经济，强大经济有两个必要条件，第一个是边际成本递减，这是低成本驱动的边际革命或协同革命；第二个是代际收益递增，这是高收益驱动的代际革命或创新革命。边际革命的规模量变背后，隐藏的是代际革命的创新质变，做大的内生动力必定是能做强。做大源于劳动资本化，是资本的数量扩张，而做强源于劳动知本化，是知本的质量提高，所以隐藏在边际革命背后的是代际革命。强大经济是边际革命与代际革命共同推动的双核经济。

代际成本是经营管理或生产销售中发生的变化成本、替代成本、改良成本或创新成本，也包括重大创新的革命成本，以下简称代际成本 CC，表示每一次改变的支出或对价，就是每一次创新或改变后的新产品的成本变化，包括代际总成本、代际平均成本与代际边际成本的变化。例如，某产品的总成本 100 万元，平均成本为 15 元/件，边际成本为 10 元/件，重新设计新产品的总成本为 85 万元，平均成本为 12 元/件，边际成本为 8 元/件。代际成本变化如下：

（1）代际总成本为新旧两个总成本之差：85 - 100 = -15（万元），即代际总成本为负 15 万元，即代际革命总共节约 15 万元的总成本。

（2）代际平均成本为相邻两个平均成本之差：12 - 15 = -3（元/件），即平均成本在代际革命后节约 3 元/件。

（3）代际边际成本为相邻两个边际成本之差：8 - 10 = -2（元/件），即新旧两个产品的边际成本在代际革命后节约 2 元/件。

总之，无论是总成本、平均成本或边际成本，都可以有代际革命的变化。总成本与平均成本都是积分式的总量变化，边际成本是微分式的增量变化，代际革命主要体现为总量变化与增量变化的创新组合。代际成本 CC 的变化可以从总成本、平均成本与边际成本三方面同时进行考察。

成功的代际革命，常见有以下几类代际成本变化：

（1）通胀型代际革命：总成本和边际成本双双上升。

企业在全球货币竞相贬值的通胀时代（主要是美元超发带动全球低利率竞赛与印钞机的转速比赛），常面临总成本和平均成本随着物价同步上涨，国际大宗商品涨价了，而且工资与材料都上升了，此时，产品的换代升级面临高物价的通胀挑战，不创新就死，而创新的代际成本也极高，企业融资困难，要换代升级，就要克服成本全面上升的障碍，总成本与边际成本的同时上升，也必然导致平均成本上升，这就是通胀型代际革命。

（2）通缩型代际革命：总成本和边际成本双双下降。

企业在创新竞争中，也常常要求总成本与边际成本下降，这就是经济中常见的成本驱动型，技术替代或材料替代的根本要求：一是低成本替代高成本，二是高质量替代低质量，如塑料在工业中广泛替代钢铁，机器广泛替代人工，既降低了成本，也提高了质量，都是为了边际成本与平均成本的同步下降，特别是在货币通缩的时代，全面的成本下降是比较可行和常见的。

（3）集约型代际革命：总成本上升，但边际成本下降。

企业为了提高生产效率，一般都要扩大生产规模或淘汰落后产能，扩大规模是为了发挥协同效应，技术革新是为了发挥创新效应，这都要求增加投资，投资的增加必然导致总成本上升，但由于生产效率与管理效率的提高，提高了知本构成与价值密度，也必然导致新一轮的边际成本下降，边际成本的下降也会带动平均成本的下降，反之，如果总成本上升而边际成本不能下降，那么这种代际革命就会掉入成本陷阱，除非代际收益能超过代际成本的提高才行。

(4) 粗放型代际革命：总成本下降，但边际成本上升。

许多落后国家的自然资源与人力资源都特别廉价，机械化与自动化的程度不高，一般都热衷于选择总成本下降而边际成本上升的经营方式，知本构成与价值密度较低，就像越南、泰国等国家，可以廉价浪费资源，但人力成本却不断上升，这种粗放型的代际革命是没有前途的，只能作为落后国家或落后企业融入国际分工的转型阵痛或走向国际化的惨痛代价。

边际收益下降必然推动代际革命的发展，因为代际革命就是要提高边际收益。只要是产品和服务所付出的改变，无论是小的改良还是大的革命，都是为了发展创新所做出的改变，一般都需要付出成本，特别是在企业产品的升级换代中，都需要付出代际成本CC。21 世纪是创新驱动的世纪，创新成本也称为代际成本，是企业为了改良与创新而付出的改革成本，代际成本有助于企业分清哪些费用是用于一个会计年度的改革创新，从而明确企业的经营方式。任何产品面临销售危机时，都必须改良与创新，因为对于滞销产品，即使在生产上能实现边际成本递减的规模经营，但也不能保证企业一定成功，因为消费者的需求扩大与边际利润上升才是关键（边际收益 - 边际成本 = 边际利润）。

一、中国制造为什么要转型

中国制造虽然能达到边际成本递减（减法经营），但无法达到边际利润不减或代际收益递增（加法经营），结果往往是边际收益比边际成本递减得更快，这就需要代际创新，改变边际收益的下跌。

传统经济学总认为：边际成本递减是规模经营的必要条件，其实，这不完整，还有一个必要条件是代际收益递增，这两个条件对于强大经济是缺一不可的。当边际成本无法递减时，就必须付出改良、创新与革命所必需的代际成本以求代际收益递增。

二、代际成本

代际成本 Change cost 指的是每一次改良、创意、创新与革命带来的总成本或单位成本的增量（包括正增值与负增值），这个概念表明每一单位的代际成本与总成本和总收益都有关，代际成本越高，说明企业改变的力度与难度越大。代际成本俗称创新成本。

代际成本 CC 可以是总成本增量△TC、或边际成本△MC 增量、或平均成本增量△AC、或可变成本增量△VC，在不同的创新环境与创新模式下表现为不同的成本变化。在创新从发育到普及的代际鸿沟中，如何跨越代际成本，这是新产品的生死命门，从手机、电脑、彩电、相机、汽车的发展历史可知，换代升级或相关替代的代际成本可高可低，如何让消费者与企业一起跨越创新鸿沟或代际成本，是保证边际成本递减的规模经营的前提。

代际成本是指产品在每一次升级换代中增加的成本，或者说是产品的改良成本与创新成本，这是产品的质变成本，而边际成本是产品不发生质量变化时再增加一个单位的生产成本，或者说最后一个单位的生产成本，是产品的量变成本。边际成本是每增加一单位产品的量变成本，代际成本是对产品每增加一项改良或创新的质变成本。

边际成本指的是每一单位新增生产的产品（或者购买的产品）带来的成本增量，这个概念表明每一单位的产品的成本与总产量有关，产品供求量越大，则边际成本就越有可能降低，边际成本递减规律实际上就是供求数量无限趋近于供求均衡。正如在水与钻石公案中，支持边际革命的经济学家认为一杯水在河塘边的价值低是因为水的供给量太大，边际成本递减可以无限接近于零，而一颗钻石的价值高是因为钻石的供给量太少。稀缺经济中的边际革命难以发挥作用，因为供求量太小，而过剩经济中的大降价正是由边际革命所推动。

（1）代际创新。

强大经营的两大条件是边际成本递减与代际收益递增，边际成本递减是做大的条件，代际收益递增是做强的条件，但相邻两代产品的代际成本没有必然的增减变化，一般不存在代际成本递增或递减，这一点很有意义，说明小改良或大创新都不一定要求成本增加或减少，因此，代际成本 CC 也称为改良成本或创新成本。

例如，生产第 101 件产品增加的边际成本是 25 元，生产第 102 件产品的边际成本是 20 元，说明相同产品的数量扩张符合边际成本递减关系。如果企业生产到 100 件产品时，发现销路不好，及时进行改良或创新，增加 4 元的改革成本推出改良新品，销路立即火爆起来，那么代际成本就是 4 元。注意，由于发生了代际革命，原来的 100 件产品构成的边际革命暂停了，进入新一轮边际革命了，此时再生产的产品就不是第 101 件产品了，而是要开始新一轮的边际扩张了，要从第一件产品开始研究边际变化了，第 101 件产品在新一轮边际革命中是作为第 1 件产品计量的。假设其他生产条件不变，改良品或创新品生产第 1 件（不能说是生产第 101 件）的边际成本就是 25 + 4 = 29（元），继续生产到第 2 件（不能说生产第 102 件）边际成本就变成 20 + 4 = 24（元）。

每一次代际革命，都是开始新一轮边际革命，形成创新知本对原有产业边界的大跨越，进入新一轮的产业边界扩容中，这是劳动升级与级差利润的来源。当一个产品的销售开始减速或滞销时，边际扩张就碰到了边界极限而停滞，企业就必须进行代际革命，跨越红海边界，进入新的蓝海区域，当新蓝海的边际扩张出现减速时又变成了新的红海。红海之内的边界扩张都是旧产业边界之内的外延式规模扩张，而从红海到蓝海之间的升级换代则是产业之间的内涵式创新扩张。

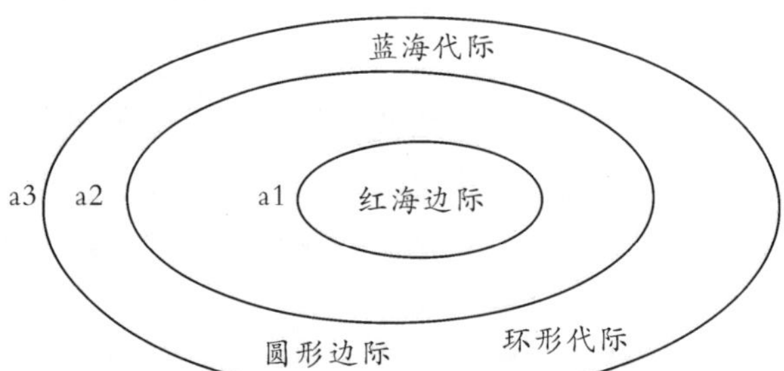

如图，曲线 a1、a2、a3 是同质化产品的规模边际或最大产能边界，三条圆形曲线之间的环形面积，就代表产品升级换代后的代际市场，环形面积就代表每次代际革命的蓝

海空间。一个经济体要做强做大，就必须以边际革命实现规模经营（做大圆的半径），使圆形曲线 a1、a2、a3 的半径变得更大；同时要以代际革命实现质量经营（做强环形的面积或价值密度），要使曲线 a1、a2、a3 的相邻圆线之间的环形面积变大，相邻两个圆面的半径之差要变大，圆面上各点的价值密度要变强，圆的半径与价值密度成正比。

（2）代际成本。

代际成本不是同一类产品的比较，无论相同的产品生产多少都不是代际成本的变化，而是边际成本的变化。同样产品之间不存在代际成本之说，只有不同质的产品比较才存在代际成本，也就是说代际成本是差异成本，是相邻两类的边际（平均）成本之差，或是新旧产品的边际（平均）成本之差。在实际的生产经营中，边际成本也可理解为直接成本或变动成本，不分摊固定资产和固定费用等不变成本。注意，只要产品有 1% 的改良或创新，改良或创新之后的产品就与原来的旧产品是不同质的或不同类的，就会存在代际成本，只有完全没有改良与创新的、100% 相同的产品才算是同质产品，同质产品或同类产品只能比较边际成本，不能比较换代升级的代际成本。代际成本也可是两个不同类型的平均成本之差，也就是说，无论是按边际成本还是按平均成本计算，代际成本都可以视为新旧边际成本之差或新旧平均成本之差。

例如，某企业生产电水壶，原先每件水壶的平均成本为 50 元，边际成本是 45 元，由于销路不好，企业增加了电子音乐与计时表，增加 8 元的电子元件，其他条件不变，销路很好，但平均成本变为 58 元，边际成本变为 53 元，新旧两代电水壶的代际成本或创新成本为 8 元。

代际成本或改良成本小于零是低价竞争或成本竞争的必然要求，这往往导致假冒伪劣的恶性价格战。代际成本中还包括至关重要的时间成本与机会成本，如果产品间接替代与直接升级的时间太慢长而错过了时机，代价也可能是丧失了市场领先地位，甚至有可能破产。例如，全球闻名的柯达胶卷，在发明了数码相机技术后，束之高阁，最终被后来居上者超越，在代际革命中付出了惨重的时间成本与机会成本。

（3）代际革命。

《知本论》发现国际产业链、要素链与定价链的三大转移有两大特色：一个是边际成本高或代际革命慢的产业向落后国家的优势资源的下行转移，主要是劳动资本化驱动的资源竞争；另一个是边际收益高或代际革命快的产业向发达国家的先进制度和技术的上行转移，主要是劳动知本化驱动的创新竞争。这两大相对而行的产业转移，其本质是定价权从低向高、从贫向富的上行转移，国际分工的背后是定价权的激烈争夺与提高知本构成和价值密度的速度竞争。

知本构成是知本值占总价值的比例，包括知本占总成本的比例或者知本占总收益的比例，即：知本构成 = 知本值 ÷ 总价值。

例如，一件衣服的平均劳动成本是 5 元，平均材料成本是 3 元，平均知本是 2 元，知本构成 = 知本 ÷ 总价值 = 2 ÷ 10，即总成本的知本构成为 20%；

假如利润为 4 元，则总利润率为 4 ÷ 10 = 40%，如果这 4 元中劳动与材料的协同增值为 3 元，而知本设计的创新增值为 1 元，则总利润的知本构成为 1 ÷ 4 = 25%，知本构成是当代产业升级与定价权争夺的制空权。

比较三大要素构成，知本构成 = 知本值 ÷ 总价值，资本构成 = 资本值 ÷ 总价值，劳动构成 = 劳动值 ÷ 总价值，一国的经济效率与劳动构成成反比，与资本构成和知本构成成正比。国家竞争力越弱，则劳动构成就越高，资本构成与知本构成就越低，价值密度与定价权就越低，反之，国家竞争力越强，则劳动构成就越低，资本构成与知本构成就越高，价值密度与定价权就越高。

一流竞争力源于高知本构成，科技与制度驱动；

二流竞争力源于高资本构成，资金与资源驱动；

三流竞争力源于高劳动构成，人数与低薪驱动。

三、知本殖民

经济殖民本质上就是知本殖民，是具有科技、文化与制度等知本优势的宗主国向落后国的知本输出，这是国际殖民，知本殖民的双重功能表现为：知本强国既剥削弱国的剩余价值，同时也带动了知本弱国创造更多的协新价值，这就是国际分工协作与招商引资的真相，其内生力就在于知本的无限扩散性和微边际成本或微代际成本的超额增值，一切增值本质上都是知本溢价的分配形式。这在一国之内也存在很明显的国内殖民，即发达地区对落后地区的经济殖民。

例如，城市对乡村的经济殖民，乡村生产劳动构成高而价值密度低的农产品，城市生产知本构成高而价值密度高的高科技产品，这种国内殖民与富国对穷国的殖民一样，殖民既是无情的剥削，也是有情的创造。

还有一种是产业殖民，例如房地产业利用政府对土地的垄断，将各行各业的资金吸引过来获得异常的剩余价值，变成了房奴为房地产业打工，这就是房地产业对其他行业的殖民，房价涨得越猖狂，其他制造业的资金失血就越严重，最后房地产变成了宗主产业，其他制造业变成了殖民产业。

一个产业内部的高管对低层员工也存在劳动殖民，高管以“宗主身份”拿天价年薪，普通员工以“奴隶身份”拿殖民工资，这种劳动殖民是变相的“腐败”。

经济殖民是劳动等级化和利润级差化的必然规律，知本从富向穷，或从高向低地下行流动，而劳动从穷向富，或从低向高地上行流动。简单地说，经济殖民就是以知本换劳动的游戏，低层劳动者付出的是边际成本极高的劳动量，而高层劳动者付出的是边际成本极低的知本，殖民运动表现为知本对劳动的掠夺或知本对资本的掠夺，但是，被掠夺者在交足学费后也能提高劳动的价值密度，殖民费用本质上是一个国家或地区进行产业升级的代际成本，这种代际成本被公认为剩余价值。

利用先进技术、先进文化与先进制度吸收别人的劳动价值，掠夺别国的丰富资源，这就是知本的“吸星大法”，原因就在于边际革命与代际革命，知本的边际成本和代际成本可以无限趋近于零，而边际收益可以在全要素协同中无限扩大，代际收益可以在价值创新中无限升级和放大。

协新价值就是知本溢价，是一种无形又无限的价值，可以无中生有，以弱胜强或以

小吃大。

比如，一个明星代言一次产品的收入可以高达数百万元或数千万元以上，明星经济是典型的需求量定价或广大顾客定价，与明星的劳动成本无关。明星输出的边际成本几乎为零，却可以拿到普通人很多年的劳动收入，明星代言与品牌输出是一种文化殖民，这不能从劳动价值的时间量来解释，这实际上是一种信识掠夺。

当人们崇拜和关注明星时，实际上就是在变相地给明星打工，这种关注式“剥削”或崇拜式“剥削”是信息经济的鲜明特征——消费就是生产，关注就是劳动，关注谁，就是免费替谁打工。消费谁，就是无偿给谁送钱。你关注明星，本来可以要求明星给你发工资，因为你就成了该明星的义务宣传员，但是，你关注的明星或名牌都不会给你发工资，所以，你越是花时间关注明星或名牌，你就被“剥削”得越惨，而明星或名牌就越能不劳而获，所以说，歌迷、粉丝或忠诚的客户就是现代“奴隶”。在信息社会，客户口碑的比较求势就是名牌与明星的比较优势，有效需求自然创造供给，有效供给也自动创造需求，生产者与消费者在信息经济中是同一枚金币的正反两面，这里的“有效＝对位”，对位效益就是有效需求与有效供给的总和，因为有效供给创造对位效益，有效需求决定对位效益。

四、互联网既是创新利器也是“剥削”利器

互联网加速了信息经济的剥削速度，而且让剥削变得更加巧妙，这种关注式剥削是信息经济的本质特征，信息经济不流行生产式“剥削”，而流行消费式“剥削”或娱乐式“剥削”，当无数网民在关注和消费一个明星或名牌的信息时，他们做梦也想不到是在免费为明星或名牌打工，甚至为某知名网站在打工。关注是一种隐性劳动，关注的时间越长，关注的人数越多，被关注者掠夺的劳动时间量就越多，因而获得的剩余价值与协新价值就越多。工业资本家“剥削”剩余价值是靠有形的产品，是靠劳动强迫与饥饿法则，而信息资本家“剥削”协新价值是靠无形的信息，是靠信息诱惑与从众法则，因此，信息社会主要不是靠强制性的剩余价值“剥削”，而是靠吸引性的协新价值分享。简单地说，工业资本家的“剥削”主要是获取剩余价值，信息资本家的“剥削”主要是获取协新价值。

有形产品与无形信息，是实现“剥削”的两大利器。国际上，产业升级换代中，由于成本竞争的惨烈，推动了国际分工的代际革命，低成本制造出现了波浪式的转移现象，例如，低成本制造从美欧转向日韩，又从日韩转向中国甚至转向越南。由于产品升级换代要求代际成本或革新成本最好能够减少，因此，导致欧美的家电、服装、家具等附加值较低的制造向其他国家转移，这是利润级差化规律在推动产业的跨国转移。

附加值低的产品，国际分工的趋势就是向代际成本更低的国家转移，大多从发达国家向落后国家的下行转移。尽管欧美国家在许多产品制造上也能实现边际成本递减，但是，任何一个产品总是要不断地更新换代，由于欧美人工成本高，因此在大量的改良与更新中的代际成本也很高，导致按平均成本计算的代际成本也很高，因此，欧美制造就不得不将边际成本高的产业向贫穷地区转移。

代际革命有以下几类：

第一类，如果是整体战略的全局更新，如扩大产能、资本运作或加大品牌宣传力度等改变，必将引起总成本的变化，那么代际成本 CC 直接表现为总成本增量△TC 或者平均成本增量△AC；

第二类，如果是直接在产品上增减技术、功能或增减零配件，或增减服务内容等，那么代际成本直接表现为边际成本增量△MC；

第三类，如果是在合作、代工、人员、租赁、服务内容、产品要素、零配件、结构功能等方面的变化，代际成本直接表现为可变成本增量△VC。

国际产业分工与协作，国际贸易与竞争，国际产业链的转移与变化，产品要素链的全球整合等，都是因为成本的改变，而代际成本无疑是成本驱动者的必经之路。当然不是所有的代际成本 CC 都会带来换代升级或替代升级的代际收益，如果创新的方向、对象、时机、路径与目标出现失误，代际成本也可以变为沉淀成本，而陷入创新陷阱之中，这就是人们常说的破坏性革命或颠覆性创新。

(1) 心理成本。

产品在更新换代中一定要注意心理文化成本，以裸露型的女性时装为例，产品更新换代一定要考虑文化心理成本，裸露尺度很重要，即使设计和生产中并没有增加什么布料与人工成本，但如果裸露过度，让消费者没法接受或难以接受，虽然这种心理成本无法通过生产资料显示出来，但是，通过销售调查和消费中的显示性偏好还是能找出来的。

例如，某企业推出一种改良的感冒片，找了一位明星代言，代言费 1000 万元，假设当年销售 10 万片，那么每片的平均成本增加 100 元，注意，广告费与设备费一样，在边际成本中难以体现，只能通过平均成本来计算。正由于广告费在边际成本中无法体现，这就正好体现了知本溢价规律——无边际成本的无限扩张。这 100 元实际上也可计入代际成本或创新成本之中。当然，如果没有推出新产品，只是在老产品上请明星代言，那么这 100 元就可以不视为代际成本 CC，而是品牌成本或平均成本的增量，所以说，只有发生改良与创新时才能讨论代际成本；当然，如果在品牌广告上有创新，品牌新增投入也可视为代际成本。替代与升级是经营管理的永恒主题和日常工作，因此，每个管理者都是代际革命的实践者。

（2）信奴与信主。

信息经济早已悄然进入“现代奴隶时代”，关注者成为受人操纵的信息“奴隶”（简称“信奴”），被人关注的明星或名牌就成为巧妙操纵别人的信息“奴隶主”（简称“信主”）。

《知本论》认为：名牌溢价与明星溢价就是信息“奴隶”向信息“奴隶主”转移和输送的大量劳动价值，所以说，信息社会是最巧妙最完美的现代奴隶社会，信息制度就是最合理的贫富分化制度与现代奴隶制度，国家应该开征明星溢价税与名牌溢价税。明星的暴富与名牌的暴利，本质上就是国家溢价税的流失，只有开征明星溢价税与名牌溢价税，才能降低贫富分化，将明星或名牌榨取的剩余价值转变成还利于民的协新价值，将信息私有制转变成信息公有制。现代信息工具大大降低了剥削者的边际成本与代际成本，却大大提高了明星与名牌的边际收益与代际收益，以互联网为首的信息工具成为剩余价值的完美榨取工具。

$$\text{信奴}\xrightarrow[\text{信息殖民}]{\text{明星税}+\text{名牌税}}\text{信主}$$

名牌的本质就是颠覆同质化的自由平等竞争，形成文化壁垒与信识等级，提高产品的价值密度与定价权，实现国际竞争中的品牌殖民与名牌掠夺，体现了信息殖民的根本特征——关注式“剥削”，关注别人就是义务给别人打工，而被别人关注的明星或名牌则是不劳而获的信息“奴隶主”。在消费者心目中，无论哪个品牌都是有档次的，这种品牌的升级换代是十分艰难的，例如，在中国白酒业，一级品牌是茅台与五粮液，二级品牌是剑南春、泸州老窖等，还有众多的三级、四级与五级品牌，除了茅台与五粮液的双雄地位难以撼动以外，其他品牌要想升级换代到高一线阵营，所需要的广告费少则几亿元，多则几十亿元，这样庞大的品牌推广费用才有可能平均分配到当年的总销量上，这样就可以知道平均成本与上一年同比增长多少，平均成本的同比增长值就是该品牌升级换代的代际成本。

品牌的价值密度取决于知名度与美誉度，产品价格不仅要受供求关系影响，更要受品牌的信识等级制约。如果某品牌花了大量的金钱做广告，该品牌的市场地位或定价档次却没有一丝一毫的提升，既没有大规模增加销量，也没有提升在顾客心目中的地位，那么，所花的费用虽然属于代际成本，却没有代际收益。只有实现品牌升级或者品牌降级所需要的成本，才能视为代际成本。当然，像三株口服液、三鹿奶粉、达芬奇家居等，因为一些质量问题或营销问题，而导致名牌产品一落千丈，这种代际成本（机会成本）就太高了，而且代际收益为负数。严格地讲，企业也不会花钱去做丑化自己的宣传，这种自毁名牌形象的代际成本更多是机会成本，这种机会成本就是假定没有品牌丑闻而能继续获得的最大的品牌溢价。

例如，某企业的品牌形象设计已用了十几年，营销人员要求全面革新品牌，包括重新设计商标，重新制作户外广告牌，重新设计电视广告片，重新制作产品外包装，预计品牌更新的代际成本高达8000万元，代际成本不能计入生产费用（生产部不会同意品牌换标费计入其全年预算），广告营销部门也不同意记入品牌营销费用，因为这笔预算在年初的广告预算中是没有的，只能作为非生产的间接成本记入期间费用，或增加当年的广告预算。

品牌营销的本质就是努力提高信息“剥削”权，将企业最优产品信息当成精确制导的巡航导弹，打向目标市场或目标客户。通过不对称的信息传播来提高信识定价的等级，将信息定价权转化为产品定价权，实现信识定价向供求定价的同步转换。

（3）教育的代际成本。

教育培训的过程，就是实现劳动知本化，提高价值密度与定价权的劳动升级的过程，所谓的学士、硕士和博士的学位制，其实就是劳动知本化的等级制，不仅代际成本很高，而且代际收益也很高。一个人读完小学、初中、高中、大学、硕士与博士的成本都是很高的，不仅有时间成本或机会成本，还有直接交纳的各种学习与生活费用，文化程度每提高一级都需要代际成本。不少农村孩子本来想读大学，但由于父母交不起读大学的费用，因此只能在高额的大学代际成本面前望而却步。

五、遗产就是剩余价值

遗产本质上就是剩余价值，是一种文化“剥削”和基于血缘的“奴隶”制度，子女不用劳动就可以无偿地从父母手中取得财产，这种“剥削”就是一种温情的财产转移与不劳而获的剩余价值。从长期来看，父母培养孩子的所有成本都是代际成本，父母死后留给子女的遗产其实也是一种人类不断发展进步的代际成本，子女获得遗产就是无偿“剥削”他人的劳动成果。教育费用是为了劳动知本化的代际成本，遗产与赠予是劳动资本化的代际成本，企业家让子女接班掌权也是一种劳动权本化的代际成本。代际成本的产生是因为现在的边际成本递减几乎停滞，需要有新一轮的边际成本递减，也就需要代际创新之桥。

该不该收遗产税？反对的声音认为国家不应收取遗产税，因为遗产税评估会产生很大的腐败，许多无形资产也无法评估，知本就是无法评估的无形无限资产，对知本无法征收。有形遗产不收税，能鼓励家族企业做大做强，并防止资本外逃。只要全世界存在一个不收遗产税的国家，而且这个国家不拒绝富人移民，那么，遗产税就存在收不上的漏洞。如果一个人很有钱，为了逃避遗产税，即使不移民也有很多办法。例如，将自己的巨额资产去买技术发明专利，然后低价入股子孙的企业，富人逃避遗产税还可以直接花天酒地挥霍一空，那就助长了及时行乐和小富即安的观念。

支持的声音则认为遗产继承制本质上是“奴隶”制度，是后代掠夺前人的剩余价值，不仅要征收遗产税，最好将遗产全部没收，防止贫富分化的代际传递。

《知本论》认为：应该没收全部遗产，因为遗产继承制的确是现代奴隶制度，只有将遗产继承宣布为非法或犯罪，才能终止私有财产的代际递增，消除贫富分化，将私有制最快地变成公有制，但是，由于许多小国开辟了逃避遗产税的洗钱制度，如果收遗产税就会造成大量资本外逃，影响综合国力上升，因此，开征遗产税之前，必须清除国与国之间的界限，在全世界全部没收个人遗产，这才是发展公有制并进入共产主义的路径，只要有一个国家不收遗产税，其他国家就无法堵死私有制的代际传递路线。

六、赠品是协新价值

人们在生活中常常要礼尚往来，在商业活动中，送礼的赠品不属于强迫性的剩余价值，而是和谐性的协新价值，送礼本质上是一种长期投资，是一种关系营销，因为送礼者也是需要一定回报的，虽然不是明码标价，但有一种潜在性的模糊价格。在市场促销中，卖方也常常提供赠品以吸引买家，这种赠品就是一种强化供求协同与市场创新的行为，因为赠品不会超出卖家的总成本，同时也能让买家得到团购价或批发价的变相实惠，赠品让利行为对买卖双方来说是双赢的协新价值。最好的赠品就是知本，先进知识或先进技术都是最好的赠品，但人们大多喜欢有形有限的资本作赠品，却不喜欢无形无限的知本作赠品。看重有形资产，看轻无形资产，这就是人类急功近利的劣根性，这一劣根性是协新价值的大敌。

七、边际加数与代际乘数

边际加数又称协同加数，代际乘数又称创新乘数。

规模经营有两权分离、边际成本递减与代际收益递增等三大必要条件。规模协同是个体价值的倍加，代际创新是整体价值的倍加。边际革命往往惨遭需求危机而不能继续做大，代际革命往往拥有需求盛况，从而可以推动新一轮产业边际的大扩张。在国际分工协作中，企业需要规模协同（边际革命）才能做大，做大往往要求边际成本递减，每多卖一件产品，对于企业来说，就增加了一份收入，所以说，边际成本的降低是在做减法，是创造规模效应或协同效应，做大是数量扩张，是不断扩大边际和市场份额最大化的量变。仅有边际革命的量变只能做大，未必能做强，因为企业不仅要规模扩大的协同效应，还需要差异特色的创新效应，只有不断创新（代际革命）才能做强，因此，创新成本或代际成本 CC 的风险控制就很重要。代际革命是做创新乘法，因为只要增加一点有效的创新，那么新产品不仅可能降低成本，扩大销量，还可能提高销售价格，涨价销售就是做乘法，创新像投资一样具有乘数效应，所以代际成本的降低在价格不变时就等同于涨价，就会产生代际乘数。产销数量越大，边际革命就越成功；价格涨幅越大，代际革命就越成功。边际革命是数量扩张和协同效应；代际革命是价格升级和创新效应。

龙头产品是靠薄利多销与数量扩张打天下，由于产品急速畅销，单一产品的销售量极大，此时，边际成本递减带来的规模效应或价值广度很大，产量的最大边际能达到很大的值，边际成本递减的加数效应较大，但边际成本与边际收益的同步递减会不断稀释价值密度和稀缺性。长尾产品由于销量小，面对的也可能是小众市场，只能靠小批量、大特色打天下，尽管每种产品的销量不大，但产品的种类很丰富，所以长尾产品的单价往往较高，产品创新的平均成本也较高，代际成本高就要求有较高的代际收益。一些奢侈品牌的限价销售就是主动放弃边际成本递减的加法效益，不怕边际成本与代际成本都高一点，只要确保边际收益与代际收益更高就行。小众产品的边际革命难以扩大，因而价值密度与定价权较高。

人们热衷于改良与创新，就是因为在代际成本不高时，可以实现极高的代际收益，这种创新乘数或代际乘数往往是企业起死回生的关键。人们常说的创新驱动就是换代升级的代际驱动，而且往往是在边际成本递减规律惨遭滞销或库存终止时，才不得不更新换代，从新产品中找出路。边际成本递减规律在企业规模经营中并不是无限制的，当企业产品滞销时，需要增大营销费用与广告费用，或者说劳动力市场出现用工荒以及国际大宗商品涨价或整体物价上升时，不得不提高工资水平与采购价格，此时边际成本递减就变成在更高成本水平上开始的新一轮递减，但是，这些物价变化所导致的成本改变不属于代际成本。注意：代际成本 CC 一定是企业为了改良和创新而主动做出的产品改变与服务改变的费用，直接改变产品的结构与功能的代际成本可以记入生产成本或变动成本，直接改变产品广告营销的代际成本可以记入营销费用中。当然，作为一个创新型企业，应该在会计账中单独列一个代际成本与代际收益的会计项目，以便加强改良和创新方面的成本意识与专项管理。

在边际成本递减规律开始失效时，往往正是企业规模经营惨遭成本边界的阻碍而急需改良与创新之时，此时，代际成本就不能吝啬了，如果此时舍不得花钱改良与创新，那么一分钱代际成本 CC 的减少，有可能换来边际成本 MC 的上升，从这个角度看，代际成本是确保边际革命在不同层级进行规模扩张的有效投入。

八、代际成本的计量

代际成本是产品和服务每一次改变所增加或减少的成本——改变成本 Change cost，在会计学上处理可以很灵活，如果代际成本是技术团队当年的集体发明，可以计入人工成本之中，以发明奖或创新奖记入员工奖金之中。如果是个人的创意给产品带来巨大销量，那么可以直接奖给个人。企业研发和推广新产品的代际成本大多需要增加预算来保证。代际成本的计量分三种情形：

一是改变生产所需要的代际成本 CC。

如改变生产管理方式、改变生产流程、改变生产技术、或者改变人员配置等，一般计入生产成本之中，可以体现为平均成本或边际成本的变化。

例如，在空调中增加节能技术就变成节能空调，增加静音技术就变成静音空调，那么节能技术与静音技术就成了空调升级换代的代际成本，这种“加装型”的代际成本可以直接在平均成本与边际成本中体现。再如机械手表中的机芯驱动改为锂电池驱动，零配件成本和结构优化成本共下降 10 元，那么这减少的 10 元就是代际成本的减少，这种替代型的代际成本可以表现为平均成本与边际成本的减少。

二是改变服务内容所需要的代际成本 CC。

例如理发店在理发中取消全身按摩，理发时间缩短 30 分钟，但每位顾客的收费也降低 10 元，结果客流量大增，每位客人少收的 10 元就是机会成本或代际成本，表面上新一轮的边际收益下降了，但由于销量规模扩大，总收益反而增加了。再如舞厅为了吸引更多的客人，门票从 15 元降为 10 元，其中减少的 5 元就是代际成本，直接体现为边际收益从 15 元降为 10 元，因为门票收入与固定资产投入没有直接关系。

三是经营管理中改良和创新所需要的代际成本 CC。

例如，更换新的领导团队所需要的协调和培训成本，甚至还有工资上涨的人工成本，以及文化冲突的机会成本等；从事多项发明与改革所需要的成本；调整品牌宣传战略或更换商标与产品包装所需要的成本等；增设新的产品线或找人代工生产的品牌延伸成本，兼并或入股其他企业所需要的扩张成本等。总之，代际成本的横向替代与纵向升级的成本是创新之源，企业做出的每一次改变的支出或对价都可以视为代际成本。

九、边际成本分析

边际成本（marginal cost，简称 MC）是指厂商每增加一单位产量所增加的成本，$MC = \Delta TC \div \Delta Q$，ΔTC 表示总成本的增量，ΔQ 表示总产量的增量。在经济学和金融学中，边际成本指的是每一单位新增生产的产品（或者购买的产品）带来总成本的增量。这个概念表明每一单位产品的成本与总产量有关。代际成本表示每一次服务和产品的改变成本，也都会影响到总成本或总收益。

例如，仅生产一辆汽车的成本是极其巨大的，而生产第 101 辆汽车的成本就低得多，而生产第 10000 辆汽车的成本就更低了（这是因为边际成本递减的规模经济），但是，考虑到机会成本和需求约束，随着生产量的增加，营销费用可能会增加，因而边际成本可能会增加。还是这个例子，生产新的一辆车时，所用的材料可能有更好的用处，所以要尽量用最少的材料生产出最多的车，这样才能提高边际收益。边际成本和平均成本不一样，平均成本考虑了全部的产品与总成本，而边际成本忽略了最后一个产品之前的成本（包括固定成本的分摊）。例如，每辆汽车的平均成本包括生产第一辆车的很大的固定成本（在每辆车上进行分配），而边际成本根本不考虑固定成本。在数学上，边际成本（MC，marginal cost）用总成本（TC，total cost）和数量（Q，quantity）的偏导数来表示：$MC = \frac{\partial TC}{\partial Q}$

十、对位效益定价

边际成本定价可以是生产策略，但绝不可能是销售策略，因为边际成本定价就是“边际成本 = 边际收益 = 价格”，边际收益 - 边际成本 = 边际利润 =0，其思想就是边际成本是商品可以销售的最低价（最小边际效用或最小边际收益等于价格），这样才能使企业在经济困难时期维持下去，因为固定成本几乎沉没，理论上边际革命可以使企业无损失地继续运转到“边际收益 = 边际成本”这一最大产量点。这只有在企业生死存亡的危急关头才能使用，但显然违背了增值交换与按效分配的基本规律，当边际利润为零时，增值交换就不成立，协新价值就不存在，企业与市场都失去了存在的增量条件与发展动能。

到底是什么定价呢？由于价值就是商品提供的效益量，但具体价值或价格则要求必须对位，所以是对位效益定价，因为人都是社会系统中的一个结点或支点，人的需求都是身份需求或地位需求，需求定价包括两个方面：从人的共性来讲，需求决定价值，有需求就有价值；从人的个性来讲，需求又都具有特殊性或对位性，对位效益决定价格，错位效益扭曲价格。

十一、信识对位与供求对位

对位效益定价包括两个方面：从质量来说，是信识定价，是纵向对位或垂直对位，信识升级要求涨价，信识降级要求跌价；从数量来说，是供求定价，是横向对位或水平对位，供过于求时要求降价，供不应求时要求涨价。

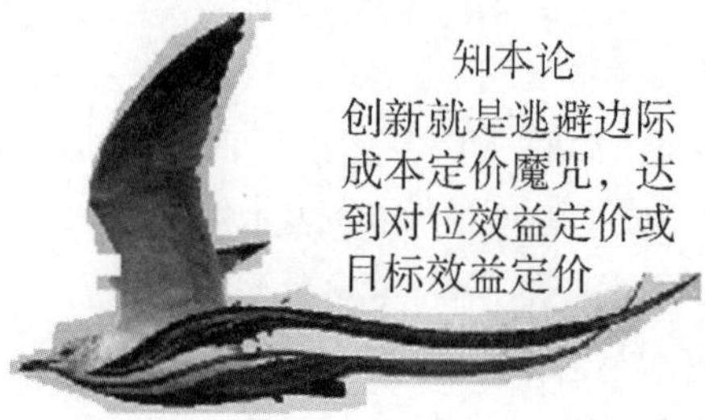

人们常说的国际化或本土化，就是一种国际对位或地区对位。边际成本定价是一个伪命题，因为企业没有边际利润，充其量只能是消灭库存的生产资料，根本不可能赢利，这其实是企业生死存亡的极度危机，企业销售全是等价交换而不是增值交换，只有剩余价值转移，没有协新价值创造，因此，边际成本定价是最低生存法则，但不是最佳发展法则，企业的代际革命为了什么？就是为了通过创新终止边际收益递减，消除边际成本定价，提高对位效益定价。

十二、成本概念

边际成本法有助于研究规模经营的边界：它克服了完全成本法的缺点，避免操纵短期利润，有利于短期产量决策。

在完全成本法下，计算产量和劳务成本的方法是在生产产品和劳务的直接成本上，再计入合理部分的生产间接费用（间接成本）得出单位完全成本和总成本，非生产间接成本不包括在完全成本中，作为期间费用处理。完全成本法有赖于对产量的估计，企业一定时期的利润在一定程度上取决于生产水平而不是销售水平。如果产量大于销量，一部分固定成本就会推延到下一个会计期抵减利润，固定成本的性质被歪曲了。

例如：某企业生产一种零部件产品，其生产性费用为：直接材料 10 元/件，直接人工 5 元/件，变动制造费用（能源）7 元/件，固定制造费（折旧）4000 元。其非生产性费用为：管理费用（保险）400 元，销售费用：其中变动费用 3 元/件（买一送一），固定费用（广告费）600 元。期初库存为 0，本月生产 1000 件，销售 600 件，售价 40 元/件。

（1）用完全成本法计算的利润如下：

直接材料 10 元/件，直接人工 5 元/件，变动制造费用（能源）7 元/件这三项都是边际成本，合计 10 + 5 + 7 = 22（元）是边际成本，变动费用 3 元/件（买一送一）也是边际成本，而 4000 ÷ 1000（件）= 4（元）是平均成本，完全成本是边际成本与平均成本的综合。

单位生产成本：10 + 5 + 7 + 4000 ÷ 1000 = 26（元）

销售收入：600 件 ×40 = 24000（元）

减：销售成本：600 件 ×26 = 15600（元）

毛利：8400 元

减：期间成本：600 件 ×3 + 400 + 600 = 2800（元）

净利：5600 元

在完全成本法下，400 件库存中有固定费用（折旧）1600 元（4000 ÷ 1000 件 × 400 件），作为存货，虚增了资产和当期利润。同时也可以看出，在完全成本法下，企业很难正确作出是否应该增产或减产的决策，因为产品或劳务的吸收成本中包括固定成本要素，而固定成本与企业的产量无关。

（2）用边际成本法计算的利润如下：

单位生产成本：10 + 5 + 7 = 22（元）

销售收入：600 件 ×40 = 24000（元）

减：销售成本（全部变动）：600 件 ×（22 + 3）= 15000（元）

贡献毛利：9000 元

减：全部固定成本：4000 + 400 + 600 = 5000（元）

净利：4000 元

由此可见，在边际成本法下，利润与销售量直接相关，而与产量无关。两种方法计算的利润差额正好是完全成本法下期末库存产品中所含的固定费用数，所以，用边际成本法更能准确地反映企业实际利润。同时，也可以看出，由于固定成本与产量增减无关，在短期增减产量决策时，不必考虑固定成本因素，因此，边际成本法对企业管理者短期产量决策是非常有用的。

十三、单利成本分析

在完全竞争市场、完全相同的产品中进行平均成本与边际成本分析是可行的，平均成本是总量分析，边际成本是增量分析，但这两种成本分析的局限就在于无法研究企业的改革成本。平均成本与边际成本是建立在完全相同的产品生产与销售之上的学说，如果产品发生了改变，这种改变成本就只有代际成本能分析了。有些记者经常会问财务总监："你们企业的创新成本在总成本中占比多少?"财务总监大多答不出来，因为改变成本或代际成本 CC 在传统会计学中是被遗忘的成本或者沉淀成本。

不同产品的比较可以用单利成本，单利成本是企业每获得一元钱利润所需要支付的成本。

例如，甲是生产服装的，而乙是生产摩托车的，双方的计量单位是不同的，每"件"服装与每"辆"摩托车的计量单位不同，也就无法合理地比较平均成本与边际成本的高低和利弊，但是，可以用单利成本比较甲乙的投资成本，假如服装厂投入 100 万元赚取 20 万元纯利润，而摩托车厂投入 1000 万元赚取 100 万元利润，那么甲的单利成本为 100 ÷ 20 = 5（元），即甲每赚一元钱利润需要投入 5 元钱成本，而乙的单利成本为1000 ÷ 100 = 10（元），即乙每赚一元钱利润需要投入 10 元钱成本。通过单利成本比较，服装厂甲比摩托车厂乙的投资收益率高一倍。

代际成本对单利成本的影响是很大的，如果甲和乙双方都能不断改变经营方式与产品特色，那么双方的单利成本都会发生变化。平均成本和边际成本就像一国的利率，只能说明一国的银行利率或相同产品的成本高低，但不宜说明他国的货币价值，此时就需要单利成本作为汇率，来体现不同产业与不同产品的关系，而代际成本又是可以同时改变边际成本与单利成本的第三变量。边际成本是产品之内的增量分析；单利成本是产品之间的投资分析；代际成本是产品改变的创新分析。

代际成本正是体现改变的成本，这种改变既可以是小修小补的改良，也可以是翻天覆地的革命，代际可以理解为升级换代或替代升级，也可以理解为新陈代谢的革命，既可以是局部的改变，也可以是全局的改变。代际成本这个概念有助于深化人们对创新成本的理解，任何创新都离不开需求，但需求总是要付出成本的，如果代际成本过高，就会断送创新，事实上，许多创新的成败都是从代际成本开始的。

第三节　代际收益

没有创新之后的代际收益递增，人们就会陷入边际成本无法递减下去的边际陷阱，一旦陷入边际陷阱，边际成本就不是递减了，而是开始递增了，许多夕阳产业与红海市场就是因为深陷边际陷阱而衰落。市场的最大边界就是“边际成本 = 边际收益”的那一点，达到这个点就必须创新自救了，否则就只有慢性自杀。

间接替代和直接升级后的代际收益是指每一次改变所带来的收益，反之，如果是失败的改变，就会导致亏损，代际收益就变为负值，所以，代际收益 CR 指改变与创新所带来的收益或利润。代际成本是主动求变的创新成本，代际成本 CC 没有边际成本递减那样的必然规律，因为创新成本是可大可小的，而且代际收益的大小在每一次主动求变中都未必与代际成本成正比。一般来说，如果一个经济体要不断发展壮大，要么实现边际成本递减，要么实现代际收益递增，两者缺一不可。从生产技术的角度看，规模经营的必要条件之一是边际成本递减规律，只有边际成本递减才能拉动平均成本递减，进而实现利润最大化下的最优产量。代际成本是变量分析，边际成本是增量分析，平均成本是总量分析，增量趋势决定总量趋势，而代际成本是同时影响边际成本与平均成本的第三要素，有时也是决定的变量。

进入 21 世纪，商品经济的竞争由实体经济的供求竞争上升到信用与信息的虚拟竞争，市场竞争出现了虚实对立的二元格局，以商品供给和需求为代表的实经济或硬经济，与以信用和信息为代表的虚经济或软经济，形成了若即若离、若隐若现的两大竞争阵营。当市场经济出现有虚无实、避实击虚和欺硬怕软等情形时，就有可能引发经济危机。在虚实对立或软硬分离的二元经济格局下，仅有边际成本递减的生产是不够的，因为没有因时因地的不断改变，即使生产上能保证边际成本递减，也可能因为没有客户需求（比较求势）而使产品全部沦为库存（丧失比较优势），而立即导致产能过剩或亏损。每一次的主动求变，哪怕是极小的改变，无论代际成本是多少，都是为了通过代际革命创造新一轮的边际收益递增，假如每一次改变都成功的话，就一定能找准需求，从而创造代际收益。

不是每一次改变都能实现代际收益递增，但是，如果企业要实现持续的规模经营，就一定要满足代际收益不减规律。注意，不减包括增加与不变两种情形。代际收益不减就有代际收益增加与代际收益不变两种情形，以后为了表述简洁和强调创新，仍然用代级收益递增这个比较理想的提法。

注意，虽然边际成本递减与代际收益递增并不代表所有的改良现象与创新实践，但是，《知本论》不得不放弃许多不成功的改良与创新，只专注于大多数成功创新的研究，因为强大经济必然能同时实现边际成本递减的规模经营与代际收益递增的创新经营，只有这样才能同步实现做大与做强这两个核心目标，总之，要研究“做强 + 做大”的成功路径，“代际革命”的研究也是有限定条件与适用范畴的。

例如，许多企业的工资补贴中有一种职称工资，如初级职称补贴 600 元，中级职称补贴 1400 元，高级职称补贴 3000 元，显然，职工的代际收益是递增的，职称每晋升一次，职称工资的增加就会更多，因为 600 < 1400 < 3000，每一次升职都是一次激励机制的创新作用，会激励员工不断进步和忠诚。从无级到初级的代际收益是 600 - 0 = 600（元），从初级到中级的代际收益是 1400 - 600 = 800（元），从中级到高级的代际收益是 3000 - 1400 = 1600（元），职称的升级换代大多符合代际收益递增规律，多数教育和人事管理部门都会这样设计薪酬的激励机制，这反映了劳动等级与劳动知本化，是“剥削”与和谐的统一关系。当然，职称工资是劳动知本化或劳动资本化的产物，一旦评上高级职称，教师未必还有工作动力了。以文凭和职称为标志的劳动等级制度，是一种等级特权“剥削”，是社会“腐败与公平的基本矛盾”（“权”的基本矛盾）的表现形式之一。

知本论

职称工资与职位工资代表劳动者之间的“剥削”，高层员工对低层员工的“剥削”远比劳资剥削更可怕

再如个人收入的累进税率制，为了加强对高收入者的征税力度，多数国家的征税制度都是按一定的收入级别逐级提高征税比率，对于一国的税收总额而言，高收入者越多，代际收益递增得越快，各国税务部门基本上是按代际收益递增规律来制定各国的累进税率制。又如各国实行的行政级别工资与文凭层级工资，就是官级越大，工资幅度上升越大，名为劳动平等化，实为劳动级差化。例如，国家主席工资 > 省长工资 > 县长工资 > 镇长工资 > 村长工资，而且从下到上的等级差距越来越大，呈现代际收益递增规律，体现了劳动权本化趋势。还有，文凭越高，许多企业人事部门确定的工资增幅也越大，例如，博士工资 > 硕士工资 > 学士工资 > 大专工资 > 中专工资，所有企业基本上都是按代

际收益递增规律制定级别工资制度，体现了劳动知本化趋势。

国家的累进税率制也是代际收益递增规律的作用。从规模经营与激励机制的双轮驱动来看，全球大多数企业都是坚持两条腿走路的，规模经营是左腿，遵从边际成本递减规律，而激励机制是右腿，遵从代际收益递增规律，企业内部的层级管理都是根源于规模经营与激励机制的双重需求，规模经营是扩大价值广度，创新经营是提高价值密度。规模经济是不准确的提法，从数量扩张上看，边际革命代表大规模经济；从质量创新上看，代际革命是强规模经济。强大经济的本质就是创新做强级别，边际做大边界。

一、加乘效应

整体协同是个体价值的倍加，个体创新又是整体价值的倍乘。边际革命看数量，代际革命看价格。现在要加一句：边际量变是加法，代际质变是乘法。强大经济往往是边际成本递减规律与代际收益递增规律在同时起作用。一方面，边际成本递减时，即使边际收益不变或递减，繁荣或畅销时的收益减速大多不低于成本减速，此时，每件产品的边际利润是相对稳定的，总利润主要受数量增长的牵引。边际革命本质上是数量革命，边际效应本质上是加法效应。边际效益是数量效益和加法驱动。持续的创新成功是由起伏不定的代际成本带来的，代际收益是一种跳跃性的增长，是持久强大和持续繁荣的必要条件，是一种乘数效益。代际革命是质量效益和乘法驱动。

从创新角度看，比较求势决定比较优势，创新的首要条件是满足需求，既可以是高价需求，也可以是低价需求，只要具备比较求势，才能考虑低成本生产的比较优势。

例如：中国的达芬奇家具，为了追求洋品牌上的比较求势，不惜血本地让产品先办完出口手续，到公海转一圈后又以洋品牌身份办理进口手续，大大增加了供给的代际成本，自降了比较优势，因为在比较求势（名牌）决定比较优势（产品）的大环境下，企业只能舍车保帅，“假出口，真手续”的目的全在于信识升级所带来的名牌溢价足以消化造假的代际成本。

再如一些代工企业或 OEM 贴牌厂家，虽然拥有低成本生产的比较优势，却受制于苹果、微软、摩托罗拉、三星、诺基亚、惠普等国际知名品牌的比较求势，在品牌主导产品，求势决定优势的国际竞争中，仅有比较优势的制造显然不敌具有比较求势的名牌“制造”。比较优势是低成本驱动，是边际革命或规模大经营；比较求势是高收益驱动，是代际革命或规模强经营。

假设没有通货膨胀，也没有物价的虚假变动，在物价稳定的前提下，电子行业的电脑、手机、彩电、空调、相机、冰箱与小家电等，全部在实践中呈现了边际成本递减的规模大经济与代际收益递增的规模强经济的二重性，大是外因，强是内因。一方面，每一款产品的销售都会持续地降低边际成本，此时边际收益也相应降低，而且一直降到“边际成本 MC = 边际收益 MR”为止，但由于产品升级换代的竞争太激烈，往往是在“边际成本 MC = 边际收益 MR”之前的某一点就被创新产品或代际革命所打断。如图，为了消除当代通货膨胀导致名义价格疯狂变动的影响，所以纵坐标不用价格而用价值作为变量。边际成本与边际收益双双递减到 A 点相交，OQ 就是边际革命的最大产能边界，

OQ 其实也是一款产品从创新到普及的生命期，边际收益大多比边际成本的递减速度更快。

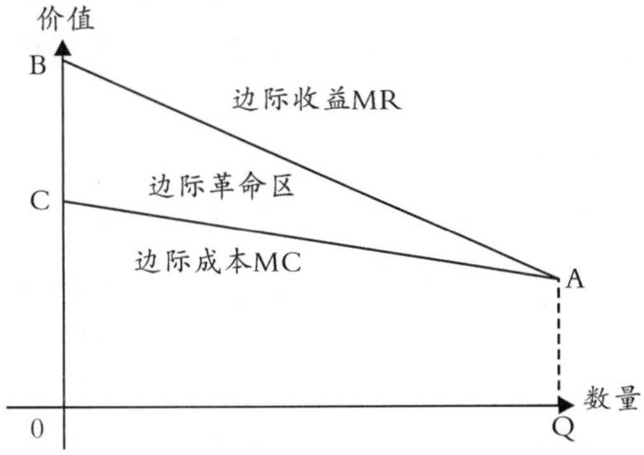

三角形 ABC 的面积就是一次边际革命的最大收益，或者说是一个产品的最大市场容量。完全竞争市场中的利润最大化条件是"边际成本 = 边际收益"，也就是在 A 点时达到最优产能，销售达到 Q 点时，怎么办？是放弃经营吗？显然不是，每当一款产品接近 A 点时（竞争者都会在 A 点来临前争先恐后地创新），总有创新先导者在产品与服务上率先做出成功的改变，接着是创新追随者纷纷跟进，在新一轮升级换代中就会发生代际革命，呈现阶梯形的代际运动。

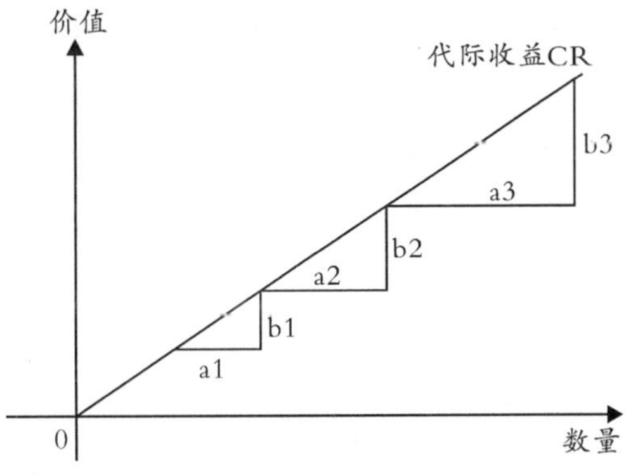

如图，a1、a2、a3 等线段都表示"边际革命"的数量扩张，是一种加法型的规模大经济（加数效应），注意，a1、a2、a3 的线段长度大多不会相等，边际 a1 增长到规模大边界之后就通过"代际革命 b1"升级到边际 a2，边际 a2 通过代际革命 b2 后又升级到边际 a3，依此类推下去。每一次边际革命在最大产能边界之前，总会有创新先导者（代际领跑者）推出新产品，开始新一轮的更高层级的竞争，这其实也是追求一种变相涨价的规模强经济（乘数效应）。

另一方面，竖直线段 b1、b2、b3 表示代际革命或信识升级，每一次改变或创新都会引起价格的上升，这种代际乘法都是通过不断改良与创新来实现的，而且与边际革命是同步进行的，因为创新产品要跨越从发育到普及的"创新鸿沟"，就必须迅速降低边际成本以实现降价销售和薄利多销。a1、a2、a3 表示的是边际加法效益，b1、b2、b3 表示的是代际乘法效益，当然，不止三条线段，改变会一直继续下去，这种替代或升级直到一个产业被彻底淘汰为止。当“边际成本 = 边际收益”时，是产能短缺到产能过剩的转折点，所以按边际成本定价的无利销售，同时也是协新价值降低到剩余价值的转折点。在边际收益 = 边际成本的生死关头，多数企业只能寄望于以最小的代际成本打开创新的生路。

代际收益 CR 曲线下面的阶梯曲线是说明边际量变（加法效益）与代际质变（乘法效益）的同步性，这正好说明边际协同与代际创新的二重性。边际成本递减规律是现有产品的规模扩张，是量变和继承，具有加数效应，而代际收益递增规律是产品的不断改变，是质变和创新，具有乘数效应。代际革命是一国经济提升定价权的不断创新，这不是两次分离的革命，而是同一竞争过程的两条腿，人往前赛跑时，是边际之腿与代际之腿的交替前进，或者说竞争之手变成了边际左手与代际右手的交替搏击。

以电子行业为例，只要是还能继续发展的产品，其边际成本总体上是不断下降的（不排除少数例外），随着生产规模的不断扩大，边际成本递减规律在实践中大多是成立的；同时，从产品不断的更新换代中也发现，每一次大大小小的改变，都为企业上调价格提供了技术借口与需求动力，事实上，家电企业也大多是保持老产品的出厂价格不变（销量加法），而在新产品或新型号上提价（涨价乘法），这样就能方便经销商与消费者接受。加乘效应表现为：边际成本递减是外功与硬功，是扩大价值广度的量变加法；代际收益递增是内功与软功，是提高价值密度的质变乘法。

一个企业或一个国家能持续繁荣强大，表现为服务与产品不断创新，不断实现创新的乘数效应与链式反应，但是，任何创新都会面临更先进或更适合需求的创新挑战，因此，任何创新都会面临技术极限、需求极限与资源极限的三大制约，创新一旦触发成功，要跨越发育期到普及期的市场鸿沟，就必须迅速降低成本，在边际成本递减规律的作用下实现规模大经济，一旦实现规模生产，经济就会产生加数效应。创新的加乘效应表现为：触发创新——代际收益递增（代际乘数）——创新发育——边际成本递减（边际加数）——创新高潮——遭遇边际陷阱后进入新一轮代际革命。在边际加数量变与代际乘数质变的强大经济下，竞争性企业就会呈现螺旋式的上升。

二、边际收益递减

在当今社会，由于机器大生产技术的广泛普及，边际成本递减规律也广泛起作用，在买方市场，边际成本递减并不能保证生产者有利润，因为产能过剩使边际成本递减面临暂停或终止，过早出现了成本极限。生产成本只是赢得竞争的必要条件，并不是充分条件，只有“边际利润 >0”才是充分条件，边际收益大于边际成本才能赢得竞争，但是，真正困扰竞争者的不是边际成本递减，因为所有竞争者在技术大同小异的时代都能将成本控制到差不多的水平，真正困扰竞争者的是如何保证需求优势与对价权优势，这就必须依赖于一点一滴的改变与代际革命。由于边际收益递减规律是企业持续赢利的紧箍咒，所以企业不可能总在一个服务水平或产品水平上保持高利润，要保持高利润，就必须不断地对员工和服务进行新陈代谢或对质量与功能进行升级换代。在边际收益递减的作用快过边际成本递减时，企业就会陷入利润危机，企业面临不改变就亏损的红海市场，必须通过创新进入下一轮产能边际或蓝海市场，相邻两轮产能边际的跳跃就是代际跳跃，由此产生较低的代际成本与较高的代际收益。

经济学人喜欢用横轴表示数量，用纵轴表示价格，其实，边际与代际的关系就相当于数量与价格的关系，边际变化就是数量变化，代际变化就是价格变化。边际成本递减规律推动数量边界的递增，这就是规模大效益，主要是供求均衡起作用的供求定价；而代际收益递增规律又推动价格级别的上升，这就是创新效益，主要是信识定级起作用的信识定价。一般产业的竞争规律就是：在同质化竞争中，一定是价格战或低价战，大家不得不放弃价格这一乘法增值的利器，追求薄利多销，都不得不做加法，做的是加法营销，慢慢赚血汗钱，是供求关系需要的价格战；反之，当企业率先从边际革命中突围，进入代际革命时就触发了创新，创新才能提高对价权，只有高利润才能实现乘法扩张，这是信识关系指导的升级战。第 n+1 次代际成本是前 n+1 次改变的总成本减去前 n 次改变的总成本，公式为：

CC（第 n+1 次）=TC（前 n+1 次）-TC（前 n 次）

第 n+1 次代际收益是前 n+1 次改变的总收益减去前 n 次改变的总收益，公式为：

CR（第 n+1 次）=TR（前 n+1 次）-TR（前 n 次）

三、边际收益

边际收益是指增加一单位产品的销售所增加的收益，即最后一单位产品的售出所取得的收益。边际收益是厂商分析中的重要概念。产能最大化的一个必要条件是边际收益等于边际成本，这种按边际成本定价并不是利润最大化，而是劳动量最大化，是等价交换而不是增值交换，是剩余价值转移而不是协新价值创造。在非完全竞争（垄断竞争）条件下，厂商的销售量同价格成反比。如果需求弹性大于 1，销售量增加的百分比，快于价格降低的百分比，总收益随销售量增加而增加；如果需求弹性小于 1，这时总收益随销售量增加而减少，平均收益更快下降。边际收益递减就是协同效应递减，供求关系就是数量与价格的协同关系。

四、边际收益计算

边际收益 = 售价 - 变动成本

总边际收益（Total Contribution Margin，TCM）等于总销售收入（Total Revenue，TR）减去总变动成本（Total Variable Cost，TVC）：

总边际收益 TCM = 总销售收入 TR - 总变动成本 TVC

单位边际收益（Unit Contribution Margin，UC）等于单位销售收入（Unit Revenue or Price，UR 或 UP）减去单位成本（Unit Variable Cost，UVC 或 UC）：

单位边际收益 UC = 单位销售收入 UR - 单位成本 UC

边际收益率（Contribution Margin Ratio）是反映销售收入后所得到的利益比率，比率可以通过以下两种方法计算：

边际收益率 = 总边际收益 ÷ 总销售收入 = 单位边际收益 ÷ 单位销售收入

五、平均收益曲线和边际收益曲线

边际收益是指增加一个单位的销售量所引起的总收益的增加，边际收益是总收益增量与总销售增量之比：$MR = \Delta TR \div \Delta Q$。在共产主义的完全竞争条件下，由于不管销售量怎样增加，单位产品的售卖价格始终不变（需求曲线是水平线），因而每一单位产品的边际收益 MR 始终等于固定不变的销售价格 P，并等于平均收益 AR，即 $MR = P = AR$，所以如下图的水平需求曲线既代表平均收益曲线也代表边际收益曲线。在完全竞争条件下，由于厂商的需求曲线（平均收益曲线）是一条水平线，因而边际收益总是等于平均收益，从而边际收益曲线可以由需求曲线来表示。由于目前市场都是等级森严的不完全竞争市场，决定价格变化的两只手是供求关系之手与信识等级之手，任何产品的价格变化既要看内因的信识等级，也要看外因的供求关系。每个消费者都是商品的信用评级机构，内在评级与外在供求共同构成的对位效益定价就决定了商品价格。

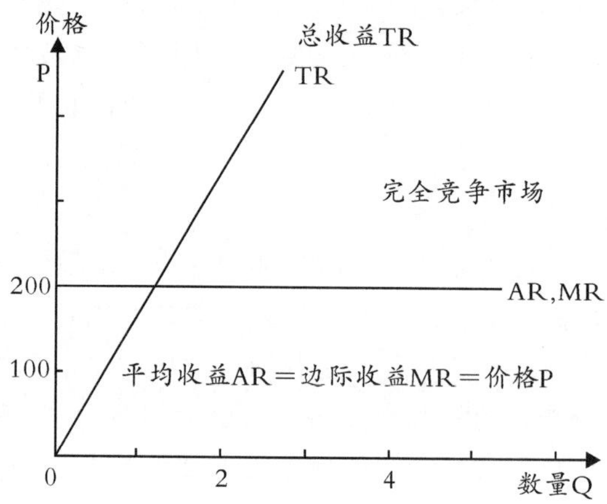

即使是完全相同的产品，只要品牌价值不同或信息不透明，也是存在需求差异的，也就是说，纯粹心理上或品牌上的差异，照样存在差异竞争，也照样发生代际成本与代际收益，需求曲线在现实竞争中不可能是一条水平曲线，多数情况下，需求的数量 Q 与商品价格 P 成负相关，即价格越高则销量越低，而价格越低则销量越高，也就是说需求曲线大多是向下延伸的曲线，只有在信识升级或信识降级时才是例外。完全竞争时需求曲线是水平线，无论数量多少都不影响价格，但这在现实中是不可能的，因为库存过大时，供方宁愿低于成本价销售以降低库存费用；第二个是预期涨价特别强烈（信识评级上升时）可实现反常的价量齐涨，此时，需求曲线是向上延伸的，与供给曲线相当，正如萨伊定律所说的供给自动地创造其需求。

六、代际收益的意义

边际成本是同样产品的相邻两个总成本之差，边际收益是同样产品的相邻两个总收益之差。

例如，第101个产品的边际成本，是前101个的总成本减去前100个的总成本；第101个产品的边际收益，是前101个的总收益减去前100个的总收益。由此可知，边际革命是基于总数量的规模边界的增量革命，所以说，边际革命看数量，边际的增加就是价值的加法。

边际革命——协同效应——整体协同倍加个体价值

代际革命——创新效应——个体创新倍加整体价值

代际成本是产品改变前后的相邻两个总成本之差，也可以是新旧边际成本之差；代际收益是产品改变前后的相邻两个总收益之差，也可以是新旧边际收益之差。代际革命的度量单位不是边际革命的“个”或“件”，而是“种”或“类”，不是按个体或单位的数量进行划分，而是按不同种类的“差异”进行划分，所以代际收益是不同种类的创新收益。代际变化中包含着若干个或有限个的边际变化，代际革命的环形区域扩张，是以边际革命的点状来充实的，可以说，代际革命的环状越大，能容纳的点状边际就越大，代际变化与边际变化呈正相关或正比关系。代际变化是创新，边际变化是协同，代际革命的质变越成功，边际协同的规模就越大。

分析宏观经济的“投资乘数－消费加速数”原理，也可以分析创新经济，代际变化是增值乘法，边际变化是增值加法，一个能做大做强的经济体，就会产生“代际乘数－边际加数”的良性循环，通过改良创新的代际革命产生乘数效应，又通过规模协同的边际革命产生加数效应，创新的成功推动高价需求，发挥代际收益递增规律，又通过不断地降价推动销量的增长，发挥边际成本递减规律，“创新乘数－协同加数”效应是许多经济体不断做大做强的内生动力。反之，如果一个经济体创新失败，产品必然难以刺激有效需求，就难以跨越从发育期到成熟期的鸿沟，就无法刺激大量的市场需求，无法进行规模大经营，即使勉强生产出来也只能是增加滞销或库存，此时，边际革命无法进行，产销规模的边界极其狭小，换言之，不能做代际乘法，也就不能做边际加法，无法实现“代际乘数－边际加数”效应，最终也只能是草草收场，及时停产止亏。

知本论

代际革命决定边际革命
就像价格决定销量

边际革命影响代际革命
就像销量影响价格

创新乘数产生信识等级，协同加数产生供求量级。“乘数/加数效应”近似于“创新/协同效应”，创新乘数（代际革命）是成功的决定因素，协同加数（边际革命）是成功的促进因素，乘数决定加数，加数放大乘数；乘数失败的话，加数就必然失败；如果加数失败，乘数效应也将大打折扣。换言之，创新做强（代际革命）是先决条件，协同做大（边际革命）是发展动力，先做强才能做大，做大了也就更强。边际革命扩大价值广度（宽度），代际革命提高价值密度（高度）。

例如，从一块松散的面包增加到10个同样松散的面包是边际革命，而将10块松散的大面包压缩成一块坚实的小面包是代际革命，因为提高了面包的价值密度并降低了包装和运输成本。

七、知本革命

从边际革命（数量加法）与代际革命（价值乘法）来看，本质上都是知本革命，因为只有科技、文化与制度的知本扩张，才能实现真正的“低成本+高收益”的双核扩张，同时发挥边际成本递减规律与代际收益递增规律的双重推动力。

以微软、苹果、谷歌、IBM、英特尔等全球公认的知本型高科技公司为例，研发一款软件的成本是极其高昂的，但是，生产和销售软件或应用软件的边际成本是极低的，是典型的高举低打的扩张模式，高举是指研发成本极高，这是知本的高势能阶段或代际革命；低打是指生产的边际成本极低，这是知本的大动能阶段或边际革命。积累高势能要靠代际革命的创新质变，释放高动能要靠边际革命的规模量变。有了代际革命（创新效应）的高收益，才有知本革命的定价权；有了边际革命（协同效应）的大产量，才有资本革命的主导权。

八、中国制造还不是真正的低成本制造

知本革命才是真正提高价值密度的价值革命，我们要明白中国制造还不是真正的低成本制造，因为驱动中国制造的是效率低下与廉价工资，是以扭曲资源、资产、资料与资金的真实价值为特点的“资本驱动”，而不是充分发挥科技、文化与制度的“知本驱动”，根本原因就在于：资本驱动的边际成本一定很高（增加一辆车或一套房的边际成本是极高的），而知本驱动的边际成本一定很低（多一次点击、复制、转发或下载的信息传播的边际成本几乎为零）。

资本驱动型的边际成本远远高于知本驱动型的边际成本，因为资本是有形有限的稀缺资源，而知本是无形无限的万能资源。

例如，一台汽车或一套房子的规模经营虽然能实现边际成本递减，但其边际成本总是在极高位运行，而一个软件或网站的规模经营实现边际成本递减后，就有可能以趋近于零的极其微小的边际成本运营，其边际成本总是在极低位运营。这就是微软、谷歌等软件巨头与宝马、宝洁等制造巨头的区别，微软和谷歌是真正的低边际成本递减与高代际收益递增的双优势扩张，既是低成本制造，更是高收益创造，是最理想的双核驱动与知本革命，然而，宝马和沃尔玛的边际成本虽然能递减，但一定是在高成本位上运行，而且代际收益递增的幅度也不是很大，所以，宝马和沃尔玛虽然有一定的知本驱动因素，但主要还是资本驱动，并不是真正的低成本制造。

九、知本驱动型

从大趋势看，边际成本递减与代际收益递增是任何创新企业的双核驱动模式，知本革命是边际成本极低，代际收益极高的创新经济。从中国制造到中国创造，就是从高边

际成本的资本驱动，转向低边际成本的知本驱动，才能取得真正的单利成本极低的比较优势，如果继续单利成本极高的中国制造，显然就不是成本优势，而是成本劣势。

例如，各国都要大力普及义务教育与高等教育，就是为了提高商品的知本构成与价值密度，从而降低单利成本以争取比较优势。

十、资本驱动型

资本革命是边际成本较高，代际收益较低，主要靠规模大经济。

例如，为什么房地产不能长久拉动一国经济？原因就在于房地产中的知本构成与价值密度较低，城市中心的高房价不是因为房子本身提高了知本构成，而是因为中心区的房子大量吸收和库存了资本流量，所以，房子是财富转移和存贮的最佳工具，但不是创造财富和协新价值的好工具，即使一个国家把房子炒成天价，也不能促进知本（文化+制度+科技）的内生力，相反，还必将造成急缺资金的制造业与科技业严重失血，这就出现了一个奇特的怪象：国家越是狂印钞票推动通货膨胀，钞票就越是流向房地产与黄金等保值力强的商品，而制造业就越是缺乏资金，因为制造业需要的是长期投资与物价稳定。

再如：美国通过广场协议逼日元升值后，就一手制造了日本房地产无比灿烂的泡沫繁荣，仅日本东京的天价房的市值就相当于整个美国的房地产市值，最后“天价房潮”摧毁了日本制造不可一世的神话。注意，尽管房地产股票可以在全球流动，但房地产不能在全世界自由流动，各国的房地产政策也无法国际化，因此，从国际分工协作来看，房地产不能代表一国的国际竞争力，因为房地产的知本构成实在不高。

十一、劳动驱动型

三流企业劳动驱动，二流企业资本驱动，一流企业知本驱动。

中国制造必须从劳动驱动和资本驱动转型升级为知本驱动，对中国制造来一场长期而艰巨的知本革命，中国制造的发展模式不能以浪费资源、以廉价工资、以生态污染为代价，中国制造要转型为文化创造、科技创造与制度创造，才能真正实现边际成本从高位递减到低位递减，并实现代际收益从低速递增到高速递增。

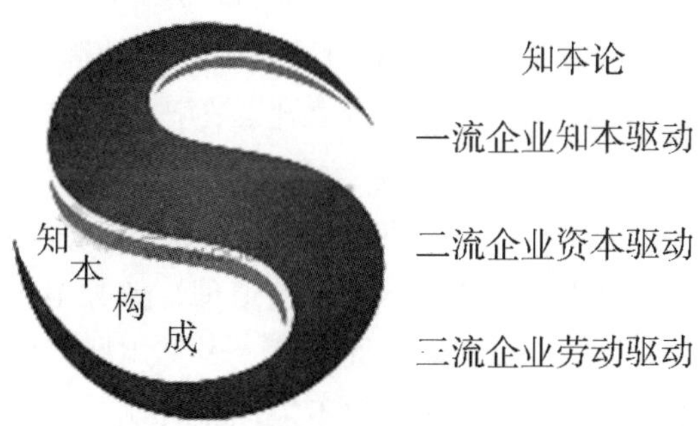

十二、“投资乘数/加速数”原理

不少经济学家在解释经济危机时都提到“投资乘数/加速数”原理。

“投资乘数/加速数”原理是由英国经济学家希克斯率先提出来的上下限波动理论，是把投资水平和国民收入变化率联系起来解释国民收入周期波动的一种理论，是最具影响的内生经济周期理论。

凯恩斯主义认为引起经济周期的因素是总需求，在总需求中起决定作用的是投资，这种理论正是把乘数原理和加速原理结合起来说明投资如何自发地引起周期性经济波动。

凯恩斯主义认为，经济周期性波动的根源正在于乘数原理与加速原理的相互作用。

第一，在经济中投资、国内生产总值、消费相互影响，相互调节。如果政府不干预经济，只靠经济本身的力量自发调节，那么，就会形成经济周期。经济周期中各阶段的出现，正是乘数原理与加速原理相互作用的结果，经济周期主要是投资引起的。

第二，投资乘数效应引起国内生产总值的不断增加，国内生产总值的增加又通过加速效应引起投资的增加和经济繁荣，然而，国内生产总值达到一定水平后由于社会需求与资源的限制无法再增加，这时就会由于加速原理的作用使投资减少，投资的减少又会由于乘数的作用使国内生产总值继续减少，投资乘数与收入加数的共同作用又使经济进入衰退。衰退持续一定时期后由于固定资产更新和需求扩大，即大规模的机器设备更新又使投资增加，国内生产总值再增加，从而经济进入另一次繁荣。正是由于投资乘数与收入加速原理的共同作用，经济中就形成了由繁荣到衰退，又由衰退到繁荣的周期性运动。

第三，政府可以通过于预经济的政策来减轻甚至消除经济周期的波动。

乘数/加速原理表明国内生产总值的变化会通过加速数（协同效应）对投资产生加速作用，而投资的变化又会通过投资乘数（创新效应）使国内生产总值成倍变化，加速数和投资乘数的这种交织作用便导致国内生产总值周而复始的上下波动。在国民经济中，投资与国民收入是相互影响的。乘数原理说明了投资变动对国民收入变动的影响，而加速原理要说明国民收入变动对投资变动的影响，所以说，加速原理是论证投资取决于国民收入（或产量）变动率的理论。

例如，如果在一定的生产技术水平之下，增加100万元的产量需要增加的净投资为200万元，则加速系数为2。与加速系数相关的另一个概念是资本/产量比率，即生产一单位产量所需要的资本量，或者资本量与产量之比。在技术不变的条件下，加速系数与资本/产量比率的数值是相同的。正是由于乘数（规模强效应）与加速原理（规模大效应）的共同作用，经济中就形成了由繁荣到萧条，又由萧条到繁荣的周期性运动过程。

《知本论》认为：乘数/加速数原理虽然有一定道理，但并不足以解释经济繁荣与萧条的周期性，因为经济并不具有必然重复的周期性，经济周期更像是一个基于自然人而不是社会人的伪命题，同时经济中的创新力并不能用投资额来代替，片面强调投资对经济的决定作用是不对的，真正决定经济变化的主要不是投资，而是消费，不断提高印钞机的转速只会创造虚假的繁荣和注水的GDP数字，只有在物价稳定、就业稳定和自由竞

争的三大前提下，乘数/加速数原理才有可能得出正确的解释。

十三、国际油价的加乘效应

国际油价一直是通过产能加数与货币乘数进行调整的，石油供求的价格变化是一种乘数效应，而石油定价权的变化源于美元霸权主导的信识定级，石油变化主要是国际金融资本在操纵，其次才是由供求关系决定，因为石油是美元成为世界货币的关键支柱。美国战略石油储备与商业石油库存一直是国际石油价格的敏感神经线，尽管美国在2013年加大了页岩气的开发并减少了石油需求，但石油价格涨落均与美国石油储备有此起彼伏的负相关，美国打伊拉克并孤立伊朗，同时又大力扶持沙特、科威特与以色列，就是在用美国的军事实力与美元实力操纵国际油价，主要是通过操纵欧佩克来操纵中东的产油量。一方面通过操纵石油产能来影响供求定价，另一方面又通过美元汇率与期货市场来操纵信识定价，这就是美国的高明之处。

美国石油库存包括商业库存和战略库存两部分，都直接影响国际石油价格变化。美国墨西哥湾的深井勘探发现一个油气蕴藏量可能高达150亿桶的特大油田，美国原油储量将至少能增加50%，再加上页岩气的开采，美国将来对石油的依赖度大大减少，甚至有可能变成石油出口国，而中国极有可能取代美国成为世界最大的石油进口国。

《知本论》认为：美国减少石油需求，信奉需求定价的人都认为美国对国际油价的控制力会减弱，恰恰相反，为了维护美元霸权的信识定价功能，美国更有条件来随意操纵国际油价，因为美国又增加了一个高效武器——页岩气。反观中国，由于人民币不是世界货币，中国不像美国那样，没有人民币霸权需要维护，所以需求定价不起作用，又不能信识定价，结果中国需求并没有带来中国定价，在钢铁、大米、石油等主要产业，中国有世界最大的需求，却毫无定价权，原因就在于中国没有能力像美国那样利用军事霸权、文化霸权、技术霸权、规则霸权、金融霸权等去提高信识定价，因为在定价权中，信识评级比供求平衡更重要，资本控制比产能控制更重要，货币发行比产品销量更重要。

信识定价是联结经济学、货币学、市场学与心理学的立交桥，而市场学又包括品牌学与营销学这两大分支。过分强调供求的相对数量，不强调信用、信息与知识的营销作用，就无法合理地解释许多经济现象。

著名的高盛财团是美国政府操纵油价的一个王牌杀手，影响石油价格的两只手是信识定级之手与供求定量之手，石油的信识等级是由美国的军事压力与资本压力暗中操纵的，美国扶持沙特并打压伊拉克与伊朗的目的就是要操纵石油信识等级。以美元结算的石油报价体系使得美国可以掌控价格变数，通过操纵美元而随意操纵石油价格；国际货币基金组织与世界银行等国际机构也形成美国主导的局面，美国借助美元定价机制与强大的军事实力主导石油价格走势，美国控制的石油期货对冲基金也能左右价格，石油生产欧佩克 OPEC 国家也有很强的定价能力。美联储发布的货币政策能影响证券市场，进而通过各种期货市场影响石油价格。美国曾在中东战争中强迫石油价格暴涨400%，以强化美元与石油的结算地位，而这 4 倍的涨价并不是因为供求关系的变化，仅仅是石油美元回流美国的政治和金融需要的信识升级。总之，美元在脱离金本位制后，可以凭借与石油的关系建立油本位制，这种信识定价（乘数效应）常常比供求定价（加数效应）更让人无可奈何。

十四、油价暴涨 4 倍

《货币战争》的作者认为：油价主要由国际银行家操纵，并不是供求定价。

1973 年 10 月 6 日爆发的第四次中东战争就是为了操纵油价，同年 5 月的彼尔德伯格俱乐部年会上，84 位国际银行家、跨国公司巨头和被选中的政客，为风声鹤唳的弱势美元寻找信识定级的救命草。国际银行家提出了一个石破天惊的操纵油价的大计，让国际油价上涨 400% 以建立“石油美元”的超级霸权：一方面，由于世界石油交易普遍使用美元结算，石油价格暴涨 4 倍，将加快产油国掠夺世界人民的剩余价值。又由于经济刺客们的出色工作，拉美和东南亚的许多国家已经中了过度贷款的狠招，石油用美元结算，必将导致各国美元需求暴涨，美国可以趁机实现美元殖民，廉价掠夺世界人民的劳动价值。货币战争就是信识战争，美国用军事手段强迫石油价格的信识升级，这就是最典型的信识定价。

“油价暴涨 4 倍计划”最出彩的地方就是嫁祸于人，挑动埃及和叙利亚进攻以色列，美国再公开支持以色列来激怒阿拉伯人，最后导致阿拉伯国家一怒之下对西方实行石油禁运，石油价格必将一飞冲天，而全世界的怒气全部都转到了阿拉伯国家身上。国际银行家们一面坐山观虎斗，一面清点着石油美元回流的钞票，不仅一举挽回美元颓势，重夺金融战场主动权，还顺手牵羊地痛剪了拉美印尼等国的“羊毛”，此计堪称绝妙至极。纵观历史上国际银行家的历次出手，可以发现他们始终遵循着最优算法，每一次重大战略行动都会同时达成三项以上的主要目标，用一石三鸟来形容也绝不过分。国际银行家从来就是打组合拳的高手。布热津斯基和基辛格这两位国际银行家的协同和创新，整个事件发展完全不出所料。布热津斯基出谋划策，基辛格作为尼克松政府的情报官直接参与执行。

威廉·恩格在《世纪战争》一书中尖锐地指出：基辛格持续地压制流向美国的（中东地区）情报，包括美国情报部门截获的阿拉伯官员对战争准备的确认。华盛顿在战争期间的表现和战后基辛格著名的“穿梭外交”都精确地执行了彼尔德伯格 5 月会议的路线。阿拉伯的石油生产国成为全世界泄愤的替罪羊，而美国的利益却悄悄地躲在幕后。在基辛格的诱惑和威逼下，沙特是第一个与美国达成合作的欧佩克国家，它用石油美元购买美国债券，从而实现石油美元回流。然后基辛格过关斩将，到 1975 年，欧佩克的部长们同意只用美元进行石油结算，世界货币于是进入了石油本位的时代，石油价格暴涨导致了石油贸易结算对美元需求的暴涨，终于使美元在脱离金本位后重新获得有力支撑。

《知本论》发现：美国的军事实力是产油国不得不用美元结算的定海神针，美元由此开创了由军事殖民保护金融殖民的全新打法。中东产油国与美国联手成为石油美元的宗主集团，而其他石油进口国都成为殖民地区。更可怕的是，石油美元和粮食美元只是一个示范效应，目的是带动全球所有商品都用美元结算，继续巩固 1944 年 44 个国家签约的“美元/黄金本位制”——布雷顿森林体系。

1949—1970 年，世界石油价格一直稳定在 1.9 美元一桶。1970—1973 年，油价逐步上升到 3 美元一桶。1973 年 10 月 16 日战争爆发后不久，欧佩克将油价调高 70% 到 5.11 美元一桶。1974 年 1 月 1 日，油价又上涨了一倍，到 11.65 美元。从 1973 年彼尔德伯格会议之前到 1974 年 1 月，石油价格果然上涨了近 400%，1974 年，不明就里的尼克松总统还试图让美国财政部向欧佩克施加压力，让油价回落，政府一名知道内情的官员在备忘录中写道：“银行家对这个建议置之不理，而强调用‘石油美元回流’的策略对付高油价，这是一个致命的决定。”

随后而来的高油价时代，造成了西方各国高达两位数的通货膨胀，人民储蓄被大幅洗劫，更为不幸的是毫无防范意识的发展中国家。恩格解释道：石油价格 400% 的暴涨对于以石油为主要能源的国家经济造成了很大冲击。大多数缺乏石油资源的经济体，突然碰到了出乎意料和难以支付的 400% 的进口能源成本，还不必说农业使用的从石油而来的化肥等成本上升。

知本论

美元与黄金脱钩后发动四次中东战争，形成石油美元，石油带动其他商品都以美元结算，美联储成为世界的央行

《知本论》所说的商品内在的信识等级与外在的供求关系，共同决定市场价格，信识之手和供求之手互相拉动，交替调节，成为商品投资性与消费性的二元定价的成功两手。商品的消费性体现为供求定价，而商品的投资性体现为信识定价，有时，商品价格由预期价格所决定，或由货币流动的结构与时效决定，这些都是信识定价的正常表现。

1973 年，印度的贸易是顺差，处在一个健康的经济发展状态。到 1974 年，印度的外汇储备为 6.29 亿美元，却要支付两倍于此的进口石油费用，即 12.41 亿美元。同样在 1974 年，苏丹、巴基斯坦、菲律宾、泰国、非洲和拉丁美洲，一个国家接着一个国家面临着贸易赤字。据国际货币基金组织统计，1974 年发展中国家的贸易赤字达到了 350 亿美元，这在当时是一个天文数字，这个赤字总和恰好相当于 1973 年的 4 倍，也就是说与石油价格上涨成比例。20 世纪 70 年代初期强劲的工业生产和贸易，被 1974 年到 1975 年世界范围内的工业与贸易萎缩所取代，其严重程度是二战结束以来最甚的。20 世纪 70 年代，许多正在实施工业化的发展中国家已经陷入对世界银行低息贷款的严重依赖（实际上是陷入美元霸权的信识陷阱），石油价格猛涨使得这些国家的大量资金被高油价所吞噬。发展中国家面临着要么停止工业化进程，从而无法偿还世界银行过量的贷款，要么就得向世界银行借更多的钱来购买石油和偿还巨额债务的本息，而与国际货币基金组织联手设套的国际银行家早已张网以待，国际货币基金组织开出一系列苛刻的援助条件，再强逼这些稀里糊涂就倒了大霉的发展中国家喝下著名的国际货币基金组织四剂毒药——即国家核心资产私有化、资本市场自由化、基本生活要素市场化和自由贸易国际化，大部分国家喝下这四剂“私有化毒药”后非死即伤，个别抵抗力强的国家也落得元气大伤。就在发展中国家挣扎着到处借美元进口昂贵的石油时，他们不得不廉价出售本国核心资源与国企资产来成为美元殖民的国际灾民。

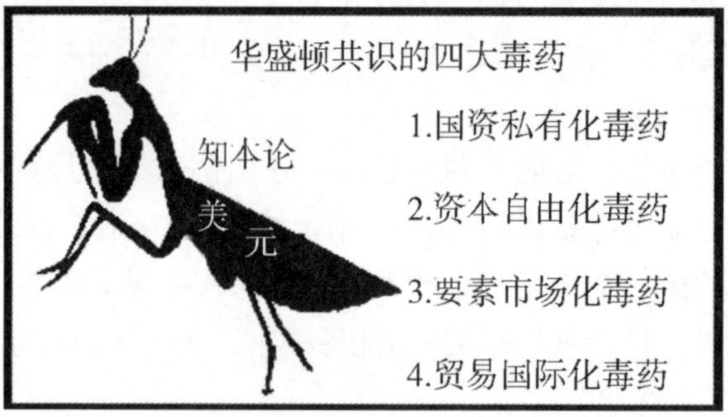

第八章

价值革命

生产力与生产关系的划分其实并不科学，因为生产关系中的激励机制本身就是协同与创新的生产力源泉，生产关系中的金融制度更是生产力的关键要素，因此，生产力与生产关系的划分标准是一个并无定论的大问题。生产力是知本之子，生产关系是知本之女，生产力与生产关系的发展全在知本之中。

社会经济的发展主要源于三大本能——资本能、人本能与知本能，所谓的“财”是资本能，是物质条件，所谓的“才”是人本能与知本能，是主观条件。资本能是社会经济发展的客观物质环境，地球就是人类资本能的最大集合。知本能是社会经济发展的技术、文化与制度等软物质或暗物质，是人类智慧的最大集合。人本能是联结资本能与知本能的桥梁，是资本和知本相互转化的平衡器。

张伯伦在 1933 年的《垄断竞争理论》一书中提出资本主义市场结构和价格形成的理论，这与英国经济学家 J. V. 罗宾逊于同年出版的《不完全竞争经济学》共同构成了垄断竞争论，成为现代微观经济学的重要组成部分。许多市场价格既具有竞争因素，又具有垄断因素，因此，企业家心目中没有纯粹竞争，只有垄断竞争。市场价格是由纯粹竞争市场、垄断市场以及垄断竞争市场共同形成的。垄断与竞争力量的混合来源于产品差别，产品差别是造成垄断的一个决定性因素。一种产品具有差别，就意味着卖者对他自身的产品拥有绝对的垄断，却要遭受非常接近的替代品的竞争。这样每一个卖者都是垄断者，同时也是竞争者，因此是垄断的竞争者。

《知本论》认为：竞争要靠规模协同，垄断要靠产品创新，所以垄断竞争的本质就是创新协同，协同驱动竞争价格，创新驱动垄断价格，在自由而平等的竞争条件下，市场价格就是协新价值的体现。垄断产生剩余价值，自由竞争产生协新价值，垄断竞争 = 垄断 + 竞争 = 剩余价值 + 协新价值。每一个企业既是剩余价值的榨取者又是协新价值的创造者。

第一节 人的本能

资本是经济之地，知本是经济之天，人才是顶天立地。

经济增量与人口增量成正比，但欧美各国的生育率极低，市场机制通过教育费用与生活水平的上升抑制了生育意愿，生育边际成本递增是人口下降的根本原因，市场配置人口资源应该取代政府的计划生育行为。

以人为本应该是以资为本和以知为本，以人作为资本或知本，这才叫以人为本。以人为本就是承认人是资本，也是知本，就是承认资本和知本都是人一样的活劳动。以人为本是以人为资本或以人为知本，人没有资本和知本就很穷，所以资本和知本都是人的根本，资本是人的右手，知本是人的左手，人通过资本和知本参加劳动。所以，以人为本只有在提高人的资本积累与知本积累时才有意义。以人为本既要提高人们的经济收入，也要提高人们的知识技能。

人本论就是资本论与知本论。

邓小平说：发展是硬道理。什么是发展呢？度量发展的标志有三大法则——人本法则，资本法则，知本法则，简单地说，就是人要变得更文明、更有钱、更有知识，社会发展就是人本能、知本能与资本能这三大正能量的积累。

知本论

资本租或资本能决定贫富

知本租或知本能决定智愚

人本租或人本能决定善恶

“柏修斯用一顶隐身帽把自己隐蔽起来，以便有利于追捕妖怪，我们却用隐身帽将自己的眼睛和耳朵严严实实地遮住，以看不见为由而否认妖怪的存在。”这是马克思在其不朽巨著《资本论》序言中的一句名言。

《知本论》认为：自由平等的市场机制就是人类降妖伏魔的隐身帽。然而，在计划经济时代，中国曾用“市场隐身帽”遮住了自己的眼睛和耳朵，直到1978年邓小平理论指导中国改革开放，中国人才知道如何以正确的方式使用市场隐身帽。

知本是无形、无限、无界、无价、无本的动态价值，天然具有共享性与容他性，是利己与利他合一，利私与利公兼容的内生力；一切市场机制的道德，其实尽在知本的无限共享或无边际成本的扩散之中，市场道德就是“无形、无价、无私、无限”的知本道德。资本是有形 、有限、有价、有私的静态价值，天然具有独占性与排他性，是存贮、转移、定义、体现、配送劳动价值的传动力。速度制胜者创新知本，规模制胜者积累资本。

生存靠资本，发展靠知本；存量看资本，增量看知本；保值重资本，增值重知本。资本决定边际协同规模，知本决定代际创新等级。

现在不少父母不惜花重金培养小孩，让小孩接受最好的教育，这就是将存量资产转化为增量资产，将有形有限资本转化为无形无限知本。

资本积累是经济发展的形式或个性，是有形 GDP 或短期 GDP，而知本积累才是经济发展的内容或共性，是无形 GDP 或长期 GDP。在国内生产总值 GDP 与国民生产总值 GNP 中，无形资产应该比有形资产更重要。由于无形资产就是增量资产，有形资产就是存量资产，所以，国家的现在看资本，国家的未来看知本。

知本是创造性和增值性的劳动之本，是劳动价值的绝对运动状态；资本是移存性和保值性的劳动之本，是劳动价值的相对静止状态。

穷国与富国初期的差别主要是劳动资本化的差别，随着穷国与富国物质生活水平的接近，发展中国家与发达国家的差别就从资本化差别转向知本化差别，从硬件差距转变为软件差距，可以说：许多人移民就是希望缩小这种知本差距。投资移民就是拿有形有限资本去换无形无限知本。

资本定价划分穷国与富国，知本定价划分弱国与强国。例如，中东产油国完全靠资源出口，是资源富国，却是科技弱国；美国、英国、法国与德国都是资本富国，也是知本强国。中国经济是资本驱动的富国，但还不是知本驱动的强国。

生产力三要素是资本、劳动、知本，是资本化劳动（有形之手）与知本化劳动（无形之手）共同创造了新价值。

劳动创造价值包含着资本转移价值与知本创造价值，因为劳动化资本是在存贮与转移中创造新价值，而劳动化知本是在发现与发明中创造新价值，资本是价值的相对静态，知本是价值的绝对动态。知识产权具有财产属性和市场属性，影响知识产权价值的因素是知识产权自身的质量、知识产权保护强度（版权保护强度越强，价值就越大）与市场因素（市场是知识产权发现价值的途径）。

专利是知本这一公有值的短期私有化，超过一定期限（一般为 20 年左右）之后，专利又从私有财产变成了公有财产，所以，专利制度是先给没有排他性的知本进行私有化或化公为私，过了专利期后又恢复知本无排他性的公有值或公有制，专利制度是人类有史以来公私兼顾、公私互利的一个创新，是无私无限知本通过专利制度变成有私有限专利，专利到期后又重新变成没有排他性的无私无限知本。

$$\text{无私无限知本}\xrightarrow{\text{专利申请}}\text{有私有限专利}\xrightarrow{\text{专利过期}}\text{无私无限知本}$$

商品供给决定绝对效用或绝对价值，商品需求决定相对效用或相对价值，资本是可以穿越时空的物质属性，知本则是受特定时空影响的精神属性。自然资源也能在劳动的协同中创造价值，即资本可以创造价值，资本是前人劳动、自然劳动或他人劳动的积累，是劳动的高级形式，按资分配是按劳分配的低级形式，按知分配是按劳分配的高级形式，按权分配是按劳分配的腐败形式。劳动量视为人工成本，资本量与知本量作为高级劳动的特殊形式，甚至被视为劳动成本之外的成本，因此，价值是资本和知本通过劳动创造的效益或需求，价格是资本和知本通过劳动创造的对位效益、使用价值或有效需求。劳动的主体是劳动者，同时又是资本与知本，劳动的三大主体是相互融合的对立统一体。劳动是表层的劳动主体，资本是中层的劳动主体，知本是深层的劳动主体。

《资本论》认为：商品价值会随着生产该商品的社会平均（必要）劳动量的减少而减少，这与人们心目中根深蒂固的价值观是相冲突的，会造成科技水平与商品价值成反比的巨大困惑和科技越发达，单位产品的劳动价值反而越低的错觉，原因在于广大人民群众的“价值 = 效益 = 需求”和《资本论》所说的“价值 = 劳动量”大相径庭，因为劳动量被公认为人工成本，未必是商品的价值。

《知本论》认为：必须将劳动量还原为成本，将效益量定义为价值，才能更好地指导科技、文化与制度的进步，从而符合广大人民根深蒂固的价值规律——科技、文化和制度的进步与价值成正比，科技和文化越发达，价值密度就越大。资本的利润主要依靠提高社会劳动生产效率产生，依靠不断革新生产工具、提高科学技术、引入先进管理理念、不断创新换代以提高社会劳动生产效率而获取利润。如果没有科学化、技术化、专业化、社会化等生产效率的提高，资本家是不可能赢得市场竞争的，更不可能形成国际品牌与跨国集团的规模优势、技术优势与品牌优势。

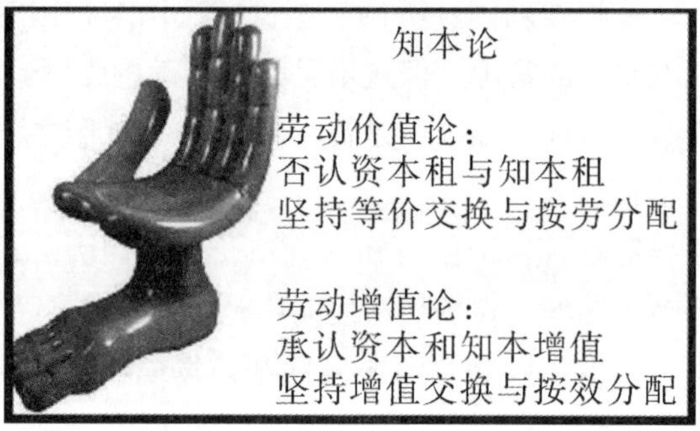

《知本论》认为：以亚当·斯密和李嘉图为首的劳动价值论存在八大缺陷。

（1）劳动价值论否定了资本在价值形成当中的增值作用，不承认自然资源的差别化增值；

（2）劳动价值论否认自然资源的价值，否认自然力创造劳动的过程，不承认自然力与劳动力一样都是劳动主体；

（3）劳动价值论过分强调操作性劳动与体力性劳动，过分强调生产性劳动而否认商业服务性劳动和科技创新与管理创新劳动，刻意贬低复杂劳动的协新价值，将劳动者当成了没有主动协同与主动创新的植物人或机器人；真正的增值是边际成本极低而边际收益极高的知本，并不是人的体力，人的体力并不能实现边际成本递减。

（4）劳动价值论否认知本和资本也是活劳动的主体，不尊重知识分子和技术革新的特殊价值，不承认文化艺术劳动的特殊增值性。文化知本有两大特点：一是边际成本极低，边际收益极高；二是代际成本较高，但代际收益的变化极大，所以文化协同是很容易的，但文化创新相当难。

（5）劳动价值论将私有制与剥削混为一谈，只承认赢利时或称职时资本家剥削工人，不承认亏损时或不称职时工人逆向剥削资本家；无论公有制与私有制，都存在劳动者之间的剥削，即复杂劳动对简单劳动的剥削。

（6）劳动价值论没有认识到优势分工、协同劳动与创新劳动可以实现增值交换，片面夸大等价交换与资本转移，没有充分认识到知本无边际成本或无代际成本的无限内生力。

（7）劳动价值论否认资本剥削的合理性，没有认识到资本不仅能带来榨取性或剥削性的剩余价值，更能带来包容性或共赢性的协新价值。资本既是剥削，更是创造，资本相对于劳动的供给越大，劳动的相对价值就越高，工资也会越高。

（8）劳动价值论只承认资本主义的基本矛盾是私有制与社会化大生产的矛盾，没有认识到20世纪后，资本剥削主要不是生产环节或商品的供求失衡，而是信用信息制度与市场价格公平的失衡，货币生产与商品生产的灵肉分离，才是经济危机之源。没有认识到在纸币时代和买方市场，资本主义的基本矛盾已变成了信识失衡与自由平等的矛盾，剥削的主战场不是生产竞争而是金融战争。

第二节　价值争鸣

《资本论》对于劳动量的解释是：商品价值是凝结在商品中的没有任何差别的人类劳动。这种劳动又有二重性——具体劳动和抽象劳动，它们并非两次不同的劳动，而是同一劳动的两个方面：具体劳动创造商品的使用价值，抽象劳动创造商品的价值，商品的价值量是由体现在商品中抽象劳动量决定的，价值是凝结在商品中的一般人类劳动，劳动是价值的唯一源泉。

问题在于如何理解“劳动”，关于“劳动”的争论很多，主要表现在以下20点：

（1）如果继承先人或别人的劳动产品，如房子、土地、货币等，这些资本是不是劳动？

《知本论》认为：别人或他人的劳动成果即使凝聚成产品或生产资料，也同样是劳动化资本或资本化劳动；资本是有形、有限、有价、有私的相对静止的劳动，否认资本创造价值，也就变相否认了劳动继承。

（2）自然力是不是劳动力？

《知本论》认为：自然资源也是劳动产品，我们所说的劳动是广义的劳动，包括主观的人类劳动与客观的自然劳动，人与自然的和谐就是要尊重自然的劳动，否认大自然的劳动，也就否认了人与自然的和谐，这必将导致资源浪费与生态污染并最终摧毁生态文明。黄金比铜更贵主要是因为金的信识定价作用比铜更高，金比铜具有更高的心理价值与身份标签。

（3）复杂劳动等于倍加的简单劳动，其实就是间接承认了劳动资本化与劳动知本化，承认了存在复杂劳动与简单劳动这两种差别性的劳动。独创性的艺术、发明、专利、文章、创新等，作为独一无二的垄断性、创意性和想象性的产品，不可能由社会必要劳动时间来决定其价值，因为社会上没有其他人能做得出来，“独特性”产品只能由个别劳动时间来决定价值，这说明劳动量不能只限定为社会必要劳动量，还应包括独特性的创新劳动量，因为价值反映的是主体与客体的关系，未必完全是劳动时间量，检验价值关键还是要坚持效益标准。承认个别劳动价值，才能承认个体创新的重要性，因为整体协同是个体价值的倍加，而个体创新是整体价值的倍加。

（4）劳动时间长短未必就是与劳动量成正比。例如，一个人全神贯注地拼命干一年，另一个人上班时三心二意地干一年，他们耗费的劳动量能相等吗？又如，一个人能力特别强，能同时干三种工作，而另一个人只能干一种工作，他们的劳动量能相等吗？劳动量中包括很强的精神协同与主动创新因素，知识性劳动是主观与客观的高度结合，并不是纯粹客观的物理量或化学量，不能用时间量来完全度量其价值，劳动时间是一个客观的标尺，却无法来度量人的精神与创意，无法度量协同与创新的协新价值，因此，时间不是劳动量的合理度量单位，用时间标尺来度量人的劳动，等于是将人视为机器人或植物人，完全忽视了人的主观协同性与主动创新精神，不利于度量知本的要素作用，时间更加无法度量人的智力水平。

（5）外界因素的干扰很大，如果由于领导指挥错误或技术水平不合格，工人即使加班加点地劳动，但多是无用功，可能出产大量废品，这种劳动量即使很多，其实也没有多大效益与需求，无用劳动或无效劳动也可耗费不少劳动量，但对社会的价值不大；从节约资源与增加竞争力来看，效益标准或需求标准是最能适应社会进步的劳动价值标准，因为劳动者创造价值，消费者决定价值。

（6）商品价值主要包括物质效能价值、精神美励价值、制度信善价值等三个方面的价值，但是，商品是无法凝固劳动时间的，谁能从一个商品里面找出它凝结了多少时间呢？时间是具有不可逆性和前进性的永恒流逝，时间既不会倒流，也不会停留，只会一直不停地向前走，请问：时间既不能倒流，也不能停留，又如何能凝结或存贮在商品之中呢？必要劳动时间是一个伪命题，既无法精确计算，也不能说明效益与需求的差异化，更不能度量商品的真实价值（对位效益）。

（7）劳动价值论认为商品的价值由必要劳动时间决定，这类似于长期均衡价格，使价值不是由个别劳动量决定，而且跟需求无关，但是，商品的价值或长期均衡价格不可能仅由劳动耗费来决定，还受到宏观形势、大宗商品价格、制度与文化和技术水平等需求系统的极大制约。

（8）亚当·斯密在其名著《国富论》中把劳动价值论只看作是适用于原初社会的一种理论，认为许多补偿实际上是由人们工作的难度、苦度、累度、偏好和需求来决定，并不仅仅取决于劳动量的大小，而且认为一项交换只要是双方自愿的，则每一方都相信自己从这笔买卖中获益了，要不然总有一方不干（这里，亚当·斯密已经朦胧意识到了增值交换是大市场存在的根本条件）；在人们的分工协作中，由于不同工种的差别很大，如果只看劳动时间的耗费，那么谁又愿意干脏活与重活呢？谁又愿意进行教育投资与改良创新呢？因为只看劳动时间，必然是劣币驱逐良币的懒人化生存，因为理性人都要以最小的代价去换取最高的劳动收益。

（9）价格主要取决于货币集中度与信息知名度的信识定价，其次才是商品的供求定价。如果一个国家或地区缺钱，无论多么稀缺的商品也难以卖出高价；反之，如果大量热钱突然涌向一个地区投机，就是过剩商品也能纷纷涨价，更不用说短缺商品了。价格说到底首先是货币问题，其次才是供求问题。当代经济危机都是国际资本巨头操纵一国信用集散与信息传播的信识战争，因为国家边界可以阻滞和延迟人流与物流的高成本、低速度移动，却无法阻挡信用流与信息流的低成本冲击，实经济与虚经济的二元对立与形神分离，正是经济危机的爆发之源，与产能过剩无关。货币的高速和无限运动与商品的低速和有限运动的二元结构，是信用信息社会的根本矛盾。

（10）生产率水平稳定时，单位商品中凝聚的劳动时间量可能是一个常数，商品中的资本化劳动与知本化劳动一旦制造成形就成为不变的价值，也就是说不受供求关系变化的影响了，但这显然说不通。例如，城市富贵家庭不要的许多旧家电、旧家具等废品或垃圾，被穷人搬到家里又变成了对于穷人来说是合格的商品，这不是因为劳动量追加了多少，而是因为找到了有效需求的人群。合格既有技术合格的生产标准化，也有需求合格的生活标准化。

（11）必要劳动是在一定的社会状态中，在一定的社会平均生产条件下，在所用劳动强度和技巧的一定社会平均水平下，生产这个商品所必需的劳动量（《马克思恩格斯选集》第 2 卷第 71 页）。马克思在《资本论》第一卷第 58 页说：“比较复杂的劳动只是自乘的或多倍的简单劳动，因此，少量的复杂劳动等于多量的简单劳动。经验证明，这种简化是经常进行的。”这里的复杂劳动就应该是指资本化劳动与知本化劳动这两种高级劳动形式，也就间接承认了资本和知本都是活劳动主体。如果承认复杂劳动是多倍的简单劳动，那就等于否定了价值是凝结在商品中的无差别的人类劳动，而是承认了价值是凝结在商品中的有差别的人类劳动，包括简单劳动与复杂劳动的差别，或个体劳动与集体劳动的差别。总之，承认简单劳动与复杂劳动的差别具有重大的哲学意义，也就是间接承认了资本增值与知本增值，也就为协新价值的发现打开了神秘的大门。

（12）《资本论》中的劳动量所说的社会平均生产条件，其实也是无法计算平均的，在简单劳动中也许还能算一算平均，但是在复杂劳动中，是无法计算平均的，例如一部汽车，1000多个零配件，每种零配件的平均生产时间就很难算得清，同类型汽车的平均劳动时间更是无法算得清。由于社会变化太快，一定社会状态中的“一定”也是难以度量的，所谓“一定”就是一定的资本和一定的知本。假如供求关系每天都在变化，物价经常变化，那还是不是一定社会状态呢？所谓的平均或一定，实在难以量化计算，这就导致劳动时间量表面上很客观，实际上难以精确计算，使劳动量只能成为猜测或想象的平均数，因此，社会必要劳动时间无法计量商品的价值，同时，价格计算主要由信用与信息的主仆关系决定，掌握资本主导权与信息主导权的人，才是价格的主人；谁能掌握产品与服务的定价权，谁才是现代奴主；谁丧失了自己劳动的定价权，谁就是现代奴仆。现代信息经济其实是一种奴隶经济，有定价权者就是奴隶主，无定价权者就是奴隶；明星就是奴隶主，粉丝就是奴隶；名牌者就是奴隶主，套牌者就是奴隶。价格是度量剥削关系的最佳标准，也是划分每次买卖的主奴关系的现实标准。

（13）商品的价值与生产这些商品所耗费的劳动时间成正比（《马克思恩格斯选集》第2卷71页）。古典经济学家亚当·斯密曾指出：任何一种物品的真实价格，即要取得这物品实际上所付出的代价，乃是获得它的辛苦和麻烦（《国民财富的性质和原因的研究》第26页），所以，1小时艰苦程度较高的劳动生产物，往往可以交换两小时艰苦程度较低的劳动生产物（亚当·斯密，同上书第42页）（亚当·斯密显然承认可以按劳动强度来划分劳动差别与价值密度）。他们所强调的劳动时间和艰苦程度，其实都是很难计算的，价值与劳动时间成正比显然鼓励大家磨洋工或加班加点，千万不要提高效率，因为效率提高了就让价值降低了，做得越慢就越有价值，几个人或几十个人去干一个人的事，就能增加价值，所以强调劳动时间就是价值往往导致低效劳动或无效劳动，甚至是有害的劳动，从而阻碍科技进步与生产力的提高。

（14）李嘉图早就说过：为了实际目的，各种不同性质的劳动的估价很快就会在市场上得到十分准确的调整，并且主要取决于劳动者的相对熟练程度和所完成的劳动强度。估价的尺度一经形成，就很少发生变动（《政治经济学及赋税原理》第15页）。马克思也认为复杂劳动与简单劳动的换算是有社会过程的，他们都承认：市场既是估价尺度，也是换算过程，也就是价格之手或市场之手会在信识关系与供求关系的影响下自发调节，这种调节当然不仅仅是劳动量，还包括有形有限有价的资本要素与无形无限无价的知本要素，市场估价和换算是对资本、劳动和知本等三大增值要素的综合运算，市场就是世界上最庞大最完美的计价器，注意，这种换算不是技术和劳动的直接替代，再多的简单体力劳动也替代不了复杂智力劳动，但是可以在无数次的讨价还价与无限期的供求调整中形成约定俗成的交换数字或交换比例。无论多么复杂的差异化劳动，虽然未必能相互替代，但最终在价格上都可以形成简单的数字换算关系，这就是包容一切商品交易的无比广泛的市场计价体系，这也是货币作为一般等价物（交易媒介）或一般增值债（分配工具）的表现，计价标准就是劳动的等价交换标准与效益的增值交换标准。当然，劳动换算绝不是劳动时间量换算，而是劳动成果的价格换算，而价格换算一定是根据价格与效益量的自发调节来实现的。效益除以价格的比值就是效价，买卖双方奉行效价等位化原则，卖方为了最大利润而追求效价最小化，买方为了省钱则要追求效价最大化。

（15）知识产权制度不是按劳动量收费的，而是按市场效益量收费的，知识产权规定即使技术专利人可依协议从对方的销售收入中获得提成，但发明人不必要继续追加劳动量，是按知识产权——知本的效益量来收费的。伟大艺术家与一般人劳动时间量完全一样时，作品的价格可以相差几千倍，也是因为供求双方都接受效益量定价的原则，承认独特性或创新性劳动的价值密度可以无限大。还有，劳动时间量定价无法解释文化艺术与制度创新的增值能力。

（16）凯恩斯谬论认为："雇 200 人挖个大坑，再雇 200 人填好坑。"以拉动有效需求（其实是拉动有效通胀或无效需求），这种重复计算的 GDP 除了拉动印钞机与通货膨胀外，能用劳动量来计算 200 个人挖坑与填坑的效益吗？尽管这个浪费人力物力的效益量显然是零，但是以劳动量计算则不会为零，所以，只有坚定不移地坚持效益量定价才能淘汰落后产能并抑制无效劳动引发的货币通胀，抛弃落后的国内生产总值 GDP 思维。凯恩斯的挖坑填坑论是浪费信用与歪曲信息的资源误置论，是通过扭曲信识关系以制造虚假的供求关系，不仅没有取出一个经济体伤口中的刀片，反而将刀片包扎在更深的伤口之中，表面上伤口愈合了，实际上经济体会陷入通胀率与失业率同步上升的滞胀危机之中，因此，凯恩斯主义是扭曲的劳动时间量决定价值的通胀论。

（17）1891 年恩格斯为马克思的《雇佣劳动与资本》写的单行本导言说："工人阶级是生产全部价值的唯一阶级，因为价值只是劳动的一种表现，是我们现代资本主义社会中用以表示包含在一定商品中的社会必要劳动量的一种表现，但是，这些由工人所生产的价值不属于工人，而是属于那些占有原料、机器、工具和预付资金，因而有可能去购买工人阶级的劳动力的那些所有者。"

这里有一个问题：如果全部价值都是由工人创造的，难道其他的人就不创造价值了吗，这就更不用说前人劳动留下的资本与别人劳动发明的知本了。以劳动量定义价值就是复杂劳动歧视，承认劳动化资本与劳动化知本创造价值，才是真正地全面尊重所有的劳动价值，才能消除劳动价值论的内在矛盾与结构缺陷，才是对所有劳动形式无差别地给予尊重和承认，包括对资本家（企业家）、公务员、知识分子和商业人员的劳动也应给予尊重。

（18）马克思在《共产党宣言》中写道："不断扩大产品销路的需要，驱使资产阶级奔走于全球各地，它必须到处落户，到处创业，到处建立联系。"

资本家的确从事市场调查、投资融资、项目规划、经营管理、营销公关、采购谈判、后勤保障、团队建设、危机处理等多方面的劳动，特别是创业资本家或知本家，他们的确在进行富有创意的劳动，他们是将自己的卓越才华作为知本在创业。

马克思在《工资、价格与利润》中说："各商品的相对价值，是由耗费、体现和凝固于各种商品中的相应的劳动量或劳动额来决定的。凡生产商品中所需要的劳动时间相同，则商品中所含的劳动量也相同。"（《马克思恩格斯选集》第 2 卷第 68 页）主张用同量劳动交换替代商品交换。

（19）发达国家在第二次世界大战以来非物质生产部门所创造的国民生产总值远远超过物质生产部门，像苹果智能手机、三星电器、谷歌、微软、脸谱社交网站等，都不是靠劳动量取胜，而是靠高科技与高效益才赢得了全球竞争，1980 年中国采用了西方经济学为基础的国民收入统计体系，承认了服务部门所创造的价值。如果“劳动量 = 价值”，那么中国劳动者最多，劳动时间最长，那么中国应该是世界上最有价值也最富强的国家，但是，按人均收入计算，中国仍然是穷国。从中国制造到中国创造，中国就是要减少单位商品的劳动量，提高单位商品的效益与价值，所以，用效益量或需求量才能正确引导生产要素的配置，避免无效或低效劳动。社会需要分工，每个人需要雇佣别人的劳动，也需要被雇佣去劳动，充分发挥各自的比较优势与比较劣势，这里的比较优势不仅是劳动者之间的分工，同时也是资本与知本广泛参与的社会化大分工。资产阶级是有资产的复杂劳动者，无产阶级是无资产的简单劳动者。随着生产力与人均收入的提高，无产者越来越少，劳动者也大多变成有房地产与知识水平的中小资产阶级。

（20）约翰·奈斯比特在《大趋势》一书中提出，现在必须用知识价值论来代替劳动价值论，这就是说用知本论代替劳动论，他举例说：1980 年美国从事制造业的劳动力占 13%，从事农业的劳动力占 3%，而从事信息业和服务业的人员则超过 60%，他们创造的产值也早就超过了 60%，这些无可争辩的经济数据证明生产社会化就是劳动知本化，具体劳动往往体现为劳动资本化，抽象劳动往往体现为劳动知本化，劳动的社会化表现为具体的资本化与抽象的知本化，没有资本化与知本化，就没有真正的社会化。

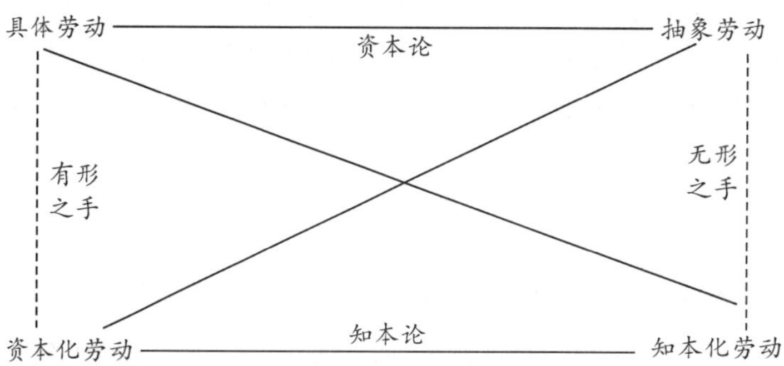

生产社会化的两条腿就是生产资本化与生产知本化。社会化大生产分化为资本化劳动与知本化劳动，人类社会经济的发展就是不断地资本化与知本化，这不是二次劳动，而是同一劳动过程的两大属性：资本化主要表现为物质文明，知本化主要表现为知识文明，两大文明在相互融合中相互推动。资本化产生体能，知本化产生智能，因此，理解劳动的资本化与知本化，是理解整个《知本论》哲学的钥匙与大门。

劳动资本化——资本替代劳动，资本强化劳动

劳动知本化——知本替代劳动，知本强化劳动

一切经济发展的模式之争，都是资本化与知本化的路径之争，只有劳动资本化才能富民，只有劳动知本化才能强国！

以上总结的20条分析，就是全面理解劳动资本化（有形有限劳动）与知本化（无形无限劳动）的入门必读，社会经济的发展归根结底就是资本化与知本化的效益最大化过程，一切财富积累都是资本积累与知本积累的双向积累，资本的倍加增值与知本的幂乘增值是一切劳动的价值源泉。货币信用是任何国家的核心利益，纸币发行制度关系到国家安全，而信识等级也涉及一件商品的核心定价能力，信识等级是商品的生命，供求关系是商品的寿命，都是源于劳动资本化与知本化。

2013年，中国农民仍高达8亿人，农民与市民的区别不在于户籍，而在于土地，靠土地为生或有自留地的就是农民。农业劳动的资本化就是土地化，农民兼职做手工业就是劳动知本化，农业链与打工链是当代农民的主流。正因为有土地，农民并不是真正的无产者，而是中小资产者或小地主，农民的土地或宅基屋就是资本，就是养老保险，土地成为许多市郊农民资本化的生产力。

第三节　价值公式

劳动价值公式表述为：$Z = ax + by^n$，a为资本化劳动的协同系数，由企业精神与生产力水平决定，x为资本变量，ax表示资本的线性增值或一次方增值，说明资本是劳动的一次方或资本是倍加的劳动；b为知本性劳动的创新系数，y是知本变量，y^n是y的n次方，n是知本可以边际成本趋于零的无限复制次数或无时空限制的扩散量级，b y^n说明知本是劳动的多次方或者说知本是幂乘的劳动。资本性劳动（劳动乘数）与知本性劳动（劳动乘幂）的划分，再加协同劳动与创新劳动的划分，是理解《知本论》协新价值的钥匙。资本增值量为ax，这取决于企业精神与生产力水平a与资本变量x的乘积。

例如，儿子继承父亲的房地产，父亲辛苦一生就买了一套房子ax1，父亲的劳动量通过房子转移给了儿子，儿子在房屋装修中又追加了劳动量ax2，再随着社会经济的发展，地铁通到这套房子附近时又分享了城市建设的劳动量ax3，因此，这套房子就升值到ax1 + ax2 + ax3，这就是资本化和知本化的劳动继承增值、分工增值与分享增值；注意，否认ax1，就是否认劳动资本化的合法继承；否认ax2，就是否认现代劳动的分工协作体系；否认ax3，就是否认公共财富的资本化分享。

再如，铁矿石供给商将铁矿中的资本化劳动量转移给钢铁厂，钢铁厂追加劳动后又将资本化和知本化劳动量转移给汽车配件商，配件商追加劳动后又将资本化和知本化劳动量转移给汽车品牌商，汽车品牌商又将自己增加的知本化劳动量转移给销售商，汽车销售商又将追加的知本化劳动量转移给消费者，商品在不断流转的劳动量追加中才形成了消费者手中的汽车总价值——资本价值与知本价值之和。一部汽车由1000多个零件组成，这些零件都是劳动量、资本量和知本量的载体，最后才汇聚成汽车的资本化劳动，

形成汽车实体的绝对价值，包括满足生理需求与满足品牌文化需求，同时，汽车市场的供求价值与交通管理和石油供应等方面的系统价值也都影响汽车的价格，如果不准汽车上牌或不准汽车白天在大城市使用，那么汽车的相对价值或交换价值会大跌。

一般交换价值或使用价值是要素之间的协同效应，特殊交换价值或使用价值是要素之间的创新效应。协同是绝对的，创新是相对的，不能达到协同效应的创新是无效的。明星溢价和名牌溢价都是大市场协同的超额溢价，是一个无偿向广大顾客索取创新效应的过程，既索取客户个体的创新效益，又索取客户群体的协同效益，这就是明星或名牌的发财秘密。明星溢价或名牌溢价就是需求定价，是需求者义务给明星或名牌打工和送钱，信息经济的本质就是取消了生产与生活的供求界限，生产 = 生活，供给 = 需求，需求就是供给，消费就是投资，欣赏就是义务劳动。

例如，观众在家看电视广告时，这种观看和欣赏就是在给电视台与广告企业义务打工。又如观众进入剧院看明星表演，这种现场观赏就是给明星投资，既买了门票，又传播了明星的形象，明星就是少劳多获的信息奴隶主（信主），而观众就是免费打工的信息奴隶（信奴）。

资本是简单劳动的倍加

知本是简单劳动的倍乘

知本化劳动 by^n 由于没有资本扩张的成本限制与时空限制，因此，其无限次、无限量、无限时空的增值方式会带来极高的回报率，而且这个增值水平是不受平均必要生产率限制的，理论上可以达到无限的增值，但是，任何新技术子集都不可能完全脱离整个社会经济的技术全集，技术的转移与扩散其实也是知本化劳动的转移与扩散。知本化劳动 by^n 开创了劳动量积累和爆发式增长的幂乘时代，信用经济与信息经济的本质就是幂乘经济，在边际成本趋近于零时，知本化劳动量可以无限次转移与无限度扩散的幂乘增值。在简单劳动中，1 就是 1，2 就是 2，$1+1=2$，但是，在复杂劳动的协同效应与创新效应中，1 可以大于 1，2 可以大于 2，$1+1>2$，$1+2>3$，因此，只有正视简单劳动与复杂劳动的本质区别：简单劳动不产生附加的协新价值，而复杂劳动必定产生附加的协新价值，才能认识到：资本是倍加的劳动，知本是倍乘的劳动。

打个简单的比方：纯粹出卖体力的简单劳动就像骑自行车送信，增值力可以忽略不计，而资本化的劳动就像坐飞机去送信，这显然比汽车和摩托车快得多，增值力是线性的或倍加的 ax，而利用传真机或电子邮件送信，只需几秒，这就是知识劳动的乘幂法则了，这也是充分地分享了电信劳动量与互联网劳动量的协同效益——知本化劳动 by^n，

从而导致送信效益能一秒千里地提升。承认资本与知本能创造劳动新价值，就等于是承认了劳动的资本继承性与知本升级性，承认了科技发展与文化制度的历史传承性。

美国学者约翰·奈斯比特在其名著《大趋势——改变我们生活的十个新趋向》一书中提出：“我们需要创立一种知识价值理论来代替马克思过时的劳动价值理论。”（《大趋势改变我们生活的十个新趋向》第 21 页）在信息经济中，价值的增加离不开资本、劳动与知本的三维立体协同与创新，只强调劳动创造价值是按劳分配的苦劳论，只强调资本创造价值是按资分配的金钱论，只强调知本创造价值是按知分配的知识论，这三种理论都必须融合在《知本论》之中才能产生协同效应和创新效应。

当代著名经济学家萨缪尔森在《经济学》中写道：“简单的劳动价值论认为物品的价格比例可以单独根据劳动成本得以决定，而与导致对物品需求的效用无关；由于必须照顾到土地的稀缺性这一事实，这一价值论必然要被放弃。现在生产成本包括地租以及工资的支付额。两种物品，如食品和衣服，现在每一单位物品可以具有相同的劳动成本，但是，如果每单位食品比每单位衣服具有更多的土地成本，那么，它们不再能按照一对一的比价出售……无论在有计划的社会主义制度下还是在依靠市场起作用的资本主义制度下，我们都不能单独地按照商品所需要的劳动量来决定商品的价格，而不考虑爱好和需求的形式以及它们对稀缺的非劳动的生产要素的影响……即使在一个最完善的社会主义社会，劳动价值论也会导致不正确和没有效率的劳动和非劳动资源的使用。”

中国知名经济学家周建明称：“按照劳动价值论，自然资源本身没有价值，它的耗费状况也不影响价值的形成，所谓价值规律调节着社会总劳动的分配，总劳动只是指活劳动和物化劳动。在社会主义条件下，所谓对社会生产有计划的调节，调节的也是社会总劳动，而不是效用对劳动花费的衡量。在这个理论指导下，在社会主义建设的一个很长时期内，人们都没有注意对自然资源的合理配置和使用问题，只注意了对劳动资源和物化劳动形式的生产资料配置。实践证明，这种认识是有缺陷的……劳动价值论不涉及自然资源的配置及评价问题……自然资源的耗费参与了价值形成这一点，是劳动价值论不予承认，也不能反映的，但是它又是在经济建设中不能不承认，不能不解决的大问题……因此需要有一个比劳动价值论更全面地包括一切资源配置和评价的理论。”（周建明：《社会主义和商品经济》第 147—149 页）

中国知名经济学家孙冶方也认为：“不能把社会必要劳动和价值等同起来，因为社会必要劳动实际就是社会必要劳动量的意思，基本上是一个量的概念。它不能表达出价值这个概念的质的一方面，而这个质的一方面，用恩格斯的话来说就是：价值是生产费用对效用的关系。”（孙冶方：《社会主义经济的若干理论问题》第 121 页）

以上著名学者的观点都支持了自然劳动（土地与资源）与对位需求的重要性，都进一步支持了《知本论》对价值的定义：价值是人类与自然协同创造的效益或需求，使用价值是对位效益或有效需求，交换价值是比较效益或相对需求。

资本家的利润（剩余价值）分三部分：一部分来自劳动资本化 ax，一部分来自劳动知本化 by^n，还有一部分来自对员工的劳动时间量的血腥剥削。事实上，资本家就是这样干的，这也就是《资本论》中所说的剩余价值已经扩大化而成为三类剩余价值：一是资本协同和创新产生的资本性剩余价值；二是知本协同和创新产生的知本性剩余价值；三是克扣工资或贬低工资而剥削的剩余价值。只有第三条才是纯粹意义上的剩余价值剥削，而前二条是劳资共同分享的协新价值。

在劳动密集型企业中，资本家主要靠从工人的工资中剥削剩余价值，这是典型的血汗工场的资本生存方式，一般在落后国家与地区比较流行这种榨取型的剩余价值，代表的是赤裸裸的劳资剥削与对立关系；血汗型剩余价值本来就是工人工资的一部分，但资本家利用各种缺德手段强行掠夺过来并冠以利润之名。在资本密集型与知本密集型的企业中，资本家和知本家主要靠资本化劳动和知本化劳动来增值——包容性的协新价值，反映了劳资之间剥削与和谐并存的不对称关系。剩余价值的二重性表现为剥削性与和谐性（分享性），劳动构成越高，剥削性就越强；反之，资本构成和知本构成越强，和谐性就越强。纸币是协同与创新的催化剂，是劳动价值的加速器。价值尺度由商品货币的确定性被纸币的橡皮筋式的不确定性所取代，异化出特有的再分配职能，呈现出通胀型纸币规律：一是单位币值边际时效递减，二是各国纸币的边际币值递减差异较大，通货膨胀最终伤及的是信用，是人们对货币背后传统劳动价值和信用价值的扭曲，因此，货币不仅仅是一个政治经济学范畴，也体现了人与人之间的劳动价值的合作关系与剥削关系。

第四节　理性供求

人们对“财富”和“价值”的理解分为三个阶段，初级阶段是追求所有权，例如几千年的公有制与私有制之争，奴隶主对奴隶就拥有所有权；中级阶段是追求使用权，姓公姓私并不重要，重要的是谁在使用，企业上市的目的就是减少所有权，通过所有权的减少来极大地扩张对他人资金的使用权，欧洲许多不缺钱的企业不喜欢上市，不愿用所有权来换取公众资金的使用权，负债经营的本质就是将别人的债权转化成使用权，期权与期货就是将所有权变成使用权，股权与股票则是将未来的所有权变成现在的使用权。高级阶段就是追求定价权，谁所有或谁使用并不重要，重要的是谁来操纵价格或谁有定价权。

市场经济的本质是经济行为的货币化与价格化，这是追求利益最大化的“理性人”行为，没有“理性人”或“经济人”，就没有真正的价格发现。完全的理性人或经济人是斤斤计较、深谋远虑的经济学家，因为理性人不会将自己的时间、精力和金钱浪费在感情纠纷上（这样成本增大，无法做到利益最大化）。

许多人都痛恨腐败者，其实腐败者也是理性人，其行为是有目的的，因为腐败能使官员的利益最大化。在上级决定下级的前提下，腐败者能从腐败中获益，因为行贿是最好的投资，受贿是边际成本为零的暴利营销。通过行贿升官，虽然代际成本较高，但代际收益极大，表现为升官后的新的边际成本仍然可以为零，而边际收益则成倍增加，所以，反腐败最要紧的是建立真正的民主选举。腐败并不是因为感性人，恰恰是因为理性人，因为每一次腐败的边际成本和边际收益都要经过复杂计算的。

一、“理性人”才能发现价格

价格发现的最大障碍就是感性人。

理性人每一分钱的感情投资都要求立即看到经济回报，否则就不会冒感情投资失败的风险。

垄断是人民所痛恨的，自由平等是人民所热爱的，因为垄断剥夺了人民的价格发现权，人民不得不接受一个更高的价格。理性人活得很累，因为理性人每时每刻都在计算，哪怕是一句话、一个字或一个动作，理想人都要计算边际成本与边际收益。理性人是极端谨小慎微、追求完美的聪明人，每个人有多少利用价值与投资价值，理性人都要反复计算。只有坚定、冷静、英明、算计的成功者，才能称之为成功理性人。

二、信息经济不是所有权经济，而是使用权经济

信息经济不是所有权经济，而是使用权经济，因为信息太容易泄露了，信息的保密成本太高了，信息的转移成本太低了，知识产权的核心就是独占性与公开性，专利的作用就是提高别人或对手的使用成本。信息的无成本或微成本扩散，决定了信息天然具有无私性、无价性、无形性与无限性。创新是争取信息所有权，模仿是争取信息使用权，知本使用权的无限共享性是协新价值之源。

三、品牌溢价

一本书不是纸张越多就越有价值，而是读的人越多就越有价值。因此，书的定价权不是这本书的印刷成本和稿酬，而是这本书的复制数量与扩散时间，书的价值真正体现了“比较求势 = 比较优势”或“供求一体”的信息最优化道理，书的价值不是由作者的劳动量决定的，而是由读者的需求量决定的，这就像名牌与明星的价值，不是由企业或个人的劳动量决定的，而是由社会大众的关注量或需求量决定的，明星价值是观众的劳动创造的，名牌价值是客户的劳动创造的，所谓品牌溢价其实就是社会公众免费创造的，并不是企业内部员工创造的。品牌所有权属于社会大众，并不属于品牌企业，只有品牌的使用权才属于特定企业。信息经济是一种“微成本 + 高收益”的无形、无限、无价、无私的弹性经济，谁能成为大众焦点，谁就能免费掠夺广大关注者的口碑、眼球与劳动，知名品牌与龙头网站成为掠取广大民众劳动价值的信息奴隶主，而广大民众在毫无察觉

的自由参与中成为信息殖民地的信息奴隶。

四、信息经济加剧贫富分化

信息经济不仅没有消除贫富鸿沟，反而还加强了贫富分化，因为信息经济的推动力不是企业员工，而是广大民众，广大民众只对有限的龙头网站或龙头产品感兴趣，互联网企业流行着“第一定律”，能在某个方面做到第一的网站，才能在现代信息奴隶社会中成为“教主”或“上帝”——信主，注意，信主的数量不多，综合网站是大信主，专业网站是小信主，信息奴隶或网民们只愿意给心目中的大小信主进行义务关注或义务劳动，第二名副信主的收入只有第一名的几分之一，从第三名起可能要饿死了，本质上并不是网站的技术差别或比较优势的差别，而是比较求势的差别，是第一名与第二名在需求数量级上的差别。只有第一名才能牢牢占领需求者的大部分眼光，需求者就是不要工资的生产者。许多网民做梦都想不到，只要他们上到那个网站，就是在为那个网站贡献眼球与口碑，就是在为那个网站免费打工。哪个网站能先入为主地领导需求，哪个网站就能在网民的关注潮或送钱潮中很快暴富，秘密就在于：表面上是信息产品被人免费利用，实际上是使用者在为网站义务劳动，如果是收费服务，那就是网民为网站进行双重劳动了，既为网站交了费用，还为网站做了义务宣传，同时信息经济的边际成本等于零，边际收益都可以变成边际利润，多一个人上网并不增加网站的成本。“第一”是创新的起点，又是协同的拐点，“第一”是创新与协同的转折点，又是代际效益递增与边际成本递减的双重起点，因此，“第一”是信息经济的灵魂。

信息经济的关注量就是过桥费，使用量就是门票费，关注明星就是给明星过桥费，使用网站就是给网站门票费，这种费用不一定是直接给钱，而是让明星或网站通过客户的需求量去赚其他的钱。知本是无限价值，越用越多，资本是有限价值，越用越少。

信息经济的分工，不是按比较优势分工，而是按比较求势进行分工，网站技术的高低并不重要，重要的是网站定位，是网站吸引眼球的策划和创意，需求者就是网站的供给者，供求一体化是信息经济的本质特征，因为信息生产的边际成本可以为零，而且可以瞬间达到零距离互动与零价格消费，网民既是信息的需求者，也是信息的供给者，网站工作人员只是起着向导员和指挥员的管理角色。网站工作人员就像挥着手势的交警，而广大观众更像滚滚车流，满载着钱财轰然而来，主流网站就像主干道，而且是可以随时拓宽、不怕堵车的主干道，其他中小网站就像乏人问津的羊肠小道，这种过路费、访问费或关注费的差距是十分惊人的。

注意，“过路费”的多少不取决于网站的员工数量，而是取决于网民路过、观赏或登录的数量，也就是说网站不是按比较优势分工，而是按比较求势分工，是由广大受众对网站的内容、风格和定位进行分工。明星溢价或名牌溢价就像高速公路的收费站，关注或使用的客户越多，收费就越多。广大客户上网站与上高速路的性质一样，都是主动给别人送钱，需求者、使用者或消费者就是“快乐奴隶”或“义务劳工”。

信息经济有两大支柱，一是比较求势转化成比较优势，低成本消费就是低成本生产，低成本需求就是低成本供给，需求曲线与供给曲线无限趋近于重合，顾客变成免费员工，员工成为高价顾客，所以信息产业要求内部员工越少越好，外部顾客越多越好；二是第一位最有价值，信息经济是真正的龙头经济，“第一”撑死，“第二”半死，“第三”饿死，因为“第一”才是“信息教主”，最受关注，比较求势主要体现在第一的需求最大，常常超过50%，这不是由企业的供给能力决定的，而是由顾客的需求结构与心理惯性决定的，因此，信息经济信奉的是比较求势法则与“第一”定位法则。在信息经济中，“第一”崇拜就是创新崇拜，创新决定“第一”，“第一”体现创新。

五、明星控制与名牌控制

崇拜明星就会被明星控制，就会将自己的偏好变成明星的存款；迷信名牌，也会被名牌控制，也会将自己的迷信变成名牌的暴利。信息经济的本质就是控制消费者的灵魂，让消费者快乐地送钱。

《知本论》认为：国家应该征收明星暴利税和名牌增值税。

文化消费与信息消费具有很强的集群性和习惯性，一旦主流网站与主流信息产品占领了特定人群的注意力，就会有一种羊群效应，更多的消费者在从众心理的作用下，也会汇聚而来，这就造成了大网站越来越大，小网站纷纷淘汰的两极分化现象，还有，由于网上信息、新闻、互动、交友与游戏的丰富多彩，占用了人们的大量时间，使得没有时间工作和创业的人增多，这就形成了相对贫困，这些迷恋网络生活的人群又成为主流网站的免费劳工或缴费劳工，在利用网络工具的同时又被网络工具所控制，最后网络工具就成为吸钱工具，亿万网民的辛苦劳动和快乐分享成就了少数的互联网富豪。

六、明星名牌是私有制

没有明星暴利税的明星公司是私有制，没有名牌暴利税的跨国公司也是私有制。明星经济与名牌经济都是一种符号经济或信息经济，它加剧贫富分化，信息就是枷锁，符号就是牢笼，明星就是电网，名牌就是高墙，这一切控制着货币流向，互联网是全球最大的协同利器与创新利器，互联网既是“剥削”最快的私有制，也是创新最快的公有制。互联网是增值交换的无形、无限的利器，互联网成为网罗众生的一种“宗教”，《知本论》戏称为“互联网教”，极少数主流网站成为互联教的“教主”，这些“教主”靠广大网民（教徒）供养着，崇拜着，只有“教主”才有资格“剥削”广大教徒的劳动，这种“剥削”被巧妙地理解成分享、使用、游戏、唱歌、查询、交友、视频或阅读等无比可爱的名词。

七、马歇尔的致命失误

在边际效用论的基础上，马歇尔供求均衡模型很受经济学子推崇，马歇尔供求均衡模型最大的问题出现在供给曲线 S 上，因为多数产品的定价不可能从零开始，再随着价格的上升而扩大销量，这显然不符合规模经营的必要条件——边际成本递减，因为供给曲线 S 可以被视为边际成本递增曲线，马歇尔均衡显然不符合规模经济的边际成本递减规律，马歇尔的理解必然是供给曲线 S 向上延伸，是因为价格越大，供给量就越多，这隐含着的恰恰是信识定价的价量齐涨规律，而不是供求定价的价涨量跌规律。按规模经济的要求，供给曲线 S 必然是缓缓向下的，很少向上延伸的。在同质化的激烈竞争下，产品的规模经营是很难越卖越贵的价量齐涨，在销量扩大时一定是伴随着降价的，只有在信识升级时才是销量越大，价格越高，更不可能是销量扩大后实现了规模经营，然后边际成本递增，马歇尔供求均衡模型是一个瞒天过海的伪命题，只有在极少数价量齐涨的特殊市场才能成立，而且绝大多数“价量齐涨”也不是因为供给成本，而是因为信识升级。

马歇尔均衡模型的混乱在于供给曲线 S 的移花接木或偷梁换柱，供给曲线 S 向上延伸时本质上是信识评级曲线，而马歇尔错误地理解成了供求数量曲线，这显然违背了规模经营的必要条件边际成本递减规律。

绝大多数产品在新上市时的定价都比较高，因为此时的平均成本很高，企业无法降低价格，只有在销量不断扩大，平均成本与边际成本都递减之后，企业才能不断降价，即供给曲线 S 并不是从原点开始向上延伸的信识升级曲线，而是从一个较高的起点开始向下延伸的供给增量曲线，与需求曲线相似但倾斜角度不同，这与产业成熟和产品普及是一致的。如果扣除通货膨胀与物价上涨的影响，几乎没有哪一个主流产品是因为销量增多而出现边际成本递增或供给价格递增的，反而是因为销量增大，实现了规模经营与协同效益之后，在激烈的市场竞争压力下，供给曲线 S 代表的边际成本递减，从而实现了不断降价。

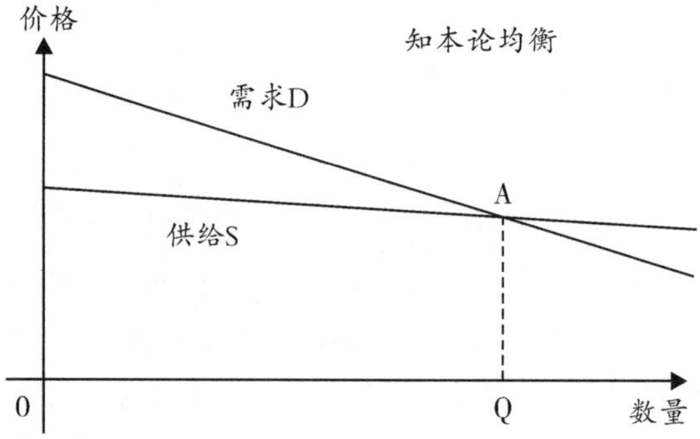

《知本论》均衡图是对马歇尔供求平衡模型图的一个修正，因为随着供给量的增大，边际成本递减，再加上竞争对手的强大压力，任何供给方很难做到价量齐涨，只有在信识升级时才有可能，所以供给曲线 S 应该是量涨价跌的，不过，供给曲线 S 的递减幅度

多数情况下比需求曲线 D 更慢，或者说，需求曲线 D 大多比供给曲线 S 的边际递减速度更快，即产品的边际收益大多比边际成本递减得更快，形成产业剪刀差，这个剪刀差才是推动产能过剩与创新升级的内生力。

规模经济与主流市场是相辅相成的，不占领主流市场，销量就上不去，也就谈不上规模经济，反之，没有规模经济与价格战的结合，也就无法让产品普及到千家万户而形成主流市场，所以价格战是规模经营与主流市场的沟通桥梁，正是因为价格战不可避免，也就决定了规模经营不可能价量齐涨，多数情况下只能是价跌量涨，表现为供给曲线 S 的递减（要排除通胀与物价上涨的影响），这就说明供给曲线与需求曲线有惊人的相似性，都是从高价向低价逐步递减的，两线相交时说明“边际收益 = 边际成本”，产品没有边际利润，此时不是供求平衡，而是供求一体化到了极限，供求合一的结果是供求双方对价格完全认同，企业也达到最大产能，如果再继续生产，就会出现“规模不经济”，边际利润会为负数，所以企业在 A 点以后就会停产或关停并转。

八、供求极限不是供求平衡

为什么需求曲线 D 在供给曲线 S 之上呢？因为消费者的购买价格必然高于商品的边际成本价，任何新品开始的边际利润率高，后来的边际利润率低，这就决定了需求曲线 D 不仅高于供给曲线 S，而且要逐渐地接近供给曲线 S，直到供求两线相交为止，供求两线的交点 A 就是规模经营的最大产能点，交点 A 不是表示供求平衡，而是表示供求合一或供求极限，A 点就是有效供求的临界点或极限点，超过 A 点就是无效供求，在经济危机时，资本主义的许多牛奶就是因为超过 A 点而被倒进了大海，许多工人在超过 A 点后就失业了，许多城市的房子在超过 A 点后就变成了“鬼城”，A 点以后不会发生供求关系。

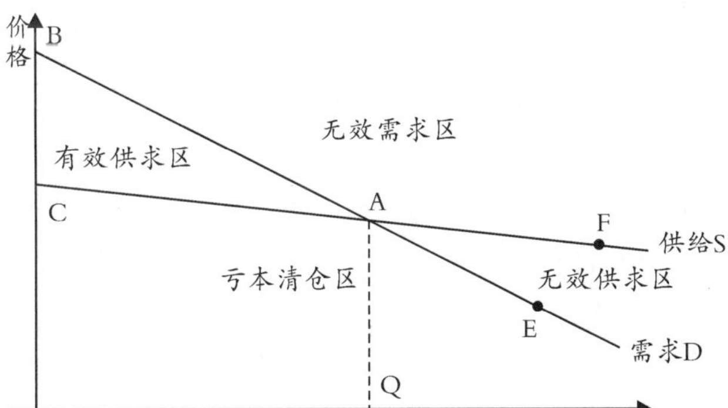

知本论供求模型

三角 ABC 是有效供求区，高于供给成本又低于需求预期的价格；三角形 ABC 之外的区域都难以形成现实交易，除非破产或转产等特殊情形，只有在清理库存时才可能在亏本清仓区发生交易，但这种单向增值的交易不可持久，只有双方都增值的交易才具有复制性与持久性。

《知本论》认为：需求曲线 D 与供给曲线 S 都是从一个起点价格向下延伸的，需求曲线 D 表示市场零售价，而供给曲线 S 表示企业批发价，零售价肯定是高于批发价的，所以，需求曲线 D 就高于供给曲线 S，但是，当零售价与批发价在 A 点相遇时，说明零售企业已无利可图，该产品的零售就会停止，产品的生命周期就面临终止而要退出市场，A 点对应的数量 Q 就是市场的最大容量。A 点表示上一个创新周期的结束，也是下一个创新周期的开始。

马歇尔均衡模型忽视了竞争对价格的强硬压制，在实际经济生活中显然是一个伪命题，很少有主流产品在信识评级不变时，是随着数量的扩大而不断涨价的，主流市场的激烈竞争必然导致价格战，只有在极少数信用供应过剩（货币过多），且乐观信息过多的市场，才会出现价量齐涨的供给奇观，此时，恰恰是信识升级或投资狂热导致量涨价升，而不是消费性需求所致。数量扩大后，边际成本必然降低，再加上十分惨烈的竞争，需求价格与供给价格必然同时下降，但需求价格比供给价格下降得更快，这就迫使企业不得不降低成本来应对市场的价格战。一般来说，在主要对手纷纷降价时，很难有哪个企业能量涨价升，必然是量涨价跌，因为任何产品在跨越创新之初的鸿沟后，必然要通过逐步降价以应对大量的追随者，这是规模经营的普遍规律。

九、供给曲线下滑的重大意义

马歇尔认为供给曲线向右上无限延伸，这是一个伪命题，原因在于：一是任何新产品初期的规模不大，边际成本或代际成本很高，绝不可能从价格零点（原点）开始，而是从一个较高的价位开始；二是供给曲线就是边际成本曲线，当供给曲线不断向上延伸时，就是边际成本递增，这不符合数量扩大时必然带来规模经济的边际成本递减规律；三是忽视了激烈的竞争压力，在产品多样化的时代，任何一个产品都是可以替代的，这就要求企业不断降低产品成本才能不断降价，因此，供给曲线在正常的竞争条件下不会向上延伸。

第五节　增值分配

增值交换就是增加和分享协新价值的交换，没有增值交换，就没有价格发现，因为交换的双方都是为了赚钱或省钱才进行交换。一切交换的动机都是为了效益增值，而交换的路径都是为了效价最优化，最优化包括卖方最小化与买方最大化，卖方力图提高价格以求效价最小化，而买方力图降低价格以求效价最大化，因为效价 = 效益/价格。

1. 对位效益：交换的直接目的都是为了得到差异化的对位效益或有效需求（使用价值），效益是劳动成果或交换共性，对位是准确满足身心需求的交换个性，即使效益相等，对位水平也决定着双方的供求价格，因此，增值交换取决于效益量与对位度，效益是绝对增值，对位是相对增值。效益是增值的普遍内容，对位是增值的特殊需求。一切商品能交换是因为都具有交换共性——价值（效益），也都具有交换个性——使用价值（对位效益）。

2. 协新价值：如果是两个生产企业之间的交换，双方都不是为了生产资料的成本转移，而是为了利润最大化，利润从何而来？一是来自于对产业工人的工资克扣和榨取剩余价值，等价交换的过程其实就是剩余价值的转移和掠夺过程；二是来自于双方的比较优势和比较求势的双向分工，在协同效益与创新效益整合成协新价值后，双方对协新价值的分享和再造。由于协新价值是源于劳动量又远远超越劳动量的增量效益，因此，增值的本质就是协新价值的再创造与再分配，分配的结果就是增值交换。没有增值交换，剩余价值与协新价值就无法实现。资本租 + 劳动租 + 知本租 = 协新价值。

3. 竞争剥削：价格配置资源并不是成本配置，而是效益配置，赚钱多的就证明效益高，反之，赚钱少的就证明效益低，合理赚钱是企业的使命。一切交换首先表现为价格分配，而价格源于优胜劣汰的竞争，只要有竞争就一定存在剥削；只要有剥削，就一定有增值水平的差别。任何竞争都是剥削与合作的价值创造，竞争决定了交换的差异性或增值性，价格配置资源的效率总是表现为增值交换。

4. 规模效应：企业规模化生存的条件就是降低内部各工序、流程和环节的交易费用，增强增值环节，减少贬值环节，使更多的增值交换变成不同工序或流程之间的专业分工。企业内部的分工表面上不计价，其实就是将所有环节的增值集中打包成产品批发价格，所以，批发价格一定有劳动量和资本量的等价转移部分，也一定有不同环节的增值积分。所谓核心竞争力，其实就是增值环节最强的要素，即使 99% 的环节不增值，但只要有一个环节能实现增值，企业就可以赢利，因为个体创新是整体价值的倍加。企业存在的理由就是增值交换，如果企业的任何一个环节都不能增值，那么这个企业必定破产。只要有一个内部分工环节不能增值，就会影响整体的协同效应和创新效应。不增值的环节就必须精减或改革，企业也可能会将此环节外包给市场，以市场交易取代内部分工。只有在企业内部各环节的分工增值高于市场购买时，企业才有扩大规模的理由。企业的规模越大，能内化的增值交换就越多，最终外化的增值积分——规模效应就越高。规模经营有两权分离、边际成本递减与代际收益递增等三大必要条件。

5. 协新优势：比较优势是增值交换的有形之手，协新优势是增值交换的无形之手，即增值交换有两大路径：一是任人唯贤，要选择有比较优势的人，虽然能人的工资高一点，但能人的单利成本更低，投资收益率更高，比较优势 = 资源优势 = 竞争势能，比较优势是成功之本；二是知人善任，千里马是比较优势，但还需要伯乐的协新优势，伯乐就是公平有效的激励机制，没有激励机制，就没有协同与创新，协新优势 = 激励机制 = 竞争动能，协新优势是成功之路。比较优势是竞争和增值之形，协新优势是竞争和增值之神。抓到一手好牌，这是比较优势，但调配和替换好牌的牌技，就是管理优势或协新优势。

比较优势 = 能力优势 = 才

协新优势 = 态度优势 = 德

1949—1978 年的中国，由于缺乏有效的激励机制（协新优势），只能空守着廉价而丰富的劳动力比较优势，直到邓小平给中国创造了改革开放的协新优势，中国才在“比较优势 + 协新优势”的两条腿走路中繁荣起来。

所谓的中等收入陷阱，未必是比较优势陷阱，主要是协新优势陷阱，如果一个国家的福利制度降低了激励机制的增值效率，就是福利制度陷阱。无论是比较优势或比较劣势，只有通过协新优势才能充分发挥作用，比较优势 = 能力优势，协新优势 = 态度优势，所谓态度决定一切，就是协新优势决定一切。例如，一个公司的员工，能力和品德都是千差万别的，君子与小人共处，神鸟与笨鸟并存，这就需要经营管理上的协新优势去整合每个员工的比较优势与比较劣势，才能最终形成竞争优势。德才兼备的意思就是：才 = 比较优势，德 = 协新优势。产品是比较优势，品牌是协新优势，品牌经济的本义就是发挥比较优势与协新优势以创造协新价值的信息经济，增值交换可以定义为增加协新价值分享效率的交换。协同是增值共性，创新是增值个性；协同是整体增值大于个体，创新是个体增值提高整体。协同和创新都是为了创造高于劳动付出的额外收益，增值并不包括劳动量与资本量的等价交换的转移部分，而是专指看似无中生有而增加的协新价值，协新价值的增加与劳动成本或劳动量没有必然联系，同样的劳动量或劳动成本，可以赚钱实现增值，可以亏损实现减值，也可以不亏不赚实现等价交换或等价转移。协新价值是市场存在的根本，增值交换是市场存在的关键；没有协新价值，就没有分工协作的市场势能；没有增值交换，就没有要素流动的市场动能。协新价值是市场存在的内容，增值交换是市场存在的形式。

等价交换是增值为零的特殊的增值交换，当协新价值为零时，增值交换就变成了等价交换。在等价交换时，资本家无法与工人分享无中生有的协新价值，只能从工人的工资中无偿地榨取剩余价值。剩余价值是有形有限的资本转移值，协新价值是无形无限的知本附加值。剩余价值本质上是劳动量，协新价值本质上不是劳动量，是源于劳动量又高于劳动量的附加值，增值交换就是增加协新价值的交换。

6. 定价权：国际分工协作与国际贸易的本质就是增值交换对国家界限的超越，比较优势和协新优势从一国竞争走向全球竞争，定价权决定增值交换的结果，可惜的是，由于美国和欧盟“操纵”国际贸易组织、世界银行与国际货币基金 IMF 以及各国货币汇率，当前的增值交换并不是完全自由和平等的，而是极不公平的，美欧强权事实上掌握着国际增值交换的话语权，定价权 = 增值权 = 剥削权。人们常说的等价交换，并不是劳动时间量相等的无增值的交换，而是说增值机会相等，也就是增值机会是自由和平等的，是机会平等，而不是利润平等，在交易中不能强迫别人减值而自己增值。当然，由于现实市场不是完全竞争市场，一切交易都是在不对称信用、不对称信息与不对称知识的制约下进行的，因此，所谓的供求平衡都是不对称平衡，这就决定了所有的增值都是不对称增值或不平等增值，总有人增值多，也总有人增值少，因此，没有绝对公平的增值交换，常见的交换都是不对称增值，当然，增值多的常常被视为剥削者或宗主国，增值少的或不增值的就被视为被剥削者或殖民地，其实，增值未必就是剥削，而是反映了双方比较优势与协新优势带来的定价权。

7. 协新效益：等价交换是资本规律，增值交换是知本规律，资本是有形有限有价有私的价值，知本是无形无限无价无私的价值，等价交换强调资本不能增值，只能按成本等价转移，而增值交换强调知本能够增值，在转移中无需增加成本也能创造收益。例如，一吨木材加工成一套木制家具，木材和劳动力的价值都可以等价地转移到家具中，但是家具在出售时是必定要有利润的，这个利润中包含的设计价值与品牌价值，无论增加多少家具产品，都不需要增加设计与商标的边际成本，但都有边际收益，此时无边际成本的超额收益就是协新价值，协新价值是源于知本的无成本增值和无限量扩散，无边际成本不等于说绝对没有成本，而是说不能由成本决定，决定协新价值的不是劳动量和资本量，而是附加在劳动量与资本量上的协同效益和创新效益——协新效益，协新效益或协新价值就是人们常说的“附加值”。

8. 知本构成：增值交换与知本构成密切相关，正常情况下，知本构成高的产品，在交换中的增值就高，反之，知本构成低的商品，在交换中的增值就低，也就是说增值交换的增值分配是按知本构成进行分配的。

例如，美国微软、惠普、英特尔、IBM、戴尔、谷歌与苹果向全球输出的是IT技术，拆开任何一部电脑就可以发现，软件技术的知本构成极高，定价权极强，是电脑中增值力最强的要素，而一些国家和地区承担了几乎全部电脑零配件的生产与组装，换言之，利润增值则与劳动付出刚好相反。

一、附加值贸易测算法

2013年1月19日中国政府网：最近，国际上一种新的贸易统计方法有望让中国摘掉顺差大国的帽子。2013年1月16日，经合组织与世贸组织联合推出全球贸易测算新方法——附加值贸易测算法。按照此方法，中美贸易顺差缩水25%以上。

附加值贸易测算法是基于全球化时代国际贸易现状而产生的，很多产品不是只在一国生产，而是分散在各国，要经过全球产业链上的各个环节，以单个商品在全球生产链上不同经济体产生的附加值（协新价值）为基础进行贸易统计，而传统方法仅仅统计各经济体的进出口账面数据。

例如一件标价150美元的中国制造电子产品出口到美国，其主要部件是从韩国进口的，价值130美元，按照传统国际贸易统计方法，中国对美国产生了150美元顺差；按照附加值贸易统计法，对美国的顺差大部分产生于韩国，中国只占极小部分。中国社会科学院世界经济与政治研究所国际贸易研究室主任宋泓认为，传统统计方法暗含一种假定：出口产品的价值都是该国创造的，是该国单独完成的。实际上，这样的统计已不能够反映全球化生产的现实，需要改变。

《知本论》认为：传统贸易观是局限于国家边界的产业链计算，每件产品都是有国籍的，而国际品牌和跨国公司只有品牌国籍，没有产品国籍，产品中的要素是全球分工和组合的，这就必须以要素链和定价链来审视，附加值（协新价值）计算就是从要素链和定价链来计算的最好方法，附加值计算有助于打破基于产业链的贸易壁垒，这也是协新价值开始被世人认识的里程碑式的事件。

传统方法只测算总贸易流量，无法准确反映生产链全部过程，原产地被误读，也不能反映其他国家对产品生产的贡献，产品出口方贸易额被高估。经合组织秘书长古里亚和世界贸易组织总干事拉米共同呼吁各国支持附加值贸易测算法，认为新方法将帮助各国政府制定更符合国家利益的贸易政策，两大组织也将采取后续行动。

二、中国顺差大幅缩水

古里亚按照附加值测算，2009 年中国对美贸易顺差大约缩水 25%，其中一个重要原因是美国附加值的进口占较大比重。拉米分析说：商品从中国出口到全球市场前，已经给许多国家带来了增加值，国际贸易商品不是中国制造，不是美国制造，而是全球制造。

《知本论》认为：从产业链看，产品都是出口国一国制造，但从要素链看，产品大多是没有国籍的全球制造，产业链是 GDP 思维，要素链是 GNP 思维。

亚洲开发银行的报告显示，2009 年，中国在苹果手机贸易上对美出口值约为 20 亿美元，若以附加值（协新价值）测算，中国在这一贸易上对美出口额实际仅为 7300 万美元；而中国当年也从美国进口 1.215 亿美元苹果手机零部件，若以附加值测算，中国在这项贸易上对美实际存在 4800 多万美元的贸易逆差，而不是顺差。有漏洞的传统统计方法让中国一直含冤戴着顺差大国的帽子，并因此成为某些国家动辄对华设置贸易壁垒和指责汇率政策的理由。中国出口中多达 60% 来自外商控股企业，比如 2009 年，中国对美有 1400 多亿美元的顺差，其中约有 76% 是外资企业造成的，而这些外资企业，主要又是美国在华投资的企业。根据附加值（协新价值）计算法，实际由外商赚取的价值，将从中国大规模的贸易顺差中被剔除出去。

三、附加值贸易统计法促进自由贸易

附加值计算法或协新价值计算法提醒人们，当今世界贸易已是你中有我，我中有你，过多关注双边贸易的盈与亏已没有实际意义，同时，为保护自己利益而对他国设置贸易壁垒、人为制造贸易摩擦更是损人不利己。经合组织贸易政策高级分析师塞巴斯蒂安·米鲁多说，新的统计方法清晰地显示出自由贸易的重要性，因为一国贸易和国内经济政策将不仅影响其直接贸易伙伴，还将通过国际产业链传导到整个国际市场。相反，贸易壁垒不仅对一个国家的竞争力产生巨大不利影响，而且有可能扰乱甚至中断国际产业链。国际贸易谈判需要正视这些新的现实，各国政府也需要采取措施帮助出口企业更好管理其在国际价值链中的地位。世界贸易组织总干事拉米认为，在国际贸易的这种新配置中，商业问题大大超出了单纯的贸易失衡范畴。当中国对美出口包含近 50% 的中国增值部分而美国对华出口包含 80%～90% 的美国增值部分时，双边贸易失衡问题就变得毫无意义了。拉米呼吁，各国要开放贸易合作，抵制地方保护主义和地域限制。

《知本论》认为：国际贸易中既有资本等价转移部分，也有知本增值创造部分，附加值算法就是协新价值算法，剔出了等价转移的资本额，而突出了增值交换的知本额，正确揭示了国际分工协作的本质就是共同创造和分享协新价值或知本增值。

第六节　价格发现

假设资本为 C，劳动为 L，知本为 K，则总劳动量或总成本为 C + L + K，但是，劳动量或总成本要转化成总效益，还得通过协同创新效应 f 的转化，即（C + L + K）× f 为总效益或绝对价值，绝对价值要转化成价格，还得乘以供求系数 D/S，其中 D 代表需求量，S 代表供给量。信识关系（信用、信息与知识）在决定价格方面有极强的作用，假设信识等级系数为 m，则商品价格公式：$V=(C+L+K)\times fm\times D/S$，常数 f 为协同创新系数或经营管理水平，C + L + K 为资本、劳动与知本的总劳动量，D/S 为市场供求比例或求供系数。

第一次价值飞跃：总劳动 C + L + K——总效益（C + L + K）×f。总劳动转化成总效益必须通过协新系数 f，当 $f<1$ 时，说明企业的经营管理水平很差，已经亏损或破产；当 $f=1$ 时，企业纯粹在消耗资源、浪费人力或破坏生态环境等，是典型的保本经营型；当 $f>1$ 时，企业经营管理水平较高，能获得知本性劳动收益，是中高端创造型企业。常数 f 是总劳动转化为总效益的桥梁，是企业的协同能力与创新能力的综合反映；总效益（C + L + K）×f 能形成企业内在的绝对价值。

第二次价值飞跃：总效益（C + L + K）×f——总价格（C + L + K）×fm×D/S。总效益转化成总价格关键在于信识系数 m 与供求系数 D/S；$D/S<1$ 时，$D<S$，供过于求，价格低于价值；$D/S>1$ 时，$D>S$，供不应求，价格高于价值；$D/S=1$ 时，$D=S$，供求平衡，价格等于价值。

从劳动到总价值的第一次飞跃，f 也称为内因系数或微观因子；信识系数 m 与供求系数 D/S 决定总价值到总价格的第二次飞跃，mD/S 也称为外因系数或宏观因子。第一次飞跃取决于经营管理和创新水平，第二次飞跃取决于市场大势 m 与供求变化 D/S。

决定价格的是信识等级与供求关系，而信识等级又与货币升值和货币贬值密切相关，价格说到底是表示价值密度的货币数量。货币升值与货币贬值又分为对内升贬和对外升贬，例如人民币虽然对内贬值，却因为美欧经济形势太差而对外升值。

一、货币升值

信识定价论认为：价格发现常与货币升值或货币增值密切相关，升值是指国家通过增加本国货币的含金量，提高本国货币对外国货币的比价。从供求关系的角度看，当供过于求而价格下降时，实际上就是货币升值，例如，原先 100 元买一袋 10 斤装大米，现在要 80 元就能买，价格下降 20%，也就是货币升值 20%，所以，完全竞争就能让货币升值（物价下降），而垄断竞争就能让货币贬值（物价上升），人们喜欢自由而平等的充分竞争，就在于自由竞争让货币升值了，消费者用同样的钱可以买到更多的商品与服务，完全竞争市场是价格发现的理想市场。

货币升值常常发生在世界金融危机时，一国为了阻止外国货币的大量流入，避免本国货币在国内加速贬值而被迫采取的一种措施。货币升值的国家，由于货币对外比价提高，出口商品价格随之提高，进口商品价格相应降低，削弱了本国出口商品的竞争能力，同时，这些国家的外汇储备以及从国外调回的资金，折成本国货币计算，也会相应减少。在 1984—1985 年，美元价格相对于别国货币达到了一个高峰，美国在世界各地的商品价格大涨，外国手中同样数量的美元只能买到较少的美国商品了，于是美国出口剧降，削弱了竞争能力。

一是货币升值严重抑制出口，进口国消费者用本币购买时涨价了，出口商赚回的国外货币也贬值了，例如：美国总是迫使人民币升值，就是希望美国低端市场不让中国一枝独秀，而是想让泰国、越南、印度、孟加拉等国参与低成本竞争，防止人民币成为世界货币霸主，确保美元的世界货币霸主地位。

二是货币升值引发外汇大幅贬值。利率是国内货币的绝对度量，汇率是国际货币的相对度量，当一国货币升值速度相对更快或贬值速度相对更慢时，都会形成相对的货币增值。例如，以前的英镑是：1 英镑 =10 元人民币，由于英国实力相对于美国每年边际递减，英镑贬值太快，1 英镑 =7 元人民币，如果中国出口如果仍然是赚 10 亿英镑，折合成人民币就会从 100 亿元变成 70 亿元人民币，在出口额与出口利润不变的情况下，中国出口收益表面上还是 10 亿英镑，但因英镑贬值或人民币升值而凭空损失 30 亿元人民币。

由于世界 60% 以上的交易都采用美元作为结算货币与储备货币，所以美元就成了垄断性的世界货币，美元的价格就操纵着世界商品贸易的价格，其他国家的货币都是美元配角或美元奴隶。美国热衷于靠金融衍生工具大肆赚快钱，美国实体经济和工业制造不断外移，美联储也热衷于量化宽松政策，被全世界讥讽为坐着直升机撒钱，但是，美元却依然坚挺，这说明各国也都心照不宣地大肆印钱，以对抗美元的贬值战争，美元因为贬值相对更慢而出现相对升值，这也是国际金融寡头们密谋操作的货币战争。美联储一旦认为需要一场世界性经济危机了，美元就会突然间一落千丈，操纵着其他各国的货币升值，进而让出口低端产品的大批企业纷纷倒闭，穷国和弱国的金融和经济主权就会落入国际金融操纵者之手。

货币升值是国家货币不稳定的表现，升值并不意味着提高本国货币在国内的购买力，而只是提高本国货币对外国货币的比价，2013 年人民币对内贬值，对外升值，原因就在于美国、日本、欧盟等许多国家比中国的贬值速度相对更快，中国在全球经济低迷中相对更好。货币升值的害处：①随着升值国家的货币同外国货币比价的提高，它们在国外出售商品的价格也要提高，从而阻碍出口并导致贸易逆差；②升值国家的外汇储备以及从国外调回的资产，折成本国货币就会相应减少；③热钱涌入，会在短期内形成巨大的房地产泡沫；④会减少居民进口，并影响国外居民前来旅游和消费。

从企业经营管理的角度看，如果利润率很高，就说明投入的资本大大升值了，反之，如果利润率很低，投入的资本就大大贬值了。股票上涨大多是货币升值，股票下跌大多是货币贬值，如果一个国家的股票上涨，就会吸引国际热钱涌入，从而导致本币上升，反之，如果股票下跌，就可能引发货币贬值。货币升值带来的国内低迷直接削弱了出口竞争力，进而影响世界范围内的资源配置最佳化，所以货币过度升值或过度贬值都不利于世界经济，因为制造业与科技业需要十分稳定的货币环境。货币升值虽然会吸引部分热钱涌入，但热钱的主要目的是赚取差价，最终会流出国外，而且会带动更多的货币流出国外，从而使一国货币更加稀缺；货币升值迫使大部分产品廉价出卖，直接引发企业破产、停产、工人停工、消费指数降低，投资环境恶化，最终会迫使长期投资转移到成本更低的落后国家，例如，人民币升值导致中国低端制造业出口下滑，甚至有的企业破产，国外订单转向东南亚与非洲。

人民币升值的好处有：①增强人民币的国际购买力，提升国际经济地位与形象。②中国对外国进行投资或购买外国资产就会更优惠，有利于中国企业的国际扩张。③人民币升值对于吸引国际热钱和招商引资都有利。④人民币升值还可以促使中国加速从知本低密型产业转向知本高密型产业，使货币的价值密度与劳动的价值密度同步上升。⑤人民币升值能加速人民币成为世界核心储备货币，挑战美元主导世界贸易结算的货币霸权。⑥人民币升值能提高社会福利，使中国人出国投资、购物、旅游、留学和移民的成本大大降低。

人民币升值的坏处有：①国家的外汇储备随着升值而反向减少，出口竞争力会下降。②人民币升值会导致中国低端出口的减少。③人民币升值会影响中国的劳务输出与导致低端制造业的国际订单向海外转移。④人民币升值会导致进口增加与国际顺差大幅减少。⑤人民币升值会加剧失业危机，FDI（外国直接投资）下降，国际热钱快进快出地操纵房地产与股市。⑥人民币升值可能让中国重蹈日本“广场协议”后的经济危机。

在全球货币的贬值大赛中，人民币逆势升值是弊重利轻的，还有劣币驱逐良币的结果是贬值币驱逐升值币或低利率币驱逐高利率币。

二、货币贬值

货币贬值是指单位货币所含有的价值或所代表的价值的下降，即单位货币价格下降。从供求关系的角度来看，供不应求时，物价上涨，消费者要花更多的钱才能买到原来同样的商品，对于需求者就表现为货币贬值。而供过于求时货币升值，物价下降。在金银本位制时，货币升贬主要看币材的质量多少，货币中的金属含量（劳动价值）直接决定币值，但是，在纸币时代，由于纸币本身没有劳动价值，所以，纸币价值主要取决于货币相对于商品的流通数量。货币贬值在金属货币制度下是指减少本国货币的法定含金属量，降低其对金属的比价，以降低本国货币价值的措施；货币贬值在现代纸币制度下是指流通中的纸币数量超过所需要的货币需求量。货币贬值就是指一单位本国货币兑换外国货币能力的降低，即本国货币对外汇价的下降。假如以前1美元换8元人民币，现在1美元只能换6元人民币，显然美元贬值了，或者说人民币升值了。由于货币贬值在一定条件下能刺激生产，并且降低本国商品在国外的价格，有利于扩大出口和减少进口，因此第二次世界大战后，许多国家把货币贬值作为反经济危机、刺激经济发展的一种手段。

当一国国际收支出现逆差时，多使用本币贬值的策略，希望通过本币的贬值，一方面降低本国出口商品的外币价格，增强本国出口商品在国际市场的价格竞争力，从而促进出口和顺差，同时提高外国进口商品在本国市场的本币价格，降低外国进口商品在本国市场的价格竞争力，从而减少进口和逆差。

结构分析法：这是形成于20世纪70年代的从经济增长的供给方面研究导致国际收支失衡的原因及相应政策主张的理论。国际收支逆差尤其是长期性的国际收支逆差，既可以是长期性的过度需求所致，也可能是长期性的供给不足所致，而长期性供给不足的原因往往是经济结构失衡，主张国际收支的调节政策的重点应放在改善经济结构和加速经济发展方面，单纯的货币贬值实际上根本不能解决大多数发展中国家的长期性的国际收支逆差问题。像巴西、阿根廷这些南美国家，本可以采用进口替代政策改变国内的经济结构，却背上了沉重的债务负担而陷入中等收入陷阱。

三、广场协议的启示

以前日元的每一轮升值都引发大量国际热钱涌进日本套利，日本股市和房地产都飙升到了不可思议的天价。整个上升过程，从1972年启动到1989年结束，延续了整整17年，涨幅高达19倍。在1972—1989年的18年间，日元有13年处于升值状态，其中，升值幅度超过15%的年份有6年，而股市则有15年处于上升状态，其中，升幅超过20%的年份有6年。升幅最大的年份是1972年，当时日元第一次从1:360的固定汇率调至1:301，当年日经指数劲升了91.91%；1986年是广场协议达成后的第一年，日经指数劲升了42.61%，日元升值初期对股市的利好刺激作用最大，对指数推动力度最为显著。日元在美国强迫签订的广场协议中大幅升值，最终造成股价与房价的严重泡沫，被国际金融炒家狂赚了一把，日本陷入了长达20多年的经济低迷，这无疑是货币战争的前车之鉴。

四、供求定价

以马歇尔为代表的供求均衡论继承了边际效用递减规律的思想，认为商品的市场价格（C+L+K）×f×MD/S完全是由供求关系D/S决定的，所谓来源于劳动（C+L+K）的价值在商品价格的形成和变化中的作用不大，他们认为：供过于求时价格必然上升，供不应求时价格必然下降，因此，供求关系D/S是最重要的，所以，劳动价值（C+L+K）×f的重要性必须通过供求关系D/S来实现，在供求论者眼中，供求关系D/S无疑成了价值到价格的转换器，而在货币论者眼中，M才是最重要的价格来源，因为价格本质上就是货币数量。效用学派不太重视绝对价值（C+L+K）×f，更加重视相对价值D/S，将最小效用或边际效用视为价格，这的确存在较大的偏见。

市场既允许生产者充当自己生产决策的效益评价者，也同样允许消费者充当自己需求的评价者，市场承认信识等级系数M与供求关系D/S的双向检验，生产成本（C+L+K）能决定价值吗？不能，成本要体现出生产效率或经济效益必须通过协新f的创新，生产效益要体现为价格又必须通过供求MD/S的放大（优胜）或缩小（劣汰），总之，劳动价值（C+L+K）论与供求价值D/S论之间，缺少一个联系的桥梁（f——协新价值），这就是双方争论的根源。

劳动价值论承认供求关系D/S是有作用的，不过他们认为供求关系D/S的作用是次要的。他们会说，高级技工和著名厨师的劳动量是差不多的，这正体现了价值的决定性作用，而两者在市场中的价格会有少许的差异，那是因为供求关系D/S的作用，但是，供求关系的作用是次要的，这种因素只能起到部分性或修正性的作用。当正常的供求关系使某种商品的价格（C+L+K）×f×MD/S不可遏制地下降时，劳动价值论的拥护者就会感到不安，认为这样的价格已经向下突破了成本（C+L+K），于是他们呼吁政府采用强制的手段控制价格的下降，也就是强迫人们购买无用或者质次价高的商品。政府要淘汰落后产能——协新价值f低的产能，要强调内需拉动经济，就是要重视信识等级水平m与供求系数D/S的放大（优胜）或缩小（劣汰）作用。

总之，一切经营管理的作用就是提高协新价值f，而一切市场营销的作用就是提高需求价值D/S，在以计划经济为主的国家，市场上的商品种类单一、质量低劣，大多是劳动密集型企业，凝结的劳动量就比资本密集型与知本密集型企业多。

例如，中国要拿13亿件衬衫才能换回一架波音飞机，这13亿件衬衫凝结的劳动量应该比波音飞机多得多。

中国政府提倡战略转型，淘汰落后产能，发展高科技产业，就是要减少单位商品中的劳动量，提高单位商品中的效益量，从商品价格公式V=（C+L+K）×f×MD/S看，从中国制造到中国创造，关键是要调整生产成本（C+L+K）的结构，淘汰落后产能就是要降低劳动量构成L/(C+L+K)；发展高科技产业，就是要提高非劳动量构成（C+K)/(C+L+K)。

关于价值来源，有几个流行理论：

一是生产决定论，认为生产成本（C+L+K）直接决定价值，进而决定价格，这是从劳动价值论中延伸出来的，在计划经济或卖方市场中都流行这种生产费用论或劳动决定论。

二是需求决定论，认为生产成本（C+L+K）不能直接决定价值，生产成本要转化为价值，首要条件就是必须满足消费者的需求，只有满足消费需求的产品才有价值（C+L+K)×f，不满足需求的产品就是废品或垃圾，就没有价值（C+L+K）×f，此时，协新系数f=0；协新系数f只证明劳动是否有效，但还不能证明有效劳动就一定能卖出高价或低价，(C+L+K)×f只能证明产品的内在效益或绝对价值。因此，劳动价值（C+L+K)×f要转化成价格，还得看市场大势MD/S，MD/S是度量需求水平与信识水平的关键指标。M>1表示宏观经济形势与信用和信息向好，M<1表示宏观经济形势与信识水平变差。供给决定价值，关键是取决于f的协新数值；需求决定价格，关键是取决于D/S的供求比值。

五、空气有没有价格

空气资源具有无价性（不需要人类劳动付出）、无限性（供给量无穷无尽）、无主性

（空气没有清晰产权），宏观经济水平 M 与空气的关联度不大，供求水平 D/S 也与空气的关联度不大。由于大气污染与欧盟提出的航空碳排放问题，洁净空气正从无价开始变成有价，空气也需要劳动增值。《知本论》用效益价格 V = f × (C + L + K) × MD/S 分析和考察空气价格，"资本 + 劳动 + 知本"的总效益量（C + L + K）居然为零，因为没有投入量，就无法从资本、劳动与知本的投入来度量空气的效益量，虽然空气、阳光与水极有价值，却无法用劳动资本和劳动知本来度量，因此，价值公式中的（C + L + K）付出只能计为零，尽管需求 D 与供给 S 都是无限大的且 D/S 无法计算定值，但 C + L + K = 0，两个因数的乘积必然为零，所以效益价值 V = 0，这个公式恰好说明了为什么空气有价值却没有价格，因为空气没有总劳动（C + L + K）。

医院的氧气为什么有价格？从价格公式：V = (C + L + K) × f × MD/S，医院的氧气瓶要追加资本量 C、劳动量 L 与知本量 K，即 C + L + K > 0，氧气瓶的协新系数 f 与供求系数 D/S 都会大于 1，因此，氧气价格 V = (C + L + K) × f × MD/S 公式是成立的，氧气因为人类追加了高科技的总劳动并有特殊的专业供求，因此，自然就有了较高的价格。没有劳动与需求的空气也可以创新出新需求与新价格。对于急需输氧气的病人来说，根本不存在氧气消费的边际效用递减，因为病人的消费是合理合法的强迫消费，无论主观评价与满意度如何，都必须达到治病目标的最佳效益——氧气价值，只有氧气的边际消费量增加到恢复健康的目标需求，才算是达到了满意，严格地说，氧气治病呈现际边际效益递增规律。药品对任何病人来说，都要对症或对位，必须是合格的有效药或效益，即药品对病人的对位效益是边际效益递增的，当然，递增到病好为止。

六、钻石与水的价格

"钻石与水"公案争论了 100 多年，现在我们用价格公式 V = （C + L + K）× f × MD/S 进行分析；从劳动量 L 来说，同样重量的钻石比水的劳动付出高得多；从资本量 C 来说，生产钻石的劳动是高度资本化的劳动，需要巨大的资本投入；从知本量 K 来说，生产钻石的劳动是高度知本化的劳动，需要高技术生产与高人文需求的共同推动。钻石是广泛认同的富贵标志和文化需求的代表，需求 D 具有较高的文化价值，供给 S 却很稀缺，所以 D/S 很大。

在沙漠中，由于人面临生死存亡的缺水威胁，短时间之内又没法在沙漠中通过资本 C 和知本 K 和劳动 L 创造水或水的替代品，此时，生命的生存价值超过富贵的文化价值，水的价值又超过钻石价值，说明只有在生命和健康受到威胁的特殊情况，而且总劳动（C + L + K）又没法及时补救时，任何急缺的救命商品都可以价值连城，这是由生存危机的无限价格弹性所决定的。在水井边，追加在每杯水上的总劳动（C + L + K）是微乎其微的，可以忽略不计，而且需求 D 极小而供给 S 极大，即供求系数 D/S < 1，而且水井边打水也无须协同与创新，即协新系数 f 极小或为零，因此，价格 V = （C + L + K）× f × MD/S 中没有一个较大的因子，乘积也自然接近于零，所以从劳动价值论的（C + L + K）或边际效用论的 D/S 看，都是极小的，因此，水井边的水价几乎为零，而钻石的总劳动（C + L + K）、协新系数 f 与供不应求 MD/S 都处于极高的水平，因此，钻石的价格自然

就远远高于水。

在沙漠中，富人拥有的信识等级 M 较高，穷人拥有的信识价值 M 较低，因此，富人接受一杯水时，M 值较高，比如随身带的 8000 元可以高兴地买一杯救命水，而穷人接受一杯水的 M 值较低，随身带的 50 元只能很心痛地买一杯救命水，M 反映了消费者的货币水平，其实就是度量需求 D 的质量水平。M 表示需求质量（货币水平），D 表示需求数量（商品水平）。

一切商品都可以用货币价格来度量并在市场上交换，就是因为所有的商品都存在有效需求——对位效益。一般来讲，钻石比水贵还有另外一个重要原因，就是钻石的信识评级 M 习惯上远远高于水，一提起钻石，人们心理上就会给予昂贵级的信识评级，而一提起水，人们心理上就会给予低贱级的信识评级，这是一种长期的文化养成与思维定势，人们在确定一个商品的价格时，第一是估计其劳动成本，第二是进行信识评级，第三是考虑供求关系，信识评级往往代表身份、地位、安全、制度与文化的社会考量，是定价的关键因素或决定因素，人们总是相信钻石是安全、高贵与文雅的符号，只要水的需求不威胁到人的健康或生命，即使钻石的供给量增加 1 万倍，也仍然比水昂贵得多，因为钻石与水的信识评级相差太大。

七、堵车现象

21 世纪，中国几乎所有的大城市都变成了“堵城”，堵车成为一个很大的问题。

《知本论》认为：任何公路都有他的最大通行力或最大效益量（价值），当车辆超过公路价值时，就会出现边际效益递减趋势，反之，在没有实现公路价值（最大效益量）之前，是边际效益递增趋势，堵车现象直观地说是供过于求，车辆通行的需求增量超过了道路的供给能力。根据知本论的价格公式 $V=(C+L+K)\times f\times MD/S$，对于高速公路来说，公路的资本、劳动与知本的总劳动（$C+L+K$）在建成后基本上是一个不变的常数（平时小修小补暂且忽略不计），经营管理的协新系数 f 也基本上不变并可视为 1，公路创造的价值完全随供求比例 D/S 这个变量而变化，当“$D=S$”时，供求平衡，$D/S=1$，此时由于价值等于对位效益或最大效益，此时，公路的社会经济效益实现了供求均衡的效益最大化。当 $D<S$ 时，$D/S<1$，车辆需求 D 小于道路供给量 S，此时会出现路段空缺，效益较低，处于图中的 0A 段。当 $D>S$ 时，$D/S>1$，车辆需求 D 大于道路供给量 S，此时会出现堵车，效益急剧下降，处于图中的 AB 段。

如图，曲线 0AB 是道路边际效益曲线，0A 表示随着车辆增加而使道路的边际效益“平缓”递增，A 点是道路通行的最大效益量或道路价值，超过 A 点就由递增转向递减，AB 段是堵车时道路的边际效益“陡峭”递减，直至 B 点时车辆可能全部堵死，当然，这里排除车祸或断桥等原因出现的意外堵车，道路效益显然是行车数量的效益函数。堵车现象说明：在既定的收费制度下，道路经济效益有最大值，最大效益 = 价值，超过这个最大效益，就会破坏道路价值，政府必须增加道路或提高收费标准，以实行供求均衡，确保最大效益时的价值实现，而堵车破坏了道路价值并降低了整体社会经济效益。

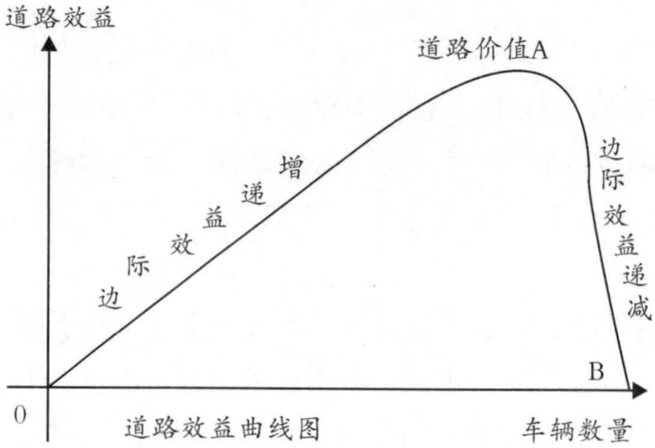

道路效益曲线图

八、关于失业的热点话题

马克思在《资本论》里写道："由此产生了一种经济上的反常现象，即缩短劳动时间的最有力的手段，竟成为把工人及其家属的全部生活时间变成受资本支配的增殖资本价值的劳动时间的最可靠的手段。"

杰姆逊说：节省劳动的机器突然导致了劳动者（特别是童工）工作时间令人震惊地上升，节省劳动的机器本该压缩劳动者的数量，但带来的是失业，这就是资本主义的绝对规律。杰姆逊还说：增加财富和生产力的同时，不断增加失业者的数量。

《知本论》发现上面这段话恰恰说明了：随着科学技术的发展，生产率与资本和知本的积累率不断上升，导致单位产品中的劳动构成递减 L/(C+L+K)，而资本构成 C/(C+L+K) 与知本构成 K/(C+L+K) 都会不同程度地递增，因此，劳动双本化是生产力发展的必然规律。普通工人要想避免失业并提高工资定价权，唯一的办法就是加强教育与培训的学习，提高自身劳动知本化的水平。

"产业资本主义一方面生产出数量巨大的资本——这种资本在潜在的意义上是无法投资的，另一方面制造出人数不断上升的失业人群：当前第三阶段资本主义或金融资本的危机可以充分证实这一情况。"杰姆逊的这个解读成为美国经济学界讨论的一个热点话题。诺贝尔经济学奖得主克鲁格曼在最近给《纽约时报》的一个专栏中称："如果说只有巨额资产才能带来巨大回报，那么更好的教育就无助于减少不平等。"

当代社会化大生产出现了"劳动价值两极化"现象，一极是劳动资本化，一极是劳动知本化，对于劳动者来说，要么投身于资本家的资本密集型企业，要么投身于知本家的知本密集型企业，构成商品效益量的三要素中，劳动要素不断弱化，而资本要素与知本要素不断强化，劳动是低效增值，资本是中效增值，知本是高效增值，商品构成中的资本量与知本量双双增长，只有劳动量在不断弱化，按资分配与按知分配早已凌驾于按劳分配之上并大大丰富了按劳分配的内涵，商品价值成"V"型增长，资本和知本成为商品价值高飞的双翅，劳动就像鸟的身体。鸟的发展就是身体的体积相对变小，而两只翅膀却越来越巨大，资本是"有形之翅"，知本是"无形之翅"。

九、钻石的“信识定价”

没有专家，就没有宝石和钻石的天价。劳动创造成本，需求创造价值。先有信识定级，后有供求定量，这就是“定级——定量——定价”的三部曲。到底是供求关系决定价格，还是信识等级决定价格。以大家都关注的钻石为例，可以充分说明信识等级比供求关系更能决定价格。

1. 钻石真有稀缺性吗？

据英国《每日邮报》2012 年 9 月 17 日报道，俄罗斯日前公布了一个 20 世纪 70 年代发现的钻石矿。该矿位于西伯利亚东部地区的一个直径超过 100 公里的陨石坑内，储量估计超过万亿克拉，能满足全球宝石市场 3000 年的需求。这个被称为“珀匹盖”的陨石坑的历史超过 3500 万年，它下面的钻石储存量估计是全球其他地区钻石储量之和的十倍。俄罗斯之前一直隐瞒这个发现，目的是防止钻石价格被压垮而损害自己的钻石业利益。珀匹盖的钻石又被称为冲击钻石，是类似陨石一样的物体撞击现有钻石矿后形成的产物。它的硬度是普通宝石的两倍，因此在工业和科研方面的应用价值特别高。俄罗斯官员曾表示，政府将允许位于该矿附近的新西伯利亚地质与矿物学研究院的科学家揭开这个宝藏神秘的面纱。新西伯利亚地质与矿物学研究院院长说，新资源可能会对宝石市场产生较大冲击。“我们说的是数万亿克拉，相比而言，为大众所熟悉的俄罗斯雅库特钻石矿的储量只有 10 亿克拉。而且，冲击钻石因其独特的表面和更大的体积，其价值更高。”俄罗斯的钻石产量 2007 年达到顶峰，价值 13.5 亿美元，98% 的产品出口至比利时、以色列、美国和东南亚。但因经济危机影响，其钻石产量 2009 年跌至谷底，产值仅为 3.5 亿美元。目前世界经济已经出现复苏的迹象，这或许是俄罗斯当局选择现在公开这个秘密的原因。

《知本论》发现：钻石本来不具备稀缺性，供给方为了编造稀缺谎言或炒作高贵神话，故意不向社会大量供给钻石，这对传统经济学中的供求决定论或均衡论提出了一个极大的挑战，因为供求定价论者有一个假设：“供过于求时价格一定下降，供不应求时价格一定上升，价格稳定于供求平衡点。”换言之，均衡价格就是价值。供求论者最大的误区就在于只有供求之间的相对余缺或相对数量才能决定价格，这本质上就是边际效用递减时的最小效用决定价格或者是商品的相对数量决定价格，完全否定了相对质量决定价格的重要性。相对质量就是一个商品的信识等级或信识评级。钻石的稀缺性就是一个信识骗局，目的就是为了维护钻石品牌的信识评级和天价神话，要让人们相信钻石是难以替代的，也是难以降级的。反之，如果人们不认同钻石的高贵神话，那么钻石无论是短缺还是过剩，其实都只是一堆不值钱的石头。

2. 钻石能卖出白菜价吗？

钻石恒久远，一颗永流传。这是本来“不值钱”的钻石能卖出天价的原因，那就是不怕没价值，就怕没故事。钻石的开采成本比较昂贵，大部分资源垄断在少数机构手中，钻石供货价格基本被南非的戴比尔斯、澳大利亚的必和必拓以及俄罗斯的阿罗莎所垄断及操控，他们的出货量是有价格协议的。即便俄罗斯出现新的钻石矿，垄断机构也绝对不会让它影响钻石价格的走势，而且矿石开采周期长。全世界大大小小的矿石几乎每年都会被发现和偷采，为什么钻石储藏量变大而价格就降不下来呢？原因就在于几大钻石巨头的联手造市，只要他们不打价格战，钻石的价格就不会降，因为他们明白钻石不是生活必需品，价格的需求弹性太大，销量增大的收益抵销不了降价的损失，真正影响钻石价格的不是供求关系，而是信识关系，只要人们相信钻石神话，钻石完全可以价量齐涨，反之，一旦钻石谎言被揭穿，完全就是价量齐跌，因此，世界所有的钻石巨头都会拼命囤积钻石以强化垄断资本的暴利联盟，短期内钻石不会出现白菜价。

花几千甚至上万元买来的钻石，其实就是一粒高温高压的碳，本来应该是白菜价的小石头，就因为被人操纵了信用，误导了信息，居然瞒天过海地成为天价石头，这种点石成金的营销手法确是极其高明。1955 年通用电器 GE 通过高温高压获得人造金刚石的技术后，天然金刚石的最后一点工业价值也失去了，除非是一些高规格高精度工艺需要，天然金刚石没有特别大的用处，而且人造的成本越来越低，中国在人造金刚石原材料方面占了全球的 90% 左右，钻石纯粹就是一块块并不值钱的石头。

高价都是吹出来的钻石是最精彩的营销，充分证明了信识定价远比供求定价更重要

3. 完美切工与完美价格。

为了包装首饰钻石的昂贵价值，钻石商制定出了很多哗众取宠的鉴别标准，自己给自己进行信识评级，以华而不实的标准欺世盗名，这种标准营销的水平是相当成功的，例如，钻石编造出了很多无中生有的信识等级，如净度里面 VS 和 VVS 之间的差距让人看不清，就算是专业鉴别师运用专业工具也难以分清。为了让曾经无人问津的彩钻卖出高价，钻石商就拼命打广告吹嘘彩钻的特殊身价，证明彩钻是更稀缺更尊贵的极品，终于把彩钻的天价泡沫吹上了天。原钻的形状和折射效果是千差万别的，为了让钻石的折射和反射达到最完美的闪耀效果，就出现了完美切工，根据钻石的形状与缺陷因材制宜地确定钻石的切面数，一般有几十个切面，以达到最佳的闪亮效果。市场上 1 克拉钻石与 99 分钻石虽然只差 1 分重量，这个 1% 的差距却产生了克拉价和非克拉价的巨大差别，钻石工匠既要保留重量，也要避开缺陷，所以切割钻石的技术性比较高。

钻石经济充分证明了：资本主义基本矛盾不再是生产资料私有制与社会化大生产的矛盾，而是信识失衡与自由平等的矛盾，因为不对称信用与不对称信息的信识失衡，直接导致商品价格的市场不公，这是资本家轻松掠夺巨额劳动价值的剥削方式，天价钻石与天价奢侈品一样，都是现代资本家奴役和剥削世界人民的真实写照，与其在血汗工场残忍地操纵工人的身体，不如在高级商场文明地操纵顾客的眼光，这种剥削方式的升级隐藏在冠冕堂皇的顾客就是上帝或消费者主权论的后面。剥削工具从看得见的物理变化——生产掠夺，转型为看不见的化学变化——知本剥削。

十、巨无霸汉堡包指数

根据一价定律和购买力平价法则，1986 年美国的《经济学家》杂志首次运用了一个概念“巨无霸汉堡包指数”，用在不同国家销售的麦当劳巨无霸汉堡包作为一个重要的经济指数来判断各个国家的货币汇率居于一个什么样的水平，这个巨无霸汉堡包指数也就成为美国指责中国人民币汇率不合理的理论基础。根据这个巨无霸汉堡包指数，美国的经济学家们惊讶地发现，2013 年 7 月一个巨无霸汉堡包在美国的售价是 4. 56 美元，按照 6. 3 的汇率，其在中国的售价应该是 28. 7 元，约等于 29 元，而一个巨无霸汉堡包在中国的实际售价只有 17 元。根据这一售价，美元和人民币之间的汇率应该定在 1∶3. 5，而不是现在的 1∶6. 3。

如图，AB 比 CD 的信识评级更高，AB 在 A 点达到价格最高限，在 B 点达到最低的成本价；CD 在 C 点达到最高价，在 D 点达到最低成本价。当商品 AB 与商品 CD 销量相同时，商品 AB 的价格就比商品 CD 更高，因为其信识等级更高；另外，当商品 AB 与商品 CD 的价格相同时，商品 AB 的销量就比商品 CD 更多。无论是价格或销量，商品 AB 都比商品 CD 更有比较优势。

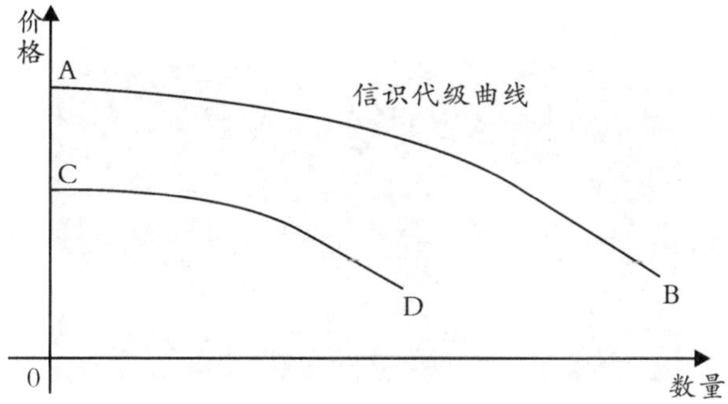

一线房 AB 与二线房 CD 的差别就在于信识等级或信识评级，先有信识评级，后有供求关系，也就是说供求关系是一定市场格局或信识级别下的供求均衡，离开了商品所处的地方、货币、信息等信识级别，空泛地谈论供求关系是没有意义的。传统的供求均衡论有五个假设条件：一是商品是完全同质化的；二是商品竞争达到共产主义的真正平等；三是商品流通达到共产主义的真正自由；四是货币供给是稳定的；五是市场信息达到共产主义的绝对透明或信息对称。用供求定理难以全面而科学地解释房价变化，必须以信识关系（投资性）为主，以供求关系（消费性）为辅，才能全面、科学、正确地理清高房价的迷局。

十一、人民币升值泡沫

由于美元的全球霸权，美国是唯一有能力操纵全球汇率的霸王，说明价格不仅是经济定价，也同样存在政治定价，价格是一个政治问题，从劳动价值论的比较优势来看，价格是一种优势定价；从边际效用论的比较求势来看，价格是一种需求定价；从社会人的比较权势来看，价格是一种权势定价，定价权的背后也有政治权力。美国强压人民币升值和浮动的谬论有如下数种：全球经济失衡论、全球储蓄过剩论、美国贸易逆差论、人民币汇率低估论、中国工人抢夺美国工人饭碗论、不公正竞争优势论、汇率升值和浮动对中国有益论、汇率浮动保证货币政策独立性论。

美国操纵人民币升值和浮动有六大危害：

一是人民币升值制约中国出口。从实体经济看，汇率升值将严重制约中国出口增长和降低中国产品的全球市场份额，从而严重影响中国经济增长速度和就业稳定，严重影响中国的工业化和城市化进程。据不完全统计：2008 年由于人民币升值的累积效果和金融危机的双重打击，造成中国一些中小企业倒闭。

二是人民币升值削弱中国竞争力。中国出口的竞争对手其实不是美国，而是其他新兴市场国家。美国正在联合其他国家（包括发展中国家）共同对中国施压。美国国家战略的一个重要实施手段，就是始终玩一个平衡策略，即不让任何一个可能的对手国家真正做大。其整体外交策略乃是从英国继承而来（参考基辛格的名著《大外交》）。根据多家机构的统计监测，2005 年人民币升值以来，中国出口在全球的市场占有率有相当显著的下降，与此同时，印度、印尼、墨西哥、巴西、马来西亚、越南等国家的市场占有率上升。

三是人民币升值让中国经济彻底泡沫化，制造“中国式金融危机和经济危机”。此乃人民币升值和浮动对中国经济的最大危害。通过制造人民币单边升值预期，或通过人民币汇率浮动之后再进行操纵，就可以制造中国资产价格的巨大泡沫和泡沫破灭后的经济危机。与此同时，由于人民币升值遏制出口增长，如果中国政府为了保增长，可能会进一步使用扩张性财政政策和货币政策来刺激经济，进一步刺激经济泡沫，最终可能诱发经济危机。全国平均房价上涨幅度远远超过居民可支配收入增长速度，导致 80% 以上的城市居民无力购买住房。美国高盛集团也发布研究报告宣称：假如将房价列入 CPI，2009 年中国的 CPI 涨幅大大超过 10%，经济泡沫化会导致财富的大幅度转移和快速集中，大幅度加剧收入分配两极分化和贫富差距。

四是人民币升值加剧国内财富向外国投机者转移。国际投机热钱借助人民币升值预期和中国经济泡沫化获得巨大套利收益，加剧中国财富向外国投资家的手中转移，加剧财富向国内少数权贵阶层和买办阶层转移，急速加剧收入分配两极分化。

五是人民币升值加剧国内财富向美国政府转移。美国对外债务是以美元计价，对外投资却是以他国货币计价的资产，让他国货币升值和美元贬值，美国可以一箭双雕：提升美国对外投资的收益；降低他国投资美国的收益。比如人民币升值5%，中国投资美国国债的收益就等于零或负收益。美元汇率贬值恰好是美元赚取汇率收益的主要手段之一。美国国民经济研究局以2001—2006年为例，美国累计对外借债3.209万亿美元，然而净负债竟然还减少了1990亿美元，等于美国净赚3.408万亿美元，其中仅汇率贬值一项就让美国赚了8920亿美元，资产负债收益差距让美国赚1.694万亿美元，其他手段赚1.469万亿美元，美国国民经济研究局承认美国操纵汇率的收益惊人。3.408万亿美元相当于美国6年的国防军事开支总和，意味着世界各国都在为美国庞大的军事开支买单。

六是货币汇率政策完全丧失独立性。各国汇率波动，操纵于美联储和财政部之手，还包括国际货币基金组织与世界银行以及国际投机家之手。

第七节 工资制度

现行的工资制度具有两大特点：一是工资权贵制，这是两极分化的工资剥削体制，高管的高薪与普通员工的低薪形成了触目惊心的劳动剥削，肆意践踏了工资体系的公平与效率，名为激励机制，实为剥削机制。以复杂劳动之名，行上级剥削下级之实；二是通胀工资制，工资涨幅远远落后于物价涨幅，工资暗中被货币通胀所操纵，形成了隐性剥削的通胀工资制。权贵工资制是名为按劳分配，实为按权分配；通胀工资制是名为工资大涨，实为工资大跌。工资的权贵制与通胀制如剪刀的上刃与下刃，现行工资制度其实是剪刀制度。工资改革的当务之急不是限制最低工资以减少就业，而是限制最高工资以减少腐败。

资本家发给工人的工资是名义工资，名义工资=劳动力价值，但资本家为了否认剥削而坚持认为"名义工资=劳动价值"，事实上，劳动价值=真实工资，也就是说在不考虑通货膨胀的前提下，工人得到的名义工资远远低于他应该得到的真实工资：资本家只承认工人的劳动价值是简单价值或个体价值，不是复杂价值或集体价值，所以，个体价值-劳动力价值=剩余价值，真实工资-名义工资=剩余价值。这两个等式充分说明了剩余价值本质上就是从工资袋中偷盗出来之后放到资本家的利润袋中去的工资。

从血腥原始积累进入到高度创新的资本积累与知本积累阶段之后，"高级"的资本家大力推行高工资与高福利制度，资本家开始承认员工劳动价值也具有复杂价值与集体价值，不再认为"劳动力价值=工资"，而是认为"个体价值=工资"，剩余价值为零，员工得到了全部工资，真的是这样吗。

剩余价值是掠夺工资的绝对剥削，工资减少才能增加利润，这是减法工资之下的减法利润或附减值，反之，协新价值是分享利润的相对剥削，工资增加才能增加利润，这是加法工资之下的加法利润或附加值。时代不同了，剥削方式也发生了质变，《资本论》揭示的是原始资本积累时期缺德资本家的野蛮剥削，而《知本论》揭示的是知本积累之后的"文明"剥削。

协新价值不是由员工的直接劳动决定的，而是由经营管理、品牌文化与创新水平决定的。例如，某企业没采用新技术时的利润为100万元，这是员工直接创造的劳动价值，花 80 万元引用新技术、新机器后员工的劳动量没有变化，但利润增加到 500 万元，500 - 100 - 80 = 320（万元），这不是由员工直接带来的，而是由资本与知本带来的协新价值，或者说包括资本和知本的广义劳动带来的附加值。一般来讲，100 万元可以视为劳动价值或“工资”，而 320 万元是工资之外的协新价值。原始血腥的资本家不仅要独吞 320 万元，而且还要想办法从 100 万元中再克扣一点，让工资减少，为了不让工人发觉降薪，就需要通货膨胀来提高名义工资，以掩饰剩余价值。现代的资本家承认工人的主动性能带来超额溢价，不会从 100 万元中克扣工资，还要拿 320 万元出来给工人发奖，目的就是激发工人的协同精神与创新意识，提高企业集体劳动的价值密度，这就是现代管理学的全部核心，即管理学就是研究协新价值与激励机制的科学。

进入新世纪之后，资本主义的工资水平和社会福利不断提高，从工资袋中榨取剩余价值不再是主流的剥削方式，而且在绩效工资制度之中，剩余价值已部分或全部还原为工资。资本家现在大多采用效率工资和协新价值的双向激励机制，资本家不仅能赚钱，而且还能赚比血汗工资中剩余价值更多的钱。总之，剩余价值是资本家血腥而低级的剥削方式，到了现阶段，这种剥削方式不再成为主流。

一、工资的边际陷阱

《知本论》认为：劳动力出卖的是价格而不是包括人格尊严的价值，劳动力中的生命权、人格权、选举权、婚姻权与健康权等都是不能出售的，劳动力只是部分商品，只具有部分的商品属性，工人流动与奴隶买卖是有本质差别的，所以劳动力价值 = 工资是极不准确的说法，应该说劳动力价格 = 工资。工资是不能包括公民合法权利与人格尊严的，人权也是不能成为商品的，国家也不允许将生命权、人格权、检举权、选举权等进行商品交易。资本主义初期，奉行“劳动力价格 = 工资”的剥削观，因为定价权几乎 100% 掌握在资本家手中，资本家说什么就是什么，但是，到了资本主义的高级阶段，奉行的不再是看人给工资了，而是奉行效率工资，普遍认同边际生产力 = 工资，或劳动力市场的供求关系所决定的均衡工资机制，国家还有最低工资制度与失业救济制度，因此，虽然劳动力价值在求职市场可以决定成功率，但是，一旦进入资本家指定的劳动岗位，是否能拿到工资或升职涨薪，并不是由文凭等劳动力价值符号来决定，而是由工作业绩决定。

二、边际生产率 = 个体价值

在边际生产率 = 工资时，处于边际的工人，其实主要得到个体价值，边际生产率就是最小生产率，就是没有协同和创新的最基本的个体价值。剩余价值论将工资定义为劳动力价值，而个体价值是包括剩余价值的，劳动力价值 = 工资，个体价值 = 简单劳动价值 = 边际生产值，个体价值 - 工资 = 剩余价值。

协新价值论将工资定义为个体价值或边际生产率，工资 = 个体价值 = 边际生产值，集体价值是协同和创新后倍加的全部个体价值，集体价值包括了协新价值，集体价值 - 个体价值 = 协新价值。

剩余价值论认为剩余价值不是工资，而是个体价值（边际生产值）与工资的差额，个体价值 = 工资 + 剩余价值，然而，协新价值论认为个体价值（边际生产值）就是工资，个体价值 = 工资，两者相比较，协新价值论者认为“剩余价值应该是工资的一部分”，或者说，当以个体价值来定义工资时，剩余价值就是应得工资，反之，当以劳动力价值定义工资时，剩余价值就不是应得工资，而是劳动价值与劳动力价值的差额，劳动价值 - 劳动力价值 = 剩余价值。

剩余价值论与协新价值论对工资的定义差别极其微妙，正是这一微小的工资定义差别，就产生了两种截然不同的劳资关系与分配制度，当以劳动力价值定义工资时就是低工资，是榨取剩余价值的私有制模式，反之，当以简单劳动价值或个体价值或边际生产值定义工资时，就是高工资，是创享协新价值的公有制模式。所有制的公私之别，其实就是从最微妙的工资定义开始的，一切公私分配的矛盾都隐藏在工资之中。

例如，第 101 个工人处于生产效率的“边缘”，假设每小时创造 1000/101 美元的价值，而第 100 个工人每小时创造 1000/100 美元的价值，第 99 个工人每小时创造 1000/99 美元的价值，依此逆向递增，第二个工人创造 1000/2 美元的劳动价值，第一个工人创造 1000/1 美元的劳动价值。《知本论》从中发现了一个“边际陷阱”，即在最后一个，也就是第 101 个工人之前，如按第 99 个工人的边际生产率确定工资，工人是能分享到协新价值或附加值的，但是，资本家一定要按第 101 个工人的边际生产率来确定工资，当然这不是只确定最后一个工人的工资，而是将最后一个工人的工资当成全部工人的工资标准，所有工人都要看最后一个工人的工资如何定，这就成了最低工资决定全部工资，边际生产率决定工资就变成了一个包装十分完美的剥削手段，经济学给工资制度创造了一个心照不宣的边际陷阱——一个工人无法理解的美丽谎言。边际生产率体现的只是个体价值（最小价值）与工资的一致性，而将工人的集体价值与附加值全部掩盖掉了，这就是工资剥削的惊天秘密！

三、效率工资

效率工资的优点：第一，可以降低监控成本，甚至可以在无法监控雇员努力程度的情况下，起到激励和约束作用。第二，采用效率工资可以吸引并留住高素质的员工，效率工资是一种筛选机制，它通过高于市场同类工资的工资水平挑选出优质员工，并将他们留在企业内部。第三，效率工资的采用可以提高专业人员的辞职成本，保证企业竞争力的持续发展。

四、福特汽车：高工资 = 低成本

福特汽车公司既是一个技术创新者，又是一个制度创新者。导致福特公司在汽车业成功的除了有其流水线应用的比较优势，还有其效率工资应用的协新优势。在美国汽车迅速发展的20世纪初，汽车工人的工作流动性很强，这给企业的稳定发展带来了压力，而且，劳动市场的旺盛需求在一定程度上也助长了工人在劳动过程中的机会主义。1914年1月，福特开始向其工人支付每天5美元的工资。当时流行的工资是每天2～3美元，福特公司的工资远远高于均衡水平。求职者在福特汽车工厂外排起了长队，为争抢工作岗位几乎发生骚乱。亨利·福特后来回忆说："我们想支付这些工资，以便公司有一个持久的基础。我们为未来而建设，低工资的企业总是无保障的。为每天8小时支付5美元是我们所做出的最好的减少成本的事之一。"通过支付高工资来降低成本显然不符合传统经济学的逻辑，但实际上，由于高工资带来的岗位稳定性的增强和工人劳动生产率的提高，成本确实降低了。福特已悄然转向了《知本论》所论述的单利成本观主导的工资，从单利成本来分析工资的高或低。

《知本论》认为：福特的"高工资 = 低成本"，标志着协新价值论打败了剩余价值论，这是资本主义转变剥削方式的一个划时代标杆。自此以后，剩余价值模式开始大举向殖民地转移，国际产业分工的背后是国际剥削分工，发达的宗主国凭借知本优势与协新优势充分掠夺了殖民国的比较优势。殖民地在生产效率上的比较优势并不能换得收益分配上的比较优势，这就是知本殖民或定价权殖民的结果。

当时的一份调查报告显示："福特的高工资摆脱了惰性和生活中的阻力。工人绝对听话，而且可以很有把握地说，从1913年的最后一天以来，福特工厂的劳动成本每天都在下降。"高工资提高了工人积极性，增强了企业的凝聚力，福特公司雇员的辞职率下降了87%，解雇率下降了90%，缺勤率也下降了75%。高工资带来了更高的劳动生产率，福特的汽车价格比对手便宜很多，汽车销售量从1909年的58000辆直线上升至1916年的730000辆。

五、激励工资 = 协新价值

福特实行高工资反而节约了成本。

《知本论》认为：资本家可以分为两类，一类是低级资本家，只知道克扣工资来榨取剩余价值或附减值，是以牺牲员工的协同效益和创新效益为沉重代价的，这是血腥剥削的血汗工场模式，也称剩余价值模式；另一类是高级资本家，将剩余价值放回工人的工资袋中，工人的工资增加了，协同效益与创新效益增加了，单利成本下降了，资本家失去的只是一点点剩余价值，获得的是更多的协新价值，这是一种劳资双赢的"文明"剥削方式，又称协新价值模式。

六、最低工资法是画饼充饥

如果最低工资高于均衡工资，会增大失业率，这是制度性失业，反之，如果最低工资低于均衡工资，也不会促进就业。如果提高最低工资标准就是提高企业生产成本，其结果不是产业升级，而是将劳动密集型产业赶到国外或逼其破产，这必然大大降低一国的就业率，导致有形 GDP 退步。当最低工资高于均衡工资时，资本家不仅没有从工资中榨取剩余价值，反而将协新价值的更大比例切割给了工人，这会影响资本积累的正常进行，会导致资本的外逃。如果强行规定移民和劳工的最低工资，其结果就是断送了移民和劳工的比较劣势与就业机会。在福利保障较好的欧美国家与中东石油国家，许多人就主动地选择了失业。古典经济学家李嘉图认为工资取决于“最低的生活费用”，边际革命后的新古典经济学家则认识到工资取决于劳动的边际生产力，和任何其他商品的价值决定没有什么两样，都服从边际法则。

《知本论》认为：工资的决定机制是相当复杂的系统工程，政府不应强行干预工资标准，而应严厉打击恶意欠薪。

《知本论》认为：平均成本与边际成本让人相信高工资是比较劣势，但从单利成本来看，低工资才是比较劣势，高工资才是比较优势。

第九章

协同价值

协同是事物的均衡状态和相对静止状态，是系统结构的量变，是边际成本递减的作用，而创新是事物的失衡状态和绝对运动状态，是系统结构的质变，是代际收益递增的作用。

没有协同和创新，就没有复杂劳动，复杂劳动必然需要协同与创新的劳动。复杂劳动包括三类：协同的复杂劳动、创新的复杂劳动、既协同又创新的复杂劳动。个体劳动只是存量转移的简单劳动或机械劳动，因此，个体劳动创造的个体价值不能增值，不能增值主要表现为两个方面：一是没有协同效应，不能实现边际成本递减；二是没有创新效应，不能实现代际收益递增。剩余价值之所以被工人切齿痛恨，就是因为资本家不仅掠夺了工人的全部协新价值（附加值），而且还掠夺工人的部分个体价值（附减值）。协同价值是分工协作的内容与目标，分工协作是协同价值的形式与路径。

一、人多未必力量大

协同的人多才能力量增大，协异的人多只能力量变小，在计划经济中，全要素的生产率低，人与资源的协同效应差，所以人多是一种沉重的经济负担，人多力量小，而且养育成本由国家负担，生育成为一种公共悲剧，所以计划经济需要计划生育，反之，市场经济配置资源的效率高，人多是一种巨大的比较优势，人多力量大，巨大的生育成本与成长风险由家庭独力承担，因此，市场经济需要市场化生育。目前，继续执行计划生育的中国已经掉入内生性的超低生育率陷阱，就算是国家鼓励生育也难以改变人口老龄化的现状。无论是 70 后、80 后、90 后，双独（夫妻双方均为独生子女）、单独（夫妻一方为独生子女）还是非独，平均生育意愿大致为 1.6，实际生育水平则很可能低于 1.3，远低于国际规定的代际更替水平 2.1。巨大的生养成本超过了预期的生养能力，生育成本的暴涨印证了市场可以调节生育。中国已经出现 0～14 岁少儿人口比重低于 18% 的少子化问题，2012 年劳动年龄人口比上年减少 345 万人，2023 年以后年均将减少 800 万人，中国是时候考虑出台鼓励生育的新政策了，以保持经济增长的人口协同效应。

个体边际价值 + 个体外部效益 = 社会边际效益，所有个体的经济外部性都被整体吸收和内化成协新价值，所以整体大于全部个体之和。

二、整体协同大于个体

规模经营有两权分离、边际成本递减与代际收益递增三大必要条件。在缺乏协同和创新的个体劳动中，只能产生个体价值，而在富有协同和创新的复杂劳动中，就能产生集体价值 Y，集体价值 $Y > x_1 + x_2 + \cdots + x_n$，n 个“个体价值”的总和小于 n 个要素协同和创新后的集体价值，即协同后的集体价值高于全部个体价值，创新价值又高于协同价值。协同整体是个体价值的倍加，创新个体是整体价值的倍加，整体决定个体靠协同，个体决定整体靠创新；协同论认为时势造英雄，协同检验创新，而创新论认为英雄造时势，创新提升协同。协同讲从众，创新讲出众。系统定律或协新定律是个体与整体必须通过协同与创新这两种方式来相互决定。协同效应就是边际成本递减的边际效应。

三、交换是协同方式

协同效应决定交换价值，交换价值检验协同效应，交换是实现协同的基本方式。一件商品都卖不出去了，说明该商品没有交换价值，无法形成对位效益或有效需求，也就无法形成价格，因为交换价值直接决定价格。一个生产要素丧失协同价值，说明该要素不能给其他要素带来增值，不能形成协同效应。例如，从市中心到偏远山区，房地产的边际房价是递减的，主要是因为地理位置的协同效应在边际距离递减。城市中心的本质就是协同中心，对于那些新城，有些因为协同效应的提高而成为新城中心，有些因为协同效应的流失而成为“空城”或“鬼城”，而产业集群或商业集群的发展，才是协同效应的生死命门。当产业或商业不能同步转移到新城时，新城就大多成了荒凉的“空城”。

四、物价是协同标志

协同效应决定物价体系，物价体系显示协同效应。没有协同效应，就没有广泛的价格体系，千差万别的商品为什么能通过货币量化成物价？物价体系源于协同效应，一种商品涨价，是因为该商品的协同效应变大，反之，一种商品降价，是因为该商品的协同效应变小。企业发展壮大，是因为协同效应在增长，反之，企业破产倒闭，是因为协同效应在丧失。货币的本质就是协同价值（附加值），所以说，货币不是价值尺度，而是增值尺度，货币是度量协同价值与创新价值的，是度量经济增量的，一国的货币发行量要与经济的协新价值相适应。无穷无尽的各种商品能相互进行换算或交换，就是因为各种商品之间隐藏着千丝万缕的协同价值，可以在一定的时空与人群中相互进行替代。人类无穷无尽的多样化需求可以将各种商品的协同效应内化成心理价格，经过讨价还价后又外化成市场价格。

知本论

整体协同大于个体之和，因为协同成本或边际成本递减，边际成本递减又推动比较优势递增

第一节　整体价值

劳资雇佣或规模经营必然要求两权分离与担当角色职责。协同效益就是整体价值大于全部个体价值之和，是技术进步和制度创新带动全要素生产率的整体升级，这里的整体价值又称为系统价值或集体价值，分工协作后的规模效益就是协同效益，整体价值 - 个体价值 = 协同效益。例如，100 个人，每个人单独装配一辆自行车，平均每个人的劳动价值或个体价值是每月 3800 元人民币，每月全部个体价值之和为 38 万元，每个人的生活成本或劳动力价值平均为 2500 元，每个月的劳动力价值之和为 25 万元，如果这 100 个人进行合理的分工协作，每个人在生产流水线上只从事一种装配操作，100 个人每月共同创造 55 万元集体价值，那么，集体价值 - 个体价值 = 55 - 38 = 17（万元），这 17 万元并没有增加全部工人的劳动时间，是合理分工协作后的附加值或协同效益。每次分工协作都是一次交换，所以协同效益是交换增值的源泉之一。还有，如果资本家想进一步夺取剩余价值，就不会按个体价值定义工资，就会按劳动力价值定义工资，那么资本家的利润就是：55 - 25 = 30（万元），这比 17 万元的协同价值又多出 13 万元的剩余价值。

资本家都想榨取剩余价值，但要看市场条件，只有在工人供过于求或失业率很高时，资本家才能按劳动力价值定义工资，只给工人养家糊口的基本生活费，只给 100 个工人发放 25 万元的基本生活费，这就是亚当·斯密、李嘉图与马克思时代对劳动力价值（基本生活费）的共同认识，这是资本原始积累时期在工人供过于求时的共性。然而，到了现代高级资本主义，三个因素导致剩余价值的榨取是行不通的，只能将剩余价值还原到工资之中：

一是早期的工人大多没有知识，同质化很严重，专业分工协作还不够发达，大量农民纷纷变成工人，工人的供给几乎是无限的，供过于求很严重，然而，当农村劳动力人口从过剩转到稀缺时，刘易斯拐点出现了，工人变得供不应求了，此时，再按劳动力价值定工资就招不到工人了。

二是随着专业分工的深入，工人阶层需要大量的教育与培训才能分化，工资就不能只是补偿生活资料的劳动力价值，还得补偿教育培训的劳动知本化，同时，由于专业分工的大发展，更需要员工的主动性，被动员工必须变成有协同精神的主动员工，这就逼着资本家按边际生产值或最小生产值来确定个体价值，并按个体价值定工资，个体价值高于劳动力价值的差额就是协同价值。

三是在信息经济中，创新特别重要，是赢得竞争并壮大企业的关键，创新者不仅要生活资料（劳动力价值）的低工资补偿，更需要发明奖励与创新激励，因为创意或创新有一个致命的隐身性能，看不见、摸不着、打不出，员工不主动说出来，资本家也就无法知道，创新天然就具有一种信息不对称优势，这对创新员工来说是很有利的讨价还价权，因此，在创新越来越成为必要条件时，工资就不能只是补偿劳动力价值或生产资料，而必须给出更高的激励工资，至少要按个体价值发工资。

总之，国际产业转移的背后，是剩余价值模式向落后或贫穷国家的低工资和低利润的转移，发达资本主义国家保留了高工资与高利润产业，转向了协新价值模式。协同后的整体价值是个体价值之和，创新后的整体价值是个体价值之积。

从"边际生产值 = 个体价值 = 工资"来看，边际收益递减的本质就是单位协同效益递减，一个不创新的组织，它的协同效益是递减的。在边际效益递减规律的作用下，协同效益递减到一定规模边界就会消失，任何规模都存在一个增值极限，达到极限点或临界点时，整体价值平均化地融合在全部个体价值之中，表现为工资与利润都不能再增加了，此时，整体价值等于全部个体价值之和，整体价值 - 个体价值 = 0，附加值或协同效益没有了，所以协同效益是有限效益，达到一定限度就必须创新。随着全社会生产力水平与工资水平的同步上升，当100个工人的平均工资上涨到每月5500元人民币时，此时协同效益消失了，个体价值提高了，工人的熟练程度与技术知识也提高了，这时就需要"创新"来寻找更高一级的协同效益或整体价值。如果创新失败，整体价值就小于全部个体价值之和，整体价值 - 个体价值 <0，即整体价值 < 个体价值，此时企业必然亏损或倒闭。

先进国奉行生产力决定生产关系，落后国奉行生产关系决定生产力，在高新技术已经普遍存在的时候，落后国的资源和劳动必须通过生产关系的协同效应来调节，只要改革落后的生产关系，才能使落后国的生产要素与先进技术产生协同效应（化学反应）。生产关系主导要素协同，生产力主导要素创新，当今世界按协新优势分为三流：一流强国具有制度协同与科技创新的双重协新优势，实现了生产力与生产关系的"相互决定"或"对称决定"，生产力与生产关系可以齐头并进；二流富国只具有制度协同或者科技创新的一个协新优势，生产力与生产关系的发展不对称，要么生产力落后于生产关系，要么生产关系落后于生产力；三流穷国基本不具备制度协同与科技创新的协新优势，难以产生无成本扩张的协新价值，只能靠血汗劳动与贱价资源苦苦支撑。

旧比较优势论强调低成本生产或低成本制造，强调协同效应，而《知本论》的新比较优势论强调高利润生产或高利润创造，强调创新效应或更高水平的协同。一切激励机制归根结底是为了充分发挥协新优势。无论是比较劣势还是比较优势，都必须与协新优势相结合才能产生协新价值，以实现劳资双赢与和谐增长。比较优势决定生存，协新优势决定发展；比较优势是有形有限有价优势，协新优势是无形无限无价优势；比较优势重在资本，协新优势重在知本；比较优势是硬实力，协新优势是软实力；中国制造要看比较优势，中国创造要看协新优势。从市场竞争看，不是比较优势决定一切，而是协新价值决定一切，这就像“不是才能决定一切，而是态度决定一切”。

一、只按比较优势分工

自从李嘉图提出比较优势之后，按比较优势分工似乎成为全球学者的定论。为什么要按比较优势分工呢？几乎无人能答。

《知本论》认为：比较优势的关键是比较，要比较就得有标准，而不同的比较标准就会得出不同的结论。要素比较的结果关键看协同效应与创新效应，并不是优势越大越好，中国廉价劳动力的比较优势以前很大，导致产业无法升级，现在工资水平上涨很快，劳动力优势在减弱，反而有利于产业升级。产业分工，既要看比较优势，也要看协新优势，中国改革开放就是解放了协新优势，发挥了制度协同与技术创新，从而让比较优势能顺利发挥。比较优势是硬件，协新优势是软件，国际分工形式上是按比较优势分工，内容上却是按协新优势分工。比较优势分工是供给论或产品论，协新优势分工是需求论或品牌论。比较优势与比较求势是创造协新价值的“两只手”。

在产品经济中，比较优势起决定作用，而在品牌经济或信息经济中，协新优势起决定作用。例如，国际奢侈品牌的利润极高，本质上并不是按比较优势分工，产品的生产并不是由奢侈品牌的企业来做，大多是由落后国家的血汗工场来完成，但奢侈品牌大多由发达国家的跨国公司拥有并管理。按比较优势分发生产订单，按协新优势管理全球销售，这就是按比较优势分工，按协新优势或比较求势分配。在先进知识的信息传播中，个人边际成本往往就是社会边际成本。

例如下图，不少学者认为存在外部经济，政府可通过给予补贴的方法而使企业的生产数量从 E 扩大到 F，结果使社会福利增加（ABC 三角形的面积），这个福利模型其实同样可以用于说明协同效益与创新效益，精英人物的协同效应与创新效应可以使其获得较高工资和福利，同时给社会创造更多的外部性或协新价值。图中的个人边际收益 PMB，精英人物对消费的示范作用或明星效应，可以使需求从 PMB 右移到 SMB，三角形 ABC 可视为知本无限扩散或无边际成本溢出的社会效益——协新价值。

《知本论》认为：个人边际效益的外部性表现为两部分：一是个人的协同与创新促进了个人工资与企业利润的同步上升，这是可以量化或货币化的企业边际收益；二是个人的创新通过企业新产品向社会扩散时，引发竞争对手的跟风和改进，这是创新领导者无法量化或货币化的社会边际收益。因为创新而引发的效益分配，微观上的个人边际收益叫激励工资或自加值，中观上的企业边际收益叫创新利润或内加值，宏观上的社会边

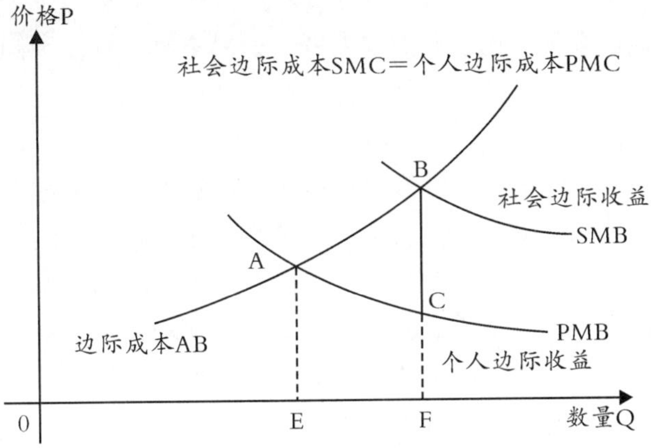

际收益叫创新红利或外加值。自加值、内加值与外加值都是附加值或协新价值在不同范围和层次的表现。

相关多元化就是一种常见的产业协同，是将企业的核心资源与品牌价值向上下游延伸，取得产业链上的规模协同效应。

例如：目前中国整个婚恋领域有100亿元的市场，其中线下占到70亿元人民币，线上线下融合生长的协同空间巨大。

第二节　劳资协同

一切资源配置本质上都是协同配置或创新配置，而一切资源分配都是协同效益与创新效益的双重分配。

《资本论》发现生产要素的数量型（低成本）增长必然追求剩余价值，《知本论》发现生产要素的质量型（高效率）增长必然追求协新价值。

所有的经济学理论本质上都是研究制度协同或资源配置的科学，没有制度协同或资源协同就没有经济学，人们常说市场逻辑或市场道德是公平有效的竞争机制，原因就在于市场是各种要素产生协同效应的利器。市场机制就是以自由交易和公平竞争来达到资源合理配置的协同机制。典型的协同效应是制度协同或经济繁荣，反之，出现经济危机时就是协异效应。

劳动资本化是劳动与资本的协同效应，是劳动的加法效应，是1+1>2；劳动知本化是劳动与知本的创新效应，是劳动的乘法效应，是1×1>3。

从广义的活劳动讲，如果没有资本与知本的协同与创新，单纯的工人劳动只是狭隘而低效的活劳动，因此，能与简单劳动产生协同效应的资本和知本是活劳动的主体，而且是活劳动的高效主体。

许多学者误以为只要承认资本与知本也是活劳动的主体或内容，就否定了剩余价值的来源，就无法找到资本家剥削工人的哲学根据，这是一个偏见。其实，只有承认资本与知本是活劳动的主体，是创造剩余价值和协新价值的主体，才能全面而深刻地理解剩余价值与协新价值。承认资本是活劳动，才能节约资源并促进劳资关系的和谐；承认知本是活劳动，才能促进教育文化事业的大发展。如果不承认资本和知本是活劳动，就否认了资本增值与知本增值的天性，也就否认了协同效应与创新效应，也就否认了市场存在的合理性。

马克思说：资本是能带来剩余价值的价值。但这句话不能倒过来说：能带来剩余价值的价值只有资本。其实，工人在自己家里干私活、家庭小作坊经营或农民在自留地里自产自销等，都可以为自己创造广义的剩余价值并增加广义的资本。货币信用与科学文化都能通过协同与创新带来剩余价值，也就是说，劳动和知本也都与资本一样，都是能带来剩余价值的价值。为了区分马克思《资本论》中狭义的剩余价值观，我们引用一个新名词——协新价值。协新价值包括两部分：一部分是被资本家无偿占有的剩余价值，或者说榨取性剩余价值，体现了资本家与劳动者的剥削关系；另一部分是资本家、员工和社会共同分享的协新价值，或者说包容性剩余价值，体现了资本家与劳动者和社会的协同关系。

剩余价值一定要相对增加工人的劳动量，但协新价值并不需要相对增加工人的劳动量，而且经常相对降低工人的劳动量，因此，剩余价值是减少工人的工资，而协新价值是增加工人的工资。

如果资本家与员工只存在剥削关系或敌对关系，那么员工还有必要为敌方打工吗？如果所有的员工都不打工了，那么这个世界还存在“企业”吗？

大企业能实现边际生产成本递减的规模协同与代际创新效益递增的质量升级。只有知本和资本越多，工人的工资才能越高，劳动的边际替代率（交换价值）才能越高，尊重资本才是尊重劳动，重视知本才能提高劳动者的比较优势。假如只有“资本=剥削”，没有“资本=创造”，那么民营企业就不会存在企业精神和集体主义，民营企业终究倒闭，优秀员工将全部辞职或进入国有企业，民营企业家将成为员工报复的第一对象。

为什么越是资本发达的国家，工人的工资会越高；越是知本发达的国家，劳资关系就越和谐？以欧美为例，欧美地区是全世界劳动资本化和劳动知本化的发达地区，那里的资本家是富豪，但是劳动者也富裕，社会福利也好，贫富差别就在于资本和知本能创造高于剩余价值的协新价值。从市场道德的角度看，如果拒不承认资本与知本的创造性与和谐性，就只能是作茧自缚地反对金融创新、科技进步和制度改革。

现代资本主义制度不再满足于血汗工场与血汗工资那种低级而野蛮的剥削方式，而是利用信用和信息的不对称掠夺巨额的劳动价值，真正掠夺的不再是工人的工资，甚至增加工人的工资，因为当代资本家发现了协同效应可以创造剥削蓝海，创新效应可以创造剥削银海，这远比传统的血汗工场中的剥削红海更有效率，劳动力真正的增值性不是因为被动协同与被动守旧，而是因为主动协同与主动创新，所谓劳动新价值不是靠加班加点或克扣工资的劳动时间量的存量转移，而是靠协同与创新的劳动效益量的增量创造，真正的劳动新价值不是源于劳动与资本的存量转移，而是源于知本的增量创造，因为只有知本才能无成本地扩散，并实现“无成本+高收益”的增值扩张。当代资本主义的基本矛盾不再是社会化大生产与生产资料私有制的矛盾，而是信识失衡与自由平等的基本矛盾。劳动资本化与劳动知本化不仅不会掩饰资本剥削，反而让员工明白发财致富的捷径就是资本化与知本化。

炒股和炒房是劳动资本化，参与义务教育和职业培训是劳动知本化，可以说，没有资本化劳动与知本化劳动的全民普及，就没有参与国际分工的比较优势。《资本论》所说的资本是狭义资本，是只能带来剩余价值的价值，而《知本论》所说的资本是广义资本，是既能带来剩余价值，也能带来协新价值的价值，这里的协新价值是广义活劳动所创造的协同价值与创新价值，剩余价值只是协新价值的最低级表现。

例如：假如没有资本，手工作坊的单个工人每天创造100元价值，100个工人每天创造1万元的手工价值，现在花60万元引进了一台机器设备，每天就能创造2万元价值，但由于机器提升了整个作坊的分工协作体系，全年就能多创造360万元的价值，除去60万元的机器折旧，300万元就是劳动资本化和知本化创造的新价值。注意，劳动创造价值与资本创造价值不是两次独立的劳动过程，而是同一个劳动资本化过程，劳动不能离开资本，资本也不能离开劳动，这就是社会化大生产或规模经营的本质。

一、麦当劳的洋葱短板

麦当劳爆出天价洋葱断送协同效应的营销故事，向洋葱认输的麦当劳是世界上最大的快餐连锁店。2009年10月31日午夜，麦当劳在冰岛结束这一天营业的同时，也结束了在冰岛长达16年的营业史，全面退出了冰岛市场，甚至没有表示会有重新开张的一天。麦当劳总部对此发布声明说，在冰岛开展业务是一项非常大的挑战。然而与此同时，麦当劳在冰岛的总经销商欧曼德森却表示："麦当劳在冰岛的生意一直十分兴隆，每到就餐时，汹涌的人潮是任何一个地方都没有的！"既然生意这样好，那又是什么原因使麦当劳选择了退出呢？谁也想不到，让麦当劳认输的，竟然不是同行业的竞争，而是冰岛的天价洋葱。

冰岛的农业不发达，大部分农作物都来自德国，包括麦当劳里一种必不可少的原料——洋葱，然而，麦当劳于1993年决定在冰岛开设分店时，并没有对此做过仔细的调查，麦当劳总部想当然地认为洋葱只是一种随处可见的便宜货，到开张之后才发现，冰岛的洋葱简直就是贵得出奇，购进一个普通大小的洋葱，需要卖掉十几个巨无霸汉堡包才抵消成本！既然开张了，麦当劳只能选择坚持。长期以来，麦当劳在冰岛的生意看上去虽然红火，但是所能产生的利润实在是少之又少。冰岛的麦当劳特许营运商奥格蒙德森用一句话描述出了这十几年来的经营状况："我一直在不断亏钱！"金融风暴使冰岛克朗大幅贬值，欧元逐渐走强，加之进口食品税率提高，成本上升，更加大了麦当劳的经营难度。

在冰岛首都雷克雅未克，一个巨无霸的售价为650冰岛克朗，但如果要获得哪怕是必需的利润，就必须让价格上涨到780冰岛克朗（约6.36美元），而这个价钱甚至比瑞士和挪威的5.75美元还要高。如果是这个价格，那么，麦当劳就根本不会成为人们的选择，而购买一只普通的洋葱，按欧曼德森的话来说："要花掉购买一瓶上等威士忌酒的钱。"因为洋葱的高价，使麦当劳这个几乎是所向披靡的全球快餐巨无霸，在冰岛低头认了输。看似不起眼的小洋葱，却成为麦当劳在冰岛的市场短板，破坏了全球知名品牌的全要素协同效应。

二、经济繁荣的要素协同

经济繁荣时很少出现工人罢工或失业的现象，因为工人的工资也提高了，原因就在于劳资双方都分享到了宏观经济向好的协同价值，也就是说，资本家获得的利润虽然有一部分是来自于对工人剩余价值的掠夺，但也有更大部分是来自于整体经济要素的协同增值，而工人的工资不仅没有减少，反而有所增加，所以说，协新价值中既有剥削来的，更有协同与创新来的。如果资本和知本只是剥削，没有共享和多赢，那资本主义的工人还能有这么高的工资与福利吗？反之，如果没有剥削工人，资本主义国家的资本家还会这么富有吗？经济要素协同带来的高增值，虽然不是直接剥削工人的工资，但是，资本家利用分配环节的定价权优势，获得了比剥削更大的利益。

例如，经济繁荣给某个资本家带来意外的100万美元的利润，假设劳资双方自由而平等地谈判协商的话，劳资双方可以公平地各得50万美元的协同价值，但是，资本家不会这样干，资本家要么收买会计隐瞒100万美元的超额利润（信息腐败），要么直接将这100万美元购买机器或库存材料通过“内部消化”使工人看不出赢利（信用腐败），当然，最常见的办法就是资本家独吞90万美元，只拿10万美元来激励工人创造更多的协新价值，注意，这10万美元对资本家来说并不是损失而是投资，因为它会给资本家带来更高的经济效益，因此，资本家将这10万美元仍视为绩效工资（协新价值）。

从以上分析可知，工人本来可以公平地与资本家平分50万美元的协同增值，但是，工人没有定价权，缺乏讨价还价的自由度，只能分享到10万美元，资本家不公平地拿走的40万美元也是剥削所得，但这40万美元并不是从工人的工资中拿走的狭义的剩余价值，而是经济要素协同和创新所创造的广义的剩余价值——协新价值，因此，协新价值不是从纯劳动的工资中产生，而是从“资本＋劳动＋知本”的全要素协同和创新中产生的，虽然存在剥削，但这种“协同剥削”或“创新剥削”能创造劳资双赢的广义的剩余价值。

三、剥削曲线

1958年，菲利普斯在英国杂志《经济学》上发表了《1861—1957年英国失业和货币工资变动率之间的关系》，菲利普斯曲线表明，低失业年份或繁荣年份往往有高通货膨胀，而高失业年份或危机年份往往有低通货膨胀，失业率与通胀率之间存在负相关关系。两年后，萨缪尔森和索洛在《美国经济评论》上发表了《反通货膨胀政策的分析》，用美国经济数据证明了通货膨胀率与失业率成负相关。经济繁荣时，各种市场要素的协同水平比较高，对劳动力的需求很大，失业率比较低，有些行业甚至出现用工荒，所以工人的对价权较高，工资就上涨，根据商品价格公式 V =（C + L + K）× f × MD/S 中，（C + L + K）表示“资本 + 劳动 + 知本”的总劳动或总成本，公式中的 f 表示协同创新系数，此时，社会总劳动（C + L + K）较高，f 表示的协同水平也较高，而且需求 D 也上升（一国的劳动供给 S 在短期内受制于人口规模与教育培训周期，可以视作常数），因此，V =（C + L + K）× f × MD/S 的总值会大大提高，这直接体现为国内生产总值 GDP 的上涨。可以说，工人的对价权与剥削度成反比，即工人的对价权越高，资本家对工人的剥削度就越低；反之，工人的对价权越低，资本家对工人的剥削度就越高。工人的对价权是就业权，失业率越高，劳动对价权就越低，反之，失业率越低，劳动对价权就越高。

结合菲利普斯曲线，由于通胀率和工人对价权都与失业率成反比，所以在经济繁荣而通胀率上升时，工资的对价权也随之上升，当然，这里是指市场要素协同而导致总需求扩大的良性通胀，而不是违背要素协同规律的恶性通胀。一般来说，维持全要素协同最好将通胀率控制在 3% 左右，才有利于经济的稳健发展。

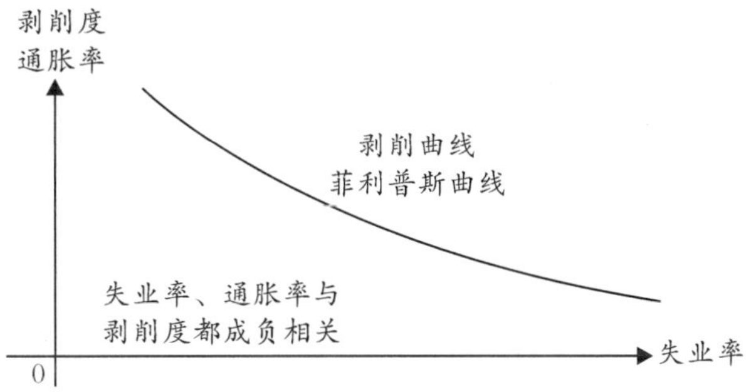

从资本剥削曲线可知：经济繁荣时，失业率降低，就能提高剥削总量，而经济低迷时，失业率提高，就会降低剥削总量。剥削曲线类似菲利普斯曲线，这个曲线巧妙地说明了“劳资和谐”，失业率越高，通胀率和剥削度就越低；反之，失业率越低，通胀率和剥削度就越高。这些说明了劳资双方要想双赢，就必须共进退，同荣辱。通货膨胀时，由于黏性工资的存在，资本家可以降低用工成本，增加就业工人数量，使劳资双方在经济繁荣时都能提高收益，这也许就是菲利普斯曲线与剥削曲线相似的经济意义。

四、不变资本也能增值

《资本论》将资本划分为不变资本与可变资本的意义十分巨大。可变资本的本质特征是：“劳动力不仅再生产它自己的由资本家支付的价值，而且同时生产剩余价值，即原来不存在的，没有用任何等价物买来的价值”（《马克思恩格斯全集》第 24 卷，第 243 页）。资产阶级经济学家只是把资本划分为固定资本与流动资本。这种划分方法，一直被他们沿袭下来，用以掩盖资本主义的剥削。不变资本与可变资本的划分，是马克思第一个提出来的。这种划分是理解资本主义生产过程现实运动的基础，从而也是理解资本主义剥削的现实运动的基础。它揭示了资本家所获得的剩余价值，并不是全部资本带来的，而只是工人的剩余劳动创造出来的，从而只是可变资本自行增殖的结果。通过这种划分，还可以把剩余价值同可变资本相比，计算出剩余价值率与资本的有机构成，揭露资本家对工人的剥削程度。

五、不变资本也可变

不变资本在任何情况下都不能创造剩余价值吗？这涉及劳动的继承和协同的问题，从历史唯物观的角度看，我们所有的生产资料与基础建设大多是前人或他人的劳动，自然资源是自然力的劳动，这些不变资本在参与劳动的过程中不仅能转移自身的价值，而且在协同效应和创新效应的作用下，也能创造协新价值。

简单劳动——资本只转移旧价值——等价交换

复杂劳动——资本能创造新价值——增值交换

从简单的个体劳动看，不变资本只是等价转移，个体价值并不创造新价值，但是，如果从复杂的集体劳动看，当代社会化大生产已实现了高度的劳动资本化与劳动知本化，高度自动化的高智能机器也同样是劳动的主体，机器事实上已取代了许多劳动力；还有，在许多专业性极强的劳动中，技术也是劳动的隐形主体，离开了特定技术，劳动根本无法进行。当代信用经济与信息经济的本质就是劳动知本化或知本劳动化。社会化大生产早已经演变成资本化大生产与知本化大生产。在资本和知本双向驱动的协同与创新的复杂劳动中，所有资本，无论是可变资本还是不变资本，都能创造剩余价值，劳动力并不是唯一的可变资本，只要存在协同效应与创新效应，资本和知本同样也是剩余价值和协新价值的两大来源，这就是 $1+1+1>3$，或者说 $1\times1\times1>3$ 的协新价值，这里加法表示协同，乘法表示创新。协新价值的存在使得不变资本与可变资本的传统划分变得没有意义，因为协同效益与创新效益都离不开资本、劳动、知本这三大劳动主体的共同作用。

六、个体价值与集体价值

著名经济学家马歇尔认为企业内部效率源于内分工，外部效率源于外分工。

《知本论》认为：内分工产生内加值，外分工产生外加值，内与外的协同产生协新价值。不同层次的外部性产生了不同层次的附加值，外因与内因共同决定附加值。个体价值与集体价值，是分析协同效应与创新效应的两个核心概念，个体劳动不完全等于个体价值，能够创新的个体劳动能产生集体价值，反之，集体劳动也不完全等于集体价值，消极而破坏的集体劳动也不能产生集体价值与协新价值。

消极被动的分工协作产生的协新价值极少，只能体现个体价值，而积极主动的分工协作产生的协新价值极多，可以同时体现个体价值与集体价值。生产规模是划分个体价值与集体价值的第一个标准，一般来说，少数几个人的简单劳动可视为个体劳动，超过家庭作坊几个人规模以上的大分工、大协作的简单劳动才算是复杂的集体劳动，这是划分个体价值与集体价值的规模标准。简单劳动在人数少且分工协作价值不高时，常被视为个体价值，缺乏集体价值。

划分个体价值与集体价值的第二个标准是创新标准或态度标准。消极被动的分工协作产生的协新价值极少，只能体现个体价值，而积极主动的分工协作产生的协新价值极多，可以创造集体价值。在复杂劳动中，不仅要按分工协作的规模标准来判断，更要按员工的态度标准来判断，积极而主动的工作态度能产生极大的协新价值与集体价值，但是，消积而被动的工作态度只产生极少量的协新价值，常被视为个体价值。在规模经营中，不是所有员工都能创造集体价值或协新价值，只有积极而主动的员工才能创造集体价值与大量协新价值，而消极被动的员工只能创造个体价值与极少量协新价值，如果是搞分裂、搞破坏的员工，反而毁掉集体价值与协新价值。

七、资本是物化的人

资本是物化的人，知本是神化的人。将劳动的主体局限于人，不承认资本和知本是劳动主体，这就无法解释复杂劳动与集体价值。剩余价值论被当代资本主义的效率工资论取代，效率工资的实践正好说明了剩余价值不如协新价值的剥削效率高。因为实行效率工资的工人，其富裕程度已经超过小资产阶级与中产阶级，原因就在于协同效益与创新效益在不变资本与可变资本之间建立了相互转化的桥梁，这就使得不变资本与可变资本的划分变得没有时代意义。

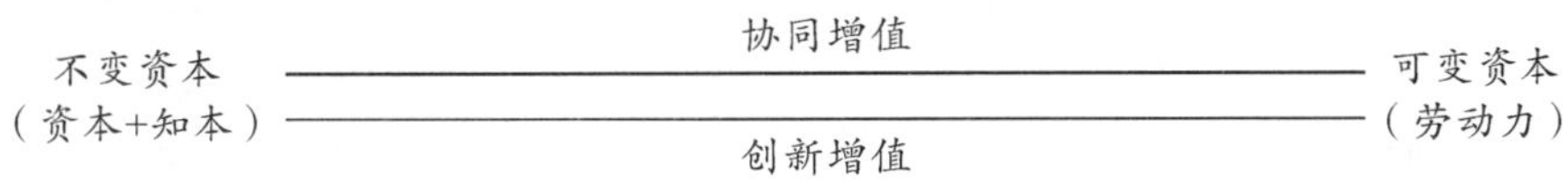

在劳动密集型产业中，协同与创新的增值力比较微弱，不变资本与可变资本的划分对于简化分析有一定作用。但是，21 世纪是信息与信用高度膨胀的虚拟经济，是资本密集型与知本密集型占主导的经济，新价值的创造主要不是靠劳动时间量的累积，而是靠资本化劳动与知本化劳动的高度协同和创新，因此，在信用信息经济时代，不变资本与可变资本的划分没有多大意义，因为所有的资本都可以创造协新价值。还有一点，即使承认资本与知本具有创造新价值的能力，也并不影响劳动创造新价值，只能说明资本家的剥削手段更巧妙。

协新价值是由资本、劳动和知本协同创造的超额价值，工人的劳动量只是协新价值的三大来源之一，协同与创新是协新价值的两大手段，而且协新价值不仅不克扣工资，反而还要适度增加工人的工资。如果能充分发挥工人的集体主义协同精神，而且所有产品都能满足客户需求和偏好并产生协同效应，那么，这样的不变资本也是可以大大增值的。

例如，A 城与 B 城之间只有一条河流与一条公路相连，而且经常造成交通堵塞，显然，交通运输能力成为两城经济协同的短板，如果再建一条铁路或公路正好让交通运输量达到供求平衡或继续呈现供不应求，那么增加的这份修建铁路或公路的不变资本就能增值，就能提高两个城市的生产效率，而且能大大创造新价值，不仅投资能赚大钱，而且能带动 A 城与 B 城其他经济要素的全面增值，这种协新价值就能让工人的工资与资本家利润同步上升，这就是资本和知本的溢出效应。

许多人都认为政府多发货币多办大项目，虽然能拉动总需求，但会导致物价 CPI 上涨与通货膨胀，这个观点有偏颇，货币超发是否一定导致货币通胀，不仅要看货币超发的增幅，更要看货币用途，要看多发的货币是否用在能提高效率的紧急之处，资本用在需求急缺而高效的地方就能产生协同作用，就能提高整体经济效益，就可能降低物价 CPI，货币超发的本质是信用透支。

例如，中国的铁路货运与高铁客运都是供不应求的，而且铁路对整个国民经济效率的提升有巨大作用，并且许多地方急需铁路，因此，中国政府大规模投资铁路和高速公路有助于降低物价 CPI，因为铁路运输的低成本与方便快捷能降低整个经济的运行成本与交易费用，通过提高经济效益来降低物价。还有，网络商业服务也能降低企业运营成本，也有助于降低成本和物价，所以国家大规模投资电信与互联网也能降低物价。欧美许多国家的人口不足，运输并不紧张，再建铁路就可能抬高成本与物价。总之，凯恩斯主义的刺激有效需求，关键是在于资本与劳动和需求能否产生协同效应。能获得协同效应的资本家，不仅可以获得工资之内的剩余价值，还可以获得工资之外的协新价值。

超发货币——协新效应——提高效率——降低物价

超发货币——泡沫过剩——降低效率——抬高物价

由于印刷纸币的边际成本极低而边际收益极高，因此，超发货币成为各国的至爱，当超发的货币流通到创新力强的产业或企业，就能产生协新效应而降低物价，反之，当超发的货币流通到创新力弱的产业或企业，就可能加剧产能过剩与经济泡沫，从而抬高物价。例如：房地产泡沫就抬高了物价，因为房地产并不是创新力强的产业。

剩余价值是劳资双方分食的蛋糕，资本家多吃一块，工人就必须少吃一块，这是等价转移的绝对剥削，是做减法的附减值；协新价值是劳资双方共同做大蛋糕，工人多吃一块，资本家就可多吃三块，这是增值交换的相对剥削，是做加法的附加值。剩余价值是低级的劳动剥削，主要流行于知本低密型的低利润率产业，协新价值是高级的劳动剥削，主要流行于知本高密型的高利润率产业。

八、机器增值

《资本论》认为：只有劳动力才能创造新价值，机器不能创造新价值，机器到底能不能增值？“机器增值公案”成为争论 100 多年的热门话题，例如，如果一个工厂有 1000 人可以正常生产，现在资本家买了两条全自动化的生产线，只留了 2 个维修工与 8 个操作工，这 10 个人就取代了原先 1000 个人的工作，或者说，2 台自动化机器替代了 990 人，这就是典型的劳动资本化与劳动知本化，用资本（机器）替代了大部分工人的劳动，大部分剩余价值与协新价值都是通过机器增值来创造的。注意，机器也不是从天上掉下来的，而是由其他工人与科技工作者的大量资本、劳动与知本共同创造的，因此，承认机器的劳动增值，实际上就是承认了劳动的乘数效应或劳动的自我繁殖，人们承认钱能生钱时，也不要忘了劳动也能生长劳动，而机器从来源来说就是劳动之子，从使用效果来说又是劳动之母，一句话，机器本身就是资本化劳动与知本化劳动的化身，而且还能倍增出更多的劳动，机器不是死物或死劳动，而是可以替代活人的活劳动，智能机器和机器人就是人类活劳动的延伸，因而也是活劳动的主体。

九、资本主体性

劳动时间量在人们心目中是一种吃苦耐劳或加班加点的成本与付出，并不是快乐与幸福这类公认的效益或需求，所以导致许多人在价值讨论时偏离劳动量的价值原义，导致许多价值争论既不科学，又不严谨，许多人曲解价值的含义，导致所谓的价值争论大多成了对牛弹琴，支持者与反对者都没有弄清对方的本意。

另外，争论者都没有分清简单劳动与复杂劳动的本质区别，因为资本从单个的静止状态来看，的确是难以创造新价值的，往往被作为折旧费或原材料分批次转移其价值，但是，在复杂的协同劳动和创新劳动中，可以说机器、工具、劳动力、技术和品牌等都是难以独立创造价值的，都必须达到满足需求的协同效益才能创造价值，而此时，价值不再是简单的劳动时间量的堆砌，而是市场所需求的协同效益，因此，价值定义就变成了：价值是人类与自然协同创造的效益，使用价值是满足需求的对位效益。只有将价值的定义从时间转移到效益上，才能使价值符合绝大多数人的常识，因为多数人都有根深蒂固的“利益＝价值”观念，从而才有可能避免“文不对题”“词不及义”“文不达意”等怪象，许多盲人摸象式的大讨论，主要就是他们所说的价值不知不觉地偏离了马克思所说的价值原义，变成了隔靴搔痒与隔山打牛的论战。

在社会化大生产中，资本、劳动与知本这三大竞争要素都是活劳动不可分离的主体，因为劳动资本化与劳动知本化是两大必然规律，资本是人的骨架，知本是人的灵魂，劳动是人的双手，这三大要素能分开吗？劳动力本身既是资本的载体（需要衣食住行的开支与资本转移），也是知本的载体（需要教育学习与思考的知本存贮和训练），劳动者虽然是劳动的主体，但由于劳动力价值的资本化与知本化的二重性存在，劳动力本身就携带了资本与知本才能有资格参加劳动，所以，从单个劳动者来说，劳动主体性、资本主体性、知本主体性其实是集于一身的，而且是同一劳动过程的相辅相成的三大主体（劳动类似水分子中的氧原子，资本和知本类似水分子中的两个氢原子）。

极简单的体力劳动，资本与知本的增值性确实太不明显了，但是，研发、设计、公关、服务、营销、宣传、财会、炒股、文员、调查、创作、策划、经营、管理等复杂劳动，需要高度协同才能创造新价值，劳动者离开了资本与知本就不是社会所需要的劳动力，无论他多么努力，也只能是无效劳动。例如，现代脑力劳动基本上少不了网络、电脑、手机与其他智能机器的使用，单纯强调劳动时间量与体力、脑力耗费显然没有多大意义，此时，资本要劳动化生存，知本也要劳动化生存，只有“资本＋劳动＋知本”这三大主体融合的总劳动才能创造适合需求的对位效益（有效需求），才能实现价值再造，因此，否认资本和知本在劳动中的主体地位，表面上是尊重劳动力的主体地位，实际上是变相贬低高级劳动者的主体地位，变相打击知识分子和私营企业家。否认了资本家与科学家的知本力量，也就否认了资本的历史继承性。还有，如果将流水线上的工人全部换成机器人的话，那就说明简单劳动力也不过是知本的简单载体而已，当人的身体与机器都成为知本的载体时，就说明真正的第一劳动主体是知本，资本和人体也不过是一种知本工具或知本载体罢了。总之，只有承认“员工是劳动之手，资本是劳动之体，知本是劳动之魂”，才能真正明白“资本化劳动+知本化劳动=社会化劳动”，知本化生产与资本化生产就是社会化大生产。广义的劳动价值论必然要求承认资本、人才、知本都是劳动主体，而且是缺一不可的三大劳动主体。

十、反知本的路德派

路德派源于路德的宗教改良运动，以1517年10月31日路德在德国萨克森维滕堡万圣教堂门口（该处常用作大学的公告板）张贴的九十五条论纲为开始。工业史上，“路德派”这个词指所有反对技术进步的人。在19世纪初的英国，当时熟练的织工看到他们的工作岗位受到机器的发明及广泛运用的威胁，这些机器可以用不熟练的工人并以低得多的成本生产纺织品，这些被取代的工人发起了反对新技术的暴动。他们捣毁羊毛厂和棉织厂用的纺织机器，有的还烧毁工厂的房子。由于工人声称他们是由路德将军领导的，因此他们被称为路德派。路德派想让英国政府通过限制新技术的扩散来挽救他们的工作，也就是去掉劳动的资本化与知本化，使复杂劳动让位于简单劳动，然而，议会采取了制止路德派的行动，并派遣了成千上万的军队镇压路德派的暴动，最终裁定摧毁纺织机器为死罪。在1813年约克郡的审理之后，17人被判绞刑，其他人被判有罪，并作为犯人被押送到澳大利亚。

《知本论》认为：这个死罪的裁定处罚太重，但也充分说明了工人必须与新技术协同，而不是通过打砸机器来维护自己的落后生产率，同时也说明路德派没有充分认识到劳动资本化（机器化）与劳动知本化（技术化）是不可阻挡的生产力发展规律。穷国与富国的区别就在于人均资本与人均知本，只有资本和知本的积累增速远远超过人口数量的增速时，才能使劳动变得相对稀缺，才能相对提高劳动的边际替代率（交换价值），才能使国民的劳动具有更高的价值密度与定价权。承认资本化劳动与知本化劳动是活劳动的主体，承认资本和知本是创造大于剥削，才是对工人的最大尊重。

第三节　协同效应

协同效应是指企业生产、营销、管理的不同环节、不同阶段、不同方面共同利用同一资源而产生的整体效应。协同效应原本是一种物理化学现象，又称增效作用，是指两种或两种以上的成分相加或调配在一起，所产生的作用大于各种组分单独应用时的效用总和，集体价值大于个体价值之和，集体价值－个体价值=协新价值，协新价值本质上是一种系统附加值，而其中对混合物所产生的这种效果的物质称为增效剂。协同效应常用于指导化工产品各成分组合，以求得最终产品性能增强。

协同效益是增值命门。

1971年，德国物理学家赫尔曼·哈肯提出了协同反应（化学反应）的概念，1976年发表了《协同学导论》等著作。协同论认为整个环境中的各个系统间存在着相互影响而又相互合作的劳动增效，协同价值 = 劳动增效。一个企业可以是一个协同系统，协同是经营者有效利用资源的一种方式，整体效益大于各个独立组成部分总和的效应就叫协同效应，经常被表述为“1 +1 >2”或“2 +2 >4”。

安德鲁·坎贝尔等在《战略协同》一书中说：“通俗地讲，协同就是‘搭便车’。当从公司一个部分中积累的资源可以通过横向关联取得协同效应，并被同时且无成本（无边际成本或者无代际成本）地应用于公司的其他部分的时候，协同效应就发生了。”他还从资源形态或资产特性的角度区别了协同效应与互补效应，即“互补效应主要是通过对可见资源的使用来实现的，而协同效应则主要是通过对隐性资产的使用来实现的”。

蒂姆·欣德尔（2004 年）概括了坎贝尔等人关于企业协同的实现方式，指出企业可以通过共享技能、共享有形资源、协调的战略、垂直整合、与供应商的谈判和联合力量等方式实现协同。

20 世纪 60 年代美国战略管理学家伊戈尔·安索夫 1965 年首次向公司经理们提出了协同战略的理念，他认为协同就是企业通过识别自身能力与机遇的匹配关系来成功拓展新的事业，协同战略可以像纽带一样把公司多元化的业务联结起来，实现一种类似规模报酬递增的协同效应。

哈佛大学教授莫斯·坎特甚至指出：多元化公司存在的唯一理由就是获取协同效应（规模效益），其实，所有公司的存在条件都是协同效应，协同效应一旦丧失，任何公司必定破产或解体。

知本论

协同效应=边际效应
边际成本递减决定规模协同
创新效应=代际效应
代际收益递增决定质量创新

企业生存靠协同与从众，企业发展靠创新与出众。

并购产生的协同效应包括：经营协同效应和财务协同效应。协同效应主要源于以下三个方面：一是范围经济，并购者与目标公司核心能力的交互延伸。二是规模经济，合并后产品单位成本随着采购、生产、营销等规模的扩大而下降。三是流程、业务、结构优化或重组，减少重复的岗位、重复的设备等而做到节省。

并购价值 = 协同效应 – 溢价。所谓溢价是并购者付出的超过公司内在价值以外的价格。如果溢价为零，那么并购价值 = 协同效应。如果没有协同效应，那么并购溢价就是并购方送给目标公司的礼物。并购战略的挑战是付出的溢价是事前的和固定的，但协同效应却存在高度的不确定性。

管理机制 = 协同效应。

协同效应有很多种类型，最常见的有：经营协同效应、管理协同效应和财务协同效应。经营协同效应主要指实现协同后的企业生产经营活动在效率方面带来的变化及效率的提高所产生的协同效益，包括产生的规模经济、优势互补、成本降低、市场份额扩大、更全面的服务等。经营协同效应主要表现在以下几个方面：①规模经济效应。规模经济是指随着生产规模扩大，单位产品所负担的固定费用下降从而导致收益率的提高。②纵向一体化效应。就是减少商品流转的中间环节，加强生产过程各环节的配合，使单位产品的销售费用大幅度降低。③垄断权。获取垄断权主要是针对横向协同而言的，对横向并购的管制历来就是各国反托拉斯法的重点。④资源互补。协同可以达到资源互补从而优化资源配置的目的。

管理协同效应又称差别效率理论，管理协同效应主要指的是协同给企业管理活动在效率方面带来的变化及效率的提高所产生的效益。节省管理费用，提高企业运营效率。

根据差别效率理论，如果 A 公司的管理层比 B 公司更有效率，在 A 公司收购了 B 公司之后，B 公司的效率便被提高到 A 公司的水平，从而产生了巨大的协同效益。

规模经济 = 协同效益。

规模经济是一个产品的边际成本递减，而范围经济是多个产品的边际成本递减。规模经济是指在一个给定的技术水平上，随着规模扩大，产出的增加则平均成本（单位产出成本）逐步下降。而范围经济是指在同一核心专长，从而导致各项活动的多样化，多项活动共享一种核心专长，从而导致各项活动费用的降低和经济效益的提高。范围经济所要表达的通过共享核心技术而降低各项成本的含义与协同效应的 1 + 1 > 2 在本质上是相同的。外部性产生附加值，外部经济转化成协新价值，经济体内的外部性积累成比较优势，经济体外的外部性积累成比较求势。

一、劳动三要素

《知本论》认为：劳动三要素是“知本 + 劳动 + 资本”，从广义劳动价值论看，劳动也应包括资本或知本。总之，我们所说的“劳动”，第一层意思是指“劳动力”或人的劳动，第二层意思是指资本化劳动和知本化劳动。或者说劳动三要素像水分子 H_2O 中的氧原子 O 可指代劳动，另外两个氢原子 H 可指代资本与知本。剩余价值主要是通过劳动增值（氧原子增值），而协新价值是通过劳动三主体增值（水分子中的三个原子共同增值）。假如没有资本的协同和知本的创新，简单劳动就不能产生无成本或微成本的协新价值，而只能产生高成本的剩余价值。

《资本论》认为：资本是能带来剩余价值的价值，但是，资本又分为不变资本与可变资本，不变资本只转移自身价值，并不形成新价值，只有可变资本购买的劳动力才能创造新价值。认识到“1 + 1 = 2”，没有认识到要素之间可通过协同效应与创新效应而形成高于剩余价值的协新价值，认识到剩余价值是资本家剥削的唯一源泉，劳动者是创造剩余价值的唯一主体。

《知本论》认为：“资本、劳动、知本”是生产力三大要素，其中资本是各种资源、资料、资产与资金的总称，而知本是所有文化、技术和制度的总称，劳动不仅指代劳动

知本论

资本性善　知本性善
好制度决定人本善
坏制度决定人本恶

者，在产生协同效应与创新效应时还可指代资本与知本，即资本劳动化与知本劳动化是不可抗拒的必然规律，“1 +1 >2”的协同效益，“1 +1 =2”的等价交换，或“1 +1 <2”的协异反应，这三种情况都是客观存在的。“1 +1 +1 >3”的协同和创新效益证明：资本、知本与劳动者可以成为劳动创造新价值的三大劳动主体，这就像一个氧原子不能单独构成水分子，还要加上二个氢原子才能构成水分子一样，水分子三原子的化学组合就如同劳动三要素的协同效应一样。

集体价值大于资本、劳动和知本的个体价值总和。

例如，500 万元资本与 300 万元劳动再加上 200 万元知本，三大要素的个体价值总和为：500 +300 +200 =1000（万元），当这三大要素进行相关联的协同与创新管理时，当年就产生 1780 万元的总产值，总利润 = 总收益 - 总成本 =1780 -1000 =780（万元）。集体价值 = 总收益，个体价值之和 = 总成本，协新价值 = 集体价值 - 个体价值 =1780 -1000 =780（万元）。协新价值就是总利润 780 万元。协新价值转化的利润是企业生存的必要条件，没有利润，就没有企业，所以，协新价值是企业存在的必要条件，是企业的生命线，也是一切竞争和协作可以共生共赢的必要条件。

从各种化学资料中可知：水的化学结构式为 H_2O，一个水分子含有两种不同的元素——氢和氧。一个水分子由两个氢原子和一个氧原子构成，这就像一件商品是由资本、知本与劳动力的劳动共同构成一样。一旦形成协同效益或创新效益，资本和知本就不再是等价，也可能是增值创造，即能创造出比本身价值更大的价值——协新价值，实现“1 +1 >2”或“1 +1 +1 >3”的价值飞跃。等价交换在协新价值的作用下必然走向增值交换。

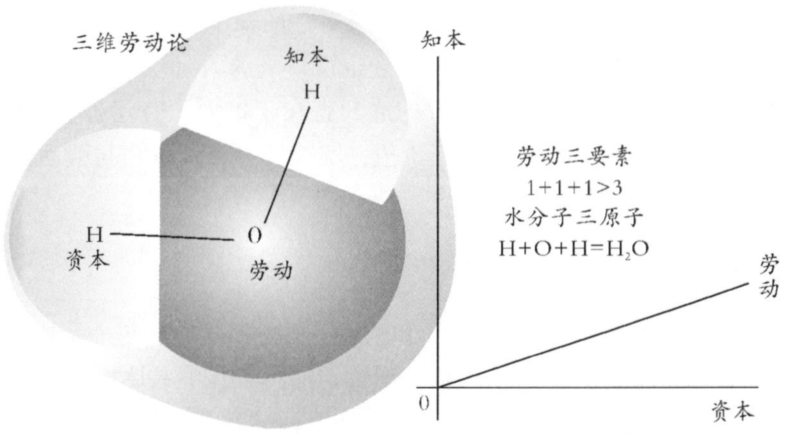

劳动并不是简单和静态的生产要素堆砌，而是资本、知本与劳动相互融合的协同过程，生产社会化就体现为劳动资本化与劳动知本化，没有资本和知本，就没有社会化劳动。每个劳动和每个要素都有经济外部性，外部性的聚成与合力就是协同效应。

在《知本论》看来，从提高生产效率和国际竞争力来看，缺乏资本化与知本化的简单劳动是“死劳动”，注定是缺德的血汗工场或惨烈的红海市场。资本和知本不仅是劳动主体，而且还是高级劳动主体；不仅能创造新价值，而且还能创造远远大于自身价值的协新价值。

在供求关系中，供不应求是高级协同，供求平衡是中级协同，供过于求是低级协同，平衡是相对静止的协同，失衡是绝对运动的协同。

资本是固态价值（冰），劳动是液态价值（水），知本是气态价值（水汽）。水被称为万能溶剂，知本也可以称为商品中的万能溶剂，知本在全球的扩散是无形、无限、无价的，没有知本，商品肯定进化不了，所以劳动知本化或知本劳动化永远是生产力的发动机，人类一代接一代地繁殖，本质上就是通过学习和教育传递知本，人才是知本劳动化的活载体，知本才是活劳动的永恒内容，因此，知本才是隐藏在活劳动之后的终极主体。

《知本论》认为：剩余价值是从工资中榨取的损人利己式的压榨性剥削价值，而协新价值是在协同与创新中共同分享的劳资双赢式的共享性或包容性剥削价值。

劳动三要素与水分子

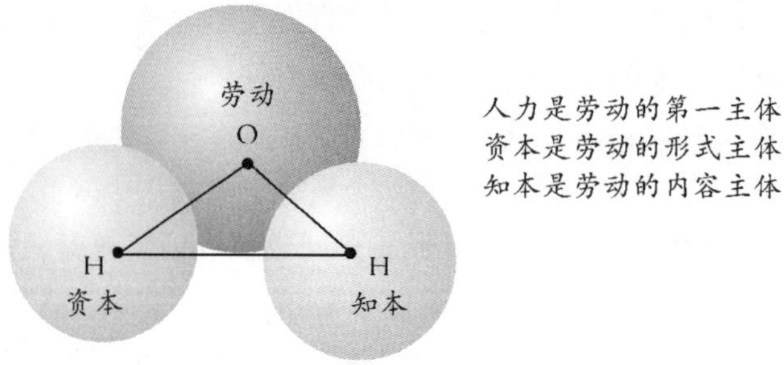

资本是劳动之父，知本是劳动之母，人类是劳动之子，劳动创造价值中的劳动不仅是指有血有肉的人，也指有情有义的资本和有灵有性的知本。否认资本和知本的劳动主体性，表面上是尊重人，实际上是尊重没脑袋也没口袋的人（又蠢又穷的人），即打击有财富有知识的人，因此，中国改革开放的成功就在于扩大了劳动价值论的科学内涵，在承认剩余价值的同时更多地创造了协新价值，实现了劳动资本化与劳动知本化的划时代飞跃。

二、短板效应

短板是破坏协同效应的协异效应，所以短板效应就是协异效应。盛水的木桶是由许多块木板箍成的，盛水量也是由这些木板共同决定的。若其中一块木板很短，则此木桶的盛水量就被短板所限制。这块短板就成了这个木桶盛水量的限制因素（或称短板效应)。若要使此木桶盛水量增加，只有换掉短板或将短板加长才成。人们把这一规律总结为木桶原理，或木桶定律，又称短板理论。

《知本论》认为：木桶效应是要素协同或均衡协同，木桶装多少水，其目标效益或对位效益（有效需求）既不取决于比较优势——长板，也不取决于比较劣势——短板，而是取决于所有木板的要素协调与正确位置，也就是说任何一块木板都不能错位，只要错位就会出现协异效应而影响整个木桶的任务计划或对位效益。企业管理也是如此，不能出现个别居功自傲、结党营私的“协异短板”，也不能出现太多玩忽职守、偷工减料或损公肥私的“短板员工”。任何一块木板，长了是浪费或“出位”或大材小用，短了是破坏或“错位”或滥竽充数，打破了或烂掉了就是缺位，只有全部竞争要素对位，才能实现系统价值或协同价值。如果将本应放在桶底的木板错放在桶壁处，就会出现结构失衡或要素移位，此时，木板的绝对价值（内因）没问题，而相对价值（外因）却出了问题，好板没有放在正确的位置，是效益不能对位的结构危机。即使木板长短适合并放对位置了，但方向放反了，正面放成了反面，或者上下方向颠三倒四了，就会影响木板之间的缝隙大小，也会造成错位危机，因此，对位不仅是长度和结构问题，也是方向和效益问题。

协异效应又称短板效应或限制因素。注意，板的长度不是绝对的，而是相对的，是根据对位效益或木桶大小而定的，在甲桶是短板，在乙桶有可能是长板，而在丙桶有可能正好不长不短地对位，因此，这就像“穿鞋效应”一样，鞋过大走不快，鞋过小又疼痛难受，只要不大不小，正好与脚对位的鞋才是好鞋。比较优势或长板未必决定成功，而比较劣势或短板一定导致失败，比较劣势与比较优势同样重要，一票否决或一错否决，就说明“短板制败”的协异效应。

长板（比较优势）决定发展的未来，短板（比较劣势）决定存在的现状，短板与长板都很重要，轻视任何一方都难以达到协同效应，一件商品的质量与销量，既取决于最好的功能，更取决于最差的毛病。木桶效应本质上就是要素相互协调的均衡论或对位论。从创新角度来看，木桶如果有一个短板出了问题，也可以改变木桶的结构或设计，这就是体制创新，还有，木桶也不一定就要装水，如果木桶有漏洞而且又难以修补的话，可以用来装衣服、装石块、装书报等，这就是木桶的功能创新或市场创新。如果木桶损坏了，还可以拿回家自用或卖给家具厂做材料，这是木桶的需求创新。总之，木桶效应就是协同效应，协同与创新是血肉相连的关系。即使是不协同的要素，也可以通过创新达到协同。主流经济学教材都说“规模经营的必要条件是边际成本递减”，其实还要加一条“规模经营的第二必要条件是代际效益递增”，规模经营未必一定能降低边际成本，但只要能提高协同效益与创新效益，工人工资高一点也不要紧，决定大企业成败的主要不是边际成本，而是争取“低成本 + 高收益”的代际收益——协新价值，没有协新价值就没有大企业的规模经营。

三、巴林银行的协同惨案

巴林银行创建于1763年，创始人是弗朗西斯·巴林爵士，在1803年，刚刚诞生的美国从法国手中购买南部的路易斯安那州时，所用资金就出自巴林银行。巴林银行集团的业务专长是企业融资和投资管理。截止至1993年年底，巴林银行的全部资产总额为59亿英镑，1994年税前利润高达15亿美元。其核心资本在全球1000家大银行中排名第489位，然而，这一具有233年历史、在全球范围内掌控270多亿英镑资产的巴林银行，竟毁于一个年龄只有28岁的毛头小子尼克里森之手。

1995年2月26日，英国中央银行——英格兰银行宣布：巴林银行不得继续从事交易活动并将申请资产清理，这家拥有233年历史的银行以1英镑的象征性价格被荷兰国际集团收购，荷兰国际集团以巴林银行的名字继续经营。尼克里森于1989年7月10日正式到巴林银行工作，之前他是摩根·斯坦利银行清算部的一名职员，被视为期货与期权结算方面的专家，伦敦总部对尼克里森在印尼的工作相当满意，并允诺可以在海外给他安排一个合适的职务。

1992年，巴林总部决定派尼克里森到新加坡分行成立期货与期权交易部门，并出任总经理。尼克里森于1992年在新加坡任期货交易员时，巴林银行原来有一个号码为99905的错误账号，专门处理交易过程中因疏忽所造成的错误，这原是一个金融体系运作过程中正常的错误账户。在中国文化里，8是一个非常吉利的数字，因此尼克里森以此作为他的吉祥数字，由于必须是五位数，这样账号为“88888”的错误账户便诞生了。“88888”这个被人忽略的错误账户，提供了尼克里森日后制造假账的机会。1992年7月17日，尼克里森手下一名加入巴林仅一个星期的交易员金·王犯一个错误：客户（富士银行）要求买进20口日经指数期货合约时，此交易员误以为卖出20口，这个错误在尼克里森当天晚上进行清算工作时被发现。尼克里森决定利用错误账户“88888”，承接了40口日经指数期货空头合约，以掩盖这个失误。到1993年7月，他已将“88888”号账户亏空的600万英镑转为略有盈余，当时他的年薪为5万英镑，年终奖金则将近10万英镑。在1993年下旬，接连几天，每天市场价格破纪录地飞涨1000多点，用于清算记录的电脑屏幕故障频繁，无数笔交易入账工作都积压起来，系统无法正常工作，交易记录都靠人力，等到发现各种错误时，尼克里森在一天之内的损失便已高达170万美元。在无路可走的情况下，尼克里森决定继续隐藏这些失误。1994年，尼克里森对损失的金额已经麻木了，88888号错误账户的损失，到7月时已达5000万英镑。但尼克里森一人却身兼交易与清算二职，在损失达到5000万英镑时，巴林银行总部派人调查尼克里森的账目。

尼克里森假造的花旗银行有5000万英镑存款，但这5000万已被挪用来补偿88888号账户中的损失了。查了一个月的账，却没有人去查花旗银行的账目，以致没有人发现花旗银行账户中并没有5000万英镑的存款。造假的尼克里森也迷惑不解：“没有人来制止我的弄虚作假，我觉得不可思议。伦敦巴林总部应该知道我的数字都是假的，但他们玩忽职守而仍旧支付这些钱。”1994年12月，在纽约举行的一个巴林金融成果会议上，还将尼克里森当成巴林的英雄。1995年2月23日，在巴林期货的最后一日，尼克里森对影响市场走向的努力彻底失败，86000万英镑的巨额损失造成了世界上最老牌的巴林银行终结的命运。1992年3月，巴林银行的一份内部传真就提出警告：“我们正处于一种可能造成灾难的危险境地，我们的制度缺陷将造成财务亏损或失去客户的信任，或两者兼有。”1993 年 12 月，新加坡期货公司的交易活动造成的损失为 1900 万英镑，但上报利润是 900 万英镑，如此谎报利润竟未被发现。1995 年 1 月份，尼克里森看好日本股市，分别在东京和大阪等地买了大量期货合同，指望在日经指数上升时赚取大额利润。谁知日本阪神地震打击了日本股市的回升势头，股价持续下跌，巴林银行最后损失金额高达 14 亿美元，而其自有资产只有几亿美元，资不抵债的巴林大厦就轰然倒塌了。一个交易员的过错就毁灭了百年巴林，可见协同效应才是规模经营之本。协同效应代表资金实力与管理效率，创新效应代表技术实力与营销实力。

第四节 歧视经济

马歇尔的著名弟子庇古认为：对边际私人成本小于边际社会成本的企业要征收污染税或资源税，对边际私人收益小于边际社会收益的企业要奖励，政府要干预外部经济的市场失灵。

《知本论》认为：外部性与歧视经济互为因果关系，要通过价格机制与非价格机制双向调节。对歧视者要收歧视税，对被歧视者要补贴。歧视是一把双刃剑，既能产生协同效应，也能破坏协同产生协异效应。不少经济学人鼓吹按边际成本定价，这其实是一个殖民妙论，因为穷国如果总是按边际成本定价，就没有利润或协新价值可言，只能永远受穷，相反，富国的国际名牌在全球却大肆收获极高的边际利润，总是要求边际收益远远高于边际成本，并吹捧为名牌溢价或技术溢价。“边际成本 = 边际收益”，这是产能短缺到产能过剩的转折点，穷国的困难就是因为成本驱动与丧失边际利润的产能过剩，而富国的经济泡沫也是因为边际收益远远大于边际成本。其实，能制造泡沫并收获泡沫，就是一种大道无形、大利无限的资本殖民。按边际成本定价本质上恰恰体现了劳动量定价原则，因为在信息经济中，边际成本最终都可以简化成员工的劳动时间量。按边际成本定价本质上是对没有定价权的贫弱国家的劳动歧视，因为富强国家从来是高于边际成本定价。

犹太人李嘉图提出按比较优势进行国际分工以来，比较优势论几乎成了国际分工的定论，但对比较优势的理解就是低成本生产或剩余价值生产，直到《知本论》提出单利成本与协新价值生产后，比较优势的理解才上升到了一个新的高度，因为单利成本较低就说明利润较高，所以单利成本也可以将高利润变成低成本。以边际成本或平均成本来计算的“低成本”是旧的比较优势论或剩余价值论，以单利成本或平均利润来计算的高利润是新的比较优势论或协新价值论。剩余价值本质是克扣工资的低成本驱动，而协新价值本质是增加工资的高利润驱动。

国际分工协作，既要按比较优势分工，更要按比较美势与协新优势分工，还要按歧视文化分工。《知本论》不否认比较优势是分工的技术条件，但仅仅研究比较优势是不够的，歧视文化或歧视制度也是分工的现实因素，因为一切歧视总是要与职业和收入相关。之前可能还没有一个学者能像《知本论》这样指出：“歧视既是分工制度，更是分配制度；既是剩余价值，也是激励机制。”

歧视是一种分工，歧视是一种分配。

歧视首先是一种文化，其次才形成制度，歧视文化必然产生歧视性的分工与分配，歧视制度必然产生不公平的分工制度与分配制度。

《知本论》认为：“分工是歧视的过程，分配是歧视的结果。”在劳动过程中体现分工歧视，在劳动结果中体现分配歧视。被歧视者不仅在分工中从事沉重、艰苦、危险、长时、低级的工作，而且在最终分配中也必定获得较少。中国有一句流行语是：“出力不赚钱，赚钱不出力。”说的就是歧视，歧视表现为分工歧视与分配歧视。劳动价值论与自由竞争论不完全成立的原因，就是因为国际分工与协作不仅要看比较优势，也要看歧视形势。比较优势是技术决定论，歧视优势或歧视劣势是制度决定论或文化决定论。其实，比较优势是一种合情合理的歧视，而种族隔离、种姓制度与户籍制度是一种“无情无理”的歧视。优胜劣汰是合理合法的歧视，而劣胜优汰是无理无法的歧视。

$$\text{比较优势}\xrightarrow{\text{分工 + 协作}}\text{歧视劣势}$$

比较优势与歧视形势是分工和协作的两大条件，比较优势是按技术分工，也就是生产力分工，而歧视优势是按文化或制度分工，也就是按生产关系分工。

下面我们从几种歧视中分析分工协作：

一、种族歧视

种族歧视是在古代就已存在的不公平的分工和分配，但其现代形式是从资本原始积累时期开始的压迫式分工与剥削式分配，至今，全世界都存在不同程度的种族歧视现象，这种歧视制度是由统治阶级采取立法、行政和其他措施，鼓吹和散布种族优越和种族仇恨学说等造成的。

例如，对犹太人的长期迫害与嫉恨就是一种歧视文化。

种族歧视是对人类尊严和劳动价值的剥削制度，受到了国际舆论和国际组织的一再谴责。1973 年 11 月 30 日，联合国通过《禁止并惩治种族隔离罪行国际公约》，再次明确宣布，凡犯有种族隔离行为的组织、机构或个人，即为犯罪，应负国际罪责。

种族歧视是指根据种族将人们分割成不同的社会阶层从而加以区别对待的行为，即种族与种族之间的压迫和剥削制度。也就是统治阶级根据种族和民族的特征，划分人们的社会地位和法律地位，敌视、迫害和不平等地对待其他种族的行为，种族歧视是阶级剥削制度的产物。种族歧视始于古罗马帝国时代，其现代形式是从资本主义原始积累时期开始的，主要包括剥夺选举权、受教育权和其他权利，压低工资，任意逮捕、拷打甚至杀害，强行限制在“保留地”内居住等。迄今为止，还有许多资本主义国家普遍存在种族歧视现象。

种族隔离政策使歧视制度化，往往在未被合法化时就被执行。美国麻省理工学院与芝加哥大学的研究者在 2003 年的调查中发现当地的工作单位在招聘时存在广泛的种族歧视。名字听起来像黑人的应聘者得到面试的机会比名字听起来像白人的应聘者少 50%，白人对黑人的歧视并未消除。歧视是一种巧妙的统治权术，表现为利益集团之间的不公平的分工与分配。种族歧视的表现有公开的、合法的，有隐蔽的、实际的。在南非，种族歧视突出地表现为种族隔离，这是白人种族主义者的基本国策，至今已有300多年的历史。20世纪中期以来，白人种族主义当局颁布的种族歧视法令就多达100多项。美洲的黑人、印第安人、大洋洲的土著居民，欧洲的原殖民地移民、少数民族和外国工人，亚洲的部落游民和种姓集团等，都是今天种族歧视的受害者。制度种族主义指政府、企业、教育机构或者其他大型组织的种族歧视行为。

二、反歧视国际公约

种族歧视是对人类尊严的凌辱，更是对经济协同效应和资源配置的隐形壁垒，受到了国际舆论和国际组织的一再谴责。1963年11月20日，《联合国消除一切形式种族歧视宣言》第一次宣告，要迅速消除世界上一切种族歧视。1966年3月7日，联合国大会通过的《消除一切形式种族歧视国际公约》规定：在政治、经济、社会、文化或公共生活的各个方面（如交通工具、旅馆、餐馆、咖啡馆、戏院、公园等），禁止一切种族歧视。缔约国承担义务，防止、禁止并消除各种种族歧视，特别是种族分离和种族隔离，保证不分种族和民族，人人有在法律上一律平等的权利。凡传播种族优越或仇恨思想，煽动种族歧视，对任何种族或民族煽动和实施强暴行为，概为犯罪，应依法惩处。

《知本论》认为："黑奴并不黑"，真正的"黑"，不是黑奴的黑皮肤，而是罪恶的肤色歧视，当白人歧视黑人时，就是黑白颠倒，歧视者可能是白皮肤，但是心肠最黑。歧视的目的就是想榨取别人的剩余价值，歧视者本质上都是奴隶主，被歧视者本质上都是奴隶。一切歧视都是为了建立不公正的职业分工与不公平的利益分配。歧视是竞争的有力手段，产品歧视、市场歧视、价格歧视和品牌歧视，都是竞争的需要。真正无歧视的自由竞争只有在共产主义才能实现。

三、分工——分配——歧视

歧视是分工、分配、竞争的必然产物，比较优势也是歧视优势的来源之一。恃强凌弱与恃才傲物都是歧视文化的表现。歧视增加了分工不公与分配不公，也就增强了竞争的激烈程度。歧视虽然能促进竞争，但也容易形成标签化或符号化的歧视人格，歧视者与被歧视者最终都形成了潜移默化的歧视型人格。

四、产业歧视断送车都

曾经有200万人口的底特律，现在只剩下70万人。美国底特律是举世闻名的汽车之都，在黑人驱赶白人中，世界车都居然破产了，原因就在于产业歧视与种族歧视，一方面底特律只搞汽车产业，对其他产业存在一定的歧视心态，存在汽车为王的盲目乐观心态，而且在汽车方面也缺乏技术创新，对节能型小车存在长期的市场歧视，结果作茧自缚，另一方面就是黑人与白人之间的长期对立与歧视，导致汽车产业中的大多数白人精英离去。产业歧视与种族歧视这两大矛盾，成为了汽车之都走向穷途末路的原因。

20 世纪六七十年代，美国种族骚乱和废除种族歧视法案，导致白人纷纷迁出底特律，这就是美国历史上有名的白人逃离，因为白人始终无法在内心里接受黑白平等，尽管他们不敢承认歧视，他们内心里总是将黑人当成野蛮人，将白人当成文明人，以至于今天的底特律市中心，大部分人口是黑人。汽车业带来了大量的黑人工人，而种族冲突又让白人逃离底特律。在底特律近郊，还可看到不少当年白人逃离时遗弃的豪华别墅。2004 年和 2005 年，底特律排在全美最危险城市的第二位，而 2003 年和 2007 年，底特律在最危险城市排名中高居榜首，治安恶化是产业歧视与种族歧视的恶果。底特律所在的密歇根州州长斯奈德说，底特律城市治理和转型的失败，是产业歧视与种族歧视的苦果。

五、户籍制度也需要“改革”

一些国家的城乡歧视、地域歧视、文化歧视与金钱歧视并不比底特律少。农民工在中国就很难取得正式户籍，城乡差别与户籍差别联在一起，成为歧视制度存在的根源。户籍制度本质上就是歧视制度，根本不是改不改的问题，而是要怎么改的问题，户籍制度需要改革。中国的城市化，必须解决好群体融合问题，群体融合既不是本地人对流动人口的歧视和排斥，也不是外地人对本地人的排斥，而是社会权力平等基础上的真正的群体融合。

六、城市化靠产业协同

城市不是建造出来的，房地产与单一的汽车产业并不能在“造城运动”之后保证可持续发展。

例如：底特律在城市走向衰败后，将钱投资于建造业，1981 年，通用汽车和市政府协同，强行征地拆迁市区 1400 户人家，为通用汽车公司建造了一个只雇佣 1300 名员工的高科技工厂。1987 年，底特律耗资 2 亿美元建造“人民运载”，一条三英里长的旅客捷运线，在空荡荡的大街上悬空行使。城市从来不是“有城无市”，“城”代表市场政公共设施与桥梁道路等“硬件”，而“市”代表产业支撑、商业活动与人流物流的协同效应。

任何城市的发展，必然先有“大市”，才能带动“大城”，市是成功之母，城是发展之子，市在先，城在后，这个顺序不能颠倒，市决定城，市是主要矛盾，而城反作用于市，城是次要矛盾。人流是城市的根本，房地产只是人流的载体。

七、凯恩斯毒药

凯恩斯毒药就是不断用投资和印钞票来刺激本已疲软的经济，就是试图进一步用市政投资来激活经济，导致更多空间的闲置土地以及基础设施的浪费，最后不过是房子的大幅贬值和一个更加债台高筑的政府。所以说，印钞票必须与新兴产业结合起来才有用，没有产业协同与产业创新作两大支撑，凯恩斯的投资论就是透支论与滞胀论。底特律夷平住房、向绿地的回归这一惨烈的转变，更为我们今天以土地快速扩张为先导的城市化敲响了警钟。美国不再是世界低端制造的中心，而是金融中心、文化中心、科技中心与军事中心，美国的整体定位也对底特律的转型提出了要求，而底特律如果不能完成产业升级改革与种族歧视的转变，则只能成为破产的鬼城。

《知本论》认为：一个人的幸福观或价值观与物质福利（经济人）和社会关系（社会人）成正比，与个人的追求成反比。

$$幸福感=(福利+关系)\div追求$$

注意，福利是生产力水平或劳动效率决定的绝对生活水平，而关系是各种社会网络与参照体系决定的相对生活水平，追求则是代表一个人的物质目标与精神目标的综合欲望。

《知本论》认为：福利与关系之和除以追求的商就是幸福感。

八、歧视是知本扩散的黑洞

英国号称是民主制度的老牌强国，美国号称是世界第一民主强国，印度号称是人数最多的民主大国。

《知本论》认为：号称自由民主的国家大多是外表光亮，民主国家其实也有很强大的歧视文化的历史阴影，所谓民主制度并不彻底，资本主义民主不仅是现金，更是期权或支票，全球的民主建设还远未成功。真正的民主制度是不存在歧视的，然而，还没有哪个国家不存在贫富歧视、族群歧视、国籍歧视、文化歧视与金钱歧视等现象。歧视是市场机制的毒瘤，价格配置资源的理想工具是比较优势确立的分工协作，如果存在歧视的话，比较优势与价格机制就会失灵，因为歧视优势或歧视劣视可以打败比较优势。

比较优势的目的是提高分工协作的协新价值生产，而歧视劣势的目的是扭曲分工协作，提高剩余价值的生产，使资源出现错配，结果造成了社会的低效，所以，一个国家要想在竞争中胜出，必须解决歧视问题。歧视是自由贸易与公平竞争的天敌，是市场协同的最大阻隔，因为歧视阻碍全要素协同的规模优势，阻碍各要素创新的突发优势，对劳动者的歧视，本质上就是减少协新效应，而提高了压迫剥削的等级制度，导致竞争模式从协新价值的高级竞争，退化到剩余价值的低级竞争。从知本无形、无限的全球扩张来看，歧视的本质就是提高了知本扩张的机会成本与沉淀成本，是知本无限增值力的能量黑洞，是一定要坚决铲除的文化阻力与制度阻力。

九、性别歧视

男女之间的性别，也像种族、肤色、户籍、文凭、教派、金钱、权力那样成为歧视的一种。

性别歧视是指基于他人的性别差异而非他人优缺点所造成的厌恶或是歧视，但也可用来指称任何因为性别所造成的差别待遇。

由于历史的原因，男性和女性在社会上的地位曾存在着巨大的差别，它体现在生活的各个方面。语言作为文化的载体，是社会发展的产物，反映了一定的时间内特定的社会文化、习俗及思维方式，因此，作为交流工具的语言也难免留下时代的烙印。

例如：在西方，女人结婚后放弃自己原有的姓氏而改用丈夫的姓氏。

在英语中，阳性名词是构词主体，而加后缀构成阴性名词。这就体现了一种从属关系。

例如：hero—heroine，mayor—mayoress，prince—princess 等，表现女性的词大多数都是在原来男性词的基础上加上了 -ess，-ine，-er，-ette 等，这就传递了一种信息：女性从属于男性。

在传统观念中，不论体力还是智力，都是男强女弱，男性应保护女性。于是在日常讲话和写作中，词序上常是男先女后，如：Mr. and Mrs、man and woman、brother and sister、host and hostess 等。

在西方文化里，男性是社会的主宰，女性处于从属，受支配的地位，以男人为中心的观点可以追溯到远古。

语言中的性别歧视是由于男女在社会生活中地位的不同造成的，说到底是由于女性的经济地位不如男性造成的。传统的男主外，女主内的思想严重束缚着人们的视角，并直接影响到女性的经济地位。

女性受到歧视，其表现为女性失业率高，男女同工不同酬，女性就业难等方面。时至今日，虽然一些女性在某些部门获得较高的职位，但所获得的待遇同男性相比还是有差距的。

十、美国女性工资歧视

美国《时代》周刊网站播发一篇揭示美国社会普遍存在的性别歧视、男女同工不同酬的文章称：女性的工资一般只是男性的 77%。

> 知本论
>
> 李嘉图的工资铁律：短期工资水平因供求关系而波动，长期工资会趋近于最低生活标准

莉莉·莱德贝特 1979 年开始在固特异轮胎橡胶公司上班时，她不知道同事的工资是

多少。当时她是亚拉巴马州伯明翰一家轮胎厂的监督员，男同事做什么她做什么。她说，她把轮胎从机器上拖下来拿去检查，在每个部门之间来回跑，经常加班很长时间，她还帮助新建了一家卡车轮胎厂。1998年，有人在她的邮箱里放了一份备忘录，上面列有她的底薪——每年大约4.4万美元，也列有工龄和职位与她相同的3名男同事的底薪——5.3万到6.2万美元，当时她感到很震惊，于是莱德贝特对她的雇主提起了诉讼。

十一、比较美势走红

在传统经济学中，很重视低成本生产的比较优势的研究，一直忽视高效益的比较美势的研究。

知本竞争包括三个方面：一是基于技术效率的比较优势；二是基于文化情感的比较美势；三是基于制度执行的比较信势。比较优势、比较美势与比较信势共同决定经济的协同效应与创新效应，而关于比较美势与比较信势的研究实在太少。

比较优势——低成本生产——竞争力——技术论
比较美势——高情趣需求——竞争美——文化论
比较信势——高标准市场——竞争信——制度论

从价格机制的形成看，商品竞争是由“力度”“美度”与“信度”这三维构成的。

例如，爱情的标准就是力、美、信的立体标准。对于女人来说，才华横溢是竞争力，是才女；美丽动人是竞争美，是美女；诚实忠贞是竞争信，是淑女。如果一个女人没有才华，很愚蠢，就没有“力度”；如果一个女人没有姿色，就没有“美度”；如果一个女人没有口齿，在男人心目中就没有忠诚可靠的“信度”。任人唯贤是竞争力，任人唯美是竞争美，任人唯诚是竞争信。种族歧视是扭曲竞争力，外貌歧视是扭曲竞争美，制度歧视是扭曲竞争信。

目前中国制造的缺点是太重视比较优势与竞争力，而忽视了比较美势（竞争美）与比较信势（竞争信），导致了技术红利较高，而文化红利与制度红利较低。从中国制造到中国创造，主要不是技术问题，而是文化问题与制度问题。

第五节 性度论

性恶论与性善论都取决于制度决定论，所以统称“性度论”。一个让少数人榨取剩余价值的制度就是真正的私有制，反之，一个让多数人分享协新价值的制度就是真正的公有制。榨取性制度是大私小公，表现为专制与腐败的私有制，包容性制度是大公小私，表现为自由与民主的公有制。《资本论》揭示了原始积累时期资本家榨取剩余价值的天性，是揭示性恶论，《知本论》揭示了资本主义高度发达时期的协新价值，既承认资本的剥削天性与性恶论，也增加了知本的共享天性与性善论。

性恶论——资本有限——榨取剩余价值——资本论揭示
性善论——知本无限——创享协新价值——知本论揭示

人的本性可以性恶，也可以性善，关键在于制度，所以《知本论》既反对性善论，也反对性恶论，而是坚持性度论——性善或性恶在于分配制度，分配制度决定人性的好坏。在一个歧视性（压迫性和剥削性）的坏制度下，歧视者（奴隶主）与被歧视者（奴隶）都会变坏，歧视关系本质上就是害人者与被害者的关系，害人者的恶在于歧视制度或歧视文化，被害者的恶同样在于歧视制度与歧视文化。无论是恶或善，都是一种心理能量，恶能或负能量不可能完全靠个人修养来抑制，必须靠自由民主的法制建设，反之，善能或正能量也不可能完全靠精神来释放，也要靠适度的物质激励与精神激励，也要靠民主宪政。

人治是具有歧视性的腐败制度，必然导致性恶论成主流，反之，法治是具有公平性的民主制度，必然导致性善论成主流，当然，制度必须是善法而不是恶法才行。

性恶论＋性善论——性度论

什么是性度论?

《知本论》认为：人的本性既不是天生的善，也不是天生的恶，善与恶主要由文化制度决定，制度激发人的善性时，人就表现出性善论。反之，制度刺激人的恶性时，人就表现出性恶论。

如果一个恶法规定要这样做，也就是性恶论的结果。例如，如果国家规定国王与法官等都必须实行世袭制，那么，王的儿子就可能总是王，而法官的儿子就可能总是法官，奴隶的儿子就可能总是奴隶，这是恶法规定的性恶论。性恶论与性善论都不靠谱，人的善恶是由性度论决定的，制度决定人性向善或向恶。

性度论主要包括两层含义：第一层意思是制度论，即制度决定论，好制度决定人变善，坏制度决定人变恶。性度论的第二层含义是限度论，超出一定的限度之外，人就可能为恶，反之，控制在一定的限度之内，人就可能为善。

通常情况下，性恶论与性善论是以自然规律来牵强附会地解释社会规律，这种跨学科的跨界解释显然是站不住脚的。

种族歧视、性别歧视与相貌歧视等的问题就在于混淆视听，种族、性别与相貌均是生理问题或自然规律，而善与恶则是制度问题或社会规律，以自然规律或自然人来生搬硬套地解释社会规律或社会人，就像用物理变化来解释化学变化一样，结果自然是指鹿为马或张冠李戴。

善与恶取决于文化约定与制度规定。例如，有些国家的一夫多妻是合法的善，而在中国一夫多妻就是非法的恶。恶与善不是生理条件决定的自然问题，而是文化与制度决定的道德问题，这就是性度论。

道德显然是文化与制度决定的评价机制，例如，偷税漏税在中国即使补交了，也仍是犯罪，但在瑞士只要补交了税款，就不是犯罪。

人的本性是善或恶与生理条件或自然特征无关，纯粹是一个文化命题和制度命题，文化是善与恶的软约束，而制度是善与恶的硬约束，所以性度论既强调文化的软评价，更强调制度的硬评价。一个国家越是专制和腐败，善与恶的标准就越模糊不清，性善论或性恶论就越有市场。只要司法腐败屡禁不止，性善论与性恶论就成了性度论的遮羞布。

一、古代性善论与性恶论

外部性是协同之源，科斯定理认为：交易费用为零时，无论产权如何界定，都可以通过市场交易与自愿协商达到效益最优。如果交易费用不为零，制度就很关键。

《知本论》认为：制度不仅决定效率，也决定善恶，高效为善，低效为恶，劳动效率影响人的道德。

孟子提出的性善论是儒家的代表观点，认为性善论可以通过每一个人都具有的普遍的心理活动加以验证。既然这种心理活动是普遍的，因此性善就是有根据的，是出于人的本性、天性的，孟子称之为“良知”“良能”。

孟子所说的“良知”和“良能”就是现代流行的正能量，正能量并不是人的本性，而是先进文化与先进制度培养教育出来的。孟子把道德规范概括为四种，即仁、义、礼、智，同时把人伦关系概括为五种，即父子有亲、君臣有义、夫妇有别、长幼有序、朋友有信，孟子以上理论的出发点就是——性善论。

性恶论认为人性有恶，强调道德教育的必要性，性善论认为人性向善，注重道德修养的自觉性，二者既相对立，又相辅相成，对后世人性学说产生了重大影响。

善恶都源于学。如果说孟子是在孔子“仁”的概念之后着重建立了“义”的概念，那么荀子就是在孟子“义”的概念之后着重建立了“礼”的概念。

韩非子主张的人性恶比荀子的人性恶更加鲜明彻底。

荀子认为人是通过学习才走向善的，显然，荀子的性恶论比孟子的性善论更高明，荀子强调了学习和教育的重要性，但荀子没有认识到制度或法律改变人性的重要性，而韩非子则认识到了法律与制度的重要性。荀子强调的是学习为善的限度论，而韩非子强调的是依法为善的法度论，他们两人的学说就是性度论的起源，因为《知本论》的性度论强调的就是外在制度与内在限度对人弃恶从善的决定性。文化教育让人弃恶从善，在人的内心建立善与恶的限度，法律制度让人惩恶扬善，在社会上建立善与恶的高压线。人即使性本恶，但是，经过长期的文化教育与社会规范，人们逐步从恶走向善，大多数人的恶性越来越少，而善性会越来越多。

《知本论》认为：只有无限而无私的知本才是人类真正的共产，然而，有限而有私的资本是不可能共产的。因此，社会主义向共产主义发展的必由之路是发展知识经济，坚持知本驱动经济，坚持全民义务教育与科技创新和改革开放政策，只有言论自由与民主选举才能形成反腐倡廉的长效机制，社会主义建设不能靠领导说了算，而是靠制度说了算，自由和民主是知本无限扩张的必要条件，也是协新价值的政治动力，真正的共产主义一定是知本主义的，一定是科技领先与制度领先的。注意，共产并不是共有形有限之产的劫富济贫或剩余价值掠夺的性恶论，而是共无形无限之产的贫富共进或协新价值创造的性善论。但是，这里的善不是与生俱来的，而是靠强大的民主机制来保证的。

性度论三要素：
1. 制度论——制度决定善恶
2. 限度论——量变决定善恶
3. 风度论——个性决定善性

孟子的性善论和荀子的性恶论在《知本论》中都可以统一在性度论之中，好的制度必定导致人是性善的，相反，坏的制度必定导致人是性恶的。性度论中的度也表示事物从量变到质变的限度或临界点，一个人吃东西超过一定的度就会难受，饮酒超过一定的度就会伤身。总之，性度论中的度，既是制度，也是限度，任何人，只有在一个好的制度或适当的限度之内，才能表现为性善，反之，违反制度或超出限度就可能表现为性恶。

制度论＋限度论——性度论

制度论强调的是制度压人，而限度论强调的是文化服人；制度论是强调外在的硬约束，限度论是强调内在的软约束，所以性度论（包括制度论与限度论）的本质是内外兼修的约束论，对内要强调修身养性，对外要强调遵纪守法。性度论既不相信人是百分百的善，也不相信人是百分百的恶，而是认为人是善恶同体的，人身上既有善，也有恶，只有通过外在的制度达到惩恶扬善，或通过内在的限度来弃恶从善。反之，如果制度本是恶法，个人又不加强道德自律，就无法使人恶从善。

荀子的性恶论思想在先秦百家关于人性的论断中独树一帜，是中国古代人性论的重要学说之一，他认为人的本性具有恶的道德价值。

二、路西法效应

《路西法效应——好人是如何变成恶魔的》是一部名著。作者（美）菲利普·津巴多是1971年著名的斯坦福监狱实验的主持人，该书是他亲自撰写的回顾研究之作。当年的实验是让招募的志愿者在一所模拟监狱中扮演囚犯和狱警，原定为期两周的实验，可惜不到一半时间就因为发生流血事件而中止了，该书也是影片《监狱风云》的故事蓝本。

在斯坦福监狱实验过程中，津巴多博士目睹了令人震惊的情形：在一定的社会环境下，好人也会犯下暴行，这种性格的变化被他称之为路西法效应——上帝最宠爱的天使路西法后来堕落成了第一位罪犯，被赶出天堂。

津巴多试图用他的实验解释很多问题，包括飞行事故、人在面对恶行时的无动于衷、护士对病人的不当处置以及自杀式袭击者和恐怖分子的行为。有一个问题是，当津巴多说好人变成了坏人时，那些坏人并不认为自己成了坏人，他们要么认为受害者罪有应得，要么认为自己只是采用了恶的手段来实现其正当的目的，用目的合理性为自己采取的手段辩护。

《知本论》认为：坏制度是最大的比较劣势，好制度是最大的比较优势。好制度就是协新价值，坏制度就是剩余价值。

第十章

创新价值

任何商品与服务都是沿着劳动构成递减与知本构成递增的方向进化，知本租是工资与利润共同增长的根本动力，没有技术租的小农经济必然是剩余价值剥削，产生技术租的工商经济必然是协新价值创造。

创新就是劳动知本化的代际效益递增，是终结现有市场的边际效益递减。协同效益是整体倍加个体的量变，创新效益是个体倍加整体的质变。创新效益体现了事物更新换代的必然规律，高代际价值可以提高全部低代际价值，在代际收益递增规律的作用下，成功的创新能不断创造更高的附加值——创新效益。注意，在创新中，可能只是从一两个要素突破，但无论突破点在哪个要素上，都需要其他旧要素的重新协同，新要素成功的介入，不仅仅是提高单个要素的价值，而是提高全部旧要素的价值，并重新创造了更高的整体价值。由于新要素而增加的新协同效益又称为创新效益，可见，协同与创新是相辅相成、相互激励、互为条件、互为动力的共生体；协同是数量经济，创新是质量经济；协同倍加创新，创新倍乘协同；协同是有限的加法，创新是无限的乘法；创新的成败在于协同，协同的死活在于创新；协同是增值的有形之体，创新是增值的无形之魂。协同引导的边际革命是有限革命，规模有极限，创新引导的代际革命是无限革命，升级无止境。生产外部性的边际量变是协同，生产外部性的代际质变是创新。

第一节 系统价值

边际效益递减规律是协同的死亡法则，任何规模经营都是有生命极限的，没有永远成功的协同规模，因为不能逃过边际效益递减的就是产能过剩或经济危机；反之，通过创新中断了边际效益递减，在一个更新更高的层级上实现新一轮边际效益递减的，就仍然是产能短缺。因此，代际效益递增规律是创新的生存法则，创新是永远没有极限与尽头的，所以说，协同效益是有限价值，是增值个性，而创新效益是无限价值，是增值共性。协同是有限量变，创新是无限质变。每个经济体的条件不同，所以协同效益是特殊性经营，但无论规模大小，都面临边际效益递减的生存压力与代际效益递增的发展动力，任何创新都是在压力与动力的前后推拉之下前进的，所以边际效益递减与代际效益递增并不矛盾，反而还相互推动。社会边际效益－个体边际效益＝个体外部效益，众多个体外部效益在组织系统内的量变形成协同效益，引发组织系统裂变、重组、突破的特殊个体外部效益形成创新效益。

整体协同大于部分之和，部分创新等于整体之积。21 世纪是想象力驱动和创新力驱动的知本世纪，创新强国一定是奉行生产力决定生产关系或科技决定制度，科技为王，制度为后，科技进步不受制度的阻碍。

一、系统论

多数创新，先是个体的创新，个体创新通过协同效应可变成整体创新，个体创新也必定是整体的系统创新，创新都是个体价值与集体价值的统一。

例如，一个美女的身段婀娜多姿，谈吐举止高雅大方，唯一的缺陷就是脸上有块明显的伤疤，如果这个伤疤去不了，就是三流美女，如果这个伤疤去掉了，就是一流美女，去掉伤疤的过程就是创新，虽然是局部的创新，提升的却是整体价值。

系统论是研究系统的一般模式、结构和规律的学问，它研究各种系统的共同特征，用数学方法定量地描述其功能，寻求并确立适用于一切系统的原理、原则和数学模型，是具有逻辑和数学性质的一门新兴的科学。贝塔朗菲对此曾作过说明，系统方法或系统论，因为它既可代表概念、观点、模型，又可表示为数学方法。

系统思想源远流长，但作为一门科学的系统论，人们公认是美籍奥地利人、理论生物学家 L. V. 贝塔朗菲创立的。他在 1932 年提出开放系统理论，提出了系统论的思想。1937 年提出了一般系统论原理，奠定了这门科学的理论基础，但是他的论文《关于一般系统论》。到 1945 年才公开发表，他的理论到 1948 年在美国再次讲授一般系统论时，才得到学术界的重视。确立这门科学学术地位的是 1968 年贝塔朗菲发表的专著：《一般系统理论：基础、发展和应用》。该书被公认为是这门学科的代表作。部分构成整体，整体定义部分。个体价值大，不等于集体价值大。集体价值大，就等于个体价值大。

《知本论》认为：由于个体在整体中的作用相差极大，领导个体、核心个体或关键个体与整体存在正相关，但整体中也会出现无足轻重或可有可无的多余人，甚至还会出现破坏分子与异己力量，所以个体价值大，只有在协同与创新的条件下才等于集体价值大，反之，集体价值大，也只有少数精英的个体价值大，多数人由于很容易被取代，边际替代率不高，交换价值不大，即集体价值大时，只有关键少数的价值大，多数平凡员工或过剩要素的个体价值并不大。

系统一词，来源于古希腊语，是由部分构成整体并由整体决定部分。今天人们从各种角度上研究系统，对系统下的定义不下几十种。但通常把系统定义为：由若干要素以一定结构形式联结构成的具有某种功能的有机整体。在这个定义中包括了系统、要素、结构、功能四个概念，表明了要素与要素、要素与系统、系统与环境三方面的关系。

知本论

创新强国——生产力决定生产关系，比较优势引导比较求势
创新弱国——生产关系决定生产力，比较求势指导比较优势

《知本论》认为：部分与整体的系统关系必须满足协同与创新才有意义。

1. 能协同或创新的部分才构成整体。

规模经营有两权分离、边际成本递减与代际收益递增等三大必要条件。

《知本论》认为：不能协同的部分是多余的，并不能构成整体价值。例如，一个人手上多长了一个手指，可能想动手术去掉，因为不符合人的标准。一切价格都是标准效益或对位效益，多一点是超标，少一点是不达标，过多或过少都是不合标准的错位因素，只有不多不少才是对位的标准化需求。错位或不合需求标准的因素，如果通过创新，也能变成整体价值的一部分。总之，整体通过协同倍加个体，个体通过创新倍乘整体。个体只有通过协同与创新才能构成整体。

组织中的破坏分子、腐败分子与间谍分子，表面上构成整体，实际上游离在整体价值之外，这种人在曹营心在汉或出勤不出力的人，并不构成整体价值。

2. 整体在协同与创新中决定个体。

《知本论》认为：整体管理不到位或结构出现危机时无法决定个体。例如，一个企业破产了，员工全部失业了，企业便无法决定每个人的前途。企业正常发展时可以决定每一个员工的工资，但如果企业在创新中大获成功，就能决定员工的工资都上涨。一般来说，协同是整体对个体的基础性决定，创新是整体对个体的关键性决定；整体在协同时决定个体的生存，整体在创新时决定个体的发展。在个体与整体的相互决定中，协同是必要条件，创新是充分条件。

总之，部分构成整体是有条件的，整体决定部分也是有条件的，这个条件就是协同效应或者创新效应。

例如，在一个企业或产品中，总会有多余的因素，如过度包装，过度节能，多余的功能，多余的资料，占用了成本，却不产生任何收益。无所事事的员工、总是出错的员工、闹不团结的员工，在一些企业中，对于这些不合格的多余员工或垃圾员工无可奈何，这些人的存在对于企业也没有任何价值。在无法协同或创新时，整体无法决定个体，个体也无法决定整体。长期失业的公民，或屡教不改的罪犯，这些人对社会无益，个体无法决定整体，反之，社会也没有能力将他们改造好，整体也无法决定个体。

《知本论》认为：系统定律或协新定律是个体与整体可以相互决定，但必须通过协同或创新来决定。

系统论认为，整体性、关联性、等级结构性、动态平衡性、时序性等是所有系统的共同基本特征。这些既是系统所具有的基本思想观点，而且它也是系统方法的基本原则，表现了系统论不仅是反映客观规律的科学理论，具有科学方法论的含义，这正是系统论这门科学的特点。在不同的系统中，同一个要素具有不同的功能与意义，个体是被整体决定和定义的。

> 知本论
>
> 整体通过协同效应与边际效益递减决定个体
>
> 个体通过创新效应与代际效益递增决定整体

系统论的核心思想是系统的整体观念或集体价值。贝塔朗菲强调，任何系统都是一个有机的整体，它不是各个部分的机械组合或简单相加，系统的整体功能是各要素在孤立状态下所没有的新质。他用亚里士多德的“整体大于部分之和”的名言来说明系统的整体性的，反对那种认为要素性能好，整体性能一定好，以局部说明整体的机械论。同时认为，系统中各要素不是孤立地存在着，每个要素在系统中都处于一定的位置上，起着特定的作用。要素之间相互关联，构成了一个不可分割的整体。要素是整体中的要素，如果将要素从系统整体中割离出来，它将失去要素的作用。

古希腊的哲学家亚里士多德有句名言：“整体大于它的各部分的总和。”系统论的创立者贝塔朗菲在阐述系统论的整体性原则时，对亚里士多德的这句名言给予了充分的肯定。他这样写道：“亚里士多德的世界观及其固有的整体论和目的论的观点就是这种宇宙秩序的一种表达方式。亚里士多德的论点‘整体大于它的各部分的总和’是基本的系统问题的一种表述，至今仍然正确。”这样，“整体大于部分之和”便成了现代系统科学中的一条著名定理，整体和部分的关系具体区分为三种情况：“整体大于部分之和”“整体等于部分之和”“整体小于部分之和”。

《知本论》认为：整体与部分的关系在于制度，好制度能让整体大于部分之和，坏制度就只能让整体小于部分之和，协同效应的关键在于结构调整与制度改革。从协异到协同靠创新，从守旧到创新靠协同。人们有一种守旧的偏见，其实，合情合理的守旧是需要的，是协同效益的表现，没有守旧就没有继承，没有守旧就谈不上巩固以前创新的成果。上一轮创新构成现在的守旧，现在的创新构成下一轮守旧。守旧法则就是边际成本递减，好好守旧才能做大，创新法则就是代际收益递增，好好创新才能做强。

二、整体大于部分之和

现代管理学经典《系统论》有一个著名的定理，叫做“整体大于部分之和”。其涵义有如我国古代一则寓言：一根筷子一折就断，十根筷子捆在一起，无法折断。这就是团结才有力量的协同效应，整体功能大于部分功能相加的总和，合作效率大于分散效率相加的总和，团结才有力量，团结力量无穷。

整体大于部分之和是现代管理的普遍现象，但也不排除小于或等于的异常现象。例如电影《三个和尚没水吃》，就属异常现象中的典型事例。三个和尚为什么没水吃呢?

究其原因：一是不团结而出现协异反应，二是没分工导致整体协同功能等于零，三是没有进一步的激励创新机制。对于现实社会中类似的异常现象，一方面加强管理和制度建设，向管理、制度要效益；另一方面要支持肯干的，并惩治捣蛋、误事的。

古希腊的哲学家很重视事物的整体性。赫拉克利特把世界看作是包括一切的整体。亚里士多德得出了"整体大于部分之和"的著名命题，成为古代朴素整体观中最有价值的遗产，至今仍然是现代系统论的一条基本原则。亚里士多德曾经以"整体不是其部分的总和"这个命题更加确切地表述了整体与部分的关系。系统整体的功能，既可以表现为整体大于部分之和，也可以等于部分之和，还可以小于部分之和，这种协同效应决定于各部分之间相互作用的性质。

知本论
好制度使整体大于部分 坏制度使整体小于部分

《知本论》认为：整体不是部分之和有两种情形：一种是在物理反应中，整体是各部分的倍加，整体与部分是同质化的事物；另一种是在化学反应中，整体是各部分的倍乘，整体与部分是差异化的事物。

例如：有一个著名的考试题，就中国古代的哲学家公孙龙提出的"白马非马"的命题，判断命题错误地割裂了事物的：

①一般与个别的关系；②共性与个性的关系；③整体与部分的关系；④普遍与特殊的关系；⑤抽象和具体的关系。

A. ①②③④　　B. ②③④⑤　　C. ①②④⑤　　D. ①②③⑤

本题考查的知识点是矛盾的普遍性和特殊性原理，该题的立意是通过分析中国古代哲学家提出的"白马非马"的错误命题，加深对普遍性和特殊性及其相同范畴的理解，再通过与普遍性和特殊性不同范畴的区别，更加深理解"白马非马"命题错误所在。马是普遍性、共性、一般、抽象；白马是特殊、个性、个别、具体。二者是辩证统一的，而命题却割裂了二者的关系。因为普遍不等于整体，特殊不等于部分，这是不同性质的范畴。所以选③的都不对，答案是C。

当部分以欠佳（无序）的结构形成整体时，就会损害整体功能的发挥。当整体处于统率的决定地位时，就要树立全局观念，办事情要从整体着眼，寻求最优目标；部分影响整体，关键性的部分对整体有决定性的影响，因此要搞好局部，使整体功能得到最大限度发挥。部分创造整体，整体决定部分。

《知本论》认为：部分创新整体，整体协同局部。部分只有实现协同效应与创新效应时才能创造整体，整体也只有实现协同效应和创新效应时才能决定部分。

第二节　创新公理

是哪些力量推动创新成为全民共识呢？

《知本论》认为：创新源于五大动力，也就是人们生理行为、心理行为与社会行为的五大基本规律，这就是创新的五大公理。

一、喜新公理

人们总是喜欢追求新鲜奇异的事物，因为人们长时间不间断地生活在旧事物中，会对旧事物产生审美疲劳，在长时间不接触新事物时，会产生边际审美效益递减。人类的喜新怀旧表现为两类：第一类是喜新厌旧，因为喜欢新人新事而讨厌旧人旧事，此时旧人旧事总是代表着不快乐的回忆；第二类是喜新恋旧，既喜欢新人新事，但也不讨厌旧人旧事，此时旧人旧事仍代表着快乐的回忆。

喜新公理就是边际新颖递减规律或边际美递减规律，任何东西，每多看一次或多用一次，新颖效益就下降一次，第一次感觉最美，以后就会逐次递减，这有点像边际效用递减规律。

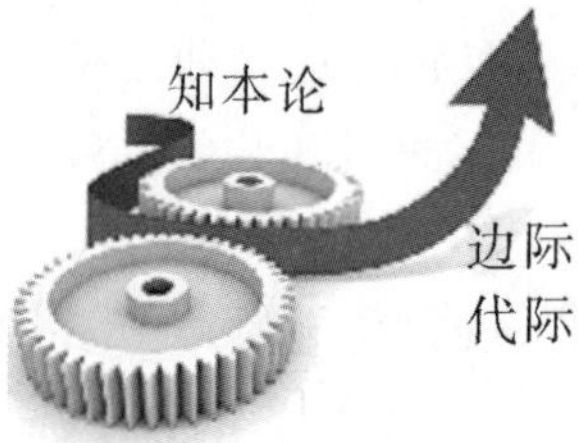

《知本论》认为：创新可以是满足生理需求的“创身”，例如，外科手术和美容手术就是直截了当的“创身”经济，“创新”也可以是满足心理需求的“创心”，例如，文化娱乐产业就是创造快乐的“创心”经济。结合前面商品价值的研究可知，创身价值 = 身用价值 = 物质效能价值，创心价值 = 心赏价值 = 精神美励价值。创身价值与创心价值共同构成商品的绝对价值，绝对价值主要体现商品中人与物的关系，而商品的相对价值包括供求价值与信识价值，主要体现商品中人与人的关系。总之，只要有追星族和追新族的广泛存在，人类的喜新怀旧规律就是社会经济发展的必然规律。技术创新、制度创新和需求导向，共同导致了喜新怀旧规律的作用越来越明显。

例如，孩子对玩具总是喜新厌旧，如果成立一家玩具租借公司，将许多小孩不想玩的玩具廉价收购起来进行出租，就会使每个孩子都能玩到更多的玩具，或者直接成立一个小型玩具园，里面摆上几万种玩具，对小孩子按时收费，这就是一种喜新公理的生意。

二、优胜公理

人们骨子里会喜欢效率更高的东西，而技术创新大多能提高效率，效率提高有助于提高竞争力，或者说，创新者胜出的概率较大，是比较优势者恃强凌弱，还是比较劣势者以弱胜强，强弱转换的关键就在于谁能更好地发挥协新优势，这有点像聪明学生与笨学生，聪明生不一定成绩好，笨学生也不一定成绩差，关键还是看态度——协新效应。

劣币驱逐良币，也称格雷欣法则或格勒善定律，是由 16 世纪英国伊丽莎白铸币局局长托马斯·格雷欣提出的，是在双本位货币制度下，两种实际价值不同但面值相同的货币同时流通于市场，币值（重量或成色）较高的货币（良币）会被收藏而逐渐退出流通领域，而市面上充斥着币值较低的货币的一种现象。

优胜公理

好制度——优胜劣汰
坏制度——劣胜优汰

不对称信息理论的开创者是2001年诺贝尔经济学奖得主——美国加州大学经济学教授乔治·阿克洛夫，他在1970年发表的论文《柠檬市场：质量不确定性和市场机制》中，柠檬在美国俚语中表示次品或不中用的东西，柠檬市场是次品市场的意思。柠檬市场效应是指在信息不对称的情况下，往往好的商品遭到淘汰，而劣等商品会逐渐占领市场，从而取代好的商品，这种由于信息不对称导致的逆向选择使市场中都是劣等商品，不是优胜劣汰而是劣胜优汰。

三、稀贵公理

越是稀缺的东西，就越能提高人的身价，稀贵公理就是边际稀缺递增规律，数量越少，最好只有一个或独一无二，就会越贵。“少而精”未必不如“多而粗”，稀缺经济是钻石经营战略或精英论，而规模经济大多是气球经营战略或大众论。

《知本论》认为：新鲜事物开始的数量较少，单位成本较高，而且人们都形成了物以稀为贵的共识，这种共识主要是信息失衡与单向传播造成的。在农产品、中草药、工业建材等刚性需求行业，均有“物少为宝，物多是草”的名言，因为刚性需求的价格弹性不大，价格的变化对数量的影响不大，例如，粮食或药品都是刚性需求，无论价格高低，需求数量变化不大，当新鲜事物成为刚性需求时，一旦稀缺就有利于供方单向操纵信息传播，价格就极高，稀缺度与对价权成正比或成正相关。稀缺能强化信息不对称与单向传播力，稀缺能创造卖方的对价权优势，强化信息失衡，加强信识剥削。

喜新公理是心理规律，稀贵公理是社会规律，两者有较强关系：喜新是快乐，稀贵是梦想；喜新是本能，稀贵是智能；喜新是心价，稀贵是身价；喜新是时尚，稀贵是奢侈；喜新是冲动，稀贵是感动；喜新是感性消费，稀贵是理性消费；喜新是从众消费，稀贵是出众消费。

稀贵公理

稀贵者，极易操纵
信识定价

“物以稀为贵”的本质就是买方缺乏信息，卖方可以随意编造高成本或高技术的涨价理由，同时，买方因为稀缺也确实能提高精英主义的感觉，因为供求越少的商品，越能给买方以显示身价的理由，这仍然是一种信息不对称所带来的消费心理优势。“稀缺”的真正作用主要是强化了供给方对需求方的信息说服力，越是稀缺的东西，供给方越能操纵信息传播。

经济学就是研究配置稀缺资源和分析市场信息的科学，经济学的两大功能就是解释现象与预测未来，如果所有的生产与生活要素都是过剩的，就不需要经济学了，也不需要创新了，因此，稀缺既是资源创新的根本条件，同时稀缺也是提高利润率的根本保证。

四、单选公理

商品生产者都有对生产成本和商品缺陷的保密性要求，商品宣传都是单向选择传播，这种单选传播是只说好的，不说坏的，新产品不被大家了解成本和缺点，因此，信息单选相对容易，容易在讨价还价中掌握主动权。由于信息单选度高，新产品也容易形成理想的赢利预期。人们常说广告宣传的“水分”很大，这其实都是信息单选公理在起作用，所有的新闻报道与广告信息都是选择性采集与选择性发布的。消费者听到的一定是经营者想让他听到的单选信息，却很难看到媒体工作者不想让他看到的全面信息。

知本论

单选公理

选择性传播——信息失衡
选择性接受——认识失衡

五、以小博大公理

人们天生就喜欢以小博大，希望以较低的成本获取较大的收益，这种赌博心态和投机取巧心理是人类的共同弱点，也是普遍存在的发财公理，尽管创新的确有很大的风险，但是，创新的利润率也是极高的，人们都相信只有出奇制胜的创新才能获得以小博大的机会，因此，人们热衷于创新以求暴发。特别是关于各种创新致富和炒股炒楼致富的报道，更激发了人们渴求创新发财的心理。一招致富或一夜暴富促成了人们的以小博大的投机创新心理。

知本论
以小博大是剩余价值
与协新价值的最优化

六、创新者的困境

微软公司每一位从事新项目的员工似乎都想起了“创新者的困境”这个词汇，该词汇是由哈佛大学商业学院教授 Clayton M. Christensen 在其《创新者的困境：当新技术使大公司没落之时》中提出的，该书自从 1997 年出版以来，在科技公司中引起了轩然大波。这本书描述了新产品是如何使著名公司陷入不利境地的。技术行业要经历一定的生命周期，在一项技术还处于新兴阶段时，大型综合性公司合乎情理，该公司的最大任务便是生产产品，提供服务，在全美电话网络建立的时代，即使没有美国电话电报公司，也会有一家公司处于垄断地位，但是随着技术的成熟，行业便会开始分化，在此以后，适应市场的速度以及用户方便会变得更为重要。当今的个人电脑软件市场便具有典型的成熟特征。

例如：对微软而言，主流产品——视窗操作系统以及 Office 套件——只是巨大的软件程序，大多数用户都只会用到其中的 10% 的功能。正像许多其他新兴技术一样，Java 最先是为另一个市场开发消费者电器，但是该程序可以很方便地运用于互联网。对于微软而言，不管其反托拉斯案件结果如何，微软都会重蹈 IBM 主机覆辙。微软公司仍将在个人电脑操作系统中占据统治地位，但是，和主机一样，微软的个人电脑操作系统不会再是电脑技术的主流，微软将仍然存在，但是不会持续辉煌，市场正是利用创新机制摧毁垄断的。所以说：一个创新者的困境正是其他创新者的机遇。

七、东印度公司的跨国创新

跨国公司是国际市场分工协作的创新，这是对国家界限的市场超越，是全球分工协作的里程碑，而美联储无疑是现在全球最大最强的跨国公司，尽管美联储好像不是公司，跨国公司是国家资本主义的高级形式，这一体制创新就源于东印度公司。

东印度公司始建于 1600 年，英国政府授予东印度公司各种权力，如垄断贸易权、训练军队权、宣战权等，东印度公司实际上成为英国政府入侵印度的代理机构。1858 年，东印度公司被英国政府正式取消，英国政府开始直接统治印度。

1. 最早的国家资本主义。

1613 年，英国在印度西部的苏特拉设立贸易站，不久，又在印度东南部的马德拉斯建立商馆。1698 年，东印度公司向印度莫卧儿政府买下了位于孟加拉湾恒河口岸的加尔各答。加尔各答村庄虽小，作用却非常大，其周围盛产大米、黄麻，河流纵横交错。印度的粮食和工业原料，源源不断地运回英国，英国从中获得了丰厚的利润。英国人在印度大肆掠夺，引起了印度人民的不满，所以英国东印度公司为了更顺利地入侵其他地区，便在加尔各答修筑了一个巨大的堡垒，里面是荷枪实弹、全副武装的英国军人，这些英军还积极训练印度人雇佣军。东印度公司训练雇佣军，表面上雇佣军是印度封建王公所拥有，但这些封建王公因受东印度公司的保护，实际上雇佣军是为英国人服务的，它由英国军官指挥，对英国占领印度起到了极其重要的作用。

1799 年，在攻陷迈索尔首府时，东印度公司抢劫了价值 1500 万英镑的王室珍宝。英国通过东印度公司在印度的另一种掠夺手段是垄断鸦片、食盐和烟草贸易。1813 年，东印度公司对印度的贸易垄断权被取消了，1833 年，英政府又取消了它对中国的贸易垄断权，东印度公司不得不申请破产。

2. 跨国公司成全球杀手。

英国东印度公司这个印度的“政府”还是英国女王的臣子，东印度公司统治的印度也就理所当然地变成了英国的殖民地。当时在印度设立东印度公司的主要有英国、荷兰、法国、丹麦、奥地利、西班牙和瑞典等国，印度成为跨国公司新制度的试验场。

在伊比利亚扩张时期，葡萄牙人达·伽马率船队绕过非洲南端的好望角，到达印度的马拉巴尔海岸，从此欧洲殖民者开始了掠夺印度的血腥历史。当时的印度莫卧儿帝国既有高度发达的文明，又有强大的军事实力，因此殖民者一时无法占领内陆的广大地区，只能在印度东西海岸抢占据点，进行海上抢劫与掠夺性贸易。在西欧殖民者到来之前，印度就已经与其他国家和地区有了发达的贸易联系，然而随着西欧商人的相继到来，印度商人被逐渐从海上贸易中排挤了出去，棉织品、丝织品、蓝靛、香料、珠宝等的输出就都由葡萄牙人、英国人、荷兰人和法国人控制了。

英国的东印度公司成立之初，就遭到荷属东印度（现在的印度尼西亚）的荷兰人和葡萄牙人的“狗咬狗”战争。1600 年 12 月 31 日，英国商人为了同荷兰商人竞争而率先成立了英国东印度公司，一年后，荷兰就紧接着成立了尼德兰联合东印度公司，英荷两国商人剑拔弩张，直到 1623 年，英荷两国才达成默契：荷兰垄断东印度群岛，英国垄断印度次大陆。

3. 东印度的国际分工链。

跨国公司是从东印度公司的产业链布局中成长起来的，这种经济殖民构成了跨国公司的时代创新。

西欧商人手中有从美洲掠夺的白银和黄金，他们可以大量购买印度精美的棉织品和丝织品，这促进了印度出口商品生产的进一步扩大。出口商品的增长还促进了农产品的生产，17 世纪中叶，在孟加拉和旁遮普的一些地区，已经有几十万农户在从事出口棉织品的生产了。西欧商人控制的出口型经济增加了印度人的就业，使印度人变得更加富裕；臣民们变得更富裕就会有助于朝廷增加税收，就会有助于统治者政治上的稳定。莫卧儿王朝的国王们不仅容忍了西欧商人控制的出口型经济，甚至还在 1717 年允许英国在印度进行自由贸易，这就是 17 世纪末依然强盛的莫卧儿王朝听任西欧商人设立东印度公司的原因，专制王权与腐败资本总能在国际市场上找到利益平衡点。

知本论

跨国公司是国际化的蜘蛛侠

最初，英国人主要利用东印度公司做生意，慢慢地，东印度公司就成了英国殖民者侵略印度的工具。英国东印度公司在1609年续领特许状时，就取得了5项特权：掠地铸币、筑城养兵、缔结盟约、宣战媾和及审理刑事民事案件。1613年，英国在印度西部的苏特拉设立贸易站，不久又在印度东南部的马德拉斯建立商馆，1651年又被允许在胡格利通商。1698年，东印度公司买下了印度3个村子的包税权，实际上等于买下了3个村子的领土，其中一个村子就是加尔各答。尽管加尔各答村很小，但其周围盛产大米、黄麻，而且地理位置非常重要，东印度公司在这里设立了贸易总部，把印度的粮食和工业原料源源不断地运回英国，英国从中获取了丰厚的利润。英国东印度公司还通过垄断鸦片、食盐和烟草贸易等手段牟取暴利。

4. 跨国公司拒绝两权分离。

许多人误以为跨国公司是纯粹的经济行为，其实全世界的跨国公司都是强大的政治载体，完全脱离政治的跨国公司根本不可能存活，跨国公司都是国有企业，都不需要两权分离，相反，跨国公司却要求国家所有权与企业经营权适度融合。18世纪初期，强盛的莫卧儿王朝开始衰落，印度又重新分裂为许多的小城邦，而此时英国东印度公司实力越来越强，于是它抛开了商业公司的外衣，逐渐占领了马德拉斯、加尔各答和孟买，然后在这里设立管区。为了能更顺利地入侵其他地区，英国东印度公司还在加尔各答修筑了一个巨大的堡垒，里面为它服务的全是荷枪实弹、全副武装的英国军人。

做生意的东印度公司建立了军队，这下印度人终于不干了。1756年，孟加拉的纳瓦布（相当于总督）向东印度公司提出抗议，要求它们拆除堡垒，但英国人根本不予理睬。于是纳瓦布发兵赶走了英国人，收回了加尔各答，这就是著名的英印七年战争的导火索。1757年1月，英印开战，在狡猾英国人的贿赂下，英军在普拉西战役中打败印军，孟加拉的纳瓦布被杀死，孟加拉国库被抢。英军拿走的金银珠宝，总价值达3700万英镑，这还不包括装入个人腰包的总价值为2100万英镑的财物。七年战争是世界历史上的一个转折点，也是英国历史上的一个转折点，英国成为了世界强国。

5. 军队是国际殖民的保护伞。

1765年，东印度公司取得孟加拉、比哈尔、奥里萨的收税权，主宰了孟加拉。公司直接掌握了财政和军权，也就间接掌握了行政权。印籍人员负责办理事务，但无实权，史称双层统治。1767年，英国议会通过了东印度公司管理法，原加尔各答的省督改称总督，由英王直接任命，其任务是代表英国政府全权管理英国占领下印度的全部领土。至此，英国政府开始通过东印度公司直接统治印度，东印度公司由私有企业变成了国有企业，最终变成了统治印度的殖民主义政府。英国人一旦在印度安顿下来，就完全走上通往世界帝国和世界首富的道路。

6. 跨国公司留下相对贫困。

跨国公司都是输出无形无限、边际成本为零的知本，以掠夺有形有限、边际成本极高的资本，拿走的是绝对财富，留下的是相对贫困。英国的殖民统治沉重地打击了印度的手工业，使千百万的手工业者失去了生活来源，大批人因饥饿而死亡。达卡城的人口由18世纪中期的15万人下降到1840年的三四万人。“这种灾难在商业史上几乎是绝无仅有的，织布工人的尸骨把印度的平原漂白了。”一位东印度总督曾经这样说。英国的殖民统治还造成了印度的饥荒。英国东印度公司为了赚钱而横征暴敛，在其统治印度东部以后不久就将田赋提高了近一倍，造成了连年的饥荒，仅1770年的孟加拉大饥荒就饿死了一千万人，约占孟加拉人口的1/3。

在西欧殖民者到来之前，印度一直是世界上繁荣富庶的地区之一，而在变为英国的殖民地之后，印度就成了一个被西方人鄙视的落后国家。从18世纪60年代起，东印度公司对华贸易特权被取消后，来广州十三行贸易的英国商人从原来统一由东印度公司组织的团商变为散商，英国政府特派官员与中国政府交涉商务事宜，使原来商人与商人之间的交涉一变而成为政府间的交涉，从而埋下了中英两国冲突的种子。市场垄断权力被取消后，东印度公司不得不申请破产。1858年，东印度公司用尽毕生精力为英国聚敛到足够的财富之后，被一脚踢开，东印度公司被英国政府正式取消，英国政府开始直接统治印度。

7. 东印度公司的还魂术。

现在的跨国公司都是改头换面的东印度公司，表面上没有贸易独占权或拥有军队，实际上更加巧妙，只是将军队隐藏在跨国公司之后，而且凭技术与资本进行垄断。16世纪末至17世纪初，先后有葡、英、荷、丹、法等国在东半球的印度、印度尼西亚、马来西亚等地成立东印度公司。至于为什么都取名“东印度公司”，这与哥伦布错把美洲当作印度并以讹传讹有关。1492年，哥伦布航行到达今天中美洲的西印度群岛，错把它当作印度，把当地土人当作印度人（今天仍把美洲原住民称为印第安人，在英文里与印度人是同一个单词）。以后人们发现错了（哥伦布本人至死不承认自己错了），但仍然将错就错，把真正的印度（甚至印度尼西亚等一些东南亚国家）叫作东印度，把美洲加勒比海的岛屿叫作西印度，上述这些殖民公司的名称就由此而来。英国取得最后的胜利，英国东印度公司也最有名。随着工业革命的开展和逐步完成，自由竞争、自由贸易已成为新兴工业资产阶级的强烈要求，这种特权公司已不适应资本主义进一步发展的要求，18世纪中期，东印度公司先后被各国政府解散，国家资本主义从垄断阶段进入自由竞争阶段。

《知本论》发现：“跨国”是国际化的代名词，不能“跨国”流动的资源都说不上国际化，有限责任公司是公司责任风险的制度创新，起源于东印度公司的跨国公司是全球分工协作的市场创新，有限责任与跨国市场是全球公司制度的两大创新。跨国公司本质上是所有权与经营权的高度分离，是两权分离的最高形式，投资人在一国之内，经营者则遍及全世界，使全球资源的整合广度（市场范围）、整合深度（产业延伸）、整合力度（融资能力）达到了前所未有的高度，国际化的主要形式就是跨国公司化，所以说，东印度公司开创了国家资本主义竞争的全新时代，拉开了国际市场创新的历史大幕，东印度公司定义的国际化或跨国公司至今影响巨大。

第三节 炒作周期论

早在1995年，美国著名的IT研究咨询机构Gartner就发明了这样一个工具，并用它准确预测了本世纪初互联网泡沫的破灭，这个叫作“炒作周期”（Hype Cycle）的理论，将一项新技术从产生到成熟，再到为市场广泛接受的全过程浓缩为5个阶段，分别是：触发期、过热期、幻灭期、复苏期和成熟期。

（1）触发期阶段：新技术产生之初，被业界和媒体广泛关注，曝光率（关注度）直线上升；

（2）过热期阶段：概念炒作达到顶峰，技术成熟度和业界应用远远落在后面，媒体对新技术产生了大量不切实际的期望；

（3）幻灭期阶段：泡沫破灭，媒体态度大转弯，从原先的新技术支持者变成声讨者，概念本身渐渐被人淡忘；

（4）复苏期阶段：虽然新技术已经很少有媒体曝光，但在业界并没有完全死去，不少企业在慢慢推动新技术走向成熟，技术本身的优势和局限逐渐被大家认识；

（5）成熟期阶段：已经达到成熟期的新技术，在市场中找到了自己的位置，虽然不像原先媒体期望的那样具有颠覆性，但却实实在在地改变着人们的生活。

炒作周期理论的神奇之处在于它成功地解释了很多新技术在整个应用生命周期中，时间与媒体曝光度之间的关系。

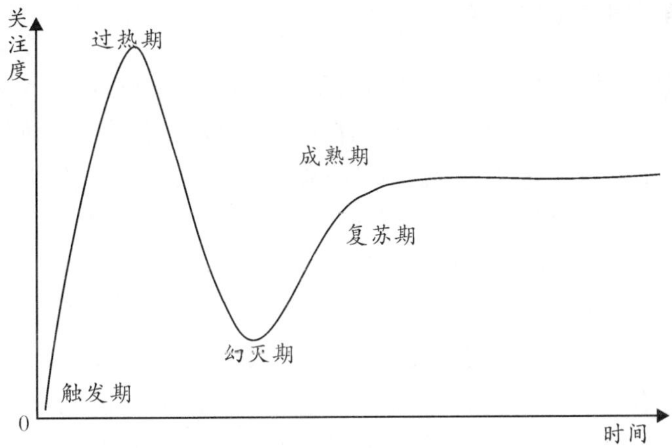

炒作周期曲线理论

例如，从Web 2.0这个概念的Google Trends曲线，我们可以看出其正处于幻灭期阶段，并仍在下滑。炒作周期论的最大用处，就在于提醒我们什么时候才是采用一项新技术进入一个新市场的最佳时机。在过热期阶段进入新技术市场，面临的是竞争激烈，技术成熟度不足，而市场关注度又会进入一个空前的下滑期。那些在幻灭期阶段进入新技术市场的创业公司，由于竞争不再激烈，市场的春天也不太遥远，存活的机会大大增加。但并非所有技术都能从炒作周期的第三阶段顺利过渡到第四阶段，炒作周期论关键在于要预测和分析投资时机。

一、鸿沟理论简介

《跨越鸿沟》是 Geoffrey Moore 关于高科技产品市场营销的成名作。一个新产品在整个生命周期中，不同市场区段的用户购买它的理由完全不同。

例如早期市场用户购买新产品，往往是希望获得新技术带来的竞争优势，也做好了产品不完善和兼容性差的心理准备，而主流市场用户，则希望新技术带来的是对现有主流产品的增量改进，对技术成熟度和兼容性要求较高。Geoffrey Moore 对这条鸿沟的分析，主要集中在市场营销方面。由于早期用户和主流市场用户对产品要求存在差异，因此这两类用户不能互为参考，而通常主流市场用户不会在没有咨询任何参考意见的情况下做出购买决策，这就是鸿沟产生的原因。今天的早期用户们，早已在各种新产品的轰炸下疲于奔命。他们的注意力和精力，作为一种稀缺资源，已经无法长时间集中于某种特定的产品。跨越鸿沟的基础，很可能在新产品尚未到达主流市场之前就开始崩溃。确实，今天的市场，永远不缺乏创新，而留给创业家们跨越鸿沟的时间，也越来越短。对一款新产品来说，成名的机会只有一次，而能够利用的早期用户资源，却非常有限。匆匆忙忙地推出不完善产品，会导致大批早期用户流失，这显然不是明智之举。

二、中国将推 GDP 新核算体系

在 2013 年中国经济年会上，国家统计局表示，明后年中国将推行新的 GDP 核算体系，中国 GDP 总量将增多。调整 GDP 核算体系的原因是联合国等国际组织 2008 年对国民经济核算国际标准进行了修订，而我国目前的核算体系仍然是采纳联合国 1993 年《国民经济核算体系》标准，已经滞后，而美国已经采用新的标准对 2012 年 GDP 进行了重新核算，结果是 2012 年 GDP 规模增加了 3.6%。

新的核算体系主要是在研发支出、住房服务、央行产出、劳动报酬、财产性收入方面做出统计变革。研发方面，将把研发支出作为投资形成固定资产，而不是生产其他产品的成本，不过也不是所有的研发开支都作为投资。国家统计局官员解释说："把给所有者带来经济利益的研发支出作为固定资本形成处理，不给所有者带来经济利益的研发支出仍然作为中间投入处理，比如基础性的，至少暂时不给所有者带来利益，就不能作为固定资产形成处理。"

GDP 新算法提高了新经济在国民经济中的地位，也会带来 GDP 总量增加，仅这一项就使美国 GDP 规模增加了 2.5%。中国的研发投入比美国少一些，但是中国的 GDP 基数也比美国少，由此带来的 GDP 增幅可能仅比美国稍低。对城镇居民自有住房服务价值核算法的修订主要是由目前市场租金法和成本法结合的办法改为国际上广泛使用的市场租金法测算，这一改变仅仅是统计方法的改变，不会对实际的房价和房租价格带来影响，不过 CPI 统计中的住房价格要改变。修订还包括将雇员股票期权计入劳动者报酬，将土地承包经营权流转收入计入财产收入等。股票期权纳入报酬，是因为作为激励员工的重要方式之一，雇员股票期权制度正在被我国越来越多企业所接受和实施，目前已有 18.6% 的上市公司提交了股权激励计划，而将土地承包经营权流转收入计入财产收入，也是因为目前农民土地承包经营权流转增多，流转收入已成为农民收入的重要组成部分，将其纳入财产收入，能提高农民财产性收入占农民收入的比重。

《知本论》认为：研发作为固定投资是一种进步，但是，研发是一种无形无限的知本，而不是有形有限的资本，作为固定投资并不准确，最好作为“流动资金”或“应收账款”来处理。

第四节 创新扩散曲线

罗杰斯的创新扩散模型是对创新采用的各类人群进行研究归类的一种模型，它的理论指导思想是在创新面前，一部分人会比另一部分人思想更开放，更愿意采纳创新。这个模型也被称之为创新扩散理论，或称多步创新流动理论和创新采用曲线。

创新扩散理论是美国学者埃弗雷特・罗杰斯提出的。埃弗雷特・罗杰斯认为创新是一种被个人或其他采纳单位视为新颖的观念、时间或事物，而一项创新应具备相对的便利性、兼容性、复杂性、可靠性和可感知性五个要素。另一美国学者罗杰・菲德则认为创新还应当包括“熟悉”这一要素。罗杰斯把创新的采用者分为革新者、早期采用者、早期追随者、晚期追随者和落后者。

创新扩散包括五个阶段：了解阶段、兴趣阶段、评估阶段、试验阶段和采纳阶段。

创新扩散的传播过程可以用一条S形曲线来描述。在扩散的早期，采用者很少，进展速度也很慢；当采用者人数扩大到居民的15%～50%时，进展突然加快，曲线迅速上升并保持这一趋势，即所谓的起飞期；在接近饱和点时，进展又会减缓。整个过程类似于一条S形的曲线。在创新扩散过程中，早期采用者为后来的起飞做了必要的准备。这个看似势单力薄的群体能够在人际传播中发挥很大的作用，劝说他人接受创新。在罗杰斯看来，早期采用者就是愿意率先接受和使用创新事物并甘愿为之冒风险的那部分人，这个数量占人口的10%～20%。创新扩散比例一旦达到临界数量，扩散过程就起飞，进入快速扩散阶段。饱和点的概念是指创新在社会系统中一般不总能100%扩散。事实上，很多创新在社会系统中最终只能扩散到某个百分比（饱和点）。创新推广的最佳途径是将信息技术和人际传播结合起来加以应用。S形曲线理论在市场营销、广告推广、产品代谢以及媒介生命周期的研究方面都有着广阔的应用前景。

创新者是勇敢的先行者，自觉推动创新。创新者在创新交流过程中，发挥着非常重要的作用。早期采用者是受人尊敬的社会人士，是公众意见领袖，他们乐意引领时尚、尝试新鲜事物，但行为谨慎。早期采用者人群是有思想的一群人，也比较谨慎，但他们较之普通人群更愿意、更早地接受变革。后期采用者人群是持怀疑态度的一群人，只有当社会大众普遍接受了新鲜事物的时候，他们才会采用。落后者是保守传统的一群人，习惯于因循守旧，对新鲜事物吹毛求疵，只有当新的发展成为主流、成为传统时，他们才会被动接受。

创新采用曲线说明：试图快速印证，广泛采用全新的、争议中的创新主意，是不现实的。促进创新采用的最好方法是首先说服创新者与早期采用者。在沟通过程中，还可

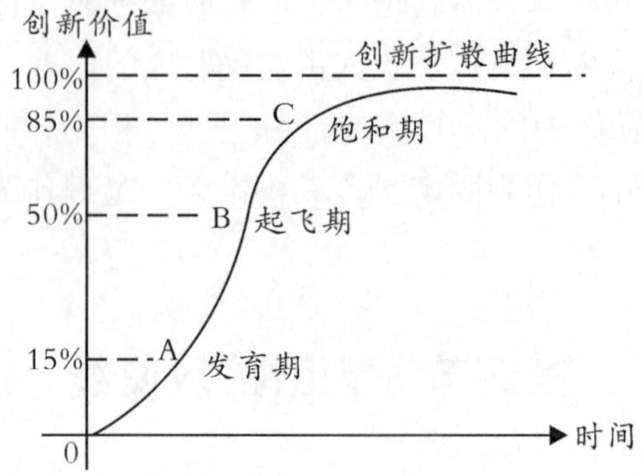

以结合创新类别与采用百分比，更为准确地估计目标群体。

近两年，日本家电企业连续巨亏，夏普亏损56亿美元，松下连续两年亏损额接近100亿美元，索尼股价则跌至30年来新低，这三家日本家电巨头在过去5年时间里的亏损额超过了过去20年的利润总额。昔日风光无限的日本家电业到底怎么了，为何呈现出集体性的亏损？原因在于日本家电业赢了技术的细节，输了市场的格局。

第一，日本家电够“硬”不够“软”。麦肯锡的分析师科尼万认为，日本企业以往主要进行硬件和设备创新，但目前的问题是，全球创新的主要动力已经从硬件转移到了软件、系统和解决方案等领域。不能根据海外市场变化及时调整，日本企业内伤在所难免。

第二，高不成和低不就。日本企业高附加值产业转型有助于其技术革新，这无可争议，但这种“就高不就低”的革新所带来的优势，在短期内难与欧美、韩国以及中国企业拉开差距。如今的技术革新是开放式的，从技术创新到普及时间越来越短，韩国、中国企业本身由此得以不断快速向高端发展，甚至能借助互联网信息时代势头实现反超。日本企业不断退出低端市场，却没获得多少高端优势，在移动互联时代显得进退失据。

第三，故步自封、反应迟缓。日本企业对自己曾在技术和生产方面创造的辉煌过于自信，但忽视了从消费者的角度看待产品。津贺一宏在接任松下总裁时道出了日本家电业的通病。

第五节　四大创新学派

纵观技术创新理论的发展，可以将对技术创新理论的研究分成新古典、新熊彼特、制度创新和国家创新系统四个学派。

一、新古典学派

技术创新的新古典学派以索洛等人为代表，运用了新古典生产函数原理，表明经济增长率取决于资本和劳动的增长率、资本和劳动的产出弹性以及随时间变化的技术创新。他区分出经济增长的两种不同来源：一是由要素数量增加而产生的增长效应，二是由要素技术水平提高而产生的水平效应。

1957年，索洛在其发表的《技术进步与总生产函数》一文中，推算出1909—1949年间美国制造业总产出中约有88%应归功于技术进步。

二、新熊彼特学派

技术创新的新古典学派是将技术创新过程看成一个黑箱，他们本身并不关心这个黑箱内部的运作，这与将技术创新作为一个过程进行研究，研究黑箱内部运作机制的新熊彼特学派形成了鲜明的对照。

三、制度创新学派

戴维斯和诺斯在1971年出版的《制度变革与美国经济增长》一书中，提出了制度创新理论，制度创新是指经济的组织形式或经营管理方式的革新，产权的界定和变化是制度变化的诱因和动力，戴维斯和诺斯把制度创新的全过程分为五个阶段：形成推动制度变迁的第一行动集团（顶层设计），即对制度变迁起主要作用的集团；提出有关制度变迁的主要方案；根据制度变迁的原则对方案进行评估和选择；形成推动制度变迁的第二行动集团，即起次要作用的集团；两个集团共同努力去实现制度变迁。市场规模扩大和技术进步本身是制度的函数，即制度安排是决定市场规模和技术进步的重要因素，这等于承认了生产关系决定生产力或制度决定科技。

四、国家创新系统学派

国家创新系统是参与和影响创新资源的配置及其利用效率的行为主体、关系网络和运行机制的综合体系。

20世纪80年代，弗里曼在考察日本企业时发现，日本的创新活动无处不在，创新者包括工人、管理者、政府等。

纳尔逊在1993年出版的《国家创新系统》一书中指出，现代国家的创新系统在制度上相当复杂，既包括各种制度因素和技术行为因素，也包括致力于公共技术知识研究的大学和科研机构以及政府部门中负责投资和规划等机构。纳尔逊强调技术变革的必要性和制度结构的适应性，认为科学和技术的发展过程充满不确定性，因此国家创新系统中的制度安排应当具有弹性，发展战略应该具有适应性和灵活性。

五、创新者的两难困境

克莱顿·克里斯坦森是哈佛商学院教授，也是《创新者的两难困境》一书的作者，根据他的观点，当企业太过擅长于取悦消费者而忽略竞争对手时，那些曾经被轻视的对手会出其不意地将该企业吞噬。

创新者的两难困境意味着一些成功的公司在过度关注遗留产品而忽视了新产品之时，会迷失方向。他们太过于强大，以至于他们看不见对手的崛起，即使看到了，也因为骄傲自满而感受不到任何威胁。无论是哪种情况，通常的结果都是新兴者存，一时称霸者亡。

微软做尽了所有股东要求的事情——赚钱、赚更多的钱、赚不计其数的钱，却未能创造新业务来生成新的收入来源，维持公司未来的生命力。微软寻求收益和利润最大化的策略，却也将有意义的创新产品踢出门外。微软现在享用的两棵摇钱树 Windows 和 Office 都是在 20 世纪 80 年代就创造了的，这才是缺少及时创新的表现。

创新者困境的解决办法非常简单，也非常难以置信：在竞争对手之前创造未来；长远利益优先于现时利益。但是，这两条解决方法看似简单，实则不然。

真的有公司能够创造下一代革命性产品并改变未来吗？当然没有。这种公司要不就根本不存在，要不就是规模小到无人知晓。一个公司如何能够预知未来？这意味着公司将无视利润、财政破产风险，无视员工的财政激励，无视债权人，无视投资者，无视股东，无视华尔街……或者，换句话说，无视现实。

这是一个两难的创新困境，这就是我们把它称作困境而不是问题的原因。问题是能够被解决的，而困境意味着只能在同等的两难中做出选择。一个公司可以选择在前期赚钱，在晚期面临停滞的风险，或者在前期承担收益不佳的风险，而在晚期获得理论上可持续永久的创新水平。每年都有成百上千的公司都因为选择了后者而破产，也许选择前者会更加令人愉悦。

苹果创始人乔布斯很明显希望解决创新者的困境，达到双赢。他曾经说："苹果证明了一个美国公司可以达到如何伟大的成就，苹果所达到的是一个科学与美学的交汇点。当一些公司赚到几百万美元的时候，他们就乐得晕头转向，急忙交出了自己的创新灵魂。这就是我想强调的最重要的一点：我们会成为一个能赚 100 亿美元的公司，并且，我们永远不会失去创新灵魂。"

为了能够克服创新者的两难，乔布斯创造了一种激进的新方法来运行公司，他对公司的规划组织方式与 20 世纪中其他的所有大公司都截然不同。

第六节　蓝海战略

蓝海战略最早是由钱·金和莫博涅于 2005 年 2 月在两人合著的《蓝海战略》一书中提出的，聚焦于红海等于接受了商战的限制性因素，即在有限的土地上求胜，却否认了商业世界开创新市场的可能。

运用蓝海战略，视线将超越竞争对手移向买方需求，跨越现有竞争边界，将不同市场的买方价值元素筛选并重新排序，从给定结构下的定位选择向改变市场结构本身转变。蓝海以战略行动作为分析单位，战略行动包含开辟市场的主要业务项目所涉及的一整套管理动作和决定，在研究 1880—2000 年 30 多个产业 150 次战略行动的基础上，指出价值创新是蓝海战略的基石。价值创新挑战了基于竞争的传统教条即价值和成本的权衡取舍关系，让企业将创新与效用、价格与成本整合一体，不是比照现有产业最佳实践去赶超对手，而是改变产业景况重新设定游戏规则；不是瞄准现有市场高端或低端顾客，而是面向潜在需求的买方大众；不是一味细分市场满足顾客偏好，而是合并细分市场整合需求。

蓝海战略要求企业突破传统的血腥竞争所形成的“红海”，拓展新的非竞争性的市场空间。与已有的通常呈收缩趋势的竞争市场需求不同，蓝海战略考虑的是如何创造需求，突破竞争。我们的目标是在当前已知市场空间的红海竞争之外，构筑系统性的、可操作的蓝海战略，并加以执行，只有这样，企业才能以明智和负责的方式拓展蓝海领域，同时实现机会的最大化和风险的最小化。任何一家企业，无论其规模大小，是已有的行业企业，还是新进入该行业的企业，都不应也不能过度冒险。

旧比较优势论是强调低成本生产或低成本制造，是强调协同效应，而《知本论》的新比较优势论是强调高利润生产或高利润创造，是强调创新效应。红海市场中，协同效应是生死命门，而在蓝海市场中，创新效应也是发展关键。

一、重建市场边界

从硬碰硬的竞争到开创蓝海，使用六条路径重建市场边界。

（1）跨越他择（Alternatives）产业看市场。

红海思维：人云亦云地为产业定界，并一心成为其中最优。蓝海观点：一家企业不仅与自身产业对手竞争，而且与相关的他择产品或服务的产业对手竞争。

（2）跨越产业内不同的战略集团看市场。

红海思维：受制于广为接受的战略集团概念，并努力在集团中技压群雄。蓝海观点：突破狭窄视野，搞清楚什么因素决定顾客选择。

（3）重新界定产业的买方群体。

红海思维：只关注单一买方，不关注最终用户。蓝海观点：买方是由购买者、使用者和施加影响者共同组成的买方链条。

（4）跨越互补性产品和服务看市场。

红海思维：雷同方式为产品服务的范围定界。蓝海观点：互补性产品或服务蕴涵着未经发掘的需求，简单方法是分析顾客在使用产品之前、之中、之后都有哪些需求。

（5）跨越针对卖方的产业功能与情感导向。

红海思维：接受现有产业固化的功能情感导向。蓝海观点：市场调查反馈的往往是产业教育的结果，企业挑战现有功能与情感导向能发现新空间，如果在情感层竞争，可否去除哪些元素使之功能化，反之亦然。

（6）跨越时间参与塑造外部潮流。

红海思维：制定战略只关注现阶段的竞争威胁。蓝海观点：从商业角度洞悉技术与政策潮流如何改变顾客获取的价值，如何影响商业模式。

二、蓝海战略三原则

一个企业永远不应将其眼睛外包给别人，伟大的战略洞察力是走入基层、挑战竞争边界的结果。蓝海战略建议绘制战略布局图将一家企业在市场中现有战略定位以视觉形式表现出来，开启企业组织各类人员的创造性，把视线引向蓝海。

蓝海战略三原则：

（1）寻找徘徊在企业的市场边界，随时准备换船而走的“准非顾客”。这些“准非顾客”，在找到更好的选择前，只是最低限度地使用现有产品和服务，一旦有更好的选择就会换船而走。例如针对上班族无所适从的午餐，英国 Prêt A Manger 快餐厅关注上班族午餐的共同需求：快速、新鲜、健康，提供新鲜美味的成品三明治，免除餐位，将购买行为缩短为 90 秒，每年在英国售出 2500 万份三明治。

（2）寻找有意回避市场的“拒绝型非顾客”。因为市场现有产品或服务不可接受或者超过他们的经济承受能力而不使用。1964 年德高广告创造了“街道家具”概念，此前户外广告为公路广告牌和运输工具广告，广告呈现时间很短，德高意识到缺乏市中心固定广告放置点是产业不受欢迎的原因，为此，德高通过向市政府免费提供街道家具及其维修保养，出售广告空间获得高达 40% 的利润。

（3）寻找处于远离市场的“未探知型非顾客”。产业内的企业通常从未把这些“未探知型非顾客”定为目标顾客，这些人的需求常常被想当然认为属于其他市场，如果企业知道他们丢弃的此类顾客数量之大肯定会大吃一惊。例如牙齿增白从来被认为是牙医的事儿，当最近口腔护理厂商着眼于这种需求时，市场随之爆炸般膨胀。

三、遵循合理的战略顺序

遵循合理的战略顺序，建立强劲的商业模式，确保将蓝海创意变为战略执行，从而获得蓝海利润，合理的战略顺序可以分为买方效用、价格、成本、接受四步骤，克服关键组织障碍。企业经理们证明执行蓝海战略的挑战是严峻的，他们面对四重障碍：一是认知障碍，沉迷于现状的组织；二是有限的资源，执行战略需要大量资源；三是动力障碍，缺乏有干劲的员工；四是组织政治障碍，来自强大既得利益者的反对，自己在公司中还没有站起来就被人打倒了。

威廉·布拉顿领导的纽约警察局 20 世纪 90 年代变革，提出了引爆点领导法，其理论是在任何组织中，当数量达到临界规模的人们以信心和能量感染了整个组织而行动起来去实现一个创意时，根本性变化就会发生。与组织变革理论转变大众为基点不同，引爆点领导法认为转变大众就要把力量集中于极端，也就是集中于对组织业绩有超凡影响力的人、行为和活动之上。

公平过程来源于社会科学家对心理学的研究，人们不仅在意结果（功劳）本身，也在意产生结果的过程（苦劳），当程序公正得以实施，人们对结果的满意度和支持度就上升。公平过程的三 E 原则：邀请参与（Engagement）、解释原委（Explanation）、明确期望（Clarity of Expectation）。邀请参与表达允许发表意见和反驳，表达管理层的尊重；

解释原委让所有的相关人员了解最终的战略决策为何如此制定；明确期望是清晰讲述新的游戏规则，如何评价业绩和惩罚不佳。实现公平过程的关键不在于新的目标、期望和责任，而在于人们是否清楚地理解了它们。围绕公平过程的原则来组织蓝海战略的制定，一开始就将战略执行建成战略创建的一部分，就能够将政治游说和偏袒减少到最低，使人们集中精力执行战略。

四、三类创新战略

冯志强在《创新战略》中，根据创新的难度和特点把创新分为三种类型：①领先型创新；②跟随型创新；③依赖型创新。

1．领先型创新——改革。

《知本论》发现：领先型创新证明“生产力决定生产关系”，领先的生产力可以发展出领先的生产关系。

领先型创新是以重大的发明创造成果或全新的经营管理观念为基础的改革。创新的结果通常是建立起一个全新的市场，创造一个全新的需求空间。如：青霉素的发现和研制成功使全世界开始普遍使用新的抗生素，尼龙的发明则创造了一个全新的合成纤维产业。领先型创新具有与其他类型创新全然不同的特点，它集高利润和高风险于一身，必须运用特殊的战略对策才能使创新成功。

领先型创新有四个显著特征：一是创新背景的综合复杂性，往往需要多种技术的综合才能成功；二是创新过程的长时期性，一项新药的研制往往需要几年甚至十几年的时间；三是创新过程中的高淘汰率，只有不到5%的设想能够成为现实；四是创新的市场接受性难以预测，可视电话早已出现，但至今仍没有得到市场的广泛认可。

领先型创新的战略对策有：创新前要细致地分析创新的条件。创新的成功需要全力以赴地投入。参与领先型创新者必须雄心勃勃，否则注定要失败。全力以赴要求创新者要以在新产业或新市场中取得领导权或支配性地位为目标，并且一开始就要取得这种领先地位。

知本论　技术创新——生产力决定生产关系
　　　　制度创新——生产关系决定生产力

领先型创新要找准战略重点。领先型创新不偏爱第一个成功者，初期的成功稍有失误就会被别人超过，这就要求重点必须明确，决不能犹豫不定，柯达发明数码相机后，久拖不决，最终被自己发明的数码相机技术打倒了。

领先创新要注意三点：①发展与创新相关的整个市场。爱迪生和英国人斯旺都发明了电灯，但后者仅仅是一个科学家。爱迪生则在发明的同时筹资取得了向电灯用户架线的权力，并建立了整个配电系统，创造出新的电力产业。②要以市场为导向。杜邦公司的成功并不是去卖尼龙，而是开辟了以尼龙为原料的女内衣消费品市场，并开发了使用尼龙的汽车轮胎市场等。③生产制造中的关键环节。美国普菲策公司成功的关键是把重点放在青霉素生产中的发酵环节上。

2. 跟随型创新——改良。

《知本论》发现：跟随型创新证明“生产关系决定生产力”，当生产关系处于专制与腐败的落后状态时，一个国家没有学习能力，无法跟随，只有当一个国家积极主动地改革开放时，才有学习能力与跟随创新的可能，只有先进制度才能决定先进技术的使用效率。

跟随型创新是在别人的创新基础上所进行的创新。实施跟随型创新的企业总是把别人已经搞出来但却没有充分认识其意义的创新项目拿来或买来，在其基础上加以完善、创新，并占领市场。

跟随型创新的特点：①跟随型创新的思路与领先者不同。它注重技术，却以市场为导向。创新领导者必须要有较高的洞察力。②跟随型创新是风险较小的创新。跟随型创新者往往是在别人刚刚完成发明时，就进入了角色。这时新市场多半已初见端倪，新的风险投资已可以被人接受，而且市场需求量也往往比原发明者所能提供的要大，市场分割已经明显，或可以分析出来。这时，可以通过市场分析，了解顾客购买的内容、方式以及接受的价格等。原创新者的许多拿不准的问题都已经明朗了，但问题在于原创新者往往看不清真正的市场潜力和进一步开发的紧迫性，这就给跟随型创新者创造了条件。

跟随型创新适用于一些较为重要、影响面大的产品加工过程或服务。创新通常以较高的市场占有率为目标。跟随型创新最适用于高技术领域。在高技术领域，最初的创新者通常是技术专家，他们往往忽视以市场为中心这一点，而偏重于技术或产品本身。由于缺乏充分的市场调查和认识，经常不能正确认识创新的实际意义和进一步开发的方向，而跟随型创新者正好利用了这一弱点。创新必先认真分析市场的需求变化，要善于分析别人的弱点。

最先的创新者之所以常常败在跟随者手中，是由于他们往往有一些根深蒂固的习惯性观念，这些观念能使他们在新的创新面前固守陈规，不知不觉地把优势让给了自己的竞争对手。跟随型创新者要熟知这样一些企业通病：盲目崇拜老产品，认为老的更成熟，技术更可靠，顾客更认账。美国电子管制造厂家就曾坚信他们花 30 年时间不断革新的电子管收音机是无可匹敌的，而晶体管这类新东西则还要有很长一段路要走，因此采取高价的“榨油”政策。瑞士最初的豪华石英表，追求大而全实际上是在鼓励他人竞争。施乐公司研制的复印机总是倾向于多功能，以满足不同的市场需求；而日本的与之竞争的公司则专门设计满足不同需求的专用复印机，追求最优化，结果抢占了许多复印机市场。跟随型创新者要能够转向快，灵活，愿意以市场需求为转移。IBM 两次运用竞争对手的思路，改变产品设计适应市场需求，可谓是求实的改革者。创新的成功取决于必要的补充性创新。跟随型创新之所以是一种创新，是因为它不是对原有创新的照搬模仿。最初的创新可能缺少什么东西，也可能在适应不同需求方面缺少具体、多样的设计，所以，跟随型创新要根据用户需求将其完善化。

3. 依赖型创新——改善。

依赖型创新是在大市场中占领某个较小生存位置的创新。与领先型创新不同，实施依赖型创新的企业并不谋求产业领导地位，它们默默无闻，不图扬名，但却有别人所不能取代或竞争的地位。

依赖型创新成功必备的两个条件：第一，创新对象必须是某个过程或系统中不可缺少的产品，如果不使用它就要付出极高的代价，比如丧失一只眼睛，就会使整个系统或过程归于失败。第二，创新产品的市场必须是有限的，它能使捷足先登者全部占领，而且小得不足以吸引其他人来竞争。所以，许多小部件的创新都具有这方面的特点。

依赖型创新既有长处，也有一些致命的弱点，创新者对这两方面都必须有清醒的认识。依赖型创新的优点是可以避免竞争和挑战，默默地获取可观的收益，而且，只要它所赖以生存的系统没有解体，它就永远能使企业赢利，这类创新的有效期通常都很长。

依赖型创新有两方面弱点：第一，依赖型创新占据了某市场后，就进入一种相对静止状态，很难再有大的发展，企业无法扩大生产，因为无论该产品多么物美价廉，它只是某个系统或过程的附属物。相对静止状态容易使企业家视野狭小，容易用一孔之见去看事物，而对新的创新机会麻木不仁。第二，依赖型创新产品的兴衰完全依赖于它所从事的产品系统。和领先型创新一样，依赖型创新也需要对创新机会进行系统全面的分析。为了独占市场，依赖型创新必须在一个新产业、新习惯、新市场或新潮流刚露出苗头时就动手。“时机”在此扮演着重要角色。依赖型创新也需要有一些与众不同的独到之处，例如：阿尔肯实验室生产的酶在 20 世纪就被人研制出来了，但由于它很容易变质，即使在冷藏条件下也只能保存几个小时。阿尔肯的独到之处在于它运用一种防腐剂，能够保证酶的活性免受破坏。

依赖型创新在成功之后，也要不断改善自身的技术或服务，以保持领先地位，使自己永远与众不同。

第七节　创新 36 计

创新，顾名思义，创造新的事物。

《广雅》：创，始也；新，与旧相对。创新一词出现很早，如《魏书》有“革弊创新”，《周书》中有“创新改旧”。

创是“始”的意思，所以创造不是后造，而是始造或先造。通常说创造，含有造出了一个前所未有的事物的意味。说创新，大致有两种意味。一种意味是创造了新的东西，这和创造实际是同一个意思。另一种意味是本来存在一个事物，将它更新或者造出一个新事物来代替它。在这种意味下，创新中包含了创造。创造不可能凭空而起，新的创造一般是建立在原有的事物或其转化的基础上，包含了对原有事物的创新，因而创造中又包含了创新。

人类的创新可以分解为两个部分，一是思考，想出新主意，一是行动，根据新主意做出新事物，一般是先有创造创新的主意，然后有创造创新的行动。创造和创新还有一种特定的含义，创造是指想新的，创新是指做新的。

在西方，英语中 Innovation（创新）这个词起源于拉丁语。它原意有三层含义，第一，更新，就是对原有的东西实行替换；第二，创造新的东西，就是创造出原来没有的东西；第三，改变，就是对原有的东西进行发展和改良。

在西方，创新概念的起源可追溯到 1912 年美籍经济学家熊彼特的《经济发展概论》。熊彼特在其著作中提出：创新是指把一种新的生产要素和生产条件的“新结合”引入生产体系。它包括：引入一种新产品，引入一种新的生产方法，开辟一个新的市场，获得原材料或半成品的一种新的供应来源。熊彼特的创新概念包含的范围很广，如涉及技术性变化的创新及非技术性变化的组织创新。创新是指人类为了满足自身需要，不断拓展对客观世界及其自身的认知与行为的过程和结果的活动。或具体讲，创新是指人为了一定的目的，遵循事物发展的规律，对事物的整体或其中的某些部分进行变革，从而使其得以更新与发展的活动。创新是企业家首先向经济引入的新事物，这种事物以前没有从商业的意义上被引入经济之中。

中国的兵法 36 计本质上就是市场创新战略。

36 计是指中国古代 36 个兵法策略，语源于南北朝，成书于明清。它是根据我国古代卓越的军事思想和丰富的斗争经验总结而成的兵书，是中华民族悠久文化遗产之一，也是技术创新和市场创新可以应用的计谋。其中，发明式创新是无中生有、暗度陈仓、借尸还魂和树上开花等。发现式创新是借刀杀人、笑里藏刀、抛砖引玉和浑水摸鱼等。

《南齐书・王敬则传》：“檀公三十六策，走为上计，汝父子唯应走耳。”意为败局已定，无可挽回，唯有退却，方是上策。

宋代惠洪《冷斋夜话》：“三十六计，走为上计。”

明末清初，引用此语的人更多，于是有心人采集群书，编撰成《三十六计》，但此书到底何时何人所撰已难确考。

原书按计名排列，共分六套，即胜战计、敌战计、攻战计、混战计、并战计、败战计。前三套是处于比较优势时所用之计，后三套是处于比较劣势时所用之计。每套各包含六计，总共三十六计。其中每计名称后的解说，均依据《易经》中的阴阳变化之理及古代兵家刚柔、奇正、攻防、彼己、虚实、主客等对立关系相互转化的思想推演而成，含有朴素的军事辩证法的因素。

（1）瞒天过海：本指光天化日之下不让天知道就过了大海，形容极大的欺骗和谎言。

创新案例：吉列剃须刀销售时赠送 5 美元的刀座，却追求 5 美分的刀片销售量，瞒

> 知本论：兵法36计是生产关系或市场策略的创新，不是生产力或武器技术的创新

天过海地获得巨大成功。

节能家电与节能汽车炒作节能水平，以及月饼和礼品的豪华包装都是一种瞒天过海之计。几乎所有的广告宣传都是“说好不说坏”的瞒天过海。

（2）围魏救赵：本指围攻魏国的都城以解救赵国，现指包抄敌人的后方来迫使它撤兵的战术。

创新案例：瑞士机械表曾被日本电子表的低价格打得节节败退，后来瑞士推出更加物美价廉的塑料表，将日本石英表打倒在地，从而拯救了瑞士高端的机械表与奢侈表。

苹果在智能手机上发力，颠覆了诺基亚在传统手机上的霸主地位。

（3）借刀杀人：比喻自己不出面，假借别人的手去害人。

创新案例：中国的假洋名牌，如香武士、达芬奇、乔丹体育等都是假借“洋刀”来害人，傍大款营销或傍名人营销都是“借刀杀人”之作。

（4）以逸待劳：指作战时不首先出击，养精蓄锐，以对付从远道而来的疲劳敌人。

创新案例：日本家电巨头松下、索尼、东芝、夏普等曾经凭借模仿和改进吸收欧美技术，以逸待劳地获得成功。

惠普电脑总是采取后发制人的策略，等别人先推出新品后再对消费者进行调查，逐步完善模仿，以慢打快，后来居上，降低创新风险和市场推广费用。

（5）趁火打劫：本指趁人家失火的时候去抢东西。现比喻乘人之危捞一把。

创新案例：在国美电器老板入狱后，苏宁电器大规模扩张，趁火打劫，从而超越了国美的市场地位。

美国频频对中国实行反倾销、反补贴的双反制裁，就是对中国的低成本出口趁火打劫，其实，美国对农业的补贴很高，补贴率高达农业成本的90%左右，并且用过时技术和武器大肆倾销其他国家，美国才是世界最大的二流技术倾销国、贬值美元倾销国、垃圾文化倾销国与农业高补贴国。

（6）声东击西：指表面上声言要攻打东面，其实是攻打西面。是军事上使敌人产生错觉的一种战术。

创新案例：节能家电与电动汽车大肆宣传节能技术，声东击西地提高价格，其实节能技术并无多大突破。

美国金融家经常对别国股市和货币声东击西，有时明打货币贬值，实打股市崩盘。例如：打压人民币升值，其实是要倒逼中国房地产升值，以方便国际热钱借道中国的房价泡沫而打劫中国财富。

（7）无中生有：本指本来没有却硬说有，现形容凭空捏造。

创新案例：苹果发明智能手机，无中生有地抢了传统手机的市场。

美国经常诬蔑中国是汇率操纵国，其实，能操纵汇率的只有世界货币霸主——美元，人民币不能自由兑换，没有能力也没有办法去操纵任何国家的货币。

一切发明都是无中生有，所有新产品都是无中生有，所有的创新都是无中生有，一切知本扩张都可以达到边际成本与代级成本都为零的无中生有。人类最大的资源不是矿藏、机器和印钞机，而是知本化的脑袋，脑袋就是无中生有的发动机。

（8）暗度陈仓：后多比喻暗中进行某种秘而不宣的活动。

创新案例：某不法富豪以撤稿费和广告费钓鱼对媒体进行新闻封口，这是明修栈道，暗度陈仓，是利用权钱交易对其总裁的关联交易大案进行新闻封口。

美国攻打伊拉克，表面上高举反恐大旗，实则是因为伊拉克出口石油要用欧元结算，动摇了美元作为世界核心储备货币的霸主地位。

（9）隔岸观火：隔着河看对岸的火，比喻对别人的危难不予援救而在一旁看热闹。

创新案例：凉茶双雄王老吉和加多宝为了商标和包装争吵不休，其他对手坐怀不乱，隔岸观火，坐收“搭便车”的宣传良机。

（10）笑里藏刀：比喻外表和气而内心阴险。

创新案例：美国为了让苏联四分五裂，分崩离析，假装支持苏联的市场经济改革，阴险地鼓吹私有化浪潮，实则是打压卢布，导致苏联通货膨胀，美元对卢布的汇率暴涨约1000倍，最终以极低的成本控制了苏联的核心产业与重要资源。

瞒天过海的美元霸权
围魏救赵的石油战争
借刀杀人的贸易协定
趁火打劫的双反制裁

（11）李代桃僵：原指桃、李共患难，比喻兄弟相爱相助，后用来指互相顶替或代人受过。

创新案例：通货膨胀是一些政府笑里藏刀的恶行。

（12）顺手牵羊：顺手就牵了羊，比喻不费劲，乘机便得到的，现多指乘机拿走人家东西的偷窃行为。

创新案例：美国扶持日韩的目的就是为了顺手打压中朝，推动美国军火的高价销售。

（13）打草惊蛇：打动草惊动了藏在草里的蛇，后指做事不周密，行动不谨慎，而使对方有所觉察。

创新案例：柯达过早透露了发明数码相机的技术，却贪恋胶片相机的市场份额，结果打草惊蛇，反而让众多对手捷足先登，导致柯达被自己发明的新技术打败了。

（14）借尸还魂：人死后灵魂可附着于别人的尸体而复活，后用以比喻已经消灭或没落的事物，又假托别的名义或以另一种形式重新出现。

创新案例：中国改革开放最大的阻碍就是腐败，惩治腐败就是防止腐败分子窃取广大人民的财富，借尸还魂，大发权力财。

（15）调虎离山：设法使老虎离开山头，比喻为了便于行事，想法子引诱别人离开原来的地方。

创新案例：福特汽车是世界汽车业鼻祖，最早在汽车业发明了流水线生产，但过分保守而丧失了丰富多彩的汽车创新，通用汽车调虎离山，坚持创新而出奇制胜。

（16）欲擒故纵：要捉住他，故意先放开他，比喻为了进一步的控制，先故意放松一步。

创新案例：不少世界知名品牌为了拓展市场，故意放纵盗版和专利技术，待市场成熟之后再发起专利保护权之战，广收专利费，专利费的本质就是技术附加值或协新价值，是边际成本和代际成本几乎为零的创新附加值。

（17）抛砖引玉：以自己粗浅的意见引出别人高明的见解。

创新案例：新浪微博其实就是很简单的信息传播，相当于手机短信，小小的创新就引发了一个庞大的市场需求。一切创新都是抛创新之砖，引需求之玉。

（18）擒贼擒王：作战要先擒拿主要敌手，比喻做事要抓关键。

创新案例：企业经营一定要突出主业或主要品牌，学会抓主要矛盾，在主业上做深做透做强，钱要花在刀刃上。阻碍生产力与生产关系相互决定的最大因素是腐败，反腐倡廉就是擒贼先擒王。

知本论

无中生有的碳排放税
借尸还魂的贸易壁垒
欲擒故纵的世行贷款
笑里藏刀的投资移民

（19）釜底抽薪：从锅底抽掉柴火，比喻从根本上解决问题。

创新案例：中国房地产价格越调控就越高，从根本上说，政府要增加住房供给并降低土地拍卖价格，房价高企的关键问题是政府对土地开发的垄断和人民币的对内贬值，中国房价问题就是土地供给与货币供给的政府过度干预。

（20）混水摸鱼：比喻趁混乱时机攫取不正当的利益，也作“浑水摸鱼”。

创新案例：股神巴菲特和索罗斯最善于利用各国的金融泡沫来混水摸鱼，先是操纵股价大涨，接着就是操纵股价大跌，在中小股民的盲目跟风中巧打时间差而大发横财。

（21）金蝉脱壳：蝉变为成虫时要脱去幼小的壳，比喻用计脱身。

创新案例：加多宝与王老吉的凉茶大战，加多宝巧妙地激起王老吉的反击欲以抬高加多宝的知名度，王老吉欲罢不能的反击正好成全了加多宝的品牌上位，加多宝脱去了王老吉这件名牌衣服的同时，也让“金蝉”加多宝赚足了眼球，王老吉正中了加多宝的脱身之计。

（22）关门捉贼：关起门来捉进入屋内的盗贼。

创新案例：对于国际热钱推高中国的房价与物价，中国政府如何让热钱在中国落地生根或关门收钱，是一个很大的考验。

(23) 远交近攻：结交离得远的国家而进攻邻近的国家，这是秦国用以并吞六国，统一全国的外交策略。

创新案例：一些人太崇洋媚外而轻视本国名牌，这种“远交近攻”的消费观是一种对民族品牌的不信任和伪爱国主义。

(24) 假道伐虢：以借路为名，实际上要侵占该国。虢，诸侯国名。

创新案例：美国、英国和德国等五国银行曾力压日本签订“广场协议”，大肆放纵日元升值100%，先拉高日本股价与房价达到不可思议的天价，再联合全球主流热钱打压日本股市与房价，借道日元升值，制造了日本长达20多年的经济低迷，血洗了日本国民几十年的银行存款。

(25) 偷梁换柱：比喻暗中玩弄手法，以假代真。

创新案例：许多天价奢侈品牌的伪造者常常以假乱真，其实，天价名牌的造假者是劫富济贫的市场侠客，用的是一种技术替代和升级换代来激发需求的偷梁换柱术。

(26) 指桑骂槐：指着桑树骂槐树，比喻借题发挥，指着这个骂那个。

创新案例：提高二手房交易税，就是变相抬高一手房房价，既加了二手房的税，又赚了一手房的税。

(27) 假痴不癫：假装痴呆，掩人耳目，另有所图。

创新案例：美联储历任主席都是大智若愚、大巧若拙的讲话天才，将全球金融市场玩弄于股掌之间，美联储、高盛和花旗说“涨”，你千万别信，因为他们的关联银行早已提前布好了局，你一进去就会被套住；反之，如果美联储、高盛和花旗说“跌”，也未必可信。

(28) 上屋抽梯：上楼以后拿掉梯子，借指与人密谈，也用以比喻怂恿人，使人上当。

创新案例：美国只要压哪个国家的货币升值，就一定是骗你没商量，让你升得越高才能跌得越重。

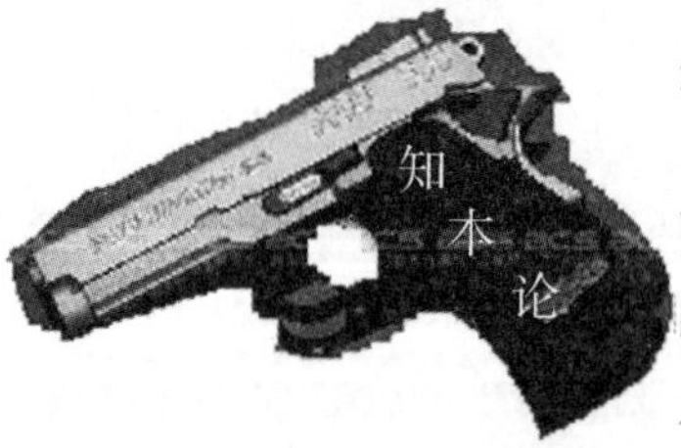

金本位釜底抽薪
比特币混水摸鱼
页岩气金蝉脱壳
欧佩克关门捉贼
人民币抛砖引玉

(29) 树上开花：比喻将本求利，别人收获。

创新案例：“假洋鬼子”是一种“高明”的傍洋名牌策略，中国产品之树，开了国外名牌之花，曲线国际化，如哈佛电器、山水音响、乔丹体育、达芬奇家具、欧典地板等品牌。

(30) 反客为主：本是客人却用主人的口气说话，后指在一定的场合下采取主动措施，以声势压倒别人。

创新案例：美欧帝国主义在全球的经济殖民，主导了不少国家的经济命脉，以品牌、资本、技术控制了殖民国的产业链与要素链和定价链，以价值密度极高的知本扩张，席卷殖民地的大量劳动与资源，实现了几乎零边际成本的无限扩张。

（31）美人计：以美女诱人的计策。

创新案例：当代的天价奢侈品是一种华而不实的美人计，明星代言、美女促销则是另一种美人计。

（32）空城计：在敌众我寡的情况下，故意显示不设防备，造成敌方错觉，从而惊退敌军之事。

创新案例：欧元区没有统一的财政，陷入货币空心化的危机，在欧债危机频频爆发之后，欧元大唱空城计以防分化瓦解，但只要不统一欧洲共同体的各国财政，欧元的空城计肯定唱不下去。

（33）反间计：原指用敌人的间谍或计谋为我所用，后指用计谋离间敌人引起内讧。

创新案例：美国为了控制落后国家的经济解体或经济殖民，培植了大批打着经济学家或高级专家名号的经济刺客，充当殖民地的内奸，为穷国说话，其实是为富国办事。

（34）苦肉计：故意毁伤身体以骗取对方信任，从而进行反间的计谋。

创新案例：贫国接受“低成本”制造其实是一种国际分工协作中的“苦肉计”也是富国计计，贫国付出大量的劳动并浪费了大量的资源，还留下大量的污染。

明星代言美人计
名牌代工空城计
跨国兼并反间计
砸残次品苦肉计

（35）连环计：连续设置环环相扣的复杂圈套以打击对手。

创新案例：俄罗斯与乌克兰之争，其实是美国在设连环计，而俄乌双方都付出了惨重的经济代价，反倒是美国提高了军火出口，以连环计打击了卢布对美元的威胁。

（36）走为上计：看到形势对自己极为不利时就逃走以待时机。

创新案例：创新的风险很大，90% 以上的创新如果发现时机不对，难以获利，投资大多变成了沉淀成本，就应果断放弃，以免越陷越深。通用电器曾经大规模退出家电产品与赢利能力差的产业就是精彩的“走为上”。

第十一章

协新价值

创新成本或代际成本是差异化成本，包括增量代际成本与总量代际成本，增量代际成本是创新所增加的成本，如节能空调比不节能空调所增加的成本，高速列车比低速列车所增加的成本，总量代际成本是创新产品的总成本，如一部新手机的总成本。

整体协同大于部分之和，部分创新等于整体之积。协同效益是集体价值大于所有个体价值之和，这是农民告别小农经济走入规模经营的工厂的原因，也是企业必然做大才能赢得竞争的原因，因为仅凭个体价值无法生存，农民靠小农经济的收益已无法生存，只能出来打工融入和分享工业文明的集体价值。创新效益是新要素倍增全部要素之和或者要素改良倍加全部要素，也可表述为整体改革倍加全部个体之和或者改良后的整体价值倍加全部个体价值，新要素给全部要素创造了乘数效应，即成功的创新都必须适合代际收益递增规律，如果一项创新不能实现规模效益（协同价值）代代相传的递增，规模经济就面临失败。规模经营有两权分离、边际成本递减与代际收益递增三大必要条件。

协新价值源于生产上的比较优势与消费上的比较求势，因为比较优势提高了分工协作的生产效率，比较求势提高了分配协商的生活效率，在比较求势中，不仅有生产力上的物质需求，更有生产美上的精神需求，因此，在低端消费中，竞争力或性价比起决定作用，而在高端消费中，竞争美或美价比起决定作用，但定价权中的力价权体现了物质竞争，而美价权体现了精神竞争。在自由平等的共产主义理想竞争状态，一个商品的定价权高，就说明协新价值高。

举一个最简单的例子，假设 A 工人个体劳动价值为每月 240 美元，B 工人个体劳动价值为每月 250 美元，C 工人个体劳动价值为每月 260 美元，三个工人单独劳动，只能创造 750 美元的简单劳动的总价值，但是，如果三个人进行合理分工协作，各自发挥比较优势，那么能创造 1200 美元的整体价值，协同效益（附加值）是：整体价值 - 个体价值 = 1200 - (240 + 250 + 260) = 1200 - 750 = 450（美元）。

协同效益 450 美元不是一成不变的，在边际效益递减规律的作用下，面临激烈的市场竞争，这450美元在第二年可能变成440美元，第三年变成430美元，依此类推，企业不得不进行创新，假设这三个人发明了一个新技术，附加值从1200美元变成3000美元，那么代际收益或创新效益 = 3000 - 1200 = 1800美元，代际效益递增规律能不断“中止”边际效益递减规律，注意，中止不是停止或终结，中止就是“转型升级”，创新后的边际效益递减表现为：第一年协同效益是3000美元，第二年是2800美元，第三年是2600美元，依此类推。协同效益与创新效益的融合生长就是协新价值，没有无协同的创新，也没有无创新的协同，协同的边际革命就像一个人的生命是有限的，生命的时光总是边际寿命递减的，那么，为什么不会死绝呢？原因就在于生殖（创新），一代人的寿命是有限的，但人类与其他动物一样，可以一代又一代地传下去，而且人类的寿命越来越长，这是代际效益递增规律的作用。边际效益递减是协同的生命限度，代际效益递增是创新的内在要求与发展规律。边际收益递减是上一轮创新的不断否定，而代际收益递增是下一轮创新的不断肯定，这就是社会的发展规律。创新效益或代际效益是差异化效益，包括增量代际效益与总量代际效益，增量代际效益是创新所增加的效益，如一辆摩托车比一辆自行车所增加的效益，一台空调比一台电扇所增加的效益，总量代际效益是新产品的总效益，如一台最新款电脑或最新式智能手机的总效益。

边际效益递减——协同有限——竞争压力

代际效益递增——创新无限——竞争动力

附加值贸易测算法是协新价值从理论到实践的里程碑事件，也是增值交换受到广泛认可的证明。被动的员工创造剩余价值，主动的员工创造协新价值；分裂的员工榨取剩余价值，团结的员工创造协新价值。协新价值就是人的主观能动性，说明精神力量可变物质力量，生产力与生产关系的矛盾是社会经济矛盾，生产力与生产关系的协同和创新决定社会经济发展。比较优势是生产力问题，协新优势是生产关系问题。比较优势是协新优势长期积累的结果。例如对于美女，姿色是比较优势或资本优势（属于硬实力或生产力），而才德是协新优势或知本优势（属于软实力或生产关系）。

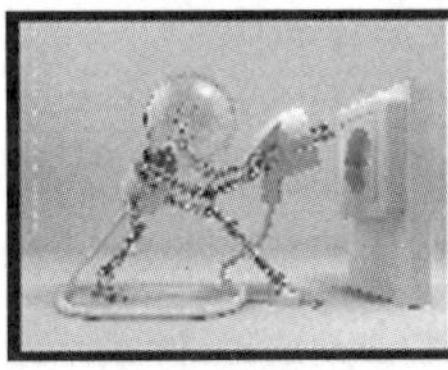

知本论

无协同的创新——找死

无创新的协同——等死

创新强国可以不受落后制度的阻碍而专心技术革新，因为其主要矛盾是科技矛盾，制度矛盾是次要的，但创新弱国总是百般为落后制度与既得利益集团辩护，总是幻想在不改革腐败制度的前提下发展经济，其主要矛盾是制度矛盾，科技矛盾暂居第二位。人类历史无可争辩地证明，腐败是生产力与生产关系相矛盾的双刃剑，腐败度较高时，生产关系是主要矛盾，生产关系决定生产力；腐败度较低时，生产关系就降为次要矛盾，生产力上升为主要矛盾，生产力决定生产关系。主要矛盾决定次要矛盾，次要矛盾也可转化成主要矛盾，人类社会不同发展阶段有不同的主要矛盾。腐败是中国当前的主要矛盾，因此中国改革主要是反腐，是生产关系改革决定生产力改革。

第一节 生产关系

协新价值有三层意义：从生产力看，协新价值是先进技术与高效益生产；从生产关系看，协新价值是市场参与方的平衡互利关系；从精神文明看，剩余价值代表缺德剥削，协新价值代表道德和谐。马克思说：“一旦有适当的利润，资本就大胆起来……有 50% 的利润，他就铤而走险；有 100% 的利润，他就敢践踏一切人间法律；有 300% 的利润，他就敢犯任何罪行，甚至冒绞首的危险。”马克思一针见血地指出了榨取剩余价值的私有制之祸。资本主义的生产关系是建立在剩余价值基础上的剥削关系，是极少数超级富豪掌握了全国的经济命脉，而社会主义的生产关系是建立在协新价值基础上的共富关系，是全国民众共同掌握全国的经济命脉。由于各国在不同发展阶段的主要矛盾相差较大，因此，当生产力成为社会经济发展的主要矛盾时，是生产力（科技）决定生产关系（分配制度），反之，当生产关系成为社会经济发展的主要矛盾时，是生产关系（分配制度）决定生产力（科技）。生产关系是调节经济外部性的关系，是协同关系与创新关系的总和。

无论是剩余价值产生的私有制，还是协新价值产生的公有制，都不是法律意义上的产权规定，而是一个纯粹经济学上的研究。其实，公司法人或企业法人的出现，特别是有限责任公司的法律创新，使得公司或企业可以脱离投资主体而存在于市场，并承担有限责任。有限责任公司只就公司的法人行为负责，并不涉及出资者的其他财产，这实际上使出资人的政治属性变得无足轻重，因为不管是国家出资还是个人出资，只要是有限责任公司，不是无限责任公司，国家和个人都不必为有限责任公司承担无限责任。还有一点，当今一统天下的有限责任公司制度，大多实现了企业所有权与经营权的两权分离，投资者不一定是经营管理者，这也使得公有制与私有制并不必然导致管理上的根本差别，职业经理人制度对公有制与私有制都是同样适用的。

有限责任的本质就是公私兼顾，即有限的公与有限的私相兼顾，任何有限责任公司，本质上就是公私兼顾的公司。企业大多是有限责任公司，政府大多是无限责任公司。公有制就是有限的私有制，私有制也是有限的公有制。政府在市场经济中是有限责任公司，开放了私反而成就了公；反之，政府在计划经济中是无限责任公司，禁止了私反而也害惨了公，说明公与私是相辅相成的互利关系，是整体与个体、积分与微分、宏观与微观的关系。

知本论

协新价值要求生产力决定生产关系
剩余价值要求生产关系决定生产力

有限责任公司制度与两权分离制度，都是人类经济制度的创新，其本质就是完全淡化了或解除了出资者的政治属性对企业日常经营的重大干扰，是完善市场竞争机制的必然要求。中国的国有企业经过长期的两权分离改革，特别是成为上市公司之后，其所有权的国有血统在资产货币化或资本证券化的大潮中得到稀释，并融入了大量的私人血液，除了极少数涉及国家军事安全与经济安全的特殊产业之外，绝大多数公有制企业都融入了市场竞争。

总之，在有限责任制度、两权分离制度、股份制度、公司破产法、反不正当竞争法和反垄断法的共同作用下，企业的投资主体无论姓公或姓私，在《公司法》或《企业法》中都有明确的产权收益，也都可以聘请职业经理人来代理经营，更重要的是，在多数国家，私有企业是一国经济实力的根本保障，每年解决的就业人数与上交的税费远远超过国有企业，私有企业更要遵守国家的法律并承担社会责任，因此，私有企业也可以为一国经济所有，为一国人民公有，如果私有企业主要靠榨取剩余价值，那就是名副其实的“私有 + 私营”的私人企业；如果私有企业主要靠创享协新价值，那就是名不副实的“私有 + 公营”的私人企业，实际上就是“私人创造、公众分享”的公有制企业。

一、社会效益标准

以生产资料来定义公有或私有，是一种典型的政治血统论，因为生产资料是公有的，不等于经营收益就一定是利公的，反之，生产资料是私有的，也不等于经营收益就一定是利私的。

例如，A 企业是国家投资的，生产资料属于国家，B 企业是私人投资的，生产资料属于私人。假如 A 企业年年亏损或低效垄断，企业高管却享受天价的灰色收入与各种福利，生产资料虽然属于国家，但生产好处却全给了少数人，这种公有制真的姓公吗？显然不是，其实是名公实私。假如 B 企业是私人投资，虽然生产资料属于私人，但该企业屡屡有重大创新，在国际上很有核心竞争力，为国家出口创汇巨大，劳资关系十分和谐，给国家贡献了巨额利润，这种私有制真的姓私吗？显然，既姓私，更姓公。

在资产货币化或证券化高度发达的今天，生产资料也融入了货币化或证券化的世界大潮，控制了货币或证券（债券或股票），就等于控制了生产资料，因此，以生产资料来划分公与私显然不符合金融业的创新主流，生产资料也不等于产品定价权与利润归属权。假设一个国有企业的生产资料全是姓公，但该企业负债额超过净资产，这种生产资料标准就毫无意义。如果一个国有企业的利润年年都被腐败分子挥霍一空或转移到国外，那么这种生产资料的公有也是毫无意义的，因此，判断一个企业的属性，主要不在生产资料的控制权，而在社会经济效益的控制权，这种控制权就在于产品定价权或利润归属权。

一个企业只有在能赢利时才能继续生存，如果是亏损的企业，就谈不上社会效益，所以社会效益标准并不是脱离经济效益标准的，而是高于经济效益标准的，一个社会效益好的企业，前提是经济效益好的企业，但是，经济效益好的企业只有兼顾企业、员工、股东与国家的整体利益时，才算得上是社会效益好。社会效益的背后，隐含着企业必须坚持平衡各方利益的协新价值模式，而不是一味榨取资本利润的剩余价值模式。一个能榨取巨额剩余价值的劳动密集型企业，虽然它的经济效益很好，老板榨取的剩余价值很多，但社会效益并不好，这就是名副其实的私有企业，反之，像美国苹果电脑与美国微软公司，创新能力领导全球，为人类社会做出了巨大的贡献，劳资关系也十分和谐，虽然企业赚取了大量利润，但这种创新领导型企业的社会效益极高，虽名为私有制，实为公有制，真正的大企业不是属于私人，而是属于人类，成功上市的私营企业显然就是公有制——公众共同拥有的股份制。其实任何一个上市公司都是公众公司，都是新型的公有制。

二、流行多年的血统论

许多人都认为国家或集体投资经营的企业就是公有制企业或公营企业，私人投资经营的企业就是私有制企业或私营企业，这是一种流行多年的血统论或投资论，是从投资者的政治血统或政治属性来界定企业的经济特征，这种划分公有制与私有制的血统论显然不利于国家财政和税收政策的制定。

生产方式比生产资料更能决定经济外部性是利公还是利私。

如果国有企业亏损，负责国有企业的领导人却拿着几千万元的高薪，这种国有企业其实只是由少数人控制并由少数人获利的私营企业或私利企业，国家成立公有制国企的目的，并不是要浪费国资，而是要增加国家与民众的收益，因此，以国家投资和经营的生产资料来定义公有制就太简单化了，因为生产资料本质上是一种生产成本，公有成本并不必然导致公有利润，当然，私有成本也不必然导致私有利润。定义公有制与私有制不应是看基于生产资料的“血统”或“关系”，更应看“业绩”或“贡献”。

《知本论》认为：如果一个企业只对私人有利，那就是名副其实的私营企业或私有制，反之，如果一个企业既对私人有利，更对广大民众有利，那就是名副其实的公营企业或公有制，这不是由投资者或生产资料的血统来决定，而是由企业经营的社会效益来决定。

三、什么是“制”

公有制与私有制的“制”是一种制度、标准、模式，也可以指一种经营状态或效益方式，这里的“制”形式上是生产制度，实质上是分配制度。凡是有利于国家和社会的经营制度或生存模式，能创造巨大的社会效益的，这种“制”就是公有的“制”，或利公的“制”，就是以公众利益为主的利公之制或公有制。反之，如果生产效率低下，而且创造的社会效益极少，这就是以私人利益为主的利私之制或私有制。“制”也可以理解成“限制”，限制私有利益的“制”就是公有制状态，限制公有利益的“制”就是私有制状态，当然，评判一个企业是公有制还是私有制，关键是要坚持社会效益标准，不管企业的投资者是谁，只要创造的社会效益很差，就是私有制，反之，只要创造的社会效益很好，就是公有制，今天的公有制有可能变成明天的私有制，今天的私有制也有可能变成明天的公有制。好制度给人无需补偿的收益，坏制度给人不可补偿的成本。

《知本论》以社会效益标准来划分公有制与私有制，这是一个理论飞跃，对于资本主义的私企国有化改革与社会主义的国企股份制改革都具有极大的指导意义，现代的国有控股企业纷纷上市成为股份制，就是打破公有制血统，股份制让国企与民企都变成了混血儿，所有上市公司，不再是纯粹的“白种人”或国家血统，也不再是纯粹的“黑种人”或民间血统，一经上市，股票就可以被任何人买卖，这种“混血儿式”的股份制改革，就是打破了划分公有制国企与私有制民企的血统标准，可以说，股份制改革就是支持了《知本论》的社会效益标准，无论是白人还是黑人，能创造巨大社会效益的就是好人，公有制就是好企业标准；反之，私有制就是坏企业标准。社会效益是划分公有制与私有制的标准。

《知本论》认为：定义公有制国企与私有制民企的关键是要看社会效益，而不是看投资血统，凡是以榨取剩余价值为主的企业，无论国企还是私企，都是私有制企业或公营企业，反之，凡是以创享协新价值为主的企业，无论国企还是私企，都是公有制企业或公营企业。假如公有制像“白种人”，私有制像“黑种人”，股份制像“黄种人”，那么判断所有制的“血统论”就会得出“种族歧视”结论，其实，白种人不一定就行善，黑种人也不一定就作恶，判断“公”与“私”的标准应该是“德行”或“业绩”，而不是“血缘”或“种族”。剩余价值是一种企业恶行，协新价值是一种企业善行，作恶的企业就是私有制企业或私营企业——只为私利而经营的企业，行善的企业就是公有制企业或公营企业——为国家和民众而经营的企业。

剩余价值——私有制——利私经营

协新价值——公有制——利公经营

从员工的角度看，凡是劳资冲突很激烈，员工收入很低的企业，主要是榨取剩余价值的血汗工场，企业主创造的社会效益极少，这是私有制企业的特征。反之，凡是劳资关系很和谐，员工收入较高，主要是创享协新价值的创新工场，企业主创造的社会效益极高，这就是公有制企业的特征。

四、私有制与剩余价值

私有制与公有制是目前许多人都关心的焦点问题，人们在谈论私有制与公有制的时候，都只谈论的是经济私有制和经济公有制，而忽视了另一种形式的私有制和公有制——政治私有制和政治公有制。那么何为政治私有制和政治公有制呢？所谓政治私有制或政治公有制，就是指建立在社会地位和政治权力的“私有”或“公有”基础之上的一种社会制度。同理，经济私有制或经济公有制则是建立在财产的“私有”或“公有”

基础之上的一种社会制度。私有制是私人定义外部经济，公有制是国家定义外部经济。

私有制和公有制主要是从家族性质的角度来讲的，而非从个人性质的角度来讲的，即衡量一种制度是私有还是公有的标准是看其是否实行血缘继承制或世袭制。如果一种制度实行血缘继承制或世袭制，那么这种制度就是私有制的；如果一种制度不是实行血缘继承制或世袭制，那么这种制度就是公有制的。比如现在的经济制度实行的就是私有制，就是父母可以将其财产世袭给其子女，或者说子女可以继承父母的财产，世袭和继承只是一种逆向表述的关系，即世袭是“父母→子女”的表述，继承是“子女→父母”的表述，两者的实质是一样的。如果没有这种血缘继承制或世袭制，那么现在的经济制度会发生根本性的改变。

美国经济学家科兹教授曾指出：苏联实行计划体制始于1928年，到1975年的大约50年时间里，经济发展速度是非常快的，超过了除日本以外的所有资本主义国家，由于实行了社会主义公有制，建立了计划经济制度，早在1940年前后，就从一个落后的农业国建设成为一个工业化国家，苏联成为了社会主义公有制的老大哥。苏联经济20世纪90年代初实行私有化，生产力反而下降50% ，物价上涨几千倍，贫富悬殊达到了十分可怕的程度。

马克思说过：“一旦有适当的利润，资本家就大胆起来……有50%的利润，他就铤而走险；有100%的利润，他就敢践踏一切人间法律；有300%的利润，他就敢犯任何罪行，甚至冒绞首的危险。”榨取剩余价值的私有制最近频频以“产权明晰”为由，大规模地攻击国有企业，直指创享协新价值的公有制企业。

私有制和公有制是因为有了家族代代相传的无限性才有意义，是因为有了世袭制和血缘继承制才有意义。如果财产和政治权力不能世袭或血缘继承，那么这种财产和政治权力终归是有限的，在其生命结束后也就终结了。另外，如果一个社会不允许个人将其财产和社会地位世袭给其子女，那么这个社会就会对个人的财产和社会地位进行限制，而不会允许个人积累庞大的财富和极大的政治权力。因为如果一个社会不允许个人将其财产和政治权力世袭给其子女，却又不对个人的财富和政治权力作限制的话，我们可以设想一下，个人在其生命要结束之前将会如何处理他的财富和政治权力呢？善良的人会将他的财富和政治权力交给社会、交给公众，但是邪恶的人却会随意挥霍他的财富和滥用其政治权力，因此，如果一个社会不允许个人将其财产和社会地位世袭给其子女，那么这个社会就会建立与公有制相配套的制度，将个人的财富和政治权力限定在其合情合理的范围内。

通常所说的私有制和公有制是有很大缺陷的，私有制和公有制是按能使其财产增值的生产资料是否个人占有来区分的，不能使其财产增值的消费资料是不算的。这种意义上的私有制和公有制主要有两方面的缺陷：一方面它主要是指经济私有制和经济公有制，而忽视了另一个重要表现形式——政治私有制和政治公有制；另一方面它主要指的是个人性质的，而非家族性质的，其本质上并不是一种制度的深层表述，而只是其浅层表现而已。

美国资深政治家布热津斯基在他写的《失去控制：21世纪前夕全球大混乱》一书中

承认美国面临20个无法解决的大难题，其中有：①生产率增长速度低；②巨大贸易赤字；③贪婪的富有阶级；④日益加深的种族和贫困问题；⑤道德败坏的世风；⑥过度的性自由；⑦广泛的犯罪和暴力行为；⑧日益恶化的社会基础设施和普遍的城市衰败现象；⑨沉重的国家债务；⑩大规模毒品文化流行；⑪社会上绝望情绪的内部滋生……

《知本论》认为：资本主义会巧妙地从剩余价值的私有制走向协新价值的公有制。事实上，美国许多高科技企业和国际知名跨国公司正走向公有制经营，欧美政府在经济危机时也悄然地实行国有化运动，悄然转向类似社会主义的宏观调控模式。

凡是少数人向多数人榨取剩余价值的制度就是私有制，在政治上只为少数权贵榨取剩余价值的剥削制度就是私有制，反之，在政治上是为广大民众创享协新价值的制度就是公有制。例如，中国农村的农民都拥有自留地，是土地私有制，但他们无权开发房地产并自由流通，这又是土地公有制，所以，中国的农村土地是“公有 + 私营”的“公私混合”制度。

私有制一定是不择手段地榨取剩余价值并实现资本利润最大化，片面追求私人利益的企业，包括亏损或低效的国家控股企业，都可能是私营企业，公众没有好处，好处全让某些企业高管腐败了。将社会效益定义为高管所有的国企是私有制，将社会效益定义为全员所有的国企是公有制。

五、公有制与协新价值

凡是能创享协新价值的制度就是公有制，公有制一定要求公众利益，能充分体现公众利益的企业都是公有制企业，即使是民间个人投资或外商投资，只要企业能实现劳资和谐与市场创新，能成为造福一方或造福国家的企业，就都是名副其实的创享协新价值的公有制企业。是否属于公有制，绝不能以投资者的身份或血统来定义，而应该立足于企业的经营性质，在实现企业利润最大化目标时能利国利民的企业，都是公有制企业。“公有”的本质是“公众有利益”，而不是“公众有投入”，或者说“公众有好处”，而不是“公众有坏处”。

总之，私有制就是私人占有最多好处的制度，而公有制就是公众占有最多好处的制度，私有制并不排斥利公，只是公众利益的占比较少，反之，公有制也不排斥利私，只是私人利益的占比较少。主要的政治利益或经济利益归私人圈子就是私有制，主要的政治利益或经济利益归广大民众就是公有制。判断公有制或私有制，不能看谁来投资，关键是看经营收益最终主要属于谁，以剩余价值观来主导经营而且最有利于私人的，就是私有制，反之，以协新价值观来主导经营而且最有利于广大民众的，就是公有制。凡是有利于国富民强的企业都是公有制企业，无论资本来源是国家或个人，只要是利国利民的企业都是公有制企业，只要是损公肥私或劳资激烈冲突的企业都是私有制企业。

六、公私界限难分

理论上，公与私的法律界限是很分明的，但实践中，公与私的利益界限是很难划分的，因为同一个行为，可以从不同的角度得出不同的结论。客观地说，多数企业家是既想自己多赚钱，同时也希望为国家和民众多做贡献，在赚钱的同时也希望能得到全社会的认同，所以，公与私，并不存在一条界线分明的鸿沟。因此，从榨取剩余价值的利私经营，到创享协新价值的利公经营，两者之间是一条逐渐变化的连续光谱。

如下图，纵轴上方为国家拥有生产资料，纵轴下方为私人拥有生产资料，按生产资料标准划分纵轴的上下两段。横轴右方代表劳资合理分配与和谐关系的协新价值，横轴左方代表劳资激烈冲突与剥削关系的剩余价值。

按血统论，公与私只看投资主体，只要是国家投资（占有生产资料）就是公有制，所以横轴上方都是公有制，而横轴下方都是私有制。

按知本论，公与私只看分配结果与社会效益，只要是创享协新价值的就是公有制，所以纵轴右边都是公有制；只要是榨取剩余价值的就是私有制，所以纵轴左边都是私有制。

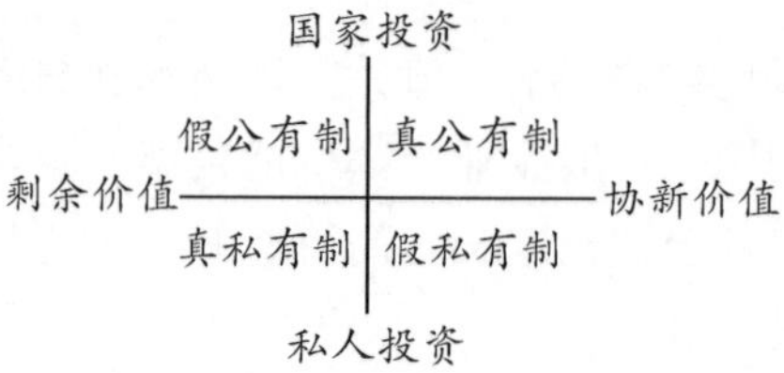

上图说明，血统论与知本论在坐标系的第一象限的“真公有制区”和第三象限的“真私有制区”是完全重合的，因为私人投资的本质就是追求剩余价值，国家投资的本质就是追求协新价值。血统论与知本论在坐标系的第二象限“假公有制区”与第四象限“假私有制区”是完全相反的结论，因为人们总是认为国家投资不能追求剩余价值，私人投资很难追求协新价值。

（一）南街村现象。

南街村位于河南省漯河市临颍县城南隅。早在20世纪90年代产值就突破1亿元成为有名的“亿元村”，到2010年，资产已经积累到30亿元，负债下降到4亿元，重新步入良性发展的轨道。

南街村实行的是“工资+供给”的分配制度，村民们免费享受住房、医疗、上学等14项公共福利待遇，生活上无后顾之忧。

南街村人就是当代中国人走社会主义道路的先进代表，是共创协新价值的公有制实验。

《知本论》认为：公有制与私有制的差别表面上是谁拥有生产资料，实际上是谁最终从生产资料中得到好处，南街村、华西村与小岗村的实践证明：公有制不在于谁投资，关键在于公平的分配制度，社会主义公有制不仅要看谁拥有最大部分的生产资料，更要看谁拥有最大部分的生活资料，即谁拥有最大的收益分配权。能让多数人发财的就是公有制，只有少数人发财的就是私有制。

（二）华西村神话。

华西村位于江苏省江阴市华士镇。全村共有380户，1520人，面积0.96平方千米，华西村建设了一个社会主义新农村，拥有40多项“全国第一”。

华西村实行“一分五统”（一分，就是村与企业要分开，五统，一是经济由华西统一管理，二是劳动力在同一条件下统一安排，三是福利由华西统一发放，四是村庄由华西统一规划建设，五是华西村党委统一领导。）和周边的16个村一起组成了大华西村，面积由原来的0.96平方千米扩大到30平方千米，人口由原来的2000多人增加到5万多人。

华西村，村民家家住400～600多平方米的别墅，有100多万～1000多万元的资产，有1～3辆轿车。2005年，华西累计实现销售307.8亿元。2006年全村实现销售超300亿元，2010年超500亿元，每户村民的存款600万元～2000万元。华西村党委走出了一条独特的经营管理之路。他们在处理积累与分配的问题上一直坚持这样一个原则：少分配、多积累，少拿现金、多入股，凡村办企业的工人，每人每月只领取30%的工资，其余的70%存到企业作为流动资金，到年底一次性兑现。奖金通常是工资的三倍，但并不发给职工，而作为股金投入企业，第二年开始按股分红。对承包企业的超利润部分实行“二八”分成，二成上交村里，八成归企业分配。留给企业的部分，10%奖给厂长，30%奖给管理人员，30%奖给职工，30%作企业积累。承包者个人所得的奖金以入股形式留在企业。

知本论

资本积累的源泉不是剩余价值，而是协新价值

（三）小岗村传奇。

小岗村，位于凤阳县东部25公里处。享有“中国十大名村”“安徽省历史文化名村”“安徽省农家乐旅游示范点”等称号。1978年11月24日晚上，安徽凤阳小岗村的18户农民，勇于打破旧的生产关系的束缚，冒着坐牢的危险，实行联产承包责任制，揭开了我国农村改革的序幕，在大包干协议书上，明确写明：收下粮食后，首先交给国家，保证国家的，留足集体的，剩下的才是自己的。1982年中央一号文件中指出：“目前实行的各种责任制，包括小段包工定额计酬，专业承包联产计酬，联产到劳，包产到户、到组，包干到户、到组，等等，都是社会主义集体经济的生产责任制。不论采取什么形式，只要群众不要求改变，就不要变动。”这个文件对包产到户、包干到户是社会主义经济的界定，彻底地解决了人们对包产到户、包干到户的后顾之忧，促进了“双包”制在全国的广泛推行。

七、公私之别尽在分配制度

公私之别，不在生产资料占有，而在劳动成果分享。南街村、华西村与小岗村是中国改革的三大名村，南街村将欧洲空想社会主义的蓝图实践在中国，华西村实现了村民不外流的就地城镇化，实现了农业社会到工业社会的零距离变迁，小岗村则走的是大包干改革，表面上是从公有制到私有制，实践上是从低效率的公有制进化到高效率的公有制。当按边际成本定价时，边际私人效益与边际社会效益相等，个人没有给社会创造附加值，或者个体占有了全部附加值，这不是资源配置的最优，而是资源配置的最差。

八、动态的公与私

血统论者有两句名言：一是“龙生龙，凤生凤，老鼠生儿打地洞。”二是“法官的儿子永远是法官，罪犯的儿子永远是罪犯。”

在许多人看来，政治歧视是合理的，国家投资的公有制企业永远是“亲生儿子”，要享受各种优惠政策，就算管理国企的人腐败无能，也仍然要继续照顾。反之，民营企业即使照章纳税，拉动一方经济，并为国家出口创汇，也仍然是“私生子”，始终是要低人一等的，是不能享受各种特殊优惠政策的。

引入《知本论》的“价值论”或“效益论”之后，公与私就成为一个社会效益决定的动态标准，正如邓小平所说的“不管白猫黑猫，抓到老鼠就是好猫”，换言之，不管国企民企，经营业绩好，员工福利好，劳资关系和谐，上缴利润多的就是好企业，就是创享协新价值的信善企业——公有制，反之，经营业绩差，员工福利差，劳资冲突激烈，上缴利润少的就是坏企业，就是榨取剩余价值的恶劣企业——私有制。协新价值就是道德价值，协新构成就是道德构成，反之，剩余价值就是缺德价值，剩余构成就是缺德构成，某些不断提高剩余构成的国有企业会堕落成为少数人服务的私企。

从动态的效益标准来看，企业是公有制型经营还是私有制型经营，不在于企业的血统和出身，而在于企业创造的社会效益是否足够大，如果企业基本达到了人民的预期目标，创造了足够多的社会效益，就是创享协新价值的公有制型企业，反之，如果企业不择手段地追求投资者的个人私利，创造的社会效益极少，甚至严重损害社会效益，如各种污染型、浪费型和剥削型的企业，就是榨取剩余价值的私有制型企业。

例如，某国家投资的企业长期效率低下，凭借垄断地位鱼肉百姓，这就是典型的名为公有制，实为私有制，后来政府打破垄断，撤换高管团队，企业大胆创新，反而在自由竞争中焕然一新，提高了赢利能力与社会效益，这就是名副其实的公有制企业，在公有制与私有制的动态转换中，社会效益是最高标准，如果企业以剩余价值为利润来源，就是私有制，反之，如果企业以协新价值为利润来源，就是公有制。

再如，一个私营企业不择手段地欺压员工，逃税漏税，损公肥私，榨取的剩余价值很多，创造的社会效益极少，这就是名副其实的私有制，反之，如果这个私营企业后来转型了，提高了员工的工资与创新能力，而且守法经营，上缴利润率大幅提高，成为造福一方的精英企业，这就是从私有制转向了公有制，是名为私有制，实为公有制。

血统论者认为：公有制与私有制的差别在于生产资料与生产环节，即谁是投资者和经营者，这源于劳动价值论，如果是国家投资或经营就是公有制，个人投资或经营就是私有制。

知本论认为：公有制与私有制的差别在于生活资料分配环节，即劳动成果的分配才是问题的本质，这源于效益价值论，如果利润分配最有利于少数人，而且强化了劳资冲突，无论生产资料属于谁，都是私有制，反之，如果利润分配有利于绝大多数人，而且

知本论

两权分离——所有权的生产资料与经营权的生产方式相分离，生产资料决定所有制变为生产方式决定所有制

使劳资关系很和谐，无论谁来投资，都是公有制。

第二节　协新矛盾

公有制为主体就是以创享协新价值为主体，公有制为主体不是国家占有生产资料的法律形式为主体，或国家的投资注册数字为主体。中国从计划经济到市场经济的改革开放，就是以国际协同与国际创新为主体来发展社会主义市场经济。谁控制协新价值的分配权，这是一个政府的生死命门，协同与创新就像守旧与改革一样，永远是一对矛盾。协同是创新的规模效益，创新是协同的代际效益；协同是创新的同质化扩张，创新是协同的差异化升级；协同是将创新做大，创新是将协同做强。由于创新在传播与模仿中有“一本万利”的无限增值性，所以创新者的代际私人效益远远低于代际社会效益，代际外部收益非常大，所以创新者应得到专利奖励。

21 世纪，中国的国有经济、民营经济与外资经济这三驾马车呈三足鼎立之势，从数量上看，国家占有的生产资料在 GDP 已经不到 50%，并不是绝对的主体地位，按政治血统论来理解公有制占主体显然已经行不通了，因此，人们对公有制的理解必须与时俱进，公有制并不是只存在于国家投资主体之中，同样也存在于国内外的私人投资企业之中，无论是国企、私企、外企或股份企业，只要是能创造协新价值，促进劳资和谐，依法纳税并造福于中国人民的企业，都是公有制经营，这样的企业显然高达 70% 以上，公有制占主体仍然成立。

一、淘汰落后产能

落后产能的定价权很低，只能靠克扣工资、假冒伪劣或逃税漏税才能生存，因而大多是榨取剩余价值的私有制模式。

《知本论》认为：应该淘汰那些污染和浪费严重，效率低下，劳资冲突激烈，主要靠榨取血腥的剩余价值才能生存的私有制企业，这种私有制经营就是落后产能，就是落后的生产关系。发展先进生产力，就是创享协新价值，就是发展公有制，因为公有制一定是代表先进生产力与先进产能，反之，淘汰落后产能，就是拒绝榨取剩余价值，就是淘汰私有制。

落后产能就是只能榨取剩余价值的私有制，这是落后生产力决定落后生产关系的表现。

创享协新价值——先进产能——公有制

榨取剩余价值——落后产能——私有制

淘汰落后产能就是淘汰私有制。先进产能，不仅是先进生产力，更是先进生产关系，是创享协新价值的公有制模式，而落后产能，不仅是落后生产力，更是落后生产关系，是榨取剩余价值的私有制模式。淘汰落后产能就是反对私有制经营，坚持创新驱动就是坚持公有制经营。以经营行为的善或恶而不是投资者的政治血缘来标定公或私，这是知本时代的政治经济学创举，从而合情合理地将经营行为的经济性、政治性与道德性融为一体，使任何投资者都可以自由平等地竞争，从投资人的所有权分析变成了使用者的经营权分析与收益权分析，这就使改革开放以来的两权分离与所有制定义的内在矛盾得到了解决，将“所有制定义”改革成了“使用权定义”，从出身分析变成了行为分析，从而使公有制概念从中国扩展至全球，这样才有利于全球以不同的国家方式进入共产主义，让中国梦变成全球的共产主义梦。

二、外资的公私悖论

凡是能促进中国先进生产力与先进生产关系发展的外资公司，都是中国招商引资的重点，只要在中国合法经营和纳税，本质上就是创享协新价值的中国公司，就是公有制范式，应该纳入中国“公有制经济”的统计范畴，反之，凡是在中国大搞垄断经营，歧视中国员工与中国消费者，进行不正当竞争，甚至逃税漏税的外资企业，就是在无耻地榨取剩余价值，就是私有制范式。从整体上看，国际名牌大多还是能守法经营并且依法纳税的，多数是公有制行为，只有极少数违法乱纪的外资企业是私有制行为，所以，中国引入外资并没有降低公有制的主体地位，恰恰相反，大量拥有先进科技与先进制度的外资进入中国，提升了中国创享协新价值的综合国力，提升了中国公有制的主体地位。

知本论
协新价值生产是比较优势
剩余价值生产是比较劣势
优胜劣汰就是公胜而私汰

如何正确认识外资对公有制的促进与阻碍，一直是一个重大的理论话题，显然，以生产资料标准来定义的公有制，是一种与生俱来的政治血统论，在经济上就不能全面理解外资的两面性，因为外资既有经济殖民的劣根性，也有传播先进科技与先进文化的先进性，要一分为二地看外资。如果继续用“生产资料”或“投资主体”来看，那么外资就全部成了公有制经济的对立面，因为外资在血缘上就不是国资，所以，只有从经营本质上去看问题，才能得出一分为二的结论：守法经营并且依法纳税的外资就是创享协新价值的公有制经济，而违法乱纪并且逃税漏税的外资就是榨取剩余价值的私有制经济。国家要严厉打击外资的私有制行为，大力支持外资走上公有制发展模式。

三、"国进民退"悖论

许多专家都认为国有企业在前进，民营企业在后退，这是很片面的，因为代表先进科技与先进制度的私营企业与外资企业并不是榨取剩余价值的私有制，而是创享协新价值的公有制。国进民退就是公胜私汰，国进民退 = 公进私退 = 优胜劣汰。

"国进民退"是一个伪命题，应该说"公进私退"才对，因为在国有企业、私营企业和外资企业中，能守法经营并代表先进生产力与先进生产关系的，不是越来越少，而是在优胜劣汰中越来越多，越来越多的企业实现了创享协新价值的公有制，越来越少的企业停留在榨取剩余价值的私有制，因此，整体上仍然是公有制在大幅淘汰私有制，是名副其实的"公进私退"。应该按协新价值的生产方式定义公有制，公有制 = 比较优势，私有制 = 比较劣势。

《知本论》认为："国进民退"的提法不合时宜了，而且也不符合改革开放的政策，国家改革开放的目的是要促进所有企业为中国经济服务，国家对外企与民企并不歧视，反而对外企还特别优惠，外企在中国享受的是"超国民待遇"，许多先进外资企业也树立了公有制经营的标杆，许多私营企业通过技术创新与国际竞争也走上了公有制经营之路，因此，"优胜劣汰"就是"公胜私汰"，即创享协新价值的公有制经营不断走向胜利，而迷信剩余价值的私有制经营已日薄西山，公有制在节节胜利，而私有制在节节败退，产业转型升级的本质是什么？就是在"需求定价法则"的强力指导下，落后的私有制产业纷纷升级成先进的公有制产业，呈现"公进私退"的大好形势。

四、鸡与蛋的悖论

生产力之蛋与生产关系之鸡，是"蛋决定鸡"还是"鸡决定蛋"，可以用国际分工与知本构成来分析。在国际分工中，知本构成高的国家，腐败度往往较低，生产力与生产关系都比较先进，市场制度比较完善，主要矛盾是继续保持科技优势，是生产力决定生产关系；相反，在国际分工中知本构成低的国家，腐败度往往较高，生产力与生产关系都比较落后，市场制度比较低效，主要矛盾是大力改革社会经济制度，取消腐败分子与权贵集团的既得利益，此时，是生产关系决定生产力。

任何国家都会同时进行生产力与生产关系的双轨制改革，既要改革制度之鸡，也要改革科技之蛋，当鸡重病缠身时，就要先改革鸡，鸡不活不立，此时是生产关系决定生产力。反之，当蛋遭遇病变或破裂时，就要先改革蛋，蛋不破不立，此时是生产力决定生产关系。代际社会效益 - 代际私人效益 = 代际外部效益，技术创新可直接提高私人效益的生产力，再通过生产关系扩散成社会效益，所以生产关系是生产力的放大器，生产关系越自由和平等，创新的代际外部效益就越大。

任何国家的生产力与生产关系的发展是不同步也是不对称的，影响生产力与生产关系的其实都是各国政府与垄断组织，它们用在制度改革与科技改革上的决定力是不对称的，鸡生蛋或蛋生鸡存在幕后决定力量，应该说政府生鸡（制度）与市场生蛋（科技）才对，即政府决定生产关系，市场决定生产力。生产力与生产关系不完全是"谁决定谁”的问题，它们还要受政府反腐败的决定，也就是养鸡人决定鸡，消费者决定蛋。

21 世纪最流行的关键词就是创新，创新的意思就是创造新事物或新价值，人类社会的进步就是不断推陈出新的螺旋式上升过程。人们都知道创新往往能提高对价权的原因就在于发现了或创造了潜在需求，这是对的，但不全面，创新能赢得竞争并带来暴利的原因在于以下五点：

一是利益驱动，新需求的利润极高，创新能发现或创造新需求，避开惨烈的微利竞争，进入利润极高的蓝海市场，打破既得利益者的现有协同优势；

二是信息优势，创新常常能重新定义价格，涨价与降价都有说服力，可以充分利用创新所带来的信息不对称优势，从而进行有效的市场营销，信息不对称客观上能激发需求者的新鲜感或稀缺感；

三是诱发欲求，创新能诱发人们强烈的购买欲，逆向运用边际效益递减规律，喜新厌旧与喜新恋旧都能成为新的卖点；

四是降低费用，创新能绕开严厉的监管，回避较高的交易费用，创新者常常能实现产品的代际成本递减，而且新生事物总是先于法制的完善，能利用政策的好处，能创造高效益的交易市场；

五是激励员工，创新能增强员工的主人公意识与求知欲，能促进员工成长，让员工对企业的未来充满信心，员工的合理化建议被采用后，有助于提高企业的协新效应。

以上五个方面，都是创新效应所在，当然，协同效应是基本的，任何创新都必须与市场要素协同才能成功，所以说，协同是结构协调，创新是结构升级；协同是量变，创新是质变；协同失败就会立即亏损，创新失败就会止步不前。既得利益者一般愿意维持协同现状，反对创新转型。

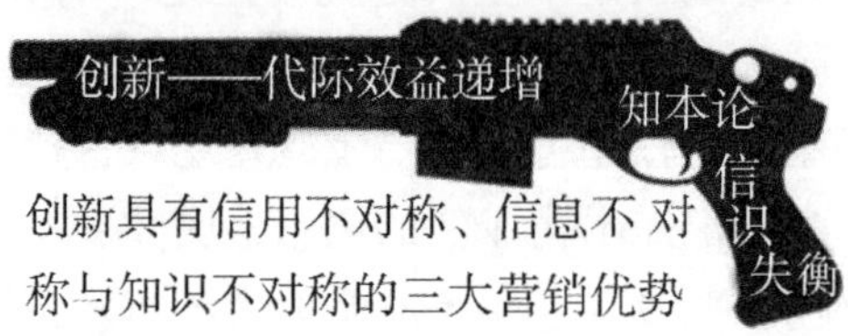

《知本论》将“是否能创造以前不存在的事物”作为标准，将创新分为已有事物的发现式创新与未有事物的发明式创新。

第一类是“发现式创新”，类似协新优势与生产关系，即发现既有的事物，对现有事物进行重新认识和创造，是对已知世界的进一步搜索，或对现有需求进行规模生产和范围扩张，这是事物的量变阶段。当发现的要素越来越多并整合成新的竞争力时，发现就变成了发明，也就是说多个旧要素的重新整合，也是制度创新的范畴，现有技术在新制度的重新发现和运用也可以变成发明。创新就是无限扩大经济外部性，并带动内部经济。

第二类是“发明式创新”，类似比较优势与生产力，创造本来不存在的事物，是对未知世界的进一步开发，或对潜在需求与未来需求的新发掘，发明既有利于规模经济

（围绕同一产品的边际成本递减式的生产或代际收益递增式的销售）与范围经济（围绕同一核心优势的相关多元化的多产品扩张或品牌扩张），也有利于在现有产业之外建立新兴产业，通过新兴产业重新创建领导优势并相对改变原有产业的生存空间。

发现是“信息搜寻力”，发明是“信息创新力”。

发现大多是数量与时空位置的物理变化；发明大多是质量与内部结构的化学变化。发现（协新优势）与发明（比较优势）是相辅相成的辩证唯物主义关系。

《知本论》认为：发现是量变，发明是质变；发现是扩大已知事物的数量范围，发明是扩大未知事物的质量范围。一件事物的发现，也可以转变成另一件事物的发明。例如，音响技术或导航技术与汽车技术的结合，可以发明出汽车音响与汽车导航，两个旧事物的新式结合也可以“发明”出以前不存在的东西或以前不存在的用途。

一切创新本质上都是“创造信息和利用信息”。例如：探矿人员找到了早已存在于地下几千年的自然矿藏分布，这是发现，是信息收集和选择的结果，经过采矿工人的采矿（生产要素的位置移动），矿藏进到现代化的大机器里进行提炼，如果提炼出来的产品是以前就存在的，这又是发现，如果提炼出来的是以前不存在的新产品，就是技术发明。新产品本质上都是新信息，新技术是改造大自然的新信息，新需求是改变社会人的新信息。采用新的冶炼技术是发明之源，采用的新生产制度也可以成为发明之源。

总之，技术创新（生产力进步）与制度创新（生产关系变革）是最主要的两大发明源泉。可以说，技术创新是硬件创新或以实击虚，而制度创新是软件创新或以虚击实。

五、国企腐败无关国企制度

随着中央加大反腐力度，中石油、中移动等一些大型国企的多名高层管理人员接受调查。这一系列事件展现了中央前所未有的对国企反腐的重视，也暴露了国企在管理体制上存在的问题。

频频发生的国企高管腐败事件，使一些人误认为国企的存在是滋生腐败的根源，甚至有人提出：公有制是滋生腐败的制度，只有变卖90%以上的国企，才是解决高层管理人员腐败的办法。

国有企业目前发生的腐败行为同国有企业制度没有什么必然联系。国企全民所有制的本质决定了与化公为私的腐败行为格格不入。应当把国有企业的制度与产生腐败的土壤分开，可以指责国有企业的腐败现象，但却很难从逻辑上找到国企纵容腐败的根据。

从定量上看，当前全国国企高管人数大约为20万人，每年发生的贪污案例占高管总人数的0.5%，基本上属于个案的范围；从定性上看，贪污在本质上是滥用权力，化公为私，这些个案，只能表明在公有经济这张纸上出现了几个黑点。从本质上看，公有制是消除腐败的制度基础，公有制是共同富裕的经济基础，是按劳分配的制度根基，代表了广大群众的利益，它不能容忍化公为私的腐败行为。国有企业是公有制的高级形式即全民所有制，它的本质决定了一个化公为私的腐败行为是根本对立的。

二元经济结构是国有企业腐败的一个诱因。随着市场经济的发展，自上而下的监管和避免腐败的难度变大。因为，市场经济会形成一个多层次的、无孔不入的权力套现市场和化公为私的市场。对权力集中的领导者的监管，出现“上级管得了，却看不着；同级看得着，却管不了；下级看不着，也管不了”的信息不对称和制度失效的情况。权力不对称、信息不对称与知识不对称是国企腐败的根源。

政治与经济双重体制的逆向挤压是国企腐败的另一个诱因。一方面，国家对国有企业的监管依旧是以行政化手段为主；另一方面，国有企业具有市场经济主体的属性，在国家监管、社会责任弱化的情况下，多元化的经济行为和经营方式又成为个别人员牟取私利的途径。

第三节　协新优势

一个团队的资金、技术是比较优势或生产力，而制度、文化是协新优势或生产关系。共产党打败国民党就是协新优势战胜比较优势的最精彩案例。比较优势是竞争的根本，协新优势是竞争的关键；比较优势是先天条件，协新优势是后天努力，两者缺一不可，相辅相成，也相互转化。

比较优势是低成本生产的优势，必然产生克扣工资的剩余价值竞争；而协新优势是高利润生产的优势，必然产生增加工资的协新价值竞争。信息经济或知识经济的本质是边际协同成本极低，信息或知识的比较优势极高，且主要归功于创新领导者。但由于代际创新成本极高，所以不承担创新成本的地主只能榨取农民剩余价值，承担创新成本的资本家才能与工人分享协新价值。

早在480年前，英国思想家莫尔就一针见血地指出：私有制是一切社会祸害的总根源。意大利的康帕内拉在17世纪初就宣称：只要私有制存在，就不会有真正的政治平等和经济平等，因而私有制是一切罪恶的根源。18世纪，德国人马布利说：财产和社会不平等使人变坏，私有制是一切社会罪恶、暴政和奴役的根源。著名的启蒙运动思想家卢梭也认为：私有制产生贫富对立，是社会不平等和一切罪恶的、祸害的根源。19世纪，法国的卡贝进一步认识到：私有制是现代社会中最主要的罪恶，是劳动人民贫困的根源。圣西门也说：资本主义社会是充满罪恶和灾难的社会。这些富有远见的思想家都像欧文一样认为私有制是祸根，公有制是良方。

国际竞争的本质就是争夺协新价值的定义权与分配权——定价权，帝国主义经济殖民的实质就是协新价值的创造性剥削，既要为殖民地创造协新价值，更要为宗主国创造更多的协新价值，协新价值的不对称分配是国际贸易和国际殖民的内生动力。

协同与创新的相互依存和转化的关系称为协新关系，协同是边际加法与横向扩展，创新是代际乘法与纵向深入。协同强调各个要素服从于整个系统的战略目标，是个体服从整体，局部服从全局，强调战略协调与要素整合的重要性；反之，创新则是强调要素突破，个体提升整体，局部升级全局，强调出奇制胜的重要性。比较优势是协同和创新的条件，但比较优势不等于协新优势，比较优势是成功之形，协新优势是成功之神；比较优势是硬实力，协新优势是软实力；比较优势是基础前提或必要条件，协新优势是关键过程或充分条件。

例如：甲国生产服装的平均成本是每件 50 元，生产牛肉的平均成本是每斤 30 元，而乙国生产服装的平均成本是每件 48 元，生产牛肉的平均成本是每斤 18 元，甲与乙如何进行国际分工协作呢？显然，甲国在服装与牛肉的生产上都处于比较劣势，而乙国在服装与牛肉的生产上都处于比较优势，但是，乙国在服装生产上的比较优势不大，只有 2 元的优势，2 元除以 50 元后的比较优势率为 4%，而乙国在生产牛肉上的比较优势 30 - 18 = 12 元，12 除以 30 的比较优势率为 40%，说明乙国在牛肉生产上的比较优势极大，因此，乙应专门生产牛肉，而甲国应专门生产服装，哪个国家在某一个产业上的相对优势更大或机会成本更低，就要由该国生产。

《知本论》认为：比较优势论纯粹是一个理想的生产成本假设，实际上，国际分工还要考虑需求上的协新优势。

例如如果甲国的牛肉价格极高，或者对乙国征收极高的关税，或者甲国消费者只喜欢吃本国牛肉，甲国政府还倡导和保护人们吃本国牛肉，那么，在需求的左右下，甲国牛肉在生产上的比较劣势会变成需求上的比较优势，在重商主义或保护主义的政策下，甲国仍然会大力发展牛肉养殖。反之，如果乙国牛肉经常爆出疯牛病丑闻，尽管乙国生产牛肉有巨大的比较优势，但售价极低，乙国在生产上的比较优势也会变成需求上的比较劣势，也就是说，决定国际贸易的基础是比较优势或有形分工，而决定国际贸易的关键则是协新优势或无形协作。

比较优势是在国际分工协作中产生的协同优势，如果出现了影响协同的关键变量，如战争、政策、疾病、天灾、人祸等协异因素，有可能优势就瞬间变成劣势，所以，比较优势与协新优势是合则俱成，分则俱败。

协新价值 + 剩余价值 = 附加值

协新构成 = 协新价值 ÷ 附加值

剩余构成 = 剩余价值 ÷ 附加值

生产效率与协新构成呈正比，与剩余构成呈反比，真正提高效率的是协新价值，不是剩余价值。

传统的国际贸易理论是只讲生产成本、不讲销售价格的半截子理论，国内外的经济学教材只重视成本分析的数学模型，各种精巧的数量经济工具可谓眼花缭乱，而重视定价权与竞争美的经济分析则仍然空白。当前的奢侈品和高端产品比拼的主要不是成本，而是收益，因为决定成本的是比较优势，而决定收益的是协新优势。

例如，同样一个皮包，A 皮包与 B 皮包的生产成本（边际成本）都是 100 元，但是 A 包上面有世界名牌商标而卖 2100 元，B 包上是一个不知名的三流商标，只卖 150 元，两者收益是 2000 元与 50 元之比，即 40∶1，A 包的营销收益是 B 包的 40 倍，这从生产成本的比较优势是无法解释的，只能从需求上的协新优势来解释。A 包很好地实现了世界名牌与低成本生产的协同，实现了国际要素链的跨国整合，本质上是商标输出或名牌殖民，而 B 包仍是传统的产业链整合，生产、销售和商标都局限于一国之内。总之，A 包的比较优势是商标价值，商标符合知本经济无边际成本的无限扩张规律，A 包的协新优势是国际要素链的成功整合，是无形无限的无成本扩张的协新效应。产品经济是拼生产上的比较优势（低成本驱动），名牌经济是拼需求上的协新优势（高收益驱动）。

人们经常抱怨怀才不遇或升职无门，其实，才华过人只是比较优势，而与同事和领导的关系才是协同效应，想办法让领导赏识和重视才是创新效应，人际关系的协同和创新是很重要的，人际协同就是集体主义精神，人际创新就是人格修炼，真正能成才的人，既是千里马（比较优势），又是自己的伯乐（协新优势）。能力只是比较优势，关系和态度才是协新优势，能力加关系才能成功。还有，一些人能力（比较优势）并不出众，甚至能力差（比较劣势），但上下关系好（协新优势），不仅得到帮助还能升职，说明协新优势（动能）与比较优势（势能）同样重要，甚至更重要。

协同是求同，追求边际成本递减，打造内生力，创新是求异，追求代际收益递增，创造外生力；协同是求和，是经营加法，创新是求积，是经营乘法。协同是少数服从多数，创新是低技术服从高技术。协同是找共性，创新是找个性。协同最怕漏洞与短板，创新最爱缺口与空隙。协同是坚守的防御，创新是突破的进攻。协同是集体主义，创新是英雄主义。协同是大厦的根基与支柱，创新是大厦的结构与设计。协同是竞争者的生命，创新是竞争者的寿命。协同讲品德，创新讲才华。做大靠协同，做强靠创新。投机重在创新，投资重在协同。协同是常态，是全局协调，是普遍性；创新是异态，是局部突破，是特殊性。

知本论

全要素生产率就是

协新价值生产方式

协新优势（德）决定比较优势（才），比较优势（才）反作用于协新优势（德）。比较优势是条件、外因和势能，协新优势是过程、内因和动能。

任何经济模式的成功，都有协同的共性，都必须遵守自然规律与市场规律的共同要求，这是成功者的普遍性规律；同时，任何成功都有自己与众不同的路径，都有出奇制胜的特殊性，都有各国的国情和特色。

《知本论》认为：知本是能带来协新价值的价值，协新价值是全要素协同与创新所带来的超额价值。剩余价值是工资或劳动量之内产生的剥削值，是对工资做绝对减法，是劳动价值的等价转移；协新价值是在工资或劳动量之外产生的附加值，是对工资做相对加法，是劳动价值的增值分享。协新价值虽然离不开劳动量和资本量，但协新价值并不是由劳动量和资本量决定，而是由协新效应或协新优势决定。协新价值是由知本家领导和创造的，既可以与资本和劳动一起创造协新价值，也可以在不增加资本和劳动甚至可以在减少资本和劳动的条件下创造协新价值。

商品价格公式 $V=(C+L+K)\times f\times MD/S$，总劳动或总成本（C + L + K）可以不变也可以减少，但协新价值只要 f 能提高，价格 V 仍然可以增加。协同就是将组织或系统中的所有要素按一定的经营目标进行协调或同化，以提高经营管理的整合效率和增值能力的过程。创新就是从现有组织或结构中寻找差异化或独特性，以区别于竞争对手或原有竞争方式，并获得更多更新的经济利润的过程。协同是目标相同的同心化竞争，创新是需求相异的异质化竞争；协同追求边际成本递减的规模经营，创新追求代际收益递增的特色经营；协同降低各环节和全要素的交易费用，创新提升各环节和全要素的定价水平；协同靠实力，创新靠智力。协同是在求同中打造执行力，是经营管理中苦练基本功的过程，这是一切商品经营的普遍性或共性；创新是在求异中打造吸引力，是经营管理中苦练见识力或预见力的过程，这是一切商品经营的特殊性或个性。托尔斯泰在《安娜·卡列尼娜》中有一句名言："幸福的家庭都是相似的，不幸的家庭则各有各的不同。"换言之，幸福的家庭都是协同成功的，不幸的家庭都是创新失败的。成功的创新提高协同，失败的创新降低协同。协同是竞争之体，创新是竞争之魂。

《知本论》认为：协同的商品竞争都是相似的，协异或创新的商品则各有各的不同，创新就是成功的协异。不协同的经营管理有两种情况：

一是协异，组织或系统中出现了异己分子和结构破坏的力量，导致整体变坏或完全崩溃，从而丧失协同效应。

二是创新，创新既能增强原有的协同水平，同时也能对原有的协同力形成新的挑战，如果不能适应创新，则形成原有协同结构的崩盘。

例如：著名的柯达胶卷，是全球最先研发数码相机的企业，但由于原有的协同组织与协同观念不能适应数码相机生产管理的创新要求，居然被自己创新的技术断送了市场地位，柯达被自己发明的数码技术所打败。当创新技术的外部性不能及时内化成比较优势时，就会外化成比较劣势。

一、剩余价值不是资本积累源泉

剩余价值是工资的代名词，是资本家从工资中强行克扣出来的，资本家与工人都认为"边际生产率 = 工资"有较大的合理性，剩余价值的增加必定是工人工资的转移或减少，工资减少短期内确实能增加剩余价值，但从长远来看，必将降低工人的边际生产率与劳动力价值，从而严重影响剩余价值的再生产与资本积累的增速，因此，剩余价值不利于长期和宏观的资本积累，只利于短期和微观的资本积累，剩余价值是与血汗工场如影随形的，剩余价值是吸血价值，但工人身上的工资之血是有限的，剩余价值并无造血功能或者说造血能力极差。凡是定价权极低或利润率极低的生产，大多是在红海中血拼剩余价值的。严格地说，完全的剩余价值生产其实就是无利润生产，因为真正的利润是超越劳动成本与剩余价值的，剩余价值作为工资转移的一部分，本质上是工资存量而不是利润增量，真正的利润增量是源于协新价值的。剩余价值并不是劳动创造的新价值，而是劳动量与资本量的等价转移。资本家要想完成资本积累，不仅不能长期克扣工人的工资，恰恰相反，还要想办法增加工人的工资，因为只有增加工资，才能提高工人的劳动效率和劳动力价值，从剩余价值的落后私有制转向协新价值的先进公有制。

剩余价值——转移工资——绝对减法

协新价值——创造利润——相对加法

如果没有协同效应与创新效应，工人就不能创造超过自身价值的新价值。假如每个工人真能创造高于劳动力价值（工资）的新价值，那么，招聘工人越多，剩余价值就越多，或只要有大量工人，资本家就永远不会亏损或破产。事实并非如此，资本家不能无限量地招收工人，资本家总是要通过技术革新多买机器以淘汰工人，资本既融化（剥削）劳动又强化（提高）劳动。既然劳动存在技术差别，那就不可能有无差别的人类劳动，所以，《资本论》的相对剩余价值实际上就是承认了劳动知本化与劳动资本化的双重差异，因为要坚持价值的无差别人类劳动与劳动时间量标准，那么就只能存在加班加点的绝对剥削，不能存在提高生产效率的相对剥削，因为时间标准不能完全度量生产效率。

时间标准是数量性的一元标准，时间只有多少之分，没有好坏之分或高低之分，用时间标准换算简单劳动时具有等价性与可逆性，但是，技术标准或效率标准是数量和质量的二元标准，技术效率不仅仅能缩短生产时间或调节数量关系，更能创造更好的产品或更高的服务，技术效率标准不仅有多少之分，更有好坏之分或高低之分，所以复杂劳动与简单劳动之间不存在等价性或可逆性，因为复杂劳动在数量上可以是倍加的简单劳动，但在质量上则不可能是倍加的简单劳动，也就是边际革命的协同效应无法倍加出代际革命的创新效应。

例如，发一封电子邮件是邮政快递运输的万分之一的时间，但是，电子通信与汽车运输不仅仅是时间长短的区别，更是涉及巨大的成本差距与快乐差距。总之，技术效率的提高虽然存在一定的相对剥削，但主要还是相对创造与相对多赢，从生产技术和机器效率得出相对剥削论是片面的，还要得出相对和谐论才符合事实。生产关系决定生产力，表现为剩余构成越高，生产效率越低；反之，协新构成越高，生产效率就越高。剩余构成度量生产关系的剥削性，协新构成度量生产关系的创富性。

马克思实际上用了两个劳动价值标准，分析绝对剥削时用了劳动时间量标准（无差别劳动），而分析相对剥削时，用了生产效率标准（有差别劳动）。

“社会必要劳动时间”是无法度量的模糊概念，正好掩饰了简单劳动的时间标准与复杂劳动的效率标准的重大区别。用“社会必要劳动时间”这一价值标准，模糊了绝对剥削的时间标准与相对剥削的技术标准或效率标准，将效率标准简单地抽象为时间减少，其实，效率标准隐含着资本和知本对劳动强化的质变，不仅仅是劳动时间的量变，更是劳动效益的质变，因为复杂劳动可以替代简单劳动，但这种替代没有可逆性，简单劳动不能逆向替代复杂劳动，总之，简单劳动具有时间上的可逆性与质量上的替代性，但复杂劳动在不同工种之间大多不具备可逆性与替代性。

简单劳动是外部性极低且协新构成极低的无增值劳动，奴隶主与奴隶、地主与农民的生产关系只能是剩余价值关系，而资本家与员工是技术租值和协新构成极高的劳动，劳资关系是分享协新价值的生产关系。简单劳动可以由不同岗位的员工任意替代或随时重复，但是，复杂劳动具有很强的技术壁垒，不同专业的员工难以相互替代或随时重复。广泛的计价体系可以计算简单劳动与复杂劳动的需求价格，这种价格倍加只是复杂劳动对简单劳动的价格倍加或需求倍加，但是，简单劳动不能倍加出复杂劳动，低级的剩余价值或私有制不能倍加出高级的协新价值或公有制。

例如：100 万名工人的简单劳动无论延长多久，也不能倍加出一个科学家的劳动。

在马克思《资本论》中，相对剥削严格地说是相对创造或相对双赢，因为相对剥削的结果缩短了工人的工作时间长度并提高了工人的工资，这无法用价值是凝结在商品中的劳动量来解释，而只能用价值是凝结在商品中的效益量来解释。相对剥削是从属于相对创造的，资本家提高技术生产效率，既提高了工人的工资和知本化水平，也提高了资本家的利润和资本化水平，生产效率的提高就是协新价值的提高。

从国际分工协作的历史大势看，越是穷国就越采用剩余价值剥削或私有制方式，贫富分化就越严重，就越难以出现中产阶层作为贫富对立的缓冲带，反之，越是富国就越采用协新价值剥削或公有制方式，就越容易出现中产阶层作为贫富对立的缓冲带。越是专制或腐败的国家，生产关系和剩余价值就越成为主要矛盾，越是自由或民主的国家，生产力和协新价值就越成为主要矛盾。

专制腐败偏好剩余价值
民主法治偏好协新价值

剩余价值论认为劳动价值是有限的，工人穷是因为资本家富，剩余价值论是价值转移论或剥削论。

协新价值论认为劳动价值是无限的，工人小富是因为资本家大富。协新价值论是价值创造论或和谐论。

二、知本积累是源泉

剩余价值并不是劳动新价值，或者说不是劳动的增值，剩余价值是工人劳动力价值（工资）的转移部分，并不是高于劳动力价值或高于简单劳动价值（个体价值）的部分。真正的劳动新价值是什么呢？是协新价值，因为只有协同与创新才能创造超过劳动成本的附加值——协新价值，劳动力与生产资料的投入只是转移价值，在协同与创新时才会产生超过总投入的协新价值。简单劳动一般不能产生协新价值（附加值）或偶尔产生极微量的协新价值（可以忽略不计），协新价值一定是从全要素协同或单要素创新的复杂劳动中才能产生。剩余价值只是资本转移，并不是总资本的增值式积累，只有协新价值才是真正增值的资本积累。剩余价值不增加总资本，但改变总资本在劳资之间的分配比例，而协新价值才能增加总资本，使劳资双方都可分享资本增值，工人提高了工资，资本家提高了利润。

马克思所说的剩余价值，并不是真正的新价值（附加值或协新价值），而是从工人工资蛋糕中切割下来的那块，剩余价值的增加必定是血汗工资的减少，剩余价值规律就是劳资剥削规律，剩余价值与工资成反向变化，剩余价值越多，工人应该得到的工资就相对越少。协新价值不是从工资蛋糕中切下来的，而是无中生有地创造出来的价值增量，是无边际成本的协同效应，或者是无代际成本的创新效应，是真正增加的新价值或附加值，协新价值是由劳资双方共同创造却不公平分享的增量，工资增长是因为协新价值离不开工人的集体协同与个体创新，资本家如果克扣工资就会因小失大，必然导致协新价值崩溃，所以资本家一定要增加工人的工资与福利才能维持协新价值的再生产。协新价值是能给劳资双方带来共享蛋糕的附加值，因此，推动资本积累与生产力进步的绝不是剩余价值，而是协新价值，剩余价值模式只会导致工人赤贫、资源浪费与生态污染，同时使资本家缺乏有效需求，过早出现产能过剩。

如果没有技术革命和制度文明，人类将继续在剩余价值的漫漫长夜中摸索，资本主义的工业革命和民主创新，让人类享受到了协新价值的无限阳光，先进科技与民主文化就是人类的普世价值。协新价值规律就是劳资和谐规律，协新价值与工资和利润都成正比，协新价值越多，工人得到的工资就越多，现在的工资增长规律无可争辩地证明了协新价值规律，但也没有否定剩余价值规律，是协新价值主导剩余价值的规律，资本主义并没有因为剩余价值而崩塌，这是因为协新价值规律在发挥作用，而剩余价值规律却转向了落后的殖民地，并由宗主国资本家主导着剩余价值与协新价值的再分配。

知本论

计人工资：劳动力价值=工资
计时工资：劳动时间量=工资
计件工资：劳动效益量=工资

社会主义公有制要证明比资本主义私有制更先进，唯一的路径就是认识和发展协新价值，认识劳资剥削是次要的而劳资和谐是主要的，以协新价值模式取代剩余价值模式，加速科技创新与产业升级，强化民主自由，弱化权贵腐败，以创造取代制造，以想像力驱动取代劳动量驱动，以资本积累取代人口增长，以知本积累取代劳动时间延长。消灭剥削的方式不是否认和打击资本积累，而是要鼓励全民性的资本积累，让大多数人变成资本家或知本家，直至出现一个庞大的、占人口大比例的中产富裕阶层。无资本不富，无知本不强，强国梦就是以民主和自由主导的资本梦和知本梦。国有企业是协新价值与公有制的理想载体，当务之急是要进行深入的民主化改造，这才是国有企业的出路。

《资本论》之所以没有认识到劳动资本化和资本增值，没有认识到资本（特别是智能机器）也是活劳动的主体，原因就在于《资本论》的宗旨并不是研究资源配置与技术创新，而是研究资本家或企业家的道德价值与合理存在。《资本论》希望从商品属性和产能过剩中寻找经济危机之源，但忽视了等价交换与固定资产折旧对危机的作用。

《知本论》认为：资本家要不断赚钱，必定要产出大于投入，也就是要有利润，而利润不是资本和劳动等价转移来的，主要是知本、劳动与资本共同创造的超额价值——附加值，在协新价值的创造中，知本起主导作用，而劳动与资本起次要作用。假如没有协新价值，离开知本的资本与劳动都不能增值，而剩余价值也只是劳动量的工资形式的变体，资本家仅靠克扣工资来增加剩余价值的积累是很慢的。

1．知本能不能离开资本？

知本与资本必须协同起来才能完成创造新价值的重任。

《资本论》称："把价值的象征符号撇开，价值只存在于某种使用价值中，如果使用价值丧失，价值也就随之丧失。"

《知本论》认为：资本是价值的形体，知本是价值的灵魂，形体毁灭则灵魂毁灭，所以灵魂（知本）离不开肉体（资本），资本与知本共同形成商品的价值，在简单劳动中，资本是不变价值，知本是可变价值；但在高级协同和创新的复杂劳动中，资本、劳动与知本等三要素都是可变价值，都可以创造新价值。协新价值虽然与劳动总投入的资本量和劳动量都有关，但劳动和资本不能直接决定协新价值，决定协新价值的主要是知本，因为知本是唯一能够无边际成本或无代际成本，却可以无中生有地创造新价值的价值。如果不考虑协同与创新的全要素增值，资本转移只是存量转移，只有知本转移才是超越成本或无成本的增量转移。

例如，一个企业的产品可以丧失或毁坏，但品牌存在于客户心目中，未必就能损坏，相反，对于快速消费品来说，只有顾客消费了产品，产品的使用价值才消失，但品牌价值不仅不会消失，反而还会因产品的消费或消失而得到了品牌价值的再生。总之，使用价值与价值在时空上是可以分离的，这是信用经济超越时空限制的根本特点，例如房子的使用价值与房子的产权价值是可以分离的，有产权的房子与没产权的房子相比，价值相差是极大的。一个房子倒塌了，但土地证与房产证的价值未必同步丧失，因此，价值未必就一定存在于使用价值之中，特别是书籍等文化产品，即使一本书烧毁了，书的价值也会长存。简单劳动是外部性和附加值极低的有限存量，创新劳动是外部性和附加值极高的无限增量。

2. 自然资源有没有交换价值？

《资本论》中有一段话："如果生产资料本身就不是人类劳动的产品，那它就不可能有任何价值转移到产品中去，也就是说，它只能充当使用价值的形成要素，而不能充当交换价值的形成要素。自然界中，一切未经人类劳动加工就天然存在的生产资料，比如土地、风、水、地下的铁矿、原始森林中的树木，即是如此。"

《知本论》则认为：价值不仅仅是劳动量，更是效益量。商品价格公式 $V=(C+L+K)\cdot f\cdot MD/S$ 表明：自然资源是公式中 C 的一部分，可以通过协同和创新的协新系数 f 来形成绝对价值 $(C+L+K)\cdot f$，形成交换价值有两个条件：一是需求 D 不为零，有需求才能保证 $D>1$，二是信识系数 M 代表信用水平的高低，供给 S 不能是无成本且无限量的（如空气、海边的水、阳光、沙漠的沙等），只要满足这两个条件，D/S 就不会趋近于零，就会存在交换价值。

3. 个体能决定总体吗？

亚当·斯密认为：固定资本保留在生产过程中而产生利润，流动资本离开生产过程并进入流通而产生利润。

《知本论》认为：无论是固定资本还是流动资本，都是资本，在简单而低效的劳动中，资本只能等价转移到产品的成本中，资本不能直接产生利润，只有在复杂而高效劳动中，追加的资本和知本才能增值转型，创造超过原有资本的增值——利润，利润是协新价值的表现形式之一。成本是资本的等价转移，利润是知本的增值转型。人在学校接受教育是进行知本积累，参加工作领到工资就是知本与资本同时积累。众所周知，科学技术是人类社会发展的第一推动力，然而，具体到市场经济的竞争中，仅凭技术优势是远远不够的，人文情怀与社会制度也是同等重要的。生产力的发展，归根结底是科学技术、人文艺术与社会制度的三维知本的发展，我们将科技知本、文化知本与制度知本这三大类合称为“知本”，因为人类的一切知识可以归结为科技知识、人文知识与社会知识，这三类知识用于社会财富创造时就转化成三类知本——科技知本、人文知本与制度知本。边际附加值 = 边际协新价值，知本增值主要是通过协同增值与创新增值两大途径，协同是整体效益优先，创新是个体要素突进；协同是竞争综合实力，创新是竞争潜在需求等，没有协同与创新，资本与知本就不能在劳动中增值或创造新价值。

在协新关系中，总体能决定个体，个体也能决定总体，总体与个体是相互决定的同生共死关系。个体能创新整体，整体也能创新个体，知本的局部与全局是相互创新的关系。马克思所说的资本，不是泛指现在经济学上的资本，而是特指资本主义原始积累初期的资本；不是泛指一般的货币机制或财富分配，而是特指资本主义剥削关系，特指追求剩余价值的资本。知本家创造的个体微观效益与社会宏观效益是互为协同和互为创新的共生关系，整体协同效应大于个体之和，个体协异效应也可毁灭整体，个体和整体是相互决定的平等关系。

《知本论》认为：协同的整体大于个体之和（$1+1>2$），协异的整体小于个体之和（$1+1<2$）。《资本论》只认识到简单劳动（$1+1=2$）与等价交换。

4. 复杂劳动不是倍加的简单劳动？

时间可以度量简单劳动的价值，但无法度量复杂劳动的价值，因此复杂劳动不完全是简单劳动的倍加或倍乘。

《资本论》由于没有认识到资本增值（$1+1>2$）和知本增值（$1\times2>3$），因此只认识到狭义的榨取型剩余价值，而没有认识到广义的包容型剩余价值或协新价值；只认识到简单的操作性劳动，而没有认识到复杂的协同性和创新性劳动。

相对剥削否定了绝对剥削，因为相对剥削的计量标准不是绝对剥削所适用的时间标准，而是效率标准或技术标准，时间标准是一维的数量标准，而技术效率标准是二维的数量和质量标准。不能增值的劳动是一维简单劳动，能增值的劳动是二维复杂劳动。

例如：现时的资本主义国家的工作日从 16 小时、14 小时、12 小时、10 小时、8 小时到现在开始流行 6 小时，工作日的不断缩短，从而导致工资不断降低了吗？没有，相反，资本主义国家的工资在不断提高，这说明了什么？说明所谓的相对剥削其实不是完全的剥削了，而是相对双赢或相对创造。

复杂劳动不完全是倍加的简单劳动，复杂劳动的协同效益与创新效益是简单劳动无法倍加出来的，假如真的能够倍加，就不存在创新，那就只需要多生几个孩子或者多加班就行了。

知本论

协同是成本论，创新是收益论

协同效应——边际递减——成本递减

创新效应——代际递增——收益递增

规模经营有两个必要条件，一是边际成本递减，这种递减是靠全要素协同的复杂劳动，简单劳动是不能成本递减的；二是代际收益递增，这种递增是靠局部要素创新的复杂劳动，简单劳动也是不能代际效益递增的。

企业为什么存在？企业存在的第一个理由是成本递减，内部协作费用要低于外部交易费用，存在的第二个理由是发挥协新优势获得协新价值。没有比较优势就会输在起跑线上，没有协新优势就会输在终点线上。智能机器 = 复杂劳动，智能机器可以替换和消灭简单劳动，但不能倒过来说，简单劳动可以替换和消灭智能机器，因为复杂劳动与简单劳动的替代没有可逆性，是单向替代。在物理变化或边际量变上，简单劳动可以倍加复杂劳动；在化学变化或代际质变上，简单劳动无法倍加复杂劳动。

例如：体力劳动可以倍加出货车的运输量，但倍加不出造车技术。

例如：在简单的劳动中，100 个工人创造的价值也许就是 100 个人的价值之和，假设每人每天创造 88 元，那么 100 个工人创造的价值就是 8800 元，但是，在复杂劳动中，100 个工人如何创造价值就要看协同与创新了，如果是窝里斗或出现一个故意破坏的协异分子，那么 100 个工人创造的价值就可能还不如 50 个工人的劳动价值，即协异的整体小于个体之和，或整体价值小于全部个体价值之和；如果能很好地管理，使 100 个人能心往同一处想，劲往一同处使，那么集体协同的结果是 100 个人创造的价值远比 130 个人或 200 个人多，即协同的整体价值大于全部个体价值之和。

木桶原理说的就是协异与协同的关系，当木桶有一个十分明显的漏洞或短板时，所谓千里之堤，溃于蚁穴，此时木桶就出现了协异变量，装水不可能多；如果这个漏洞正好在底板上，就是最坏的协异效应，因而无法装水，此时个体就可毁坏整体。如果所有的木板都一样整齐而严密，无一处有漏洞，那么这个木桶就产生了协同效应，就可以装满水了，此时木桶整体的装水量大于各个木板之和。

协同效应的本质就是系统论所坚持的整体大于各部分之和，整个母系统的价值并不是各个子系统的简单相加，而是远远大于各个子系统之和，超额部分就是协新价值，其实，全部经营管理学的核心就在于协新价值，如何激励员工的协新效应是管理学的基本课题。协同是民主论，创新是精英论；协同是限制不协调的个性，创新是改革太落后的共性；协同要执行力，创新要洞察力；协同是规模经济，创新是特长经济；协同是资本加法，创新是知本乘法；协同是降低成本，创新是提高收益。协同是边际加法，创新是代际乘法。

知本论

自由贸易创造协新价值的公有制
贸易壁垒产生剩余价值的私有制

协同价值就是母系统价值与各子系统价值之间的差额，也就是通过协同而产生的高于全部子要素的增值。协同价值并没有增加个体的劳动时间，也不一定增加个体的劳动强度，是附加在正常的个体劳动价值之上的超额价值，而且协同价值并没有减少员工的工资，也就是说，协新价值是在劳动时间量之内和实际工资之外产生的附加值。

例如，甲企业与乙企业，同样都是 1 万人的工厂，工资标准与劳动时间也都一样，也是同样的机器设备，而且都没有创新，仅仅因为企业文化与管理制度不同，两企业的协新价值就有巨大区别：甲企业赢利 10 万元，平均每个员工的协同增值 10 元，而乙企业由于企业文化更好与管理制度更好，利润高达 8000 万元，平均每个员工的协新增值为 8000 元。尽管协新增值相差 800 倍，但两个企业的劳动时间与工资总额并没有差别，这说明协新价值是超过在劳动时间与工资总额之上的附加价值。乙企业的协新构成和知本构成高于甲，乙更能从剩余价值转向协新价值。

三、蝴蝶效应——协新效应

蝴蝶效应是指在一个动力系统中，初始条件下微小的变化能带动整个系统长期的巨大连锁反应，这是一种混沌现象。

《知本论》认为：蝴蝶效应既是协同效应，也是创新效应，微小的创新能带动整个系统长期的巨大连锁反应，所谓“小协异，大损失；小创新，大市场”。

美国气象学家 Edward N. Lorentz 在一篇提交纽约科学院的论文中称：“一只海鸥扇动翅膀足以改变天气变化。一只南美洲亚马孙河流域热带雨林中的蝴蝶，偶尔扇动几下翅膀，可以在两周以后引起美国德克萨斯州的一场龙卷风。”

《知本论》认为：蝴蝶的作用被无限夸大了，但可以作为观微知著，管中窥豹，一叶知秋的协同效应。蝴蝶效应（协新效应）的来源，是这位气象学家制作了一个电脑程序，图像是混沌的，而且十分像一只张开双翅的蝴蝶，初始条件的极小偏差，将会引起结果的极大差异。如果这个差异越来越大，那这个差距就会形成很大的破坏力。

《知本论》认为：差之毫厘，谬以千里，小事或细节不足以决定你成功，但足以决定你失败。

洛伦兹曲线：蝴蝶效应的概念，是气象学家洛伦兹 1963 年提出来的，美国麻省理工学院气象学家洛伦兹用计算机求解仿真地球大气的 13 个方程式。洛伦兹对初始输入数据的小数点后第四位进行了四舍五入。他把一个中间解 0. 506 取出，提高精度到 0. 506127 再送回。当他喝了一杯咖啡以后，回来再看时大吃一惊：本来很小的差异，前后计算结果却偏离了十万八千里。前后结果的两条曲线的相似性完全消失了。再次验算发现计算机并没有毛病，由于误差会以指数形式增长，一个微小的误差随着不断推移造成了巨大的误差后果。在大气运动过程中，即使各种误差和不确定性很小，也有可能在过程中将结果积累起来，经过逐级放大，形成巨大的大气运动。事物发展的结果，对初始条件具有极为敏感的依赖性。

蝴蝶效应说明，事物发展的结果，对初始条件具有极为敏感的依赖性，初始条件的极小偏差，将会引起结果的极大差异。

《知本论》认为：蝴蝶效应就是一种极端的对位效益论，蝴蝶虽小，只要放在特定系统中的特定位置，就能产生巨大的能量。创新的边际外部效益是无限扩散的，边际社会效益远远大于边际个体效益。

第四节 附加值

《企业管理百科全书》中对附加价值的解释如下：附加价值是企业通过生产过程新增加的价值；或者从企业的销售额中扣除供生产之用而非其他企业购入的原材料成本，也就是企业的纯生产额。对应以上两种附加价值的概念，产品附加值应该包括两个方面的内容，即通过企业的内部生产活动等创造的产品附加值（内加值）和通过品牌战略在市场流通创造的商品附加值（外加值）。高附加值产品，是指投入产出比较高的产品。其技术含量、文化价值等比一般产品要高出很多，因而市场升值幅度大且获利高。知本增值具有二重性，一种是在规定的劳动过程和劳动时间内追加新价值，这是内生型的新价值，简称为内加值。知本劳动的另一种追加方式是外生型的新价值，简称外加值。“劳动力 = 资本”这个等式没有可逆性，我们不能反过来说“资本 = 劳动力”，因为资本还包括其他的资源、资产、资金与资料等。知本才是人类社会代代相传的生产力基因与科技进步密码，经济发展的本质就是无形无限的知本发展，社会进步的本质就是知本进步，而资本正是知本发展和进步的内存条或运输机。

《知本论》认为：剩余价值 + 协新价值 = 附加值。

一、不同的剥削观

效率工资是资本道德的检验标准，基于高效率的高工资检验资本美德与比较优势，基于低效率的低工资检验资本缺德与比较劣势，市场文明沿着协新价值构成不断提高的方向发展。低级资本家的工资理念是“劳动力价值 = 工资”，或者说“工人 = 机器”，将工人当机器看待，当然，低级资本家会狡辩说：人是企业的最大资本。如果“工资 = 劳动力价值”，也就是说工人不可能有任何创造力，干多干少一个样，干好干坏一个样，这是落后国家与血汗工场的强盗逻辑。

高级资本家的工资理念是“劳动价值 = 工资”，这里的劳动价值是简单劳动价值或个体劳动价值，简称个体价值，是工人自身能力或比较优势可以独立自主创造的，不包括集体协同与团队创新的协新价值。“边际生产率 = 工资”或“效率工资”的工资只是工人的个体价值，当企业实行效率工资或边际生产力工资时，剩余价值就还原到其本来面目——“工资”中去了，资本家会巧妙地通过资本运作、品牌溢价、创新暴利、价格诱导、专利收费等五大基本方式去获取附加值，包括内生型的利润、外生型的公益价值和外部性的创新价值。

《资本论》认为：绝对延长劳动时间量的剥削是绝对剥削，即最大限度地延长工作日长度的绝对剥削观，从 19 世纪初，英国工人阶级经过长期的艰苦奋斗，迫使英国议会通过了一系列《工作日法案》，1848 年的二月革命中，法国工人提出 12 小时工作日制度，法国也颁布实施了《缩短工作日法令》，后来国际工人阶级不断斗争，工作日从 12 小时缩短为 10 小时，又从 10 小时缩短为 8 小时，现在不少欧美资本家开始实行 6 小时工作日或 5 小时工作日。

《知本论》认为：凡是源于不变价值（包括劳动力价值）的剥削都是绝对剥削，注意，劳动力在《资本论》中是被划分为可变资本的，但是，在《知本论》中，劳动力（员工）既可以是无协同无创新的不变价值，也可以是有协同有创新的可变价值。凡是没有协同创新劳动的机械性简单劳动，在《知本论》中都被视为顶多是工资转移的机械劳动，都被列为不变价值形式，在没有协同创新的劳动中榨取利润都被视为工资等价转移成利润后的绝对剥削。

二、相对剥削掩盖相对创造

《资本论》认为：靠提高剩余价值率或延长工作日来补偿工人数量的减少，是不能超越一定生理界限与道德界限甚至是法律界限的，因此，提高技术化大生产就是提高相对剥削的方法。

《资本论》认为："通过延长工作日总长度而生产的剩余价值叫作绝对剩余价值，与此相反，通过缩短必要劳动时间相应地延长剩余劳动时间而生产的剩余价值，叫作相对剩余价值；工人一进入劳动过程，便被并入资本；作为协作的人，作为一个工作机体的组成部分，工人只不过是资本的一种特殊存在方式。"

《知本论》认为：既然认同工人是"资本的特殊存在方式"（工人 = 资本），"工人的劳动可以被并入资本"，那么，承认资本创造新价值，与工人创造新价值就并不矛盾。工人既具有资本属性，能等价转移自身价值，也具有知本属性，能创造高于自身价值的附加值，当然，只有协同与创新这两种协新方式才能创造附加值，或者说只有复杂劳动才能创造高于工人自身价值的协新价值。

技术化大生产是不是"提高了对工人的相对剥削"，从马克思的"价值是凝聚在商品中的劳动量"来看，生产技术降低了工人的工作日长度并提高了工人的工资与福利，降低了工人在商品中的劳动时间量，自然就降低了对工人的剥削程度，同时，生产效率提高也导致了劳动力价值的不断提高而不是降低，因此，绝对剥削是源于剩余价值而成立的，但相对剥削不一定源于剩余价值，因为生产效率提高中产生了大量的协新价值，协新价值的共享性决定相对剥削的本质是相对和谐或相对创造。

"社会平均必要劳动时间"模糊了剩余价值生产与协新价值生产的界限，其实，这个"平均"或"必要"主要不是决定于劳动，而是决定于资本和知本，是资本和知本对劳动的"平均"与"必要"，是资本和知本对劳动的必要创造和平均提高。用"资本和知本决定的社会必要劳动时间"来定义"工人的社会必要劳动时间"，但又认识不到资本与知本的增值属性，这就会得出资本剥削而不是资本创造的结论。如果否认资本和知本的增值功能，就等于否定了生产力进步与科技进步。计划经济不利发展的原因就在于将资本与劳动对立起来，甚至将知本也与劳动对立起来，人为拆散"资本 + 劳动 + 知本"的三口之家，在劳动三要素拆散之后，出现了"资本越多越剥削"和"知识越多越反动"的谬论。其实，资本越多，工人的劳动就越是变得相对稀缺，也就越能提高工人劳动的边际替代率或交换价值，因而就越能涨工资；知本越多，无边际成本和无代际成本的协新价值就越多，工人的生产效率就越高，也就越能涨工资。简言之，资本和知本是工资增长的两双翅膀，如果折断了劳动价值的双翅，工人又怎能涨工资呢？

资本相对过剩——劳动相对短缺——工资上涨

资本相对短缺——劳动相对过剩——工资下降

因此，资本和知本才是增加工资的两条腿，我们不否认资本剥削与知本剥削，但更要承认资本增值与知本增值。工资水平与资本道德成正比，工资越高，说明资本越道德；工资越低，说明资本越缺德。

三、劳动是不是商品

对于“简单劳动 = 资本”这一点，许多人不理解，因为人们大多认为劳动力是商品，但劳动不是商品，这种传统看法现在确有必要进行创新和提升了，因为劳动力是有限有形商品，这是没有争议的，但是劳动是商品也没错，因为《资本论》也认同“工人一进入劳动过程便被并入资本”。

资本家购买工人的劳动具有三重性：第一重是购买劳动优势，以劳动能力为标准，这是面试阶段；第二重是购买劳动过程，以劳动时间量为标准，这是监管阶段；第三重是购买劳动结果，以利润或效益为标准，这是核算阶段。由此产生三重的工资定价论：

第一重“劳动力定价”：劳动力价值 = 工资，计人工资；

第二重“劳动量定价”：劳动时间量 = 工资，计时工资；

第三重“效益量定价”：劳动效益量 = 工资，计件工资。

美国知名管理学家杜拉克将附加值称为贡献价值，它是企业生产的产品或提供的服务所得之总额与由外部买进的原材料或服务的采购额之间的差值。杜拉克明确地将服务等无形产品引入到附加值的定义之中，这对于分析第三产业的附加值至关重要。同时，杜拉克强调企业创造的附加值是企业对社会的一种贡献：从宏观来看，全社会企业贡献价值的总量大小可以反映该国的国民收入状况；从微观来看，贡献价值直接反映企业的盈亏状况。资本主义发展过程中先后出现的计人工资、计时工资、计件工资就是劳动价值论三部曲的真实反映。现在的计时工资与《资本论》中的劳动量定价论还是有点区别的，以前是 X 管理论（源于剩余价值论）指导的消极的计时劳动，现在是 Y 管理论（源于协新价值论）指导的积极的计时劳动。

四、“附加值”重塑国际贸易

从世界主要贸易管理机构传递出的信息很明确：官方 GDP 数据已经不能反映全球经济的真实情况。世界贸易组织（WTO）和经济合作与发展组织（OECD）同样明确地指出，他们所采用的“附加值贸易测算方法”更为准确，给有关贸易政策的辩论带来了变化。国际贸易不仅要资源配置最优，更要技术、文化与制度的最优，即增值最优。

WTO 和 OECD 在一项历时一年的研究课题中使用附加值方法计算贸易额，这种方法强调产品制造过程的分散性和全球性。这项研究结果为支持开放贸易的观点增添了砝码，这是因为，现在产品的供应链往往是全球化的，出口商在国际市场上的成功不仅依赖于他们制造最终产品的能力，还依赖于他们为制造过程进口相应原料的能力。对于生产过程全球化的商品，高关税及其他进口壁垒都会拖累出口，损害经济和就业，而不是起到保护作用。

附加值贸易测算法力挺增值交换论和协新价值论

OECD 和 WTO 表示："限制中间产品进口的保护性措施会提高生产成本，从而降低一国产品在出口市场上的竞争力。"限制采购外国中间商品和服务的政策，也会损害一国在区域和全球供应链中的地位。英国的欧洲怀疑论者可能会指出，附加值贸易数据表明，英国出口商比过去人们以为的更多依赖美国消费者，更少依赖欧盟，然而，疏远与欧洲的关系可能会损害英国对美国的贸易。如果美国人从英国购买的产品是由产自其他欧洲国家的零部件制造而成的，那么，英国退出欧盟将会提高最终产品的价格。

五、中国出口附加值低

全球贸易性质的变化对于小企业尤其重要，只要所在国家实行贸易开放政策，灵活的小企业就可以从更加全球化的供应链中赚取利润。

现有的贸易收支测算方法出自李嘉图（David Ricardo）：出口国和进口国都会从贸易中受益，因为各国在提供不同商品和服务方面具有比较优势。

《知本论》认为：李嘉图没有认识到国际政治经济关系才是更影响国际贸易的协新优势。增值最优化与附加值分工才是国际化的本质。

根据经济学家邢予青的研究，苹果的产品由包括美国在内的五个国家中的九家企业制造。所有的元件都被运到设在中国内地的公司组装成 iPhone 后再运往美国。以 2009 年为例，当时每生产一部 iPhone，元件生产企业（没有一家在中国）合计可以获得 172.46 美元，而中国公司可以得到 6.50 美元，然而，在双边贸易数据中，每部手机 178.96 美元的价值却全部记录在中国出口项目下。从账面上看，中国公司参与 iPhone 生产给中国的贸易收支带来了 20 亿美元的进账，尽管这 20 亿美元中多数转移给了外国公司，其中也包括美国公司——美国的元件制造商从每部 iPhone 上可以获得 10.75 美元。按照"附加值"（协新价值）测算方法，中国从这一生产活动中获得的贸易收入其实只有 7300 万美元，这样一来，中国对美国的贸易顺差就要相应缩小 90% 左右。

六、"附加值"是增量分析

在国际贸易中，附加值是指一件产品由于劳动力补偿、关税或利润等原因而产生高于原有价值的新价值。附加值包括温暖的协新价值与冷酷的剩余价值，是生产关系的温度计。

例如：韩国向中国出口 100 美元自己生产的商品，中国在对该商品加工后，以 110 美元的价格再出口美国。按照传统的国际贸易统计方法，中国对美国产生了 110 美元顺差，而美国和韩国之间并无贸易关系，而按照附加值贸易统计法，韩国对美国产生了 100

美元顺差，而中国对美国只产生 10 美元顺差。

劳动增值论　附加值才是国际贸易真理

为了更准确反映全球化时代国际贸易现状，经合组织与世贸组织经过多年合作，推出了全球贸易测算新方法——附加值贸易测算法。经合组织秘书长古里亚说，附加值测算法将改变人们传统的贸易观。由于全球形成产业链与要素链，一些工业制成品在生产过程中有可能多次跨越国界，而不再是原有意义上的出口和进口。按照传统统计方法，出口被视为有利于促进国内生产总值，而进口对国内生产总值是负贡献，但按照附加值贸易统计法，进口是出口的促进因素，在多数经济体中，大约 1/3 的进口都是为了出口。

例如：亚洲开发银行此前发布的研究报告显示，2009 年，中国在苹果手机贸易上对美国出口值约为 20 亿美元，如果以附加值（协新价值）测算，中国在这一贸易上对美出口额实际仅为 7300 万美元；而中国当年也从美国进口 1. 215 亿美元苹果手机零部件，如果以附加值（协新价值）测算，中国在这项贸易上对美国实际存在 4800 万美元的贸易逆差，而不是顺差。经合组织秘书长古里亚按照附加值（协新价值）测算，2009 年中国对美贸易顺差大约缩水 25%，其中一个重要原因是美国附加值（协新价值）的进口占较大比重。

七、世界制造与贸易自由

经合组织贸易政策高级分析师塞巴斯蒂安·米鲁多说：附加值贸易测算法有助于更好地理解国际产业链，有助于理解一个国家在国际产业链中的地位。中国制造的电子产品中只有 60% 是在中国国内产生的价值，而这 60% 的大部分是劳动力价值，这就是说中国仍处于国际产业链的工业加工环节。而以一些原材料生产国为例，它们在出口原材料之后，就不再参与国际产业链，也就不再产生附加值（协新价值）。米鲁多说：新的统计方法也可清晰地显示出自由贸易的重要性，因为一国贸易和国内经济政策将不仅影响其直接贸易伙伴，还将通过国际产业链传导到整个国际市场。相反，贸易壁垒不仅对一个国家的竞争力产生巨大的不利影响，而且有可能扰乱甚至中断国际产业链。

自由贸易共享了无需补偿的外部经济，贸易壁垒增加了无法避免的内部费用。

我们需要思考的是世界制造，因为汇率在国际贸易中的重要性要小得多。

附加值贸易数据库显示，过多关注双边贸易的盈与亏没有意义。出口国通过汇率来加强竞争力的想法在国际产业链越来越复杂的背景下是不切合实际的。

第五节　全要素生产率

技术进步对全部要素都有增租作用，技术的协新价值就是全要素生产率。

知本增长率或全要素生产率的增长，通常叫作技术进步率或知本增长率，也可称为技要素生产率或知要素生产率，但这不是单指技术要素的生产率，而是技术与其他全部要素协同之后的全部要素生产率，是新古典学派经济增长理论中用来衡量纯技术进步在生产中的作用指标的又一名称，它是以索洛等人为首，从20世纪60年代以来发展的增长核算中，作为长期经济增长来源的一个组成部分。纯技术进步包括知识、教育、技术培训、规模经济、组织管理等方面的改善，但还不能具体化或不能归因于有形效率更高的资本设备、技巧更高的劳动、肥效更大的土地等生产要素的增加投入量，所以又称为非具体化的技术进步，也被比作天降馅饼。因此，全要素生产率是指全部生产要素（包括资本、劳动、土地，但通常分析时都略去土地不计）的投入量都不变时，而生产量仍能增加的部分。全要素生产率并非所有要素的生产率，“全”的意思是经济增长中不能分别归因于有关的有形生产要素的增长那部分，因而全要素生产率只能用来衡量除去所有有形生产要素以外的纯技术进步的生产率增长。

一、全要素应该指“所有要素”

新古典学派的经济增长理论是不完善的，主要是想当然地将技术进步与有形生产要素完全分开来研究，这显然不是科学的系统论，就像分析一个运动员的比赛能力时，将每个动作分解成体力得分与智力得分一样荒谬。

全部要素的外部性内化成比较优势就是全要素生产率

《知本论》认为：全要素生产率应该指所有要素的生产率，包括有形生产要素的资本与无形生产要素的知本，因为技术、文化与制度等无形要素的增长并不是孤立的，而是通过有形要素的协同整合才体现出来的，没有单纯的技术增长、文化增长与制度增长，全要素生产率不能除去所有有形生产要素的增长率，将技术进步与有形要素的增长视为两条平行线是错误的，这就像将人的体力增长与智力增长分开来看是错误的，对人的全面成长来说，体力增长与智力增长是不能分开的。技术进步促进了资本要素的增长，这是新陈代谢或升级换代的代际革命或创新效益，同时，资本规模也促进了技术的边际收益不断递增，这是协同效益，注意，边际革命是数量扩张，代际革命是质量提升，两者是相互促进，融合生长的，是血与肉的关系，决不能将血与肉分开来谈论一个人的健康增长。技术变量与全要素变量之间，是通过协同效应这一关键变量进行转化的。

技术进步——协同效应——全要素生产率增长

二、不存在“纯技术进步”

根据协同论或系统论的观点，手只有放在人的身体的合适部位，才是劳动工具，如果将手砍下来，就不是劳动工具。大脑只有放在人的脖子上，才是会思想的大脑，如果砍下来放在肚子上，就不是有创造力的大脑。因此，技术也像手与脑一样，只有与其他生产要素全面协同，才能变成生产力。

例如，99%的技术发明都还在睡大觉，只有不到1%的新技术被人类采用并形成有竞争力的产品，原因何在？就是因为技术必须与需求、劳动、土地、生产资料、文化和制度等缺一不可地融合起来，才有可能形成现实的生产力，因此，离开有形的生产要素去空谈纯技术进步，是毫无实践意义的伪科学，由此发明的索洛模型或生产函数也是华而不实的，并不具有实际的经济指导作用，纯技术进步的提法本身就纯属伪命题，因此，全要素生产率的增长必须指全部要素在技术进步之后的整体增长，是全部要素与新技术的协同效益，将全要素理解成纯技术是强词夺理。从技术进步到全要素生产率，中间有一个至关重要的变量就是协同效应，如果没有协同效益这一个关键变量，技术进步就不可能转化成全要素生产率。总之，所谓的技术进步一定是复合的技术进步，是所有生产要素的协同生长，脱离了有形生产要素，就不可能有单纯的技术进步。

三、全要素包括有形与无形

《知本论》认为：仅从技术来理解全要素生产率是片面的，因为技术并不是全要素或全部要素，而是单要素或单一要素，全要素生产率不应继续叫作技术进步率，片面强调技术这一单要素，实际上是技术决定论的单要素生产率，真正的全要素是资本、土地、劳动、技术、文化与制度这六大要素，其中，资本、土地与劳动是有形有限的增长要素，在《知本论》中统称资本要素，隐含着的资本、土地与劳动是完全可以相互替代的。技术、文化与制度是无形无限的增长要素，在《知本论》中统称知本要素。按西方经济学者的全要素理解，不应该只是技术，而应是技术、文化与制度等全部的无形无限要素，这才是真正的知本要素或无形要素。由于资本要素是有形有限要素，本身没有内生力，不能单独增长，只有与知本结合时才能在协同与创新中分享知本的增长，而且知本增长也必然要通过资本增长来物化，所以无形无限的知本增长一定与资本增长是同步的，所以知本要素的增长必定在规模协同之后泛化为全部要素或全要素的增长。只有从技术无形、无本、无限的扩散中去理解全要素的升值，才能真正理解技术进步率就是全要素生产率，但不能倒过来说全要素生产率就一定是技术进步率。

四、全要素增长

为什么无形无限的知本要素所带来的增长可以称为全要素生产率呢？主要就是因为协同效应与创新效应的无形渗透与无限扩散，知本要素在无限复制与无限使用时的边际成本递减，而且可以递减到零，在触发创新之后，虽然代际成本的弹性极大，但代际收益递增是无法估量的，知本的无中生有与一本万利的天然特性，可以在协同与创新中实现全部要素的增值，也就是说一旦产生协新效应，全部生产要素都能同步升值，实现整体价值大于全部个体价值的和，或者全要素价值大于全部单个要素的简单相加。

《知本论》发现，西方学者对全要素生产率的定义是极其狭隘的，所列出的计算公式也根本体现不出全要素协同效应与创新效应的深刻内涵，不仅计算公式十分简单，而且也算不出真正的协新价值。全要素增长一定大于各个要素单独增长的和，纯技术增长只是新技术引发的全要素增长的极小部分。如果说技术增长是一个子集，全要素增长是一个母集，那么，没有母集就没有子集，反之，没有子集也就没有母集，将子集与母集人为割裂开来谈论增长是不科学的。

五、“规模报酬不变”是伪命题

全要素生产率一般的含义为资源（包括人力、物力、财力）开发利用的效率，也叫广义的全要素生产率。从经济增长的角度来说，生产率与资本、劳动等要素投入都贡献于经济的增长。从效率角度考察，生产率等同于一定时间内国民经济中产出与各种资源要素总投入的比值。从本质上讲，它反映的则是一个国家（地区）为了摆脱贫困、落后和发展经济在一定时期里表现出来的能力和努力程度，是技术进步、文化进步与制度进步等知本进步对经济发展作用的综合反映。

全要素生产率是用来衡量生产效率的指标，它有五个增长源：一是效率的改善；二是技术进步；三是规模效应；四是文化进步；五是制度进步，这五个方面就是《知本论》所说的全要素生产率的主要部分。在计算上它是除去劳动、资本、土地等有形有限要素投入之后的余值或附加值，由于余值还包括没有带来增长的因素和概念上的差异以及度量上的误差，所以它只能相对衡量效益改善技术进步的程度。

1950 年，诺贝尔经济学奖获得者罗伯特·M·索洛提出了具有“规模报酬不变特性”的总量生产函数和增长方程，形成了通常所说的生产率（全要素生产率）含义，并把它归结为是由技术进步而产生的。

《知本论》认为：索洛所说的规模报酬不变特性纯属伪命题，技术进步通过协同效益可以提高全要素生产率，但决不能说全要素生产率增长率在数量上就等于技术进步率。在知本无边际成本的强大扩散力下，规模经营可以实现边际成本递减，在市场价格不变时就能实现边际收益递增，同时，在创新效应的需求拉动下，知本经济的规模报酬必然在升级换代时实现代际收益递增，还有，对于技术过时并缺乏文化创新与制度创新的产品，规模报酬递减是必定的，简单地说，夕阳产业的规模报酬递减，朝阳产业的规模报酬递增，只有处于稳定期或成熟期的产业，才能勉强在短时间之内昙花一现地表现出规模报酬不变特性，索洛所言确实不知所云。边际效益递减与代际效益递增是经济规律，都决定规模报酬会增加，递增不是停止，更不是减少，而是慢慢增加。

六、全要素生产率的结构性

全要素生产率是宏观经济学的重要概念，也是分析经济增长的重要工具，尤其是政府制定长期可持续增长政策的重要依据。首先，估算全要素生产率有助于进行经济增长源泉分析，即分析各种因素（投入要素增长、技术进步和能力实现等）对经济增长的贡献，识别经济是投入型增长还是效率型增长（《知本论》所说的资本驱动型还是知本驱动型），确定经济增长的可持续性。其次，估算全要素生产率是制定和评价长期可持续增长政策的基础。具体来说，通过全要素生产率增长对经济增长贡献与要素投入贡献的比较，就可以确定经济政策是应以增加总需求为主？还是应以调整经济结构、促进技术进步为主。

七、经济增长率依靠全要素

全要素生产率是指各要素（如资本和劳动等）投入之外的技术进步和能力实现等导致的产出增加，是剔除要素投入贡献后所得到的残差，最早由索洛提出，故也称为索洛残差。由于经济外部性和价格成本的双重影响，计量协新价值比较困难，估算增长率也不容易。

在中国，有些学者已开始研究全要素生产率问题，尤其是在克鲁格曼提出“东亚无奇迹”的论点后，这一问题更引起国内学者的普遍关注，一些学者估算了中国不同时期的全要素生产率。

例如：舒元（1993 年）曾利用生产函数法估算中国 1952 —1990 年间全要素生产率的增长，得到的结论是，全要素生产率增长 0. 02 %，对产出增长的贡献率为 0. 3%。王小鲁（2000 年）同样利用生产函数法估算中国 1953—1999 年间全要素生产率的增长，得到的结论是，1953 —1978 年间全要素生产率增长 -0. 17%，1979—1999 年间全要素生产率增长 1. 46%，对经济增长的贡献率为 14. 9 %，还有一些学者对全要素生产率与经济增长进行了理论思考。郑玉歆（1999 年）对全要素生产率测度和经济增长方式转变的阶段性规律进行了详细讨论，但没有给出中国全要素生产率的具体估算。

《知本论》认为：从克鲁格曼到不少国际学者的算法，东亚经济增长率都是极低的，为什么这些学者算出的全要素生产率会如此之低呢？原因就在于现有的生产函数法估算公式是基本错误的，他们所说的资本增长率、劳动增加率、利率、工资率等核心概念，本身就隐藏着劳动资本化与劳动知本化的成果，其中，资本增长率就是知本增长率或全

要素生产率的外在表现，劳动增长率未必是全要素生产率决定的，而是受生育水平决定的，利率纯属一国的经济政策，与全要素生产率没有直接关系，工资率也是全要素生产率的一个外在表现，但也受制于工资制度与人口供给，现有生产函数法公式的每一个加项都是在近似地重复计算技术进步率或全要素生产率。其实，在就业人口数量相对不变或变化不大时，如果再加上物价稳定这个货币条件，经济增长率就近似于全要素生产率，或者说，经济增长率可以近似地看作全要素生产率，因为技术进步不只是提高技术这一个因素，而是对全部生产要素都有协同效应，全部要素都会随之提高，因此，“东亚无奇迹”显然忽视了东亚引用先进技术之后的全要素协同效益，在发生协同效应时，技术、文化与制度任何一个知本要素的进步，必然无限扩散成全部要素的集体增值。

第十二章

生　产　美

“生产力”这个词已流行了几百年，是“技术决定论”派生出来的一个代表生产效率或劳动效率的关键词，但是，提高生产效率并不完全在于技术，更在于文化与制度，生产关系可以创造生产力，但不一定能决定生产力。技术、制度与文化是《知本论》中的“知本三要素”，这三要素是相互依存，相互影响的，共同构成一国的知本体系。美国底特律汽车城在辉煌了上百年之后成为了废都，不是因为美国汽车业的技术落后了，而是美国的汽车文化在油价不断上涨与堵车不断加剧的压力下落伍了，宽大、笨重、耗油的汽车文化落后于小巧、轻灵、节能的汽车文化，这是美国车城变鬼城的文化根源。技术高超者照样可以失败，才华横溢者照样可以贫困，技术为王并不一定对，知本为王才对，真正决定一国发展动力的是知本力和资本力。从生产力到生产美，或者说，从竞争力到竞争美，是第一次飞跃，而从竞争美到竞争信是第二次飞跃。

传统经济学有一个很大的误区，就是过分侧重于“力的文明”（技术文明），对于“美的文明”（先进文化）与“信的文明”（先进制度）却缺乏研究，经济学研究也陷入一种数学审美的完美主义误区。

生产力——技术竞争——物质文明
生产美——文化竞争——精神文明
生产信——制度竞争——社会文明

只重视生产力的物质文明，轻视生产美的精神文明，认为物质文明的成本定价是合理的，而精神文明的价值定价是不合理的，这就是轻视精神文明。所以，一些媒体总是对国产商品的天价营销看不顺眼，好像国产商品就不能卖高价，卖高价就是“剥削”，而对洋品牌的惊天暴利却不加评论，这是一种什么样的心态呢。

国际知名的跨国公司，除了少数技术型的公司外，绝大多数并不是靠独一无二的技术制胜，而是靠技术、文化与制度的知本体系才能制胜。

例如：柯达胶卷最先发明数码相机，但公司内部沉醉于胶卷行业的霸主地位，并没有形成开发、制造和营销数码相机的知本体系，存在文化瓶颈与制度短板，整个公司的管理架构仍是胶卷体系，而不是数码体系，结果死于自己的技术发明之中。决定国际大公司成功的，是技术、文化与制度共同构成的知本力，包括技术上的生产力、文化上的品牌力、制度上的管理力。

品牌三要素包括品牌力、品牌美与品牌信三部分。

全球许多企业都热衷于品牌营销，因为这些营销大师都明白：决定产品成功的主要是文化力或品牌号召力，技术力或生产力只是一个必要条件，有独特的技术也不等于有独特的需求，代工企业的成功主要在于生产力，而名牌企业的成功主要在营销力或品牌力，所有成功的企业都有很强的“制度力”或“管理力”。

生产力＋营销力＋管理力——知本力

只有少数国际名牌是依赖于技术力或生产力的，中国一些代工企业也是靠生产力或比较优势取胜的，而大多数国内外知名品牌，特别是奢侈品牌与明星人物，都是靠营销力（品牌力）或管理力的比较求势取胜的。除了出售自然资源的企业外，企业的成功都是靠知本力，生产力只是知本力的一个要素，但未必是不可缺少的要素。许多时尚之都或商业之都的成功都是靠营销力与管理力，不仅不靠生产力，还要将代表生产力的工厂纷纷外迁。营销力就是生产美，就是产品要传达的文化价值与文化需求。生产力是物质文明之核，生产美是精神文明之核，但生产美并不等于生产关系，而是生产关系的子集。生产美是生产关系中能直接给人带来精神激励的部分，是可以直接由供求双方感知和体验的价值。生产力与生产美（营销力）的关系如下：生产力是“硬件”，生产美是“软件”；生产力是刚性价值，生产美是弹性价值；生产力是技术论，生产美是文化论；生产力是有价的，生产美是无价的；生产力强调成本定价，生产美强调需求定价。

第一节　边　际　美

美成为一种强大的产业链，“国际小姐”、“世界小姐”、“中华小姐”、“环球小姐”、“亚洲小姐”等选美经济包括了组织机构、参赛者、赞助商、观众群体、美容机构、美容产品等，形成了一个很庞大的产业链。

美是效用或满意度的核心内容，边际美就是边际效用。

《知本论》认为：边际效用递减法则起作用须有三个条件：①必须是基本同质化的消费；②必须是较短时间之内的一次性消费；③必须是持续不间断的消费。

从竞争美的角度看，边际效用可视为边际美，心理上的比较美势或比较美。反之，如果在消费过程中出现了差异化、长期化或间断化的其中一种情况，边际美递减就未必成立。

一、边际优与边际美

假设企业同一批产品是同质化的，那么同质化就决定了边际力或边际优是不变的，技术与功能没有变化，规模经营的必要条件之一是边际成本递减，但不是功能和技术的边际优递减，边际优是稳定不变的，如果边际优变了，就不是同质化了，就是升级换代后的另一种新产品了，从供求双方的角度看，边际优都是不会变的，除非在长时间使用后出现功能衰减或技术衰减，但是，边际美就不一样了。流水线的标准化生产的边际优一般是不会变的，但是，从消费者角度来看，同样的产品，如果在短时间之内连续不断地消费，就会出现审美疲劳与主观满意度下降，大多会发生边际美递减。

在标准化、同质化、规模化的大生产时代，边际效用递减并不是边际优递减，而是边际美递减，边际美递减又表现为边际效益递减，所谓的稀缺性主要是边际美的稀缺，未必是边际优的稀缺，因为产品的直接替代或间接替代太难求了，真正在技术上稀缺的产品越来越少。同质化消费表现为边际优不变与边际美递减，就像吃相同的苹果，每个苹果的营养价值与口味都是一样的，每增加一个苹果的边际优是不变的，但是，短时间之内连续不断地吃苹果，每增加一个苹果的边际美就会递减。从一年或一辈子的长期来看，边际美也可以是稳定不变的，边际美递减只适用于短期而微观的消费分析。

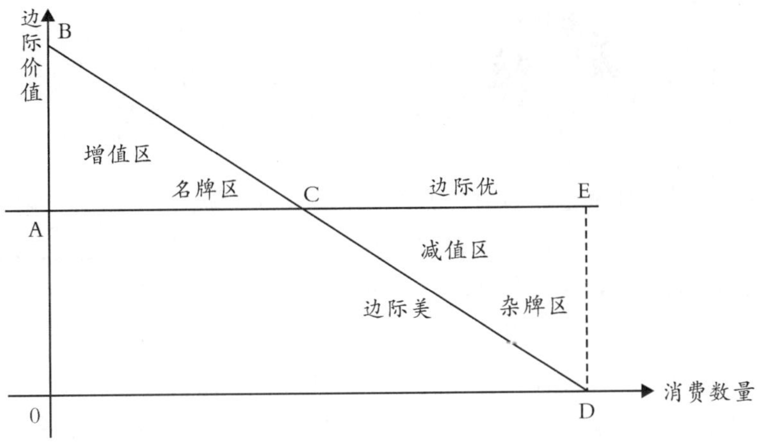

在消费价值图的边际分析中，三角形ABC是增值交换区，供求双方都感觉增值了，供方在“边际美 > 边际优”时获得了协新价值，求方也获得了先睹为快或先用为快的快乐，增值区也可视为创新区，是供求双方满意度较高并双赢的区域。增值区不一定就是供不应求的短缺区，边际美的变化强调产品本身的技术质量与文化质量，与宏观性的供求关系没有必然联系。

增值区是美大于优的名牌区，减值区是美小于优的杂牌区。在名牌区，文化增值高于技术增值，存在文化殖民，而在杂牌区，技术增值高于文化增值，缺少文化殖民。

图中的三角形CDE减值交换区，供方的利润或协新价值在减少，而需求方的主观满意度或边际美也低于边际优所应得的客观评价，即“边际美 < 边际优”，表现为文化评价低于技术功效。图中的C点，是“边际优 = 边际美”的公平点，产品的质量与客户的评价是完全一致的，在增值区能获得超额文化溢价或名牌溢价，而在减值区无法获得超额文化溢价或名牌溢价。增值区可以榨取文化剩余价值，减值区无法榨取文化剩余价值。

经济形势大好或股票上涨时，商品大多处于增值区，边际美 > 边际优，人们对经济的评价与预期高于实际水平，所以，增值区也是经济泡沫区，存在通胀与物价上涨的问题，反之，经济形势转差或股票下跌时，商品大多处于减值区，边际美<边际优，人们对经济的评价与预期低于实际水平，所以，减值区也是经济萎缩区，存在通缩或物价下降的问题。

二、规模经济的“美”

在代际效益递增中，企业要提高经济效益，主要有两条途径：

一是通过技术创新，在边际优不变时，提高代际优，增加技术与功能，通过升级换代提高质量，代际优大多指新增卖点。

例如，汽车上加装先进的GPS定位系统，GPS就是代际优，但是，当竞争对手都安装有GPS时，差异化的GPS就沦落为同质化的GPS，代际优转化成更高级的边际优。

二是提高设计、功能、服务、广告等方面的文化魅力与名牌形象，不是在技术上挑战难度，而是在文化情感上寻找与消费者的心灵共鸣，提高边际美。

知本论

物质文明——生产力——唯物论

精神文明——生产美——唯心论

社会文明——生产信——制度论

一切品牌营销的本质都是提高生产美、竞争美与边际美，这不是基于技术的竞争力，而是基于文化的竞争美。由于边际优在递减到一定程度时是稳定不变的，而边际美从单个消费者短期的不间断消费来看是递减的，但是，从不同的消费者或长期的宏观消费来看，规模经营者完全可以通过产品多元化、设计多样化、服务多地化、价格多区化、促销多式化等，成功抑制边际美递减，使客户在眼花缭乱、门类齐全、琳琅满目的产品中实现代际美递增，也就是品牌价值递增，或者说通过无穷无尽的细节差异化来实现每增加一个产品销售都能达到边际美递增或代际美递增。

在规模经营中，边际成本递减与代际美递增是同样重要的，这里的代际美递增是指每增加一个产品的销售，主要是指针对不同消费者的销售，都能增加品牌的价值，因为消费者大多相信多就是美，产品销售越多，该产品就越能代表主流的消费文化，那么每件产品所附加的文化价值或品牌溢价就越大，这与限量发行的受众对象有所不同，限量发行追求的是个性美，是要挑战边际美递减规律。

1. 美是社会人的要求。

社会人的本质是唯美的，因为美就是一种社会身份与社会角色的标准化要求。供求关系与信识评级同样重要，供求关系是针对生产力而言的，信识评级是针对生产美和生产信而言的。

美的本质就是文化标准，美的等级不仅决定人的财富等级，也决定企业经营的等级。美是一种信识等级，文化上的审美标准将人划分成了不同的劳动等级与身价等级。在定价权方面，竞争美（营销力）与竞争力（生产力）同样重要。需求决定生产，营销力（生产美）决定生产力，国际分工往往是国际名牌主导的全球中小企业的分工，是需求主导生产的分工。

产品竞争是技术功能的物质竞争，是生产力的较量，而品牌竞争是文化制度的竞争，是生产美的较量，所谓品牌溢价，就是生产美的附加值或协新价值。中国是制造大国，也是生产力大国，但中国产品缺乏定价权，中国生产的产品往往要贴牌才能卖高价。信息经济或名牌经济的本质就是优美经济。

总之，中国不能单靠生产力，还要靠营销力与管理力，才能实行知本力的三力平衡，即竞争力、竞争美、竞争信的三维平衡。在同质化与规模化的竞争行业，往往是文化重于技术，营销力（生产美）重于生产力，通俗地说就是品牌重于产品。

2. 恩格尔系数。

恩格尔系数与生产力和生产美有关，恩格尔系数是食品支出总额占个人消费支出总额的比重。19 世纪德国统计学家恩格尔根据统计资料，对消费结构的变化得出一个规律：一个家庭收入越少，家庭收入中（或总支出中）用来购买食物的支出所占的比例就越大，随着家庭收入的增加，家庭收入中（或总支出中）用来购买食物的支出所占的比例则会下降。

《知本论》认为：恩格尔系数越高，越说明食品支出比重较高，就越重视生产力决定的使用价值消费。反之，恩格尔系数越低，越说明食品支出比重较低，就越重视生产美决定的心赏价值消费。恩格尔系数与生产力消费成正比，与生产美消费成反比。简单地说，穷人重生产力，富人重生产美。

在总支出金额不变的条件下，恩格尔系数越大，说明用于食物支出的所占金额越多，消费者偏重产品的生产力或边际优，注重所谓的性价比，注重产品的实用价值；恩格尔系数越小，说明用于食品支出所占的金额越少，消费者更加偏重商品的人文价值或生产美或边际美，注重所谓的美价比，注重产品的欣赏价值。恩格尔系数是衡量一个家庭或一个国家富裕程度的主要标准之一，恩格尔系数越低，一个国家的生产美就越高，就越注重精神文明的竞争美。

3. 什么是精神文明?

许多人一提到精神文明，就以为是做好事，这是片面的，其实，注重奢侈品、名牌、歌舞、旅游、文化娱乐、美容健身、文化学习等，都是精神文明或生产美。

例如，所有的旅游区和娱乐场所都不是靠生产力，而是靠生产美，不是卖给你实物，而是出售精神快乐，这就是竞争美或精神文明。

知本论

名牌与明星赚钱靠传播的力度、美度与信度

生产力是以物质财富来度量或计价的，而生产美是以精神快乐来度量或计价的。满足基本的生理需求要靠生产力，满足高级的心理追求要靠生产美。我们长期以来有一种“重力轻美”的误区，就是注重使用价值的有形生产，忽视无形生产，不仅认识不到无形无限知本的极端重要性，反而认为欧美的金融生产与文化生产是制造业的“空心化”，这其实是一个极其无知的认识误区。

在其他条件相同的情况下，恩格尔系数较高，作为家庭来说则表明收入较低，作为国家来说则表明该国较穷，贫困阶段主要是发展生产力，实现廉价的血汗制造，是比拼生产力或边际优。反之，恩格尔系数较低，作为家庭来说则表明收入较高，作为国家来说则表明该国较富裕，富裕阶段主要是发展生产美或边际美，实现高价的知本创造。制造业真正的“心”并不是庞大的生产线，而是专利技术与知名品牌，这样的“心”不仅不虚，反而还很实，因为这样的“知本之心”有很高的价值密度与无穷无尽的跨越时空的扩散力。

联合国根据恩格尔系数的大小，对世界各国的生活水平有一个划分标准，即一个国家平均家庭恩格尔系数大于60%为贫穷；50%～60%为温饱；40%～50%为小康；30%～40%属于相对富裕；20%～30%为富足；20%以下为极其富裕。按此划分标准，20世纪90年代，恩格尔系数在20%以下的只有美国，达到16%，美国人主要将钱花在旅游、娱乐与文化等消费上，这种“生产美”让美国在文化教育上赚到了不少的钱，当然，美国的科技创造力也是全球第一，所以美国是“生产力”和“生产美”都称雄世界的超级大国。欧洲、日本、加拿大，在20%～30%之间，是富裕状态。东欧国家，一般在30%～40%之间，相对富裕。

三、美与肉

美与肉成正比吗?

有报道说：在西非国家毛里塔尼亚，女性以肥为美，家里有一个肥胖的妻子就被视为富有和威望的象征，每多一斤肉带来多一份的边际美，呈边际美递增。为了满足男人的这种怪异嗜好，毛里塔尼亚女孩从8岁开始使用各种方式催肥，以便使她们的体型符合传统的肥胖审美标准。她们会被强迫吃一大堆食物，这种趋势正导致肥胖危机，威胁更多女性的生命。美国记者托马斯·莫尔顿发现，在毛里塔尼亚，哪位新娘腰身粗、脖子短、臀部突出、乳房高耸，她便是公认的“美人”，新郎自豪不必说，家人更觉得是莫大的荣耀，同族人也感到脸上有光。那些瘦高的男人总是渴望娶一个肥胖的妻子，在他们看来，肥肉就是财富的象征。

《知本论》认为：表面上看，是有钱多吃食物才让女人变胖，实际上是胖美文化让女人都变胖，真正让女人增值的不是大量的食物，而是以胖为美的文化。许多人总以为美貌是先天的生理条件，那为什么肥胖在多数国家是“肥丑”，而在个别国家是“肥美”？因为美首先是一种大众文化标准，当代的模特选美更是将美标准化了，其次才是个体的身体条件。

肥美论认为：每多一斤肉的边际美递增或代际美递增，而瘦美论认为：每少一斤肉的边际美递增或代际美递增。美居然与肉的规模效应有关，表面上是资本增值或肉增值，实际上是知本增值或审美文化在增值。

美与肉成反比吗?

有报道说：时装界“瘦骨仙”风气再次搞出了人命，巴西的一名21岁职业模特儿雷斯顿患上厌食症，入院 3 周后死亡，这名正处于事业上升阶段的模特儿，是意大利著名时装品牌的形象代言人，去世时，身高虽达 1.74 米，但体重仅 40 千克，最后因全身器官受感染而死。

71% 的男人喜欢丰满有肉的女性，25% 喜欢较胖的女性，只有 4% 喜欢那些模特儿级的瘦骨仙，虽然现在的女性认为做瘦骨仙才美，但 96% 的男人都很讨厌瘦骨仙，男人在这方面的审美似乎多年来并无太大变化。

第二节　天价包装

没有附加值，就没有名牌，名牌溢价是协新价值的重要形式。名牌的价值就在于超过使用价值的天价，卖不出高价就不是名牌，总是卖低价的品牌就不是好品牌。名牌的本质就是竞争美或生产美。

《知本论》认为：过度包装的“度”不仅是“制度”问题，也是广大消费者的心理“限度”问题。过度包装既是生产力或内容，也是生产美或形式，关键是从哪个角度看。

过度包装是形式美，在一定条件或一定角度下，形式也可以转化成内容，从审美需求的角度看，过度包装也是内容，并不完全是形式。许多礼品并不是买来使用的，而是买来观赏的，所以过度包装就是生产美第一，生产力第二；心赏价值第一，使用价值第二；精神文明第一，物质文明第二，这并不全是坏事，随着生活水平的提高，心赏价值或文化价值重于使用价值或技术价值，这是正常的“美励经济”——用美来激励需求的经济。

比较美势包装比较优势，过度美是正常的现象，政府应对有创意的包装进行奖励，包装创新与技术创新同样重要，包装也是产品的一部分。重优轻美是目前中国制造的不足，所以，中国的文化产业、创意产业、奢侈品总是上不了档次，原因就是“包装”不够。包装的问题不是材料多少或材料大小，企业比谁都更重视成本控制，真正的问题是包装有没有足够美的艺术性与创意，只要“包装之美”能胜过“包装之优”，还是合情合理的。

包装不存在过度或不足，只存在美与丑的包装水平问题，只要能给人带来赏心悦目的比较美，就不算过度包装。中国制造要关心的不是包装材料的多少，而是包装水平的提高。缺乏设计创意与文化魅力的包装，就算包装材料少或包装成本低，也是过度包装，反之，只要是能大大提升消费者的审美情趣，就不算过度包装。包装是否过度的评价标准不是包装成本，而是包装设计风格是否能给消费者带来超额的审美——比较美或边际美，这完全是消费者的审美需求说了算。

过度包装是生产美超越生产力的正当需求。一切奢侈品本质上都是过度包装，都是生产美重于生产力的表现。名牌的本质就是过度包装，名牌的超高溢价就是一种隐性的过度包装。

过度包装是包装的耗材过多、分量过重、体积过大、成本过高、装潢过于华丽、说词过于溢美等。

知本论

过度包装不是资源配置最优，而是增值最优

结构过度：有的商品故意增加包装层数，在内包装和外包装间增加中包装，外观漂亮，名不副实；有的商品包装体积过大，实际产品很小，喧宾夺主；还有的商品采用过厚的衬垫材料，保护功能过剩，也属过度包装。

材料过度：在月饼的包装中，很多采用实木、金属制品，大大增加了包装成本。

装潢过度：商家往往盲目采用上好的包装原材料，增加包装成本，有的甚至还在商品中附加几倍甚至几十倍于商品价值的礼品，提升商品价格。

过度包装如何定量界定，商家和消费者持明显相反的态度。一些专家认为，包装物的价值超过被包装产品价值的1～2倍，就称为过度包装。中消协就曾明确指出，凡包装体积明显超过商品本身的10%、包装费用明显超出商品价格的30%，就可判定为侵害消费者权益的“商业欺诈”。

商家却认为某些商品如化妆品、酒等包装中体现了一种精神和文化的需求，不应过多地强调包装物的成本，如保健品、礼品等有特殊作用的商品，要满足馈赠的需求，显示高贵的气质，也不应过多强调包装的价值。

《知本论》认为：商家的说法显然更合理，任何产品的包装其实也是产品的一部分，包装是商业竞争的必要条件，也是个人成功的必要条件，消费者只要愿意花钱买，就说明这种包装是能给消费者带来心赏价值的生产美，是合理的。所谓的过度包装就是一种生产美或竞争美的美励经济，用“美”来激励消费热情的经济方式，是一种高水平的营销手段。

《知本论》认为：只要是自由竞争与公平交易，就不存在过度包装。

立法限制过度包装在《知本论》看来就是行政干预，《知本论》不赞成以政府手段定义过度包装，是否过度包装应该由消费者说了算。

一、天价榨菜争鸣

有报道说，一款名叫“沉香”的榨菜被誉为天价榨菜，因为它一盒600克的榨菜，再配以一套纯银碗筷，卖到2200元的天价。“天价榨菜”之所以如此昂贵，是因为它的独特工艺和包装配置。涪陵榨菜股份有限公司市场部负责人介绍说，天价榨菜将中小板公司涪陵榨菜（002507）推上风口浪尖。

《知本论》认为：天价榨菜是中国名牌经济或美励经济的创新，是中国营销人的骄傲，标志着中国奢侈品的艰难起步，然而，媒体一面倒地进行口诛笔伐，难道国外的天价商品就是合理合法的？而中国的天价商品就是过度包装和虚假宣传吗？

如果中国有更多的天价营销，才能成为奢侈品创造大国。

没有天价，就没有中国制造的生产美。

没有天价就没有名牌，就没有创新。

《知本论》认为：天价月饼与天价榨菜都是品牌策划，标志着中国营销人在“生产美”与“竞争美”上进步了。

二、中国品牌需要天价营销

从中国制造到中国创造的升级换代，需要高价制造或天价创造，中国产品绝不能固化在低价合理或天价有罪的状态，中国政府与媒体要鼓励中国制造从生产力竞争上升到生产美竞争，而不是打击中国名牌提升价格的创新能力。

《知本论》认为：目前许多人理解的创新基本上是技术创新，而忽略价格创新，其实，一切创新归根结底是价格创新，是对定价权的争夺。因此，我们不仅需要生产力进步，更需要生产美的进步；不仅需要低价的生理需求满足，更需要高价的心理需求满足。

三、性价比——美价比

性价比标准一直成为当前的市场法则，任何产品都相信“一分钱一分货”，按生产力的表述就是“一分钱一分力”，花钱就要买实用技术与实用功能，每一元钱都要力求买到最多的技术效率，说白了就是劳动创造价值，效率创造价格，这里的效率是解决生理需求的技术效率，不是解决心理快乐的文化效率，也就是说只讲性价比，不讲美价比，只重视质量性能的生产力，不重视情趣快乐的生产美。

性价比者认为：只买对的，不买贵的。

美价比者认为：只买贵的，不买对的。

穷人偏重性价比，富人偏重美价比。性价比者求的是物有所值，而美价比者求的是美有所值。

“物美价廉”是一个错误的词组，只有物优价廉，没有物美价廉，一个商品的性价比极高时，是使用价值高但售价低，是物优价廉。但是，低价产品就是人们心中的低端产品，不可能给人以高贵身份的精神激励，低价带给人的是极其轻微的快乐，只有许多人都买不起的高价才能显现身份的高贵，从而给人带来高度的快乐感，所以，物美必定价高，而不是价廉，物美价高是对的。

$$\text{性价比} = \text{使用价值} \div \text{价格}$$

$$\text{美价比} = \text{心赏价值} \div \text{价格}$$

使用价值是客观价值，而心赏价值是主观价值，所以，性价比是有限数，而美价比是无限数，这就产生一个微妙而重要的本质区别：性价比高就一定要求价格低，因为商品的使用价值已经是确定的常量，但是，美价比高就不一定要求价格低，只要心赏价值同比增长就行，也就是说，心赏价值的增长纯粹是主观判断的变量，只要敢出高价，就一定有更高的心赏价值在其中作支撑；如果不出高价，就说明心赏价值不高。由于心赏价值是一个无限变量，而使用价值是一个有限常量，这就导致使用价值是刚性需求，受价格影响不大，而心赏价值是弹性需求，受价格影响很大，但是，刚性与弹性是普通民众对价格的需求，而一些特殊群体则希望越贵越买，最好不受价格弹性的约束。

美是标准营销，是需求定价的最高形式。

性价比高一定要求价格低，这就是物优价廉，而美价比高不必要求价格低，无论多高的价格，只要心理认同就行，因此，美价比高就是物美价高，很少出现物美价廉。人们常说的实体经济就是性价比经济，而虚拟经济就是美价比经济。多数经济危机或经济泡沫是源于美价比泡沫，因为“美”是受文化与心理影响的重要变量，在供求平衡中就隐含着美价比的作用，需求曲线的边际效用递减就是边际美递减，而在信识平级中也隐含着美价比的作用，因为信用、信息和知识也对“美”的心理需求产生重要的波动式影响。所谓的消费偏好，就与美价比相连。

《知本论》认为：价格配置资源就是定价权配置资源，性价比是初级定价权，而美价比是高级定价权。生产力和性价比是竞争之形，生产美和美价比是竞争之魂，有形无魂必然低价，有魂无形必然短命，因此，性价比与美价比是相互独立又相互依存的关系，直接体现为产品质量与品牌文化的关系。

第三节　瑞士表之美

日本手表是物优价廉，产品质量很好，但缺乏生产美，所以价格很低。而瑞士手表是物美价高，产品质量很好，竞争美也很高，所以价格就很高。日本手表与瑞士手表的差距就在于一个字——“美”，虽说只有一“美”之差，但利润却相差万里。

从制作精良与走时准确来说，两国手表毫无差距，产品的物理性能也是没有差距的，真正的差别是心理定位。全球的手表是按配件分工，按品牌分配，如果撕下商标与产地，产品反而无法区分了。到瑞士旅游而狂买瑞士手表的人，本质上不是出国买产品，而是买身份体验和文化认同。

制表工艺最初几乎全靠手工操作。1845 年开始有了制表机械，出现了批量生产，这一行业才真正成为一个现代工业部门。在其后的一个世纪中，瑞士手表产量迅猛上升，最高年产量曾达 1.04 亿只（表及机芯），占世界总产量的 40%，几乎全部出口。全世界的出口手表中，每 10 块就有 7 块来自瑞士。瑞士表业在三个多世纪中一直保持着手工业时期的分散状态，除了少数名牌大厂，从来没有高度集中，大多数厂家都是中小型的企业。为了面对世界日趋激烈的竞争，制表业集资于 1921 年成立了瑞士制表研究所，后来又在 1962 年成立了电子制表中心，二者都是研究开发机构，都设在纳沙特尔市。在 20 世纪 70 年代中期以前，有些新技术是首先在瑞士出现的。其中有：最早的液晶数字显示；最薄的手表（厚度低于 1 毫米）；装在表带里的体温电池（发出微电流驱动手表）。手表本是瑞士人称霸的领域，石英表又是在瑞士首先发明的，但只因没有及时大力开发这种新技术，在 20 世纪 70 年代中期被日本和香港等地赶了上来。两地的手表厂家运用石英技术制造了大量手表，一举把瑞士的低价手表挤出了世界市场。瑞士在自己的传统领域中遭到了挫败，不得不从 1974 年起大量削减产量。

瑞士手表有两大品种。一种是与珠宝高度结合的高档表，主要卖文化，卖生产美，与其说是计时，不如说是首饰。这一品种以西方社会富有人士为销售对象，一直未受什么影响。另一种是受到打击的机械表。经过 10 年的努力，潜心研制，瑞士制表商到了 20 世纪 80 年代，又卷土重来。他们抛出了一系列便宜的塑料石英走针表，其中最早也是最有名的叫作 Swatch，它价格便宜，形式多样，充分体现了低成本生产的比较优势。石英机芯封死在塑料表壳内，所以坏了不能修，但也不容易坏，换一次小电池可以走两三年，这种表在西方市场上获得很大的成功。

知本论

技术标准是增值力
文化标准是增值美
制度标准是增值信

石英表打败了机械表，说明机械表的低成本生产优势走到了尽头，如果真的按比较优势进行国际分工，瑞士的制表工业应该全部搬出，怎么办？瑞士人果断地放弃了比较优势的成本大战，而转型为走品牌个性化道路，以比较美势进行突围，在别人都打低价战时，瑞士逆势打起了天价战，努力通过黄金、钻石、珠宝等高贵材料的运用，以高成本、高价格与高利润的三高形象出击，猛打身份牌，这时，瑞士表的计时功能并不重要了，重要的是装饰功能——过度包装，买天价瑞士表的人只有一个动机：显示出类拔萃的尊贵身份！买瑞士表与买金手链并无区别，当手表变成珠宝时，国际手表市场就变成了按生产力分工，按生产美分配的产业格局，瑞士人赚走了全球手表市场的大部分利润，瑞士一只高端手表的利润相当于其他国家 1000 只手表的利润，手表的比较美打败了比较优。

一、“瑞士制造”标准升级涨价

人们常说：一流企业定标准，二流企业玩技术，三流企业做产品。不过，人们总以为标准是一种技术垄断或技术创新，其实，标准就是制度，即使你的技术远远超过制定的标准，也没有多大市场价值，因为市场是标准为王，而不是技术为王，决定哪种技术成为标准的，一是需求，二是营销，三是成本，需求在标准制造中起决定作用，但营销（生产美）也很重要，营销是刺激需求（炸药）的导火线，最后就是成本，需求的强度决定成本的高低，需求越高，成本空间就越大，反之，需求越低，成本空间就越小。

例如，蓝光技术超过一般的 DVD 碟机，容量大，音质好，但由于价格更高，特别是不能成为流行标准，始终无法普及。又如，美国摩托罗拉的铱星电话，是最早的全球卫星定位电话，由于成本高，音质也没有预料的好，这个项目破产了，关键是摩托罗拉没有办法联合其他手机巨头，将卫星通信打造成流行标准。总之，一流企业定标准，这个命题不准确，因为定标准的未必是企业，往往是大众与政府，只有被政府与广大顾客接受的标准，才能成为真正的标准。瑞士手表的制造标准就是由政府牵头制定的，并不是个别企业能定得了的。

如果一款腕表上标注有瑞士制造（Swiss Made）的标签，通常被看作是一款腕表身份和品质的象征。有调查显示，奢侈腕表的消费者愿为“瑞士制造”付出高达 50% 的溢价。

《知本论》认为：假如一块手表卖1万元，那么生产力值5000元，生产美值5000元，但是，生产力的5000元中可能要4000元边际成本，而生产美的5000元中无需边际成本，全部可以变成边际收益或边际利润，最终每块手表的6000元利润中，生产力只创造1000元，而生产美创造5000元，这就是品牌文化超越产品制造的强大魅力。其他国家的手表与瑞士手表真正的差别就是生产美或文化美，价格歧视大多表现为文化歧视，消费者认为谁的品牌更美，谁就能坐享生产美的暴利。名牌制度就是"奴隶制度"，名牌忠诚者是最可爱的"现代奴隶"。

二、"瑞士制造"标准不断升级导致涨价

标准升级本质上是一种贸易壁垒，这是违背国际产业分工的品牌歧视行为。其实，对于"瑞士制造"的标准一直在不断完善中。最早关于"瑞士制造"的标准可以追溯到1971年出台、1972年生效的相关法规，对于"瑞士制造"的标签则必须满足以下三个条件，方可在外表使用"Swiss made"，即：机芯为瑞士产；组装在瑞士完成；生产者的最后检测在瑞士完成。

知本论

瑞士表炒作国家标准

规模生产面临贬值潮

拥有400多年制表历史的瑞士，已经形成一条非常专业、高度细分的产业链：即机心制造商和装配商独立分工，合作完成手表的制作。事实上，除了斯沃琪集团、劳力士、历峰等大型钟表集团，瑞士钟表业很少有公司能独立从头到尾生产一只手表。绝大部分品牌都是向专业机芯公司购买机芯，然后装置在自行设计的表壳内，这种专业化分工的生产模式可以大大降低生产成本，形成产业链上的比较优势。

《知本论》认为：产业链的本质就是规模化与集群化经营，以实现边际成本（协同成本）递减与代际成本（创新成本）递减，并提高代际效益或协新效益，包括协同效益与创新效益。规模经营有两层含义，一是做大，争取协同效益；二是做强，争取创新效益，最终提高协新价值。

随着经济的全球化，越来越多的国外手表零件生产商参与到瑞士的制表行业，也给本土的生产商带来一定的冲击，所以，从整个瑞士制表行业来说，如果瑞士制造的标准进一步提升，无疑是瑞士本土制表行业的一把贸易保护伞。

据瑞士钟表工业联合会统计，目前中国内地已成为瑞士钟表的第三大出口目的地，2011年瑞士对中国内地出口额达16.36亿瑞士法郎，较前年增幅高达48.7%，越来越多的中国游客来到瑞士买表。瑞士联邦统计局的数据显示，中国游客是2011年在瑞士购买力最强的外国游客，人均日消费额达350瑞士法郎，而欧洲游客人均日消费额仅在120～240瑞士法郎之间。不少中国游客告诉记者，购买手表是他们来瑞士旅游的目的之一。在瑞士因特拉肯，大小表店挤满中国游客，一家表店老板告诉记者，当地人口仅5000

人，但他雇用的中国籍导购就有 42 人。日内瓦一些表店正为门面狭小、无力接纳动辄数十人规模的中国旅游团而苦恼。

瑞士手表被不少中国顾客视为成功和地位的象征，还有很多中国人认同一个很流行的说法：瑞士手表可保值、增值。但瑞士业内人士却给这种说法浇了一瓢凉水：如今瑞士手表已是大规模工业化生产的消费品，并不是合适的投资产品。

三、稀缺 + 强求——高价

从稀缺到高价，有一个必不可少的关键变量——高强度需求（强求），也就是“强烈的购买欲”。稀缺是高价的必要条件，但不是充分条件，同理，强求也是高价的必要条件，但也不是充分条件，只有稀缺与强求这两条腿走路时，才能充分地产生高价。黄金和钻石很稀缺，也有很强烈的需求，所以黄金和钻石就能卖高价。

有高强度需求的稀缺为有求稀缺，而没有强求的稀缺为无求稀缺，所以说，物以稀为贵并不全面，也不准确，应该说“物以稀求为贵”，稀求就是稀缺的需求。瑞士手表并不稀缺，但需求很强烈，所以才卖高价。如今绝大多数瑞士手表并不具有这样的稀缺性。

例如：某奢侈品牌名表，20 年前年产量不到 1 万块表，如今年产量达 6 万块表；一家在中国备受追捧的瑞士高端品牌年产量甚至超过百万块表，十年下来市面保有量将达 1000 万块表。厂商在产量上如此冲刺，不再稀有何言珍贵？何以实现手表保值、增值？瑞士业内人士告诉记者，过去，手表是手工制造，精工细作，凝结了钟表匠的心血与才智，更像是工艺品；如今，手表实现工业化生产后，成为普通消费品，价格也将随产量增长而下降，因此，消费者购买瑞士手表时应更理性和冷静。

四、物以稀求为贵

经济学中有一个最基本的供求定律——供过于求（过剩）时价格下降，供不应求（短缺）时价格上升。

《知本论》认为：从工业流水线生产来看，供求定律并不能说明生产力或边际优（边际力）的变化，一个流水线生产 1 万台产品，与生产 100 万台产品，从理论上讲是没有多大区别的，边际优递减规律的作用并不大，现代大工业的标准化生产，就是同质化生产，是能保证生产力或边际优稳定不变的机械化大生产，机械化、标准化或程序化的大生产，就是边际优不变规律的生产，然而，尽管产品的质量标准可以千品一律，所有同质化产品在满足客户的生理需求上是没有区别的，但市场上的供给数量与需求数量的差距，的确能大大影响价格。

物以稀求为贵的本质在《知本论》看来，不是生产越多就质量越差，不是生产力发生了变化，而是生产美发生了变化，这要分两种情况：一是供过于求而发生过剩时，边际美是递减的，因为生产得越多，产品对于人的身价激励的作用就不断减弱；二是供不应求而发生短缺时，边际美是不减的，不减包括不变或递增两种交替出现的情形。注意，这里说的过剩或短缺都不是绝对数量，而是相对数量。一定价格下的短缺量与边际美成正式，而边际美可以决定产品溢价，最终影响价格。

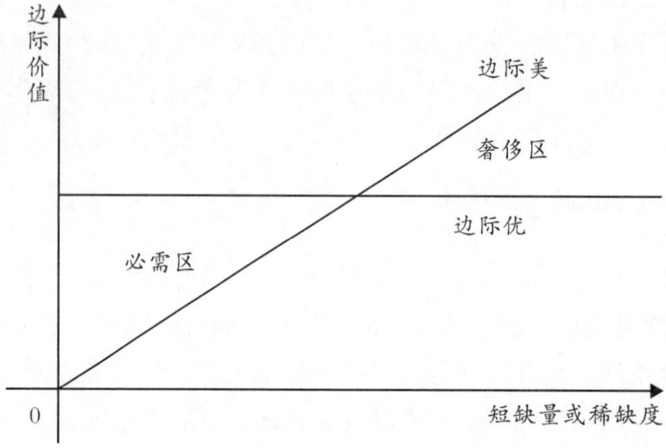

如图，物以稀求为贵要从商品的二重性来分析，一是产品满足人们基本生活需要的功能，这是由机械化和标准化的大生产决定的，每增加一件产品的边际优是稳定不变的水平线，而边际美是与短缺量或稀缺度成正比的，是一条向右上方的直线，说明越稀缺，边际美的加价能力就越强。此图说明物以稀为贵不是稀少为贵，而是稀求为贵，贵的原因不在于生产力，而在于生产美，确切地说，物以稀为贵不是生产力或生产技术问题，而是生产美或市场文化问题，也不是增加一个单位产品的边际优问题，而是增加一个单位产品的边际美问题。边际效用论本质上是边际美的研究，不是边际优的研究。

当然，农产品可能是一个例外，因为农产品是直接涉及生命与健康的大问题，而农产品的保存期很短，所以，农产品生产出来后，其边际优一定是递减的，不可能长期不变质或腐坏，而且保鲜成本极高，所以农产品的“物以稀为贵”既包括边际优递减，也包括边际美不减，农产品在发生短缺时的价格可以迅速涨到天价，因为农产品是最特殊的刚性需求，一旦稀缺就会饿死人，农产品不适合此图的分析模型，农产品很难像工业品那样保持较长时间的边际优不变。

如图的必需区是说产品的边际优大于边际美，价格泡沫较少，定价权主要由技术和功能的边际优决定，奢侈区是说产品的边际美大于边际优，定价权主要由文化和情感的边际美决定，因此，奢侈品是生产美决定生产优的经济，不能动不动就用生产成本来质疑奢侈品与文艺品的过度包装、过度广告或定价机制。

以手表为例，香港电子表处于必需区，是物优价廉的中低档表，香港电子表在必需区表现为做工精美、走时准确无误，主打技术牌，卖的是生产力，强调的是“边际优 > 边际美”，而瑞士表有一部分处于必需区，主要靠生产力的低成本技术竞争，求的是比较优势，这一部分中低档表与香港电子表没有多大差别，最大的差别就在于香港电子表很难进入奢侈区，香港电子表的生产美或边际美在定价权中很难起作用，无法靠比较美势赚钱，主要是香港在钟表业的地区名片和行业名牌没有树立起来，香港电子表很难与时尚、奢华、高贵等字样联系起来，这是地区营销和行业营销的长期缺失而导致的。

注意，一个知名品牌并不是一个企业生产的，而是国家、区位与企业共同生产的，所以品牌之美包括：宏观的国家美、中观的区域美、微观的企业美。

《知本论》认为：名牌的所有权属于广大民众，名牌使用权属于生产企业，名牌分配权或收税权属于国家。名牌是企业名片、城市名片和国家名片的“三维立体名片”。一个国家应对国外天价奢侈品征收奢侈税或暴利税，将奢侈品的外部性内化成税收。

第四节 时尚产业

如果一个人不明白《知本论》所说的“生产美”“竞争美”“比较美”或“边际美”等关键词对富民强国的重要性，就不可能真正理解时尚产业的竞争机制。

时尚就是一种流行文化，是一种由明星和精英领导的生活方式。

从技术发明到产业化，最关键的是需求或生活方式，生活方式决定了技术的选择，或者说生产美决定了生产力的选择。在时尚产业中，比较优势或加工能力决定分工，比较美势或生活方式决定分配。

时尚文化具有不可阻挡的消费引导力，注意，在时尚产业中，真正的火车头绝不是生产力，而是生产美。

当代社会是三度文明，是力度、美度与信度的三度经济空间，任何产品的竞争都必须在三度空间中寻找竞争支点。马克思《资本论》中的“生产力”这一关键概念已经深入人心，当然不能否认生产力与科学技术的重要性，但社会文明并不是只有力的文明（科技制造），还有美的文明（时尚艺术）与信的文明（金融资本），任何商品的竞争都是生产力、生产美和生产信的三维竞争，是知本力的文明，知本力是人类社会经济发展的根本动力。中国是生产力强国，却是生产美（营销力）弱国，更是生产信（信用与信息）的弱国，所以中国的知本力并不是三项全能，而是存在一定的知本结构失衡。

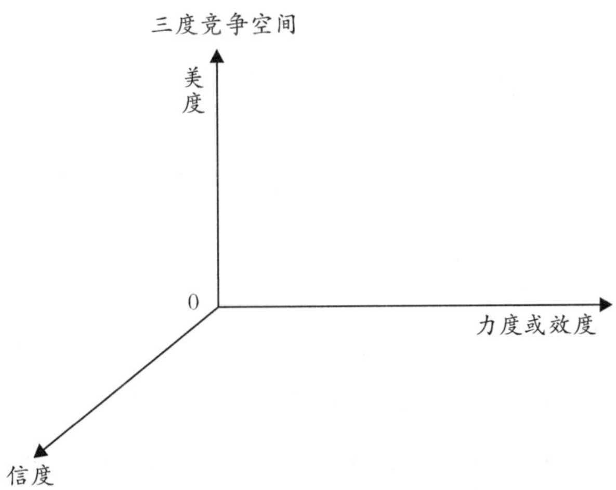

一是满足基本生理需求的商品，是生产力型商品，如农产品、钢材、塑料、服装、交通工具与普通住房等必要条件；

二是创造精神快乐与尊贵的商品，是生产美型商品，如珠宝首饰、时装、流行文化、旅游、歌舞、奢侈品与豪华住房等；

三是保证安全与增值的商品，是生产信型商品，如金融业、安全产业、商品的安全标准与安全信息等。

生产信与生产力和生产美脱节时，就容易引发经济危机，注意，信识失衡决定经济危机，经济危机决定产能过剩，但不能倒过来说，生产过剩决定经济危机，即经济危机是产能过剩的原因。

在全面认识力、美、信这三度竞争空间时，我们要坚决破除生产力迷信，特别是政治经济学教材中陷入了一个生产力迷信的误区，片面强调生产力会导致产能过剩，产能并不是技术决定的，而是信用、信息、知识等信识决定的，其中，主要是对需求者的信息了解失误所致。信用失衡、信息失效与知识失策才是产能过剩的原因，因为谁也不愿生产无需求的产品。

一、生产力迷信

中国是制造大国，生产力不再成为中国制造的真正障碍，因为中国的合资、外资、国企与民企等的生产力，在全球都是数一数二的，但唯生产力论并没有让中国的人均收入进入世界的前列，相反，中国香港、中国澳门、新加坡、英国、法国等许多人均生活水平极高的国家或地区，并没有多强的生产力，他们的制造业干脆迁移出去了，但是，他们靠生产美（文化力）与生产信（制度力）而成为富裕的地区。

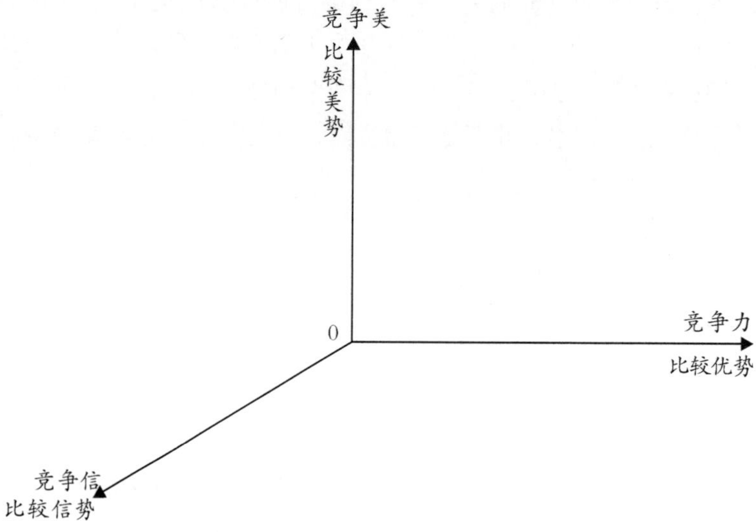

小富靠生产力，中富靠生产美，大富靠生产信，一个国家提高生产力或成为制造中心，只能是小康之国；如果能成为文化变革中心，可以成为中富之国；如果能成为制度创新中心，可以成为大富之国。当然，人口稀缺的极少数石油强国或资源富国排除在这种理论之外。所以说：小康是靠硬实力，而中富或大富要靠软实力。

美无价，力有价；美无限，力有限；美无本，力有本，生产美看起来是“无”，却可以极大地无中生有，而生产力看起来是“有”，却往往是“很有限”。

《知本论》认为：国际分工不再是唯生产力了，而是转向力、美、信的三维分工，以低成本生产的国家大多是人均收入极低的穷国，穷国有加工生产的比较优势，而真正下放订单的国际名牌则是实行高工资高福利，生产成本很高，根本没有低成本的比较优势，只具有高效益的比较美势，比较美势能决定比较优势，而比较优势只能影响比较美势。

比较美势 ———美 > 优——— 比较优势
（生产美）　　　　　　　（生产力）

《知本论》认为：自由放任论与比较优势论是一种将穷国低工资与低成本进行合理化的一种国际分工谎言。低工资与低价原料的比较优势其实就是比较劣势，穷国劳动者被剥削得所剩不多时就集中表现在低工资上，这能说成是“比较优势”吗？

二、时尚产业——生产美

广义的时尚产业包括个人装备（服装、香水和化妆品、时尚配饰、钟表珠宝、皮具等）、家居装备（餐具、家具和装饰品等）、交通用具（汽车、游艇、私人飞机等）、食品（洋酒、美食、雪茄等）、服务（会员俱乐部、美容院、SPA、精英体育、高级餐厅、休闲旅游度假产业等）、文化艺术。其中包括了衣、食、住、行、玩、乐的方方面面。时尚产业是以生产力为形，以生产美为神的优美产业。

“时尚”，先由思想意识起步，最后以各种物质形式来表达，是文化引导技术，竞争美引导竞争力。时尚可以是一种与现实生活紧密联系的社会文化或比较美，也是一种生活态度和生活方式的生产美或需求美。

20 世纪的下半叶开始，由时尚导致的社会经济效益飞速增长，逐渐被社会经济学家关注，“时尚产业”的概念相应形成。时尚产业覆盖面极其广泛，如服装服饰、美容美发、家居纺织、城市规划、建筑设计、工业设计、环境艺术、视觉艺术、数码娱乐、极限运动……社会生活的方方面面都不可避免地与时尚挂钩、向时尚靠拢。生产力（消费力）与生产美（消费美）的联结就是通过时尚这个文化桥梁。真正的物质文明不仅要生产力或竞争力，更需要生产美或竞争美。

生产力 ——时尚—— 生产美
消费力　　文化　　消费美

时尚产业具有十分丰富的文化艺术内涵，且具有极强的包容性，正在逐步成为一张涵盖面极其广泛的产业网。在这张网上，各种产业元素之间相互影响、彼此作用，形成环环相扣的纽带，只要与时尚元素结合，就能产生不可估量的经济效益。时尚产业是随着社会的发展和历史的进步，在新的历史条件下所产生的一种新的经济产业概念，因其自身特殊的时代特征，从而成为最具发展潜力的新兴产业。近年来，数码技术给时尚产业注入了新的活力。人类生活正在向数字化方向发展，现代时尚的新观念层出不穷，新的消费需求不断产生、不断细化。

三、时装只看竞争美

台湾经济学家石滋宜指出：服装在时尚产业中占有绝对的核心地位，是时尚的主导内容，在时尚产业中占有很大的比重，因为服装的流行速度快、形式多样，由其带动的流行趋势将直接影响其他的产业。

巴黎、纽约、伦敦、米兰和东京，被称作世界五大时尚中心，无论它们的时尚文化还是时尚产业，都是以服装作为支柱，同时由其他时尚产业共同支撑。

经过20世纪的百年蜕变，服装业逐渐被历史证明，是具备最成熟的流行引导能力及最广泛影响力的时尚产业，所以说时尚产业的发展需要以服装为依托，与其他相关产业结合，实现生产力与生产美的两条腿走路。

时尚是吸收传统融入创新后创造的一种新的流行，它需要传统文化的协同效应。以时尚之都巴黎为例，她和北京一样都是承载了厚重的历史与文化之城，城市完好地保留了传统建筑，并将古典的优雅与现代时尚完美地融合在一起。重视生产美的城市都让人感受到对文明的热爱与尊重。

服装设计是科学技术和艺术的搭配焦点，涉及美学、文化学、心理学、材料学、工程学、市场学，色彩学等要素。设计指的是计划、构思，设想、建立方案，也含意象、作图的意思。

服装设计过程即根据设计对象的要求进行构思，并绘制出效果图、平面图，再根据图纸进行制作，达到完成设计的全过程。

服装设计师直接设计的是产品，间接设计的是产品背后深层的内容。设计师是服装行业生产力与生产美的联结之手，或者说设计师一手表现生产力，一手表现生产美。随着科学与文明的进步，人类的艺术设计手段也在不断发展。

时尚产业的生产美或竞争美，往往体现在设计和研发环节，而生产力才体现在生产制造环节。

四、时尚业是以美定价

在时尚产业，生产力与生产美，哪个的定价权更大呢？

《知本论》认为：在生活必需品行业，生产力比生产美更值钱。反之，在时尚产业，生产力倒不如生产美值钱。

许多人总迷信生产力决定一切，其实不然，技术决定论并不全对，任何国家的经济发展，总是离不开生产力、生产美、生产信的三维生产，片面强调其中一维是不对的，从中国制造升级到中国创造，主要不是生产力难题，而是生产美与生产信这两大难题。

例如：同样的产品，在中国生产，但是贴上中国商标就卖不了高价，贴上国际知名商标就能卖出高价，这说明中国最头痛的并不是生产力，而是生产美，中国并不缺制造技术，而是缺创意文化，在时尚产业中，文化定价才是第一位的，技术定价只是其次。

国际品牌的跨国经营，其实从根本上否定了技术决定论或生产力为王，为什么呢？因为国际品牌真正的核心资产就是一个“名牌”，生产工人都是国外的，生产技术也是国外的，甚至生产管理也是国外的。例如LV、劳力士、耐克、阿迪达斯等国际跨国公司，他们真正的成功不是低成本生产与技术上的比较优势，因为代工公司都能生产他们的产品，这些国际名牌真正的杀手锏就是他们的名牌效应与比较美势，因为国际分工不仅是靠比较优势，更要靠比较美势，决定国际分工的往往是国际名牌，当众多的中小加工企业以低成本苦苦争夺国际名牌的订单或加工权时，就是国际名牌以比较美势在凌辱中小加工企业的比较优势。

中国企业一直有重生产力、轻生产美的重优轻美毛病，我们不仅要提倡技术创新，更要提倡文化创美，时尚产业当务之急不是创新，而是创美，时尚产业的灵魂就在于“美”，没有美就没有定价权，“美”才是时尚产业的定价权与分配权。国际时尚产业绝对是按比较美势分工，谁拥有美不可言的国际名牌，谁就拥有时尚产业。

麦肯锡的研究报告显示，中国已经成为了时尚奢侈品全球头号消费大国，同时每年保持12%以上的增长速度，到2015年中国时尚奢侈品消费总额将达到3700亿元人民币，同时，化妆品、高端服饰等行业的发展也呈上升态势。同时，尼尔森公布的最新数据也显示，中国时尚产业中的化妆品行业依靠近年来在二、三线城市的拓展，其市场占有率有了明显提高。2009年国产化妆品品牌在国内市场占有率为42.1%，而到2012年上半年，这一数据攀升到了55.5%。

以上数据表明，中国对“美”的需求巨大，市场巨大。

《知本论》认为：中国时尚产业从宏观上要打造高贵的国家形象，从中观上要打造浪漫的城市形象，从微观上要打造争优创美的企业形象，这是一个品牌的三维形象圈，这是三个品牌的同心圆，大圆是国家文化美，中圆是城市文化美，小圆是企业文化美，这三层文化美或生产美才是一个密不可分的时尚名牌体系。

《知本论》认为：中国企业在广告中喜欢说“第一”“王”，或者说“尊贵”“典雅”“魅力”等形容词，缺乏让人心服口服的动人口号与定位故事。中国企业要想做高端品牌，一定不要贪多求量，一定要精兵简政，耐得住寂寞，忍得住短期损失。在生产美和竞争美越来越重要的今天，对于宣传商品起到关键作用的广告，也变得越来越形式多样。

五、时尚产业需要“名人效应”

名人效应一直是时尚品牌打开市场的不二法宝。一些“特殊人物”的相关举措对本土时尚品牌和产业的推动作用显然更为强大。

例如：美国第一夫人米歇尔·奥巴马就被视为一个典型的案例，2009年，在其丈夫奥巴马的总统就职典礼上，她身着华裔设计师吴季刚设计的礼服，引爆全球关注。当年26岁的吴季刚从此在时尚界立住了脚跟，而其创造的品牌“Jason Wu”也迅速获得了广泛的关注，快速崛起。英国的戴安娜王妃也被视为推动时尚产业发展的人士之一，由于受到了戴安娜王妃的赏识，当年在伦敦制鞋业苦苦打拼的华裔设计师周仰杰（Jimmy Choo）得以扭转自己的命运，不仅快速地获得了市场认可，也完成了吸引资金从个人工作室到品牌鞋店的蜕变。

《知本论》认为：知名人物为品牌代言或背书，实际上是一种移情作用或泛美效应，就是将名人的关注度与美誉度通过使用和曝光的新闻炒作，巧妙地让广大观众产生联想，这种“傍大款”是一种极好的广告方式。名牌的生命在于美好的联想，而联想就是对外部经济进行梦想提纯和商标内化。

六、美是一种幸福标准

《知本论》认为：人的幸福感与福利和关系成正比，与追求水平成反比。

$$幸福感=(福利\times关系)\div欲望$$

其中，福利是直接的社会经济利益，关系是间接的社会经济利益，欲望就是一个人要求经济收入与社会地位的心理标准。崇敬竞争力的人常说：有钱不一定幸福，无钱就一定不幸福。那么，从生产美的角度看：有美不一定幸福，无美就一定不幸福。

《知本论》认为：生产美或竞争美是一种直接征服人心的经济资源，在时尚产业，不赚钱的都是低成本的代工厂，赚大钱的都是高效益的大品牌，因此，分工靠比较优势，分配靠比较美势，生产力企业赚血汗钱与剩余价值，生产美企业赚快乐钱与协新价值。在时尚产业与文艺产业，生产美统率生产力，竞争美领导竞争力，比较美重于比较优，边际美引导边际优。

第五节　拜美主义

进入21世纪，信用与信息成为配置财富的两大动力，生产美正是信用经济与信息经济相互融合的表现，简单地说，美就是一种信用，也是一种信息。例如，面对一个美得让人心跳的商品，相信谁得愿意付出高价。同时，美也是一种价值判断，美本质上是一种信息，一种符合审美标准的文化信息，所以说，生产力和生产美都与信用和信息血肉相连。

一、拜美主义

《知本论》提出拜美主义这个词，是因为人类在满足基本的生理需求之后，对美的需求成为主导一切的目标，当然，这里的“美”不是指“漂亮”这种狭义的美，而是指一切激动人心的心赏价值，人们的需求进入了一个以心赏价值主导使用价值的新时代。简单地说，拜美主义就是人们以快乐和梦想作为美好生活的最高目标。

幸福是现在之美或快乐现金，梦想是未来之美或幸福期货，拜美主义者工作努力，学习上进，对爱情有舍生忘死的激情，对快乐来者不拒。

拜美主义者的下层是享乐主义者，一切努力就是为了现在的快乐。

拜美主义者的上层是理想主义者，他们不在意房子、车子、票子这些暂时的困难，他们在自己的事业中快乐地打拼，他们有强烈的梦想，他们希望成为富豪，找到梦想中的爱情与友情，他们活在不远不近的梦想中。

当今的时尚产业，其实是由拜美主义者拉动的，富裕的拜美主义者会坚持不懈地追求高价奢侈品，而贫穷的拜美主义者会坚定不移地快乐消费。

拜美消费，就是快乐消费或梦想消费。

二、唯美主义

唯美主义运动是19世纪后期出现在英国艺术和文学领域中的一场组织松散的运动。唯美主义受瓦尔特·佩特的影响非常大，佩特在1867—1868年之间发表了一系列文章，主张人们应该热情地拥抱生活，追求生活的艺术化。法国哲学家维克多·库辛和奥菲尔·戈蒂埃在法国推广了这一观念，提出“为艺术而艺术”的口号。

唯美主义体现在自由竞争中就是生产美与生产力并重。

美是快乐的生产力。19世纪30年代英国的浪漫主义诗人济慈是唯美主义运动的先驱，他说：“美的东西就是永久的欢乐。”法国作家戈蒂埃是由浪漫主义向唯美主义过渡的作家，他提出“为艺术而艺术”的主张，戈蒂埃成了唯美主义运动的倡导者。

生产美就是纯粹的精神快乐。

感性消费就是生产美。

拜美主义是唯美主义在经济生活中的应用，是竞争美对竞争力的引导和发展。唯美主义者是唯心的，生活在文艺理想中，而拜美主义是唯物的，生活在时尚消费中。拜美主义者是时尚消费的主流人群，这与唯美主义者的文艺理想有一定联系。生产美或竞争美是唯美主义在经济生活中的实践，经济中的唯美主义者会追求一切时尚产品与快乐消费，他们不在乎性价比或生产力，而在乎美价比或生产美，快乐是最高法则。

三、3D生产美

3D打印产业的横空出世，使得生产力与生产美的界限进一步模糊起来。

例如，打印一件美轮美奂的时尚产品，3D打印机代表的是生产力，而打印结果又代表着生产美，因为3D打印机暂时不能取代大规模的高效率生产，却可以创造“小而美”的无限商机，开创无穷无尽的个性消费与特色消费，这些消费主要不是为了满足基本的生活需要，而是为了满足生活情趣与个性时尚的“唯美消费”。

3D打印能使人人都成为即时的设计者，许多小创意都可以即时成形并随时修改，人们不再受生产力或劳动效率的制约，可以随心所欲地将自己的创意转化成产品，实现生产美与生产力的殊途同归。更为重要的是，由于客户可以直接使用3D打印机进行打印，这就使产品的生产者与需求者合二为一了，打印者既是创意生产者，又是创意需求者，“供求合一”是“生产美”与信息经济的鲜明特征。

$$\frac{\text{生产力}}{\text{生产美}}\ \frac{\text{3D 打印}}{\text{供求一体}}\ \frac{\text{需求力}}{\text{需求美}}$$

传统的生产力中，供方与求方是分离的，供方制造出产品，卖给需方消费，供求双方既相互对立，又相互依赖，但是，在3D打印产业中，如果客户需要什么产品，就不用再由专业的厂商去集中生产了，而是由需求者直接通过3D打印机自由自在地生产。

四、奢侈品与生产美

奢侈品最本质的概念，是少数人拥有，多数人梦寐以求。现在的奢侈品却走上了多数人拥有的道路，转变为流水线生产、商业化运营。于是，奢侈品失去了文化土壤，只能用特殊材料来强调自己的高端性。

在欧美，很多奢侈品不断流失最高端的客户。现在，奢侈品将力挽狂澜的希望寄托于新兴市场，特别是中国市场，这些国家的消费者还刚刚走进奢侈品的大门，高昂的价格，奢侈的用料，炫目的包装，还能制造出巨大的吸引力。也正是因为不成熟，这些国家的奢侈品消费者还不知道，他们为之癫狂的奢侈品其实早已沦落。

《知本论》认为：奢侈品不是力的文明，而是美的文明；不是效率，而是身价；奢侈品是比较劣势生产，比较求势挥霍，比较美势发展。决定奢侈品价格的，不是供求平衡，而是信识评级。奢侈品市场，利润最大化是预期的边际收益（最高信识评级）达到最大销量且边际收益远远大于边际成本。注意，如果边际收益等于边际成本，那么商品的价格就极低，就不存在品牌溢价，这绝不是奢侈品的存在条件，奢侈品存在的两大必要条件：一是“边际收益远远大于边际成本”，边际利润不高就不叫奢侈品了；二是定位人群或特定客户的销量最大化，奢侈品绝不能降价以盲目扩大销量，而是追求特定需求区间或价格区间或信识定级之后的销量最大化，奢侈品定价永远是高于均衡价格的。表面上看，奢侈品供求关系是单向的，即价格可以决定需求数量，但需求数量不一定能决定价格，还要考虑需求者的质量。实际上，奢侈品的价格主要不是源于供求均衡，而是源于信识定级，即由客户信用水平、单向营销信息、供求双方的知识等信识评级来确定价格。名言或名模代言就是要提高“美的评级”，是一种美的标准营销。

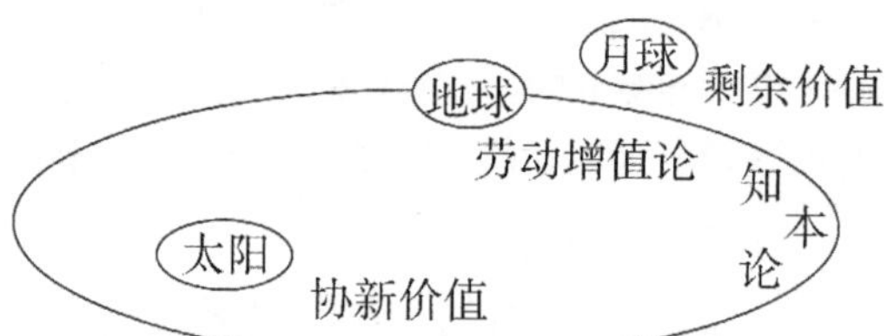

第十三章

文明崛起

四大古文明又称四大文明，是资本主义文明之前的四大文明发源地，四大文明不是按国家来划分，主要是按文明的发源地来划分，包括两河文明、埃及文明、印度文明与中华文明等四大文明。

总体来说，每一部文明史就是一部知本史，每一部文明论就是一部知本论，由于知本的自我创新能力极强，因此，传统文明从技术上讲、从制度上讲、从文化上说都显落后。

第一节　四大文明

四大文明最后都融入了资本主义文明，成为资本主义文明的重要源泉，一提起文明，人们就要列举各种古文物，其实，古文物不过是古代技术、文化与制度的文明载体或时代见证，文物的价值不是因为使用价值，而是因为思想价值与艺术价值。一提起文明，人们在乎的是人类的技术、文化与制度有哪些创新，因此，文明史本质上就是创新史。任何一个文明都是兴于创新，而死于守旧。文明的兴衰系于协新价值，文明兴起有几个共性：一是处于水源充足的河海地区，有发展古文明的农业聚居条件；二是有农业工具的制造技术创新，出现了优于石器的青铜与铁器；三是有文字的传播，能形成共同的文化，能将入侵者融入本民族；四是有强大的中央集权，文明的鼎盛时期都会出现强大的国家政权。

一、两河文明

两河文明的前期是苏美尔文明，后期是巴比伦文明。

美索不达米亚文明，也叫两河文明或两河流域文明，指西亚地区的底格里斯河和幼发拉底河之间的美索不达米亚平原发展起来的文明，而苏美尔人是最早建立城市的民族，这就是城市化的开端。

在公元前3500年时，苏美尔人在美索不达米亚南部开掘沟渠与灌溉网，利用底格里斯河和幼发拉底河的湍急河水进行农业生产。到公元前3000年时，苏美尔地区已出现12个独立的城市国家，各城市国家为了争雄称霸而内乱不止，最后臣服于闪米特人。闪米特人的著名领袖萨尔贡一世建立阿卡德帝国，苏美尔文明从城邦国家过渡到统一王国时期，历时280年。来自伊朗的新入侵者打败了萨尔贡一世的孙子，苏美尔人的城市国家又一个个重新出现，直到乌尔城邦崛起，再一次统一各城邦，建立起一个纯粹的苏美尔人的帝国（史称乌尔第三王朝），这一帝国从公元前2113到公元前2006年，维持了一个世纪。

1．城市化是文明摇篮。

没有产业的大分工就没有城市化，没有城市化就没有高度发达的文明社会，高度聚居的市民社会是现代工业化、城市化与民主化的基本要求。苏美尔人的城市化运动出现在公元前4300年至公元前3500年，苏美尔人就在两河流域的内部平原上建立大量城市，商业发达的城市兴起，标志着两河流域南部地区氏族制度的解体和向文明时代的过渡。

苏美尔文明是最早的城市文明，说明城市化早于工业化，是人类进步的原动力。城市化加强了比较优势分工，也加强了比较美势分级与比较求势分配，促进了货币、信息、知识与各种资源的高强度互动，提高了价格和权力对资源的就近配置效率。

城市化是文明的加速器，因为城市能聚集大量的人群，能加强基于比较优势的分工协作与比较求势的创新分享，能提高商业文明的竞争力度，因此，古今中外，文明必定与城市化相连，城市的规模越大，整体的协同价值就越大，创新的速度也就越快，国家共享的协新价值就越大。城市的硬件是“城”和人口，软件是“市”和商业活动。

知本论

城市化促进分工协作与信息交流，促进技术发明与先进思想传播

2．城市化要规模优先。

城市化关键在规模，而不在数量，因为集体价值等于全部个体价值的倍加，一个大城市胜过无数小城镇价值的倍加，因为只有大城市才能聚合最大量的资源，最高效地深化分工协作，并创造最大的协新价值。

城市规模与经济效率成正比，大城市就一定是高效率，小城镇就一定是低效率，这是一个经济事实。

3．泥板上的楔形文字。

考古学家在基什附近的奥海米尔土丘发现了一块约在公元前3500年的石板，上面刻有图画符号和线形符号等最早的两河流域的文字。

苏美尔人所创造的楔形文字，被后来的阿卡德人、巴比伦人、亚述人所承袭，并随着商业和文化交流的扩大而传播到整个西亚。

文明的扩张首先是文字与语言的扩张，两河文明的形成首先就是从“文字侵略”开始，因为商品输出是紧跟着文字和语言输出的。

4. 车轮是伟大的发明。

车轮是人类历史上很重要的发明之一，车轮的重要性仅次于火种，许多人都忽视了车轮发明的重要性，直到现代的汽车业仍一直在沿用车轮的发明。车轮、火种、文字是人类亲近大自然的最早创新。车轮发明于苏美尔时代初始之际（公元前3200年左右），苏美尔人可能是受陶轮的启发突发此想的，因为早在公元前4000年左右的伊朗轮子就已用于制陶业了，并在大约五百年后由伊朗传入苏美尔。车轮是人类早期运用物理学，车轮大大降低了摩擦力，而且具有广泛的适用性。

5. 巴比伦王国。

两河文明的高潮出现在古巴比伦（约公元前3000年至公元前729年）；古巴比伦王国位于美索不达米亚平原，大致在当今的伊拉克共和国版图内。

巴比伦最初不过是幼发拉底河边的一个不知名的小城市。在公元前2200年左右，来自叙利亚草原的闪族人的一支——阿摩利人攻占了这座小城，最终建立了一个强大的巴比伦帝国，历史上称之为“古巴比伦王国”。阿摩利人也因此被称为巴比伦人，巴比伦人继承了苏美尔人和阿卡德人的文明成果并发扬光大，把美索不达米亚文明发展到了顶峰。人们喜欢用“巴比伦”三个字来概括古代两河流域文明，足以表明巴比伦文明所创造的辉煌业绩和对世人所具有的魅力。

6. 汉谟拉比法典。

对于专制腐败王朝来说，法典只是一块权钱交易的遮羞布。《汉谟拉比法典》是古代西亚第一部较为完备的法典，是人类社会有史以来的第一部系统的成文法典，是将楔形文字和人像浮雕刻在一个2.25米高的石柱上的法典。这部法典详细规范了国王、奴隶主与自由民、奴隶之间的阶级关系等。

《知本论》认为：两河文明最耀眼的是《汉谟拉比法典》，标志着早期人类已开始从“人治”向“法治”转型，一个文明的高度必定与法治的执行力成正比。两河文明的“法治”对东西方的文明均有深远的影响。当然，《汉谟拉比法典》并不是真正的法治，因为没有民主制度，就不可能有真正的法治，人权是法治的前提，腐败是法治的死穴，法治往往成为专制腐败政权的遮羞布，但是，法治与民主毕竟是世界主流。

二、古埃及文明

古埃及文明是指在尼罗河第一瀑布至三角洲地区，时间为公元前5000年的塔萨文化到公元642年阿拉伯人征服埃及的历史。

1. 发达的埃及文字。

埃及文字由表意符号、表音符号和限定符号三部构成。

古埃及的象形文字从公元前4000年代后半叶开始，古埃及的象形文字，通过西奈铭文，最后影响了腓尼基字母文字的发明。在古王国末期，由象形文字演变出来一种便于书写的行书体，通常称为僧侣体。公元前700年左右，在僧侣体的基础上又发明了更简便的草书形式，即世俗体。古埃及人尽管发明了3种书写形式不同的文字，但都是象形文字的演化。象形文字及其不同的书写体，维持了古埃及文字的固有传统。有了文字这个载体，埃及的文明就张开了翅膀，它不再局限于在尼罗河地区的影响，开始向近东地区和非洲以及地中海沿岸传播。

没有文字，任何一个文明都不会长久，文字是文明的灵魂。

公元前3000年左右，古埃及人发明了莎草纸，它与传统材料相比具有很多优点，如质轻、便宜、易造、耐用，可卷折和便于运输等。于是得以大批量生产，作为垄断产品向地中海国家出口，在近4000年的时间内，是最受欢迎的书写材料。古代，埃及是生产莎草纸的唯一国家。由于埃及气候干燥，文件不易腐烂，有的至今还能在沙漠里找到。埃及的造纸术和干燥的气候，使得埃及保留了十分灿烂的文明史料，埃及造纸术发明显然比中国造纸术的发明更早。

2．神奇的木乃伊。

埃及的医学技术达到了所有古文明的最高峰，这可从木乃伊的制作中可见一斑。木乃伊是经过特殊处理而完好保存下来的尸体，在前后3000多年里，木乃伊的防腐方法在公元前10世纪左右发展到了巅峰。

古埃及专门有一批人以制作木乃伊为职业，他们已掌握了物理、化学、医学等方面的科学知识。他们用作干燥剂的氧化钠，乃是碳酸钠、碳酸氢钠、盐和硫化钠的混合物，可见化学知识相当专业。

3．埃及金字塔。

金字塔是古埃及奴隶制国王（又称“法老”）的陵寝，法老们不仅活着时统治人间，而且幻想死后成神，主宰阴界，因此，法老死后，便取出内脏，浸以防腐剂，填入香料，将尸体长久保存，称作木乃伊。金字塔便是存放法老木乃伊的陵寝。

胡夫金字塔，又称齐阿普斯金字塔，兴建于公元前2760年，是历史上最大的一座金字塔，也是仅次于中国长城的最大建筑工程，是世界上的人造奇迹之一，被列为世界七大奇观的首位。

《知本论》认为：埃及文明中最耀眼的金字塔与木乃伊都是为了国王的腐败梦想而做出的国家工程，说明腐败一直是古文明的艺术和技术加油站，腐败推动了古文明，也摧毁了古文明。

三、古印度文明

通常称古印度文明为哈拉巴文化，主要是由于它集中在印度河流域，所以也称为印度河文明。古印度文明最早在印度河流域兴起，它是人类最古老的文明之一，也是以种姓制度著称的腐朽的古文明。

1. 印度发明的阿拉伯数字。

古印度是人类文明的发源地之一，在文学、哲学和自然科学等方面对世界文明做出了独创性的贡献。在文学方面，创作了不朽的史诗《摩诃婆国多》和《罗摩衍那》；在哲学方面，创立了“因明学”，相当于今天的逻辑学；在自然科学方面，最杰出的贡献是发明了16世纪到21世纪世界通用的计数法，当今高度流行的阿拉伯数字，实际上起源于印度，然后通过阿拉伯人传播到西方。

2. 印度的种姓制度。

种姓制度是印度与其他南亚地区普遍存在的奴隶制度。种姓制度以婆罗门为中心，划分出许多以职业为基础的内婚制群体——种姓。种姓制度涵盖印度社会绝大多数的群体，并与印度的社会体系、宇宙观、宗教与人际关系息息相关，是印度传统中最重要的等级规范。印度种姓制度又称瓦尔纳制度，是在后期吠陀时代形成的等级制度。四个等级在地位、权利、职业、义务等方面有严格的规定：第一等级婆罗门主要是僧侣贵族，职业分工是解释宗教经典和祭神大权，第二等级刹帝利是军事贵族和行政贵族，职业分工是征收各种赋税的特权。第三等级吠舍是雅利安人自由平民阶层，职业分工是从事农、牧、渔、猎等，政治上没有特权，必须以布施和纳税的形式来供养前两个等级。第四等级首陀罗，绝大多数是被征服的土著居民，属于非雅利安人，职业分工是从事农、牧、渔、猎等，以及当时被认为低贱的职业。

种姓是世袭的，谁也无法改动，一个人社会地位的高低、经济状况的好坏，都与种姓相关。

《知本论》认为：种性歧视决定分工歧视与分配歧视，比较优势在分工与分配中的作用被严重扭曲，任何歧视都是提高市场交易费用，降低经济整体的协同效应与创新能力。

全球的民主建设还远未成功，因为真正的民主制度是不存在歧视的，然而，还没有哪个国家不存在贫富歧视、族群歧视、国籍歧视、文化歧视与金钱歧视等现象。歧视是市场机制的超级毒瘤，价格配置资源的理想工具是比较优势与比较求势共同确立的分工协作，如果存在歧视的话，比较优势与价格机制就会失灵，因为歧视劣势可以打败比较优势。

比较优势——低成本生产——自由竞争

歧视劣势——高成本分工——等级竞争

比较求势引导比较优势的分工协作是为了生产协新价值，而歧视劣势扭曲分工协作，提高剩余价值的生产，使资源出现错配，结果造成了社会的低效。

3．英属东印度公司。

英国东印度公司是印度文明融合西方文明的诺亚方舟，是跨国公司最早最大的经济试验田。

《马克思恩格斯选集》中称：英国东印度公司除了在东印度拥有政治统治权外，还拥有茶叶贸易、对中国的贸易和对欧洲往来的货运的垄断权，而印度的沿海航运和各岛之间的航运以及印度内地的贸易，却为公司的高级职员所垄断。

《知本论》认为：东印度公司是世界上最早的跨国公司之一，东印度公司利用垄断地位赚取了巨额暴利，但这主要不是强买强卖，印度人完全有权利不卖或改种其他作物，东印度公司真正赚钱的原因不是单纯地剥削亚洲人民，而是因为他们垄断了国际贸易航线，垄断了国际商品的市场定价权，还可以剥削宗主国的消费者。产品的所有权与使用权其实还是属于当地农民的，农民有权拒绝东印度公司的产品收购，但是，他们与东印度公司做生意显然是有利可图。东印度公司并不拥有殖民地人民的劳动所有权与使用权，他们赚钱不是单靠军事抢劫，还靠垄断国际市场信息、国际航海通道与国际定价权。

四、中华文明

中华文明或华夏文明是世界上最古老的文明之一，也是世界上持续时间最长的文明。中华文明的直接源头有三个，即黄河文明、长江文明和北方草原文明，中华文明是三种区域文明相互战争和竞争的结果。

1．四大发明。

指南针、造纸术、火药和印刷术这“四大发明”使全人类获益匪浅。

2．天文历法的成就。

战国时期出现了世界上最早的天文学著作《甘石星经》，其中有丰富的天文记载，反映了那个时期人们对天文的认识。

唐朝天文学家僧一行制定的《大衍历》比较准确地反映了太阳运行的规律，僧一行还是世界上用科学方法实测地球子午线长度的创始人。元朝杰出天文学家郭守敬主持编定《授时历》，一年的周期与现行公历基本相同，但问世比现行公历早300年。

3．数理的成就。

著名的《九章算术》成书于东汉，分九章介绍了许多算术命题及其解法，是当时世界上最先进的应用数学，它的出现标志中国古代数学形成了完整的体系。南朝祖冲之精确地计算出圆周率是在3.1415926～3.1415927之间，这一成果比外国早近一千年，他的专著《缀术》对数学发展有杰出的贡献。

4．中医药学的成就。

战国问世、西汉编定的《黄帝内经》是我国现存较早的重要医学文献，它奠定了中医学的理论基础。东汉的《神农本草经》是中国第一部完整的药物学著作。东汉末年的名医张仲景，被称为“医圣”，其代表作《伤寒杂病论》是后世中医的重要经典。唐朝杰出的医学家孙思邈的《千金方》，全面总结历代和当时的医药学成果，并有许多创见，在中国医药学历史上占有重要地位。吐蕃名医元丹贡布编著的《四部医典》，在国内外有重要影响。唐高宗时期编修的《唐本草》，是世界上最早的、由国家颁行的药典。明朝李时珍《本草纲目》，记载药物1800多种，方剂10000多个，全面总结了16世纪以前的中国医药学，被誉为“东方医药巨典”。

5. 地理学的成就。

西晋时期，裴秀是中国古代杰出的地图学家，绘制出《禹贡地域图》，还提出了绘制地图的原则。北魏时期地理学家郦道元的《水经注》，全面而系统地介绍了水道流经地区的自然地理和经济地理等诸方面的内容，是一部历史、地理、文学价值都很高的综合性地理著作。明朝徐霞客的《徐霞客游记》，对石灰岩溶蚀地貌的观察和记述，早于欧洲约两个世纪。

6. 建筑学的成就。

北宋末年李诫编写的《营造法式》，是中国建筑史上的杰出著作。

7. 农业手工业专著。

社会分工的发展，促进了各种专业学术名著的出世。北朝时期，贾思勰《齐民要术》，系统地总结了6世纪以前黄河中下游地区农牧业生产经验、食品的加工与贮藏、野生植物的利用等，是中国现存最早最完整的农书。明朝徐光启《农政全书》，综合介绍了我国传统农学成就，建立了一个比较完整的农学体系，书中还引入了《泰西水法》，介绍了欧洲先进的水利技术和工具。手工业专著：战国时期，出现了手工业专著《考工记》。记述了齐国官营手工业各个工种的设计规范和制造工艺。北宋科学家沈括《梦溪笔谈》，总结了我国古代主要是北宋时期的许多科技成就，在我国和世界科技史上有重要地位。明代宋应星的《天工开物》，总结了明代农业、手工业的生产技术。书中还收录了一些国外传来的记述，这表明海外技术的不断传入已成为人们不可缺少的知识，国外称它为“中国17世纪的工艺百科全书”。

8. 儒墨道法。

儒墨道法是中华文明的杰出代表或四大学说。

儒家学说为春秋时的孔子和后来的孟子所创，倡导三纲五常，代表作有《论语》《孟子》。

墨子（约前468—前376年），姓墨名翟（dí），世称墨子。中国战国时期著名思想家、政治家、军事家、社会活动家和自然科学家，创立墨家学说，并著有《墨子》一书。

墨家主张“交相利”，认为“义”与“利”是合一的，而且还认为与“兼相爱”是密不可分的，“兼相爱”具体表现在“交相利”。“交相利”是《知本论》增值交换论的源泉，也是中国最早的经济学思想，墨子认为：人们的交往就是相互创造利润，利与义不仅不矛盾，反而还是相辅相成的，所以，墨家的观点符合《知本论》的增值交换原则。利是产品，义是品牌；利是资本，义是知本；利是竞争力或生产力，义是竞争美或

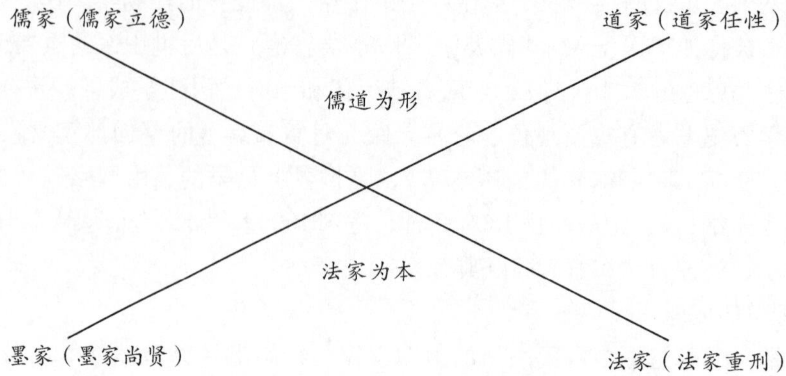

生产美；利是私有产品，义是公有产品；利是使用价值，义是抽象价值；利是现货或现金，义是期货或期权。

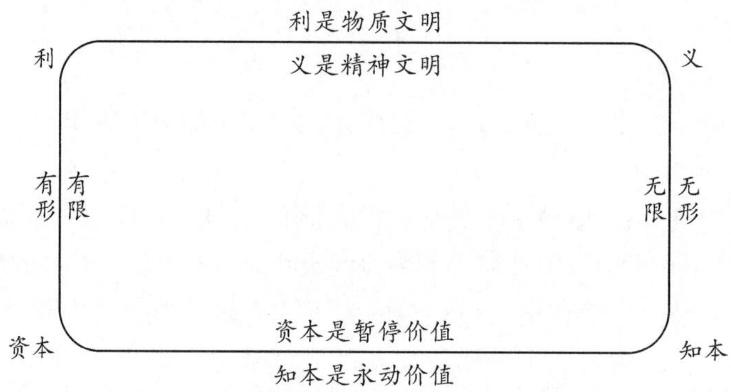

老子即李耳，字聃，楚国苦县历乡曲仁里（今河南省鹿邑县太清宫镇）人，约生活于公元前571年至前471年之间，是我国古代伟大的哲学家和思想家、道家学派创始人，存世有《道德经》（又称《老子》），其作品的精华是朴素的辩证法，其学说对中国哲学发展具有深刻影响。

据联合国教科文组织统计，在世界文化名著中，译成外国文字出版发行量最大的是《圣经》，其次就是《道德经》。

《老子》所称的“道法自然”就是顺应自然规律。

《知本论》认为：“道法自然”的意思就是社会规律要效法自然规律，经济发展要适应生态文明，人们的言行不能太过用强，要顺应事物发展的必然规律，不是人定胜天，而是天人合一，人道与天道要自然地协调与和谐。

在自由放任理论与政府干预理论的争论中，“道法自然”显然是要人们遵从市场规律，即“道法市场”。

“道法自然”可以说是最早的自然论或知本论。

“道法自然”的贡献是诞生了西方“自由放任”的自由贸易理论，孕育了“比较优势”与“自由竞争”学说。

《知本论》认为：道法自然是很高深的市场竞争理论，也就是要道法市场，市场竞争取决于两大优势：从生产制造环节或生产力来看，道法自然就是要发挥比较优势——低成本生产；从商业销售环节或消费力来看，道法自然就是要发挥比较求势——高效益需求。

道法生产——低成本生产的比较优势——成本驱动

道法消费——高收益销售的比较求势——消费驱动

在国际市场竞争中，道法消费决定道法生产，比较求势决定比较优势，因为定价权主要掌握在消费环节，而不是生产环节。比较求势主要源于文化或品牌，比较优势主要源于技术或规模，而比较权势主要源于制度或垄断。

法家是指春秋战国时期的强硬学派，主要代表人物有子产、商鞅、申不害、李斯、韩非子等，主张法制，反对礼治。

《管子》《经法》《十六经》《称》《道原》等是他们的代表作。

儒墨道法都是了不起的学说，它们共同构成了中华文明博大精深的四大支柱。

第二节　强国崛起

大国不一定强，强国的影响力一定会大，早期的荷兰、西班牙、葡萄牙、法国与英国都是国土面积小而且人口也不多的小而强的国家，后来的俄罗斯、美国与中国才是真正的大国。大国崛起主要靠全要素协同效应，强国崛起主要靠创新效应。

自从中央电视台2009年播出《大国崛起》专题系列电视片后，关于国家兴衰的话题成为了热点，生产力与生产关系到底谁决定谁?

《知本论》认为：政治体制决定生产力，也决定生产关系。在创新先导国是“生产力决定生产关系”，而在创新后进国是“生产关系决定生产力”。民主就是包容协新价值，专制就是榨取剩余价值。一个国家要想发展社会经济，就必须具有“协同”与“创新”的协新优势，长期而独特的协新优势就会形成生产力或生产关系上的比较优势。协新优势在决定生产力时表现为科技进步，在决定生产关系时表现为制度变革。

“大国崛起”不准确，因为他们都没有中国的人口多或面积大，大不等于强，强也不等于大，大是规模协同的数量问题，强是效益创新的质量问题，应该说是“强国崛起”，他们崛起的秘密都在于独特的协新优势，主要是两点：一是协同效应，国内外安定团结，文化凝聚力极强；二是创新效应，积极开拓海外市场，有很强的军事实力与科技实力。

《知本论》认为：人类文明的国际化有四大阶段。

第一阶段是葡萄牙与西班牙联手发动的“地理大发现”，将长期闭塞的各国联系到了一起，扩大了全球各国经济的协同效应，促进了文化与技术的国际交流，国际交流是协同效益的必要前提。

第二阶段是荷兰在航海技术与金融制度上的重大创新，让商业文明规则重整世界，没有商业文明的高度发达，就不会有自由竞争与民主意识的萌芽。

第三阶段是英国的工业革命与科技文化革命，开启了现代工业文明的大门。工业革命终结了农业文明的漫长岁月，工业大生产的分工协作史无前例地推动了商业文明的爆发。

第四阶段是美国的互联网信息技术，开启了信息社会的大门，美国的成功就在于能包容一切文化的商业文明，没有将全球资源与全球天才视为己有的商业霸气，就不会有美国的自由与民主制度。

葡萄牙与西班牙开启了国际贸易之门，荷兰开启了商业文明之门，英国开启了资本主义文明之门，美国开启了信息社会文明之门，这五个国家是现代文明强国。

《知本论》认为：强国不是光看人口和土地的规模，而是伴随国际军事殖民出现后的科技创新与制度创新，世界性的创新强国是从葡萄牙、西班牙、荷兰、英国和美国的国际侵略开始的，这是现代国际贸易与国际分工协作的崛起之路，也是科技、文化、制度和民主政治的争强之路。

一、葡萄牙和西班牙的地理大发现

地理大发现开创了全球各国分工协作的新纪元，公元1500年是真正的世界历史的大开端，当时中国正处在明朝统治下，郑和船队的最后一次远航已经过去半个多世纪。1500年前后，欧洲人绘制的地图上开始显露出一些此前从未出现过的地方，割裂的世界开始连接在一起，经由地理大发现而兴起的国家竞争，拉开了不同文明的人们之间相互联系的大幕。地处伊比利亚半岛的两个国家——葡萄牙和西班牙开创了国际贸易的竞争，并在16世纪上半叶成为第一代世界性强国。

1. 葡萄牙和西班牙划分殖民地。

托尔德西拉斯，距今天西班牙的首都马德里西北150公里的一个曾经著名而实则平凡的小镇。1494年6月7日，葡萄牙和西班牙两国这里签署了世界历史上著名的《托尔德西拉斯条约》，这是世界上第一个由两个国家沿子午线瓜分世界的传奇条约。西班牙和葡萄牙在佛得角以西2056公里或者西经48度到49度之间，从南极到北极划出一条两国分界线。在分界线以西的地区，是西班牙的国际势力范围，葡萄牙只能在分界线以东进行国际殖民，两国都不得占领已经归属基督教统治者所有的任何领土。

14世纪末，葡萄牙与西班牙在长期的冷战中开展了航海科技的竞赛，暗暗争当国际航海强国。1418年，富有创新精神的恩里克王子离开首都里斯本，来到葡萄牙深入大西洋的最南端的海角萨格里什，他用基督教骑士团的资产开办了航海学校，建立了天文台、图书馆，在距萨格里什以东20公里的拉各斯建立了港口和船厂，科技兴国的梦想激励着葡萄牙人民，这个葡萄牙的国家航海大本营实际上就是当时全球顶级的航海创新工场，人们试验着各种航海技术的创新。

2. 葡萄牙探索香料之路。

1444年，葡萄牙探险船队开始了非洲探险。葡萄牙水手带回非洲的黑人，从此奴隶贸易让航海变得有利可图，对恩里克几十年来耗费国家资财航海的批评之声变成了赞誉。恩里克成立了“皇家非洲公司”，垄断了对非洲的探索，他独创了对西非冒险的船只征税抽成的制度，使探险成为葡萄牙全社会人人都可参与的事情。

《知本论》认为："征税抽成"的激励创新是一个被人们忽视的重大改革，制度与科技是人们打造协新优势和比较优势的两只手，生产力与生产关系背后的决定力量就是科技创新与制度协同的协新效益，私有制与公有制从形式上看可以通过股份制融合，从内容上看可以通过税收融合。

1497 年 7 月 8 日，《托尔德西拉斯条约》签署以后的第三年，37 岁的达·伽马带领 170 名船员，在牧师的祝福下走过里斯本街道，开始了他们开辟印度航线的创新之旅。在迪亚士发现的好望角，达·伽马越过迪亚士立下的守护神标志，进入了欧洲人从未到过的海洋，直到他看见东非的索法拉港和莫桑比克，他才真正意识到他们已经绕过了非洲之角进入印度洋，这是人类历史上激动人心的地理大发现。葡萄牙新国王曼努艾尔给予达·伽马崇高的荣誉，新开辟的航路联系起欧、亚、非三大洲，跨越大西洋、印度洋和西太平洋，这条航路后来在西方被称为"海角航路"，即使在 370 年后苏伊士运河开通，往来东西方的巨轮仍然要走这条达·伽马开辟的航线。奥地利著名作家斯蒂芬·茨威格曾说："第一批从特茹河口起航驶往神秘远方的葡萄牙舰船，仅仅是想发现新大陆，而第二批舰船还想同新发现的国家进行和平贸易，到了第三批就已经是全副武装的军事掠夺。"

现在所有国家的边界都是通过战争与竞争而确定的，今后仍然要通过战争与竞争来重划国家界限，所以，国家是战争与竞争的产物，停止了战争与竞争，国家也就没有意义，大国重组小国，强国吞并弱国，是人类先进文明传播的必然规律。

《知本论》认为：军事掠夺的背后，是无形无限的科技知本具有天然的国际化冲动，高知本构成国必然成为宗主国，低知本构成国必然成为殖民地，知本的比较优势就在于无限扩散的国际化。

3. 西班牙资助哥伦布探海。

1484 年，哥伦布向当时的葡萄牙国王若昂二世提出了一个大胆的西航计划，从加那利群岛到日本只有 2400 海里，以葡萄牙的航海能力完全办得到，但伟大的哥伦布显然无法说服葡萄牙政府。加那利群岛到日本的空中直线距离是 10600 海里，但哥伦布测算的距离只有 1/4，因为当时非常流行的《托勒密地理指南》描绘了古罗马时代的世界，地球表面 6/7 是陆地，只有 1/7 是海洋。欧洲和亚洲跨海就可以相通，根本没有美洲大陆的存在。

在葡萄牙碰壁后，哥伦布不得不到西班牙寻求资助，但遭到女王拒绝，几天后女王突然改变了主意，紧急派出使者，请哥伦布即刻回朝廷面见女王，谈判航海探险的资助计划。女王与哥伦布的突然合作，成为西班牙海上争霸的一个强国序曲，哥伦布的名字开始光照史册。1492 年 4 月 17 日，双方终于达成航海协议（哥伦布协议）。

《知本论》认为："哥伦布协议"是一份空前绝后的协议，是国家重奖创新科学家的开端，也是西班牙走向强国梦并激励创新的一个精彩缩影，这说明：生产关系可决定生产力，激励制度可以决定科技探险。

1492 年 8 月 3 日，哥伦布下达了出航的命令。10 月 12 日这一天，后来被定为西班牙的国庆日，许多美洲国家将它作为哥伦布日。欧洲人在西半球看到的第一片陆地，这就是今天巴哈马群岛中一个岛屿的东海岸。

西班牙的强国梦与大量的金银有关，金银作为货币是需要一定的产量限制的，但大量的金银如同国际热钱，涌向西班牙反而助长了泡沫经济与通货膨胀，纸币制会潜伏经济危机，但是“金本位制能预防经济危机”的说法并不成立。大量金银的价格下降，导致物价上涨，到了16世纪末，西班牙的物价平均上涨4～5倍。金银供过于求使西班牙商品价格昂贵，在国际市场上没有竞争力，而在国内造成群众购买力下降，对国内工商业形成金银泛滥成灾的冲击，太多的金银反而使金银丧失了财富符号的地位。国内外纷纷把其他国家的产品走私到西班牙来，以赚取廉价的金银。

4. 葡萄牙和西班牙梦碎海上争霸。

1552年，查理五世在梅斯一战中惨败，查理不断向银行家借债以支持战争，政府收入几乎全用来偿还银行利息，银行大发战争财。1588年，投资达1000万金币的西班牙无敌舰队竟然全军覆灭。1596年西班牙政府破产。1628年荷兰人劫走西班牙价值1000万金币的白银。1600年，英国人成立东印度公司，1602年，荷兰人也成立东印度公司，这是人类历史上最早的跨国公司。1606年，葡萄牙与荷兰在马六甲的海战中惨败。1641年，荷兰人占领马六甲并拦腰斩断了葡萄牙的东方贸易航线，并威胁着西班牙的海上航行。至此，葡萄牙和西班牙的强国梦碎。

西班牙和葡萄牙的成功都是敢于创新拼搏的对外扩张精神，并出现了迪亚士、达·伽马、麦哲伦和哥伦布等一大批敢于冒险和扩张的伟大航海家，地理大发现引起了殖民地大发现，西方争夺东方殖民地的战争就是军事殖民运动，支撑军事优势的是西方在科学技术上的比较优势。当然，“地理大发现”引发的国际军事殖民也掠夺或摧毁了许多落后的文明古国，例如古印加文明。

二、商业创新的荷兰

仅有150万人口的荷兰，国土面积只相当于北京和天津，荷兰仍有1/3的国土位于海平面以下，每天都可能被潮汐淹没两次，如此弱小不堪的荷兰，靠着一系列成功的创新，竟然在当时能纵横全球，被马克思称为当时的“海上第一强国”。

为了打败英国，荷兰人设计一种造价更加低廉的船只，这是纯粹的商船，而不是以前流行的“军商两用船”，这就大大降低了运输成本，提高了价格优势，使荷兰人赢得了享誉世界的“海上马车夫”的称号，几乎垄断了当时的海上货运业务。

1581年7月26日，荷兰独立战争胜利，荷兰各起义城市的代表在海牙郑重宣布：废除西班牙国王对荷兰各省的统治权。1588年，在奥兰治亲王威廉的领导下，七个省份联合起来，宣布成立荷兰联省共和国。这是世界上第一个赋予商人阶层充分的政治权利的国家，荷兰成为现代民主和法治国家的资本主义发源地。在西班牙的打压下，荷兰人决定从精明的中间商变成远洋航行的开拓者，集体经营东方和美洲的国际货运航线。

金融创新也是荷兰一度领先全球的重要支柱。1602年，在共和国大议长奥登巴恩维尔特的主导下，荷兰联合东印度公司成立，这是人类历史上的第一个联合股份公司，为了向全社会融资，他们发行大量的记名股票，这也许是人类历史上最早的股票发明。人们来到公司，在本子上记下自己借出了多少钱，公司承诺对这些股票分红，这种记名股票获得了巨大的融资，增加了荷兰东印度公司的经济实力。荷兰人入股的东印度公司每年都向海外派出50支商船队，这个数量超过了西班牙、葡萄牙船队数量的总和。

1609年，世界上第一个股票交易所诞生在阿姆斯特丹，东印度公司的股东可以随时通过交易所，将手中股票变成现金。在阿姆斯特丹的股票交易所中，就已活跃着上千名股票经纪人，荷兰成为400年前整个欧洲最活跃的资本市场，其金融地位就相当于21世纪美国的华尔街。荷兰的市民是现代商品经济制度的创造者，他们将银行、证券交易所、信用以及有限责任公司有机地统一成一个相互贯通的金融和商业体系，由此带来了爆炸式的财富增长。

到17世纪中叶，荷兰联省共和国的全球商业霸权已牢固建立。荷兰东印度公司已拥有15000个分支机构，荷兰贸易额占到全世界总贸易额的一半。

荷兰的军事殖民也展现了强大的实力，先后占据了中国台湾、日本、印度尼西亚、新西兰、巴西等多个殖民地；荷兰从葡萄牙手中夺取了非洲的好望角，在北美哈得逊河河口建造了新阿姆斯特丹城——现在的美国纽约。

《知本论》认为："国小而强大"的荷兰向全世界证明了一个真理，无论大国或小国，文化协同与制度创新才是永恒的发展动力，决定生产力（科技）与生产关系（分配）的第一推动力是协新优势，荷兰宗主国交替运用民主法治的"协同之手"与商业制度的"创新之手"，成为开创现代商业文明的真正强国。

三、英国工业革命

没有英国的工业革命，也许就没有当今世界的工商文明或资本主义文明，英国对世界最大的贡献不是国际化殖民的庞大势力范围，而是在制度、科技与文化上开创了现代资本主义的新世界，英语更是当今全球的官方语言。

1689年2月13日，英国议会为威廉夫妇举行了隆重的加冕典礼和永载史册的《权利宣言》，《权利宣言》后来成为著名的《权利法案》，英国确立了议会高于王权的民主政治原则，逐步地建立起了立宪君主制，英国创立的民主宪政成为其帝国扩张的最强内核。

1．民主制度催生工业革命。

18世纪，英国已经形成工业革命的全部要素，全面兴起了毛纺业、棉纺业、麻纺业、冶炼业、采矿业等大工业。1680—1759年的80年间，英国登记的发明专利就达532项，当时的评论说：几乎每个制造商都有自己的新发明，几乎每一天都有在别人发明基础上的新改进。

工业革命是在棉纺业中率先取得突破的，1733年，凯伊发明"飞梭"，怀亚特发明第一台纺纱机，揭开了工业革命的序幕。1765年"珍妮纺纱机"出现，标志工业革命进入高潮。此后，阿克莱特发明水力纺纱机，克莱普顿发明走锭精纺机（骡机），卡特莱特发明织布机。机器的使用使棉纺业得到前所未有的发展，1785年英国棉布产量达到5万匹；1802年，原料棉花的进口量达6000万磅，是一个世纪前的60倍；1780年，棉布出口总值为36万英镑，而1802年则超过780万英镑，是22年前的22倍。

《知本论》认为：一个自由而民主的国家制度就像一只大母鸡，会生下数不清的科技金蛋，民主制度是生产力之父，激励机制是科技之母，生产关系之鸡决定了生产力创新之蛋，英国的民主政治改革引发了科技创新与产业升级的狂潮，人类长期被封建专制压抑的创造力像火山一样爆发了。

2. 人类进入蒸汽机时代。

1781 年，瓦特制作的第一台大型蒸汽机问世。1800 年，英国应用的大型蒸汽机达到了 321 台，人类社会从此进入蒸汽时代，同时也带来了生产工具向机器的转变。蒸汽机开动时的巨大震动和强大动力，只有铁制机器才可能承受，而铁制机器的高精度和高强度要求使手工不可能制造，需要制造机器的模具机，这就产生了工作母机——车床等。机器制造需要大量的钢铁，促使炼铁工业迅速发展，加之焦炭炼铁法的发明，生铁产量成倍增长。1700 年英国煤产量为 260 万吨，1795 年则上升了 4 倍，突破了千万吨大关。英国还率先将美国人富兰克林发明的汽船广泛应用，使河运和海运进入一个新时代，而 1814 年史蒂芬森发明蒸汽机车，则将英国带入了铁路时代，完成了陆路运输的革命。

3. 自由竞争是资本之魂。

1776 年，崇尚自由竞争的亚当·斯密发表了不朽的经济学巨著——《国富论》：人类经济活动的理性动机，就是“经济人”谋求个人利益最大化，屠夫、酿酒商、面包师给我们提供食品，都不是出于做慈善，而是为了得到增值交换的超值回报。每个人追求个人利益的努力，会被一只看不见的手牵着，去实现一种他原本无意要实现的目的，最终会促进社会利益。

英国著名历史学家汤恩比认为，工业革命的实质既不是发生在煤炭、钢铁、纺织工业中引人注目的变革，也不是蒸汽机的发展，而是以自由竞争代替了先前主宰着财富的生产与分配的中世纪规章条例。牛顿为工业革命创造了一把科学的钥匙，瓦特拿着这把钥匙开启了工业革命的大门，而亚当·斯密则是挥动一只看不见的手为工业革命指引了自由竞争的方向。

工业革命使人类创造的协新价值大大提速，从此，产能过剩成为常态，创新短缺成为常态，国际分工协作扩大了规模效应，不同生产方式扩大了创新效应，在协新价值几何级数式的增长中，经济增量被知本增量无限提高。

4. 英国开启现代化之门。

对内掠夺广大人民的协新价值，对外掠夺广大殖民地的剩余价值，这是英国空前绝后的两手。1850 年时，英国的城市人口已经超过了 60%；铁产量超过了世界上所有国家铁产量的总和；煤占世界总产量的 2/3，棉布占全球的一半以上。1814 年，世界上第一个蒸汽火车头在英国诞生；1830 年，蒸汽机车开始在世界上第一条投入运营的铁路上奔跑；到 1851 年，英国已经拥有 22 个铁路网络，铁路总长度约 13000 公里。

普鲁士国王曾羡慕地说：“大英帝国的经济地位发展到了国民财富为古往今来任何国家所不能比拟的高度。”

工业革命使英国成为当时世界上最强大的国家，其强大的工业生产能力在当时可以超越其他国家的 GDP 总和。

《知本论》认为：每个家庭都富有，才是国家富强，所以，个人合理合法致富才是公有制，将个人富强视为私有制，将国富民穷视为公有制，这是一种可怕的奴役思想，其实，无理无法的家庭财产才代表私有值或私有制，合理合法的家庭财产就是公有值或公有制，保护广大民众的家庭财产权就是保护公有制，“大公无私”不是完全的公有制，而是国富民穷的两极分化，“大公大私”才是完全的公有制，才是国强民富的共赢。“大公”是国家有强大的财税收入与强大的民主法制，“大私”是广大民众家庭富裕，这样的“大公大私”才是社会的发展方向。

5．英国称霸海洋。

16 世纪，西班牙帝国的殖民势力范围遍及欧、美、非，亚四大洲。1545—1560 年，西班牙海军从海外运回的黄金达 5500 千克，白银达 24.6 万千克。到 16 世纪末，世界贵重金属开采中的 83% 为西班牙所得，西班牙建立了一支拥有 100 多艘战舰，3000 余门大炮，数以万计士兵的强大海上舰队。

1588 年 5 月末，西班牙“无敌舰队”从里斯本扬帆出航，远征英国。这时“无敌舰队”共有舰船 134 艘，船员和水手 8000 多人，摇桨奴隶 2000 多人，船上满载 2.1 万名步兵。

英军共有 100 多艘战舰，载有作战人员 9000 多人，全是船员和炮兵水手，没有登船肉搏的步兵。英国战舰船体小、速度快、机动性强，而且火炮数量多、射程远。这种战舰既可以躲开西班牙射程不远的重型炮弹的轰击，又可以在远距离对敌舰开炮。

8 月 8 日，英西两军在加莱东北海上进行大会战。西班牙的战舰笨重无比，而英国战舰行动轻快，远距离开炮，打得“无敌舰队”全线火起，两国的科技实力显示了军事差距。

1588 年 10 月，“无敌舰队”仅剩 43 艘残破船只返回西班牙，几乎全军覆没，而英国居然没有一只船被击沉，这是军事战术与武器技术的双重完胜。

英西加莱海战开创了“超远距离”与“不接触身体”的远程高速作战时代。英国终于击败了最强大的对手，夺取了西班牙的海上霸权。

雷利爵士（1552—1618）指出：“谁控制了海洋，即控制了贸易；谁控制了世界贸易，即控制了世界财富，因而控制了世界。”英国、法国和荷兰为了争夺海洋、贸易和殖民地，展开了激烈的竞争。

荷兰原是西班牙的属地，1609 年才彻底独立。它的造船业极负盛名，仅在首都阿姆斯特丹就有几十家造船厂，全国可以同时开工建造几百艘船，而且船只造价比技术先进的英国还要低 1/3～1/2，所以荷兰很快就成为欧洲的造船中心。那时，世界各国间的贸易交往主要依靠海上交通。荷兰的商船队拥有 1.6 万余艘船只，占欧洲商船总吨位的 3/4，世界运输船只的3/4，是全球公认的“海上马车夫”。

1649 年 2 月，英吉利宣布为共和国，成立了克伦威尔为首的护国政府，护国政府的重要使命之一就是对外消除外国竞争者，使英国变成称霸世界的海上商业强国。此时荷兰到处排挤英国商人，荷兰竟然在英国水域肆意捕捞鱼虾等水产品，甚至还把这些水产品拿到英国市场上高价出售，牟取厚利，这些侵略行径早已激起英国资产阶级的愤怒。

英国加强海军训练，实行俘获和击沉敌船的奖金制度。到战争爆发时，凭借强大的工业革命，英国海军的实力大大超过了荷兰海军。

1652 年 5 月，英国海军将领布莱克率领 20 多艘舰船在多佛尔海峡巡逻，迎面碰上荷兰海军上将特罗普率领的 42 艘为商船护航的军舰。英国海军要求荷兰海军向英国国旗致敬，遭到拒绝。于是双方展开了 4 个小时的激烈炮战，第一次英荷战争爆发了。

英国海军统帅罗伯特·布莱克，受到克伦威尔的器重并名噪国内，他潜心研究海军战略，精心实施作战指挥，大大促进了英国海军的发展和海军学术的繁荣。1652 年 12 月，荷兰海军统帅特朗普率 78 艘战舰出海，护送 300 余艘商船前往大西洋，遭英军拦截，后来英国终于成功复仇。

1654 年 4 月 15 日，荷兰被迫承认了《航海条例》，并保证赔偿从 1611 年起给英国东印度公司造成的损失，这次和约标志着荷兰的海上霸权被“工业文明之父”英国取代。

第三节 自由创新的美国

美国又称美利坚合众国，虽然只有 200 多年的建国历史，如今却是主导全球经济大势的第一强国。

从现代科技文明史的角度看，葡萄牙、西班牙、荷兰、英国与美国是创新强国，其中，葡萄牙和西班牙在地理大发现中，使相互独立的世界开始成为一个有联系的整体，茫茫大海上的探险者就是人类全面进入国际化的先驱。荷兰开创了现代商业文明制度，英国开创了现代工业文明，美国开创了现代信息业与金融业，这五个历史强国的共同点就是：一是海洋强国，除美国外，葡萄牙、西班牙、荷兰与英国的陆地面积都堪称小国，但是他们有强大的海军与航运船队，能从海洋上称霸世界并主导国际分工协作；二是创新能力强，有冒险家精神；三是国民有自由、民主、法治、教育的现代文化理念。

1. 五月花号传奇。

1620 年，一百多名逃避宗教迫害的英国清教徒，他们没有财产等级、没有身份等级、没有种族歧视，也没有拉帮结伙，乘坐一艘叫“五月花号”的船只，开始了前往美洲新大陆的圆梦之旅，他们漂洋过海的目的就是要建立一个自由与平等的圣地，重新打造一个不受封建专制者奴役的世外桃源。在“五月花号”即将登上北美大陆之前，船上 41 名成年男子在甲板上签订了一份契约——《五月花号公约》，这份青史留名的不朽公约规定：船上的人到达北美新大陆后，自愿结为一个民众自治团体，并制定和实施有益于团体利益的公正法律、法规、条例和宪章，全体成员保证遵守和服从。《五月花号公约》在美国的历史上有着不可替代的民主价值，因为它可能是第一次在没有任何强权或特殊人物监管之下达成的民众自治公约。《五月花号公约》是美国自由和民主的精神家园，也是资本主义商业契约社会的思想源泉。

2. 美国独立和统一。

18 世纪中叶，大英帝国在国际殖民中打败了西班牙，又在北美与法国进行了 7 年的战争，捉襟见肘的大英帝国决定在北美殖民地增加税收，以化解财政危机。1775 年 4 月

19 日，一支英国军队与北美殖民地马萨诸塞州莱克星顿镇的民兵发生冲突，这就点燃了宗主国与殖民地之间的导火线，史称“美国独立战争”。1776 年 7 月 4 日，13 个英属殖民地联合签署了《独立宣言》，宣布脱离大英帝国的统治，组成美利坚合众国。这一天，被确立为美国的独立日。《独立宣言》称：“人人生而平等，造物主赋予他们一些不可剥夺的权利，其中包括生命权、自由权和追求幸福的权利。”

1787 年 9 月 17 日，美国第一部成文宪法形成了。

在 1787 年宪法中，成立国家政府是共同的心愿：如果美国不联合起来，就会被欧洲列强所摧毁，美国需要一个强大的中央政府。参加制宪会议的 55 名代表几乎包括了所有的开国元勋，乔治·华盛顿被选举为制宪会议主席。

1860 年 11 月 6 日，反对奴隶制的亚伯拉罕·林肯在总统选举中获胜。1861 年，南方 7 个州宣布脱离联邦。刚刚成立 84 年的美利坚合众国走到了国家分裂的痛苦边缘。支持废除奴隶制的北方各州，与坚持蓄奴并脱离联邦的南方各州之间，爆发了一场历时四年的南北战争，这也是现代资本主义向奴隶主义的第一次“全面内战”。

在美国首都华盛顿，林肯纪念堂和华盛顿纪念碑遥遥相望。华盛顿创立了美国，林肯拯救了美国。在美国历史上唯一的这次南北内战中，林肯解放了黑奴，也维护了国家的统一。

1862 年，就在南北战争期间，美国总统林肯签署了著名的《宅地法》，点燃了美国人到西部去创造未来的巨大热情。

1791 年 2 月，美国第一家全国性银行诞生，类似欧洲的证券市场、交易所和股份公司开始出现，并通过股份公司的筹资来修建公路、运河和桥梁等基础设施。

1802 年，美国成立了国家专利局，专利局的出现，标志着人类开始进入了知本驱动的新时代。在美国商务部的大门口上还刻有林肯总统的一句话：“专利制度就是将利益的燃料添加到天才之火上。”联邦政府用专利制度保护了发明人的权益，专利法无疑极大地刺激了美国人的创新精神，专利法本质上是公私结合的产物，在保护期内是私有制，过了保护期就是公有制。仅 1865 年至 1900 年，被正式批准登记的发明专利就达到了 64 万种，依靠强大的科技实力，美国很快在第二次工业革命中独占鳌头。1894 年，美国的工业总产值跃居各大国之首，成为世界第一经济强国。

3. 世界第一教育强国。

1775 年，美国人口不过 260 万，但已仿效英国牛津、剑桥等大学创办了哈佛、耶鲁等 9 所学院。南北战争以后，美国新成立的大专院校就有 200 多所。

《知本论》认为：美国强大的不仅是自己的教育，更重要的是凭借自由文化与创新机制，吸引了全球大量顶尖人才的留学与移民，这种人力资源的疯狂掠夺是很可怕的，这种人才殖民或精英殖民使美国成为全球技术与制度的创新中心。

教育是知本之源，专利是创新之源。1870—1940 年，美国人口增加了 3 倍，而中学生则增加了 90 倍。美国的教育口号是："中等教育为所有适龄青年敞开大门"，到 1918 年时美国高中已发展到 2 万多所，而中国到 1998 年才有 1 万多所高中。美国的高效率、高技术、高产出靠的是科技创新和先进的教育。

4. 美元霸权。

进入 21 世纪，美元占全球货币储备的比例高达 80%，国际货币基金组织（IMF）的全部贷款都是以美元标价的，大部分外币贷款也是如此，美国占全球商品和服务的出口比例与进口比例都只有 10% 左右。

1971 年，美国总统尼克松在持续的财政和贸易逆差将掏空美国黄金储备的压力下，宣布放弃了美元同黄金挂钩（1 盎司黄金 =35 美元），美元成为没有黄金支持和制约的国债货币，固定汇率时代宣告结束。

第二次世界大战末期召开的布雷顿森林会议将由黄金支撑的美元确立为国际贸易融资的基准货币，其他各国货币都以极少发生变化的固定汇率盯住美元。固定汇率体制的目标是维持贸易国家的诚信，防止其陷入长期的贸易逆差，但布雷顿森林体系没有考虑到世界贸易融资所需求的跨国资金流动。

从 1971 年开始，美元与黄金脱钩之后，美元成为只有美国随心所欲印刷的全球性储备货币，超量印刷的贬值美元既让美国坐享巨额铸币税，也成为一种稀释美国债务赤字的逃债手段。

美元霸权是美国操纵全球经济命脉的超级核武器，美国可以根据美国需要而不是全球需要，恶意操纵美元的发行量与发行速度，进而操纵全球汇率与利率。

5. 美元霸权扭曲价格发现。

只要以美元标价的资产，都可能是美国的资产；只要用美元结算的资产，都可能变成美国的资产。以美元标价石油时，各国必须出口有使用价值的商品先换取美元，再用美元来购买中东产油国的石油，产油国再请美国公司入股大型工程，并用美元发展本国经济与军事武器，美元本质上就变成了"世界上最大的油矿"，而且美元还是永不枯竭的矿藏。

美国借助于美元霸权，在全球自由贸易的名义下，享有操纵他国汇率的特权。

美元霸权就是向美国贸易伙伴征税，使这些国家失去了用本位币发展国内经济的自由，迫使它们寻找美元贷款和投资，而只有美国才能不受限地任意印刷美元。美元霸权使美国可以通过印制美元来输出通胀，导致美元债务泡沫。美国如同罗马帝国：进口商品源源不断地流入美国，就像战利品源源不断流入罗马帝国一样，这就是格林斯潘所谓的美国金融霸权。

6. 从黄金到石油的美元。

1944 年"布雷顿森林体系"确立了固定汇率制与美元霸权，黄金成为遮羞布，以黄金为锚，美元作为唯一的国际储备货币与黄金"挂钩"，各国货币又"挂钩"美元，"双挂钩"体系赋予了美元基准货币和主权货币双重优势，作为世界的基准货币，美国有义务控制美元的发行并维持固定汇率制；而作为主权货币，美国需要超发货币坐收铸币税，使得美元贬值，将汇率风险转嫁给世界，这就是“美国既要顺差和强势美元以保基准货币信用，又要逆差与弱势美元给全球提供足够流动性”的“特里芬难题”。

1971 年 8 月 15 日，美国总统尼克松宣布美元与黄金脱钩，宣告“布雷顿森林体系”的固定汇率制的崩溃，再也没有黄金可兑换的美元从此可以无限“生产”了，全球纸币终于摆脱了金银本位制的镇妖宝塔，纸币像毒雾一样弥漫全球，人们一直信奉的劳动价值论开始被货币论消融。

1973 年，美国财长西蒙与欧佩克官员达成石油美元协议，将美元作为全球石油资源唯一的计价和结算工具。刚刚脱离黄金的美元转眼间又藏身于波澜壮阔的石油之中而变成了“石油美元”，美元脱钩黄金就能无限供给，而挂钩石油又有无限需求，美国的金融战略实在是独步天下，空前绝后。

《知本论》认为：知本构成高和价值密度高的商品属于知本高密型产品，宗主国主要生产知本高密型与高增值产品，而殖民国主要生产知本低密型与低增值产品。没有对称实力，没有劳动者的自由流动，只有资本的无限自由，所谓的自由贸易和平等竞争纯属空谈。

《知本论》认为：从葡萄牙和西班牙的地理大发现，到荷兰开创的商业文明，到英国的工业革命，最后到美国的信息文明与金融创新，历史证明了“生产关系决定生产力”是主要的，而“生产力决定生产关系”是次要的，而基于自由民主的协新优势才是决定生产力与生产关系的终极力量。

强国的崛起在于：一是政府与人民团结一心，能平息内乱与分裂，形成了官民协同的国家优势；二是政府大力提倡和鼓励民众的创新精神与海外扩张意识；三是有自由、民主、法治的宪政制度，反对专制和腐败的成果很大，民主 = 协同，自由 = 创新，强国民众的协新精神都十分强大；四是不满足于狭小国土的资源配置，都热衷于冲出国门，远涉重洋，在全球市场掠夺、生产、消费、分配、交易和竞争；五是有英明的领导人和伟大的科学家，有一个强大的精英集团领导人民进行国际化扩张。

强国的崛起充分证明：自身物质资源的比较优势是强国的必要条件，但不是充分条件，因为任何一个时代的超级强国一定是充分掠夺和利用全球资源。国内生产要素的规模协同与国外市场要素的创新，才是强国崛起中至关重要的协新效益，或者说，国内比较优势与国际协新优势的双核驱动，才能决定强国生产力与生产关系的飞跃。

生产力与生产关系相互决定，有时制度决定科技，有时科技决定制度

第十四章

民主制度

对于人类经济的发展规律，曾出现过“地理决定论”“资源决定论”“技术决定论”“文化决定论”与“制度决定论”等多种理论，当然，技术论、文化论与制度论本质上就是知本论。

“制度决定论”是最有说服力的，也是被无数国家的对比研究所证明了的，地理、资源、技术、文化都只是一种比较优势，只有制度，特别是民主制度，才是具有决定性的协新优势。货币是一般等价物，民主是一般等价权。

制度也有专制与民主两大区别，“民主决定论”是人类永恒的发展规律，是人民创造历史，绝不是英雄创造历史，英雄本质上是“人民的符号”或“国家的名片”。从专制到民主，人类进行了漫长的浴血激战，从雅典贵族民主的兴衰到如今民主的大旗飘扬在世界大多数国家，民主与专制几经反复，人类终于走出了黑暗的专制时代，享受到了民主时代的无限阳光。但不排除也有假民主、真专制的事情，真正要实现民主就必须逐步闯过“信息不对称、经济不对称、知识不对称”三大难关。

第一节　民主概论

民主是指“民众当家做主”，原指公元前五世纪，希腊城邦中的一种政治制度，以雅典的上层贵族民主为代表。它将统治权力交给城邦中的多数人，与少数人掌握的君主政体、独裁统治、贵族政体、寡头统治等相对。希罗多德在《历史》中记录了在大流士建国之初，要决定波斯帝国的体制，对独裁、寡头与民主三种政体进行比较，最终决定选择独裁政体的故事。

直接民主，又称为纯粹民主，是一种由选举人直接投票决定政府政策的制度，例如决定是否接受或废除某种法案，在实践中要将人们全部聚集起来投票相当困难，所花费的成本和时间都非常高昂，所有直接民主都属于较小型的共同体，例如城邦、小社团或家庭。代议民主则是较常被采用的制度，之所以称为代议制是因为人们并非直接投票决定政府政策，而是选出民意代表来参与政府实体或议会。民意代表可能是由全体选民选出（如比例代表制）或代表特定的区域（通常是依据地理划分的选举区）。许多代议民主制也结合了一些直接民主的成分，例如公民投票。在今天，民主通常用以称呼代议民主制的一种形式——自由民主制，在自由民主制里被选出的民意代表，以及多数人的民意在行使决策权力时必须受到法治的限制，通常是用一套宪法加以管制，以强调对个人和少数派的自由和权利的保护。

雅典民主是早期知名的民主制度，民主一词也是在前五世纪于古希腊出现的。公元前575—前550年之间就出现了公民的议会和大会，投票的权利逐渐扩展，从原本的一小群地主贵族扩展至所有受过义务军事训练的公民，公民的年龄限制通常是20岁以上，而妇女、奴隶和外籍人士则无法拥有公民权，这使得全雅典只有不足1/10的人口才有资格投票。雅典城邦在公元前323年被马其顿击败，民主制度随之被彻底废除。

英国是在中世纪里第一个迈向民主制度的国家，也是世界上现存的最早实行民主制度的国家。大宪章限定了国王的权力，替民主扎下了根基。英格兰在1265年产生了第一届民选国会。

美国可以被视为是第一个自由民主制的国家，有着较为宽松的选举权限制，美国宪法也保障了人民的权利和自由。

约瑟夫·熊彼特在《资本主义、社会主义与民主》中宣称民主制度只不过是一种由人们定期选出政治领导进行统治的制度。

民主与宪政并非一致，民主是一种形式，而宪政则是一种制度；宪政的核心价值在于个人自由，而民主则着重于政权归属；宪政的精髓是“有限政府”，即政府应当受到约束，以避免侵犯民权；但这并不涉及政府是否经过民主程序产生。

只有民主而没有宪政，则民主往往沦为多数民众被少数人引导操纵。宪政的存在，在制度层面上最大限度地减少民主的无序性和盲目性，并保护少数群体的人权，使得民主不被扭曲。宪政国家各有自己的特色，但最为明显和共同的特征是军队国家化、司法独立和分权制衡。

民主制是国家与个人最大的安全带，今天践踏民主害人，明天就可能被别人违反民主相害。

《知本论》认为：民主决定人权，人权决定产权，产权和契约精神共同决定效率，没有民主制度，人权与产权都是无源之水，无本之木；没有充分发达的民主制度，就无法阻止富豪与精英的移民欲望，也无法激起人们自由创新的热情，因此，协新价值和增值交换是市场存在的根本，而民主制度又是创享协新价值的前提。

生产力与生产关系“谁决定谁”的争论可以归结为一句“民主万岁”，只要有好的民主制，就会有好的生产关系与好的生产力，反之，如果是专制腐败，就一定是落后的生产关系与落后的生产力。“君主”就是“君王做主”，少数人榨取多数人的剩余价值；“民主”就是“民众做主”，多数人平等创享协新价值。从“君主万岁”到“民主万岁”，标志着生产方式的大变革，也是从私有制向公有制的重大转变。

知本论

没有民主制
就是伪公有制

制度为王，科技为后，制度决定科技，生产关系决定生产力，小康靠技术，大富靠制度，制度变革引导了全球风起云涌的民主战争。人类社会的发展史，就是一部民主制度的血泪奋斗史，民主战争从家庭到国家，每时每刻都在进行着，共产主义是民主制度的终极目标。围绕着民主制的建立，无论是东方还是西方，也无论是资本主义还是社会主义，都是一代又一代地进行着殊死搏斗，国家制度大多是为了防范个人专制而设立的，但是，民主制度表面上在许多国家建立起来了，然而，腐败文化、利益集团、权钱交易、各种歧视等毒瘤仍在疯狂地侵蚀着民主制的根基。私有制的专制之毒并未清除，公有制的民主之花仍十分脆弱，各国都实行公有制与私有制兼容的混合制——公私制，公与私并没有必然的界限，公有制的发展取决于民主制的发展。由于信息不对称、信用不对称、知识不对称的“信识失衡”，民主制还远没有达到强大的程度。

人类的发展归根到底是知本积累与资本积累的同步发展，知本积累是永恒的、无私的、无限的积累，而资本是知本运动的停止状态，是抽象知本的具体化与物质化，因此资本积累是暂时的、有私的、有限的积累。知本是生产力之父，资本是生产力之母，民主制度是知本和资本共同发展的道路。人类破除一切偶像崇拜和人身依附的过程，就是科技发展与民主发展的过程。

在人类的一切制度中，民主制度无疑是一个终极决定力量。没有民主制的公有制会变成私有制，有了民主制的私有制就会变成公有制，民主是公私转化的桥梁，是公私共进的大路，是推动人类代际收益递增规律的必然保障。人类只要哪一代人放弃了民主，或者民主暂时被专制魔王蹂躏了，那么“代际收益递增规律”就会暂时性地终止了。战争是剩余价值规律的极端作用，竞争是协新价值规律的常态表现，无论是战争还是竞争，专制胜则国运不长，民主胜则长治久安。

一、民主是产权之魂

没有民主，就没有政治公有制；没有政治公有制，也就没有经济公有制，甚至连经济私有制也都无法持久。

国有企业理论上是政治公有制与经济公有制的完美结合，主要包括两个方面：

一是所有权与决策权的公有制，国家资本主义与国有企业，理论上都是国家政治的经济工具，必须服从国家的最高利益，帝国主义是国家资本主义的最高阶段，国有企业是社会主义的最高经济形式，在政治层面上必须是民主制才能保证政治制度不被极少数人谋取私利，没有民主制就会公器私用，政治公有制就会变成少数人的政权私有制。

二是使用权与经营权的公有制，在国有企业或西方跨国公司内部，同样必须实行民主制，才能避免职业经理人的腐败与公器私用，离开了民主制，经济公有制就会名存实亡，国企就会变成职业经理人的提款机。

二、大企业都要“两权分离”

只要存在劳资雇佣关系或规模经营，就必须以两权分离为前提，这与企业是否国有无关。如果不能培育良好的职业道德与契约精神，所有权与经营权的两权分离就可能成为一个巨大的陷阱。

在国有企业中，如果政府与国企的权力不分开，就可能放纵国企高管的腐败，因为上级领导如果不懂专业的话，就无法起到真正的监管作用，在国企高管任命制而不是民主选聘制时，上级领导对国企的监管是不到位的，缺乏民主制与契约精神的国有企业就有可能变成高管私有制的腐败私企。在私有制企业或股份制上市公司，也存在一个投资者（股东）与经营者的两权分离，由于信息失衡和知识失衡，也同样存在一个防不胜防的职业经理人腐败，必须发挥中下层员工的民主精神进行逆向监督。在奉行国家资本主义或跨国公司的欧美，职业经理人的腐败也是相当严重的。

只要存在劳资关系与规模经营，就必须实行所有权与经营权的两权分离，只有规模极小的个体户或家庭承包者才无须两权分离。总之，在委托/代理制的信息不对称与分配不公平中，两权分离无论是在国企或是民企，都存在一个腐败经营的监管难题。两权分离是否成功，关键还在于各个环节的民主制。在决策层面需要民主制，在执行层也需要民主制。只有民主决策、民主执行、民主监督、民主分配才能使公有制在各个环节落到实处，没有民主制的公有制会情不自禁地滑向权贵集团的私有制。国企私有化必然使腐败合法化，只有民主化才能提高和完善公有制。国企私有化是公然掠夺国企的剩余价值，而国企民主化才是创享国企的协新价值。

第二节 原始专制与民主

民主战争是从反对个人崇拜开始的，个人崇拜是人类的悲哀，是专制与腐败的温床，是民众的集体自残。什么是崇拜？崇拜本质上就是一种文化殖民与思想殖民，你崇拜谁，就是在给谁做免费宣传，就在给谁打工挣钱，就在以关注或消费的方式向谁送钱。

原始社会极端落后的生产力，不可能产生民主制度这样先进的生产关系。

一、原始专制

原始专制表现为禅让与世袭，都是最高统治者直接“指定”接班人，或通过暴力“打造”接班人。相传尧、舜、禹时，部落联盟内采用先王指定或任命的“禅让”方式，推举联盟的共主。如尧帝老时，把“王”位禅让给了贤能的舜，舜把帝位禅让给禹。

禹曾“推举”东方颇有威望的偃姓首领皋陶为继承人，以示对传统禅让制的尊重，然而皋陶没能等到禅让，比禹早死，禹又“推举”东夷首领伯益为继承人。注意，这里的“推举”是从上对下的“行政任命”，而不是从下对上的“全体成员投票选举”，“推举制”或“禅让制”都与民主制是格格不入的专制。

禹死后，伯益按照部落联盟的传统，为禹举行丧礼，挂孝、守丧三年。伯益即位后，启杀益而夺得君位，从此，禅让制被世袭制所取代，但禅让制与世袭制都不是真正的民主制。世袭制标志着漫长的原始社会被私有制社会所替代，不少倾向禅让传统的部族质疑启的权位，启最终击败有扈氏，罚贬做牧奴，这次胜利代表主流社会观念已从原始的禅让制度转向了世袭制度，从禅让专制转向了血缘专制。

二、王权的神化

君权神授是帝制的一种政治理论，认为皇帝的权力是神给的，具有天然的合理性，皇帝代表神在人间行使权力，管理人民。

君权神授是封建君主专制制度的一种政治理论，夏代奴隶主已经开始假借宗教迷信进行统治。《尚书·召诰》说：“有夏服（受）天命。”这是君权神授最早的专制记载。

《知本论》认为：从尧舜禹到夏商周，就是中国从原始社会进入奴隶社会的漫长过渡时期，期间有3000多年，既然部落或国家领导人都被“神化”了，都可以肆无忌惮地专制了，又何来原始民主？

王权是神授的“私有财产”，神圣不可侵犯，在神圣的王权下还能有民主吗？

周王朝政治结构的核心是王权，所以周人集中论述了君主权力的起源是天神。中国历代封建帝王也都自命为“天子”。古埃及的法老（国王）也自称为“太阳的儿子”，巴比伦的汉谟拉比王自称为“月神的后裔”。

君权神授的理论在汉代有了系统的发展，董仲舒提出了“天意”“天志”的概念，并且提出了“天人相与”的理论和“君权神授”的帝王学说。

中世纪时期，查士丁尼皇帝竭力歌颂君主的权力，第一个提出君权神授思想，从而使东罗马帝国（拜占庭）逐渐发展成为一个神权君主国，实行专制主义的政治体制。

人权、产权与效率构成“三点一线”。

《知本论》认为：没有民主制，就没有安全的公有制，也同样没有安全的私有制，因此，民主是一切产权制度的支柱，民主是人权之父，民主是产权之母，民主制度和产权制度是市场缺一不可的“两条腿”，如果人民连最基本的人权都没有，又何来产权上的私有制或公有制？产权源于人权，人权源于民主制度。

三、原始的雅典民主制

雅典民主属于上层贵族的自治式民主，全体20岁以上的合法公民，不包括大量女性和奴隶，奴隶没有民主权，也就没有人权与产权。雅典民主是少数贵族组成的最高权力机构——公民大会对城邦进行管理，公民大会每年举行40多次。公元前151年通过的特别法令规定只有父母都是雅典公民的人才可成为雅典公民，于是雅典的居民中有5000多家失去了公民权，此后雅典失去了从其他城邦补充自由公民的可能性。雅典每年举行特别公民大会，投票决定管理者的命运。

雅典的贵族民主说明真正的民主，要具备几个必要条件：一是选民有一定经济实力；二是选民有一定文化素质；三是没有强大的政治集团操纵选举；四是血缘等级制度崩溃；五是商业文明足够发达；六是个人崇拜文化不成主流。

《知本论》认为：雅典的贵族民主说明原始民主制是不可能彻底的。

一是原始氏族社会有太强的血缘关系，氏族首领往往就是最大家族的族长，族长甚至可以随意处死违反族规的晚辈，氏族成员虽然有亲情，但亲情与平等是两回事。那时还没有夫妻平等或父子平等的观念，论资排辈的血缘关系在蛮荒时代不可能产生民主，反而是民主的天敌。

二是原始社会也并非人们想象的没有剩余产品，除了冬天之外，春夏秋三季的食物还是多得吃不完的，那时地球上人口有限，人均自然资源极其丰富，到处是吃不完的水果、捕不完的鱼虾和打不尽的禽兽。

三是将捕获的敌人俘虏当作奴隶或直接杀掉，漂亮的女奴隶也是氏族首领占用，只要存在“俘虏”与“奴隶”，就存在人与人的等级观念或身份歧视，身份等级同样是民主的天敌。

四是原始社会生产力极其落后，人们对自然物存在盲目崇拜，对自身的民主权利基本没有意识，凡是迷信自然的人必定相信神权大于人权，这种迷信思想同样是民主的天敌。

五是原始社会分工协作的商业文明很落后，不存在大量的手工阶层与工商业主，缺乏相互制约的平等阶层，很容易被少数长老和强势人物操纵民意，没有分工协作与平等互利的商业文明，就很难产生民主意识，更谈不上民主制度。商业文明的本质是“自由竞争”与“平等贸易”，而自由文化与平等精神才是民主制度的两大源泉，所以说，原始社会没有发达的商业文明，就不可能产生民主制。

第三节 资本主义精神

人们总以为资本主义精神就是不劳而获的剥削精神。

韦伯的《新教伦理与资本主义精神》一直极受学者关注，韦伯认为：新教伦理是资本主义精神的摇篮。

一、赚钱是天职

韦伯认为：资本主义精神，是指个人把努力增加自己的资本视为一种天职，把赚钱本身当作一种目的，当作一种职业责任，被看作是一种能力的表现。

赚钱是一个相对概念，不是绝对概念。

《知本论》认为：社会经济的内在动力不是等价交换，而是增值交换，也就是资本积累或赚钱，如果达不到预期的赚钱目标，经济活动的参与者就会很沮丧，增值交换或赚钱就是市场竞争的根本法则，赚谁的钱呢？注意，赚钱不一定就是剥削对方，也有可能在相互剥削中相对赚钱。

例如，军事殖民是绝对赚钱，一方所得必定是另一方的所失，这是野蛮的绝对赚钱，而经济殖民或市场竞争大多是相对赚钱，一方所得不一定是另一方所失，双方都赚了钱，这个钱就是双方协同与创新中的协新价值或附加值，这是文明的相对赚钱。绝对赚钱不是天职，是犯罪，只有相对赚钱才是天职。赚钱就是创造和分享协新价值，是一种助人利己的事情。国际分工协作推动了多要素协同与创新的增值作用，人类经济活动会不断产生协同价值与创新价值，这是超过资本与劳动之上的附加值，对这一附加值的分享就是创造利润和工资，或者说赚钱就是增值交换，增值交换就是“经济人”的天职。

《知本论》认为：增值交换不是掠夺式的绝对赚钱，而是共享式的相对赚钱，相对赚钱就是资本主义精神，也是社会经济发展的动力。

二、国企要树立天职观念

富兰克林的话表达了典型的资本主义精神：“个人有增加自己的资本的责任，而增加资本本身就是目的。”

国有企业的根本问题不是产权，而是天职观。

《知本论》认为：国有企业的产权十分清晰，关键是要完善民主机制与树立天职观念，无论国有企业或是私有企业，都存在尽职尽责的人，也都存在玩忽职守的人，由于资本家不可能全面负责每一个岗位，一定要雇佣员工各司其职，所以，劳资关系就是两权关系，劳资对立就表现为两权分离，资本家的所有权与全体员工的经营权是要分离的，家族企业做大了也是要两权分离的，因此，任何企业要想做大做强，都存在两权分离的问题，两权分离是做大做强的必要条件之一，分工协作的本质是什么？就是两权分离，让各职位的员工充当产权代理人，这就叫职业精神或各司其职。如果国有企业搞不好就归结为产权不明，那么私有企业搞不好为什么不归结为产权不明呢？一些存有私心的高管，存心搞垮国有企业，企图将国企据为己有，做梦都想国企私有化，“产权不明”就成为一个欺世盗名、瞒天过海的借口。无论国有企业还是私有企业，总要委托具体的人才能经营，国家或政府不可能直接去经营，因此都是私营企业。

当“产权虚置”成为“天职虚置”的遮羞布时，无论国有企业或是私有企业，就必然产生腐败。企业的核心难题不是产权，而是职业道德或天职观。保姆没有产权就必定摔死小主人吗？门卫没有产权就必定引狼入室吗？所以说职业道德比产权更重要。

第四节　新文化运动和五四运动

新文化运动为20世纪早期中国文化界中，由一群受过西方教育的人发起的一次革新运动。1919年5月4日前夕，陈独秀在其主编的《新青年》刊载文章，提倡民主与科学，陈独秀、胡适、鲁迅等人成为新文化运动的核心人物，这一运动成为五四运动的先导。

北洋军阀统治前期，在中国满布阴霾的天空中，响起一声春雷，爆发了一场崇尚科学、反对封建迷信、猛烈抨击几千年封建思想的文化启蒙运动——新文化运动。

陈独秀是一名激进民主主义者，他仇视当时的封建军阀统治，要求实现真正的民主；他批判了封建社会制度和伦理思想，认为要实现民主制度，必须消灭封建宗法制度和道德规范。李大钊则反对复古尊孔，要求思想自由，号召青年不要留恋将死的社会，要努力创造青春的中国。该杂志于1916年9月出版第二卷第一期时，迁往北京并改名为《新青年》。进步知识分子团结在《新青年》周围，高举民主和科学两面大旗，从政治观点、学术思想、伦理道德、文学艺术等方面向封建复古势力进行猛烈的冲击。他们集中打击作为维护封建专制统治思想基础的孔子学说，掀起“打倒孔家店”的浪潮。他们还主张男女平等，个性解放。1917年起他们又举起“文学革命”的大旗，提倡白话文，反对文言文，提倡新文学，反对旧文学。随着新文化运动的发展，《新青年》实际上成了新文化运动的思想中心。

在《新青年》的影响下，一些进步刊物改用白话文。这又影响到全国用文言文的报纸，开始出现用白话文的副刊，随后短评、通讯、社论也都采用白话文和新式标点。所有这些文学改革，使全国报纸面貌为之一新。

1917年爆发了俄国十月社会主义革命，震动了全世界，也照亮了中国革命的道路。《新青年》应社会形势发展的需要，以大量篇幅发表了宣传俄国十月革命的经验和社会主义理论文章。1918年11月，《新青年》发表了李大钊同志写的《庶民的胜利》《布尔什维主义的胜利》两篇著名论文，热烈欢呼俄国社会主义革命的胜利。在陈独秀、李大钊等人的领导下，提倡科学，反对迷信，提倡民主，反对独裁，提倡白话文，反对文言文的新文化运动，宣传了西方的进步文化。以后，又传播了社会主义思想，反映了新型的革命阶级的要求，在社会上产生了巨大的反响。这一运动的深入发展，吸引了许多年轻人，特别是青年学生集合在反帝反封建的旗帜下，为迎接一场彻底的反帝反封建的政治斗争做好了思想准备。

新文化运动的主要成果有三点：①在文化上，打破了封建旧文化的统治地位，以改良过的欧美新文化替代旧文化，进一步启迪民智，沟通了东西方文化交流，使中国对西方民主的理解更加深入了一个层次；②在思想上，进一步打击了封建专制思想，传播了西方民主、自由精神，也塑造了中国现代文人自由主义思想，并使自由主义和三民主义、共产主义并列为当时的中国三大思潮，在高级知识分子中影响更大；③在政治上，为中华民族培养了一大批关心国事、图存图强的人才，对钳制专制，推动中国政治民主做出了重大贡献。

“德先生”指的是“Democracy”（民主），民主就是马克思所说的“生产关系”，“赛先生”指的是“Science”（科学），科学就是马克思所说的生产力。“民主”是指民主思想和民主政治，是代表生产关系的先进制度；“科学”是指近代自然科学法则和科学精神，是代表生产力的先进技术。当时广为宣扬民主，反对封建专制，把斗争矛头直指封建专制的理论支柱儒家思想；宣扬科学，反对封建迷信和愚昧。新文化运动中民主和科学两面旗帜的树立，实际上是要求生产关系与生产力的同步改革，使中国许多方面都发生了翻天覆地的变化，新思想、新理论得到广泛传播。

《知本论》认为：当时的革命志士还没有充分意识到民主才能救中国，没有民主，再好的科技也用不好，德先生（民主）是强国之王，而赛先生（科技）是强国之后，洋务运动的败局就是一个明证。

关于新文化运动的基本内容“四个提倡、四个反对”的阐述，真正体现出了新文化运动的“新”之所在。一、提倡民主，反对独裁专制。二、提倡科学，反对迷信盲从。三、提倡新道德，反对旧道德。四、提倡新文学，反对旧文学。作为一场轰轰烈烈的思想革命，新文化运动的主要内容是围绕着“四提倡，四反对”而进行的具体实践活动。前期的实质是资产阶级新文化反对封建旧文化的斗争，后期则由先进的知识分子极力宣传马克思主义为主题。

五四运动是1919年5月4日在北京爆发的中国人民彻底的反对帝国主义、封建主义的爱国运动。五四运动是中国旧民主主义革命的结束和新民主主义革命的开端。五四运动是中国革命史上划时代的事件，是中国旧民主主义革命到新民主主义革命的转折点。五四运动促进了马克思主义在中国的传播及其与工人运动相结合，从而在思想上和干部上为中国共产党的建立准备了条件。

五四运动发生于1919年的5月4日，是一场发生于北京，以青年学生为主，广大群众、市民、工商人士等中下阶层广泛参与的一次示威游行、请愿、罢课、罢工、暴力对抗政府等多形式的爱国运动。

新文化运动高举民主、科学、人权、自由的大旗，从思想、政治、文化领域激发和影响了中国人尤其是中国青年的爱国救国热情，从根本上为五四运动奠定了思想基础和智力来源。

五四爱国运动促进了中国人民新的觉醒。先进青年更加清楚地看到国家命运岌岌可危，更加感到腐败黑暗的社会现状难于忍受，他们以救国救民、改造社会为己任，积极探索拯救中国的道路。五四运动后，各地青年纷纷成立社团，传播新思想的刊物有如雨后春笋大量涌现。仅五四运动后的一年中，就出现400多种刊物。在各种学说争鸣的形势下，马克思主义在中国得到广泛传播。由于巴黎和会打破了人们对帝国主义列强的幻想，由于俄国十月社会主义革命的影响逐渐扩大，在五四运动后的中国思想界中，有相当一部分人逐渐怀疑以至否定资产阶级共和国的道路，从而向往社会主义，向往共产主义。

第五节　国家资本主义

国家资本主义是从“私有制”转向“公有制”的特殊形式，中国的国有企业也是公有制的经典体现。在这里，《知本论》要特别强调，《知本论》所说的“公有制”不是强调投资人的政治属性或生产资料的所有权，而是强调企业的生产方式或劳动成果的分配制度，凡是能促进劳资关系和谐，能提高经济效率与社会效益，积极创新并能依法纳税的企业，都是创享协新价值的公有制经济，反之，凡是激发劳资矛盾，降低社会经济效益，不依法纳税的企业，都是榨取剩余价值的私有制经济。

当前世界出现了一个国家主导大型企业发展的“国家资本主义”趋势，无论是私人投资或国家投资，国家资本主义（简称“国资主义”）具有很强的生命力，是公有制发展的主要方向。国企改革的方向绝不是私有化，相反，私企的改革方向应该是公有化。无论私企还是国企，只要实现管理上的民主制，就会走向成功。一些国企腐败和低效只是民主制的不力。

吴敬琏在“人大经济论坛”上说：“什么叫私有化？弗里德曼1988年来中国，他在上海就讲私有化，到了北京，大概是快要离开的那次宴会上他就讲：‘我想来想去，彻底的公有化就是私有化，彻底的私有化就是公有化。’所以这种概念讨论我不认为有太大的意义。社会主义与国有不国有没什么关系。为此我去查过《邓小平文选》，《邓小平文选》里就没有‘国有’这个词。”

一、GDP模式与公有制

追求GDP增长是不是公有制？

《知本论》认为：尽管片面追求GDP增长模式受到不少人质疑，但GDP增长模式的确是一种富有中国特色的公有制，因为各地政府在GDP的引导下，开创了前所未有的铁路、公路与基建的建设热潮，注意，铁路、公路与基本建设，无论谁是投资者，都必须接受物价部门的价格约束，而且都有利于提高全国经济的整体协同效率，更重要的是，这些固定投资搬不走，而且国家有最终所有权。以私人投资的高速公路为例，国家一般规定20年左右的收费还贷期限，这有点像专利技术的垄断保护期限，超过期限之后就是大私变大公，所以，即使是私人投资的铁路、公路与基本建筑，其实最终都是国家所有，那么，GDP增长中的铁路、公路与基本建设部分显然就是公有制，是类似专利期限的投资创新，这是中国特色中最有特色的部分。

当然，GDP增长模式中那些大量浪费国家资源，特别是矿产资源，并造成严重的生态污染的产业，这又与社会主义公有制的要求距离甚远，俨然是私有制的特征，这是不计后果地榨取子孙后代的剩余价值。还有，国家的房地产政策争论很大，高房价其实榨取了广大民众的剩余价值，但是，由于房产在流通环节的交易税费很高，如果再实行持有环节的房产税，并实行遗产税的话，也许一套私人房子不用等到使用期 70 年，国家在一套房子征收的流通税、持有税与赠与税的总和早已超过房子本身的价值。

以高房价为特色的 GDP 增长模式是一种化私为公的模式，从低价征地到高价征税和高价卖房，民众的大量资金先是流进房子钱箱，之后又流到与房子配套的交通与城建等行业，在禁止小产权房与宅基地流通之后，房子就成为最具中国特色的化私为公的工具。GDP 增长拉动了高房价，高房价又拉动了高税收。

二、房子是定位货币

房子成为一种举世公认的定位货币，是一种创新，挑战了传统的货币流动性，因为房子是不能流动的，不能流动的房子却成为最大的货币，也是全世界最受欢迎的硬通货，房产证事实上变成了第二货币。以人民币为例，人民币是中国的第一货币，流动性极强，而商品房是中国的第二货币，房子不能流动，房产证却能流动。人民币的价值是由货币的供求数量来决定，在一国之内具有普遍性价值，而商品房的价值则主要由特殊地点来决定，是特殊性价值。对于中国人来说，人民币是普遍性货币或共性货币，而商品房是特殊性货币或个性货币。

“房币”丰富了人们的货币观念，传统的货币观强调货币的流动性与保值性，而“房币”强调的则是定位性与增值性。

房币定律可以表述为：房价与经济发展成正比，房价差别证明了地区经济水平的差别。当房子成为名副其实的第二货币时，房价越高，证明区域竞争力越强，反之，房价越低，证明区域竞争力越弱。货币的币值（利率与汇率）证明一个国家的内生力，而“房币”的币值（售价与租价）证明一个城市的内生力。人民币是中国的统一货币，而“房币”是中国的定位货币。

三、私企公有化

为什么私企的出路是公有化？因为一些私企一般是靠剩余价值才赚到第一桶金的，由于中国劳动力迎来了刘易斯拐点，劳动力供应从过剩走向了稀缺，均衡工资不断上升，迫使私有企业无法继续采取剩余价值模式，因此，私企面临两个选择，一是积极进行技术创新和管理创新，转变增长方式，变成本驱动为创新驱动，即转向协新价值方式进行生产；二是谋求上市，将私有企业的股权公开转让一部分给社会公众，实际上就变成了公私混合的公私制企业，必须接受全社会公众的监督，也必须向广大中小股东分红，股票也可以在公开市场流通，这就是私企的公有化。总之，私企的股权分散、债务重组、上市融资、员工持股等，就是私企的公有化改革。改革难题不是供求平衡，而是公私平衡。

当私有企业做大做强之后，特别是公开上市之后，规模经营就变成了大量解决就业，利润最大化就相应地产生了税收最大化，员工收入的提高又产生了福利最大化，股价的上升又导致了价值最大化，客户的增多又出现了品牌溢价最大化，总之，一个大型的私有企业或跨国公司，已经不再是哪个创业者的个人公司，它的一举一动都会对当地的社会经济产生重大影响，而且从企业的法人身份来说，法人不再是个人或自然人，哪怕是完全的家族企业，在做大做强之后，公司法人的利益与影响也不再属于家族完全所有，政府与公众必然会施加各种各样的影响，私企做大了，必然不能再用榨取剩余价值的生产方式，必然通过创新与上市等多种途径转向协新价值方式，即私有企业做大做强之后必然变成了公有制企业。

四、花旗银行国有化

2 月 27 日，花旗集团发表声明称，就股权转换事宜与美国政府达成协议，同意包括美国政府在内的优先股股东持有的 275 亿美元优先股以每股 3.25 美元的价格转换为普通股。如果美国政府将 250 亿美元优先股全部转换成普通股，持有花旗普通股份将达 76.92 亿股，普通股占比 36%，这就表明，花旗集团普通股第一大股东由持股 4.5% 的美国道富银行变为美国政府。花旗银行变为国有化，这就预示着，美国的金融危机程度、基本经济制度和对外政策都将发生质变，对美国乃至世界经济和政治格局发生重大影响，概括起来，主要表现为以下三种趋势：一是去资产化，二是去市场化，三是去全球化。

五、私有化

“私有化”一词在中文中可用于两种完全不同的情况：一般指将国有企业的所有权转给私人，相应英文为 Privatization，也可以指将上市公司的股份全部卖给同一个投资者，从而使一个上市公司（Public Company）转变为私人公司（Private Company），英文对应为 Taking Private。

资本主义学者大多支持私有化，认为私有化有利于建立自由市场，鼓励竞争，使公众以竞争性的价格获得更广泛的选择，这也体现在所谓的华盛顿共识之中。

社会主义学者则大多反对私有化，认为政府将其对重要公共服务的控制权赋予私有企业会削弱公众对公共服务的控制，而这种行为将导致私有企业因追逐利润而过度压缩成本，并造成公共服务质量低下。

第二次世界大战结束后的一段时期，许多国家实行了国有化，但在 1980—1990 年，私有化成为英美等国家的大趋势，这种私有化的趋势常被归纳为新自由主义政策全球化浪潮的一部分。

私有化的计划被世界许多国家采用，这些计划分成三类：第一类是1989年后东欧转型经济体在建立市场经济体制的过程中进行的私有化改造；第二类是发展中国家在世界银行、国际货币基金组织等国际金融机构的影响和压力下进行的私有化计划；第三类是发达国家进行的私有化计划，其中进行的最全面的当数新西兰和英国进行的私有计划，而其中最大规模的私营化计划是1991年元旦成立的德国邮政。

私有化含多重意义，从广义上来说，主要有：①资产的拥有权转移，这叫私有化。②利用私人市场的营运方式，无论目的是自负盈亏，还是为了谋取利润，都叫私营化。

六、私有、公有财产神圣不可侵犯

将公有制简单地理解为政府行为，实际上存在着对公有制理解上的严重错误，因为公有制是一个国家的全体公民共同拥有社会财富的一种所有权制度。

社会财富主要是指国家行政资源、自然资源、文化资源等，这些财富是属于全社会甚至是属于全人类的，任何私人对这些财富行使所有权或所有权的任何派生权利（如占有权、控制权、收益权、处置权等）都是不符合人类正义的，也是不符合自然法的根本原则的。

政府的一切权力都是人民赋予的，其权力的行使必须以履行社会管理责任为前提，因此，公有制并不是政府行为。在政府与国有资产的关系上，政府只是接受公民委托进行国有资产管理的代理机构（称之为“一级代理”或“初级代理”），而政府官员也只是再次接受政府委托进行国有资产管理的代理人（称之为“二级代理”或“次级代理”）。

政府或政府官员只有接受人民的委托对公有企业进行管理的权利，不通过人民的决议就对公有企业进行私有化显然是违法行为。

人民与国家的关系是委托人与代理人之间的委托代理关系，国家代理所有制是社会主义国家在过去的社会主义实践中的一种所有制形式，这种所有制是一种不完善的社会主义所有制形式。“国有制”概念是一个伪概念，产生这一概念的根本原因在于国家的代理人身份被错误地识别为人民的主人。事实上，在国家成立时人民就已经约定，国家只是代理人民对全体公民委托给它的事务进行管理的一个代理机构，所谓国家所有制（国有制）和国有企业并不存在。公有企业的效率高低不能一概而论，企业效率与所有制无关，而与管理制度相关。

知本论

国家和政府只是人民的代理机构，不存在国有企业，只有人民的企业

低效率只是管理者的水平问题，这绝不是公有制本身的错，也绝不能将公有制与低效率画上等号，当然，也绝不能将私有制与高效率画上等号。

《知本论》认为：欧美的许多跨国公司或国际名牌，并不是大家想象的彻底的私有企业，而是肩负欧美政府的特殊使命并受到国家巨大资助的公私混合型的公私制企业，欧美财团都不是纯粹的私营企业，尽管欧美政府与西方自由主义学者总是刻意否认这一点。就连美国的中央银行，也是全球的中央银行，居然不是美国政府全资拥有，也不是美国人民拥有，其大股东都是私人银行或超级银行家，但是，美联储又不是纯粹的或彻底的私人银行，还要接受美国政府的管理与监督，这种国家资本主义具有强大的生命力。

《知本论》认为：无论是私企国有化或国企私有化，大多是不公平的财富转移。一般来说，私企国有化，没收广大中小工商业者的资本，这是“多数人对少数人的专制”，反之，国企私有化，是掠夺广大民众的公共财产，这是“少数人对多数人的专制”。合法财产权是市场的基石，也是公平竞争的基石，如果财产所有权可以随意被践踏，那么市场经济就根本不可能发展。

资本主义有一句名言“私有财产神圣不可侵犯”，那么，社会主义也有一句名言“公有财产神圣不可侵犯”，其实这两句话都是对的，都是市场生存的两根支柱，如果不保护合理合法的产权，那就是一场史无前例的“公地悲剧”，必将是公私俱毁；反之，如果保护合理合法的产权，必将是公私俱兴，国强民富。

真正的民主制，既要无限期地保护私有产权，也要无限期地保护公有产权。如果只保护私有财产（私有值），那必定会加剧贫富分化，反之，如果只保护公有财产（公有值），那必定会加剧专制腐败。总之，如果没有发达的民主制，那么公有产权与私有产权都不会安全，专制腐败者将会“合法地”掠夺所有人的财产与国家财产。在专制腐败者看来，私有财产与公有财产并无多大差别，只要动用手中的权力就能据为己有的财产，都是他能以权谋私的财产。如果没有民主制的真正实行，任何人的财产权都可能在转眼间被掠夺，而且还要背上几个罪名，所以说没有民主制，就没有真正安全而长久的所有制（包括公有制与私有制）。

七、国家资本主义在崛起

过去15年，大型国有企业的总部正在改变着新兴经济体的城市。88层楼高的双子塔大厦是马拉西亚石油公司的总部，高高地耸立在吉隆坡；俄罗斯外贸银行是俄罗斯银行业的巨无霸，它的总部位于莫斯科金融区的核心位置，这些建筑物标志着一种新混合模式企业的崛起。

国家资本主义不是什么新概念，东印度公司就属于这种形式，这种形式正在强势回归。20世纪90年代，在新兴市场大多是国有企业，当时人们认为，随着经济的发展，政府会关闭这些企业或者将其私有化，然而，事实证明，他们不但没有削弱，还占据了主要产业和主要市场。

按照储量计算，世界上最大的10家石油公司都是国有企业，而且他们还在继续扩张。在新兴经济体，有政府背景的企业获得了2003—2010年全部外国直接投资的1/3。

国家资本主义在西方正在萎缩，而在新兴经济体却方兴未艾。

国家资本主义模式存在很多缺点。当政府支持一些企业的时候，其他企业必然受到冷落。

国有企业正在大量揽取资本和人才，而这些资源如果被私有企业使用或许将有更好的效果。

国有企业使用资本的效率一般会低于私有企业，在新兴国家，受宠爱的大型国企浪费着大量的资金，而很多私营企业家却为筹集资金焦头烂额。

国有企业善于复制别人的东西，部分原因是可以利用政府的支持获得他们需要的技术，正因为是复制别人的东西，因此竞争力就会大打折扣。

八、大企业都是国家资本

国家资本主义的崛起有历史必然性，不仅不会削弱，而且还会加强。

《知本论》认为：许多西方经济学理论总是幻想企业与政治脱钩，其实是不现实的，正如“政治经济学”这个名词那样，是与“经济人”相扣的关键词，因为政治统帅经济，经济支撑政治。

国家资本主义或国有企业的发展，在全球各地，都是一个值得关注的现象，国家资本是经济的基本形式，也是资本主义与社会主义的共性，美国人总说中国操纵汇率，其实，在全世界，只有美国才有能力操纵汇率。美元是全球占80%的核心储备货币或交易货币，千万不要以为美欧的跨国公司与政治无关，恰恰相反，欧美的跨国公司都是承担着巨大的国家使命的。

美欧与中国在支持国家企业上相似，但操纵方式有着巨大的差别，中国政府是直接操纵或有形操纵，所以中国是国有资本形式，是明明白白地操纵，反之，美欧政府是间接操纵或无形操纵，所以美欧是国营资本形式，是偷偷摸摸地操纵。

例如：每当美国、德国、英国、法国、日本等西方国家的大型跨国公司要在中国争取订单时，西方政府就会立即向中国示好。

《知本论》认为：大企业本质上都是一国的国家资本，即使是纯粹的私有企业，但从外国人的角度来看，同样代表着国家资本主义。

例如：中国的中兴与华为公司，是两家巨型的通信电子企业，纯粹是私有企业，在美国与欧洲经常遭到无理指责与业务封杀，这恰恰说明欧美政府内心里认为跨国公司就是国家资本。

十、协同效益是公有制

公有制的本质就是协同效益，因为一种要素与其他要素协同时，必须有利于其他要素，也就是必须多赢，多赢就是公有制的本质，单赢就是私有制的本质。

私有制与公有制是相互对立又相互依存的辩证关系，损公肥私是榨取剩余价值的私有制，助公利私是创享协新价值的公有制。

在完全民主法治的前提下，私有制是微分的公有制，公有制是积分的私有制；私有制是短期的公有制，公有制是长期的私有制。

从规模效益上讲，公有制大于私有制之和，公有财产大于一切私有财产的总和，因为公有值包括一切私有值并超越一切私有值，人类会有越来越多的公共财富无法分配到个人，例如，完善的民主制、共享的互联网、义务教育体系、专利到期的技术、先进的民族文化、公共的地球资源等，这些都是巨大的公有值。

从创新效益上讲，改善的公有制可倍增全部私有制之和，改良的公有制倍加全部私有制或公有财富改良就能倍加全部私有财富，这是源于经济的外部性与创新的无限性，任何成功的创新都必须是利私利公的，即公有制是私有制的乘数效应或增值放大器，公有财富（包括有形的资本和无形的知本）越多，个人劳动价值就越大，所以同样的工作在不同国家就有巨大的工资差别，个人收入与国家发达程度成正比。

总之，私为公创新，公为私协同；先私后公是激励机制，先公后私是福利制度；合理合法的私，就是大公；自由民主的公，就是大私；大私小公是资本主义，小私大公是社会主义，大私大公是共产主义。

西方经济学争论不休的自由放任论与政府干预论都有自己的道理，但是，自由放任是第一位的，政府干预是第二位的；自由放任决定政府干预，政府干预反作用于自由放任，经济危机并不是自由放任的错，而是自由放任被扭曲了。

没有完善的民主制，就没有高效的自由放任，也没有公正的政府干预。民主制是协调自由放任与政府干预的唯一法宝。能促进和保护自由放任的政府是好政府，政府不是不能干预，而是如何以正确的方式去干预。国家是人民委托的大管家，政府又是国家委托的小管家，管富了就是好政府，管穷了就是坏政府；管好了就是大政府，管差了就是小政府。自由竞争是先私后公，政府干预是先公后私。

国家是共产主义的过渡形态，国家越多越不利于先进知本无形、无界、无私、无价、无限的扩张规律，国家越多，市场壁垒与国籍歧视就越大。总之，家庭消亡和国家消亡才是民主制和公有制的彻底实现，人类将用民主制和公有制的双翅飞向共产主义。

第十五章

共产主义

无形、无限、无私的“知本”天然没有排他性，所以，知本 = 共产。

知本主义是共产主义的核心内容与必要条件，但是，共产主义不完全等同于知本主义。共产主义是一种人类大同的理想社会，是知识经济高度发达的必然产物。在工业文明阶段，共产主义的领导力量是工人阶级（无产阶级），但进入信息社会与知识经济阶段，共产主义的领导力量是工人阶级的上层精英——知识阶层，知识分子作为工人阶级的杰出代表，是知本主义的化身，是实现共产主义的核心力量。知本论的本质就是智慧论，知本不是泛指一般的知识，而是特指具有先进性、实践性与创新性的知识。

一、共产 = 共知

实现“共产”的捷径就是“共知”，一是增强社会正能量或创造财富的“正共知”，“正共知”就是要反对各种形式的技术壁垒、文化壁垒与制度壁垒。努力实现学术自由、教育平等、贸易自由与竞争自由，让一切信息与知识真正成为全人类的共同财产——共产。二是要降低社会负能量或监管财富的“负共知”，“负共知”就是要坚决公开任何人的所有财产。要建立全球性的房产联网、汽车联网、股票联网、珠宝联网、资金联网、税费联网与收入联网等，让所有人的全部财产都在阳光下运作，从而抑制各种灰色收入与隐性腐败。正共知与负共知是“共知”这枚金币的正反两面，共同维护国际知本的“共产性”。

二、公私相对论

劳资雇佣或规模经营必然要求两权分离与角色职责，产权要求职责明确，职责要求产权分享。协新价值主导的公有制代表公平与高效，剩余价值主导的私有制代表不公与低效。人类社会的发展史从来就没有真正彻底的公有制或真正彻底的私有制，而一直是公私兼有的“公私制”，生产力越发达就越像公有制，生产力越落后就越像私有制，换言之，生产力发展必将强化“相对公有制”，也必将弱化“相对私有制”，生产力发展的最终目标就是“大公小私”的公私制——大众利益超越小众利益的共富制，也就是公有构成递增与私有构成递减的相对公私制。总之，无论是公有制、私有制或公私制，都是相对论，不是绝对论，公有制只是强调公先于私，并不否定私的发展；私有制只是强调私先于公，也并不否定公的发展；公私制规律表明：公有构成与生产力发展成正比，私有构成与生产力发展成反比，但公共财富（公有值）与私人财富（私有值）的绝对量都会代际递增。

知本论

公有构成=公有值÷公私价值

私有构成=私有值÷公私价值

《知本论》认为：生产资料是公有制之体，协新价值是公有制之魂，控制思想比控制身体更重要，因此，从协新价值这一“生产方式”来定义公有制比从生产资料这一“生产成本”来定义公有制，更符合邓小平理论“无论黑猫（私有制）白猫（公有制），抓到老鼠就是好猫（好的所有制）！”简单地说，创造见得阳光的协新价值就是公有制，榨取见不得光的剩余价值就是私有制。无论是国家投资还是个人投资，能创造好的社会效益就是公有制，只顾自己赚钱而损害社会效益的就是私有制。

三、社会主义与生产资料无关

生产资料由谁拥有，与社会主义的本质无关。生产资料所有制主要表现为四类生产企业：第一类是国家出资，第二类是民间私人出资，第三类是国外来的投资，第四类是混合制的股份公司。这四类企业中，第一类国家出资的企业，或国家拥有生产资料的企业，传统上被视为“公有制”企业，其他三类在 1978 年以前都被视为“私有制”企业，但中国改革开放以来，正是这四类企业的齐头并进才取得了举世瞩目的巨大成就，事实证明，无论谁拥有生产资料或谁来投资，都可以有利于社会主义，换言之，社会主义并不排斥或歧视不同性质的投资者，生产资料由谁拥有，与社会主义强国富民的本质无关。如果继续按生产资料的所有权血统来区分公有制与私有制，这在理论上就会产生可怕的思想混乱，因此，不能再沿袭计划经济时代遗留下来的“生产资料划分法”了，社会主义的优越性必须从生产环节上升到分配环节来分析。

社会主义的本质是公平分配与国民共进，“国进民退”不是社会主义的本质，“国进民进”才是社会主义的本质，社会主义绝不是国家掠夺民众的剩余价值，而是国家与民众共同创享协新价值。贫富分化也不是社会主义的本质，共同富裕才是社会主义的本质。从公平分配与共同富裕来看，凡是促进劳资和谐与社会效益的协新价值型企业就是公有制，凡是阻碍劳资和谐与社会效益的剩余价值型企业就是私有制，因此，社会主义的优越性不在生产资料的所有权，而在生产成果的分配权，或者说社会主义不在生产资料，而在生产方式，生产方式主要指生产成果的分配制度。

例如，自然资源与天然矿藏，是不是一定要由国家经营才叫公有制呢？铁路、公路、民航、电力、电信、石油、自来水与基本建设等，一定要由国家垄断经营吗？其实，社会主义无需强求对生产资料的垄断权或控股权，只需要对自然资源或矿藏开发进行价格管制与税费调节，通过完善法律与分配监督来保证公平分配。无论国资、民资、外资或股份制，只要公平竞争，照章纳税，促进劳资和谐，坚持协新价值的生产方式，就是公有制，反之，坚持剩余价值的生产方式；就是私有制。只有按生产方式或分配制度来定义所有制的属性，才能得出“公有制是社会主义优越性”的必然规律。如果继续拘泥于生产资料的国家所有作为公有制标准，本质上就是任人唯亲的企业血统论，而不是任人唯贤的企业效益论，显然不利于招商引资与改革开放的深入。总之，社会主义无关生产资料，关乎生产方式，社会主义的本质不在谁来组织生产，而在谁来组织分配。社会主义只需要牢牢控制货币发行权、信息发布权与知识定向权这三大信识权，就能防止国内外不法企业家与灰色金融集团颠覆社会主义的阴谋。

四、共产主义的三段论

人类要实现共产主义，《知本论》认为主要有三个阶段：

第一阶段，是穷弱国家的消亡阶段。

知本天生就是无国界扩散的，但国家界限恰恰严重制约知本扩散，特别是大量贫穷弱小的国家，俨然成为“知本黑洞”，无论多么先进的技术、文化与制度，一旦扩散到这种贫弱国家就消失了。众多小国必将联盟成大国，大国必将扶持众多小国，这才是规模经济与知识经济的内在规律，这不以专制小王朝或腐败小国君的狭隘民族观为转移，国家之间的合纵连横与兼并重组会历经多次反复，并最终形成一些较大的国家，通过国家协议在全球实现生产要素的自由流动。

第二阶段，是贫弱家庭的消亡阶段。

知本的无限增值要求所有的家庭都接受高等教育，都享受高水平的全民福利保障，这就必须消除贫困家庭的存在，降低所有家庭的恩格尔系数以提高生活水平，降低所有国家的基尼系数以降低贫富差距，贫穷和弱小绝对不是共产主义的特征。

第三阶段，是大公无私阶段。

当国家与家庭全面消亡时，才能真正实现人人平等，实现自由放任的平等竞争，一切国家歧视、家庭歧视都将消失，当人类没有私人财产或私有家庭，并完全依赖于社会保障与国家财产时，这才是“大公无私”的理想社会，无私一身轻，大公无所忧，只有

“无私”才能实现完全而彻底的自由平等。

第一节 公私争论

公与私，就像爱与恨，也像义与利，是一个永恒的热门话题，没有公，何来私？没有私，何来公？

假设某个国家的人全部消亡了，达到了荒无人烟的“无私”境界，请问国家何在？“公众利益”何在？所以，“大公”必定以广大民众的大富为前提，如果家家一贫如洗，没有“大私”，又何来“大公”？

国强民富关键在于两个词：协同与创新。

一、空想的原始公有制

原始社会由于生产力水平极低，而且部落之间战争不断，土地经常移主，还常常面临洪水猛兽的严重威胁，恶劣的生存条件，迫使人们群居生活，部落首领掌握产品分配大权，甚至对部落成员有生杀予夺的大权，更有多妻多妾的优先权，部落首领就像狼群中的头狼，控制着极其有限的剩余产品来满足自己的享乐，留给普通成员的公共产品几乎没有，没有公有值，又何来公有制？原始公有制纯属空想。

二、生产力促进公私俱进

所谓社会发展规律中的“公私循环论”“公私螺旋论”“辩证否定论”均认为：原始社会是公有制，因为生产力发展，经过否定变成了私有制，而且是连续地从奴隶社会、封建社会到资本主义社会，保持三个社会形态的私有制，之后生产力再进一步发展，又变成社会主义的公有制，这就产生了中外闻名的“生产力悖论”，那么，生产力发展到底是有利于私有制还是有利于公有制呢？西方学者说生产力发展促进了私有制，东方学者说生产力发展促进了公有制，到底哪一方对呢？

《知本论》认为：公私之争的关键不是谁对谁错，而是要弄清“公就是长远、宏观而抽象的私，私就是短期、微观而具体的公；公是普遍性，私是特殊性；公是无形而无限的私，私是有形而有限的公。”客观地说，资本主义学者说“生产力发展促进了私有制”，这是对的，社会主义学者说“生产力发展促进了公有制”，这也是对的，也就是说，生产力发展同时促进了私有制与公有制，但是，在这之前，所有的学者都没有充分认识到“生产力发展让公有制特征比私有制特征发展得更快”，这才是中国快速崛起的经济规律，也就是生产力发展对于公有值（公共财富）与私有值（私人财富）都有促进作用，特别是在知识经济时代，由于法律、知识、人权、产权等构成各国民众可以共享的主要的无形财富，所以，生产力发展对私有制与公有制都起促进作用，但只要社会主义国家按市场经济规律办事，生产力对私有制是低效促进，对公有制则是高效促进，这就是中国发展更快的秘密。公有构成＝公有值÷公私价值，私有构成＝私有值÷公私价值，生产力发展同时利公利私，但公有构成提高更快。

生产力规律可以表述为：生产力发展同时促进公有值与私有值发展，但公有值增速比私有值增速更快，这是因为无形财富（知本）天然就是公共财产（公有值），而且税收和法律也在不断化私为公。

三、公有制是国家共性

大私就是大公，国家利益是最大的私有制，同时也是最大的公有制。任何国家都存在国家利益，都存在一定的公有财产或不同程度的公有制。只要存在国家，就存在国家战略与国家利益，也就一定存在公有制，资本主义照样也存在绝对的公有财产与相对的公有制。目前，国际学术界有一个政治偏见，一提到资本主义，好像就是私有制，就不能采用公有制的优点，不能发展国家经济，反之，一提到社会主义，好像就是公有制，就不能采用私有制的优点，不能发展私有经济，这些误区已被中国改革开放的成功所否定，但上述思想仍然根深蒂固。

《知本论》认为：资本主义不等于绝对私有制，社会主义也不等于绝对公有制，严格地说，资本主义是大私小公的私优制，社会主义是大公小私的公优制。

私优制就是私有制为主、公有制为次的制度，而公优制就是公有制为主、私有制为次的制度，资本主义的私优制就是以私有制为主流，但仍存在公有经济，反之，社会主义的公优制就是以公有制为主流，但仍存在私有经济。资本主义国家的军事工业和福利制度都是实行公有制的，而中国的民营经济与外资经济也都是私有制的。私有制国家有大量的公共财富（公有值），公有制国家也有大量的私人财富（私有值），所以私有制与公有制都需要民主制度与福利制度。

四、为什么中美存在储蓄差

美国人偏好贷款消费，不喜欢储蓄，而中国人偏好储蓄，不喜欢贷款消费，专家们分析的原因很多，但有一个关键点总是被忽视，那就是美国经济经过 300 年的发展，在民主制度、法治环境、失业救济、医疗保障、养老保障等福利国家的建设方面，积累了庞大的公共财富安全网（公有值），这一个无形又无限的福利网就是全体国民都可随时分享的储蓄，所以，有了公有值的巨大储蓄，人们就不需要由自己去过多地储蓄了，反之，中国改革开放才 30 多年，公共的福利网正逐步建设，人们不得不靠自己去解决后顾之忧，在福利制度不发达时，只能靠私人积累。总之，全民福利水平的差距决定了储蓄偏好的差距。

中国是公有制或公优制国家，美国是私有制或私优制国家，为什么中国的公有制特征在国民福利上反而不如美国？原因就在于资本积累的时间差，美国和平发展经济近300年，中国和平发展经济才30多年，中国的生产力水平不如美国。

《知本论》认为：生产力发展同时促进公有制与私有制，但公有制特征会发展得更快。美国的无形公共财富比中国要多，特别是有形的货币财富更远远超过中国，这是生产力的共性决定的。中国现在比美国发展快，这又是公有制比私有制发展更快的生产力规律所决定的。中美两国的发展现实恰恰证明了公私制规律——生产力同时促进公私财产的积累，但公有制积累财富比私有制更快。

要想改变储蓄偏好，只有一条路，那就是继续发展生产力，同时促进公有制经济（协新价值经济）与私有制经济（剩余价值经济）的发展，并让公有制经济发展得更快，让国家积累庞大的有形公共财富与无形公共财富，构建全民高福利的安全网，才能让民众更放心地贷款消费。

《知本论》认为：公有制相比于私有制应该具有两大优越性：一是绝对优势，公有制应该比私有制的生产力水平更高，人均收入更高，全民福利更好，目前社会主义国家由于起步太晚，显然没有达到这个要求；二是相对优势，公有制应该比私有制的发展速度更快，基尼系数更小，贫富差距更小，目前社会主义国家的发展速度是更快了，而全球资本主义贫富差距停滞不前，这一比较优势还在加大。恩格尔系数是绝对系数，度量一国的富裕程度与经济效率，而基尼系数是相对系数，度量一国的贫富差距与经济公平。

五、贫富差距

有消息称：若与其他国家相比，美国的贫富差距要比你想象的更严重。与全球一百多个国家进行准确对比是不可能的，每个国家对贫困感受是不同的，但按绝对价值计算，贫富之间的差距依然可以衡量（汇率制度也是度量国家财富差距的工具）。基尼系数已有100多年历史了，该指数将国家按0.00至0.50的尺度划分，得分0.50的国家最不公平（私有制特征最明显）。

美国中央情报局的世界年鉴就使用基尼系数来衡量各国家收入差距。美国基尼系数为0.450，十分接近极端不公平的底部，与喀麦隆、马达加斯加、卢旺达、乌干达、厄瓜多尔等国家处于同一水平。

美国的一些人士一直评论中国的贫富差距大，但从数据看，中国要比美国公平（公有制特征更明显），因为中国的基尼系数是0.415。印度的基尼系数是0.368，也好于美国，因为印度的公有制特征比较明显而且贫富差距似乎没有显著变化。在上一世纪经历了三场革命的俄罗斯的基尼系数是0.422，也比美国公平。美国的贫富差距要比西非、北美、欧洲与亚洲的国家更为严重，美国目前与拉美以及撒哈拉以南非洲国家处于同一阵营，而这些国家正在经历动荡。

六、私是小公，公是大私

人类历史上从来没有真正彻底的公有制或私有制。私是个体的绝对价值或具体价值，公是个体的相对价值或抽象价值。重私不等于要否定公，反之，重公也不等于要否定私。

公是赚钱的宏观势能，私是赚钱的微观动能；利私是短期行为，利公是长期行为；私是特殊利益，公是普遍利益；私是具体的公，公是抽象的私。无公不成大私，国强有利民富，无私不成大公，民富促进国强。

私是公的具体价值与特殊价值，公是私的抽象价值与普遍价值。没有无私之公，也没有无公之私。“大公无私”只强调人民利益的普遍性却否定特殊性，而“大私无公”只强调民众自由的特殊性却否定普遍性。由于社会经济行为的协同性与外部性，所以，公必定影响私，私也必定影响到公，因此，公有制不可能完全取消人民利益的特殊性——私有值，私有制也不可能完全否定人民利益的普遍性——公有值，人类的群居生活与等级关系决定了没有绝对公有制或绝对私有制，只有相对公有制或相对私有制，所以人类一直实行的是“公私制”，既不存在真正的原始公有制，也不存在真正的资本主义私有制，都是公私兼容、以公促私、以公制私的不完全“公私制”。从人类历史的长河来看，公有制浪花越来越多，私有制浪花越来越少；公有制特征越来越多，私有制特征越来越少，生产力与知本的发展，客观上必然是走向公有制，只有公有制才是世界发展之路。私有制只是人类的兴奋剂，但它违背了知本无形、无私、无本、无限扩散的特质，绝不是人类的未来。

在原始社会时，生产资料是公有的，由于生产力的发展，个体生产能力的提高，就产生了占有的公共性质与生产的个体性质的矛盾，这种矛盾使原始的公有制走向自己的反面，为私有制所否定。在私有制内部，随着生产力发展到一定程度，生产过程的社会公共性质得到高度的发展，和生产资料的私人占有，形成了严重的冲突，生产资料私有制又走到了它的反面，被公有制所否定。”

这种“公私循环论”如果不断说下去，就有可能荒谬地说共产主义之后又是一个私有制的后共产主义社会，再接着又是一个公有制的超后共产主义社会，显然，这种“循环论证”是学者们的“空想”。

七、公有值

公有制与公有值是两个不同的核心概念，公有值是国家或集体长期积累的物质财富与精神财富的总和，而公有制是一个国家的政治制度与经济制度，简单地说，公有值就是公共财富，公有制就是国家制度。

例如，国家每年的有形 GDP（物质生产）与无形 GDP（精神生产），都是增加公有值，而国家的货币政策与财政政策就是公有制。原始社会几乎没有公共财产的积累——公有值，也没有制订为大多数人谋福利的制度——公有制，那何来原始公有制？

《知本论》认为：没有剩余产品，就没有公有值，没有关于剩余产品的公平分配，也就没有公有制。

私有制源于性恶论，公有制源于性善论，资本主义发展到国家资本主义或帝国主义阶段时，在国际竞争与分工协作中，不是追求个人利益最大化，而是追求国家利益最大化，此时，私有值的增速不如公有值的增速，私有构成递减而公有构成递增，私有构成＝私有值/总价值，公有构成＝公有值/总价值，所以，欧美福利国家制度既不是真正的私有制，也不是真正的公有制，而是公有构成开始赶超私有构成的公私混合制，简称公私制。要理解这一点，就要特别注意自由、民主、法治、人权、技术专利、国际名牌等无形资产构成了资本主义国家财富的主流或无形 GDP，这些无形财富是较少排他性的“共产”，也是协新价值的源泉，这恰恰说明资本主义也走向公有制。

工业革命以来，随着现代科技的无限发展与扩散，世界经济主流都是以公有制为主，以私有制为辅的“公私制”，资本主义的发展，其实是公有制的发展（包括政权公有制与福利公有制的大发展）。西方民主宪政与福利国家制度是人人有份的公有制，当然，社会主义更是公有制与私有制并存。

例如，同样干的是保姆工作，欧美发达国家保姆的人均月收入是 5000 美元，而不发达国家保姆的人均只有 1000 美元，多出的 4000 美元是什么？不是保姆多付出了“私人劳动”，而是悄悄分享到了整个社会生活水平与工资水平的“工资底座”，这个“工资底座”就是“国家底座”或“国民底座”，不是哪一个人决定的，而是国家整体工资水平、均衡工资或最低工资决定的“公有制”工资。

这个例子中的 4000 美元就是公有制决定的公有值，而 1000 美元才是私有制决定的私有值。

《知本论》认为：公有制与私有制是可以互补共生的，国家财富与公有值越多，个人财富与私有值就可能越多，所以，公有制与私有制不一定是矛盾的，而可以是相互促进的正相关，因为没有真正彻底的公有制与私有制，相对公有制与相对私有制都可以相融于公私制中，从绝对值来看，公有与私有都是随生产力发展而递增的，除去经济危机时期，公有值与私有值都可以实现边际递增或代际递增，但公有值的增速比私有值更快，因此，从相对值来看，随着生产力的不断发展，公有构成不断递增而私有构成不断递减，公有制与私有制不存在循环论，人类从原始社会到奴隶社会、封建社会、资本主义、社会主义与共产主义，就是一个公有构成由低到高地递增，而私有构成由高到低地递减的过程，私有制必将成为配角，而公有制必将成为主角。

八、私有值

私有值是个人拥有的物质财富与精神财富的总和，原始社会没有文化知识的教育学习，因而个人不可能拥有知本等无形财富，又由于缺乏工业技术，也不可能拥有能长久保存的耐用消费品，所以，原始社会的个人财产几乎为零，但这不等于原始人没有私有财产，他们天天吃掉的食物就是私有财产，也是他们每天储藏在肚子里的“私有值”，因此，原始社会是一种以食物消耗为代表的极端的私有制。

《知本论》认为：私有与公有都不可能产生于一无所有或一贫如洗，必须产生于所有，私有必然是“先有而后能私”，公有必然是“先有而后能公”，也就是说，在生产的“有”之上才能产生私有或公有，即先必须能创造财富的“有”，才能谈得上分配财富的私有或公有，所以，在当今产能过剩的时代，私有或公有不在生产环节，而在分配环节。原始人的共同生产，并不等于平均分配。由于多数生产者只能创造财富，并不能决定财富分配，所以私有制与公有制的说法并不科学，科学的提法是私分制或公分制，贫富差距极大就是私有制或私分制，贫富差距极小就是公有制或公分制。由于原始社会的氏族首领垄断了极少的剩余产品的分配大权，所以原始社会的公私制表现为公有构成极低而私有构成极高，是最极端的私有制。

“私有财产在历史上的出现，绝不是掠夺和暴力的结果。相反地，在一切文明民族的古代的自发的公社中，私有财产已经存在了，虽然只限于某几种物品。”（《马恩选集》第三卷，201 页）“武器和衣服最早成为私有财产的对象。”（《马恩全集》第 45 卷，210 页）。

《知本论》认为：私有财产主要来源于暴力掠夺，其次才是个体劳动，最早成为私有财产的是食物，但是，私有财产（私有值）不等于私有制（分配制度），只有剩余财产的分配权才谈得上私有制或公有制。不需要氏族首领分配的私有财产，如自采自吃的水果，与分配制度无关。

第二节　原始私有制

原始公有制存在吗？原始私有制存在吗？如果没有剩余产品，人们经常忍饥挨饿，衣不蔽体，居无定所，根本就没有公共产品，何来公有值与公有制？如果没有剩余的公共财产，就谈不上对公共财产的分配制度——公有制，先有而后能分，生产是分配的前提，生产权不是所有权，分配权才是所有权，所有制的核心不是生产，而是分配。原始社会人人都没有私产，又何来私有值与私有制？财产分配的前提是什么？

《知本论》认为：财产分配必定有两个条件：一是出现了财产剩余，有可供分配的东西，如果没有剩余产品，就不可能谈得上产品的分配，只能让每个人吃饱用完。二是出现了可储藏的技术，原始社会没有工业技术，全部是农产品，根本没有可能出现能长久储藏的工业品，因而，财产分配没法持续进行，多分一点的首领也只能马上吃掉，不可能有食物的财产继承。

《知本论》认为：公有是私有的相对价值或交换价值，私有也是公有的相对价值或交换价值，公与私相互对立，也相互依赖，无私就不会有公，无公也不会有私，公与私并不是源于对方，而是源于剩余产品的分配方式，公与私都是“剩余产品”或“生产力”这棵树上的“果”。国际化的本质就是公有化带动私有化。

一、公私比

蒋德海在所著的《原始共产主义制度不是公有制》中指出了四大理由：

（1）从字面讲，共产权指共同生产，无论在什么私有制下都可有不同规模的“共产”活动。

（2）私有是历史发展到一定阶段的产物，但这并不意味着私有制是在公有制基础上产生的，说私有制来源于公有制是违背历史进程的。

（3）原始社会的不同阶段，公有财产的内容也不同。狩猎—采集型的母系社会生产资料充其量不过是简单的劳动工具，只是在第一次社会大分工后，才出现了土地、森林的私有，因此私有不是来源于公有，来源于非私、非公的朦胧状态。

（4）土地在原始社会为氏族占有，氏族占有并不是公有，它本质上还是以血缘家庭为基础的财产占有关系，一个氏族就是一个大家庭。

《知本论》认为：从人类有史以来，个体劳动与集体劳动一直是并存的，个体占有与集体占有也一直是并存的，私有与公有也一直是并行的，人类的群居习性与自由天性和民主追求的共存，共同决定了人类还没有彻底的公有制，也没有彻底的私有制，从来就是一个公私兼容的公私制，公有比例与生产力成正比，而私有比例与生产力成反比，生产力越落后，公私制就越像私有制；生产力越发达，公私制就越像公有制。

例如：我们打一个简单的比方，假设原始社会的公有值与私有值的公私比例为1:9，那么奴隶社会的公私比就是2:8，封建社会的公私比就是3:7，资本主义的公私比就是4:6，社会主义的公私比就是5:5，这是一个公有值与私有值在总产值中的平衡点或临界点，而到了共产主义社会初期，公私比就变成6:4；到了共产主义中期，公私比变成7:3；到了共产主义后期，公私比就变成8:2，甚至达到9:1。从这个假设可知，公有构成与生产力成正比，私有构成与生产力成反比，但公与私永远共存，人类不会产生“无私”或“无公”的理想社会状态。

二、原始私有制

公与私的争论，其实源于人们的关爱层次与利益秩序。从由近到远看，是从私到公的渐进变化，反之，从由远到近看，是从公到私的渐进变化，小范围的公就是私，大范围的私就是公；微观利益或小众利益就叫私，宏观利益或大众利益就叫公。公与私本质上并不是人性道德问题，而是一个利益计算的数学问题。公与私是源于人的智力差距与利益算计能力。

公——纯属利益计算 / 无关人性善恶——私

“私”是利益计算能力差的人，“公”是利益计算能力好的人，所以公与私就如同一枚金币的正反两面，无私必定无公，有私也必定有公。

原始社会基本不需要专业分工，主要以简单的采摘或捕猎为主，这种个体劳动是人人能完成的，基本不需要复杂的集体劳动。

例如，当一个或几个原始人走进眼前的森林时，饥肠辘辘的他们顺手摘到了几枚果子，他们是饥不择食地吃呢？还是强忍着饥寒交迫的折磨，硬要将果子带回来给首领先吃呢？显然，在那个时代，原始人必定是狼吞虎咽地先吃饱，再采摘一下多余的果子回来上交，这种先私后公完全符合人的关爱层级或关爱秩序，因为任何人的心理都是有层次的，第一层是关爱自己，第二层是关爱亲人，第三层是关爱朋友，第四层是关爱团队，第五层是关爱国家。这种由近及远，由亲及疏的关爱等级就是由私及公或先私后公，所以说，原始公有制是伪命题，原始社会是极端贫困下的极端私有制，是在人人基本吃饱之后的少量剩余产品全部被首领霸占的私有制。

总之，原始社会既没有大量的剩余产品，也没有长久储藏剩余产品的技术，因而，

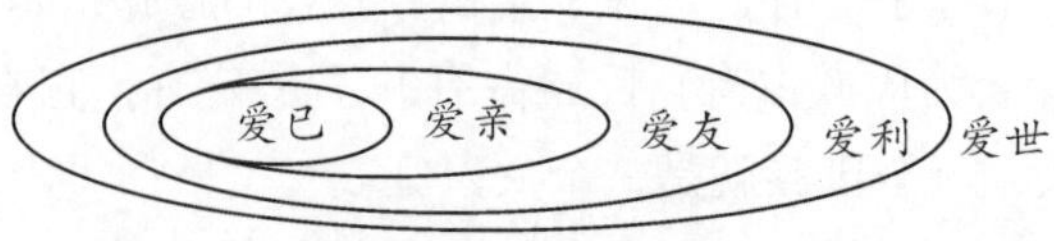

知本论关爱层级

原始社会既不是绝对的公有制，也不是绝对的私有制，而是公私不分的公私制。

在原始社会，氏族共同体虽然保护个人，但对个人拥有至高无上的专制权力，普通成员没有任何自由与民主，不可以在氏族之间随意跳槽，氏族之间不可以自由通婚，更不可以挑战氏族首领的权威与迷信思想，个人毫无创新能力，个体劳动也只是简单的采摘，氏族成员间没有专业技能的分别，因而也不存在分工协作的大生产。

生产力的发展，必然出现剩余产品，剩余产品是导致私有制还是导致公有制呢?

《知本论》认为：大量剩余产品的出现，既推动了公有制，也推动了私有制，简单地说，剩余产品既是公有制之父，也是私有制之母，没有剩余产品，就没有个人财富的积累，也同样没有公共财富的积累。如果没有剩余，所有的产品，当然没有工业产品，只有农业产品，都要迫不及待地吃掉，因为农产品不可能长期储存，所以原始人的财富其实就是冬天储藏的食物。如果说原始社会是公有制，其实根本没有可以长期保存的劳动产品，公有制就是公无制；反之，如果说原始社会是私有制，私人也没有多少值得长久占有的产品，原始人没有什么可以保存的财产，那所谓私有制就是私无制。

原始社会虽然公私难分，但仔细而深入地分析后发现，原始社会其实是一种最初级或最极端的私有制，因为没有大量的剩余产品与可靠的储藏技术，公共财富就不可能积累，公有制就成了无源之水，只能是公无制，全体成员只有农产品，也只能及时吃光，公共产品其实就是储藏在每个成员肚子里的食物，所以，原始社会极其恶劣的生存条件与极低的生产力，决定了原始社会根本不可能产生公有制，只能是极端的私有制。

三、世袭制是最大私有制

原始社会的禅让制要传给女婿或亲近的人，世袭制要传给儿子，本质上就是将氏族财产或国家财产当作家族私产，原始社会普遍贫困，公有财产极其有限，所以氏族首领多娶老婆，多占房子，多吃山珍海味，还有专业乐队侍候，在极端贫困下的原始社会，公有值极低，这种腐败就远比公有值极高的现代腐败更加触目惊心。

《知本论》认为：世袭制是最大私有制，原始社会基本不存在公有制，如果说有一点公有制的话，那就是强大的国家出现后，更有利于保护人民的生命安全。

氏族公社或原始部落，主要是靠血缘衍生出的庞大家族，即使是整个氏族公社的集体财富，本质上也是家族财产，而家族财产一直被视为私有财产，所以说，无论是氏族成员的个人财产或是氏族的集体财产，本质上都是大家族的财产。因此，原始社会是名副其实的极端私有制，公有制的比例极少，私有值远远大于公有值，这是由极端落后的生产力水平与极其稀缺的剩余产品所决定的，少得可怜的剩余产品都成了部落首领的私产，这种极度的不公平被说成了原始公有制。

第三节 公私混合制

人类的社会形态，更像公私合营的股份制，既不是完全的公有制，也不是完全的私有制，这种公私兼容的“股份制”又叫“公私制”，任何社会形态，从宏观上看都是公有制，从微观上看又是私有制。这就像一个企业，投资者分享利润时就是私有制，向国家交税时又是公有制；给员工涨工资时是协新价值或公有制，克扣员工工资时又是剩余价值或私有制，准确地说，人类社会形态就是公私制——公与私兼容的共生制度。

从原始社会、奴隶社会、封建社会、资本主义社会到社会主义社会，最后到共产主义社会，传统学者都推崇一种公私循环论，即原始社会是公有制，由于生产力发展，出现了大量剩余产品，就进入了奴隶社会、封建社会与资本主义社会的私有制社会，接着又是因为生产力发展，人类社会就从私有制又回到公有制，即进入社会主义社会与共产主义社会。共产主义社会以后就不再循环了，就是永远不变的共产主义了，生产力再发展也不会循环到私有制了，因为共产主义社会是终极的理想社会了。

《知本论》认为：这种公私循环论只循环一次就结束了，显然不能自圆其说。因为既然是循环，就不可能只循环一次。还有，从原始公有制到奴隶社会、封建社会与资本主义的私有制，给出的理由是生产力发展了，接着，从私有制到社会主义公有制，给出的理由还是生产力发展了。

第一次制度转型，从公有制到私有制，是因为生产力发展，而第二次制度转型，从私有制到公有制，仍是因为生产力发展，这显然是矛盾的，因为从奴隶社会到封建社会也是因为生产力发展，为什么不从奴隶社会的私有制变成封建社会的公有制呢？同理，从封建社会的私有制，也是因为生产力发展就到了资本主义社会，为什么不从封建社会的私有制进化到资本主义公有制呢？也就是说，在奴隶社会、封建社会与资本主义社会这三个社会形态中，由于生产力的不断发展，居然这三种社会形态就没有纳入公私循环论，这也是“循环论”难以自圆其说的原因。

《知本论》认为：公私制规律说明了随着生产力的发展，人们必将进入大公小私或重公轻私的协新价值创造，人们理想的公有制必将淘汰私有制，准确地说，是相对公有制必将淘汰相对私有制，但绝对公有值与绝对私有值也必将同步增加。简单地说，80%的多数人的利益增长必将超过20%的少数人的利益增长，贫富差距必将缩小，但富人与穷人都会变得更富，合理的贫富差距是存在，这才是生产力发展进步的真相。

在“原始社会—奴隶社会—封建社会—资本主义—社会主义—共产主义”的发展中，公私财富都随着生产力的发展而代际递增，但公有构成比私有构成的增速更快，这都是因为生产力发展的必然结果。公私制规律是公有构成与生产力发展成正比，私有构成与生产力发展成反比，但公有值与私有值都与生产力发展成正比。

一、大公无私悲剧

大公无私始于原始社会的集中打猎与集中分配，但原始社会由于剩余产品不多，也无法长久储存，名为“公有”，实为“公无”，因而“大公”无法实现，只能是人人有份的“大私”，原始社会是一种大公无私的虚象。直到太平天国，才出现了历史上一次所谓的“大公无私制”——圣库制度。

太平天国时期，拜上帝会信徒多携老扶幼，变卖了田产，各将所有奉献于圣库，一切衣食均由圣库开支。作战中缴获的牛羊、粮食、油盐、金银、绸帛、珍宝等，必须上交圣库，个人不得私藏，违者处以重罚，直至斩首。将领士兵的生活需要，由圣库供给。天国民众按年龄、技能分别编入各馆各营，财货收归公有，衣食等由圣库供给。圣库制度是太平天国政权对全部社会产品按绝对平均主义原则进行分配，并集中管理和支配所有剩余产品的国家机构。圣库制度反对私有财产，推行完全的公有制，在战争初期暂时保障了将士及其家属的生活，描绘了一幅原始共产主义的理想蓝图，但圣库制度并没有严格实行。随着军事胜利，财货来源丰富，将士们各有自己的私财。高级将领滥用特权任意取用于圣库，供给配额的计划经济渐渐失去实际意义，私有制开始向公有制反攻倒算，圣库制度名存实亡。

二、大私无公悲剧

极左主义者制造了大公无私悲剧，而极右主义者制造了大私无公悲剧。

苏联解体后，俄罗斯开始了以私有化为核心的改革，整个私有化运动贯穿了 20 世纪 90 年代。极右分子认为：“无论把财产分给谁，哪怕是分给强盗，只要把财产从国家手里夺过来就好。如果强盗变成自己资本的有效主人，他就不会再做强盗了。”

1992 年 6 月 11 日，俄罗斯私有化的标志性文件——《俄罗斯联邦 1992 年国家企业和地方企业私有化国家纲要》公布，拉开了私有化进程的序幕。俄罗斯的私有化，分为证券私有化和现金私有化两个阶段。证券私有化从 1992 年 1 月至 1994 年 6 月底，以无偿私有化为主。现金私有化自 1994 年 7 月 1 日起，从无偿转让过渡到按一定价格出售。

1992 年初，激进的经济改革方案——“休克疗法”，在俄罗斯全面推行。休克疗法第一步是放松物价，1992 年 4 月份，消费品价格比 1991 年 12 月上涨 65 倍，6 月份，工业品批发价格上涨 14 倍，俄罗斯经济陷入通货膨胀与经济停滞的“滞胀危机”。休克疗法第二步是财政与货币“双紧”政策，导致生产萎缩、资金短缺，失业增多、财政赤字扩大，接着又被迫放松银根，1992 年增发货币 18 万亿卢布，是 1991 年发行量的 20 倍，“双紧”变成“双松”。休克疗法第三步是大规模私有化，每个俄罗斯人领到一张 1 万卢布的私有化证券，可以凭证自由购股，到 1992 年 10 月私有化正式启动时，1 万卢布只够买一双高档皮鞋，全民均分的私有化兑换券很快就集中到了几个寡头手中。

1994 年 6 月底，叶利钦宣布俄罗斯已有 70% 的工业企业实行了私有化，俄罗斯 4000 万人成为股票持有者，最后能够抢到最大蛋糕的只是极少数人。广大民众并没有成为真正意义上的投资者或所有者，99% 的民众几乎一贫如洗，成了名副其实的“无公弃儿”。

三、绝对递增

从原始社会、奴隶社会、封建社会、资本主义社会到社会主义社会，最后到共产主义社会，不存在公私循环论，准确地说，应该是公私递增论，随着生产力的发展与社会制度的进步，公有财产（公有值）与私有财产（私有值）都在双双递增，而且公有值比私有值的递增速度更快，主要是因为无形、无限、无私的知本成为财富主角，民主、法治、教育、技术等无形财富越来越构成财富的主流，也是公共财富增长更快的根源。

从原始社会、奴隶社会、封建社会、资本主义社会、社会主义社会到共产主义社会，既不是完全的公有制，也不是完全的私有制，而是名副其实的公私制，是公有制与私有制融合生长的混合制。

公私制直接催生了现代的股份制经济与上市公司。有限公司制度和破产法都是人类的创新，有限责任就是公私兼顾，而且法人既不是纯粹的公人，也不是纯粹的私人。只负有限责任的公司制就是公私制，公司有利润时国家多收税，个人多分红，反之，公司无利润时，国家少收税，个人少分红。

随着社会生产力的发展，公私制也在不断发展，但不是从私有制到公有制，也不是从公有制到私有制，不存在公私循环论，而是公私制中公的比例随着生产力发展在递增，“私的比例”随着生产力发展在递减。注意，比例是一个相对值，不是绝对值，从公与私的绝对值来看，公有值与私有值都在递增，原因在于知本是无排他性的无限财富，既可以公有，也可以私有，公有与私有还可以并存。由于每个人的能力有限，只能分享极少的知本，绝大部分知本必须由全社会共享，所以公有值比私有值增加更快。

四、相对增减

在公私制中，长期积累的公共财富是公有值，长期积累的私人财富是私有值，长期积累的社会总财富（无形财富与有形财富）是总价值，公有值与总价值之比称为公有构成，私有值与总价值之比称为私有构成。公有构成 = 公有值 ÷ 总价值，私有构成 = 私有值 ÷ 总价值。

随着生产力发展，公有构成不断递增，考虑到经济危机，未必是一年又一年地边际递增，但必定是一代又一代地代际递增，公有构成代际递增规律与公有值代际递增规律的并存表明人类必将进入真正的、彻底的、完整的公有制，即消灭贫富差距的、共同富有的共产主义社会。

在原始社会的极端私有制之后，私有值的绝对总量与公有值一样都在增长，但是，从相对量来看，公有构成是在代际递增，而私有构成是在代际递减，在资本主义社会达到了一个比例相当的均衡点。封建社会与资本主义社会，公有构成与私有构成的比例大体相当，特别是资本主义社会，由于社会财富极大丰富，法制建设比较完善，自由民主也相当发达，欧美国家的物质财富与精神财富所构成的国家财富（公有值）十分巨大，同时个人财富的总和（私有值）也十分庞大，总体上达到了公私均衡，经过资本主义之后，社会主义与共产主义的公有构成就会远远超过私有构成，。

从公私曲线图可知，随着社会生产力的不断发展，原始社会和奴隶社会是极端的私有制，剩余产品很少，就算有少量的剩余产品，也绝不是在社会成员中平均分配，更不是按劳分配，而是力量大的多得，权力大的多得，势力大的多得，普通成员能吃饱饭就

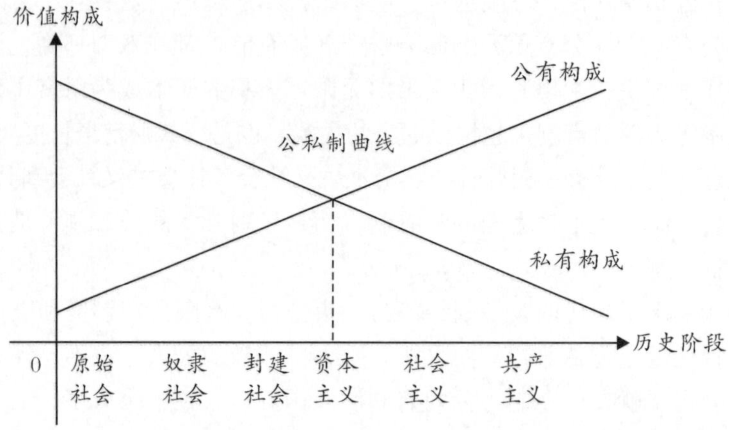

不错了，剩余产品大部分被首领阶层或统治阶级独吞，氏族成员与奴隶一样，都没有人身自由，都要看首领的眼色行事，所谓的原始公有制纯属虚有。原始社会与奴隶社会是公有构成极低或私有构成极高的社会形态，这是由极其落后的生产力与极少的产品剩余所决定的，落后的生产力决定了落后的价值构成。在资本主义社会，公有构成曲线与私有构成曲线达到公私平衡，公有值=私有值，进入社会主义以后，公有值就大于私有值，公有构成的增速就超过私有构成的增速，所以国有企业必须继续做大做强，而不是私有化。

从公私制曲线可知，人类社会从来没有纯粹的公有制，也从来没有纯粹的私有制，一直都是公有财富与私有财富共同发展的公私制，一直是坚持公与私两条腿走路，或公与私两只手劳动。为什么定义为公私制而不是私公制呢？因为公有构成是一代又一代地代际递增的，除去天灾人祸的年份之外，正常情况下也是一年又一年地边际递增的，但私有构成则在多数年代呈现边际递减与代际递减规律，由于公大于私，公领导私，所以人类社会形态是公私制，公在前而私在后，公私制的本质就是先公后私制或大公小私制。

五、为什么先公后私

先公后私：一是因为国家政权的主导力量，国家统治者总是要制定各种法律政策，特别是各种税收政策与货币政策，千方百计地将民间财富集中起来，用于国家建设与国家机器运作。二是因为知识的发展，知本是无形、无限的财富，不具有排他性，是所有人共享的财富，只要你愿意学习，知识就会属于你，知本积累是国家的公有财富。三是战争的逼迫，国家之间的战争十分残酷，战争逼迫大家不顾一切地出钱出力，导致私有值与公有值的大量蒸发，私有值蒸发得更快。从这三个主要因素来看，人类社会形态其实一直是公强私弱地发展的，即公共财富（公有值）增长更快，私人财富（私有值）增长相对慢一点。

规模经济必然要求两权分离、边际成本递减或代际收益递增等三大前提。从经济的内生力来看，强者掠夺弱者的剩余价值，只会造成贫富分化与财富转移，经济的内生力并不强，因此，人类社会形态的发展，一直是向着自由和民主的方向前进，是向着协同与创新的模式发展，本质上就是人权的发展，协新价值模式能实现劳资双方的共赢，弱者赚小钱，强者赚大钱，不是弱肉强食，而是强弱双赢，这才是经济长久发展的内生动力，是公有值与私有值的共生共荣，因此，人类的经济发展是协新价值（公有制）模式不断增强，而剩余价值（私有制）模式不断减弱，这种公强私弱说明人类经济形态就是公私制，也可以简单地理解为公权力决定私有财富的制度或公众决定私人发展的机制，大公无私是悲剧，本质上是“公”榨取“私”的剩余价值，“大公小私”才能高效地创造协新价值，才是各国政府追求的经济分配模式。

从公私制曲线可知，公有制是一种创享协新价值的正能量，私有制是一种榨取剩余价值的负能量，生产力发展的过程，就是人类弃负从正的过程。

六、什么是“共产”

共产主义社会是一种终极理想，关于“共产”，主要有两种解释：

一是共同生产或集体劳动，从原始社会起，人类一直是共同生产，如果将共同生产理解成公有制特征的话，那么任何人类形态都有公有制的共同生产。同理，如果将私产理解成私人生产或个体劳动，那么任何人类形态也都有私有制。

二是共同财产，从原始社会起，人类一直都存在共同财富或国家资产，如果将共同财产视为公有制特征的话，那么人类社会也一直有共同财产或公有值，不过，原始社会的共同财产实在太少。同理，如果将私产理解成私人财产或家庭财富，那么任何人类形态也都存在私有制或私有值。

共同生产是共产主义的基本特征，共同财产是共产主义的根本属性，知本是共同生产和共同财产的天然基因，因此，只有大力发展知本主义，坚定不移地发展科学技术与制度创新，少走弯路，不走回头路，才能更快地实现共产主义。

第四节 产 权

无论是公有制还是私有制，都是人类的产权形式，产权有三种基本形式，一是约定俗成的产权，大家公认，谁也不好意思去公开反对，这也成为一种强大而无形的道德约束；二是武力或军事规定的产权，如战败国的一切物品都是武装入侵者说了算；三是法律规定，通过国家法律界定产权，这是现代产权的主要形式，包括知识产权中的专利权。

那么产权是如何起源的呢？这主要有四个产权起源，一是遗传基因起源，二是生产工具起源，三是分工协作起源，四是社会地位起源。

（1）产权的遗传基因起源。

从孩子出生的那一天起，对于小家庭是私有，属于父母养育，而对于大家庭又是公有，是氏族的战士，必须听从氏族的一切号令，与本氏族的战争胜败命运相关，如果本部落战败了就沦为奴隶或被杀死，战胜了就成为获利者，所以，人一生下来就在相对产权上有二重性，从微观上看，人属于家庭私有；从宏观上看，人又属于部落或国家公有。如果一个人擅自抛弃自己的家庭、家族、部落或国家，就可能被其他部落杀死，所以，人类的基因就决定了与生俱来的归属权，也就是自身安全与发展的人权，而人权就是一种人格化的产权。

婚姻家庭制度本质上就是产权与人权相结合的分配制度，家庭的生产权、生育权、教育权与财产权，都共同确定了产权的基因起源。

（2）产权的生产工具起源。

人类劳动就需要工具，刀枪是手的延伸，马车是脚的延伸，现代交通工具是手脚的延伸，机器是体能的延伸。手脚是人的天然工具，哪怕是氏族首领，也不能随意拿走别人的手脚，对手脚的私有性延伸到一切工具的私有性，身体成为人类最初级的基本工具，也是私有权的最早起源。

私有制的概念就是从人的身体开始波及一切工具。工具是靠大脑去支配的，所以私有制就是一切工具的“大脑”，私有制就是一切工具的“灵魂”，但这是对于个体劳动而言的，如果在集体劳动中，一切工具都要服从集体与首领的需要，都要服从氏族首领的统一指挥，所以，在集体劳动中，公有制才是一切工具的大脑与灵魂。既然工具在个体劳动中服从私有法则，在集体劳动中服从公有法则，那么，工具就是私有制与公有制的共同起源，工具推动了相对公有制与相对私有制结合成公私制。

（3）产权的分工协作起源。

《知本论》认为：剩余产品的分配必然产生私有制特征（实际上是私有构成较高的公私制），有了公私制才存在交换的可能，因此，社会分工是交换之父，私有制是交换之母，而交换是私有制之子，这个父母与子的关系不能颠倒。因为有了分工与私有，才会产生交换，当然，交换也大大促进了分工与私有制。当私人产品在市场上交换时，要受到整个社会诚信与定价机制的制约，要受到公众与权贵的影响，因此，私有制也是以公有制为前提的，因为良好的交易惯例、集市场所、市场秩序与税费系统都是交换的基础，也是无形财富，所以私有产品是市场的形式，公有制度才是市场的本质。

著名哲学家郑克中认为交换的必要条件有四个：第一，物的有用性；第二，物的稀缺性；第三，物的明晰的归属性；第四，排除了获得物的无偿性。交换是为了获得与自己拥有物的不同效用。如果物对人没有用，谁也不需要它，就不会发生交换；如果物不是稀缺的，像空气、阳光、自然状态的水那样，可以自由取用，人也不会用来交换；如果物没有明确的归属性，即物不属于任何人，都可以自由取用，就用不着交换；最后，如果有用物可以用暴力或其他手段无偿获得，那么也不需要交换。交换不是私有制产生的条件，相反，私有制却是交换产生的条件。从历史看，私有财产在交换之前就早已存在了，人只有把物作为属于自己的物，才能拿去交换，不可能把无主的物拿去相互交换。生活中我们也可以看到，有私有制的地方不一定有交换（自然经济），凡是有交换的地方必定存在着私有制——不管是名义的还是实际的，可见用交换解释私有制的产生是错误的。

《知本论》认为：虽然交换不一定能解释私有制的产生，但交换确实促进了生产力的巨大发展。由于分工产生了占有产品的便利条件，因此，分工也是私有制产生的一个必要条件。

（4）产权的社会地位起源。

产权还与一个成员在氏族中的地位有关，首领想要的东西，没有哪个成员敢抢，任何成员想拥有某件东西，也必须得到首领的默许或同意。

可以看出身份地位决定了私有财产的拥有量，因此，产权也源于人类的身份等级制度。

《知本论》认为：要警惕“产权决定论”，防止片面夸大产权，因为任何社会化大生产都必然要求分工协作，规模经营除了边际成本递减或代际收益递增之外，还有一个被人忽视的前提就是所有权与经营权的两权分离，两权分离是规模化大生产的必要条件，只有在个体户或小手业阶段才不需要两权分离，推动两权分离的就是比较优势分工与劳动成果分配。决定经营成败的不是产权，而是职责，只要人人各司其职，物尽其用，人尽其才，分工明确，监督到位，激励有效，无论员工是否持股或分享产权，都可以实现经营管理的高效率。

一、公私无关道德

公有与私有不是固定不变的，而是相对的，流动的，例如，公社成员去采摘果实，自己吃下几个就是相对私有制，再给首领上交几十个又是相对公有制，首领自己挑好的吃又是相对私有制，集中一大堆准备待分的水果就是相对公有制，将这一大堆水果分发给氏族成员又是相对私有制。总之，劳动产品在不同的分配环节，就显示了不同的相对价值。从动态与宏观的角度看，原始公社的产品既是相对私有制的，又是相对公有制的，是名副其实的公私制。在个体劳动时，只要缺乏监督，大多表现为先私后公，个人可以先偷吃再上交公社，反之，在集体劳动时，由于相互监督，必须先上交公社以后才能分配给个人，这就是先公后私。

《知本论》认为：公与私只是分配或消费的时间问题，而不是道德问题。

个体劳动天然姓“私”，集体劳动天然姓“公”。先有私有产品，后有私有制度，产品决定概念，没有剩余产品，就谈不上私有制或公有制，公与私纯粹是经济学的中性概念，但在中国文化中却成了道德命题。从经济效率来看，公有制往往开始很有效率，接着就滋生腐败而效率下降，反之，私有制往往开始效率不高，但后发优势很强，原因就在于人类从来就没有绝对公有制，只有相对公有制，也从来没有绝对私有制，只有相对私有制，所有制归根结底是一个相对论，不深刻认识到这一点，就不会明白自由放任论与凯恩斯主义的争论。如果认识到公私制的本质，自由主义与政府干预就是可以兼容共生的两种工具而已。自由放任主义是从私到公，政府干预主义是从公到私，只是公私制的两种合理而互补的表达方式。

二、洛伦兹曲线

洛伦兹曲线也译为劳伦兹曲线，在一个总体（国家、地区）内，从最贫穷的人口计算一直到最富有人口的人口百分比对应各个人口百分比的收入百分比的点组成的曲线。为了研究国民收入在国民之间的分配问题，美国统计学家（或说奥地利统计学家）M. O. 洛伦兹1907年提出了著名的洛伦兹曲线。洛伦兹曲线用以比较和分析一个国家在不同时代或者不同国家在同一时代的财富不平等，该曲线作为一个总结收入和财富分配信息的便利的图形方法得到广泛应用。

三、基尼系数

基尼系数为意大利经济学家基尼于1922年提出的，定量测定收入分配差异程度。其值在0～1之间。越接近0就表明收入分配越是趋向平等，反之，收入分配越是趋向不平等。按照国际一般标准，0.4以上的基尼系数表示收入差距较大，当基尼系数达到0.6以上时，则表示收入差距很大。

基尼系数是指在全部居民收入中，用于进行不平均分配的那部分收入占总收入的百分比。基尼系数最大为“1”，最小等于“0”。

基尼系数为1时，表示居民之间的收入分配绝对不平均，即100%的收入被一个单位（家庭）的人全部占有了。

《知本论》认为：绝对的、完全的、真正的私有制从未出现过，“基尼系数=1”是不可能存在的等式，就算是最大的专制者和独裁者，也没有足够的信息与足够的人力物力去完成全部财产的调查、监管和掠夺任务，任何专制王朝都不可能为暴君创造百分之百的掠夺执行力。一个家庭可以有百分之百的私有财产，但一个群体或国家不可能有百分之百的私有制。

基尼系数为0时，则表示居民之间的收入分配绝对平均，即人与人之间收入完全平等，没有任何差异。

《知本论》认为：“基尼系数=0”也是一个不可能存在的等式，同样也是因为信息

不对称与权力不对称，人类不可能实现绝对平均主义，原始公有制也是一个后人虚构的绝对平均主义。

人类从来没有完全的、绝对的、真正的公有制，一个群体或国家可以有完全的公共财产，但不可能有完全的绝对公有制。公有制与私有制都是相对的，因此，人类一直实行的是公私制，只是公与私的具体比例不同而已。基尼系数的实际数值只能介于0~1之间，即在纯粹的公有制与纯粹的私有制之间，基尼系数越小，收入分配越平均，越显示公有制的特征，基尼系数越大，收入分配越不平均，越显示私有制的特征。通常把0.4作为贫富差距的警戒线，大于这一数值容易出现社会动荡。

四、基尼系数递减是必然规律

基尼系数与私有制特征成正比，与公有制特征成反比。

《知本论》认为：基尼系数与公有构成是反比关系，与私有构成是正比关系，即基尼系数越低，协新价值和公有制的特征越明显，反之，基尼系数越高，剩余价值和私有制的特征越明显。从原始社会、奴隶社会、封建社会、资本主义、社会主义到共产主义，人类一直是公私融合的公私制，表现为随着生产力的正常发展，私有制特征代际递减，而公有制特征代际递增，即从历史发展的大趋势来看，基尼系数与私有制特征是不断递减的，而公有制特征与生产力是同步递增的。从原始社会极高的私有制特征（基尼系数极大），一直进化到共产主义极高的公有制特征（基尼系数极小），说明公私财富都在与生产力一起递增的同时，公有构成必将超越私有构成，公有制取代私有制才是人类发展的必然归宿。

五、遗产税

遗产税是以财产所有人去世后所遗留的财产为征税对象，向遗产的继承人和受遗赠人征收的税，是当今世界许多国家征收的一种税收。

遗产税最早产生于4000多年前的古埃及，出于筹措军费的需要，埃及法老胡夫开征了遗产税。

近代遗产税始征于1598年的荷兰，以后其他西方国家，如英国、法国、意大利等先后开征。

1996年全国人大批准了《国民经济和社会发展“九五”计划和2010年远景目标纲要》，纲要中提出“逐步开征遗产税和赠与税”。

按课征的方式不同可具体划分为总遗产税、分遗产税和总分遗产税三种。总遗产税是对财产所有人死亡后遗留的财产总额综合进行课征，规定有起征点，一般采用累进税率，不考虑继承人与被继承人的亲疏关系和继承人的个人情况。分遗产税是对各个继承人分得的遗产分别进行课征。考虑继承人与被继承人的亲疏关系和继承人的实际负担能力，采用累进税率。总分遗产税是对被继承人的遗产先征收总遗产税，再对继承人所得的继承份额征收分遗产税，两税合征，互补长短。

（1）遗产税是公有制命脉。

《知本论》认为：没有遗产税就没有彻底的公有制，公有制国家必然要求对富豪征收遗产税。要想降低基尼系数，使得分配公平，就必须征收遗产税。没有遗产税和赠与税的国家，绝不是真正的公有制。遗产税或赠与税是公有制淘汰私有制的必要法宝，因为一个人的生命是很短暂的，但一个家族代代相传的代际延续是很长的，所以征收遗产税或赠与税就是一种化私为公或大私必公的办法，也是必须坚决执行的产权制度创新。无论一个人多么富有，只要遗产税或赠与税的规定合理，征收有力，就必定会让社会总财富中的公有构成代际递增而私有构成代际递减。

《知本论》认为：遗产继承是血缘文化对文明法制的伤害，富豪所拥有的财富十分惊人，遗产继承就等于合法掠夺或转移前人的剩余价值，对公有制是致命的伤害，原因在于：一是无偿继承或接受他人的财富，这种不劳而获的继承权会损害全民福利与公共财富；二是继承者大多缺乏坚忍不拔与吃苦耐劳的创业精神，加速了资本的边际收益率递减，降低了国家竞争力；三是遗产继承者大多有留学情绪与移民倾向，大多会悄悄地将巨额资产向别国转移，等于变相征走了遗产税。

（2）遗产税不是仇富。

《知本论》认为：中国人总喜欢将财产全部留给子女，这样可能导致子女不劳而获并坐享其成，这是一种文化的劣根性。欧美的大富豪一般都只给子女留下一小部分财富，而将大部分财富捐献给社会，目的就是要提高子孙后代的创业精神与生存能力。注意，后代继承的财产越多，就越有可能不劳而获，这是不争的事实，并不以父母的良好意愿为转移，因此，征收遗产税后，国家既能提高全民福利水平，也是帮富豪防范子孙挥霍财产后变成穷光蛋。根据马克思的劳动价值论，劳动才是人生最大的价值，劳动时间量等于价值，如果用巨额遗产来剥夺子女的劳动价值，让子女变成花天酒地的废物，这才是金钱的罪恶，因此，征收遗产税不仅能体现公有制的公平精神，还能消除贫富分化，降低基尼系数，这不是仇富，而是帮助富人实现利国利民的心愿。

六、民主产权

产权是一个不断变化的概念，现代企业产权制度就是人类社会经济长期发展的结果。从私有财产的出现到市场经济的确立，在这漫长的历史中，产权一直被视为仅仅是一个法律上的概念，指的是财产的实物所有权和债权，它侧重于对财产归属的静态确认和对财产实体的静态占有，基本上是一个静态化的范畴，而在市场经济高度发达的时期，这一法律意义上的产权概念已经日益深化，其含义比原来宽泛得多，它更侧重于从经济学的角度来理解和把握，侧重于对财产实体的动态经营和财产价值的动态实现，它不再是单一的所有权利，而是以所有权为核心的一组权力，包括占有权、使用权、收益权、支配权等。

产权制度就是制度化的产权关系或对产权的制度化，是划分、确定、界定、保护和行使产权的一系列规则。

制度化的含义就是使既有的产权关系明确化，依靠规则使人们承认和尊重并合理行使产权，如果违背或侵犯它，就要受到相应的制约或制裁。

在国内生产总值GDP或国民生产总值GNP中，很难计算出民主这一无形生产要素的贡献，打个简单的比方，在一个富丽堂皇的剧院大厅中，每个演员都有出场费用，观众也要买票，这些边际成本是很好计算的，只有歌剧院的位置到底值多少钱，这就很难计算了，民主制度就相当于歌剧院在市中心的位置。一国有形财富的GDP易计，而无形财富的GDP难求，民主制度是无形财富之王，先进技术是无形财富之后，民主制是一个国家最大的财富或公有值，许多富豪移民就是冲着民主制这一无价之宝而去的，民主制是真正会下金蛋的金鸡。

民主是最大的产权，没有民主制度，所有的产权制度都形同虚设。

在专制政体中，只有最高领导人的产权好像是安全的，其他人的产权都是极度危险的，皇帝或国王随时可以找个理由将他人的财产没收，王权才是最大的产权，其他产权都要服从于王权。

西方经济学者总是对产权制度情有独钟，其实无论是东方还是西方，无论是资本主义还是社会主义，都没有完全而彻底的私有产权制度。产权制度依赖于民主制度的发展，民主越发达的国家，产权制度就越彻底，反之，专制腐败越严重的国家，产权制度就越是纸上谈兵。民主的本质就是政治公有制，专制的本质就是政治私有制，也就是说，只有政治公有制才能确保产权制度的有效性，反之，政治私有制是不能确保产权制度的有效性的，因为专制政权随时可以没收或破坏任何人的私有财产，也随时可以占有和挥霍国家的公有财产。总之，专制无产权，民主定产权。

由于经济私有制必须依靠政治公有制，产权取决于人权，人权取决于民主，所以这个世界从来没有真正彻底而完全的私有制。“私有财产神圣不可侵犯”或“公有财产神圣不可侵犯”，只有在依法治国的民主制国家才成立，如果没有民主制度的完善，任何私产或公产都是可以被权力任意宰割的。无论是私有制或是公有制，都必须通过真实而完善的民主制才能生存，并逐步发展到共产主义。

第五节　大私必公

无私必定无效率，无公必定无公平，而效率与公平是相辅相成的共生关系。公与私是对立统一的，无公不成私，反之，无私不成公。这就是微分之私与积分之公的关系，当所有的微分是零时，就无私了，积分也是零，也就无公了，无私 = 无公。

协新价值生产才是劳资双赢模式，协新价值模式才是共产主义模式，协新价值必定是公私双赢，损公利私或损私利公都是剩余价值模式，为什么损私利公也不行呢？因为只要是合理合法的私人财产，就必须像公有财产一样受到尊重与保护，损坏私人财富与损坏公共财富一样性质，私产与公产都是神圣不可侵犯的。

一、全民福利，大公天下

福利国家通过创办并资助社会公共事业（公有价值），实行和完善一套社会福利政策和制度，对社会经济生活进行公有干预，以调节和缓和贫富差距，降低基尼系数，转向社会公有制的一种方法。

福利国家是一种具有“公有制特征”的国家形态，公共福利（公有值）是这种国家形态的特性。

（1）大公大私的 3U 法则。

现代福利制度起源于英国的《贝弗里奇报告》。贝弗里是公有制的思想家和实干家，《贝弗里奇报告》对战后英国福利社会的公有制建设产生了巨大的影响，这个报告主张的社会福利可以被概括为“3U”思想：普享性原则（Universality），即所有公民不论其职业是什么，都应被覆盖以预防社会风险；统一性原则（Unity），即建立大一统的福利行政管理机构；均一性原则（Uniformity），即每一个受益人根据其需要，而不是收入状况，获得资助。

（2）科技决定公有制。

福利国家是公有制的现实版实验，福利国家必须以生产力的巨大发展为条件，生产力决定生产关系，科技实力决定公有制特征。福利国家不是社会保险，不是公费医疗，也不是家庭福利或社会救济计划，甚至不等同于社会保障或社会政策，而是这些因素的加总（公有值）。

（3）公有制呼唤福利强国。

《知本论》认为：资本主义不是完全私有制，人类有史以来，还没有完全的私有制，但没有一个人或一个家庭可以独享全部财富的完全的私有制，即不存在基尼系数为 1 的完全私有制，也不存在基尼系数为 0 的完全公有制。

福利国家在 20 世纪下半叶成了西欧社会实现公有制的示范地区。此后，这一福利国家的公有制理念被推广到欧洲其他国家，其中，最典型的是北欧国家，这些国家后来甚至成了西方福利国家的公有制榜样，而作为福利国家策源地的英国，自从 20 世纪 70 年代遇到财政困难后，开始改革并逐渐削减福利的规模，引入市场因素以削弱公有制特征。英国削减福利制度的改革，是由其财政压力带来的，此后，削减福利的改革浪潮逐步席卷到几乎所有西方发达国家，包括美国。相反，北欧国家却继承了英国模式的衣钵，成为贝弗里奇模式的公有制典范。

二、经济公有制

《知本论》认为：福利国家是政治公有制走向经济公有制的捷径，是共产主义的先行试验田，在西方国家实行公有制的福利制度中，社会公正这一概念始终包含着两重含义，彼此相辅相成：一是机会的平等，即制度的平等问题，这是无形公有值或无形的政治公有制；二是国家保护人的转移支付，即再分配的问题，这是有形公有值或有形经济公有制。前者强调社会权利，后者强调削减贫困，但实际上，完全以“3U”标准来衡量，真正的贝弗里奇式的福利模式，即全民福利模式或完全公有制，在任何国家包括英国和北欧国家都没有完全实现。

西方福利制度的公有化改革过程，实际上就是一个不断打破福利津贴大锅饭的过程。这一过程，用学界的表述来说，是社会保障再商品化的趋势；用北欧三国的表述来说，是工作有其酬和从福利到工作的转变；用美国的表述来说，是拯救社会保障制度；用2004年诺贝尔经济学奖获得者普雷斯科特的话来说，则是保持时间一致性：所谓公平绝不是指财富的再分配，也不是财富的转移，而是要在消费过程中消除经济政策时间不一致性的问题，否则，如果人们知道有人会为他们的消费买单的话，人们就不会再去储蓄了，也不去工作了。

（1）高福利与公有制。

公有制特征或福利国家与生产力成正比，欧美国家的人均GDP达到了几万美元，这些国家经历了上百年资本主义的原始积累和几百年对殖民地的掠夺，而中国才刚刚跨过人均GDP一千美元的门槛，中国缺乏福利国家所需要的发达生产力。高福利未必完全等于公有制，公有制的全民福利也不等于天下太平。福利制度属二次分配，是体现社会公平的一个公有制改革手段，但是，福利制度不能解决一次分配的全部问题。财政收入的可持续性也是公有制试验的另一个问题。

福利政体是一种天下为公的执政属性，资本主义与社会主义都需要实现福利国家的公有制改革。

《知本论》认为：随着生产力不断发展，公有制特征会超越私有制特征，作为社会主义的中国，必须加快建设全民高福利国家，才能充分体现社会主义的优越性。

（2）福利国家是全球共性。

《知本论》认为：福利国家和法治国家是社会走向共产主义的必要条件，没有全民高福利的公有制，何来普遍富裕的共产主义实践？福利国家是共产主义社会的基本要求。

（3）高福利才是社会主义。

《知本论》认为：资本主义不需要经过社会主义，是可以直接奔向共产主义的，同样，社会主义也不需要补上资本主义这一课，同样也是可以直接奔向共产主义的。由于知本无边际成本的无限增值性和市场中性（市场不姓社，也不姓资），只要坚持创新驱动与市场主导，社会主义与资本主义都可以走向共产主义。

现代福利国家从提供现金福利（养老金、失业补助）扩大到其他方面（卫生保障、婴幼儿保障）等，通过这些福利，福利国家已经影响了他们公民的消费和休闲的习惯，由于石油收入的增加，沙特阿拉伯、科威特、卡塔尔、巴林、阿曼等产油国也逐渐成为了福利国家，加入了全球公有制的福利改革。

《知本论》认为：福利国家是全世界人民的共同梦想，免费医疗、免费教育、免费养老与免费使用公共设施，这才是公有制的基本目标，也是共产主义的必由之路。无论资本主义还是社会主义，都可以通过全民福利与全民创新走向共产主义。

第六节　共产主义

一、共产主义的九大特征

共产主义本质上是知本主义，是完全以协新价值为主导的公平竞争社会，是消灭国家界限与家庭束缚的自由社会，因此共产主义有四大特征：

1. 完美人权社会；
2. 完美福利社会；
3. 完美竞合社会；
4. 完美知识社会。

共产主义没有剩余价值的交易费用与劳动等级，是完美知识市场

二、共产主义是定制经济

知本主义本质上就是共产主义，人类的经济发展，其实就是知本的不断积累与发展。知本是无形、无私、无界、无限、无价的抽象财富，是推动人类进步的第一推动力。无论是资本主义还是社会主义，有形有限的资本积累固然重要，但是，更重要的还是无形无限的知本积累。发展经济，最重要的不是印钞票，而是知本创新，包括文化创新、技术创新与制度创新。货币只代表资本吗？不对，货币不仅代表资本，更代表知本，虽然货币几乎能交换任何物质资源，但是，货币本质上还是一种分配制度。

货币的二重性就在于：货币既是有形而有限的资本，同时又是无形而无限的知本。在金银本位制下，货币是有形而有限的资本，是已经实现的劳动价值，本质上是商品，而在纸币制度下，货币是无形而无限的知本，是一种掠夺和再分配社会资源的强大手段。在纸币泛滥成灾的社会，一切财富都变成了不保险的财富，因为纸币随时可以像狂风一样卷走一切财富，所以，在金银本位制下，政府需要控制生产资料，才能捍卫公有制，而在纸币制度下，政府只需要控制货币发行权就控制了所有企业的命门，控制印钞权就足以捍卫公有制。

无形无限的知本是人类的共同财产或共产，因为知本没有排他性，一本书可以千人传看，一部电视可以万人同看，一首歌曲可以亿人共唱，真正的共产其实不是指有限的资本，而是指无限的知本，所以知本主义才是共产主义的本质特征。

共产主义的按需分配不是要物质、资本都可以满足，而是要精神、知本都可以满足。“按需分配”的“需”有三重含义：一是指无形、无限、无价的知本需求，人们有受教育与培训的无限权利，无论年纪多大或学历多低；二是指按国家需求来分配个人收入，是按国家或集体的需要来给个人分配，并不是个人想要什么都可以得到，贫富差距是永远存在的，只会变得越来越小，而不会完全消亡；三是按客户需求给个人分配，谁能更好地满足市场需求，谁就能赚更多的钱。

按需分配不是说技术发展到了顶点，不能再发展了，人类不能通过技术创新去制造新的稀缺了，所有的商品都是产能过剩了，如果真是这样，人类就至此为止了，因为稀缺与竞争才是人类永恒的发展动力。知本主义要想达到共产主义，关键就是要消除文化障碍、技术壁垒与制度对立，全球统一实现最先进的制度、最高尚的道德与最高效的技术，人类没有贫困，只有大富与中富之分，工作将成为一种娱乐与爱好，而不是生活所迫。

共产主义的“产”有几种理解：从形态划分，有形之产是资本，无形之产是知本；从数量划分，有限之产是资本，无限之产是知本；从价格机制看，有价之产是资木，无价之产是知本；从公私属性来看，私有之产是资本，公有之产是知本。

总之，“共产”形式上是共同占有财产，实质上是共同利用知本生产，资本主义和社会主义是共产主义的必经阶段，知本主义是共产主义的根本内容。资本天然要求剩余价值与私有制，而知本天然要求协新价值与公有制，因此，知本构成越高的创新经济，就越具有共产主义的本质特征。知本的无限增值性与无限共享性充分说明：共产主义不可能在一国单独实现，只有协同的大国和创新的强国，才能在全球逐步实现共产主义。